《“十三五”国家重点图书、音像、电子出版物出版规划》项目

《国家“十一五”时期文化发展规划纲要》项目

《国家“十二五”时期文化改革发展规划纲要》项目

《少数民族事业“十二五”规划》项目

中国
少数民族古籍总目提要

国家民族事务委员会全国少数民族古籍整理研究室

佤族卷
布朗族卷
基诺族卷
德昂族卷

民族出版社

《中国少数民族古籍总目提要》
领导小组

组　　长：	郭卫平	国家民委副主任
副 组 长：	李晓东	国家民委全国少数民族古籍整理研究室主任
成　　员：	李春林	国家民委办公厅主任
	宋　全	国家民委政策法规司司长
	张志刚	国家民委经济发展司司长
	武翠英	国家民委文化宣传司司长
	甘玉贵	国家民委财务司司长
	温　军	国家民委全国少数民族古籍整理研究室副主任
	周景晓	北京市民族宗教事务委员会副主任
	沈淑娟	天津市民族和宗教事务委员会副主任
	李红芳	河北省民族事务委员会专职委员
	刘国庆	山西省委统战部副部长、省民族事务委员会主任
	萨楚日勒图	内蒙古自治区民族事务委员会副主任
	赵　瑞	辽宁省民族和宗教事务委员会副主任
	孟庆东	吉林省民族事务委员会副主任
	陈　青	黑龙江省民族宗教事务委员会副主任
	何昌林	江苏省民族宗教事务委员会副主任
	钟新章	浙江省民族宗教事务委员会副主任
	时先政	安徽省民族事务委员会副主任（正厅级）
	宋　哩	福建省民族与宗教事务厅副厅长
	王希贤	江西省民族宗教事务局副局长
	马　辉	山东省民族宗教事务委员会副主任
	黄旭东	河南省民族宗教事务委员会副主任
	吴红娅	湖北省民族宗教事务委员会副主任

何其雄　　湖南省民族宗教事务委员会副主任

黄心怡　　广东省民族宗教事务委员会党组成员、省民族宗教研究院院长

沈永明　　广西壮族自治区民族宗教事务委员会副主任

彭家典　　海南省民族宗教事务委员会副主任

向远道　　重庆市民族宗教事务委员会副主任

刘文芝　　四川省民族宗教事务委员会副主任

张和平　　贵州省民族宗教事务委员会副主任

李正洪　　云南省民族宗教事务委员会副主任

黄云素　　西藏自治区民族事务委员会副主任

雷西明　　陕西省民族宗教事务委员会副主任

海占德　　甘肃省民族事务委员会副主任

马志敏　　青海省民族宗教事务委员会副主任

张　廉　　宁夏社会科学院院长

陆　健　　新疆维吾尔自治区民族事务委员会（宗教事务局）副主任（副局长）

《中国少数民族古籍总目提要》
编纂委员会

张菽晖　　广东省民族宗教研究院古籍室主任
韦如柱　　广西壮族自治区少数民族古籍工作办公室主任
黄友贤　　海南省民族研究所所长
何松涛　　重庆市民族宗教事务委员会文宣处副处长
刘劲松　　四川省少数民族古籍整理办公室主任
包　翔　　贵州省民族古籍整理办公室主任
起国庆　　云南省少数民族古籍整理出版规划办公室副主任
李祖春　　西藏自治区民族事务委员会社会事业处处长
徐立群　　陕西省民族宗教事务委员会民族一处处长
牧　仁　　甘肃省民族事务委员会少语古籍处处长
马小琴　　青海省民族宗教事务委员会少数民族古籍保护中心主任
雷晓静　　宁夏回族自治区少数民族古籍整理出版规划工作领导小组办公室主任
伊斯拉木·伊萨合　　新疆维吾尔自治区民族事务委员会（宗教事务局）新疆少数民族古籍搜集整理出版规划领导小组办公室主任
惠　峰　　国家民委全国少数民族古籍整理研究室综合处处长
孙继为　　国家民委全国少数民族古籍整理研究室业务处处长
王　君　　国家民委全国少数民族古籍整理研究室综合处副处长
努尔加玛力·买买提　　国家民委全国少数民族古籍整理研究室综合处调研员
杨　硕　　国家民委全国少数民族古籍整理研究室业务处调研员
孙瑞阳　　国家民委全国少数民族古籍整理研究室业务处干部
邓永攀　　国家民委全国少数民族古籍整理研究室综合处干部

《中国少数民族古籍总目提要》
云南编纂委员会

总 序

《中国少数民族古籍总目提要》（以下简称《总目提要》）是我国第一部少数民族古籍解题书目套书。全书约60卷，110册。《总目提要》作为少数民族古籍整理工作的一项重要科研项目，于1997年正式立项，1998年付诸实施。2006年，这一项目正式列入《国家“十一五”时期文化发展规划纲要》（中办发〔2006〕24号）；2012年，列入《国家“十二五”时期文化改革发展规划纲要》（中办发〔2011〕40号）和《少数民族事业“十二五”规划》（国办发〔2012〕38号）；2016年，列入《“十三五”促进民族地区和人口较少民族发展规划》（国发〔2016〕79号）。该项目完成后，少数民族落之于笔墨、传之于口头的各种古籍文献将被一一清点入册。这是承前启后的一项巨大文化建设工程，是“盛世修典”的壮举。这一跨世纪工程的实施，充分体现了党中央、国务院对保护和传承少数民族优秀传统文化的高度重视，顺应了中国特色社会主义文化事业发展的需求，对于铸牢中华民族共同体意识、促进各民族交往交流交融、构建各民族共有精神家园、推进民族团结进步事业、实现“中华民族一家亲，同心共筑中国梦”，具有重大的现实意义和深远的历史意义。

一

中国少数民族在长期的历史发展过程中，创造和积累了丰富多彩的历史文化，留下了涵载历史、卷帙浩繁的文献典籍和口传古籍。这些少数民族古籍弥足珍贵，从不同角度记录了中华各民族的社会进程、历史走向和文化内涵，从不同侧面反映了各民族的文化传承、文明成果和气质风貌，是中华文化总结与传承的历史记忆，是中华民族智慧与创造力的结晶，是我国多元一体历史格局的真实映射。经世致用是中华民族历史血脉延绵不息的优良传统，全面保护、整理、研究、传承少数民族古籍，让书写在古籍里的文字都活起来，既是建设新时代文化、创造幸福美好新生活、全面建设社会主义现代化强国可资借鉴的宝贵历史遗产，也是增进各民族文化认同、坚定文化自信、推进民族团结进步事业、提升中华文化软实力的基础性工程。

中国少数民族古籍，是指我国少数民族在历史上形成的文献典籍和碑刻铭文及口头传承资料等，其内容涉及政治、经济、哲学、法律、历史、宗教、军事、文学、艺术、语言、文字、地理、天文、历算、医学等诸多领域。少数民族古籍主要分为两大类：一是有文字类；二是无文字类。有文字类的少数民族古籍，主要包括三类：一是各少数民族文字及少数民族古文字记载的历史文书和文献典籍；二是用汉文记载的有关少数民族内容的古代文献典籍；三是用少数民族文字和汉文记载的有关少数民族内容的碑刻铭文。无文字类的少数民族古籍，主要是指各少数民族在历史上口头传承下来的具有历史和文化价值的各种资料。

中国少数民族古籍，尤以少数民族文字古籍最具特色。我国古代少数民族创制使用的文字有30种左右，以这些文字形成的典籍文献汗牛充栋，形式千姿百态，内容博大精深，蕴含着丰富的历史内容和对实践经验的深刻体察。有许多闪烁着不朽光芒的著作，曾经照耀着各民族先民披荆斩棘、艰苦创业、生息繁衍的历程，为后人留下了关于自然、社会和人生的特殊认知与深邃思考。由于各民族先民所处的自然、人文和社会环境不尽相同，他们对事物的认知体验也存在着差异。正是由于这种差异的存在，构成了中华民族文化的多样性和兼容性。但基于少数民族文字流传空间狭窄等因素的制约，少数民族文字古籍一直鲜为世人所了解。

中国有关汉文记载的少数民族古籍，历来是研究我国古代少数民族历史和文化的主要依据。这些汉文古籍包括二十四史和《清实录》，各个朝代史家的记述，各地的地方志书，旅行家的笔录，赴边官员向朝廷的述职报告，当地政要、文人的著作等。倘若没有这些记载，后人既无从知道古代的三皇五帝、夷蛮戎狄，也无法了解春秋战国时期北方的匈奴、南方的百越，以及后来数千年中各少数民族的演变历程。这些典籍文献记载一代又一代地延传下来，勾勒出了我国多民族历史的主要脉络，蕴涵着十分丰富的文化资源，对其进行系统的整理、编纂，既可丰富《总目提要》的信息储备，也可拓展少数民族古籍的研究空间。

中国少数民族在历史上口耳相传的各种史料，以其独特而浓厚的民族性、群众性、文学性，充实和完善了各民族优秀传统文化。这部分口传古籍形成的时间较为久远，大都可以追溯到相关民族的起源、早期历史和最初的宗教信仰、原始的文学形式等。原始宗教的颂词最初都是以口头形式传承的，无文字的少数民族一代代地口耳相传，有文字的少数民族则以文字的形式固定下来，成为宗教经典，形成了这些民族最早的古籍文献。在传播过程中，少数民族口传古籍具有很强的变异性。无文字的少数民族口传原始宗教资料，有的演绎为神话故事，有的变化为创世史诗，有的成为这些民族迁徙流变的历史记述。随着时间的推移，少数民族口传古籍日益丰富，还囊括了诸如战争的传说、反抗压迫奴役的故事、发明创造的掌故、生产活动经验的积累和生活习俗的叙述等方面内容。在表达形式上，少数民族口传古籍纷繁多样，既有神话、史诗、故事，还有歌谣、谚语和谜语等诸多文体。因此，在一定程度上，少数民族口传古籍所包含的历史文化信息并不逊色于文字古籍，同样是我们不应该忽视的重要文化遗产。

二

中国少数民族古籍这笔价值难以估量的宝贵遗产，自古以来就发挥着积极的文化传承价值和经世致用的社会功能，是中华民族文化遗产的重要组成部分。尤其是各民族代表性的古籍作品，承载着一个民族的知识系统和历史记忆，其价值已超越了地域和时代的限制，成为中华文化和人类文明的宝贵财富。

首先，少数民族古籍蕴藏着我国各民族丰富的史实知识，充实了中国历史和中国文化的内容。毋庸置疑，中国历史和中华文化如果仅依靠汉文古籍，而没有各少数民族古籍作为必要补充，必定是不全面、不完整和不客观的。少数民族古籍不仅是对少数民族个体历史的客观记录，而且也是真实反映整个中国历史和中华文化发展进程的重要依据，具有汉文古籍无法替代的重要价值。这些具有代表性的少数民族古籍，光彩夺目，不胜枚举。居住在我国北部辽阔草原上的“马背上的民族”——蒙古族，在探寻本民族历史方面成绩卓著，《蒙古秘史》《蒙古黄金史》《蒙古源流》被誉为蒙古族古代三大历史著作，为后人研究该民族的历史源流、文化风貌和社会形态提供了第一手资料；历经漫长岁月而孕育于青藏高原的藏文古籍，其数量之多，居我国少数民族古籍之冠，其中成书于13世纪的大藏经《甘珠尔》《丹珠尔》堪称藏译佛典的集大成者；地处欧亚大陆交接处的新疆维吾尔自治区曾是中西文化的荟萃之地，11世纪前后，是维吾尔族文化发展史上的辉煌时期，涌现了大量传世之作，其中《突厥语大词典》《福乐智慧》《金光明经》三部作品被后人誉为维吾尔族古典著作三大瑰宝；纳西族先民在古代创造的东巴文化，就是依靠东巴文文献记录下来的，其中的东巴文是现今世界上最完整、沿用时间最长的图画——象形文字，已成为东西方学术探讨的热点；少数民族的三大史诗——藏族的《格萨尔王传》、蒙古族的《江格尔》和柯尔克孜族的《玛纳斯》，完全可以与古希腊《荷马史诗》和印度史诗《摩诃婆罗多》相媲美，它们以宏大的篇幅、精湛的语言、丰富的内容，表现了草原民族和高原民族雄健的气魄、炽热的情感和灿烂的文化。这些优秀少数民族古籍所蕴含的文化象征内涵，已成为国内外历史文化研究的重要领域。特别值得一提的是，元、明、清及民国中央政府赐封西藏地方政府最高权力的金印、金册等档案，有力地证明了西藏自古以来就是我国领土不可分割的一部分，成为铁的历史事实。因此，少数民族古籍还被赋予了重要的政治意涵。

其次，少数民族古籍是我国各民族对特定环境的适应能力及适应成果的映射，为人们认识世界提供了新视角和新方法。少数民族古籍是我国各民族创造的文化成果，可为学术研究提供真实可信的资料，有利于中华各民族优秀传统文化的继承和弘扬。中华文化源远流长、博大精深，把包括汉族和少数民族在内的文化遗产妥善保存下来，传承下去，这是历史赋予古籍工作者的重要使命。少数民族古籍内容广博，涉及领域众多，带有浓郁的地方特色和民族特色，大多是汉文文献鲜有记录的内容。随着少数民族古籍挖掘、整理和研究工作的深入开展，历史真相将更完整地再现，中华文化宝库也将更全面地展现。由于各民族所处的自然环境不同，与之相适应的观察世界的视角、处理问题的方式也会不同，不同时代、不同民族的古籍文献，就是对那个时代、那个民族生存方式的真实反映。在认知方式上，游牧民族可能比农耕民族认识更多的动物种类，渔业民族可能比山地民族认识更多的水生动物；在思维方式上，有的民族更注重整体思维，有的民族更注重形象思维，即使是同一民族，因其所处的社会历史阶段不同，思维方式也会有所差异。在社会进程上，原始民族社会里神本主义明显占据主导地位，随着生产力发展和社会的进步，人们认知能力不断提高，人本主义逐渐兴起，人们对自然界、社会及人类自身的认识也更趋于客观、准确。因此，若从人类进化史的角度考量，可以借助少数民族古籍研究，发现少数民族思维方式的变迁模式，把握少数民族文化的特点和规律，深刻理解中华文化的丰富性和多样性，全面提高人类认识世界的能力，准确把握客观世界的发展规律。

最后，挖掘、整理少数民族古籍，有助于增强文化自信和爱国主义意识。现实是历史的延续和发展，文化是民族的灵魂和根源。一个民族要屹立于世界民族之林，必须对本民族优秀传统文化有充分的了解、理解和尊重，才能从文化自觉走向文化自信。一部中国史，就是一部各民族交融汇聚成多元一体中华民族的历史，就是各民族共同缔造、发展、巩固统一的伟大祖国的历史。我国是一个统一的多民族国家，各民族的祖先几千年来就在这块辽阔富饶的土地上劳作、繁衍、生息。各民族相互交往、交流、交融，既留下了异彩纷呈的民族文化，又共同缔造了灿烂无比的中华文明。中华民族精神是各族人民共同培育、继承、发展起来的，已深深地融进了各族人民的血液和灵魂，各民族人民共同熔铸了以爱国主义为核心的伟大民族精神，成为推动中国发展进步的强大精神动力。各少数民族古籍文献记录了这一历史进程，记录了少数民族文化的丰富内涵，阐释了少数民族文化对中华文化的特殊贡献。通过有效开展少数民族古籍挖掘、整理和研究工作，深入挖掘蕴含在少数民族古籍中的民族团结进步思想内涵，阐释中华民族不断成长和发展壮大的光辉历程，证明各民族源远流长、血肉相连的中华一家亲关系，可为实现建成社会主义现代化强国和中华民族伟大复兴中国梦提供不竭的源泉动力。因此，保护、挖掘、整理、阐释少数民族古籍，对于弘扬中华民族精神、推动中华文化大发展大繁荣、促进各民族思想文化交流、维护民族团结和国家安全统一、铸牢中华民族共同体意识、培育爱国主义情怀、坚定文化自信和建设社会主义文化强国具有十分重大的意义。

三

19 世纪末至 20 世纪中叶，一些外国传教士、探险家和研究者曾经到中国民族地区搜集资料，做过一些有关少数民族历史、文化和古文献研究工作。随着现代人文社会科学和自然科学体系逐步在我国确立，从 20 世纪三四十年代起，国内一些专家学者开始关注少数民族研究领域，陆续深入到民族地区进行田野调查和研究工作，抢救和发掘了一批珍贵的少数民族古籍。相对于浩瀚的少数民族古籍资源而言，这只是沧海一粟。由于历史的原因，大量的少数民族古籍资源长期陷于被埋没的境地，甚至遭到不同程度的破坏，损毁和散失情况十分严重。

中华人民共和国成立后，党中央、国务院坚持大力发展少数民族文化事业的方针，高度重视少数民族古籍的保护、整理和研究工作。在百废待兴的 20 世纪 50 年代初期，国家就开展了全国范围的少数民族社会历史和语言调查，在调查过程中发现和搜集到了大量的少数民族古籍文献，为进一步开展少数民族古籍整理研究工作奠定了良好的基础。

改革开放以来，我国少数民族古籍工作迎来了发展的黄金时期，党和政府对少数民族古籍工作的重视程度不断提升，相关政策措施不断完善。1981 年，中共中央在《关于整理我国古籍的指示》(中发〔1981〕37号)中指出:“整理古籍,把祖国宝贵的文化遗产继承下来,是一项十分重要的、关系到子孙后代的工作。”1984年,《国务院办公厅转发国家民委关于抢救、整理少数民族古籍的请示的通知》(国办发〔1984〕30号)中强调:“少数民族古籍是祖国宝贵文化遗产的一部分,抢救、整理少数民族古籍,是一项十分重要的工作。”同年,全国少数民族古籍整理出版规划领导小组成立,下设办公室。1989年,该办公室更名为全国少数民族古籍整理研究室,隶属国家民族事务委员会,负责“组织、协调、联络、指导”全国少数民族古籍工作。同时,相关省、自治区、直辖市逐步建立、健全了少数民族古籍工作的领导机构,有13个民族建立了协作组织,确保了少数民族古籍工作得到宏观指导和具体落实。与此同时,大力加强少数民族古籍专业人才队伍建设,不断加大工作经费投入,推动少数民族古籍工作全面走上科学化、规范化、制度化的轨道。

党的十八大以来,以习近平新时代中国特色社会主义思想为指导,认真贯彻习近平总书记关于“让书写在古籍里的文字都活起来”“弘扬和保护各民族传统文化,要去粗取精、推陈出新,努力实现创造性转化和创新性发展”“开展少数民族特色文化保护工作,加强少数民族语言文字和经典文献的保护和传播,做好少数民族经典文献和汉族经典文献互译出版工作”等一系列重要论述,积极推动少数民族古籍事业发展,加大指导协调工作力度,取得了显著的工作成就。经过30多年的发展建设,国家民族事务委员会、各地政府和各级古籍领导机构,密切合作,统筹安排,少数民族古籍的抢救、保护、整理、出版和研究工作成绩斐然。从“七五”一直到“十三五”,国家民族事务委员会陆续制定并组织实施了少数民族古籍工作7个重点项目五年出版规划,抢救、发掘、保护了一大批濒临消失的少数民族古籍,整理出版了一大批优秀的少数民族古籍精品。与此同时,吸引和带动了一批社会和学术界的精英投身少数民族古籍研究,民族院校还设立了少数民族古籍文献本科班和研究生班,通过培养高层次专业人才,为少数民族古籍队伍不断输送新鲜血液,不断加强少数民族古籍专业人才的培养,从而提升了少数民族古籍工作的研究能力和水平。这一切都表明,我国少数民族古籍整理和研究体系已经基本形成,为新时代少数民族古籍事业创新发展打下了坚实基础。

四

中国自古以来就有整理古籍、编纂目录的传统。西汉时期,我国历史上出现了第一部大型汉文图书目录《七略》。此后，各个朝代都有目录版本存世，其中尤其以清代乾隆年间编纂的《四库全书总目提要》最具代表性。可以说，它是中国历史上汉文古籍解题书目最重要的成果。与之形成巨大反差的是，在我国数千年文明发展的漫长岁月中，历朝历代的中央王朝从未对少数民族典籍文献进行过系统整理和研究，更没有编纂过一部全面反映少数民族历史文化精髓的古籍目录或提要，这是中国文化史上的一大缺憾。

虽然少数民族古籍浩如烟海，但是抢救、保护、整理、研究并非易事。具体来讲，有哪些少数民族有自己的文献古籍，这些古籍以何种形式存在，保存在哪里，是什么内容，谱系关系如何？这些问题的解答，绝非轻而易举之事，也绝非依靠少数专家学者个人或者某些团体的努力就能实现。幸运的是，随着我国改革开放的不断深化、国家综合实力的不断增强以及社会主义物质文明建设和精神文明建设的全面发展，作为社会主义文化建设重要组成部分的少数民族古籍工作，越来越受到各方面的关注和重视。

1996 年，国家民族事务委员会在北京召开全国少数民族古籍工作会议，提出集中力量编纂《总目提要》的设想。会后，经过充分酝酿、论证，于次年正式立项编纂《总目提要》。为了全面推进这项工作，国家民族事务委员会下发了《关于印发〈中国少数民族古籍总目提要〉编写纲要的通知》(民办文宣字〔1997〕114 号)，对编纂工作进行全面部署。文件下发后，各地迅速行动，有 20 余个省、自治区、直辖市先后制定了《总目提要》分卷实施方案及编写计划，就编纂工作的重要意义、完成项目的可行性、项目实施步骤及经费来源等进行立项论证，并在加强普查、强化领导机制、培训人才队伍、实施计划、筹措经费等方面予以积极落实。在具体运作过程中，各省、自治区、直辖市还广泛进行合作，不同省、自治区、直辖市对同一民族的古籍总目编写分工协作，相互支持、相互补充。为保证这项工作的顺利实施，2002 年，经国家民族事务委员会批准成立《总目提要》领导小组和编纂委员会，进一步健全了对这一重点文化工程项目的组织领导和工作机构。

通过编纂《总目提要》，一方面全面梳理我国各少数民族古籍的整体情况，为后续古籍研究工作打下良好基础，突出重点，目标明确，保质保量；另一方面，能够增强我国各民族之间的相互了解、相互学习、相互尊重，做到文献资源共享、文化遗产共有，为进一步巩固和发展各民族平等团结互助和谐的社会主义民族关系、铸牢中华民族共同体意识、促进各民族交往交流交融、构筑各民族共有精神家园提供有力支撑。同时，也进一步使我国少数民族古籍资源为世界所了解、分享，增强国外研究者对我国少数民族文化的关注和兴趣，增进世界对中华文化多样性和丰富性的认识，推动国际社会对我国各民族“像石榴籽一样紧紧拥抱在一起”的认识，为继承和弘扬少数民族优秀传统文化、实现“中华民族一家亲，同心共筑中国梦”奠定坚实基础。

五

编纂《总目提要》，是中国历史上对少数民族古籍资源进行的首次全面普查，是一次全新、有益的尝试和探索。由于少数民族古籍历史久远，内容广泛，形式多样，情况复杂，在编排体例方面很难完全套用以往传统的形式一以贯之，除了遵循古籍文献学和目录学等学科的理论规范外，还必须从实际出发，因势利导，体现自身的风格和特色。

顾名思义，古籍必然要体现“古”的性质。《总目提要》收录的古籍下限，原则上与汉文古籍一样止于1911年。考虑到各少数民族的历史发展阶段和古籍存世情况的差异，对收录的部分古籍时间下限适当放宽。这部分少数民族古籍主要包括：一些没有确切时间记载而又只见到后期写本的书册；一些20世纪前期用本民族文字追记历史事件和历史掌故的旧文体著述；一些从古代延续到现代的编年体著作或族谱、家谱；一些曾在本民族中长期口头流传，到了近现代才有文字记录的口传资料等。总之，只要这些古籍有价值，则其下限可延伸至1949年。

《总目提要》全书以民族为单元分卷，如《鄂温克族卷》《白族卷》《纳西族卷》等等。对于古籍体量特别多的民族，一个民族卷又可包括若干分册；对于古籍体量比较少的民族，也可以几个民族卷合为一册；古代民族文献一般按文种分卷，如《西夏卷》。鉴于少数民族古籍文献载体形式不同，《总目提要》每卷一般包括四编：甲编书籍类，乙编铭刻类，丙编文书类，丁编讲唱类。各编再按具体内容分类排列，排列方法尽量与《中国图书馆分类法》保持一致，但有的也可以根据少数民族古籍的具体情况适当调整。这里需要特别说明的是，有的民族对本民族古籍原来就有传统的分类编排方法，因此仍按该分类编排方法排列。

经过各方面的积极努力，各民族《总目提要》陆续与读者见面了。在此，由衷感谢社会有关方面的关注和支持。正是因为有这些关注和支持，编纂《总目提要》这一宏伟构想才得以变为现实。同时，我们要特别感谢各分卷编委会成员和编写人员的辛勤付出，正是大家的通力合作、奋力耕耘、默默坚守，才使昔日沉寂的少数民族古籍得以再现辉煌。

只有民族的，才是世界的。中国少数民族古籍，不仅属于创造它的民族，也属于整个中华民族，更属于全人类。随着《总目提要》诸卷的相继推出，少数民族先辈经世致用的智慧，必将越来越显现出其对人类无可估量的价值贡献。古可喻今，古可鉴今，古为今用，少数民族古籍必将对中华文化乃至世界文化造福无穷。

《中国少数民族古籍总目提要》编纂委员会

2019 年 11 月 28 日

总目录

中　国
少数民族古籍总目提要

国家民族事务委员会全国少数民族古籍整理研究室

佤族卷

民族出版社

《中国少数民族古籍总目提要·佤族卷》
编纂委员会

序　言

佤族是我国55个少数民族之一，也是云南特有少数民族之一。人口429709人（2010年第六次全国人口普查数据），主要分布在云南沧源、西盟、耿马、双江、镇康、永德、澜沧、孟连等地，以及西双版纳傣族自治州、德宏傣族景颇族自治州。其中沧源和西盟是佤族主要聚居县。由于大多数佤族人口分布在位于澜沧江以西和怒江以东的怒山山脉南段的崇山峻岭之中，故习惯上称这一带为“阿佤山区”。

佤族因居住地区不同而有不同的自称和他称。居住在沧源、澜沧大部分地区和双江、耿马的佤族，自称“布饶”“巴饶”；西盟、孟连和澜沧小部分地区的佤族，自称“阿佤”；居住在镇康、永德等县的自称“佤”，汉族称其为“本人”。傣族和其他一些民族，一般称佤族为“佧佤”“阿佤”。据我国古代汉文献记载，佤族的他称有“哈剌”“古剌”“嘎剌”“哈瓦”“佧佤”等。1962年，根据佤族多数人的意愿，经国务院批准，正式改称佤族。

一

佤族的先民，源于古代西南“濮人”的一支。学术界认为，古代西南地区的“濮人”，是东汉后对佤德昂语支各民族先民的统称。从汉武帝元狩元年（公元前122年）开西南夷始，至元封二年（公元前109年）汉武帝置益州郡，设嶲唐、不韦二县，再到东汉永平十二年（69年）设立永昌郡，永昌郡所属的云南澜沧江以西的佤德昂语支的分布区，正式纳入了东汉王朝的版图之内。永昌郡境内的众多的濮人部落，即佤族及其同属一个语支的民族先民，也就与汉王朝发生了统属关系。

据《华阳国志·南中志·永昌郡》云：“永昌郡……其地东西三千里，南北四千六百里，有穿胸儋耳种、闽濮……宁州之极西南也。有闽濮、鸠僚、僄、越、裸濮、身毒之民……有大竹名濮竹……”①

① 转引自云南省历史研究所编著：《云南少数民族》，昆明，云南人民出版社，1983。

文中提到的“闽濮”“裸濮”都是现今的佤族、布朗族、德昂族的古代先民。

到了唐代，从“濮人”分化出一部分“望”人，被称为“望”“望外喻”“望苴子”都属于同一个族体，均属于后来的佤族先民。见诸于文献记载的有《新唐书·南蛮传》和《蛮书》。据唐樊绰的《蛮书》卷四说：“望蛮外喻部落，在永昌西北。其人长大，负排持槊，前往无敌。又能用木弓短箭，箭镞傅毒药，所中人立毙。妇人亦跣足，以青布为衫裳，联贯珂贝巴齿真珠，斜络其身数十道。有夫者竖分发为两髻，无夫者顶后为一髻垂之。其地宜沙牛，亦大于诸处牛，角长四尺已来。妇人惟嗜乳酪，肥白，俗好遨游。”

这里所记载的古代佤族先民“望”人，已开始进行纺织手工业和农业生产。古代的“望”与现在的“佤”，系同音，可以通用。因此，古之“望蛮”，即今天的佤族。所说的“望蛮外喻部落，在永昌西北”，即佤族中的一个“外喻部落”，居住在“永昌西北”，今腾冲县荷花乡的东西山岭上仍然有如甘蔗寨等佤族村寨。

《蛮书》卷四又载：“望苴子蛮，在澜沧江以西，是盛罗皮所讨定也。矫捷，善于马上用枪铲。骑马不用鞍。跣足，衣短甲，才蔽胸腹而已。股膝皆露。兜鍪上插犛牛尾，驰突若飞。其妇人亦如此。南诏及诸城镇大将出兵，则望苴子为前驱。”

这里记述的又是分布于澜沧江以西的“望苴子”（即佤族）在“南诏及诸城镇大将军出兵”时，被征调去当兵的古代佤族士兵的英勇形象。所谓“望苴子”，实际上是对当时被征调去当兵的佤族士兵的称呼。所以，古籍中所称之“望蛮”“望苴子”“望外喻”（“望”人的一个部落名称）都是佤族的古代先民。

南宋宝祐元年（1253年），蒙古族忽必烈亲率大军入滇，平定大理国后，在云南建立行省，佤族居住地区分别属于云南行省的镇康路（包括今镇康、永德等县）和孟定路军民总管府（包括今耿马、双江和沧源的一部分地区），以及木连路（木连，即孟连，包括今之澜沧、孟连和西盟，以及沧源的部分地区）。

明代设置孟连长官司、镇康御夷州和孟定御夷府，后又在耿马分设宣抚司，管辖各地的佤族。清代基本沿袭明代建制。从元明时期至清代中叶，佤族居住地区在政治、经济、文化等方面都发生很大变化。由于中原王朝统治势力在佤族分布地区设置各种政权机构，进一步促使佤族与中原地区政治、经济、文化的密切联系与交流，同时，各民族之间因为频繁的移民和迁徙，特别是汉族、傣族和拉祜族不断向佤族分布区迁徙，使得佤族更向阿佤山的中心地区迁徙集中。有的分布区内的佤族与其他民族交错杂居，有的则更集中在一个地区居住，变成上百户乃至几百户聚居的部落或大寨子。经过明清时期的民族迁徙和民族之间的相互融合，清代中叶以后，佤族的居住地区逐渐固定下来。

据文献记载，元、明、清时期对佤族的称谓也有所不同。元代有所谓“蒲蛮”，又分为“生蒲”（又叫“野蒲”）和“熟蒲”。明代则有“蒲人”“古剌”“哈剌”。清代有“嘎剌”“哈瓦”“卡瓦”。据清雍正《云南通志》载：“卡瓦，永（昌）、顺（宁）东南辣蒜江外有之”（辣蒜江，即今阿佤山区的小黑江）。

佤族历史上与周围汉族、傣族、拉祜族的交往甚为频繁，相互影响较深，尤其是与傣族的关系更为直接。过去居住在沧源、孟连地区的佤族，受耿马、孟定、勐董和孟连傣族土司管辖，并向土司缴纳赋税、贡品。19世纪中叶，佤族中的胡姓“官家”（大头人）迁居沧源班洪大寨居住并形成较大势力范围的“班洪部落”，胡姓“官家”随之成为“班洪王”和世袭的佤族部落首领。随后又有“永和部落”的兴起，才使这些地区逐渐摆脱傣族土司的统治，而由佤族部落酋长管辖。清光绪十七年（1891年），清廷正式册封当时的班洪部落王胡玉山为班洪土都司。1934年，云南省政府又委任当时的班洪王胡中汉（胡玉山之子）为班洪总管。后又在沧源和耿马成立了设治局，将澜沧（包括西盟和孟连）、双江、镇康改为县治。

在云南近现代史上，佤族人民用实际行动捍卫了国家的领土和资源。据载，清乾隆八年（1743年），有滇南石屏人吴尚贤，因家贫来到了“葫芦国”（即沧源县的班洪、班老一带），得到了部落王蜂筑的信任，支持他开办了茂隆银矿。一段时期，出现“厂大赢，周围百余里，矿工二三万人。自内地前往经商者不绝于途。厂例无尊卑，皆以兄弟相称”[①]的局面。茂隆银矿的开发，使大批汉族工人来到边疆，把先进的科学文化和生产技术带到了阿佤山，极大地促进了生产的发展和文化的交流。相传，佤族的牛耕生产和种植水稻，就是由吴尚贤及其矿工们教会的。据佤族老人说，佤族原来连煮饭的铁三脚架也没有，是用三个石头架在火塘上烧水煮饭的，吴尚贤来后，才教会佤族打制锄头和铁三脚架，又教会佤族用牛犁地种谷子。佤族人民十分敬仰和怀念吴尚贤，在民间流传着许多赞美吴尚贤的传说与故事。

自1885年英国进入缅甸后，企图侵占阿佤山茂隆银矿丰富的矿产资源，

① 云南民族历史研究所编著：《云南少数民族》，280页，昆明，云南人民出版社，1983。

并于1934年派出军队侵占炉房一带地区，试图吞掉茂隆银矿。英军给班洪王送礼，遭到班洪王胡玉山义正词严的拒绝："厂是中国厂，地是中国地，你拿几驮银子来，也不能让你英国人开矿。"同年12月，佤族人民联合周围民族，在班洪部落剽牛议事，商讨如何团结一心，保卫炉房银矿。1936年，以班洪部落为首的佤山18个部落共同联合向全国发出《告全国同胞书》，申言："我（佧）佤山数十万户虽血流成河断不做英国之奴隶……我（佧）佤山民众决不愿听英国之驱使，愿断头颅，不愿为英帝之牛马。"佤族人民保卫祖国领土和矿产资源的正义呼声，得到了全国人民的积极响应和声援，汉族、傣族、拉祜族等民族，立即派人支援佤族人民的反侵略斗争，终于挫败了英帝国主义企图侵略我国边疆，掠夺我茂隆银矿的阴谋。这就是云南近代史上有名的"班洪事件"。

抗日战争时期，日本侵略军攻占缅甸后，又侵占了我国云南的腾冲、龙陵、芒市等地。为了支援滇西抗日战争，佤族人民除了给予人力、物力的支援外，还于1943年建立了"佧佤山游击支队"。这支由千余人参加的佤族抗日武装力量，活跃在沧源、西盟一带，在班洪部落首领胡忠华率领下，与入侵的日军展开斗争。1944年先后在班洪、班老地区痛击日寇，并将日寇赶出了孟定。佤族人民用大刀、长矛与日军激战，为捍卫祖国领土完整和民族尊严写下了光辉的一页。

1949年10月1日中华人民共和国成立；1950年，五星红旗插上了阿佤山，佤族人民由此获得了新生。从此，佤族人民迈步走进社会主义社会，在中国共产党的领导下，开始谱写民族历史的新篇章。

二

佤族社会发展很不平衡。据民族史学家调查研究，中华人民共和国成立之前，就其主要生产方式和政治、经济特点来分析，大体上分成三种类型：第一种类型是以西盟为主的阿佤山中心地区的佤族，以种旱地为主，生产比较原始落后，尚处在"刀耕火种"的发展水平，虽然已有打铁、篾编、纺织和酿酒等家庭副业，但仍然处于以物易物的原始商品交换阶段。另外，虽说生产资料私有制已初步确立，但还保留着土地村寨公有制的残余。因此，这一类地区的佤族尚处在原始公社解体、奴隶制社会萌芽的社会历史阶段。第二种类型是以沧源、耿马、澜沧、孟连等阿佤山边缘地区的佤族，领主制经济的特点比较明显，除了受本民族部落首领的统治外，有的还要受傣族土司的统治与剥削，如沧源的班洪和勐董地区。第三种类型是以镇康、凤庆等少数靠近内地地区的佤族，地主经济已占主要的地位，佤族也同当地其他民族一样，受着封建地主和官府的盘剥。

佤族语言属南亚语系孟高棉语族佤德昂语支，并形成三个佤语方言区：布饶方言区，含沧源的岩帅、澜沧、耿马、双江一带佤族聚居区；佤方言区，含班洪、班老、南腊、焦山一带地区；阿佤方言区，是阿佤山的中心地区，含西盟、孟连一带的佤族聚居区。中华人民共和国成立以前，佤族因没有文字，依靠原始的结绳、木刻记事。所以，佤族古籍实际上属于佤族民间口头文学。

佤族的讲唱类古籍十分丰富，具有本民族的历史文化特点，是佤族非物质文化的重要组成部分。佤族讲唱类古籍主要以歌唱与叙述的形式，通过世代口耳相传而得以流传和保存。佤族古籍中所反映的是远古时期佤族原始先民对于天地的开辟、人类的起源、万物的起源、氏族的形成，以及人类在繁衍生息中，那些与生存发展联系较为紧密的事物的认识和理解。佤族古籍包括散文体和韵文体两大类。散文体的口碑文学作品如神话、传说、故事、童话、寓言、笑话等；韵文体的口碑文学作品如创世史诗、叙事诗、抒情诗、祭祀歌、劳动歌、风俗歌、情歌、儿歌等。

佤族讲唱类古籍主要分为如下几类：

第一，佤族神话、古歌。

佤族传承至今的远古神话、古歌，是反映佤族先民处于原始氏族社会尚未解体以前，人类对变化莫测的大自然和各种奇异的自然现象的认识与反映。实际上是佤族原始初民为了生存与发展，对天地万物的起因和不认识的自然现象所作的天真浪漫的解释，这其中以《司岗里》在佤族中流传最广、影响最大而又最具有代表性。

《司岗里》包含散文体神话和创世古歌，主要流传于佤族聚居区西盟、沧源等县。《司岗里》因流传地区不同而解释也不一样。西盟佤族解释为人类最早是从“石洞里出来”的。沧源佤族解释为人类最早是从“葫芦里出来”的。

散文体《司岗里》，流传于西盟佤族自治县和沧源佤族自治县的佤族聚居区，是一组囊括了佤族远古时代有关开天辟地、人类起源、日月形成、衣食住行等各种万物起源的神话。仅由隋嘎、岩扫、岩瑞、娜海、达老屈、科窝朗等人口述的神话，就包括20多篇互为联系的神话汇集。每一部分记述一种自然现象或一件事物的起源及其某种风俗礼仪的起因。这组神话在佤族群众中广为流传，家喻户晓，是一部反映佤族远古时代社会生活及原始先民思想、情感和奇异的思维方式的最丰富、最集中，也最具代表性的散文体长篇神话。

韵文体长篇古歌《司岗里》，在西盟、沧源佤族聚居区均有流传。1960年“云南民族民间文艺沧源调查队”搜集的，由隋嘎唱述的《司岗里》共3份资料，一份是在沧源佤族自治县的芒回寨搜集到的约130行，另一份是在芒摆上寨搜集到的约40行，再一份是在单甲乡安也寨搜集到的约30行。

值得注意的是，沧源佤族中流传的古歌《司岗里》，虽然篇幅不长，但它从另一个侧面反映了佤族先民对人类起源的天真浪漫的解释。沧源佤族把“司岗里”解释为人从葫芦里出来。对这一个“葫芦”，跟其他民族中流传的洪水神话中的“葫芦神话”不尽相同。沧源佤族古歌中所记述的“这一个”葫芦是由一个居住在司岗里的名叫达摆卡木的长者与黑母牛交配后，获得了一颗葫芦籽，这位长者将这颗葫芦籽种在司岗里上，而结出了一个“独葫芦”，人类就藏匿在这个独葫芦里面。可以说，古歌《司岗里》中的“这一个”葫芦，是属于佤族所独有。

此外，佤族讲唱类古籍中还有大量关于万物起源的神话与传说，如日月神话《太阳、月亮和星星的来历》《射日》《达惹罕》等，物种起源神话《谷子的来历》，火的起源神话《我们是怎样生存到现在的》《达赛取火》《萤火虫》，以及《佤族为什么没有文字》等。

第二，佤族仪式歌、祭祀歌。

佤族独特的宗教信仰，形成一套特殊的宗教祭祀习俗，并伴随着这种宗教习俗，逐渐形成一整套比较完整的祭祀程序和祭祀歌。其中较有代表性的是伴随着“木鼓祭”“猎头祭”和“剽牛祭”而产生的拉木鼓歌舞、猎头歌舞和剽牛歌舞。

拉木鼓歌舞是佤族远古时期原始宗教信仰的艺术再现。木鼓在佤族的政治、宗教活动中居于十分重要的地位，因此，制作木鼓的全部过程，从魔巴进行鸡卦占卜、择良辰吉日进山选木鼓树开始，到砍木鼓、拉木鼓、迎木鼓、凿木鼓、跳木鼓、盖木鼓房、敲木鼓、祭木鼓房，直到将木鼓送入木鼓房上架供奉的全过程，都要有诗（咒语、祝词）、歌、舞相伴随，并成为佤族每个村寨、氏族部落日常生活中的一项重大的宗教祭祀活动，同时也是一种群众性的艺术创造活动。围绕着“拉木鼓”和“祭木鼓”的全部活动，也伴随着产生了一整套的木鼓祭词、咒语、古歌、音乐、舞蹈等诗、歌、舞相结合的“木鼓艺术”。

猎头歌舞是佤族古代社会中较为原始落后的“猎头祭谷”陋习的艺术反

映。猎头血祭谷物神，一般都在每年农作物种植后的3—5月间，以部落或村寨为单位进行。这项重大祭祀活动，也形成一系列的祭仪程序：猎头、迎头（又叫接头）、供头（又叫祭头）和送头等一套宗教祭典，并伴随着产生了猎头歌舞和剽牛歌舞等。实际上拉木鼓、猎祭人头和剽牛祭祀，这三者是紧密地联系在一起的。

佤族崇拜万物有灵，所以，在宗教祭仪歌中，除了上面谈及的“木鼓艺术”之外，还产生了大量祭祀各种鬼神的歌谣，如招魂歌、叫谷魂歌、祭鬼歌、祭水鬼歌和婚俗歌、丧葬歌等。

第三，佤族长诗。

随着佤族从原始的狩猎、采集为主的经济生活过渡到以农耕生产为主的定居生活，以个体家庭为中心的生产生活逐渐确立和完善，随之而来的是家庭婚姻关系的形成。在这样的经济基础上所形成的意识形态，比之远古时期更加丰富和复杂化。这种丰富和复杂的思想、感情，首先就在男女青年之间的社交活动和爱情婚姻上得到反映。一是再继续沿用短歌谣形式来反映已经不断发展变化的生产生活或复杂的思想感情，已经不相适应甚至产生困难，这就要求拓宽诗歌表现生活的范围；二是伴随着人与人之间社会关系及其交往的日益复杂，抒发人的思想、感情的诗歌内容也愈加丰富多彩，表现形式也更加多样化。于是，佤族文学中的长篇抒情诗和抒情与叙事相结合的叙事诗也就应时而生，出现了诸如流传在西盟佤族中的抒情长诗《串姑娘之歌》，流传在沧源佤族中的《想念情人》（又名《恋歌》）、《真心相爱不畏难》等。同时还产生了反映孤儿生活的叙事长诗《岩惹惹木》。

佤族古籍诗歌具有严格的音韵规律和善用排比、对衬与隐喻相结合的表现手法。佤族古籍抒情诗和叙事诗在艺术表现手法上，往往把一些意思相近和相连的一连串诗句结构在一起来表达特定环境中的特定人物的特殊思想感情，而人物特殊的思想感情又寄寓在抒情主人公所处的特定地域环境的独特风物地貌之中。诗中所选用的“彼物”和隐喻之“他物”，都是阿佤山所独有而别的地方所无的物象，结构成比较严格的与隐喻相结合的排比、对衬的诗歌形式。而且还注意在排比、对衬和隐喻三者相统一的前提下，保持诗歌的严格韵律。

第四，佤族民间故事与传说。

在佤族民间传说与故事中，有两种类型的故事最具有地域文化特征和民族特色，也具有广阔的社会基础和强烈的现实性。

一类是孤儿的故事。佤族之所以孤儿故事特别多，跟佤族的社会历史、婚姻制度、生活习俗密切相关。尤其是佤族过去氏族部落之间的械斗仇杀和“猎头祭谷”，以及在婚姻制度上实行“转房制”等原因，造成佤族孤儿故事较多的社会现象。因此，佤族规定在同一村寨和同一氏族部落的家族成员间有互相帮助和恤孤的义务。也就是寨里的孤儿，全寨人都有责任帮助抚养，直到他能够独立生活、自立门户。所以，孤儿故事，是佤族特定的历史发展阶段的特殊的社会生活的反映。孤儿故事的主人公都是孤儿。对孤儿的描写大多赋予他们勤劳、机智的性格和善良、诚实的品德。往往在叙述孤儿历尽艰辛，经历了各种孤苦和不幸之后，却意外地得到某一个具有“神力”或“仙气”的美丽姑娘的帮助，并战胜种种阻力和困难，最终获得了美满的爱情，过上男耕女织的美好生活。其中较有代表性的作品是《孤儿岩惹》（又叫岩然、岩嘎）。这个故事早在20世纪50年代就由云南人民出版社出版过佤文本。以后所搜集整理和发表的孤儿故事，虽然因流传地区不同而题目不同，但故事情节基本相同。如《岩惹与龙女》《岩惹与王子》《孤儿与王子》《岩嘎与仙女》《孤儿的叶子》等。另外还有爱情故事《岩杰可与岩萨特》《两姊妹》等。甚至机智人物故事《岩江片》中的主人公也是个孤儿，由此形成佤族民间故事的一大特点。

另一类是动物故事，特别是动物故事中的老虎的故事，不仅数量多，而且很富有艺术情趣，深受佤族人民的喜爱。老虎的故事绝大多数是以老虎为主人公，并把老虎作为阿佤山上最骄傲、最好胜而又最愚蠢可笑的强者形象来描写的。作品中对于那些被老虎视为“小东西”“小家伙”和“笨蛋”的小动物，则被描写成最富有智慧和才干、机智勇敢和最具有团结互助精神的胜利者，处处体现出以弱胜强的思想。这是佤族人民聪明、机智、善良品质的集中表现，也是佤族人民智慧和理想及其强烈的反抗精神的生动反映。这类故事已分别收入《骄傲的老虎》（已译成佤文本）、《斑鸠借芦笙》和《佤族民间故事选》中。

除上述两类故事外，与佤族动物故事有密切联系的还有童话和寓言。佤族的童话和寓言既富有很强的哲理性，又具有诗意和美感。如《老虎和青蛙赛跑》《不怕人的老虎》《猫头鹰的头为什么是扁的》《黄牛、水牛和豹子》《斑鸠的脚杆》《松鼠和鹌鹑》《懒风猴》等童话作品，以及《草房和太阳》《潭水和山泉》《石岩、风和白花》《害羞的羊》和《爱漂亮的马鹿》等寓言，都是佤族人民运用民族的格言、谚语、警句和贴切的比喻编织而成的美丽的故事。

涉及佤族的方志民族民俗资料，用汉文记载的古籍有范承勋等《云南通志》卷二十七，清雍正鄂尔泰《云南通志》卷二十四、卷四十四，王崧等纂

《云南通志》卷一百八十七，清光绪陈宗海修《腾越厅志稿》、彭桂萼《双江一瞥》等。上述古籍资料均存于云南省图书馆、云南省档案馆。[①]

三

20世纪50年代，在全国范围内开展了各民族社会历史调查，对佤族古籍资料的搜集工作也从此开始了。1956年，中国科学院组织少数民族语言、历史两个调查队，其中负责佤族语言和历史调查的两个工作组陆续进入阿佤山区开展工作，从中接触了大量的佤族民间文学，记录了作为佤族语言文字和历史研究的资料。这些资料，有的稍加整理便是一篇（首）优秀的佤族民间文学作品，开始在报刊上和广大读者见面。这便是50年代佤族口碑资料的初步发掘工作。

这个时期，在佤族民间文学的搜集、整理工作方面起了开拓作用的是王敬骝（笔名史东文）。他1935年5月出生于浙江省台州市一个知识分子家庭。1952年以优异成绩考上北京大学东方语文系。旋即服从国家安排，转入中央民族学院选学佤族语言专业。1954年到阿佤山实习。1956年参加中国科学院少数民族语言调查队第三工作队来佤山普查佤语，参与创制佤文，从此与佤族民间文化结下不解之缘。由于他会佤语，在工作中很容易就收集了大量的佤族口碑资料，后来经过整理，在报刊上发表了一些佤族民间故事，其中的《荞麦秆秆为什么是红的》《老虎、兔子租黄牛》被收入1960年云南人民出版社出版的《云南民族民间故事选》。以后他又发表了一批佤族地名故事，有的被选入《佤族民间故事选》。

20世纪60年代初期，为贯彻执行中央提出的“全面搜集，慎重整理，加强研究，重点推广”的民间文学工作方针，抢救濒临失传的佤族民间文学，中共云南省委宣传部和中国作家协会昆明分会联合组织了“云南民族民间文艺沧源调查队”赴沧源佤族自治县开展工作。这是中华人民共和国成立后云南省第四次有计划、有组织、有领导地进行民族民间文艺（重点是文学）的调查研究工作。调查队得到中共沧源县委宣传部的积极配合和佤族人民的热情支持，历时近10个月，对沧源全县佤族民间文艺进行了普查，搜集到上万件口碑古籍资料，最后编印了《沧源县佤族故事选》《沧源县佤族民歌选》《沧源县佤族民间长诗选》《沧源县佤族民间音乐曲调选》等5部选集，撰写了《沧源县佤族

① 参阅郭思九、尚仲豪：《佤族文学简史》，昆明，云南民族出版社，1999。

音乐调查报告》和《沧源县佤族文学史概略》(油印本),到目前为止,这7本选集和研究成果,仍是内容最丰富、最全面的佤族民间文艺集子,被沧源县视为“极其珍贵的原始资料”,珍藏在县档案馆里。

当年参加这个调查队的,有省级宣传、文化艺术单位的冯寿轩、尚仲豪、郭思九、李式孝、杨镇安、万家明等人。调查队到沧源县后,县里又抽调了文教部门的周天相、黄伦、王有明、沈应明、周建明等人参加工作。

这个时期,北京的汉族大学生刘允禔1963年从中央民族学院民语系毕业,分配到沧源县工作。他是自王敬骝之后自愿到沧源工作的第二个中央民族学院佤语专业毕业生。他运用自己掌握的专业知识搜集、整理,发表了不少佤族民间歌谣,后由云南人民出版社结集为《迎春花开遍阿佤山》(佤族民歌集)于1974年5月出版。他重点搜集、研究了佤族创世神话《司岗里》,参与撰写了毛星主编的《中国少数民族文学》佤族部分(湖南文艺出版社1983年出版)。

20世纪90年代,佤族民间口述文学发掘工作发生了突破性变化,即在佤族文化水平相对提高,佤族知识分子成长起来的基础上,佤族自己的民间文学工作队伍成长壮大了。这是中华人民共和国成立以来,党和政府不懈努力发展佤族经济、文化的结果。这批佤族民间文学工作者从现实生活中认识到,掌握丰厚的佤族传统文化的民间歌手、艺人大多已经步入暮年,有的已衰老逝世,再不从他们脑海里抢救出佤族民间文学,将是佤族文化不可弥补的损失。于是他们迅速行动起来,还吸引了一些汉族、傣族民间文学工作者参加,又一次开展了佤族民间文学的抢救和研究工作,其作品不断在省、地、县三级刊物上发表,更优秀者结集出版。有的佤族民间文学工作者还用佤文记录了大量的本民族的民间文学作品,云南民族出版社从中编选出版了一批佤文民间文学读物。

新时期以来,相继出版的佤族讲唱类古籍有:《骄傲的老虎》(汉文),云南人民出版社1979年版;后由陈学明译为佤文,云南民族出版社1983年版。《佤族动物故事选》(佤文),云南民族出版社1984年版。《佤族谚语》(佤文),云南民族出版社1985年版。《西盟佤族民间故事选》(佤文),云南民族出版社1987年版。《佤族民歌》(佤文),云南民族出版社1987年版。《佤族神话与历史传说》(佤文),云南民族出版社1988年版。佤族童话选《斑鸠借芦笙》(汉文),云南少年儿童出版社1988年版。《佤族民间故事选》(汉文),上海文艺出版社1989年版。《佤族民间歌曲100首》(佤文),云南民族出版社1989年版。《司岗里的故事》(汉佤文对照)，云南民族出版社 1990 年版。《佤族民间故事集成》(汉文)，云南民族出版社 1990 年版。《云南民族民间文学集成·孟连佤族卷》(汉文)，云南民族出版社 1993 年版。《中国民间故事集成·云南卷》《中国歌谣集成·云南卷》《中国谚语集成·云南卷》，中国 ISBN 中心 2003 年版。

20 世纪 80 年代以来，专家学者在上述资料基础上，研究佤族历史与文化，先后出版《佤族简史》《佤族文化大观》《佤族文学概况》《佤族文学简史》等著作。上述佤族古籍资料的搜集、整理和出版，为我们编写《中国少数民族古籍总目提要·佤族卷》打下了坚实的基础。

四

1997 年，国家民委确立了《中国少数民族古籍总目提要》跨世纪民族文化建设重点项目，并印发了《〈中国少数民族古籍总目提要〉编写纲要》，正式开始动员部署编写工作。佤族古籍编目也提上了日程。1998 年 5 月，国家民委在广西桂林举办了全国少数民族古籍编目培训班。2000 年 3 月，云南省少数民族古籍整理出版规划办公室在昆明举办了全省少数民族古籍编目培训班。佤族古籍编写人员参加了培训。

2002 年，云南省古籍办启动了《云南民族口传非物质文化遗产总目提要》编写、出版工作，这为佤族古籍篇目编写奠定了坚实的基础。在此基础上，2015 年，佤族古籍编写正式立项。在总结前一阶段工作的基础上，有针对性地安排了下一步工作计划和目标。截至 2017 年 4 月，共收录讲唱类古籍 400 余条，收录了长期以来在民间流传的神话、创世歌、民间故事、传说、歌谣等。《中国少数民族古籍总目提要》佤族部分较全面、真实地反映了佤族现存古籍的全貌。

我国自古就有编纂文献目录的传统，从西汉时中国历史上第一部汉文图书目录《七略》开始，此后历朝均有目录版本存世，其中《四库全书总目提要》可以说是中国历史上汉文古籍书目的最重要成果。但是，目录及目录学的研究始终以汉文献及其精英文化为对象，还未深入口传活态传承文化之中，更未深入少数民族的民间文化里，这是中国文化史上的一大缺憾。佤族古籍的编写工作，从启动到完成历时多年，首次以口耳相传的民间文学为编目对象，不仅拓宽了中国古籍文献篇目的视野，更丰富了古籍文献的内容。佤族古籍的编写进一步展示了佤族丰富多彩的历史文化遗产，对于传承、发展佤族优秀文化，增强文化自信，增进各民族团结，实现中华民族伟大复兴中国梦都具有深远的历史意义和现实意义。

《中国少数民族古籍总目提要》云南编纂委员会
《中国少数民族古籍总目提要·佤族卷》编纂委员会
2018 年 8 日

凡 例

一、本书共收录佤族古籍条目477条，其中书籍类条目5条，讲唱类条目472条。

二、因无本民族古文字文献，本书佤族条目正文标题均以汉文立目，不再出现以拉丁字母转译的古籍条目名称。

三、书籍类按成书年代先后为顺序，收录1911年以前出版的反映云南佤族社会历史、经济、文化、地理、风俗、物产、气候等方面的汉文古籍条目。

四、讲唱类分为神话传说、民间故事、史诗歌谣三个部分。其中，神话传说分神话、人物与史事传说、风俗传说、风物传说四类；民间故事分幻想故事、生活故事、机智人物故事、寓言幽默故事、动植物故事五类；史诗歌谣分创世古歌、叙事诗、祭祀歌、风俗歌、劳动歌、生活歌、情歌、儿歌八类。

五、本书按照国家民委《〈中国少数民族古籍总目提要〉编写纲要》编写，以确保丛书整体统一。

条目分类目录

书籍类

讲唱类

一、神话传说

（一）神话

（二）人物与史事传说

（三）风俗传说

（四）寓言、幽默故事

（五）动植物故事

三、史诗歌谣

（八）儿歌

《沧源佤族民间故事》封面
（龙江莉　摄影）

《云南民族民间文学集成 · 孟连佤族卷》封面
（龙江莉　摄影）

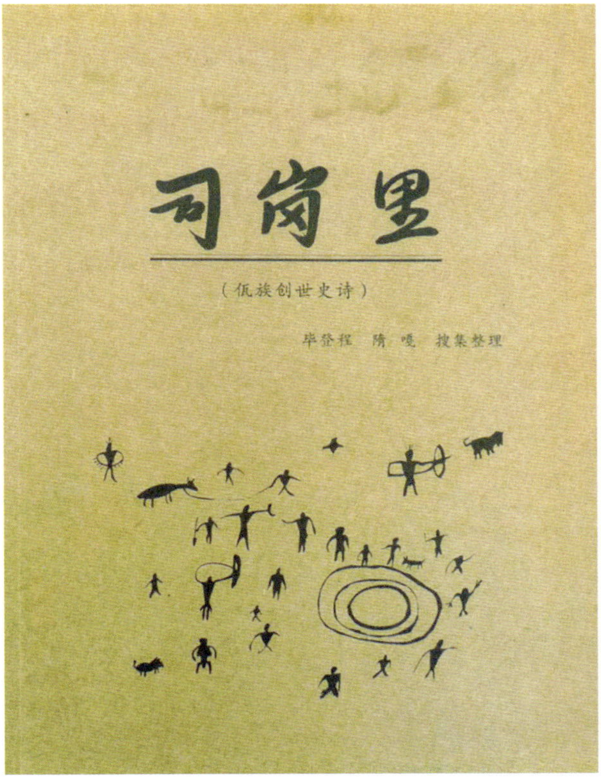

《司岗里》封面
（龙江莉　摄影）

《佤族历史与文化研究》封面
（龙江莉　摄影）

《佤族民歌》（汉佤文本）封面（龙江莉　摄影）

《佤族民歌》（佤文）封面（龙江莉　摄影）

《佤族民间歌曲》（佤文）封面（龙江莉　摄影）

《佤族民间故事》封面（龙江莉　摄影）

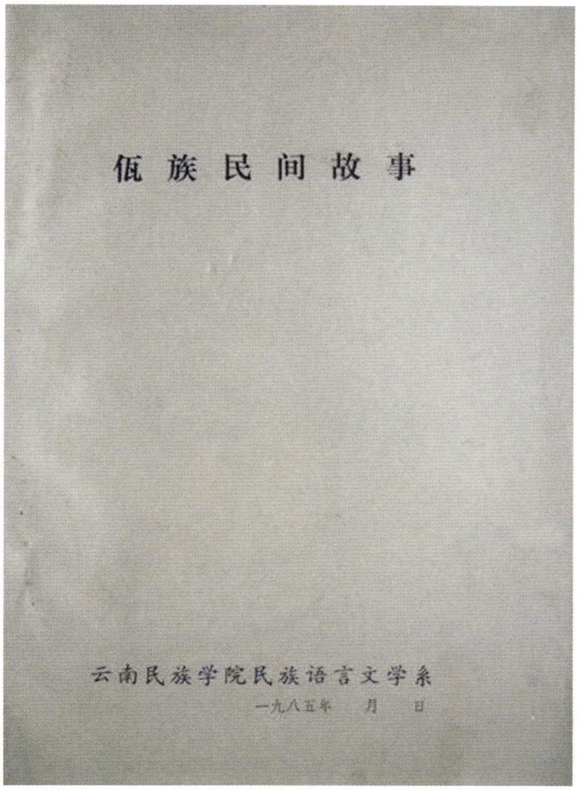

《佤族民间故事》（油印本）封面（龙江莉 摄影）

《佤族民间故事集成》封面（龙江莉 摄影）

《佤族民间故事选》封面（龙江莉 摄影）

《中华民族故事大系》封面（龙江莉 摄影）

《佤族社会历史与文化》封面（**龙江莉　摄影**）《佤族神话与历史传说》（佤文）封面（**龙江莉　摄影**）

《佤族文化大观》封面（**龙江莉　摄影**）

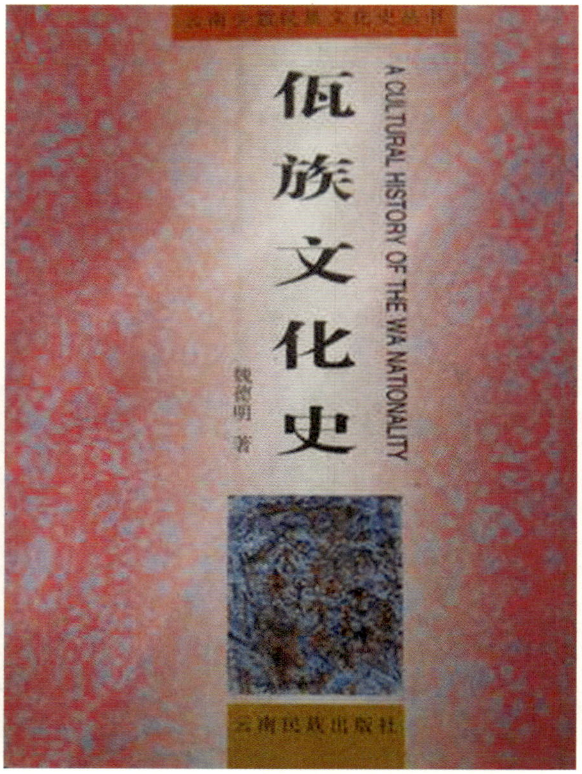

《佤族文化史》封面（**龙江莉　摄影**）

《佤族文化研究》（第一辑）封面（龙江莉　摄影）

《佤族文化研究》（第二辑）封面（龙江莉　摄影）

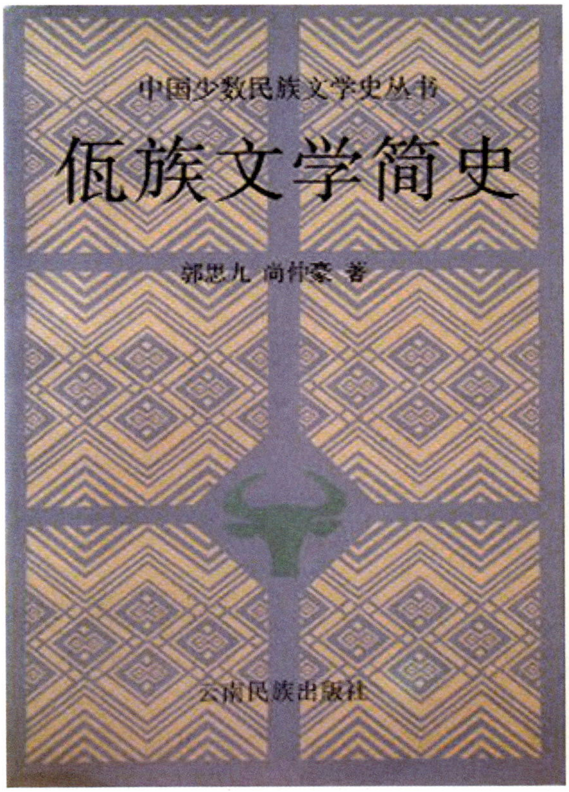

《佤族文学简史》封面（龙江莉　摄影）

《西盟佤族民歌》封面（龙江莉　摄影）

《西盟佤族民间故事》（佤文）封面
（龙江莉　摄影）

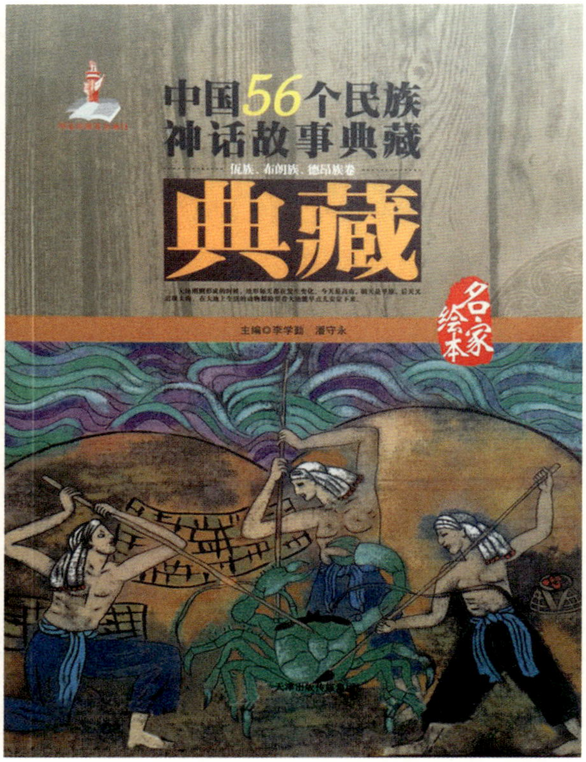

《中国 56 个民族神话故事典藏》封面
（龙江莉　摄影）

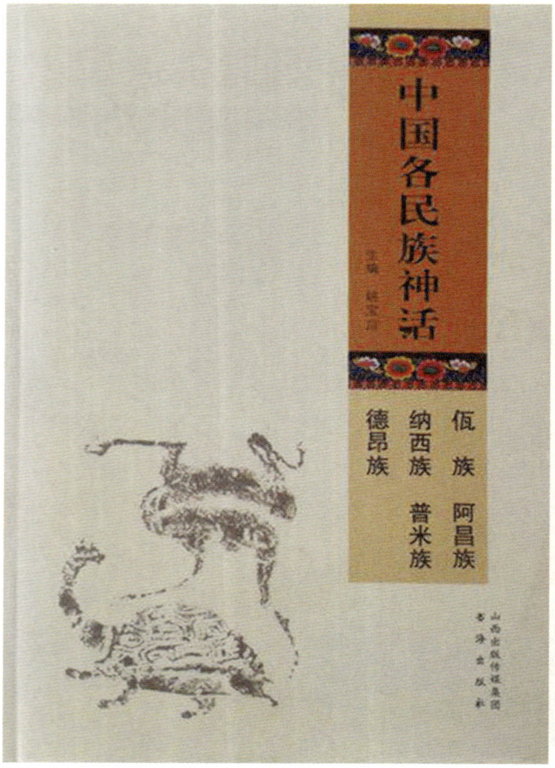

《中国各民族神话》封面
（龙江莉　摄影）

《中国佤族文化》封面
（龙江莉　摄影）

佤族舞蹈（杨庭　摄影）

曼来服饰（杨文武　摄影）

摸你黑节日（杨庭　摄影）

拉木鼓（杨文武　摄影）

木鼓舞（杨文武　摄影）

佤王宴（杨庭　摄影）

沧源佤族打歌（杨庭　摄影）

新米节之谷魂归来（杨文武　摄影）

火塘
（杨文武　摄影）

祭祀丛林
（李江龙　摄影）

芒阳古墓残片上的图案
（杨庭　摄影）

佤族祭神灵（杨庭　摄影）

佤族村寨活动场旁的牛尾桩（杨庭　摄影）

佤族寨桩（杨庭　摄影）

佤族传统粮仓（杨庭　摄影）

翁丁佤寨（杨庭　摄影）

翁丁民居（李江龙　摄影）

佤族新寨——糯良乡光荣新村（杨庭　摄影）

寨门（杨文武　摄影）

沧源天坑（杨庭　摄影）

书籍类

蛮书

10卷。唐樊绰撰。此书对唐代南诏的历史、政治、经济、军事、各民族生活习俗、山川、交通城镇及境外诸国进行了系统阐述。其中卷四《名类》中记载："望蛮外喻部落，在永昌西北。其人长大，负排持槊，前往无敌。又能用木弓短箭，箭镞傅毒药，所中人立毙。妇人亦跣足，以青布为衫裳，联贯珂贝巴齿真珠，斜络其身数十道。有夫者竖分发为两髻，无夫者顶后为一髻垂之。其地宜沙牛，亦大于诸处牛，角长四尺已来。妇人惟嗜乳酪，肥白，俗好遨游。""望苴子蛮，在澜沧江以西……矫捷，善于马上用枪铲，骑马不用鞍。跣足，衣短甲，才蔽胸腹而已。股膝皆露。兜鍪上插犛牛尾，驰突若飞。其妇人亦如此。南诏及诸城镇大将出兵，则望苴子为前驱。"描述了唐代佤族先民"望蛮""望苴子"的生活环境和风俗习惯。该书经历代刊刻、选录，流传至今版本众多，有清光绪十四年（1888年）会稽董氏木活字印本、清光绪中桐庐袁氏刻本、清光绪二十五年（1899年）广雅书局刻本等。本条辑自乾隆武英殿珍版原本影印本。本色宣纸，线装，楷体，墨书。页面24. 5厘米×15.7厘米，版框17.3厘米×13.2厘米，上下单栏，左右双栏，10行，每行22字。白口，有书名、页码。保存完好。今藏云南省社会科学院图书馆。

（龙江莉）

滇略

10卷。明谢肇淛撰。此书分版略、胜略、产略、俗略、绩略、献略、事略、文略、夷略、杂略十门，记载明代云南的疆域、山川风物、民风民俗、故实艺文、杂闻琐事等。其中卷九记载："哈杜，稍类哈剌，皆居山巅。"描述佤族先民"哈杜""哈剌"的异同与居住习惯。有华东师范大学图书馆藏抄本，1985年台湾"商务印书馆"影印本等。本条辑自云南少数民族社会历史研究所抄本。本色绵纸，线装，楷体，墨书。页面26.5厘米×18厘米，版框20厘米×14.5厘米，四周双栏，12行，每行22字。白口，有书名、鱼尾、卷次、页码、抄录单位名。保存完好。今藏云南省社会科学院图书馆。

（龙江莉）

滇志（天启）

33卷。明刘文征纂修。此书记载从古自天启年间云南的政治、经济、文化、山川、人物等方面的史实，是明代云南修撰的最后一部省志，也是最为完善的志书。其中卷三十记载："孟连长官司……蛮名哈瓦。""古剌，种类略同哈杜，蛮类哈剌，居山，言语不通。"记录佤族先民"哈瓦""古剌""哈剌""哈杜"等称谓的关系和异同。有北京大学图书馆藏清刻本、清抄本，1989年中央民族学院出版社影印本等。本条辑自云南少数民族社会历史研究所传抄天启五年（1625年）抄本。黄色贡川纸，线装，楷体，墨书，手抄本。页面26.3厘米×18厘米，版框19.5厘米×14厘米，上下双栏，左右单栏，12行，每行20字。白口，有鱼尾、页码、抄写单位。保存完好。今藏云南省社会科学院图书馆。

（龙江莉）

百夷传

1卷。明钱古训、李思聪撰。此书记载钱、李二人奉使，前往调解云南承宣布政使司各民族部落纠纷，途中见闻，其中记录了云南百夷、漂人、古剌、哈剌、缅人、结些、哈杜、怒人、蒲蛮、阿昌等民族、部落的风土人情。书中记载多为作者亲历目睹，史料可信，可补正史之缺。书中记载："哈剌，男子以花布为套衣，亦有百夷装饰者。妇人类阿昌，以红黑藤系腰数十围。哈剌……妇人髻在后，项系杂色珠，以娑罗布披身上为衣，横系于腰为裙。仍环黑藤数百围于腰上，行缠用青花布，赤脚。""古剌，男女色黑尤甚，男子衣服装饰类哈剌，以白布为套衣。""哈杜，巢居山林，无衣服，不识农业，惟食草木禽兽，善骑射，冷则抱巨石山坡间往复奔走，以汗出为度。”描述佤族先民“哈剌”“古剌”“哈杜”的衣食住行等生活习俗。本条辑自江应樑《百夷传校注》本，大32开，云南人民出版社1980年版。

（龙江莉）

云南通志（雍正）

30卷。清鄂尔泰、靖道谟修纂，乾隆元年（1736年）刻本。本书记载云南各民族社会、历史、风俗甚多。其中卷二十四载：“戛喇，永昌、腾越内外境俱有之。”“卡瓦，永、顺东南辣蒜江外有之，亦耕种，有寨落……披麻布，持利刃梭标……有生、熟二种，生者劫掠，熟者保路。”“戛喇，耕种类阿昌，居山巅，迁徙毋常，不留余粟。”描述清代佤族先民“戛喇”“卡瓦”的生活环境与生活习俗。本色绵纸，线装，楷体，墨书。页面25.7厘米×18.5厘米，版框22厘米×15.8厘米，上下双栏，左右单栏，10行，每行22字。白口，有书名、鱼尾、卷名、卷次、页码，间有残损。今藏云南省社会科学院图书馆。

（龙江莉）

讲唱类

一、神话传说

（一）神话

司岗里（一）

佤族创世神话。流传于云南省西盟佤族自治县和沧源佤族自治县。这是一组关于开天辟地、日月演化、人类起源、民族形成、婚丧嫁娶、语言文字的来历、物种驯化与种植、火的发现，以及某些民族习俗和宗教信仰的起因的神话，由二十二部分组成。讲述的是：天神木依吉造天，化身为太阳；天神伦用泥巴造地，化身为月亮。他们创造天和地以后，又创造了动植物。巨人达能创造了人类的始祖母妈农。洪水滔天之时，人躲进石洞才得以生存。人从石洞里出来后，分出了民族，区分了住处，有了语言和文字，学会了狩猎和农耕等农事活动，并有了婚恋、丧葬及砍牛尾巴、砍头祭祀木鼓等习俗。达老屈、达嘎、科窝朗、娜海、岩扫、岩班、岩瑞（又写作岩锐）讲述，隋嘎、艾荻、张开达等记译。收入《中国民间故事集成•云南卷》，16 开，10 页，14000 字，中国 ISBN 中心 2003 年版。

（海涛）

把天顶高的人

佤族自然神话。流传于云南省佤族地区。远古时，天地相距很近，人们随时可以上天去玩。有一天，太阳和月亮不知为什么争吵了起来。最后它们要比试本领，各自对准一塘水尽可能发出自己的热气。顿时，地上万物快被烤焦了，人们四处躲避。当时有个妇女正在舂米，她觉得太阳和月亮都很无理，一边大声咒骂它们，一边拿起手中的杵棒往碓里使劲捣，天像一口巨大的锅，被捣得摇摇晃晃要掉下来。这位妇女连忙举起杵棒，朝天猛顶了几下，天就被顶高了。天被顶高后，太阳和月亮便不再争吵了，地上也不热了，人们围着这位妇女又唱又跳，并管她叫“倍绝若玛”（把天顶高的人）。佚名讲述，李学宏搜集，李学宏、汪兴宝、李晋整理。收入《云南少数民族神话选》，32 开，2 页，840 字，云南人民出版社 1990 年版。

（龙江莉）

太阳、月亮和星星的由来

佤族自然神话。流传于云南省沧源佤族自治县。远古时，天地一片漆黑，人类就选出一名小伙子和一个小姑娘上天去求天神给予光明。小姑娘在鸡叫第一声时就上天了，而小伙子睡过了头，鸡叫第二声才醒来。他怕错过了时机，连衣服都来不及穿便上路了。结果，小姑娘得到了月亮，天神让她在夜间为万物照明；而小伙子一丝不挂，怕万物见了笑话，天神便赐予他太阳。随后，天神顺手一撒，天上便布满了星星。从此，天上便有了太阳、月亮和星星。佚名讲述，李学宏、古河记录。收入《佤族民间故事集成》，32 开，3 页，1400 字，云南民族出版社 1990 年版。

（海涛）

太阳与月亮的来历

佤族自然神话。流传于云南省孟连傣族拉祜族佤族自治县部分地区。远古时期，天就像倒扣在地上的土锅，一根很粗的铁链把天和地拴在一起。那时，没有白天和黑夜之分，天地间一片漆黑。后来，一个孤儿砍断铁链，分出天和地。但天地间仍没有光明，一只公鸡叫出了太阳。可是，两个太阳同时升起来，把大地都烤焦了，万物难以生存。孤儿又用弩箭射中其中的一个太阳，让它变成月亮。世上从此分出了白天和黑夜。达那讲述，岩平、剑刊记录。收入《佤族民间故事集成》，32开，3页，2100字，云南民族出版社1990年版。

（海涛）

达惹罕

佤族自然神话。流传于云南省沧源佤族自治县。很早以前，天神和地神为争夺地盘打了起来。天神被地神打败，一气之下，偷偷把太阳藏了起来，从此大地一团漆黑。眼看着天天都有人被冻死，达惹罕便派出自己的三个儿子上天去找太阳，结果都一去不复返。他只好亲自上天去找太阳。他凭着一把神刀和一双神鞋来到天上，打败了天神，救出自己的三个儿子，让天神把太阳重新放回了天空。佚名讲述，刘新春、陈玲玲记录。收入《佤族民间故事集成》，32开，4页，2800字，云南民族出版社1990年版。

（海涛）

人类的祖先

佤族创世神话。流传于云南省沧源佤族自治县。远古时期，世上仅有一人，他觉得孤独，便用泥土捏了两个小人。他把自己的嘴巴贴在泥人的嘴上一吹，泥人就动了起来，变成一个小男孩和一个小女孩。两个孩子长大后，受一条大蛇的诱惑，摘下树果吞吃。女孩吃下两颗果子，停在胸脯上成了乳房；男孩吃了一颗果子，卡在脖子上，成了喉结。之后两个人结婚生育，繁衍人类。洪水滔天时，人和动物躲在一艘木船上逃生，成了万物的祖先。肖门江等讲述，寿轩记录，王有明、黄伦翻译。收入《佤族民间故事集成》，32开，3页，1400字，云南民族出版社1990年版。

（海涛）

葫芦的故事

佤族创世神话。流传于云南省孟连傣族拉祜族佤族自治县部分地区。远古时期，地上没有人，只有飞禽走兽。在所有的动物中，豹子最凶猛，蚂蚱最灵活。不知过了多少日子，天上掉下来一个大葫芦。好奇的豹子咬开葫芦，从里面走出很多人，都被豹子吃了。蚂蚱跳起来叮咬豹子的屁股，将豹子吓跑。不久又有人一个一个地从葫芦里走了出来，从此大地上有了人类。岩山讲述，尹智记录。收入《云南民族民间文学集成·孟连佤族卷》，32开，1页，500字，云南民族出版社1993年版。

（海涛）

白老鼠咬豹子尾巴

佤族创世神话。流传于云南省孟连傣族拉祜族佤族自治县部分地区。古时候，人类被一面巨大的白铓盖在石洞里。天鬼派小米雀啄开大白铓，人类赤身裸体地从石洞里走了出来，但不一会儿他们就被豹子吃掉了。老鼠挺身而出，跳起来叮咬豹子的屁股，将它吓跑。又有人一个一个地从石洞里走了出来，从此大地上有了人类。所以佤族把老鼠看成是有功劳的动物，认为它偷吃人类一点粮食是天经地义的事。岩帮讲述，岩悬月记录。收入《云南民族民间文学集成·孟连佤族卷》，32开，2页，800字，云南民族出版社1993年版。

（海涛）

神树的儿子

佤族创世神话。流传于云南省孟连傣族拉祜族佤族自治县部分地区。古代有一棵叫“岗”的神树，不长叶也不发芽，每年都要从树干上生出一群人来。有些人生在上午，那时阳光温暖，孔雀在河边起舞。这些人就模仿孔雀的舞姿和声音，他们后来自称傣族。有些人生在下午，那时微风吹着树叶发出簌簌声，他们也学会发出这种悦耳的曲调，他们后来自称尼人。尼人喜欢住在小山坡上。有些人生在夜间，那时天漆黑一片，什么也看不见。这些人怕掉进河里，因而一个劲地往高山走，学着野兽的叫声，他们后来自称佤族。岩罗讲述，岩垮、召罕嫩记录。收入《云南民族民间文学集成·孟连佤族卷》，32开，2页，800字，云南民族出版社1993年版。

（海涛）

谁做天下万物之王

佤族创世神话。流传于云南省沧源佤族自治县。大地刚形成的时候，没有固定的形状。一只老蛤蟆将地变成像它的脊背一样，平滑无边。大水淹没了大地。后来，马鬃蛇让大地上既有高山又有平原，大水才退去。大家便一致推举它为天下万物之王。马鬃蛇死时，万物的哭声惹怒了天神，他将天板一个劲地朝下压。万物一片惊慌。一个舂米妇人顶高了天，固定了天板，天于是再也不会塌下来。从此，人类便成了天下万物之王。佚名讲述，埃嘎记录。收入《佤族民间故事集成》，32开，5页，2800字，云南民族出版社1990年版。

（海涛）

佤族的肤色为什么是黑的

佤族起源神话。流传于云南省孟连傣族拉祜族佤族自治县部分地区。第一个从洞里走出来的是佤人，他摇摇晃晃地跑去抱住芭蕉树，用树上的浆液涂在自己的皮肤上。汉族和傣族出来后，跑去抱住黑糊糊的树桩，将黑炭涂在自己身上。由于佤族身上的芭蕉树浆无法褪去，肤色就变成了黑色。汉族和傣族洗去了身上黑色的炭灰，皮肤就变成了浅色。叶丁讲述，薛端记录。收入《云南民族民间文学集成·孟连佤族卷》，32开，1页，300字，云南民族出版社1993年版。

（海涛）

人与蛇

佤族创世神话。流传于云南省沧源佤族自治县。古时候，最凶恶的动物是蛇，其他动物几乎被它吃光。智者决定拯救大地上的生灵，他要蛇在七天之内咬死一棵大树。蛇便张开大口咬住树身，花了三天就把树咬死了。智者一看急了，忙把绿斑鸠和小绿雀喊来，让它们歇在树上充当枝叶。于是七天之后，大树仍是“绿茵茵的”。蛇很不服气，使出自己最后的本领，吐出一大堆东西来。智者招来人和动物，叫他们吃蛇吐出的东西。大家吃了以后，都有了生存的武器，人有了指甲，牛有了蹄子和角，虎豹有了爪子，螃蟹有了夹子，穿山甲有了壳……蛇闭着双眼继续吐。智者又把它吐的东西分成若干份，让人们每人拿一份。这些东西一到人手上就变成了一本本书，于是人也就有了汉族、傣族和佤族之分。汉族和傣族把书拿回家后悉心保管，此后就有了汉文和傣文；而佤族用菜叶包书，不小心被猪吃了，就没有文字了。蛇吐完东西后睁开眼，发现人和动物都变了样，而自己再也不会说话了。不久漫山遍野的动物相互争吵、打闹。智者就决定让人和动物比试声音，若谁的声音大，便可以管理地上的万物。他悄悄将牛角送给人，人借助牛角发出了最大的声音，从此所有动物就归人管了。佚名讲述，李晋搜集、整理。收入《云南少数民族神话选》，32开，3页，1400字，云南人民出版社1990年版。

（龙江莉）

人为何不能长生不老

佤族创世神话。流传于云南省孟连傣族拉祜族佤族自治县部分地区。古时候，专司人类前途命运的神鸟死了。人们选择吉日，邀请天下所有能唱悲哀歌调的动物前来试唱，谁唱得好，就选谁来为神鸟主持葬礼仪式，并让它来决定人们的生死。经过试唱，大象和马鬃蛇被选中了。后来，人们接受了马鬃蛇的提议：人间有生有死，人必须辛勤劳动才能生存下去。岩佳讲述，彭春兰、召罕嫩记录。收入《云南民族民间文学集成·孟连佤族卷》，32开，2页，1000字，云南民族出版社1993年版。

（海涛）

孩子为什么由女人生

佤族创世神话。流传于云南省孟连傣族拉祜族佤族自治县部分地区。古时候由男人生孩子，可他们分娩时非常痛苦，且生下的都是蟋蟀。有位女人见状，便用手指从男人的膝盖上蘸了点血，放在嘴里吮吸。不久，她就怀孕了，十个月后，生下一个男孩。从此以后，男人就不再怀孕生育，而由女人来完成这项任务。岩佳讲述，彭春兰、召罕嫩记录。收入《云南民族民间文学集成·孟连佤族卷》，32开，1页，400字，云南民族出版社1993年版。

（海涛）

青蛙大王与母牛

佤族创世神话。流传于云南省沧源佤族自治县。有一天，人类的首领达惹嘎木去赶街，从青蛙大王那里得知洪水要淹没大地的消息。几天以后，洪水滔天，他牵着一头小母牛躲进了大猪食槽内，得以逃生。后来，他得到天神点拨，与母牛婚配，生下一粒葫芦籽。葫芦籽种下后发了芽，长出了藤。达惹嘎木沿着葫芦藤一直走到司岗里这个地方，看见一个小山一般大的葫芦。他剖开葫芦，从里面依次走出了佤族、白族、傣族、汉族等人，以及其他各种大小动物。从此，人类得以繁衍。肖则贡讲述，学良记录。收入《佤族民间故事集成》，32开，5页，3200字，云南民族出版社1990年版。

（海涛）

洪水的故事

佤族创世神话。流传于云南省孟连傣族拉祜族佤族自治县部分地区。洪水滔天后，大地上仅存一对兄妹。一天，从天上突然降下一群人。他们个子矮小，见到兄妹俩很奇怪，围过来又摸又看，竟将哥哥捏死了。后来，妹妹与那些矮人结合，生下了不少娃娃，她的子子孙孙便繁衍下来。渐渐地，大地重新热闹起来，人类获得再生。岩行讲述，召罕嫩记录。收入《云南民族民间文学集成·孟连佤族卷》，32开，1页，400字，云南民族出版社1993年版。

（海涛）

射日（一）

佤族自然神话。流传于云南省西盟佤族自治县。古代，大地上只有白天，没有夜晚。太阳整日喷吐烈焰，田地被晒得龟裂，花草树木枯萎，人们不堪其苦。一个小伙子搭弓射箭，把太阳射成两半，溅出的火花变成星星。太阳的两半飘荡在空中，互相争吵起来，谁也不愿当月亮。它们只好比赛晒谷子。其中的一半太阳钻进谷堆，很快晒干了谷子，便成了太阳；而另一半则挂在天上，地下的谷子干得慢，它只好当了月亮。星星有了，月亮有了，可太阳躲在谷堆里老不出来，最后是大公鸡将它唤了出来。岩米讲述，宁默记录。收入《佤族民间故事集成》，32开，3页，2100字，云南民族出版社1990年版。

（海涛）

母猪射日

佤族自然神话。流传于云南省孟连傣族拉祜族佤族自治县部分地区。古时候，天上有两个太阳，天与地相距很近，一个老母猪生的十个小猪全被太阳烤死了。老母猪一气之下，找来最硬的弩，用箭将其中一个太阳的眼睛射瞎。这个太阳失去了往日的光辉，只敢在夜里出来，就变成了今天的月亮。而另一个太阳被公鸡唤醒，在白天送给人们光明。从此，天上有了太阳和月亮，人间分出了白天和黑夜。岩罗讲述，岩垮、召罕嫩记录。收入《云南民族民间文学集成·孟连佤族卷》，32

开，3 页，1300 字，云南民族出版社 1993 年版。

（海涛）

天上怎么有月食

佤族自然神话。流传于云南省佤族地区。孤儿艾奈二十好几了，还没有娶上媳妇。一天，他看见一条受伤的蛇在一棵草上扭动几下身子，伤口立刻愈合了。他觉得奇怪，便上前去看。原来那草是一棵灵芝，他便把它连根拔起带回家。在路上，他用灵芝先后救活了一只死乌鸦和一只死马鹿。后来，他便行起医来。一次，一个官家的小女儿死了，一位婆子把艾奈领来了。官家对艾奈说："要是你真的把我女儿治活了，我就把她嫁给你。"艾奈用灵芝让死人活过来。官家不兑现自己的诺言，艾奈便与他理论。官家没有办法，只得同意艾奈与女儿成亲，但他必须拿三个一样大小的凤凰蛋、三对一样轻重的野象牙来做聘礼。这可把艾奈难住了，他只好大声叫喊乌鸦和马鹿来帮忙。乌鸦送给他三个一样大小的凤凰蛋，马鹿拿来三对一样轻重的野象牙。官家还想出难题，但他的小女儿却拉着艾奈的手走了。两人成亲后，妻子在家纺纱织布，丈夫在外犁田干活，日子过得很美满。有一天，妻子的姐姐来看妹妹，要瞧瞧那起死回生的灵芝。妻子一时忘记了丈夫的嘱咐，拿出灵芝，让姐姐看。恰好让天上的月亮发现，下来把灵芝偷走了。艾奈回家得知这一消息后，唤来豺狗，架起梯子，让它爬上月亮要回灵芝。月亮耍赖，豺狗就咬它。豺狗咬了月亮，它就少了一块。月亮便用灵芝擦伤口，又复明了。这就是月食的由来。佚名讲述，王敬骝搜集、整理。收入《云南少数民族神话选》，32 开，6 页，4300 字，云南人民出版社 1990 年版。

（阿南）

家养的禽畜都是女人牵来的

佤族起源神话。流传于云南省沧源佤族自治县。很久以前，人与其他动物一起从葫芦里来到地面，靠采摘树果草叶生活。那时，为了追捕野兽，所有的人都倾巢出动，拿着木棒、石头，撵的撵，截的截。女人除了系上裙子的腰带外，每人腹部还绑着一条带子。当走投无路的野兽飞禽撞到女人面前时，她们便解下带子，捆住它们，将它们带回家，圈养在山洞周围。日子一久，这些野兽飞禽便成了人类的家畜家禽。达布勒讲述，梁红伟记录。收入《佤族民间故事集成》，32 开，4 页，2300 字，云南民族出版社 1990 年版。

（海涛）

兄妹神

佤族自然神话。流传于云南省沧源佤族自治县。从前有兄妹俩，哥哥叫鹿埃姆，妹妹叫鹿埃松。他们从海底取回谷种，又教人们用石头互相撞击取火。鹿埃松看到岩燕做巢，也学着做，人们就有了房子住。兄妹成婚后，旱谷长得不好，并不断有人死亡。看到这种情况，妹妹便离开哥哥，在班洪境内住了下来。兄妹俩死后，分别变成阿佤山系的南北两座大山：哥哥为缅甸的公明山，妹妹为班洪部落的焦山。现在佤族每年仍然要祭祀这两座山。白老大讲述，张云记录。收入《佤族民间故事集成》，32 开，3 页，2100 字，云南民族出版社 1990 年版。

（海涛）

谷子的来历

佤族起源神话。流传于云南省西盟佤族自治县。从前，佤族不知道有谷子。一条大蛇从水塘里衔来谷种，却被斑鸠叼走了。一个农夫用箭射死了斑鸠，在它的嗉囊里找到那粒谷种，随手丢在地上。秋天到了，地里长出一片金灿灿的谷子。农夫夫妇十分惊奇，剥下谷子的壳，尝尝壳里的东西，觉得又香又甜。他们便把所有的谷穗背回家，分给全寨子的人。来年，全寨的人都在地里种上了新的谷种。谷子的名称，是人们根据斑鸠的叫声取的。俄不拉讲述，颖松记录。收入《佤族民间故事集成》，32开，5页，3000字，云南民族出版社1990年版。

（海涛）

我们是怎样生存到现在

佤族起源神话。流传于云南省西盟佤族自治县。远古时，人类在一个叫翁铺的地方发现了谷种。又过了许多年，山上起大火，人吃到烤熟的兽肉，便形成吃熟食的习惯，并留下了火种。人们发现，如果在火烧过的地方种谷子，长势特别好，于是就在坡地上砍倒大树，让它们枯萎，用火烧过后，用竹子松土，再撒谷种。后来，人们又在一个叫养不累的地方学会拿草来盖房子。有一次，火种突然被大雨淋灭了。人在雷神的点拨下，用藤条拉木头，又取到了火种。佚名讲述，潘春辉记录。收入《佤族民间故事集成》，32开，3页，1400字，云南民族出版社1990年版。

（海涛）

佤族从前为什么没有文字

佤族起源神话。流传于云南省沧源佤族自治县。很久以前，佤族、傣族、汉族是由一母所生的三兄弟。他们长大后一同去找智慧老人学习文字，学完各自踏上了归程。老大佤族往西南走，途中饿得实在没有办法，便将写有文字的牛皮煮着吃了。所以后来佤族只有语言而没有文字。老二傣族在往南走的路上遇到了大雨，写有文字的软布被淋湿了，变成了今天的傣文。老三一直朝北走，有一天来到一个部落，在那里当教师。他拿出写有文字的纸，教那个部落里的人学习汉语和汉字。这个部落的后代就是今天的汉族。曾光明讲述，北斗整理。收入《佤族民间故事集成》，32开，3页，2100字，云南民族出版社1990年版。

（海涛）

佤族过去为什么没有文字

佤族起源神话。流传于云南省孟连傣族拉祜族佤族自治县部分地区。很久以前，地球上各个民族都没有自己的文字。有一天，专管文字的天神准备召集各民族，叫他们前来领取自己的文字。负责通知佤族的阳雀中途多喝了几杯水酒，认为佤族人很聪明，不再需要文字，便没有通知他们派人去领文字。等佤族知道这事以后，其他民族派去的人已经从天神那里领走了文字。天神的纸也用完了，他只好把分给佤族的文字记在牛皮上。那年恰逢饥荒，佤族派去的人就把那张牛皮烧着吃了。从此，佤族就没有自己的文字了。艾佳讲述，彭春兰、召罕嫩记录。收入《云南民族民间文学集成·孟连佤族卷》，32开，1页，600字，云南民族出版社1993年版。

（海涛）

七兄弟

佤族起源神话。流传于云南省沧源佤族自治县。远古时，世界上住着同胞七兄弟，他们的性格、爱好各不相同，老大文静，老二能歌善舞，老三喜欢骑马，老四喜欢水，老五喜欢在山坡上种植树木，老六喜欢在半山坡上放牧牛羊，老七想看整个世界，所以非常向往攀登最高的山峰。七兄弟长大成人，离开父母，分别和七个姑娘成了亲。几年后他们各自带着自己唯一的孩子来看望父母。根据他们各自献上的礼物，爷爷给大孙子取名叫“汉”，给二孙子取名叫“白”，给三孙子取名叫“彝”，给后面四个孙子分别取名“傣”“哈尼”“拉祜”和“佤”。这就是今天这七个民族的由来。佚名讲述，康复昆记录。收入《佤族民间故事集成》，32开，4页，2400字，云南民族出版社1990年版。

（海涛）

地震的由来

佤族自然神话。流传于云南省孟连傣族拉祜族佤族自治县部分佤族聚居区。很久以前，地震是人类的父亲。有一年，地球出现了罕见的灾荒，地震很着急。为了一家人的生计，他上山打猎去了。等他打到猎物走出山林时，屎壳郎骗他说他的儿子饿死了。地震一听，跌跌撞撞跑回家，来不及上楼，就抱着屋柱边痛哭边使劲摇晃。这么一摇，屋里的人都哭叫起来，地震才知道他的儿子还活着。现在发生地震，就是人类的父亲来探听他的孩子们是否还活着而造成的。岩佳讲述，彭春兰、召罕嫩记录。收入《云南民族民间文学集成·孟连佤族卷》，32开，2页，1000字，云南民族出版社1993年版。

（海涛）

（二）人物与史事传说

公明山

佤族人物传说。流传于云南省西盟佤族自治县。三国时，诸葛亮带领大军来到普洱一带，遭到了佤族的阻挡。蜀军不能进山，就约佤族头人前来山下商谈。头人同意。双方喝酒为盟，头人同意让诸葛亮“一箭之地”：诸葛亮的箭射到哪里，他的大军就可以到哪里。没想到，诸葛亮张弓放箭，箭直飞进阿佤山，射中阿佤山的顶峰莱姆山。要不是莱姆山阻挡，这箭说不定能穿过整个阿佤山。佤族头人惊呆了，整个阿佤山沸腾起来，到处响起了铜鼓声、铓锣声，欢迎诸葛亮进山，蜀军得以穿过阿佤山。从此，莱姆山改名为孔明山，因“孔”字和“公”字同韵，后人又称其为公明山。佚名讲述，高立旗记录。收入《佤族民间故事集成》，32开，2页，1400字，云南民族出版社1990年版。

（海涛）

达董包

佤族人物传说。流传于云南省沧源佤族自治县部分地区。一百多年前，达董包带了几个徒弟，从大理来到阿佤山传播佛教。他们最后到达了岩帅，每到一个寨子，就宣传佛教教义，劝佤人不要猎头祭谷。佤人听了达董包的话，不再砍人头祭鬼。大家都很喜欢他，欢迎他进寨子去住。后来达董包还教佤族种植水稻、打制斧子。他死后，佤族把他的事迹编成歌调来弹唱。赵块敌讲述，沈应明、尚仲豪记译。收入《沧源县佤族故事选》，32开，3页，1000字，中共沧源县委宣传部、云南民族民间文艺沧源调查队1960年编印。

（海涛）

两把神刀

佤族人物传说。流传于云南省施甸县。明朝万历年间，永昌参将邓子龙将军率部保卫边关。有一次，敌人用“象群战”向邓将军阵营发起进攻，双方一直处于胶着状态，邓将军愁眉不展。一个叫阿兴的佤族士兵在撤退时，为照顾发疟疾的同伴掉了队，眼看象群就要到来，两人急忙躲在桥洞下。匆忙间，阿兴的酒壶塞掉了，米酒洒了一路。敌军头领骑在头象背上来到桥旁，头象嗅到米酒的香甜，伸着长鼻子一路走了过来，阿兴趁机挥刀砍下象鼻，头象受伤后发狂地冲向象群，顿时象群乱作一团，敌军大多被踩踏至死。邓将军赢了此战，便奖励功臣阿兴一对神刀。后来，阿兴告老还乡，将两把神刀放在家乡的山路口，保佑来来往往的人们。佚名讲述，晓黎、一凡搜集、整理。收入《佤族民间故事集成》，32开，4页，2600字，云南民族出版社1990年版。

（龙江莉）

佤山银矿的故事

佤族史事传说。流传于云南省沧源佤族自治县部分地区。两百多年前，石屏人吴尚贤听说沧源的班洪、班老一带有矿，便不远千里来到这些地方。班洪部落的酋长见他为人忠厚，便要他留下来。吴尚贤同意了。两人合办银厂，取厂名为“茂隆银厂”。他们在焦山、湖广、炉房等地支炉炼银。吴尚贤还引进来许多马帮商队。马帮商队从内地驮来粮食、棉布、针线、盐巴，又从阿佤山驮走鹿茸、象牙、虎骨等土特产品；佤族还从汉人那里学会了种水稻，饲养鸡、猪，种菜，以及使用铁三脚架煮饭菜等技术。肖老大、张老大讲述，张云记录。收入《佤族民间故事集成》，32开，8页，5000字，云南民族出版社1990年版。

（海涛）

愚蠢的英国兵

佤族史事传说。流传于云南省沧源佤族自治县。清朝末期，在怒江边，英国兵抬着洋枪、黑炮想霸占阿佤山。佤族人民想出一个打败敌人的办法。他们把牛皮挂在树上，后面只隐藏一个人。等英国兵来时，这个人就胡乱放几枪，然后跑开。英国兵果然上当，以为牛皮后面有不少当地群众，就集中火力朝牛皮打。佤族人民却绕到敌军的背后袭击他们。最后英国士兵连枪都不要就跳进江里，拼命地往江对岸逃跑。胡玉环讲述，郭思九记录。收入《佤族民间故事集成》，32开，2页，700字，云南民族出版社1990年版。

（海涛）

刺客

佤族史事传说。流传于云南省沧源佤族自治县。19世纪末20世纪初，有两个刺客准备刺杀佤族王子，可他们被王宫身带武器的家丁吓坏了，便如实告诉王子，某年某月英国兵将分四路攻打他的部落。得到这一消息，班洪的佤族人民提前在英国兵必经的路上设下埋伏。当英军到来的时候，王子就命令村民射出一支支毒箭，走在敌军前面的大象中箭后掉头就跑。象脚踩在碓窝上，碓窝往下滚，压死了许多英国兵。剩下的敌人也吓得丢下枪，抱着脑袋狼狈地逃跑了。高耀星讲述，冯寿轩记录。收入《佤族民间故事集成》，32开，3页，1900字，云南民族出版社1990年版。

（海涛）

头人与传教士

佤族史事传说。流传于云南省沧源佤族自治县。一百多年前的一天，阿佤山上的户公寨来了两个英国传教士。他们一进寨子，就说自己是上帝派来的，要大家信奉基督教，以后死了好升天。两人的话音未落，只听见牛角号响起，信使传来佤族王子的口信。王子命令两个传教士马上离开，再不走，就要“刀剑相送”。两个传教士只得灰溜溜地离开了。高耀星讲述，冯寿轩记录。收入《佤族民间故事集成》，32开，2页，700字，云南民族出版社1990年版。

（海涛）

格里糯传授文字

佤族史事传说。流传于云南省孟连傣族拉祜族佤族自治县部分地区。古时候，有位叫格里糯的智人来到阿佤山，准备给佤族传授文字。他见佤人用丝瓜络垫甑底，用细竹管吸水酒，便认为他们很聪明，不用教什么了。他把文字传给了汉族和傣族。他死后，各民族都争着为他祭灵送葬。大家争来争去，争不出什么结果，只好把他的尸体分解。汉族负责埋葬头，傣家人负责埋葬脚，其他民族也各分得一块骨头埋葬，因而，后来出现了各民族之间发展有快有慢的现象。叶丁讲述，岩平记录。收入《云南民族民间文学集成·孟连佤族卷》，32开，1页，600字，云南民族出版社1993年版。

（海涛）

（三）风俗传说

新米节的传说

佤族风俗传说。流传于云南省西盟佤族自治县。很久以前，旱谷、小红米与金子、银子一起住在地面上。有一回，为了抢地皮，它们争吵起来，金子、银子动手打了旱谷、小红米。旱谷和小红米一气之下就跑了。从此，人们就没有吃的了。天神牙董就让佤人去森林里把旱谷找回来，要蛇和蚂蟥去河里把小红米请回来。金子、银子认为自己冒犯了人类，无脸见他们，就钻到地下躲起来。人们为了谢恩，在每年谷子成熟的时候，都要举行祭祀牙董和谷神的仪式，新米节便流传至今。隋嘎讲述，贝叶春、艾荻记录。收入《佤族民间故事集成》，32开，2页，1200字，云南民族出版社1990年版。

（海涛）

佤族新米节的由来

佤族风俗传说。流传于云南省孟连傣族拉祜族佤族自治县。佤族从山洞里出来后，最初是靠野果树叶填饱肚子的，后来学会用棍棒打野兽为生。很多年后，佤族祖先喏木奶奶找到了谷子和小红米的种子，人们就开始种植它们。后来，谷种和女神搁若互不服输，都认为自己比对方高一等。谷种受到欺负，一气之下跑到山里躲了起来。这样人们就经常挨饿。最后，水牛和马鬃蛇把它请了回来。人们听从马鬃蛇的话，每年丰收，都要敬奉谷神，从此新米节流传下来。岩着讲述，岩薛端记录。收入《云南民族民间文学集成·孟连佤族卷》，32开，3页，1300字，云南民族出版社1993年版。

（海涛）

新火节的传说

佤族风俗传说。流传于云南省西盟佤族自治县。雷神达赛和虹神牙远兄妹通奸，引来大水。洪水退后，人畜又遭遇瘟疫，谷子长不好。天神莫伟将达赛撵回天上。牙远觉得害羞，钻到地里，后来变成了彩虹。她每年只出来两三次，而且总是在暴雨之后。达赛和牙远生有一子，名叫岩秋。有一次，他在敲石子玩的时候，不小心引发了大火。人们恨透了他，发誓不再使用雷神之火。天神莫伟很同情人类，便教给人们钻木取火的方法。从此，佤族每年都要举行“送旧火、造新火”的活动，久而久之，就形成了传统节日——新火节。隋嘎讲述，叶春、艾荻记录。收入《佤族民间故事集成》，32开，2页，1100字，云南民族出版社1990年版。

（海涛）

佤族泼水节的传说

佤族风俗传说。流传于云南省沧源、双江、澜沧等地的佤族聚居区。很早以前，人们过年不祭祀神鬼。神鬼发怒了，便不准龙王播雨。天下连续几年大旱，人们没水灌田，活不下去了。有一天，七个姑娘在一个落水洞内发现一股清泉哗哗往外流。为了解救受困的佤人，她们紧紧抱成一团，堵住了落水洞。天长日久，七个姑娘变成七块大石头。后来，每年旱季刚过雨季将来之时，佤族都要过泼水节，一来为了缅怀七个姑娘，二来祈求一年五谷丰登、六畜兴旺。保小红、魏安讲述，高冀记录。收入《佤族民间故事集成》，32开，2页，1200字，云南民族出版社1990年版。

（海涛）

长刀的传说

佤族风俗传说。流传于云南省澜沧拉祜族自治县佤族聚居区。佤族住在海边时，有一位靠打鱼为生的佤族老人不幸被龙王害死了。他的两个儿子历经千辛万苦，终于打败了龙王。为了活命，龙王答应送给兄弟俩土疙瘩、马牙石、长棍和短棍。兄弟俩回到人间后，土疙瘩变成了谷子，马牙石变成了猪、牛，长棍、短棍分别变成了长刀、小刀。从此，佤族就有了长刀，既可作生产工具，又能作防身武器。魏大讲述，刘文化记录。收入《佤族民间故事集成》，32开，4页，2700字，云南民族出版社1990年版。

（海涛）

食盐的来历

佤族风俗传说。流传于云南省孟连傣族拉祜族佤族自治县部分地区。一个偏僻的山寨里住着祖孙四人，奶奶娅排老了，孙子们都不让她下地干活，只叫她在家里做饭。奶奶煮出的饭菜很好吃，孙子们问其因，可她就是不说。许多年以后，娅排要死了。临终前，她让孙子们把她埋葬在一眼山泉旁，并告诉他们，山泉会流食盐，正是用它煮菜，菜才合口味。从此，娅排的名字永远和盐连在了一起，她也成了佤族巧妇的代表。岩佳、岩行讲述，彭春兰、召罕嫩记录。收入《云南民族民间文学集成·孟连佤族卷》，32开，2页，1000字，云南民族出版社1993年版。

（海涛）

棺材舞的传说

佤族风俗传说。流传于云南省西盟佤族自治县。远古之时，世上的动物都只有生没有死。后来，动物们听从马鬃蛇的建议，有了生老病死。马鬃蛇死的时候，动物们都很悲痛，围着棺材唱歌跳舞，并要求牛和人比赛，谁输就用谁做祭品。结果人凭智慧和勇敢斗败了牛，牛便做了马鬃蛇的祭品。人胜利后，感到很自豪，觉得动物们悼念马鬃蛇的祭祀活动很有趣，也加入祭祀的队伍，在马鬃蛇的棺材旁跳舞。后来，当人死时，其他人也要在死者的棺材旁跳舞，棺材舞就流传下来了。岩黑郎讲述，刘国瑞记录。收入《佤族民间故事集成》，32开，3页，1600字，云南民族出版社1990年版。

（海涛）

砍头祭谷的传说

佤族风俗传说。流传于云南省孟连傣族拉祜族佤族自治县部分地区。很久以前，佤族姑娘娜安嫁给了汉族寨子一个叫卡的年轻人。播种季节，娜安的弟弟岩干朗去向姐夫讨谷种，姐夫将煮熟的谷种给了他，并告诉他说，如果他能种出谷子，愿拿自己的人头去祭天神。后来在姐姐的帮助下，岩干朗又得到了好谷种。几个月后，长出来的谷子苗枯黄枯黄的，岩干朗束手无策。有一对佤族小孩便砍了蛇头去祭田地，岩干朗种的谷子就抽出穗来。他将这事告诉了全寨子的人，人们就砍了卡的人头祭祀谷子。后来一段时期内，佤族就有了砍人头祭谷的陋习。岩坎讲述，张定明记录。收入《云南民族民间文学集成·孟连佤族卷》，32开，2页，1200字，云南民族出版社1993年版。

（海涛）

看鸡卦的传说

佤族风俗传说。流传于云南省西盟佤族自治县。很早以前，太阳长时间不落山。有一次，佤族汉子马了去铲地，他连续把十几个山头铲光了，可天还是大亮。一气之下，他搭弓放箭，将太阳射了下来。可天黑下来后，一直不见天亮，人们毫无办法。最后，还是公鸡把天叫亮了。佤人为了铭记公鸡的功绩，就把它的两只腿骨挂起来作为纪念，并经常观察它们上面有几个洞，以此作为预测事情好坏的征兆。佚名讲述，冯金光记录。收入《佤族民间故事集成》，32开，3页，1500字，云南民族出版社1990年版。

（海涛）

待客习俗的传说

佤族风俗传说。流传于云南省澜沧拉祜族自治县佤族聚居区。远古的时候，有个姑娘心肠非常好，人人都叫她“甜心姑”。甜心姑出嫁后，还是照样乐意助人，人们又叫她“甜心嫂”。有一天，甜心嫂给上山干活的丈夫送饭，在半路上遇见一个叫花子，便将饭给他吃了。这使得在地里干活却没饭吃的丈夫非常生气，打了她一顿。就在这天晚上，被叫花子摸过的木碗竟变成了金碗。甜心嫂得了金碗却没独占，她拿去换了许多锄头、镰刀，分给全寨子的人。后来，效仿甜心嫂的佤人越来越多，佤族好客的习俗慢慢地形成了。魏国祥讲述，刘文华记录。收入《佤族民间故事集成》，32开，3页，1700字，云南民族出版社1990年版。

（海涛）

阿佤人为何不吃红金鱼

佤族风俗传说。流传于云南省孟连傣族拉祜族佤族自治县部分地区。一对佤族双胞胎自幼相依为命，没有其他亲人。后来他们认识了一个与自己相貌很相近的人，并在这个人的指点下，种粮粮满仓，种果果实累累。一天，哥哥和这个朋友到河里洗澡，让弟弟在岸上看管衣服。下水前，朋友对弟弟交代，哪怕是天下大雨，也千万不要将衣服收起来。不一会儿果真下起了大雨，弟弟忘了朋友的话，忙将衣服收起来。结果河水猛涨，淹没了洗澡的两个人，人们看见水里游动着两条红金鱼。从此，佤族都说红金鱼是人变成的，不能当菜吃。叶格讲述，岩薛端记录。收入《云南民族民间文学集成•孟连佤族卷》，32 开，2 页，800 字，云南民族出版社 1993 年版。

（海涛）

男人为什么要打猎

佤族风俗传说。流传于云南省沧源佤族自治县。很早以前，世上的动物都由男人饲养。有一年过年时，男人们忙于喝酒，动物没人照料，都跑上山去了。从此，男人们只好背上猎枪或弩箭，到山上去打野兽。佚名讲述，李西屏记录。收入《沧源县佤族故事选》，32 开，1 页，250 字，中共沧源县委宣传部、云南民族民间文艺沧源调查队 1960 年编印。

（海涛）

佤族姓氏的形成

佤族风俗传说。流传于云南省沧源佤族自治县。远古的时候，佤族人没有姓氏，只分岩（老大）、尼（老二）、三木（老三）、赛（老四）……氏族和家族出现后，他们才有了姓氏。佤族的姓氏，有的依照祖先的职务，有的根据居住过的地方，有的来源于特殊的自然现象，等等。此外，也有的佤人不用姓，只是以男女出生时的排行加上时辰或父母的命名。由于近几百年的民族融合，在阿佤山的佤族人出现了一些汉人的姓氏，如李、胡、赵、王、陈等。对这些姓氏的由来，还有不同的传说。佚名讲述，高登智记录。收入《佤族民间故事集成》，32 开，11 页，7500 字，云南民族出版社 1990 年版。

（海涛）

一锅萝卜丢一条人命

佤族风俗传说。流传于云南省孟连傣族拉祜族佤族自治县部分地区。有一天晚上，两个商人和一个窃贼同宿一个房间。两个商人独食路上捡到的一锅萝卜，窃贼上前讨吃，遭到百般羞辱。一年之后，窃贼拦路抢劫，正遇上羞辱他的两个商人中的一个，一气之下，砍下了他的人头。人们知道这件事后，都说这是吃独食的结果。从此，佤族形成一种有肉大伙同吃、有酒大伙同喝，与人为善的良好风俗。佚名讲述，岩佳、彭春兰、周彪记录。收入《云南民族民间文学集成•孟连佤族卷》，32 开，2 页，800 字，云南民族出版社 1993 年版。

（海涛）

傣族哥哥和佤族弟弟

佤族风俗传说。流传于云南省孟连傣族拉祜族佤族自治县部分地区。人从葫芦里出来后，决定分家。汉族拿了书，拉祜族拿了粑粑，哈尼族拿了裙子。最后的两样东西由傣族哥哥和佤族弟弟分。本来是佤族拿犁耙，可是被傣族哥哥硬抢了过去。佤族弟弟只好拿碗，于是头人就让他住在坝子里。傣族哥哥又提出建议：谁在坝子里种谷子，谁就住在坝子里。他将煮熟了的谷子拿给佤族弟弟种，自己却种生谷子。结果，他的谷子长出来了，佤族弟弟只好搬到山上去住。岩山讲述，尹智记录。收入《云南民族民间文学集成•孟连佤族卷》，32 开，2 页，800 字，云南民族出版社 1993 年版。

（海涛）

佤族村寨住在山顶的由来

佤族风俗传说。流传于云南省孟连傣族拉祜族佤族自治县部分地区。远古的时候，佤族、拉祜族和傣族是亲兄弟，那时他们都居住在坝子里。后来，三兄弟都娶妻生子，便分了家。父母让老大他们搬到山上，让老二一家住在半山腰，考虑到老三年小体弱，便留在自己身边。天长日久，分到山顶居住的老大家族就变成了今天的佤族，住在半山腰的老二的儿孙演化成今天的拉祜族，住在平坝的老三就成了傣族的祖先。现在佤族仍然保留着这样的传统：兄弟多的家庭，凡是大的，结婚以后都得分家出去，最小的则留在家中赡养父母。叶木龙讲述，艾佳、周德竹记录。收入《云南民族民间文学集成·孟连佤族卷》，32开，2页，800字，云南民族出版社1993年版。

（海涛）

（四）风物传说

水酒的来历

佤族风物传说。流传于云南省沧源佤族自治县。从前有位老妇人，每天下地干活都要带上一包用芭蕉叶包的冷饭做午饭，时间一长，那冷饭就发了酵，有一股甜酸味。后来，她学会用发酵的冷饭做酒药。这事慢慢传开了，佤族学会了酿制水酒的方法：先把粮食煮熟，撒上酒药，然后用芭蕉叶包好发酵。不久，做水酒的人越来越多，并慢慢传给周围的其他民族。因达们讲述，因达庆记录。收入《佤族民间故事集成》，32开，1页，700字，云南民族出版社1990年版。

（海涛）

沧源崖画的传说

佤族风物传说。流传于云南省沧源佤族自治县。远古之时，刚从石洞里出来的人什么也不会做。洪水滔天时，为了让后人知道自己是怎样生活的，一些先人就把牛血和红色的石粉混在一起当颜料，在崖石上画下他们生活的图画。洪水退了以后，在天神的授意下，一个孤儿用长刀剖开葫芦，结果切掉了葫芦内人的尾巴、蛇的手脚、蟹的头颅、鸡的乳房，人和万物从葫芦里走出来。佤族是第一个来到大地的，所以叫岩（老大）佤。这些人刚出来，什么都不会干，他们便照着祖先留下的崖画的样子生活，才得以繁衍生息。后来，佤族每逢冬春季节都要到崖画前举行祭祀活动。佚名讲述，李学宏、汪兴宝记录。收入《佤族民间故事集成》，32开，4页，2300字，云南民族出版社1990年版。

（海涛）

春胆卖妻

佤族风物传说。流传于云南省西盟佤族自治县。很久以前，有个佤族小伙子叫春胆，娶了如花似玉的叶永做媳妇。叶永婚后几年都没有生儿子，春胆一怒之下把她卖了，另娶了个叫安木伊的懒婆娘。从此以后，春胆的家境一年不如一年。他后悔了，走遍阿佤山，才打听到叶永的下落。叶永独自住在一个山洞里，不想跟他回家。后来她在一个叫阿朗勐的地方老死了，死后变成了一座银矿。隋嘎讲述，艾荻、张开达记录。收入《佤族民间故事集成》，32开，6页，3800字，云南民族出版社1990年版。

（海涛）

姑娘河

佤族风物传说。流传于云南省沧源佤族自治县。很早以前，坝卡寨的叶娜姑娘和后生埃嘎相恋，可她的舅舅收下富人达昆伞的聘礼，准备秋天就把她嫁过去。无奈之下，叶娜与埃嘎准备私奔，可这事被达昆伞一家觉察到了。结果埃嘎被达昆伞打死了，叶娜放火烧了达昆伞的家后逃跑。当达昆伞快要捉住她的时候，她冷不防骑马跳下了悬崖。就在这时，坝卡寨附近的大黑山突然山崩地裂，一股洪水顺山席卷而下，将达昆伞一伙全冲走了。从此，坝卡寨后面就出现了一条河。人们说，它是叶娜姑娘变的，便取名“姑娘河”。李岩冷讲述，张云记录。收入《佤族民间故事集成》，32开，3页，1800字，云南民族出版社1990年版。

（海涛）

鸟泪泉

佤族风物传说。流传于云南省沧源佤族自治县部分地区。佤族的班洪部落刚刚兴起时，叶茸和安并姐妹俩被班洪王卖给外部落的王子，结果病死在他乡。在一个大旱之年，两姐妹的灵魂得知家乡遭受了旱灾，就幻化成两只大鸟，飞到很多很多个山林草场，吮吸了树上和草上的数万滴露珠，并将它们化作思乡怀亲的泪水，泪水又幻化成山涧的飞泉，滋润故乡干涸的土地。父老乡亲为了纪念这两姐妹，将那股飞泉叫做“鸟泪泉”。佚名讲述，白花记录。收入《佤族民间故事集成》，32开，3页，1600字，云南民族出版社1990年版。

（海涛）

海牙寨的故事

佤族风物传说。流传于云南省沧源佤族自治县。海牙寨原处于孟定土司和班洪王子所管辖地区之间的未定界线上。住在这里的人们要负担两边的赋税，被压得喘不过气来。有一回，寨子里的人们打死了一头大象，得到一副上好的象牙。他们把象牙拿到班洪王子那里，表示愿归他管辖，但希望免了官租和劳役。王子便将其中的一只象牙送给孟定土司，以换取海牙寨的管辖权。土司也同意了。就这样，海牙寨就归了班洪，王子只征收象牙而免了其他杂役。因此，人们都说海牙寨是“一副象牙买得安生的地方”。佚名讲述，王敬骝记录。收入《佤族民间故事集成》，32开，2页，1200字，云南民族出版社1990年版。

（海涛）

澜沧江和滚弄江

佤族风物传说。流传于云南省沧源佤族自治县。从前，澜沧江和滚弄江是一对夫妇，澜沧江是丈夫，滚弄江是妻子。后来，两人吵嘴，只好分开居住。由于要走夜路，天黑看不清，澜沧江便点燃松明照路，走得很快，因此水是浑的，后来两岸长了很多松树。滚弄江点燃的是竹子，走得很慢，因此水是清的，后来两岸长满了很多竹子。肖门江讲述，王有明翻译，寿轩、尚仲豪记录。收入《佤族民间故事集成》，32开，1页，200字，云南民族出版社1990年版。

（海涛）

枇杷叶

佤族风物传说。流传于云南省孟连傣族拉祜族佤族自治县部分地区。从前有个叫关枯的佤族汉子，到处寻找安身之处，最后在南雅乡一片有枇杷叶的地方居住下来。从此，他的后代就在此生息繁衍。人们称这个地方为“仁拉不勒”，意即“枇杷叶”。寨里的男人们以打猎为生，还经常采摘枇杷叶到孟连街上换东西；妇女常把花脸鼠的皮做成筒裙。岩孔讲述，李症梅记录。收入《云南民族民间文学集成·孟连佤族卷》，32开，2页，1000字，云南民族出版社1993年版。

（海涛）

蟒蛇娶妻的故事

佤族风物传说。流传于云南省孟连傣族拉祜族佤族自治县部分地区。很早以前，龙王变成蟒蛇，娶了一位姑娘。五年以后，姑娘回来告诉母亲，她的两个孩子要来看外婆。到了第五天，天下起了大雨，外婆不见有人跨进家门，只见猪槽里不知什么时候游来了两条金鱼。她就将那两条金鱼煮成鱼肉稀饭让全寨人吃。姑娘回来，老妇人才知道错把自己的外孙煮着吃了。这下可惹怒了龙王。第二天深夜，整个寨子被大水淹没了。后来，老妇人所在的山寨陷落成一个大湖，成了现在西盟的勐梭龙潭。叶格讲述，岩薛端记录。收入《云南民族民间文学集成 • 孟连佤族卷》，32 开，5 页，3100 字，云南民族出版社 1993 年版。

（海涛）

金马鹿

佤族风物传说。流传于云南省孟连傣族拉祜族佤族自治县部分地区。有一天，打猎能手绒林到一条小溪边洗脸，看见一只金色的大马鹿在河边吃草，便邀约其他几名猎手去追杀。他们追遍七山七洼，在夕阳西下的时候，才发现站在西山顶上的金马鹿。绒林搭弓放箭，射死了它。猎人们在返回途中经过孟连与西盟交界的摩养河时，鹿头掉进了河里，被湍急的河水卷到深水塘中去了。从那以后，摩养河就发出闪闪的金光，而绒林在东山腰搭弓射箭时脚蹬的地方也陷进去了一块。佚名讲述，王鸿昌、聂柱、岩垮记录。收入《云南民族民间文学集成 • 孟连佤族卷》，32 开，2 页，800 字，云南民族出版社 1993 年版。

（海涛）

谷子为何变小了

佤族风物传说。流传于云南省孟连傣族拉祜族佤族自治县部分地区。在万物都会说话的年代，谷子还没有名字。那时的一粒谷子比一个黄果还大，人们也不知道用它来充饥。谷子娘请求人们让它住在家里，人们推说家里窄，不让它住下。谷子娘又飞到另一个寨子里讨住处。这个寨子里只有一个懒人在晒太阳。谷子娘请求他收留谷子们，懒人很不耐烦，拿起扁担把谷子都打碎了。谷子就变成今天这个样子，也从此失去了说话能力。后来，佤族知道了谷子的用处，在每年收获谷子的时候，都要向它们道歉，请求它们保佑全族年年丰收。岩行讲述，召罕嫩记录。收入《云南民族民间文学集成 • 孟连佤族卷》，32 开，2 页，800 字，云南民族出版社 1993 年版。

（海涛）

只留一穗

佤族风物传说。流传于云南省沧源佤族自治县。从前，佤族不晓得种庄稼。他们吃的是树皮草根，三天两头有人饿死。老天爷知道了，就变成一位老倌来到人间，教佤人栽种旱谷。可人们不珍惜粮食，把好好的谷子拿去喂鸡喂猪，并撒得满地都是。老天爷知道了这事，便来到田里，用巴掌握住谷秆，往上一抹，从此每一棵谷秆就只结一寸长的一穗，地里也开始有了密密麻麻的杂草。为了不饿肚子，人们只好天天辛辛苦苦地种庄稼。大家知道粮食来之不易，也就不敢随便浪费了。佚名讲述，饶隆庆记录。收入《佤族民间故事集成》，32 开，3 页，1800 字，云南民族出版社 1990 年版。

（海涛）

半截观音

佤族风物传说。流传于云南省沧源佤族自治县。据说很久以前有个佤族寨子的头人得了重病，用什么药都治不好。他有一个未出嫁的妹妹，叫“南”。无奈之下，南亲自去求佛赐药。说来也怪，当天夜里，一片闪着绿光的叶子便飞到头人的床前，南用剪刀剪下一截，煨了给哥哥喝。果然，头人的病好了。因此现在人们看到的半截观音都没有叶子。为了感谢南，人们就把它叫做“芽喃半”，意思是南用剪刀剪出的叶子。半截观音是一种生长在阿佤山区的草药。它能消炎镇痛，接骨止血，还可以治风湿、肝炎等病。肖老大讲述，彭建新记录。收入《佤族民间故事集成》，32 开，2 页，1400 字，云南民族出版社 1990 年版。

（海涛）

二、民间故事

（一）幻想故事

还生草

佤族幻想故事。流传于云南省孟连傣族拉祜族佤族自治县部分地区。从前有一座公鸡山，山上住着一头老母猪，它有一棵神奇的还生草。有一天，天气闷热，老母猪到河里洗澡。它把装在耳朵里的还生草掉进河里弄湿了，便放在河边的石头上晾晒。月亮和大蟒蛇趁它不注意，偷走了还生草。月亮因为有了还生草，每次被天狗吃掉后还能还原；蛇得了还生草，每年蜕皮后还能再生。老母猪因为丢了还生草，就死而不能重生了。岩佳讲述，彭春兰、召罕嫩记录。收入《云南民族民间文学集成·孟连佤族卷》，32开，2页，700字，云南民族出版社1993年版。

（海涛）

葫芦娃的故事

佤族幻想故事。流传于云南省沧源佤族自治县。从前有个寡妇，领着儿子艰难地过日子。儿子头尖肚皮大，活像一个盛水的葫芦，人们都叫他“葫芦娃”。葫芦娃看上了头人的女儿，想与她成亲。势利的头人对前来求亲的寡妇说，若想娶他的女儿，就要把两家的路上全铺上金子。这事让天神巴牙恩知道了，就在一天夜里，为葫芦娃铺了一条金光灿灿的金路。刻薄的头人无话可说，只得兑现自己的承诺，将女儿嫁给葫芦娃。后来，头人死了，葫芦娃被全寨推举做了新头人。尼桑讲述，彭建新整理。收入《佤族民间故事集成》，32开，2页，1300字，云南民族出版社1990年版。

（海涛）

奇妙的戒指

佤族幻想故事。流传于云南省沧源佤族自治县。有一个小伙子跟师傅学艺。三年期满，师傅送他一枚戒指，并告诉他，想要结婚，就用泥巴、木头捏造一个姑娘，把戒指戴在她的手指上，她就会活转过来。回家的路上，小伙子照师傅说的做了，果然得到一个漂亮的姑娘。于是两人成了亲。渡船上的老板迷恋姑娘的美色，就趁小伙子去河边砍竹子之际，骗姑娘上了船。待小伙子发觉，船已快到河对岸。眼看追回心上人无望，小伙子便大喊自己只想要回戒指。不明真相的船老板果然中计。当他给小伙子扔回戒指的时候，得到的姑娘也不见了，眼前只剩下一堆泥巴和木头。张小二讲述，杨翠仙、周天相、尚仲豪翻译、记录、整理。收入《佤族民间故事集成》，32开，2页，1200字，云南民族出版社1990年版。

（海涛）

癞子和小姐

佤族幻想故事。流传于云南省孟连傣族拉祜族佤族自治县部分地区。头人有一个独姑娘，未出嫁就有了身孕。九个月后，她生下一个孩子。头人想尽了办法，才在孩子满周岁时找到了他的父亲——癞子。一气之下，头人将癞子与女儿赶出了寨子。两人只能在深山老林中定居下来。后来，他们得到天上仙女的帮助，在狩猎的地方挖出了很多银子，生活慢慢好起来。格松讲述，岩平记录。收入《云南民族民间文学集成·孟连佤族卷》，32开，2页，1400字，云南民族出版社1993年版。

（海涛）

黄瓜姑娘

佤族幻想故事。流传于云南省孟连傣族拉祜族佤族自治县部分地区。一个寡妇因误吃了别人丢弃的黄瓜而怀孕，生下一个只有黄瓜大的姑娘。黄瓜姑娘长大后别无所求，一心只想嫁给王子。面对寡妇的求婚，国王提出了非常苛刻的条件：第二天一早，如果寡妇能铺一条从自家到王宫的金子之路，王子就娶她的女儿。不知何故，国王提出的条件第二天就得到了满足，他只得答应这门婚事。当王子接过黄瓜姑娘时，姑娘滚落在地上，变成了一个大美人。佚名讲述，艾荻、张正荣记录。收入《云南民族民间文学集成·孟连佤族卷》，32开，3页，1800字，云南民族出版社1993年版。

（海涛）

长疙瘩的人

佤族幻想故事。流传于云南省孟连傣族拉祜族佤族自治县部分地区。从前有个满身长疙瘩的人，在开山种地时得到了猴王送的一面神鼓。神鼓一敲，不仅消除了他满身的疙瘩，还给他带来了金银财宝。从此，疙瘩人就不再到地里干活了。后来猴王用计夺回了那面神鼓，疙瘩人身上重新长满了大大小小的疙瘩，金银财宝也全都不见了。他这才想起乡亲们常说的一句话："不费力气得来的幸福是享不长的。"叶格讲述，岩薛端记录。收入《云南民族民间文学集成·孟连佤族卷》，32开，3页，2100字，云南民族出版社1993年版。

（海涛）

岩干

佤族幻想故事。流传于云南省沧源佤族自治县。岩干很懒，而且脸上长疤。一次偶然的机会，他将吃剩的芒果扔到河里。头人的女儿正在河里洗澡，遇到顺水漂来的芒果，就吃了下去，结果怀了孕，生下一个儿子。头人知道这件事后，将女儿与岩干赶出了寨子。为了生活，岩干不得不学着做饭、盖房，慢慢地成了一个勤快的人。后来，在老母猴的帮助下，他治好了头上和脸上的疤癞，成了一个英俊的小伙子。他与妻子的小日子也过得美满幸福。该故事反映了佤族的幸福生活要靠劳动创造的思想。李学宏讲述，汪兴宝搜集、整理。收入《佤族民间故事集成》，32开，4页，2700字，云南民族出版社1990年版。

（海涛）

奥斑与三路（一）

佤族幻想故事。流传于云南省沧源佤族自治县。有一个姑娘名叫奥斑，她爱上了一个叫三路的后生。可她的父亲却不同意这门亲事。看到与心上人成婚没有指望，三路偷偷上吊了。奥斑听说后，也用刀子自杀了。死后两人成了闪亮的两颗星星。人们把其中的一颗叫做奥斑，另一颗叫做三路。该故事歌颂了忠贞的爱情，反映了包办婚姻给佤族青年男女带来的不幸，以及人们对婚姻自由的向往。佚名讲述，江瑜记译。收入《佤族民间故事集成》，32开，2页，900字，云南民族出版社1990年版。

（海涛）

岩嘎变石的传说

佤族幻想故事。流传于云南省澜沧拉祜族自治县佤族聚居区。有个叫岩嘎的孤儿，得到了一件能预测未来的宝物。他不能把宝物的事告诉任何人，否则自己就会变成一块石头。有一天晚上，宝物告诉岩嘎，半夜里山头上有一股洪水将冲下来。岩嘎急忙将这事告诉村里人，可大家都不相信他的话。他只得向人们公开了宝物的秘密。就在乡亲们刚将财物搬出寨子，山头上真的冲下来一股洪水。岩嘎也变成了一块石头。村里人为了表达对他的感激，每天早上村里人挨家轮流把肉、饭供奉在这块石头上。佚名讲述，杨崇友搜集、整理。收入《佤族民间故事集成》，32开，4页，2800字，云南民族出版社1990年版。

（海涛）

喃边与桑劳

佤族幻想故事。流传于云南省孟连傣族拉祜族佤族自治县部分地区。从前，有位姑娘名叫喃边，有个后生名叫桑劳。两人情投意合，不久就结婚了。桑劳是富家子弟，他的母亲嫌喃边家穷，更嫉妒喃边的美丽，于是用计害死了她。打猎归来的桑劳发现心爱的妻子死去，便拔剑自刎。好心人将他俩的尸体放在一块焚烧。奇怪的是火烟一股往东，一股往西，最后化做两颗明亮的星星。据说，它们就是喃边与桑劳。岩达松讲述，岩翁、周德付记录。收入《云南民族民间文学集成·孟连佤族卷》，32开，3页，2000字，云南民族出版社1993年版。

（海涛）

会唱调的豆狗

佤族幻想故事。流传于云南省孟连傣族拉祜族佤族自治县部分地区。从前，一对有情人相亲相爱。但好景不长，小伙子暴病而亡。人们把他葬在大青树下。几天后，大青树上爬着一条像蝴蝶样的幼虫——豆狗。每到夜幕降临，豆狗就会唱起情歌，歌声引来了姑娘。没等姑娘开口，豆狗一跃跳到她胸前，她怎么想办法也拿不下来。有个人用长刀向豆狗砍去，结果姑娘的一只乳房被劈掉了。她血流不止，没过多久也死去了。人们便将她埋葬在小伙子的坟旁，让两人永远不分离。原来豆狗就是小伙子的化身。叶丁讲述，岩薛端记录。收入《云南民族民间文学集成·孟连佤族卷》，32开，2页，1400字，云南民族出版社1993年版。

（海涛）

牛哥哥

佤族幻想故事。流传于云南省沧源佤族自治县。有兄弟俩，父母早亡，穷得实在没办法生活下去。哥哥就变成一头牛，让弟弟牵着帮人犁田、驮东西，换来一点粮食勉强维持生计。后来，在牛哥哥的帮助下，弟弟和仙女成了亲。这事让当地的大官知道了，他便出了三道难题，企图难倒弟弟，借机霸占仙女。最后又是牛哥哥帮了弟弟。从此，弟弟夫妻和牛哥哥辛勤劳作，一家人过着幸福的生活。刘老四讲述，周建明翻译，尚仲豪搜集、整理。收入《佤族民间故事集成》，32开，3页，2000字，云南民族出版社1990年版。

（海涛）

岩嘎与鹌鹑

佤族幻想故事。流传于云南省沧源佤族自治县。岩嘎的父母被头人迫害致死，成为孤儿的他也到头人家做了牛倌。头人家养了很多鹌鹑，岩嘎很想要一只做伴，趁头人讨小老婆高兴时向他要了一只，从此便与鹌鹑形影不离。后来，有一天岩嘎在山上捡到一块宝石，宝石变成一位银发老人，送给他很多大米和衣服，他把这些东西分给了全寨的穷人们。头人听说岩嘎得了宝石，便来抢，结果被宝石射出的耀眼白光炸死了。乡亲们推选岩嘎当了头人。岩嘎死后，人们为了纪念他，家家户户养起了岩嘎喜欢的鹌鹑。佚名讲述，王泽海、许勇搜集、整理。收入《佤族民间故事集成》，32开，3页，1600字，云南民族出版社1990年版。

（龙江莉）

求仙的传说

佤族幻想故事。流传于云南省沧源佤族自治县。从前有一家人，因母亲早亡，父亲又当爹又当妈，好不容易把儿子拉扯大。儿子长大后，整天游手好闲，东嫖西赌。有一年，当地来了一位仙人。为消灾免难，人们纷纷带上礼物前去拜访他。

仙人不接受小伙子的供品，而劝他先将礼品送给自己的父亲。在仙人的点化下，小伙子终于明白了做人的道理。从此以后他改邪归正，孝敬父亲。父子俩辛勤劳动，日子渐渐好过起来。达万讲述，梁红伟整理。收入《佤族民间故事集成》，32开，3页，1700字，云南民族出版社1990年版。

（海涛）

兄弟俩的遭遇

佤族幻想故事。流传于云南省沧源佤族自治县。从前有个死了老婆的汉子，为了能娶到一位年轻的女人，就听信她的话，将前妻生的两个儿子扔进深山老林。被扔的兄弟俩经过无数磨难，在小雀那里得到一种起死回生的“不死药”。后来，他们的日子好起来了，也没有忘记自己的父亲，去给他“还奶钱”。年迈的父亲见到两个儿子，羞愧不已。兄弟俩领着老父亲回他们的家，狠心的后妈也想跟着去。当她抬脚走进大门时，却被大门给夹死了。从此，父子三人又生活在了一起。赵娥鸾讲述，沈应明翻译，周天相、尚仲豪记录、整理。收入《佤族民间故事集成》，32开，5页，3500字，云南民族出版社1990年版。

（海涛）

一百零一只螃蟹

佤族幻想故事。流传于云南省沧源佤族自治县部分地区。坝拉纳西国曾有一位国王，为了能生儿子，强娶了能吃下一百零一只螃蟹的南金波。南金波是穷苦人家的女儿，来到王宫后她真的生下了一百零一个娃娃。狠心的王后趁国王外出之际，把这一百零一个娃娃毒死了。不久娃娃们的坟上开了一百零一朵花，变成一百零一个十五六岁的娃娃。这些娃娃用智慧战胜了父王的种种刁难。最后凶残的王后在人们的谴责声中被裂开的大地夹死了，南金波得以与自己的孩子团圆。冯大妈讲述，高秀珍、周天相记译。收入《沧源县佤族故事选》，32开，12页，3100字，中共沧源县委宣传部、云南民族民间文艺沧源调查队1960年编印。

（海涛）

不赕佛的报应

佤族幻想故事。流传于云南省沧源佤族自治县。从前有一家人，因为有钱而不去赕佛，死后分别变成野猪、蛇、癞蛤蟆。它们互相吞食，最后只剩下父亲变的野猪。有一次，野猪偷吃他另一个儿子的庄稼，被儿子打死，并准备把它分给大家吃。后来，儿子知道野猪就是自己的父亲变的，便不得不多积功德，以免今后落到和父亲一样的下场。佚名讲述、记录。收入《沧源县佤族文学史概略》，16开，1页，200字，中共沧源县委宣传部、云南民族民间文艺沧源调查队1960年编印。

（海涛）

岩克累斗魔王

佤族幻想故事。流传于云南省孟连傣族拉祜族佤族自治县部分地区。很早以前有一对佤族青年，男的叫岩克累，女的叫喃梅。他俩从小在一起劳动，长大后互敬互爱。住在山上的魔王神秃见喃梅长得漂亮，就想占她为妻。有一天，它趁喃梅单独在家的机会，将她的血吸干。收工回家的岩克累见妻子的残骸挂在树上，悲痛欲绝，怒火万丈，拔刀与神秃拼杀。经过几番较量，他最终将魔王砍死。格松讲述，岩平记录。收入《云南民族民间文学集成·孟连佤族卷》，32开，2页，1400字，云南民族出版社1993年版。

（海涛）

山鬼八者

佤族幻想故事。流传于云南省孟连傣族拉祜族佤族自治县部分地区。从前有个佤族山寨，常常受到一个名叫八者的山鬼的骚扰。八者有时用棍子从楼下往楼上戳人；有时从竹笆缝中伸进一只脚或一只手，甚至一根长长的舌头，吓得人们心惊胆战。寨民们种在地里的瓜果也常常被它偷走。

人们很痛恨八者，可又拿它没办法。后来，一位名叫达翁的小伙子制服了八者。从此八者就再也没来这个山寨骚扰过了。岩行讲述，召罕嫩记录。收入《云南民族民间文学集成•孟连佤族卷》，32开，1页，600字，云南民族出版社1993年版。

（海涛）

独脚怪长托

佤族幻想故事。流传于云南省孟连傣族拉祜族佤族自治县部分地区。有个孤儿到三十多岁才出门讨媳妇。他来到一个独家村。这家有母女四人，三个女儿长得都很漂亮。孤儿看花了眼，不知娶谁好，就让三个姑娘举行舂米比赛，看谁的力气最大。结果，他选了大姑娘。一天两人上山砍竹，妻子被藤条绊住，现出原形，原来她是独脚怪长托变成的。长托张着血红大嘴要吃孤儿。孤儿几经艰险，才侥幸逃脱。岩行讲述，召罕嫩记录。收入《云南民族民间文学集成•孟连佤族卷》，32开，2页，1400字，云南民族出版社1993年版。

（海涛）

（二）生活故事

孤儿的叶子

佤族孤儿故事。流传于云南省沧源佤族自治县。有一次，孤儿岩惹被蚊虫叮了嘴唇一下，结果流了不少血，他顺手摘下身边的一片树叶准备来揩血。谁知用叶子一揩，他嘴上的血立刻就止住了。岩惹认为这片树叶具有神奇功效。后来，他用这片神秘的叶子救活财主的女儿，并赢得了她的爱情。不久两人结了婚。一天，月亮用计抢走了这片叶子，岩惹就叫小狗追到天上。月亮虽然得到叶子可以长生不老，但它永远没有儿子。因为只要它一生出儿子，就会被小狗咬死。所以，它只有孤孤单单地过日子。王有明讲述，寿轩记录。收入《沧源县佤族故事选》，32开，13页，4000字，中共沧源县委宣传部、云南民族民间文艺沧源调查队1960年编印。

（海涛）

孤儿和仙女

佤族孤儿故事。流传于云南省沧源佤族自治县。一天孤儿岩惹外出干活，无意中发现了一条奄奄一息的小鱼，将它带回家中，放在水缸里养了起来。从此以后他每次收工回来，总有人为他煮好了饭菜。原来，小鱼是龙女的化身，她爱慕岩惹的诚实善良，特地来与他成亲。后来一个叫嗡的龙王抢走了龙女。经过无数磨难，岩惹找到嗡，可嗡拒不交出龙女。嗡提出了各种难题，都被岩惹一一破解。嗡便想加害他。危急时刻，龙女送给岩惹一枚金戒指。金戒指喷出一团火，烧死了嗡。岩惹和龙女终于生活在了一起。佚名讲述，肖则贡搜集、记录。收入《佤族民间故事集成》，32开，7页，5000字，云南民族出版社1990年版。

（海涛）

岩杰可和岩萨特

佤族孤儿故事。流传于云南省沧源佤族自治县。岩杰可是个孤儿。他与富人的儿子岩萨特长得一模一样。有一次，岩萨特为了显摆自己有钱，在“串”姑娘的时候，硬逼着岩杰可一同去。姑娘偏偏喜欢跟岩杰可在一起。这可把岩萨特气坏了，他想将岩杰可打死，抢走姑娘。危急时刻，猴子、乌鸦和大蛇都来帮助岩杰可。乌鸦用火烧了财主家的房子，岩萨特也被烧死了。最后岩杰可与姑娘成了亲。他们把岩萨特埋在地里的金银珠宝挖出来，分给了寨子里的孤儿和穷人。冯老大、杨娥嘎讲述，郭思九、周天相搜集、整理。收入《佤族民间故事集成》，32开，6页，4000字，云南民族出版社1990年版。

（海涛）

岩嘎和龙女

佤族孤儿故事。流传于云南省沧源佤族自治县。

孤儿岩嘎在一次挑水时，无意间挑回一条小鱼。这条小鱼其实是龙女的化身，岩嘎的诚实、勤劳打动了她的心。岩嘎和龙女生活在了一起。国王听说了这件事，便派人抢走了龙女。经过无数磨难，岩嘎终于找到龙女，可国王拒不交出。聪明的龙女便提出，由她出三道难题，让岩嘎和国王竞赛。结果，岩嘎利用从“百知老人”那里获得的一个“红皮果”答对了三道题，并点燃熊熊烈火，烧死了变成枯藤的国王，救回了龙女。佚名讲述，李柏周整理。收入《佤族民间故事集成》，32开，4页，2700字，云南民族出版社1990年版。

（海涛）

两姊妹

佤族孤儿故事。流传于云南省沧源佤族自治县。从前，有个孤儿叫依，受尽后母的虐待。她长大后，嫁给了达格弄，获得了美满的爱情。黑心的后母气坏了，便施毒计让自己的亲生女儿叶害死了依，并换上她的衣服，冒充她来到达格弄的身边。然而依并没有死，她变成了小鸟，向人们揭露了后母母女二人以假乱真的阴谋。后来依得以重生，与丈夫团聚，重新过上了幸福美满的生活。李岩宰讲述，沈应明翻译，郭思九搜集、整理。收入《佤族民间故事集成》，32开，12页，9000字，云南民族出版社1990年版。

（海涛）

鸟蛋姑娘

佤族孤儿故事。流传于云南省孟连傣族拉祜族佤族自治县佤族聚居区。远在神树生人的年代，天下全是男人。有个瘦小的孤儿，无意中得到四个鸟蛋。不久四个鸟蛋分别变成一个姑娘、一对鸡、一对鸭和一对鸽子。孤儿与姑娘成了家，成了全天下最富的人。别的男人见了很不服气，就联合起来要跟孤儿进行斗牛比赛。双方约定，如果孤儿输了，他家就得给大家送鸡、鸭和鸽子；如果孤儿赢了，大家就选他当头人。在姑娘的帮助下，孤儿赢了，大家就拥戴他当了头人。岩行讲述，召罕嫩记录。收入《云南民族民间文学集成·孟连佤族卷》，32开，3页，1800字，云南民族出版社1993年版。

（海涛）

孤儿与仙女

佤族孤儿故事。流传于云南省孟连傣族拉祜族佤族自治县部分地区。从前天上有位仙女，因爱慕一个孤儿勤劳，偷偷跑出天宫，下凡和他成了亲。后来寨子里的头人起了歹意，故意刁难孤儿，想让仙女做自己的小老婆。孤儿凭着自己的智慧，战胜了头人。后来天父派人将仙女抢回了天宫。孤儿追至天宫，但他与仙女的爱情没能打动天父天母的心。他与仙女最后双双死在一起。聂方讲述，岩平记录。收入《云南民族民间文学集成·孟连佤族卷》，32开，7页，4900字，云南民族出版社1993年版。

（海涛）

守粮仓的孤儿

佤族孤儿故事。流传于云南省孟连傣族拉祜族佤族自治县部分地区。从前有个孤儿，由于家境贫穷，只得为富人守粮仓。一次他无意中逮到了因快要饿死而偷吃粮食的鼠王，善良的孤儿省下自己的口粮救助了鼠王。为了报答孤儿的救命之恩，鼠王用计让孤儿的邻居把女儿嫁给了他。后来，鼠王还不断帮助孤儿，让他渡过难关。孤儿家种的旱谷老鼠一粒也不吃，他养的牛羊也很肥壮。五年后，孤儿成了全寨最富有的人。岩行讲述，召罕嫩记录。收入《云南民族民间文学集成·孟连佤族卷》，32开，3页，1700字，云南民族出版社1993年版。

（海涛）

岩撒与田螺姑娘

佤族孤儿故事。流传于云南省孟连傣族拉祜族佤族自治县部分地区。从前有个孤儿，人人都称他为“岩撒”（佤语，穷）。有一年栽秧季节到了，岩撒到田里去插秧，无意间拾到一个小田螺，便把它带回家放在水缸里养了起来。从此以后，他家就有了很大变化，家境逐渐好了起来，有猪有羊，有屋有粮。这一切都是田螺变的姑娘所起的作用。后来，两人成了亲，岩撒的日子越过越好，变成了“岩归”（佤语，富）。佚名讲述，岩行记录。收入《云南民族民间文学集成·孟连佤族卷》，32开，3页，1500字，云南民族出版社1993年版。

（海涛）

还奶汁

佤族生活故事。流传于云南省孟连傣族拉祜族佤族自治县部分地区。从前有个寡妇，因为家里贫穷，无法养活两个儿子，就抛下他们，自己一个人远嫁他乡了。后来，两兄弟无意中得到一根“回生枝”，用它救活了一头耕牛。他们用耕牛犁田种地，粮食年年丰收，日子越过越好。富裕起来的兄弟俩始终没有忘记自己的母亲，准备找她“还奶汁”。有一天，他们在一个偏僻的村寨打听到了母亲的下落，便偷偷把金银财宝留在她的屋里。外出干活回家的母亲知道儿子来“还奶汁”后，百感交集，昏倒在地。佚名讲述，岩松、聂拉、岩垮搜集、整理。收入《佤族民间故事集成》，32开，3页，2100字，云南民族出版社1990年版。

（海涛）

坏心肠的哥哥

佤族生活故事。流传于云南省沧源佤族自治县。有兄弟俩，父母都死了，两人相依为命。老大长大后，经常虐待弟弟。分家时，他霸占了耕牛，只分给弟弟一只鸡。弟弟却靠这只鸡赢回了一头骡子；又用骡子帮人驮东西，挣了不少钱，还讨了老婆，日子开始好过起来。哥哥的生活却非常不顺，无论什么东西，在弟弟手里是宝物，到他手里就成了害物。哥哥去问邻居，邻居告诉他，这都怪他的心肠太坏。鲍鹅鸾讲述，沈应明、周天相、尚仲豪翻译、记录、整理。收入《佤族民间故事集成》，32开，4页，2400字，云南民族出版社1990年版。

（海涛）

岩章供佛

佤族生活故事。流传于云南省沧源佤族自治县。有一天，小伙子岩章用新谷舂了一臼糯米，煮成粑粑后拿到寺院去供佛。但大佛并不接受，劝他回家先敬拜家里的两尊“大佛”，否则他的一切良好愿望都将落空。岩章只得提着糯米粑粑返回。在回家的路上，他怎么也想不起家里还有两尊大佛。刚进家门，就见阿爹和阿妈正等着他回来吃早饭，便恍然大悟，急忙跪在他们面前，将糯米粑粑恭敬地献给他们。从此，人们都学岩章孝敬自己的父母。佚名讲述，彭建新搜集、整理。收入《佤族民间故事集成》，32开，2页，1200字，云南民族出版社1990年版。

（海涛）

三兄弟打野猪

佤族生活故事。流传于云南省沧源佤族自治县。从前有个寨子住着三兄弟。他们个个体壮如牛，但不愿意向别人学习。老人向他们传授生产、生活、防兽等经验，他们也不屑一顾。三人以为只要有一身好力气，什么事情都能做成。有一年快开镰收割的时候，从老林里跑出来一群野猪糟蹋庄稼，三兄弟便去捕杀它们。由于平时不虚心向老人学习，结果他们吃了大亏。佚名讲述，申晋云搜集、整理。收入《佤族民间故事集成》，32开，2页，1000字，云南民族出版社1990年版。

（海涛）

爱偷盗的孩子和他的母亲

佤族生活故事。流传于云南省沧源佤族自治县。从前有一个小伙子，由于母亲从小管教不严，长大后便养成了小偷小摸的毛病。一次，他到头人的家里偷东西，结果被人发现。按部落的规矩，必须砍去他的头。行刑那天，小伙子向母亲哀求，让他最后吮一口奶。母亲恸哭着将奶头喂进他的嘴里。只听一声惨叫，母亲的乳头被小伙子咬掉了。偷盗成性的小伙子得到了惩罚，而娇惯儿子的母亲也受到了警告。佚名讲述，赵文明搜集、整理。收入《佤族民间故事集成》，32开，2页，1400字，云南民族出版社1990年版。

（海涛）

粮食胜过金和银

佤族生活故事。流传于云南省孟连傣族拉祜族佤族自治县部分地区。很久以前，在一个寨子里有两户人家，都有权有势。其中一户有很多粮食，另一户拥有不少金银财宝。他们都想做寨中独一无二的霸主。经过几番较量，双方难分胜负，于是有一天他们约定，在远离寨子且乌鸦都飞不过的大水塘中进行经商比赛，以营利多少定输赢。两家的主人同时从寨中出发。在接下来三天三夜的路途中，背粮的富人肚子饿时烧随身带的糯米粑粑吃，结果越走越有劲。背金银的富人有钱却换不到粮食吃。为了活命，他只好求带粮的富人给点吃的，并表示愿意认输。从此以后，佤族人流传着这样一句话："粮食胜过金和银。"叶丁讲述，薛端记录。收入《云南民族民间文学集成·孟连佤族卷》，32开，1页，900字，云南民族出版社1993版。

（海涛）

长工战胜了王子

佤族生活故事。流传于沧源佤族自治县部分地区。有个人向王子借了一笔钱，到了还钱的日子，可他还不起。王子就要他来当长工，以抵还债务。那人没有其他办法，只得同意。王子家养了很多牛马，以前一天得割七八次草才够它们吃。可这位长工来后每天只割一次草，牛马都吃不完。王子发现他有本事，便要和他比试，约定谁赢谁当新王子。结果长工战胜了王子。王子只得认输，可长工不愿取代他。王子便问长工要什么东西，长工便要了一间瓦房。他利用这间瓦房学会了盖房的技术，并将这一技术传授给了乡亲们。肖门江讲述，王有明、寿轩记译。收入《沧源县佤族故事选》，32开，3页，1700字，中共沧源县委宣传部、云南民族民间文艺沧源调查队1960年编印。

（海涛）

大官和部下

佤族生活故事。流传于云南省沧源佤族自治县。从前有一个大官，为了试探手下对他是否忠心，就叫人找来了许多苦菜，分给他们吃。他问手下这些菜是苦还是甜。大部分人为了讨得主子的欢心，不敢说菜苦，只有一个年纪较小的人说了实话。大官于是知道了手下大多对自己不忠心，最后还提拔了那个说实话的人。佚名讲述、记录。收入《沧源县佤族文学史概略》，16开，1页，200字，中共沧源县委宣传部、云南民族民间文艺沧源调查队1960年编印。

（海涛）

（三）机智人物故事

土官戴"帽子"

佤族机智人物故事。流传于云南省沧源佤族自治县。有一个土官，听说达太非常聪明，很不服气。有一天他对达太说："如果你能使我受骗一次，我就恭敬你；如果不能，那就别怪我对不起你！"第二天，有人杀猪。达太向人家要了猪尿泡，将它吹得胀鼓鼓的，然后晒干。第三天晚上，他悄悄来到土官家，把吹火筒换成箫。待土官上楼后，达太把楼梯搬走了，随后在楼下支了一个碓窝，在里面放上猪尿泡。半夜，达太一边打土官的猪，一边大叫："快追，快追，豹子抬猪啦！"土官从梦中惊醒过来，急忙下楼，结果一头栽下，头恰好抵在碓窝里的猪尿泡上。尿泡炸了，套在他的头上。土官伸手摸头，发现头上光溜溜的，便大声叫老婆点火看他的头。老婆拿"吹火筒"吹火，结果箫发出了悠扬的声调。土官骂道："你这该死的婆娘，老子的头都要炸了，你还高兴吹箫！"这时，达太在旁边笑道："怎么样，相信了吧！"土官气得半天说不出话来。李尼块讲述，黄伦记录。收入《佤族民间故事选》，32开，2页，700字，上海文艺出版社1989年版。

（阿南）

沙子着火

佤族机智人物故事。流传于云南省沧源佤族自治县。有位孤儿叫达太，他只有一头壮牛。寨中一个富人很想得到这头牛，便对达太说："这头牛是我的骡子生的，借给你这么久了，现在我要拉回去！"达太知道骡子不会生牛，但又说不过富人，就对他说："这事要请全寨子的人来解决，他们说是你的，你就拉去。"富人同意了。一天，富人请来全寨的乡亲，但达太却迟迟没来。当富人正在威胁大家为他说话时，达太来了。富人质问他，达太说："我在路上看见沙子着了火，赶忙用草把火压熄了，所以来迟了。"富人骂道："沙子怎么会着火？草哪里能把火压熄？真是荒唐！"达太反驳道："是的，沙子不会着火，草也压不熄火。那么，骡子怎么能够生牛呢？"富人被问得哑口无言。赵岩三讲述，沈应明、黄伦口译，万家明记录。收入《佤族民间故事选》，32开，1页，600字，上海文艺出版社1989年版。

（阿南）

"天亮了"

佤族机智人物故事。流传于云南省沧源佤族自治县。有一次达太来到傣族地区，寄宿在缅寺里。睡觉时，佛爷对达太说："明早早点喊我，我要去收租。"半夜，月亮照进屋里。达太喊道："佛爷，天亮了，快起来吧！"佛爷起来对达太说："我走后，要是有人来喊门，你不要给他开。"佛爷走到寨子里一看，家家都还关着门，抬头再看天上，月亮还在当空。他回寺叫门，达太在屋里回答："佛爷说了，任何人来都不开门。"佛爷急了："我就是佛爷！"达太还是不开门，佛爷只好在外面蹲了半夜。岩宰讲述，郭思九记录。收入《佤族民间故事选》，32开，1页，500字，上海文艺出版社1989年版。

（阿南）

锄棉田

佤族机智人物故事。流传于云南省沧源佤族自治县。阿佤山的森林被一片一片地烧掉，人们在上面种上旱谷、荞子、小红米、棉花。为了这事，达太伤透了脑筋。他的朋友尼亚是个勤劳的庄稼汉，也是毁林开荒的能手。一天，他去请达太帮忙锄棉花地里的草。达太满口答应了。锄草时，达太故意把棉花根铲断，让棉株直挺挺地立着。尼亚只顾埋头锄草，根本没有注意。第二天一大早，他来到棉花地边看，发现一行行的棉株倒在地上，却找不到原因，只好去找达太商量补救的办法。达太一边安慰他，一边一本正经地说："把你的包头解下来，放在我的枕头上，看看晚上我会梦见什么。"尼亚照办了。第三天天没亮，他就来到达太的床边。达太说："山神说你为开一块地种棉花，砍伐了一片森林，烧毁了他的宫殿和庙宇。他一怒之下，就铲断了你种的棉花根。"他还告诉尼亚，只有在地对面的秃山顶上栽种一百丛芭蕉树，再栽一百丛凤尾竹，山神才能保他棉花丰收。老实的尼亚照做了。达太悄悄把自己最茁壮的棉株移栽进尼亚的棉地，并浇水施肥。这事传开后，毁林开荒的人家都怕得罪山神，纷纷到荒山上植树造林。阿佤山又遍地翠绿了。佚名讲述，刘允禔、王有明记录。收入《佤族民间故事选》，32开，2页，1500字，上海文艺出版社1989年版。

（阿南）

打猎

佤族机智人物故事。流传于云南省沧源佤族自治县。一天晚上，达太约他的朋友尼亚和桑色上山打猎。他们发现大青树上睡着一只锦鸡。达太举枪瞄准它的肚子，尼亚却用手压住他的枪口，桑色也走上前。三人正在议论打锦鸡的什么部位时，锦鸡飞走了。他们空手而归。第二天晚上，三人瞧见一头鹿。尼亚和桑色正在争论怎样烹调鹿肉时，鹿又没了踪影。他们只好垂头丧气地往回走。第三天晚上，他们来到山顶，发现一头大黑熊。这回达太不等两个朋友开口，举枪就朝黑熊的屁股打去。打完这一枪后，他也不招呼另外两人，扭身就往回跑。被打伤的大黑熊龇牙咧嘴地朝尼亚和桑色扑过来，吓得他俩胆战心惊，扔下手中的枪，急忙往大树上爬。黑熊绕着大树吼叫，把树皮扒了一地。尼亚和桑色在树上冻了一夜，直到天亮黑熊才走，他俩下树往回逃。两人越想越气，觉得达太真不够朋友，就一同去质问他。达太说："打野物用的是枪，而不是嘴。"佚名讲述，刘允禔记录。收入《佤族民间故事选》，32开，2页，1200字，上海文艺出版社1989年版。

（阿南）

械斗

佤族机智人物故事。流传于云南省沧源佤族自治县。岩隆部落的头人布金准备在族人中挑起一场与其他部落的械斗。达太和朋友尼亚为了制止他，便来到岩隆部落。他俩在进寨之前，悄悄钻进寨边的树林，并往木鼓里灌满水。见到布金时，达太从自己的筒帕里摸出三根黑鸡毛，又将筒帕里的白鸡毛全部倒出来给他看。这是很不吉祥的征兆。于是达太说："尊敬的头人，看来这场仗是打不成了。如果硬要打，肯定要败的。"一贯专横自信的布金还是命令部下："快去敲击木鼓，集合全部落的勇士，今天就出征。"可木鼓敲不响。第二天剽牛时，达太和尼亚主动帮人挖坑栽牛桩，并从中做了手脚。结果受惊的水牛把松动的牛桩拔了起来，直向远处的山箐跑去。人们便高喊："剽牛连牛都跑了，械斗哪有不败的道理？"于是他们返回了自己的寨子。布金明白是达太和尼亚在捣鬼，令人将他俩驱逐出寨子。后来布金带着队伍出征时，达太和尼亚捉来四只伯克鸟（不吉祥的鸟），剪去它们翅膀上一半的羽毛，放飞在队伍必经的道路上。当队伍发现是伯克鸟断了路，便混乱地散去了。布金气得口吐鲜血，一命呜呼了。佚名讲述，刘允禔记录。收入《佤族民间故事选》，32开，4页，2500字，上海文艺出版社1989年版。

（阿南）

狗生小猪

佤族机智人物故事。流传于云南省沧源佤族自治县。一次，头人达召米见一个年轻人牵着一头肥壮的黄牛，便想霸占它，说它是由自家的母马所生，要年轻人还给他。达太见达召米这般不讲理，便凑到他跟前说："尊敬的头人，我给你道喜来了。"达召米问："道什么喜？"达太答："您家的母狗生了几头小猪，当然值得道喜！"达召米忙辩道："哪有母狗生小猪的道理？"达太忙说："您说得对极了！母狗生小猪，是根本不可能的事。可您家的母马生下黄牛，这是怎么回事？"达召米知道自己说漏了嘴，只得灰溜溜地走了。佚名讲述，王有明记录。收入《佤族民间故事选》，32开，2页，1300字，上海文艺出版社1989年版。

（阿南）

大官哭了

佤族机智人物故事。流传于云南省沧源佤族自治县。有个大官问岩江片："听说你很会哄人，能哄我一次吗?”岩江片一本正经地说:“我不哄人!要哄就要把你哄哭。”大官不信。过了几天,岩江片约他一同到河边捕鱼。在回家的路上,岩江片借口有事先走了。他气吁吁地跑到大官家,对大官的妻子说:“你丈夫被淹死了,赶快找门板去抬他!”说着,拆了块门板就跑。他碰上大官便说:“你家的房子着火啦!还是我跑得快,抬了块门板出来,给你来报信。”大官急得大哭,拼命往家跑。在路上,他遇见了妻子。两人一问,才知道是被岩江片给骗了。南腊佛寺长老讲述,周建明翻译,尚仲豪记录、整理。收入《佤族民间故事选》,32开,1页,700字,上海文艺出版社1989年版。

(阿南)

打苍蝇

佤族机智人物故事。流传于云南省沧源佤族自治县。一天,岩江片去拜访佛爷。可佛爷有事要出去,就叫岩江片给他看家、守肉。他出去后,岩江片把肉全吃掉了,然后捉了很多苍蝇放进肉罐里。佛爷回来后,问肉怎么不在了。岩江片告诉他,全被苍蝇吃了。佛爷打开肉罐,果真从里面飞出很多苍蝇。他气极了,就叫岩江片帮着打苍蝇。岩江片便东一棒西一棒,把佛爷家打得稀烂。有只苍蝇歇在佛爷头上,岩江片一棒打去,就把佛爷打昏了。南腊佛寺长老讲述,周建明翻译,尚仲豪记录、整理。收入《佤族民间故事选》,32开,1页,600字,上海文艺出版社1989年版。

(阿南)

追马鹿

佤族机智人物故事。流传于云南省沧源佤族自治县。有一次,岩江片去向丈人借谷子。丈人很有钱,却是个吝啬鬼。他将秕谷借给岩江片。岩江片没说话,却记在心里。后来,他又去丈人家,正赶上吃饭时间。丈人见他来了,急忙把腊肉藏起来,换成了豆腐。岩江片装作没看见。不久,他约丈人去撵马鹿。两人商定,女婿在后面撵,丈人在前面堵。丈人往前走了,岩江片却在树下休息。正好有一只蚂蚁往树上爬,他大叫:“上去了!上去了!”丈人听见,就拼命往山上跑,却不见马鹿。蚂蚁往下爬时,岩江片又大喊:“下来了!下来了!”丈人又往下跑,还是不见马鹿。他筋疲力尽,待见到女婿在树下悠闲地看蚂蚁爬树时,便很不高兴地问:“你在干什么?”岩江片拖长声调说:“秕谷当饱谷,豆腐换腊肉,蚂蚁是马鹿。”丈人听了,半天说不出话来。南腊佛寺长老讲述,周建明翻译,尚仲豪记录、整理。收入《佤族民间故事选》,32开,1页,700字,上海文艺出版社1989年版。

(阿南)

种地

佤族机智人物故事。流传于云南省沧源佤族自治县。岩江片与鬼们合伙种地。种庄稼前,岩江片问鬼们愿意吃庄稼的哪部分。鬼们提出要吃秆秆。他们种下了芋头。芋头成熟后,鬼们得到秆秆,而岩江片拿走了根根。鬼们知道上当了。第二年又要种庄稼了,岩江片问它们:“今年你们要吃哪部分?”鬼们便说要吃根根。这一年,他们种下了谷子。秋收时,鬼们只好吃谷根,岩江片吃谷穗。鬼们找岩江片要了点谷穗尝尝,才知又上当了。第三年,鬼们说既要吃根根又要吃尖尖。这一年他们种下包谷,岩江片分得长在中间的包谷。鬼们连吃了几年的亏,就和岩江片分了地。岩江片的地里石头很多,他捡了几块丢在鬼地里。鬼们见了十分生气,就把它们地里的石头全都扔到岩江片的地里。岩江片假装很高兴。鬼们见了,很纳闷。岩江片说:“一块石头三斤油,三块石头换得一头牛。我地里有这么多石头!”鬼们信以为真,便把岩江片地里的石头全捡到自己的地中。第二天,岩江片站在地边唉声叹气。鬼们便问他为什么不高兴。他回答说:“我的宝贝石头不见了,地里的牛屎、猪屎、狗屎又那么多,臭得很,这怎么干活呢?”鬼们又把自己地里的牛屎、猪屎、狗屎全丢进岩江片的地里。这一年，岩江片的庄稼长得特别好。南腊佛寺长老讲述，周建明翻译，尚仲豪记录、整理。收入《佤族民间故事选》，32开，2页，1200字，上海文艺出版社1989年版。

（阿南）

打死阎王

佤族机智人物故事。流传于云南省沧源佤族自治县。岩江片不怕鬼，常捉弄它们，鬼们便向阎王告状。阎王派两个小鬼来捉岩江片。岩江片紧闭着门，躲在家里吃糖稀饭。两个鬼在门缝中见了，嘴馋了，向他要糖稀饭吃。岩江片说：“你们把舌头从门缝里伸进来，我来喂你们。”岩江片趁机剪掉了鬼的舌头。两个鬼回到阎王面前，但什么也说不出来。阎王气极了，决定亲自来捉岩江片。他吩咐守城的鬼：“我把岩江片捉来时，他说什么都不要听，你们只管打死他。”阎王骑着大马，半路碰上了骑羊的岩江片，便惊奇地问：“怎么骑着羊赶路？看我骑的马又高又大，走得快。”岩江片则夸自己的羊跑得快，并约阎王比赛。阎王同意了。两人话刚说完，岩江片就骑着羊先跑了。他跑到阎王看不见的地方，下来扛着羊跑，先到了目的地。他风趣地对后来的阎王说：“你看谁的快？我烟都吸够了你才来。”阎王要岩江片跟他到城里去，又担心他骑着羊跑了，便要跟他换坐骑。岩江片说，换坐骑可以，但两人必先换衣服穿，因为羊见到他的衣服才跑得快。阎王便和岩江片换了衣服。岩江片骑着马先跑到城里，对守城的鬼说：“岩江片就要到了，只管把他打死。”阎王到了，鬼们一拥而上把他打死了。南腊佛寺长老讲述，周建明翻译，尚仲豪记录、整理。收入《佤族民间故事选》，32开，2页，1200字，上海文艺出版社1989年版。

（阿南）

换马蛋

佤族机智人物故事。流传于云南省西盟佤族自治县。窝朗（部落头人）给儿子小窝朗买了一匹大马。小窝朗天天骑着马在寨子里转来转去，乡亲们都很讨厌他。岩坎决意惩治他一下。一天，小窝朗骑马兜风时，见岩坎在路上骑着个冬瓜，并用鞭子抽打它，便问道：“那不是个冬瓜吗？你打它干什么？”岩坎说，这是他特意从外地买来的“马蛋”，比马还跑得快。小窝朗不信，两人便决定比赛，看谁先跑到木鼓房。待小窝朗快马加鞭跑远了，岩坎抱起冬瓜，抄小路先跑到了目的地。小窝朗很惊讶，围着“马蛋”看了又看，执意要用他的马和岩坎换。岩坎装出很勉强的样子，跨上马，一溜烟跑了。小窝朗骑上“马蛋”后，才知道上了当，一气之下，一脚把“马蛋”踢下了山。佚名讲述，鲁斌、艾荻记录。收入《佤族民间故事选》，32开，2页，1000字，上海文艺出版社1989年版。

（阿南）

神棍

佤族机智人物故事。流传于云南省西盟佤族自治县。有一年，一个佤族寨子里闹灾荒。岩坎想救乡亲们。他把家里仅有的一只母鸡杀了，然后用芭蕉叶包成两份，夜里偷偷地埋在窝朗家的晒台前面。第二天，窝朗全家在晒台上吃饭。岩坎挎了块筒帕，拿根木棍来到晒台下，在地上东敲西戳。窝朗觉得奇怪，岩坎说自己正在找好吃的东西，说着，他又在地上捣鼓起来，装模作样地把耳朵贴在木棍上听了一下，然后从土里刨出一包鸡肉，不一会儿再用棍子在地上捣了几下，又刨出一包。窝朗惊呆了，一把夺过棍子问：“这是什么宝贝？”岩坎告诉他，这是创造万物的木依吉给的神棍。窝朗便提出，愿意用自己家里的任何东西与岩坎换“神棍”。最后岩坎用“神棍”跟窝朗换他了三十左（一左约等于二十斗）谷子。他把谷子分给了饥饿的乡亲们。佚名讲述，鲁斌、艾荻记录。收入《佤族民间故事选》，32开，1页，700字，上海文艺出版社1989年版。

（阿南）

赌牛

佤族机智人物故事。流传于云南省西盟佤族自治县。窝朗想出出岩坎的洋相，便对他说："要是你能把箭射进石头里，我便给你一头牛。"岩坎便回家拿弩箭，并在箭头上抹了点树胶。他张弓搭箭，将箭头稳稳地"插"在一块岩石上。他赢了，要去牵牛，可窝朗还要他骗自己一次。岩坎便告诉窝朗，自己回家拿弩箭时，见寨子里的人大喊大叫，一问，才知窝朗家的房子失火了；自己本想去救火，可怕窝朗等久了，才没去。窝朗急了，便拖上岩坎就往寨子里跑。到了寨中一看，家里平安无事。他才知道又受骗了，便怒气冲冲地骂岩坎。岩坎却笑嘻嘻地说："这都是为了那头牛啊！"窝朗只好叫他去牛圈里牵牛。佚名讲述，鲁斌、艾荻记录。收入《佤族民间故事选》，32开，1页，700字，上海文艺出版社1989年版。

（阿南）

"偷"裤子

佤族机智人物故事。流传于云南省西盟佤族自治县。窝朗穿着新裤子，遇上了岩坎。他见岩坎老是瞅着自己的裤子，就问："你是不是喜欢我的裤子？"岩坎笑着点了点头。窝朗说："要是你能偷去，我就送给你。"岩坎依然又点了点头。一连几天，窝朗都穿着新裤子，连睡觉也不例外。一天晚上，他睡着了。岩坎轻轻地摸到他的床前，拉开他的裤头，把两个剥了皮的芭蕉放进去后，在门外躲了起来。一会儿，窝朗在半梦半醒中感到屁股底下滑腻腻的，以为自己拉肚子了，就将裤子脱下扔在地上，又睡了。岩坎捡起裤子穿上，走了。天亮后，窝朗不见了裤子，才知道又上了岩坎的当。佚名讲述，鲁斌、艾荻记录。收入《佤族民间故事选》，32开，1页，700字，上海文艺出版社1989年版。

（阿南）

教本事

佤族机智人物故事。流传于云南省西盟佤族自治县。小窝朗很羡慕岩坎的本事，想拜他为师。岩坎满口答应，但要求小窝朗能吃得起苦。他收了钱，拿出一只大口袋，说："我的本事都在里面，你进去拿吧！"小窝朗钻进去后，岩坎扎紧了袋口，把口袋吊在一棵大树上，挥起树条使劲地抽打。小窝朗在里面"哇哇"地乱叫乱蹬。打得差不多了，岩坎把小窝朗放了出来，说："你真能吃苦，我的本事你一定能学到。"小窝朗边摸伤痛处边说："能学到！能学到！"岩坎道："今天是初学，明天再来吧！""今天已学到了本事，明天不来了！"小窝朗一边说，一边一瘸一拐地带着"本事"回家去了。佚名讲述，鲁斌、艾荻记录。收入《佤族民间故事选》，32开，1页，700字，上海文艺出版社1989年版。

（阿南）

会屙银子的马

佤族机智人物故事。流传于云南省西盟佤族自治县。岩坎的大白马老了，想卖却谁都不要。有一天，他看见窝朗朝他家的马厩走来，就抓了一把银子丢在马屁股底下，并装模作样地用棍子扒着捡着。窝朗问他在干什么。"捡马屙出的钱啊！"岩坎大声地说。窝朗惊奇地问："马会屙钱？""你看，白花花的银子呢！"岩坎把银子捧到他面前。窝朗信以为真，便用五百两银子把岩坎的老白马买走了。而岩坎带着这些银子到勐江坝做生意去了。佚名讲述，刘燕琼、艾荻记录。收入《佤族民间故事选》，32开，1页，700字，上海文艺出版社1989年版。

（阿南）

两个太阳

佤族机智人物故事。流传于云南省孟连傣族拉祜族佤族自治县部分地区。几个背着黄果的姑娘在山顶遇着打龙，便迎上去问："听说你最喜欢骗人，你能不能骗我们呢？"打龙边走边说："今天我忙，没时间骗你们。我要赶到东山去，告诉那里干活的人，今天天上出了两个太阳。"姑娘们急忙抬头看天，挎在头上的背箩绳子滑了下来，箩内的黄果顺着山坡往下滚。打龙指着滚的黄果少的那面坡说："快，快！这边滚的更多。"姑娘们都去他指的山坡捡黄果，但每人只捡了几个。待她们爬上坡来，打龙早就没影儿了，剩余的黄果也都不见了。岩行讲述，召罕嫩记录。收入《云南民族民间文学集成·孟连佤族卷》，32开，1页，400字，云南民族出版社1993年版。

（阿南）

野鸭换牛

佤族机智人物故事。流传于云南省孟连傣族拉祜族佤族自治县部分地区。打龙来到一个大湖边，见湖里有成千上万只野鸭。他转身来到一个山寨里，看见一户人家的牛栏内关满了牛。他走过去告诉牛主人，自己养着一大群鸭子，天天杀也吃不完，想跟他换一头牛犁地。牛主人就跟打龙来到湖边。打龙指着野鸭群说："就换这群鸭吧，等天黑了再来捉。"牛主人觉得用一头牛换一大群鸭合算，就让他将牛牵走了。打龙把牛牵到另一个寨子，约来一伙人把牛杀了，将牛肉分给全寨的人，自己只留下一条牛尾巴。他甩着牛尾巴来到第三个寨子，告诉人们，要是有人来找他，就说他在大青树下让牛赶泥巴。上了当的牛主人邀了七八个人来找打龙。打龙把牛尾巴戳进烂泥里，假装费力地拉着，并大喊："好心人哪，快来帮我拉呀！牛陷进泥里，快把我也拉进去了！"牛主人听见喊声，率人跑去帮打龙。一用力，只拉出一条牛尾巴，几个人都摔倒在地。打龙"埋怨"道："你们怎么不快点来呢！我险些连命也搭上了。"牛主人自责自己来迟了，还向打龙道歉呢。岩行讲述，召罕嫩记录。收入《云南民族民间文学集成·孟连佤族卷》，32开，1页，760字，云南民族出版社1993年版。

（阿南）

上房头

佤族机智人物故事。流传于云南省孟连傣族拉祜族佤族自治县部分地区。一天天气很冷，一群人在屋里烤火，见打龙路过，就叫他骗骗他们，并说，要是能骗成，将好饭好酒招待他，要是骗不了，他得帮大家背一背柴来。打龙说，在房子里骗人会得罪房鬼，需爬到房头上才好骗。大伙便跟着他爬到房头上。这时，他又说，房头上风大，太冷了，要下到空地上骗。等大伙跟着他下到空地上，打龙大叫道："快做饭，快烤酒！我骗完啦！"大伙你看我，我看你，不由得大笑起来。岩行讲述，召罕嫩记录。收入《云南民族民间文学集成·孟连佤族卷》，32开，1页，500字，云南民族出版社1993年版。

（阿南）

抓下巴

佤族机智人物故事。流传于云南省孟连傣族拉祜族佤族自治县部分地区。几个上过打龙当的人对他恨之入骨，有一天他们聚在一起把打龙抓来游寨。押打龙的两个人紧紧揪住他的头发。一行人走到拐弯路口，打龙大声对前来围观的人说："他们抓住我的头发，我多舒服呀！他们不敢抓我的下巴。"那两个人中了计，便去抓他的下巴。打龙将头一偏，挣脱后逃跑了。岩行讲述，召罕嫩记录。收入《云南民族民间文学集成·孟连佤族卷》，32开，1页，400字，云南民族出版社1993年版。

（阿南）

（四）寓言、幽默故事

草房和太阳

佤族寓言故事。流传于云南省沧源佤族自治县。一间新盖的草房在阳光下闪着金子般的光。它自以为很美丽，连太阳也看不顺眼。不久，阿佤山的雨季到了，连绵的阴雨使草房顶上的茅草变得又黄又黑。当太阳重新放出光芒的时候，草房再也闪烁不出美丽的金光了。佚名讲述，阿驹整理。收入《佤族民间故事集成》，32 开，1 页，300 字，云南民族出版社 1990 年版。

（海涛）

潭水和山泉

佤族寓言故事。流传于云南省沧源佤族自治县。有一回潭水问山泉："为什么你永远那么明亮，那么清澈？"山泉说："因为我总是不停地朝前走，只记住奔向太阳。"佚名讲述，阿驹整理。收入《佤族民间故事集成》，32 开，1 页，120 字，云南民族出版社 1990 年版。

（海涛）

石岩、风和白花

佤族寓言故事。流传于云南省沧源佤族自治县。石岩娶了白花姑娘，引起风的嫉妒。每当白花盛开的季节，风就大发雷霆，怒吼着冲击石岩，摧残白花。但是，狂风过后，石岩仍旧巍然屹立，白花还是依偎在它的怀抱里。它们笑看风狼狈退去。达朗讲述，沈应明翻译，尚仲豪记录、整理。收入《佤族民间故事集成》，32 开，1 页，400 字，云南民族出版社 1990 年版。

（海涛）

火

佤族寓言故事。流传于云南省沧源佤族自治县。有一次火和扎篾吵起架来。不一会儿，它们各自去找伙伴来帮忙，火找到了风，扎篾找到了水。双方互相打了起来。火和风打不过扎篾和水。火被打得只剩下一点儿火星子，便跑到石头下面躲藏起来。后来，人们就从石头上取火了。冯寿轩、王有明搜集、整理。收入《佤族民间故事集成》，32 开，1 页，100 字，云南民族出版社 1990 年版。

（海涛）

害羞的竹子

佤族寓言故事。流传于云南省沧源佤族自治县。竹子不知天高地厚，吹嘘自己是世界上最高的东西。太阳听到这话，就来和它比高低。这一回竹子羞得低下了头，不敢望一眼太阳。周建明讲述，尚仲豪记录、整理。收入《佤族民间故事集成》，32 开，1 页，100 字，云南民族出版社 1990 年版。

（海涛）

直和弯的故事

佤族寓言故事。流传于云南省沧源佤族自治县。从前有一对朋友，名字分别叫直和弯。有一次两人为讨论做人是直好还是弯好而吵了起来。争吵中，狠心的弯把直的眼睛剜了出来。天神下凡听说此事，给直安了眼睛，又给了他一个小篾盒，并告诉他，遇到困难就摇它，想要什么就会有什么。但直不愿依赖小篾盒生存，天天坚持出去劳动。日复一日，直富了起来。弯听说了这事，就让直把他的眼睛剜去，然后去找天神。天神同样给他安上了眼睛，送给他一只小篾盒。弯摇动小篾盒，希望从天上掉下金子。但只听见"轰隆"一声，竹楼被炸塌，弯被炸死了。佚名讲述，依翔搜集、整理。收入《佤族民间故事集成》，32 开，2 页，1100 字，云南民族出版社 1990 年版。

（海涛）

扎华

佤族寓言故事。流传于云南省澜沧拉祜族自治县佤族聚居区。扎华是富人家的儿子，从小就过着花天酒地的生活。父母死后没几年，留下的家产就被他花光了，他只得外出讨饭。有一天，一位老人告诉他，他父母还有一些金子埋在地里。扎华信以为真，便整天去挖地，并照着老人的话在地里种上了玉米。待庄稼成熟，他才恍然大悟：原来老人说的金子就是玉米啊！从此，他靠自己的双手辛勤地劳动，生活一天天好了起来。佚名讲述，陈云泽搜集、整理。收入《佤族民间故事集成》，32开，2页，1300字，云南民族出版社1990年版。

（海涛）

懒风猴

佤族寓言故事。流传于云南省沧源佤族自治县。有一年天大旱，猴子们都忙着去开沟引水，只有一只风猴懒得动，一直在等着喝从天上降下来的雨水。别人劝它去干活，它说除了能看见天上降下来的雨水外，其他的水自己都"看不见"。不久，猴子们挖通了水沟，把水引了来，大家有水喝了。可老天还是没有下一滴雨，风猴口渴得要命。它听见沟里哗啦哗啦响，却"看不见"水，只有靠喝风解渴。后来每逢干旱天，风猴就在树上哭叫，大家就叫它"懒风猴"。冯寿轩讲述，尚仲豪、黄伦搜集、整理。收入《佤族民间故事集成》，32开，2页，1000字，云南民族出版社1990年版。

（海涛）

害羞的羊

佤族寓言故事。流传于云南省沧源佤族自治县。狗原来有角，羊却没有。一次狗为了伸头进洞吃东西，把角放在地上，羊趁机偷走了它的角，戴在自己的头上。从此以后，没有角的狗恨透了羊，一见它就咬。羊不好意思，见了狗就低着头害羞地跑开了。佚名讲述，冯寿轩、王有明搜集、整理。收入《佤族民间故事集成》，32开，1页，220字，云南民族出版社1990年版。

（海涛）

爱漂亮的马鹿

佤族寓言故事。流传于云南省沧源佤族自治县。很久以前，马鹿的样子长得很难看。为了美丽，它将很多白色、黄色的毛粘在自己身上，还偷来一对有很多叉的角安在头上。在一次逃生的途中，马鹿的角被藤条缠住，让猎人抓住了。这时它才后悔不该去偷人家的角。佚名讲述，冯寿轩、王有明搜集、整理。收入《佤族民间故事集成》，32开，1页，200字，云南民族出版社1990年版。

（海涛）

老熊的尾巴

佤族寓言故事。流传于云南省沧源佤族自治县。老熊因长着一条又粗又长的尾巴，十分骄傲。一天，它和松鼠在树林里相遇，很是瞧不起对方。松鼠决定给它一点颜色瞧瞧。看见旁边的山崖上有一个马蜂窝，松鼠骗熊说那是一面大鼓，并提出，看谁有本事把这面大鼓敲响。老熊不知是计，就爬上树，用粗尾巴敲打起"鼓"来，结果是捅了马蜂窝，大小马蜂倾巢而出，把它蜇得全身肿痛。它从树上掉下来，粗尾巴也被拉断了。松鼠从洞里露出头说："看你还翘尾巴不？"佚名讲述，陈为群搜集、整理。收入《佤族民间故事集成》，32开，2页，700字，云南民族出版社1990年版。

（海涛）

萤火虫

佤族寓言故事。流传于云南省澜沧拉祜族自治县佤族聚居区。有一次，豹子尝了一块被火烧过的鸟肉，觉得好吃，便产生取火的欲望。它要萤火虫去天上取火。等萤火虫取到火种，豹子又想把它害死。萤火虫便把取来的火变成一束强烈的荧光，照得豹子睁不开眼，自己则摇曳着蓝蓝的荧光飞向了远方。佚名讲述，河流搜集、整理。收入《佤族民间故事集成》，32开，1页，700字，云南民族出版社1990年版。

（海涛）

老倌和鳄鱼

佤族寓言故事。流传于云南省沧源佤族自治县。一个老倌路过一个泥塘，看见一条鳄鱼陷在泥里，奄奄一息。老倌可怜鳄鱼，把它救了上来。可活过来的鳄鱼却要吃他。最后小兔用计淹死了鳄鱼，救了老倌。南腊佛寺长老讲述，周建明、尚仲豪记译。收入《沧源县佤族故事选》，32开，2页，1000字，中共沧源县委宣传部、云南民族民间文艺沧源调查队1960年编印。

（海涛）

做生意

佤族幽默故事。流传于云南省沧源佤族自治县。从前有个富翁贪心不足，总想得到更多的钱。一天，他叫儿子去做生意。他儿子赶着三匹壮马出门了。走了不一会儿，小伙子见到一个赶驴的人，便要用三匹马换他四匹干瘦的驴。赶驴人欣然同意了。小伙子很得意，觉得自己用三换四很划算，肯定赚了一笔。后来，他又用四匹驴换了五只兔子，再用五只兔子换了六个小瓜，最后用六个小瓜换了一把伞。在他看来，伞是奇珍异宝。但暴风雨来临时，他撑起的伞被一阵风刮走了，只得两手空空地回到家。富人发现儿子不争气，气得晕倒在地。田荣华讲述，冯寿轩搜集、整理。收入《佤族民间故事集成》，32开，2页，750字，云南民族出版社1990年版。

（龙江莉）

抢牛桩

佤族幽默故事。流传于云南省沧源佤族自治县。有个孤儿，家里没吃的，肚子很饿，只好拔了一根牛桩到集市上去卖，准备买点食物填肚子。正好富翁的儿子到集市上闲逛，看见了牛桩，以为是什么好东西，就带人来抢。牛桩抢到手后，他亲自扛着它回家，准备向父母邀功。富翁见了这么个臭气熏天的东西，就责骂儿子。儿子只好把牛桩扔出门，不想正好砸在他母亲身上，把她砸死了。富翁气得到处找棍子，但一时找不着，就挥起牛桩朝儿子打去，结果把儿子也打死了。田荣华讲述，冯寿轩搜集、整理。收入《佤族民间故事集成》，32开，1页，350字，云南民族出版社1990年版。

（龙江莉）

抓麂子

佤族幽默故事。流传于云南省沧源佤族自治县。有一天，富翁对弟弟说，自己想吃麂子肉，要他去抓一只回来。憨包弟弟答应了，他来到寨子边，一屁股坐在地上，用棍子把右脚撑起来，打算等麂子跑来撞倒棍子，就可以压住它。不一会儿，一头大肥猪跑来撞倒了棍子。富翁弟弟的脚被磕在地上，破了皮，还流了很多血。富翁知道后，很不放心弟弟，便派幺叔带弟弟一起去抓麂子。他嘱咐弟弟，幺叔做什么就跟着做什么。路上，幺叔被藤条绊住，跌倒在路上，大脚趾跌出了血；弟弟也照着摔了一跤，把脚趾也跌出了血。不久，幺叔的眼睛进了沙子，让侄子帮忙吹出来。侄子也学着幺叔指指自己的眼睛。幺叔生气了，而憨侄子也跟他一样生气，两人便边吵边打回了家。富翁听说了弟弟的愚笨行为，连连摇头叹气，对他彻底失去信心。肖子共讲述，冯寿轩搜集、整理。收入《佤族民间故事集成》，32开，2页，970字，云南民族出版社1990年版。

（龙江莉）

瞎子和瘫子

佤族幽默故事。流传于云南省沧源佤族自治县部分地区。从前有个瞎子，很想找草药医生治眼睛，可只能望“路”兴叹；另有一个瘫子，想找草药医生治腿，可他走不了路。两人知道对方的想法后，决定一同去求医。于是，两人互相依靠，瞎子背瘫子，瘫子给瞎子指路，有一天终于找到了一位草药医生。经草药医生指点，两人的病都治好了。赵三块讲述，三木惹翻译，郭思九搜集、整理。收入《佤族民间故事集成》，32 开，2 页，1200 字，云南民族出版社 1990 年版。

（海涛）

珠米的银子逃走了

佤族幽默故事。流传于云南省西盟佤族自治县。从前有个富人叫岩相，他爱财如命，待人特别小气。有一年，家里有两个长工给他干活，可一年干到头，他们一分钱也没拿到。两个长工气不过，偷偷打开他的柜子，拿走里面所有的财物，并把一只大白猫放了进去。岩相听到柜子里有响动，打开柜门一看，大白猫跳出来跑了，柜子里面什么也没有。他气得瘫在地上。佚名讲述，陈祥林搜集、整理。收入《佤族民间故事集成》，32 开，2 页，1000 字，云南民族出版社 1990 年版。

（海涛）

打喷嚏

佤族幽默故事。流传于云南省西盟佤族自治县。有一次，尼裁和达里外出做生意。在回来的路上，达里打了一个喷嚏，他便以开玩笑的口气告诉尼裁，如果在路上打喷嚏，说明家里人正想念自己。尼裁却信以为真，回到家里，便责怪老婆没有良心，一直不想他。几个月后，他要到外地买罐子。动身前，他老婆怕丈夫责怪自己，偷偷把一个辣椒缝在他的上衣角里。尼裁买了一只大罐子，在回来的路上，正赶上天气又热又闷，尼裁便拉起上衣角擦汗。在辣椒的刺激下，他连连弯腰打喷嚏。结果新买的罐子从背篓里滑出来打碎了。佚名讲述，魏埃来搜集，竞秋整理。收入《佤族民间故事集成》，32 开，2 页，1200 字，云南民族出版社 1990 年版。

（海涛）

父子吃肉

佤族幽默故事。流传于云南省沧源佤族自治县。有一次，父子两人在一起吃肉，父亲在自己的碗里留了很多，只分给儿子一小点。儿子奇怪，问父亲原因。父亲告诉他："你年纪还小，今后吃肉的日子还长，而我活在世上的日子不多了，所以要多吃一点。"吃完饭后，父亲叫儿子去放牛，儿子只赶老母牛上山吃草，把小牛关在圈里饿了一天。晚上父亲怪罪他，他狡黠地笑了笑说："小牛还小，吃草的日子还长。老牛嘛，日子不长喽，让它多吃点。"听了儿子的话，父亲半天说不出话来。佚名讲述，梁红伟搜集、整理。收入《佤族民间故事集成》，32 开，1 页，400 字，云南民族出版社 1990 年版。

（海涛）

懒人岩坎

佤族幽默故事。流传于云南省沧源佤族自治县。岩坎很懒，从来不出去干活，后来肚子饿得撑不住了，就搬动一张小床，躺在附近的芒果树下张嘴等着熟透的芒果掉进嘴里。不久，风来了，把树上的芒果吹落下来，岩坎的头被砸起一个个大疙瘩。杨老大讲述，周建明翻译，尚仲豪搜集、整理。收入《佤族民间故事集成》，32 开，1 页，300 字，云南民族出版社 1990 年版。

（海涛）

巧改对联

佤族幽默故事。流传于云南省保山市佤族聚居区。很久以前，腾冲的热水塘附近有个财主，他认为自己有钱有势，向来目中无人，经常欺负乡亲们。有一次过年，他写了一副对联贴在大门两边。上联是"文笔山脚两座寺"，下联是"热水塘中独一人"。大年初一早上，他出门一看，差点气昏过去，只见门口的下联变成了"热水塘中独一犬"。原来有人见他如此狂妄，便顺手捡了一根木炭，将"人"字改成了"犬"字。越育美讲述，蒋在凡记录。收入《散落的珍珠》，32开，1页，500字，保山地区群众艺术馆1983年编印。

（海涛）

（五）动植物故事

骄傲的老虎

佤族动物故事。流传于云南省沧源佤族自治县。老虎在森林中称王称霸，喜欢欺负其他动物，有一次竟要穿山甲为自己找吃的东西，不然就要吃掉它。穿山甲便向老虎建议，它们一起滚下山坡，寨中煮饭的人见山中之王来了，肯定会被吓跑，这样就可以吃到他们的饭了。骄傲的老虎一听，觉得这是个好办法，便把身子一抱，滚下了山坡。山下的人和小动物们一看老虎滚落下来，便围拢上去把它打死了。玉娜讲述，赵玉明翻译，郭思九搜集、整理。收入《佤族民间故事集成》，32开，4页，2200字，云南民族出版社1990年版。

（海涛）

青蛙和老虎赛跑

佤族动物故事。流传于云南省沧源佤族自治县。老虎向来自以为是，更不把小小的青蛙放在眼里，有一次提出要与它赛跑。青蛙事先安排伙伴们在沿途接应。比赛时，骄傲的老虎边跑边停下来喊青蛙，可青蛙的回声总在它前面。这可把它吓坏了。它怕输给青蛙，被其他动物嘲笑，就夹着尾巴溜进大森林里去了。赵岩色讲述，田国龙翻译，郭思九搜集、整理。收入《佤族民间故事集成》，32开，3页，1700字，云南民族出版社1990年版。

（海涛）

老虎走田埂

佤族动物故事。流传于云南省沧源佤族自治县。有一次，骄傲的老虎和田螺相约在田埂赛跑，若老虎赢了，就要一脚踩死田螺。田螺事先在田埂上每隔五十步就安排了一个小伙伴。比赛开始，无论老虎跑得多快，当它停下来叫田螺的时候，田螺的回声总在它前面。后来它终于跑不动了，只得低头认输。从此，老虎再也不敢称王称霸了。俄稿讲述，建华、建军搜集、记录。收入《佤族民间故事集成》，32开，2页，1400字，云南民族出版社1990年版。

（海涛）

石蚌的声音

佤族动物故事。流传于云南省沧源佤族自治县。大老虎经常得意地向子孙们炫耀，森林里只有它的声音最大，也最可怕。夏天来了，它领着小老虎来到水边喝水。当它的嘴刚刚碰上水面，石洞里的石蚌就“咕咕咕”地大叫起来。骄傲的大老虎从未听到过这样奇怪的声音，吓得掉头就跑。它的子孙们在后边笑它。安盆讲述，田国龙翻译，郭思九搜集、整理。收入《佤族民间故事集成》，32开，4页，2500字，云南民族出版社1990年版。

（海涛）

老虎过江

佤族动物故事。流传于云南省沧源佤族自治县。老虎看不起螃蟹笨拙的样子，为了取笑它，提出与它比赛过江。临下水前，螃蟹对老虎说，只要老虎到江中心甩了尾巴，就算它赢。老虎不知是计，抢先游到江中心，并得意地把尾巴使劲一甩，附在它尾巴上的螃蟹趁势飞到了江对岸。老虎气得站在江中心干瞪眼。赵岩色讲述，田国龙翻译，郭思九搜集、整理。收入《佤族民间故事集成》，32开，2页，1000字，云南民族出版社1990年版。

（海涛）

老虎追兔子

佤族动物故事。流传于云南省沧源佤族自治县。老虎和小兔相遇，想吃掉它。小兔凭借自己的机智，狠狠地戏弄了不可一世的老虎。赵尼考讲述，田国龙翻译，郭思九搜集、整理。收入《佤族民间故事集成》，32开，3页，1700字，云南民族出版社1990年版。

（海涛）

老虎犁地

佤族动物故事。流传于云南省沧源佤族自治县。一只老虎看见黄牛为人犁地，便笑它愚笨。黄牛趁主人不在，用计让老虎心甘情愿地套上轭头，自己学着赶犁人的样子，在后面用鞭子狠狠抽打它。这时，犁地的人背着喂牛的草来了。他将一捆茅草塞到老虎的屁股后面，点着了火。眼看大火就要烧到自己的屁股了，老虎吓得乱跑乱跳。黄牛和水牛看到它狼狈的样子，乐得哈哈大笑，结果把上牙都给笑掉了。岩宰讲述，沈应明翻译，郭思九搜集、整理。收入《佤族民间故事集成》，32开，3页，1500字，云南民族出版社1990年版。

（海涛）

老虎和蚂蚁

佤族动物故事。流传于云南省沧源佤族自治县。老虎下山喝水时，看见一只蚂蚁在洗澡，便嘲笑它的渺小。蚂蚁不服气，与老虎打了起来。它爬到老虎的腿上，钻进绒毛里，狠狠咬老虎的肉。老虎疼得在地上乱滚，结果把自己的脊背滚烂了，也没有碾死蚂蚁，它只好向蚂蚁求饶。佚名讲述，危德中搜集、整理。收入《佤族民间故事集成》，32开，1页，500字，云南民族出版社1990年版。

（海涛）

猴子的“力气”

佤族动物故事。流传于云南省沧源佤族自治县。老虎认为猴子瘦弱，猴子很不服气。老虎为了让猴子对自己心服口服，便提出要与它比力气。猴子决定教训一下这个不可一世的家伙，便说，自己要回家去拿力气，又担心老虎跑了，想把它捆在树上。老虎不知是计，同意了猴子的要求，让它将自己捆了起来。猴子向砍柴人借了一把大斧头，对被捆着的老虎说，斧头就是自己的力气，并向老虎的脑袋砍去。老虎动弹不得，痛得直叫唤，只好向猴子认输。叶娜讲述，赵玉明翻译，郭思九搜集、整理。收入《佤族民间故事集成》，32开，2页，1400字，云南民族出版社1990年版。

（海涛）

一只好胜的老虎

佤族动物故事。流传于云南省沧源佤族自治县。老虎嘲笑鼹鼠弱小，鼹鼠不服气，双方便决定比试谁能从人群中穿过。鼹鼠很快就从人们的脚下溜走了；而老虎经过人群时，人们用棒子、弩箭迎接它。老虎挨了一顿饱打后，才侥幸逃脱。佚名讲述，田共翻译、记录。收入《佤族民间故事集成》，32开，2页，1400字，云南民族出版社1990年版。

（海涛）

老虎和地鼠

佤族动物故事。流传于云南省沧源佤族自治县。老虎在山上碰见地鼠，嘲笑它的弱小。地鼠却说：“你说我小？可人家还给我下跪呢！不信你看。”老虎站在远处看人们追扑地鼠，好像真的给它跪拜一样。地鼠回来后，问老虎敢不敢试一下。老虎不知是计，心想人们会更怕它，便大摇大摆地朝人群走去。人们举起锄头、钉耙朝它打来，把它打得身上青一块紫一块的。佚名讲述，王敬骝搜集、整理。收入《佤族民间故事集成》，32开，2页，1100字，云南民族出版社1990年版。

（海涛）

老虎和扇子鸟

佤族动物故事。流传于云南省沧源佤族自治县。老虎看见扇子鸟在蒿草梢上飞来飞去，就嘲笑它的渺小。扇子鸟不服气。双方便决定比试过木桥，看谁能把桥压得最响。扇子鸟飞到桥边，不停地扇着翅膀走到桥的另一端。老虎不知道扇子鸟的翅膀会发出声音，还以为木桥被扇子鸟压得直响。轮到它时，无论怎么走，木桥一点响声也没有。它只好垂头丧气地跑开了。佚名讲述，木三嘎、叶块整理。收入《佤族民间故事集成》，32开，1页，400字，云南民族出版社1990年版。

（海涛）

“山霸王”的下场

佤族动物故事。流传于云南省沧源佤族自治县。老虎是山林中最凶残的野兽之一，百兽称它为“山霸王”。麂子却很善良，兽类和林木都喜欢和它交朋友。一天，麂见老虎迎面扑来，急中生智，指着远处说有猎人走来。它趁老虎回头看的机会逃跑了。老虎不死心，继续追赶麂子。麂子跑到一棵大树旁，请大树帮忙。大树让它快跑，自己则弯下腰来横在路中间。老虎追来，见大树挡住了去路，就谎称自己的帽子被风刮到前面去了，要去捡帽子。大树信以为真，就直起腰让老虎过去。后来它知道上了当，便赶紧摇动树枝向麂子报信。麂子绕山转了一周又回到大树旁。这一次大树决定不再听信老虎的谎言，要帮助麂子逃脱虎口。它弯下了腰。老虎故技重施，大树让它从自己身上跨过去。老虎刚跳起来，大树就猛地直起腰，将它弹到半空中，摔死了。梁红伟讲述，王京记录、整理。收入《佤族民间故事集成》，32开，2页，1350字，云南民族出版社1990年版。

（龙江莉）

熊掌上的刀痕

佤族动物故事。流传于云南省沧源佤族自治县。有一天晚上，两个贼一起去偷寨子里的一头牛。由于牛圈里什么也看不清，他们错把老虎当成牛牵走了。天蒙蒙亮，贼发现自己偷的是老虎，就把它拴在一棵枇杷树下。恰巧树上有个熊窝，贼就把小熊从树上扔了下来。母熊觅食回来，从老虎口中得知是贼把小熊摔死了，便爬上树要来吃他们。它上树一看，见贼的长刀露在外面，以为是他们的尾巴，就上去狠狠握住。结果它痛得惨叫一声摔下树来。从此，熊掌上就留下了刀痕。佚名讲述，李向东记录、整理。收入《佤族民间故事集成》，32开，2页，1200字，云南民族出版社1990年版。

（海涛）

老虎、兔子和黄牛

佤族动物故事。流传于云南省沧源佤族自治县。有一次，老虎和小兔相遇了，老虎想吃掉小兔。小兔凭智慧制服了老虎，并用火烧它。老虎身上的毛被烧成斑斑点点。在火烧老虎的时候，黄牛叫老虎往坡上跑，结果火越烧越旺。从此老虎便恨上了黄牛，一看见它就咬。佚名讲述，史东文搜集、整理。收入《佤族民间故事集成》，32开，2页，1400字，云南民族出版社1990年版。

（海涛）

荞麦秆秆为什么是红的

佤族动物故事。流传于云南省沧源佤族自治县。有一次，老麂子跟老虎一起下地干活。老虎借故提前回家，把小麂子给杀了。它还想吃老麂子。这时，野猪来了，把老虎咬死了。老麂子把老虎的血装在竹筒里，想拿回家喝。当它走进荞麦地时，米雀的叫声吓了它一跳，把血打翻了。从此，荞麦秆秆就被老虎的血染成了红色。佚名讲述，史东文搜集、整理。收入《佤族民间故事集成》，32开，2页，1400字，云南民族出版社1990年版。

（海涛）

老虎与癞蛤蟆

佤族动物故事。流传于云南省孟连傣族拉祜族佤族自治县部分地区。一天，老虎外出觅食，看到一只癞蛤蟆蹲在草丛中，便嘲笑它的丑陋和无能。癞蛤蟆不服气。双方便约定比赛吃猪肝，看到底谁厉害。比赛结束，老虎使尽全力大吼一声，从嘴里吐出几根没有消化的烂骨头；而癞蛤蟆张口就吐出了一坨黑糊糊的“猪肝”。老虎只好认输。其实，癞蛤蟆吐出的仅是一堆没有消化的虫子。岩佳讲述，彭春兰、周德付记录。收入《云南民族民间文学集成•孟连佤族卷》，32 开，1 页，700 字，云南民族出版社 1993 年版。

（海涛）

老虎和熊

佤族动物故事。流传于云南省孟连傣族拉祜族佤族自治县部分地区。一次，老虎和熊一起到山上游玩。老虎看见一棵大树上挂着一个细腰蜂窝，计上心来，决定戏弄一下熊，就告诉它，那是一面“天鼓”，并与它约定，谁将天鼓敲得响就算谁有本事。老虎说完，就爬上了大树，在蜂窝下摇头甩尾。熊不知是计，也学老虎爬上大树，举起脚掌向蜂窝捣去。窝内的细腰蜂被激怒了，全部扑向它。结果熊被蜇得从树上掉了下来，从此以后，熊全身变得臃肿笨拙，尾巴又细又短。佚名讲述，田共记译。收入《云南民族民间文学集成•孟连佤族卷》，32 开，1 页，700 字，云南民族出版社 1993 年版。

（海涛）

老虎和猫

佤族动物故事。流传于云南省孟连傣族拉祜族佤族自治县。老虎和猫曾是一对好朋友。在一个阴雨绵绵的早晨，老虎出门觅食去了。它捕了一头猪回来，叫猫去取火烤猪肉吃。猫到了人的家里，取到火就往回赶。恰逢刮风下雨，火被淋灭了。经过三番五次地折腾，猫总算取来了火。在家等候的老虎久不见猫回来，一气之下把猪肉生吃了。猫回来后，老虎骂它不够朋友。从此，它们闹翻了。彭春兰、周德付记录。收入《云南民族民间文学集成•孟连佤族卷》，32 开，1 页，700 字，云南民族出版社 1993 年版。

（海涛）

老虎与水牛

佤族动物故事。流传于云南省孟连傣族拉祜族佤族自治县部分地区。有一天，水牛和老虎在水潭边玩捉迷藏的游戏。水牛因身高角长藏不住，很轻易就被老虎发现了。轮到老虎躲藏时，它把整个身子藏在芦苇中。水牛开始怎么也找不到它；最后凭牛角听声音才找到了。岩佳讲述，彭春兰、周德付记录。收入《云南民族民间文学集成•孟连佤族卷》，32 开，1 页，400 字，云南民族出版社 1993 年版。

（海涛）

老虎、松鼠和摇头虫

佤族动物故事。流传于云南省孟连傣族拉祜族佤族自治县部分地区。有一次老虎要摇头虫告诉百兽，自己家族的老虎数量太少了，今后要每年生一胎。摇头虫故意把老虎的话传错。老虎发现后，便要吃掉它。幸亏有小松鼠帮忙，摇头虫才逃过一劫。摇头虫为报答小松鼠的救命之恩，便送了一件花衣裳给它。后来老虎家族也应了摇头虫的话，每十年才生一胎。岩达松讲述，岩翁、召罕嫩记录。收入《云南民族民间文学集成•孟连佤族卷》，32 开，2 页，900 字，云南民族出版社 1993 年版。

（海涛）

黄牛、水牛和老虎

佤族动物故事。流传于云南省孟连傣族拉祜族佤族自治县。从前，黄牛、水牛和老虎是很要好的朋友。一天，它们在半山腰玩了老半天，老虎觉得肚子饿，便起了坏心。它先问黄牛头上的角是用来干什么的，黄牛如实相告。老虎就吃掉了黄牛。不一会儿，它又转身去问水牛同样的问题，水牛看出了它的坏心肠，就说自己的角是用来挑老虎肚子的。自那以后，老虎再也不敢惹水牛了，可遇到黄牛就一个劲地去咬。岩佳讲述，周德付记录。收入《云南民族民间文学集成•孟连佤族卷》，32 开，1 页，400 字，云南民族出版社 1993 年版。

（海涛）

群豹护送孤儿

佤族动物故事。流传于云南省孟连傣族拉祜族佤族自治县佤族聚居区。有一年，一个佤族寨闹灾荒，人们只能到山上采野菜充饥。一天，一个寡妇带着儿子去山里挖山薯时，不幸一头栽进薯坑中，被闷死了。她儿子的哭声引来了一群山豹。这群豹子不但没有伤害他，反而愿意将他送回寨子，条件是他进家门后，若听到猪、牛的叫声不能大喊。它们还答应，事成之后将嘴中的猎物留给他一份。孤儿同意了。这群豹子把他送回家后，吃了寨里的猪和牛。从此以后，豹子常在深夜偷食人家的猪和牛，不会被人发现。它们总是先吃牲口的血和内脏，并将吃剩的猪腿或牛脚留在寨外给人食用。佚名讲述，岩垮、周德付记录。收入《云南民族民间文学集成•孟连佤族卷》，32 开， 2 页，1200 字，云南民族出版社 1993 年版。

（海涛）

猴子的来历

佤族动物故事。流传于云南省孟连傣族拉祜族佤族自治县部分地区。古时候没有猴子，只有人；而人有两种，有的人勤快，有的人懒惰。懒惰的人与野兽为伍，住在山林里、石洞中。他们见勤快的人放火烧荒，开田种地，以为这样就可以不愁吃的，便在山里放了一把火。结果大火却把他们屁股上的毛烧光了。他们放完火后，懒得在荒地下种，甚至连话也懒得讲，只会发出一些叫声，于是就成了今天的猴子。岩山讲述，尹智记录。收入《云南民族民间文学集成•孟连佤族卷》，32 开，1 页，600 字，云南民族出版社 1993 年版。

（海涛）

猴姑娘

佤族动物故事。流传于云南省孟连傣族拉祜族佤族自治县部分地区。有对夫妻非常宠爱自己的女儿，什么活也不让她沾手。奶奶看不惯，有一天她问孙女："身上的花衣裙是怎么来的？棉花怎么种？棉线怎么纺？"姑娘一问三不知。一气之下，奶奶从火塘里夹起一块烧红的铁锅片，烫了她的屁股，并把她撵到山里去了。后来，这个姑娘就变成了猴子。叶尼讲述，岩平记录。收入《云南民族民间文学集成•孟连佤族卷》，32 开，1 页，300 字，云南民族出版社 1993 年版。

（海涛）

百鸟盖房

佤族动物故事。流传于云南省沧源佤族自治县。从前，百鸟没有地方住，它们都想住上又暖和又好看的房子。后来它们听说智慧老人达太很会盖房子，就一起去向他学习。可是，大多数鸟看见他盖房的第一道工序后，就性急地飞走了。只有小米雀老老实实地跟着达太，学会了盖房子的全套工序。直到现在，小米雀的房子也是百鸟中最好的。肖丁三讲述，绿茵整理。收入《佤族民间故事集成》，32 开，4 页，2400 字，云南民族出版社 1990 年版。

（海涛）

斑鸠借芦笙

佤族动物故事。流传于云南省沧源佤族自治县。斑鸠想参加在森林里举行的歌舞比赛，去找竹鼠借芦笙。它不听竹鼠的劝告，没有好好学习如何吹奏，结果在比赛中出了丑。自那以后，斑鸠就带上芦笙飞进了深山老林。它坚信自己能行，不愿去找竹鼠学艺，成天乱吹，结果吹出来的声音既单调又难听。佚名讲述，木三整理。收入《佤族民间故事集成》，32 开，3 页，2100 字，云南民族出版社 1990 年版。

（海涛）

白兔吹竹笛

佤族动物故事。流传于云南省沧源佤族自治县。阳雀见自己打的竹鼓没有白兔吹的竹笛的声音好听，便向白兔借竹笛吹。白兔一直把阳雀当做好朋友，就放心地借给了它。但是，阳雀把竹笛拿到手后，飞上了树，不肯还给白兔。白兔爬不上树，气得在下面哭，结果把眼睛哭红了。直到现在，小白兔的眼睛还是红的。阳雀则成天拿着竹笛在树林里吹，后来它的叫声也像吹笛子一样动听了。冯老大讲述，邓文才翻译，郭思九搜集、整理。收入《佤族民间故事集成》，32开，2页，1100字，云南民族出版社1990年版。

（海涛）

山鸡后悔了

佤族动物故事。流传于云南省沧源佤族自治县。早先山鸡和秧鸡是要好的朋友。山鸡住在坝子的水田里，秧鸡生活在山上的森林中。山鸡十分羡慕秧鸡的家，一次趁它来串门，提出和它换住处。老实的秧鸡同意了。从此，山鸡搬到了山上，秧鸡回到了坝子中。过了一些日子，山鸡发觉住在山上没有住在坝子舒适，心里闷闷不乐，每天在森林里痛苦地叫道："后悔！后悔！"胡玉林讲述，郭思九搜集、整理。收入《佤族民间故事集成》，32开，2页，900字，云南民族出版社1990年版。

（海涛）

豹子请客

佤族动物故事。流传于云南省沧源佤族自治县。有一次，豹子跑进寨子，衔了一头小猪回来，请小猫来家里做客。小猫来后，豹子发现自家没有火种，就让小猫回主人家拿火，好烧猪肉吃。小猫跑回家，碰上主人正在杀一头肥猪。于是它只顾自己吃猪肉，把取火的事给忘了。豹子等了好久不见小猫回来，十分恼火，把小猪撕成几块生吃了。从此以后，豹子只会吃生肉了。陈岩明讲述，赵玉明翻译，郭思九搜集、整理。收入《佤族民间故事集成》，32开，2页，1000字，云南民族出版社1990年版。

（海涛）

画眉的叫声

佤族动物故事。流传于云南省沧源佤族自治县。一只画眉飞上树，看见一条麻蛇躺在树上，便嘲笑它难看。麻蛇火了，大声叫嚷："你再乱说，我就把你捆绑在树上，活活勒死你！"画眉吓得腾空飞走了。从此，它就只会叫："麻蛇要捆我呀！"胡玉林讲述，郭思九搜集、整理。收入《佤族民间故事集成》，32开，1页，500字，云南民族出版社1990年版。

（海涛）

斑鸠的脚杆

佤族动物故事。流传于云南省沧源佤族自治县。有一次麂子去背水，可竹筒底不知被谁戳了一个洞，一路上漏水，但它并不知道。一只斑鸠看见了，就大叫起来。麂子被叫得不耐烦，拣起石头把斑鸠的脚杆打断了。等它弄清了事情的原委后，就找到斑鸠，把它断了的脚杆接起来，并包上布，用红线扎好。从此以后，斑鸠的脚杆就有了一道红圈。胡玉林讲述，郭思九搜集、整理。收入《佤族民族故事集成》，32开，1页，500字，云南民族出版社1990年版。

（海涛）

贪心的乌鸦

佤族动物故事。流传于云南省沧源佤族自治县。一只乌鸦趁猎人到森林中打猎之机，偷走了他的饭。铁铃哥鸟发现乌鸦躲在草堆里吃饭，就请它分给自己一点。乌鸦舍不得，衔着饭飞走了。铁铃哥鸟气愤地在后面追啄它。后来贪心的乌鸦再不敢跟铁铃哥鸟见面了，怕它啄自己。胡玉林讲述，郭思九搜集、整理。收入《佤族民间故事集成》，32开，2页，800字，云南民族出版社1990

年版。

（海涛）

黄鼠狼偷鸡

佤族动物故事。流传于云南省沧源佤族自治县。很久以前，每当黄鼠狼晚上来村子里偷鸡，狗在很远处就能闻出它身上的气味，便大叫起来。狗一叫，主人就出来了。所以黄鼠狼偷鸡总是不顺。一天，狗因偷吃了一点猪油，挨了主人的打。这事让黄鼠狼知道，便趁黑拿了一根骨头来收买狗，让它以后不要向主人通风报信。狗看看黄鼠狼送来的骨头，点点头答应了。从此以后，黄鼠狼来寨子里偷鸡，狗便装聋作哑了。佚名讲述，王敬骝搜集、整理。收入《佤族民间故事集成》，32开，3页，1700字，云南民族出版社1990年版。

（海涛）

数星星

佤族动物故事。流传于云南省西盟佤族自治县。有一天，狐狸和公鸡打了个赌：谁能把天上的星星数完，就可以把对方吃掉。天黑下来，星星越出越多。公鸡怎么也数不完。轮到狐狸数时，天也渐渐亮了，星星一颗颗地隐去。眼看狐狸要数完了，公鸡急得拍打翅膀伸长脖子一个劲地叫："喔，喔，喔——星星出！"佚名讲述，竞秋搜集、整理。收入《佤族民间故事集成》，32开，2页，700字，云南民族出版社1990年版。

（海涛）

麂子吃橄榄

佤族动物故事。流传于云南省西盟佤族自治县。一次麂子吃橄榄果，吃了又摘，摘了又吃，总没个够。天上的雷神看不下去了，就在麂子准备再次摘橄榄的时候，一个雷斧不偏不倚地劈在它的前额上，前额被分成了两半。今天，麂子的前额上有一道像是刀砍斧劈的印记，就是雷神教训它别贪婪时留下的。肖达铎讲述，王敬骝整理。收入《佤族民间故事集成》，32开，2页，900字，云南民族出版社1990年版。

（海涛）

黄牛、水牛和豹子

佤族动物故事。流传于云南省沧源佤族自治县。很早以前，黄牛、水牛和豹子是要好的朋友。一天，豹子饿了，便用计让黄牛将自己的长角砍掉了一半。黄牛用于自卫的角没有了，很快就被豹子咬死了。过了不久，豹子又遇到了水牛，想故技重施。水牛识破了豹子的诡计，还用角去顶它。直到今天，即便是遇到幼小的水牛，豹子也不敢伤害它们。陈岩嘎讲述，赵玉明翻译，郭思九搜集、整理。收入《佤族民间故事集成》，32开，2页，1200字，云南民族出版社1990年版。

（海涛）

松鼠和鹌鹑

佤族动物故事。流传于云南省沧源佤族自治县。很早以前，松鼠和鹌鹑是很要好的朋友。在一次觅食时，鹌鹑不小心被猎人下的扣子勒住了。松鼠跳过来，用尖锐的牙齿咬断了扣索，使鹌鹑脱离了危险。后来，当它们路过一块包谷地时，松鼠被铁夹子夹住了。等鹌鹑气喘吁吁地跑回家拿来刀子，准备砍铁夹子时，松鼠已经被夹死了。鹌鹑伤心地大哭起来。胡玉林讲述，郭思九搜集、整理。收入《佤族民间故事集成》，32开，2页，1000字，云南民族出版社1990年版。

（海涛）

松鼠与阳雀

佤族动物故事。流传于云南省沧源佤族自治县。从前，松鼠和阳雀经常在一起玩耍。一次，阳雀让松鼠把心爱的葫芦笙借给它吹吹。松鼠一直把它当成诚实的朋友，就放心地借给了它。阳雀刚把葫芦笙拿在手里，就飞上树，不还给松鼠。松鼠气得又哭又叫，结果把眼睛给哭肿了。直到现在，松鼠的眼皮还是肿的，眼睛也变小了。阳雀则成天拿着葫芦笙在树林里吹。佚名讲述，沈应明、周天相、尚仲豪搜集、整理。收入《佤族民间故事集成》，32开，1页，500字，云南民族出版社1990年版。

（海涛）

岩羊和狗

佤族动物故事。流传于云南省沧源佤族自治县。从前，岩羊和狗都跟人住在一起。狗头上原来有一对角，岩羊却没有。有一回过年，人舂粑粑吃，分给了岩羊与狗各一份。岩羊用计将狗角戴在了自己的头上。狗赶忙去追，可无法爬上崖顶，只得站在下面大叫："还我角来！还我角来！"由于当时它已跑得气喘吁吁，加上心里着急，所以叫的声音不清楚，将"角"喊成了"嚎，嚎"。后来它一闻到岩羊的气味，就会乱追乱咬。魏达惹讲述，王敬骝整理。收入《佤族民间故事集成》，32开，2页，1100字，云南民族出版社1990年版。

（海涛）

尖嘴老鼠和啄木鸟

佤族动物故事。流传于云南省沧源佤族自治县。从前，老鼠和啄木鸟是邻居。一天，啄木鸟发现林中有一棵黄果树，就约老鼠去摘黄果，说好摘完回家一起平分。狡猾的老鼠在摘的过程中偷吃了不少果子。回家的路上，它装肚子痛，让啄木鸟背它。在啄木鸟的背上，它把一篮子黄果全吃光了。为此老鼠和啄木鸟吵翻了，老鼠一见啄木鸟就躲。不久，啄木鸟去赶街，总算在凉粉摊上逮着了老鼠。老鼠竭力想挣脱，可被啄木鸟紧紧地钳住不放。就这样，它们你扯我拉，老鼠的嘴巴被拉得又长又尖，变成了现在的模样。佚名讲述，王敬骝搜集、整理。收入《佤族民间故事集成》，32开，4页，2300字，云南民族出版社1990年版。

（海涛）

猫和老鹰

佤族动物故事。流传于云南省沧源佤族自治县。有一天，水獭为猫抓了一条鱼，但被树上的老鹰吃了。猫就爬上树去要吃小鹰。无奈之下，老鹰先后飞到太阳、雾露、风和老鼠那里，请它们帮忙说情。但大家你推我我推你，最后还是推到猫这里。老鹰无奈之下，只好去找猫的好朋友水獭。水獭乐于助人，从河里捉来许多鱼给猫吃，平息了这场纠纷。周建明讲述，尚仲豪记录整理。收入《佤族民间故事集成》，32开，3页，1600字，云南民族出版社1990年版。

（海涛）

熊和老鼠

佤族动物故事。流传于云南省西盟佤族自治县。从前，莫窝大寨居住着一头熊。一次，它捉住了一只老鼠，打算当早餐吃。老鼠急中生智，指着山崖上的马蜂窝说，那是自己家族用来传达号令的大鼓，大鼓一响，家族中的成员都会集中到这里来，到时熊就可以饱餐一顿了。熊听信了它的谎言，便爬到马蜂窝下，迫不及待地敲打起来。马蜂窝被捅了几个大洞，马蜂倾巢而出，把熊蜇得皮泡眼肿。从此以后，熊就变成又胖又笨的样子，它也因此和老鼠成了冤家。鲁华堂讲述，鲁斌整理。收入《佤族民间故事集成》，32开，2页，1400字，云南民族出版社1990年版。

（海涛）

猴子和蚂蚱

佤族动物故事。流传于云南省沧源佤族自治县。有一天，十只猴子和一只蚂蚱碰在一起。猴子们仗着自己身强力壮且"猴多势众"，很看不起蚂蚱的弱小，便主动挑衅，与它打起架来。但弱小的蚂蚱凭借自己的机智最终战胜了猴子们。佚名讲述，白夷搜集，尚仲豪整理。收入《佤族民间故事集成》，32开，1页，500字，云南民族出版社1990年版。

（海涛）

乌鸦和白鹇

佤族动物故事。流传于云南省沧源佤族自治县。乌鸦与白鹇交了朋友，它们都穿着洁白的羽衣。有一次，白鹇让乌鸦去找靛汁，把羽毛描得更好看些。实诚的乌鸦便从佤族大妈那里要来靛汁，并按白鹇的指点，在白鹇身上描绘出一条条美丽的波纹来。轮到白鹇为乌鸦描绘时，自私的白鹇为了不让好朋友比自己美丽，便将一桶靛汁全倒在乌鸦身上。从此以后，乌鸦与白鹇结下了冤仇。达布勒讲述，梁红伟搜集、整理。收入《佤族民间故事集成》，32 开，3 页，2100 字，云南民族出版社 1990 年版。

（海涛）

鸭与画眉

佤族动物故事。流传于云南省沧源佤族自治县。一天，鸭和画眉一同到河边喝水。鸭对画眉说："能在空中飞的就数我最聪明、最能干了。哪像你，飞得又低，成天只会在地上扒土，连我都替你害羞。"这时，一个猎人走了过来。鸭看见后飞到高高的大树上使劲叫唤。猎人循着叫声很快找到了它，一箭将它射落下来。而此时画眉早已不知躲到什么地方去了。从此人们常说，"愚蠢"的画眉总比"聪明"的鸭强。佚名讲述，杨程搜集、整理。收入《佤族民间故事集成》，32 开，1 页，300 字，云南民族出版社 1990 年版。

（海涛）

牛为什么吃草和犁地

佤族动物故事。流传于云南省沧源佤族自治县。很早以前，人和黄牛、水牛是近邻，关系特别亲密。有一年天下闹饥荒，粮食吃光了，人就叫黄牛、水牛去向老天讨要。老天让黄牛、水牛回去告诉人，一天只能吃一顿饭。可黄牛、水牛回来向人传达错了，说人一天要吃三顿饭。一气之下，老天罚它们吃草，还要帮人犁田耕地，而让人吃粮食。李岩块讲述，高小二翻译，尚仲豪、周天相搜集、整理。收入《佤族民间故事集成》，32 开，1 页，300 字，云南民族出版社 1990 年版。

（海涛）

屎壳郎的头为什么是扁的

佤族动物故事。流传于云南省沧源佤族自治县。佤族人从葫芦里出来的时候，气坏了一心想当大地之王的屎壳郎。它找到老鼠和蚊子，让它们去害人。蟋蟀知道了这件事，便告诉了人。人们就守住洞口。屎壳郎刚一露头，就重重地挨了一下打，头被打扁了。它害怕了，不敢出洞。人们只好牵来一头牛，拉了一泡屎盖住了洞口。从此屎壳郎只好躲在洞里搬牛屎了。岩布勒讲述，建华整理。收入《佤族民间故事集成》，32 开，4 页，2500 字，云南民族出版社 1990 年版。

（海涛）

臭雕是怎样弄得一身臭的

佤族动物故事。流传于云南省沧源佤族自治县。有一次臭雕杀了一头猪。为了找一个朋友当靠山，它提着猪腿出了家门，准备送礼去。野猫知道了它的用意，便让它把猪腿送给自己。可臭雕看不起野猫，把它奚落一顿后走了。臭雕几经周折从太阳那里转到老鼠住处，所找的朋友都说野猫的本事最大。最后臭雕没有办法，只好硬着头皮去找野猫。野猫接过猪腿一闻，发现已经臭不可闻了，一气之下将猪腿甩在臭雕的身上，把它弄得全身臭烘烘的。直到今天，臭雕身上还有一股难闻的气味。佚名讲述，王敬骝搜集、整理。收入《佤族民间故事集成》，32 开，4 页，2700 字，云南民族出版社 1990 年版。

（海涛）

公鸡为什么没有角

佤族动物故事。流传于云南省孟连傣族拉祜族佤族自治县部分地区。很早以前，公鸡头上长着一对美丽的角，而龙头上光秃秃的。有一年，天神准备选美，龙也想参加，但因相貌丑陋，便请公鸡的好朋友蜈蚣向公鸡说情，把角借给它参加比赛。公鸡答应了。龙戴着公鸡的角，被天神选中留在了天上。后来龙翻脸不认，不还公鸡的角了。公鸡因此抱恨终生，每天天刚蒙蒙亮，就仰头望着天上的龙，伸长脖子使劲叫喊："还我的角……"岩佳讲述，彭春兰、周德付记录。收入《云南民族民间文学集成·孟连佤族卷》，32 开，2 页，1400 字，云南民族出版社 1993 年版。

（海涛）

豹子皮为什么是花的

佤族动物故事。流传于云南省孟连傣族拉祜族佤族自治县部分地区。古时候，豹子、老熊、猴子、老牛和马是兄弟。豹子很自私，处处想占便宜。后来，它想害死猴子。其他几个兄弟想出了一个除掉豹子的办法。它们借口盖房子，让豹子背草，猴子在背后点燃了豹子身上的草。火借风势，草越烧越旺。幸亏马的指点，豹子跳到河里，才算拣了一条命。从此它身上就留下一道道伤痕。格松讲述，岩平记录。收入《云南民族民间文学集成·孟连佤族卷》，32 开，2 页，1000 字，云南民族出版社 1993 年版。

（海涛）

长尾巴雀和野猫

佤族动物故事。流传于云南省孟连傣族拉祜族佤族自治县。长尾巴雀醒来时一声不响，睡着后反而"哦，哦"地大声叫喊。一只母野猫不知情况，领着三个儿子准备去偷袭它。母野猫给儿子们各削了一根棍子，让它们围在树下，等着打掉下来的长尾巴雀，自己爬上树。长尾巴雀惊醒了，一口将母野猫啄下了树。三只小野猫不知情，将自己的娘打死了，并分吃了它的肉。岩行讲述，召罕嫩记录。收入《云南民族民间文学集成·孟连佤族卷》，32 开，1 页，500 字，云南民族出版社 1993 年版。

（海涛）

猪与狗

佤族动物故事。流传于云南省孟连傣族拉祜族佤族自治县部分地区。主人让猪和狗去翻挖一块玉米地。狗偷懒，随便翻了几下便到树荫下睡觉去了。等它醒过来，地已经被猪拱得差不多了。狗借故先回到家，告诉主人，自己将地翻完了，而猪偷懒，一直躺在大树下睡觉。主人听信了狗的话，不再让猪跨进自家门槛，让它在屋外受冷挨饿；而允许狗随意进出家门，与自己共享福乐。叶俄罗讲述，周德付记录。收入《云南民族民间文学集成·孟连佤族卷》，32 开，2 页，1400 字，云南民族出版社 1993 年版。

（海涛）

豹子和鹌鹑

佤族动物故事。流传于云南省孟连傣族拉祜族佤族自治县部分地区。有一只豹子觉得很孤独，便想找个伴儿生仔。它走在路上，反复默念着"一年下十仔"。就在这时，一只鹌鹑从它面前飞过，吓了它一跳，把默念的话记反了。从那以后，豹子生育的间隔期为十年，而且每次只生一个仔。佚名讲述，岩垮、周德付记录。收入《云南民族民间文学集成·孟连佤族卷》，32 开，2 页，1000 字，云南民族出版社 1993 年版。

（海涛）

豹子和猴子

佤族动物故事。流传于云南省孟连傣族拉祜族佤族自治县部分地区。豹子和猴子一同去背草。回家的路上，猴子想逗豹子取乐，悄悄将它身上的草点燃了。豹子吓得拼命逃窜。它向黄牛求救，黄牛让它往山上跑，结果火越烧越猛。豹子又向水牛求救，水牛便让它跳进河里，才把身上的火灭了。自那以后，豹子恨透了黄牛，一遇到就咬；而对于水牛，即使遇到幼小的小水牛也绝不会去伤害。艾佳讲述，彭春兰、周德付记录。收入《云南民族民间文学集成·孟连佤族卷》，32 开，1

页，700字，云南民族出版社1993年版。

（海涛）

铁鹚与乌鸦

佤族动物故事。流传于云南省孟连傣族拉祜族佤族自治县部分地区。从前，乌鸦的羽毛是白色的。后来，它为了使自己更漂亮，便骗取了铁鹚的信任，把铁鹚的黑羽毛衣裳占为己有。铁鹚一见到乌鸦，就向它索要，还用利嘴去啄它，用翅膀扑打它。乌鸦因理亏总是不要命地逃跑，不敢同铁鹚争斗，一直被它欺负。叶尼讲述，彭春兰、周德付记录。收入《云南民族民间文学集成·孟连佤族卷》，32开，2页，1000字，云南民族出版社1993年版。

（海涛）

癞蛤蟆和蛇

佤族动物故事。流传于云南省孟连傣族拉祜族佤族自治县部分地区。从前，癞蛤蟆和蛇是一对好朋友。有一年，它俩一起开垦一块山地，准备种地谷。烧树叶时，由于火势太大，到处弥漫着浓烟。癞蛤蟆被熏得晕头转向，乱撞一气，结果浑身被火烧起了许多小泡泡，嘴也摔出了血。从此，癞蛤蟆的身上留下了不少凸凹不平的疤痕。岩达松讲述，艾翁记录。收入《云南民族民间文学集成·孟连佤族卷》，32开，1页，400字，云南民族出版社1993年版。

（海涛）

青蛙和老鼠

佤族动物故事。流传于云南省孟连傣族拉祜族佤族自治县部分地区。有一次，老鼠在偷食的时候，被猎人下的扣子夹断了一条腿。青蛙出于好心采来草药为它治疗。可老鼠的病情并不见好转，反而加重了。几天后，作恶多端的老鼠终因伤势过重，死了。岩红讲述，丁敏记录。收入《云南民族民间文学集成·孟连佤族卷》，32开，2页，1500字，云南民族出版社1993年版。

（海涛）

竹鼠栖身洞穴的由来

佤族动物故事。流传于云南省孟连傣族拉祜族佤族自治县佤族聚居区。有一次，斑鸠向竹鼠借竹笛。竹鼠以为它是诚实的朋友，就借给了它。斑鸠拿到竹笛后却飞走了。竹鼠被气得把眼睛都哭肿了。从此以后每当竹鼠听到斑鸠在树上吹竹笛，就钻进土穴中不愿意听。叶尼讲述，岩昌、周德付记录。收入《云南民族民间文学集成·孟连佤族卷》，32开，2页，1400字，云南民族出版社1993年版。

（海涛）

格罗施魔法

佤族动物故事。流传于云南省孟连傣族拉祜族佤族自治县。神王格罗的新房建好了，动物们前来庆贺。黄牛、水牛喝醉了酒，乱说一些胡话，惹怒了格罗。格罗施魔法念咒语，让它们滚下楼去，把门牙跌掉了，屙出的屎尿沾满了一身。从此以后，黄牛和水牛就在人住的楼底下和自己的尿屎同住。酒宴结束后，黑头翁想偷一些肉带走，结果被格罗发现。格罗念咒语，把藏在黑头翁屁股下的肉变成一汪鲜血，沾染在周围的毛上。因此，黑头翁尾部就有了一片红红的绒毛。叶尼讲述，岩昌、周德付记录。收入《云南民族民间文学集成·孟连佤族卷》，32开，2页，900字，云南民族出版社1993年版。

（海涛）

蟒蛇没有毒的由来

佤族动物故事。流传于云南省孟连傣族拉祜族佤族自治县部分地区。很早以前，蟒蛇是有毒的，大小动物都很怕它。后来，它听了一条小蛇的话，把嘴里的毒液吐出来分给大家。蛇类排在前面，得到的毒液较多；蜂类排在较后，得到的毒液较少；落在蜂后面的动物什么也没有得到。至今，被毒蛇咬了的人或动物大都会死去；而蜂类蜇人，只会留下一个红肿的小包。岩嘎讲述，艾翁记录。收入《云南民族民间文学集成·孟连佤族卷》，32开，1页，400字，云南民族出版社1993年版。

（海涛）

公狗的故事

佤族动物故事。流传于云南省沧源佤族自治县。很久以前，一个住在阿佤山上的瘴魔王不断向山下撒瘴气，让瘟疫横行。为了保住司岗里的子孙，尼朗与瘴魔王展开了厮杀。眼看尼朗就要被抓走了，一头公狗便咬断自己的左腿，让喷出的鲜血化作一道烈火，烧死了瘴魔王。为了让公狗能够重新站起来，人们为它装上了一条假腿。可假腿不能沾水，因此公狗在撒尿时总要把假腿抬起来。佚名讲述、整理。收入《佤族民间故事集成》，32开，2页，1000字，云南民族出版社1990年版。

（海涛）

大力士岩双领

佤族植物故事。流传于云南省孟连傣族拉祜族佤族自治县部分地区。从前，阿佤山有个大力士，人们都叫他岩双领。山里有一只大蟋蟀，人们种什么它吃什么，弄得民不聊生。岩双领便带领着八个大力士，打死了大蟋蟀。为了吃掉大蟋蟀，他先后派另外八人去找火种，但都被妖怪吃掉了。后来，岩双领打死了妖怪，救活了八个同伴，并堆起一堆柴火烧妖怪。三天后，下了一场雨，雨水将火灰冲下山去。火灰经过哪里，哪里便长出刺人的荨麻。据说这是妖怪留下的祸根。岩行讲述，召罕嫩记录。收入《云南民族民间文学集成·孟连佤族卷》，32开，2页，1300字，云南民族出版社1993年版。

（海涛）

植物为何不能说话

佤族植物故事。流传于云南省孟连傣族拉祜族佤族自治县部分地区。很久以前，人与植物语言相通。那时，人们一下地干活，草、树、藤都会热情地跟他们打招呼，还邀请他们到家里喝茶。久而久之，田地都荒芜了。为此专门掌管人类生息的神鸟解除了植物的语言能力，植物便不能说话了，见到人也只能默默地点点头。岩佳讲述，彭春兰、召罕嫩记录，《云南民族民间文学集成·孟连佤族卷》，32开，1页，400字，云南民族出版社1993年版。

（海涛）

鸡嗉果树为何是弯的

佤族植物故事。流传于云南省孟连傣族拉祜族佤族自治县部分地区。很早以前，男人又憨又笨。一次，三个汉子去偷黄牛，却错将一头来吃黄牛的老虎拉上了山，拴在一棵鸡嗉果树上。等到天亮，三人看清偷来的是只老虎，吓得跑了。直到太阳升起一丈高，又累又饿的老虎才醒过来。它不断挣扎，把鸡嗉果树的树干都拉弯了。从此，鸡嗉果树就成弯的了。岩行讲述，召罕嫩记录。收入《云南民族民间文学集成·孟连佤族卷》，32开，2页，700字，云南民族出版社1993年版。

（海涛）

三、史诗歌谣

（一）创世古歌

司岗创世歌

佤族创世古歌。流传于云南省澜沧拉祜族自治县佤族聚居区。全诗由两部分组成，记叙了天地的形成、人类从“葫芦里出来”的艰辛。歌中首先描述那时宇宙只是一团雾气，太阳和月亮，动物神和植物神就诞生于这一团雾气之中。洪水滔天的时候，藏有人种的葫芦随水漂进莱姆山的石洞，人才得以保存下来。神灵阿达砍开葫芦，于是，“葫芦分两半，上下为两方。上方为陆地，下方为海洋。葫芦存万物，万物分两类，水里住鱼虾，陆上住兽禽。阿佤有两地，上下葫芦国。阿佤有历史，上下司岗里。”达相果、达章、鲍熊唱述，魏德明记录。收入《中国歌谣集成•云南卷》，16开，5页，420行，中国ISBN中心2003年版。

（海涛）

司岗里（二）

佤族创世古歌。流传于云南省西盟佤族自治县。“在远古远古的时候，巴格岱大山上有一个司岗，四面悬崖峭壁，林海茫茫，我们的祖先就生活在司岗里边。众兽围着司岗转，百鸟向着司岗飞，都想救出司岗里的阿佤，同时解救出其他的兄弟民族。原来，司岗洞口覆盖着一面巨铓，大得像座山，厚得像石板，多少野兽在上面踏来跳去，也没有触动得了巨铓的一点头皮。”最后，还是“小米雀不停地啄了七天七夜，终于啄开了巨铓，人们才从司岗里出来，看到了光明，得到了温暖”。古歌反映了佤族先民早期的穴居生活。岩帅、岩勐唱述，岩养、岩艾、高立旗搜集、翻译。收入《佤山歌声》（上），32开，4页，67行，云南人民出版社1994年版。

（海涛）

司岗里（三）

佤族创世古歌。流传于云南省沧源佤族自治县。记叙了人类从葫芦里出来的艰辛。歌中首先记述那个藏人的葫芦是由一个名叫达摆卡木的长者与黑母牛交配后，获得了一颗葫芦籽，达摆卡木将这颗葫芦籽种在了司岗里。这颗葫芦籽后来结出一个“独葫芦”，人类就藏匿在这个独葫芦里。人从“独葫芦”出来时，世上只有男人而没有女人。后来，男人去砍金竹，金竹的叶子划破了男人的胯，于是才有了女人。女人又去爬竹子，竹子戳着了女人的胯，他们才知道“交配”。从此人类男女婚配，繁衍后代。这首古歌反映了佤族先民早期的穴居生活以及他们关于人种、性别区分的丰富想象。阿老四唱述，陈卫国、郭思九搜集、翻译。收入《沧源县佤族民间长诗选》，32开，10页，130行，中共沧源县委宣传部、云南民族民间文艺沧源调查队1960年编印。

（海涛）

射日（二）

佤族创世古歌。流传于云南省西盟佤族自治县部分佤族聚居区。“很久很久以前，有三个太阳高挂在天上。”后来，是天神告诉大家，“傣、佤、汉、拉一起来，齐心协力才能把太阳射下来”。于是，

"万箭齐发刺向蓝天，第一个太阳被打碎了，变成了星星，第二个太阳被射瞎了眼睛，变成了月亮灰暗不明，第三个太阳向人们求饶。大家给它们分了工，星星陪伴着月亮，太阳落下，月亮升起，相互交替，轮流不息"。反映了佤族先民的宇宙观和曾与干旱作斗争的历史。岩嘎领唱述，岩嘎来、岩格朗、高立旗搜集、翻译。收入《佤山歌声》（上），32开，4页，83行，云南人民出版社1994年版。

（海涛）

阿佤都是从一个石洞爬出来

佤族创世古歌。流传于云南省澜沧拉祜族自治县佤族聚居区。反映了佤族先民早期的穴居生活。"佤族出自石洞司岗里。佤族祖先从司岗里爬出来，全靠小米雀把盖住山洞的石岩啄通……狗尾巴带来了谷种，大石头砸出了火花，大竹蓬做出了刀壳，竹尖连起了披巾，篾条扎起了椽子，茅草盖住了房顶，烧火的柴用斧头砍，毒的马鬃蛇用弩射，锈的长刀石上磨，懒的姑娘没人要，烂的木头出木耳，破的墙壁老鼠钻，好的水酒大家喝，上了岁数的老人人人敬，别人的东西不能偷，朋友的老婆不能占，佤族都是一根藤的葫芦，千匹树叶子是一棵树，阿佤人是从一个石洞里爬出来。"岩洛士唱述，张定明记录。收入《云南民族民间文学集成·孟连佤族卷》，32开，2页，37行，云南民族出版社1993年版。

（海涛）

（二）叙事诗

岩惹惹木

佤族叙事长诗。流传于云南省沧源佤族自治县岩帅部分佤族聚居区。全诗共分11节，唱述了孤儿岩惹惹木的生活和爱情。孤儿岩惹惹木捕到了一条小鱼，带回家养在水缸里。不久，岩惹惹木便发现，每当他收工回来，总是有人为他煮好了饭。原来这条小鱼是龙宫中龙女的化身，她爱慕孤儿岩惹惹木的诚实善良，特来与他成亲。在龙女的帮助下，岩惹惹木一一破解了龙王的难题。后来，一个王子又抢走了龙女。岩惹惹木得到一位老人的指点和一只小鸟的帮助，制服了王子。最终岩惹惹木获得了爱情，与龙女两人快乐地生活在了一起。肖门銮、肖门江唱述，王有明、冯寿轩搜集、翻译。收入《沧源县佤族民间长诗选》，32开，78页，800行，中共沧源县委宣传部、云南民族民间文艺沧源调查队1960年编印。

（海涛）

串姑娘的歌

佤族爱情抒情长诗。流传于云南省西盟佤族自治县。长诗以一个去串姑娘的小伙子向心爱的姑娘表达爱情为主线，分七段依次递进唱出了男女双方感情发展的过程。第一段，由串姑娘的小伙子先起唱，说明来到姑娘居住的寨子和竹楼。第二段是姑娘的回答，她总是将自己说得并不像小伙子所赞美的那样好，借以试探对方的诚意。第三段，小伙子依旧表达对姑娘的爱慕之情。第四段，姑娘坦诚地告诉小伙子，说明为什么现在还不能相爱的理由。第五段，任凭姑娘怎么说，小伙子仍旧不肯走，表达了他对姑娘的真心。第六段，姑娘巧妙地挽留，并且与小伙子相约在河边的弯腰树下幽会。第七段，小伙子心领神会，相约以吹佤笛为号，等待姑娘的到来。岩炳、娜仁花唱述，张定明搜集、翻译。收入《中国歌谣集成·云南卷》，16开，6页，140行，云南省民间文艺家协会、云南民间文学集成编辑办公室1995年编印。

（海涛）

想念情人

佤族爱情抒情长诗。流传于云南省沧源佤族自治县。长诗唱述了两个相恋已久的佤族青年男女的思念和忠贞。歌中采用男女对唱的形式，一问一答，解除对方提出的疑虑和不解，各自向对方表白对爱情的忠贞不渝。首先是男方起唱："阿妹呀！假如我俩各在一方，不要使你的刀被硬树挫伤，我俩一定烤得着明天的太阳；如果我俩相隔千里，不要使你的心被别人打动，我俩一定会在明晚相见。"紧接着女方采取反问的方法，回答男方"假设"的问题，提出"假如我俩各在一方"，倒更担心"不要让别人把你的耳环取走"。表示只要"你的阳光照到我的心上，你就是我最好的情人"。肖岩块唱述，王有明、尚仲豪搜集、翻译。收入《边疆文艺》1961年第3期，16开，6页，130行。

（海涛）

真心相爱不畏难（一）

佤族爱情抒情长诗。流传于云南省沧源佤族自治县部分佤族聚居区。长诗采用男女对唱的形式，唱出了一对恋人从相识、相恋，到双方了解身世，再到真心相爱、盟定终身的过程。双方在叙说"身世"时，男方告诉女方自己是一个"贫苦的孤儿"后，女方便表示她不怕"贫穷"，她可以去"帮工"，甚至去"讨饭"。经过相互盘问后，他们表示要像"守雀人忠实地守着小米"那样，忠实于自己的爱情。田月嘎、田月块唱述，黄伦、郭思九搜集、翻译。收入《沧源县佤族民间长诗选》，32开，31页，400行，中共沧源县委宣传部、云南民族民间文艺沧源调查队1960年编印。

（海涛）

（三）祭祀歌

拉木鼓选树祭词

佤族拉木鼓歌。流传于云南省西盟佤族自治县部分佤族聚居区。佤族拉木鼓前，要由头人、魔巴带领伐树青年趁黑夜来到事先选定好的大树下，献上贡品，鸣枪驱鬼，共同祈求被选中的树料能够顺利地被砍倒，拉回寨子。"希望鸡卦眼生得好，希望我们选中的大树长得好，红毛树的老大让我们顺利砍倒，桂花树的老三让我们顺利砍倒，我们梦想拉的木鼓，今天成为现实，平平安安回到寨子里。"岩张、岩中唱述，岩锐、高立旗搜集、翻译。收入《中国歌谣集成·云南卷》，16开，1页，18行，中国ISBN中心2003年版。

（海涛）

拉木鼓（一）

佤族拉木鼓歌。流传于云南省西盟佤族自治县部分佤族聚居区。歌谣唱述了把做木鼓的树料从深山里拉回村寨的过程。拉木鼓时，魔巴指挥、领唱，众男性边拉、边唱，妇女呐喊助威。"快来吧，全部落的父老兄弟，不要呆呆地站着看哟，快踏入大伙的行列，拉起我们心爱的木鼓，沿着陡峭的山路前进。……公木鼓哟，是用改来树做成，多么结实，多么粗壮，声音洪亮，威震八方，最剽悍的小伙子哟，谁能比得上。母木鼓哟，是用海来树做成，多么美丽，多么漂亮，娓娓动听，清脆悠扬，最俊俏的姑娘哟，谁又能比得上。"岩艾唱述，岩艾、高立旗搜集、翻译。收入《中国歌谣集成·云南卷》，16开，2页，22行，中国ISBN中心2003年版。

（海涛）

拉木鼓（二）

佤族拉木鼓歌。流传于云南省西盟佤族自治县部分佤族聚居区。歌谣唱述了把做木鼓的树料从深山里拉回村寨的过程。"爬起来哟，红毛树的老大，我们杀鸡卜卦才选中了你，你是林中之王，枝叶茂盛，虫也不吃，树干粗壮。……你曾给我们挡风，你曾给我们乘凉，今天拉你做木鼓，你一定会给我们村寨带来吉祥。快快回去吧，快快回去吧。你是寨中主，快快回到你的家。"岩盆冷、岩可伟唱述，岩土斯、高立旗搜集、翻译。收入《中国歌谣集成·云南卷》，16开，2页，27行，中国ISBN中心2003年版。

（海涛）

拉木鼓（三）

佤族拉木鼓歌。流传于云南省西盟佤族自治县部分佤族聚居区。木鼓难拉，藤条拉断，佤族群众认为是木鼓睡着了，就要请一位老妇人骑在木鼓上领唱："醒起来哟爬起来，我们走哟我们走，上坡时你步要稳，下坡时你慢慢行，不要卡在树桩上，不要让石头挡住去路。醒起来哟爬起来，快快走哟快快走，桂花树的老三多美丽，它在家中等着你，我们已经为你盖好新房，我们已给你配成'夫妻'。醒起来哟爬起来，快快走哟快快走，广哑斯诺杯祝贺，找拾格拢杯唱歌，如果你到了寨子里，我们还要剽牛和猎人头来祭你。"岩帮、娜很唱述，岩南、娜荣、高立旗搜集、翻译。收入《佤山歌声》（上），32开，2页，18行，云南人民出版社1994年版。

（海涛）

拉木鼓（四）

佤族拉木鼓歌。流传于云南省西盟佤族自治县部分佤族聚居区。歌谣唱述了把做木鼓的树料从深山里拉回村寨的过程。"拉木鼓绳断了，拉木鼓绳为什么断，是因为系的太少，拧的太小。独树不成林，独木难盖屋，独户不成寨，独绳难拉鼓。只要多系几股绳，木鼓再大也牢靠。只要万众一条心，团结起来力量大。……山坡再陡不怕难，一步一步踩脚下，道路再长不怕远，一步一步向前跨。一根柴烧不旺火塘，一个人抬不起大梁，一根线织不成棉毯，一根草盖不起住房。众人拾柴火才旺，万众一心力量强，团结友爱阿佤理，一代一代永相传。"岩嘎领、岩所唱述，岩格朗、高立旗搜集、翻译。收入《佤山歌声》（上），32开，2页，28行，云南人民出版社1994年版。

（海涛）

拉木鼓进寨祭词

佤族拉木鼓歌。流传于云南省西盟佤族自治县部分佤族聚居区。当人们把木鼓拉回到寨外，要停放两天，待魔巴杀鸡卜卦，择其良辰，方可将木鼓拉进寨子。西盟佤族迎木鼓时，要唱此歌。反映了人们对木鼓的敬奉之情，并希望木鼓保佑人们平安。"这是红毛树的老大，这是桂花树的老三，我们要拉进寨子里去，让它们结成一对，我们要盖新房给它们住，我们要搭架子给他们睡，让木鼓保佑我们安宁，让木鼓保佑我们强盛。"岩给唱述，岩锐、高立旗搜集、翻译。收入《中国歌谣集成·云南卷》，16开，1页，23行，中国ISBN中心2003年版。

（海涛）

跳木鼓房

佤族拉木鼓歌。流传于云南省西盟佤族自治县部分佤族聚居区。把木鼓从寨门外拉到木鼓房后，大家集中到操办本次拉木鼓的主人家庆贺时便要唱起这首歌。表现人们终于把木鼓拉回寨子的喜悦心情，同时表达祝贺主人家吉祥、幸福的美好愿望。"今天你家主持拉了木鼓，木鼓会显神灵给你们带来幸福。谷苗发杈多，像双手掌一样；谷穗长得长，像马尾巴一样，水牛角弯弯，黄牛膘又壮，你家泡的水酒最甜，你家煮的稀饭最香。"岩糯、岩孟龙唱述，岩克、岩龙、高立旗搜集、翻译。收入《中国歌谣集成·云南卷》，16开，2页，10行，中国ISBN中心2003年版。

（海涛）

敲木鼓

佤族拉木鼓歌。流传于云南省西盟佤族自治[illegible]部分佤族聚居区。歌谣反映了将新木鼓抬入木鼓[illegible]上架，全寨人盛装前来，挥槌敲打庆贺的喜悦[illegible]景。"快快敲呀快快打，木鼓已经回到家，粗壮结实的老大，声音洪亮震山冈，全部落的人都听得见你的召唤，美丽可爱的老三，娓娓动听多悠扬，大家唱歌跳舞更欢畅。快快敲呀快快打，木鼓已经回到家，看谁敲得最动听，迷得山泉停留不做声。看谁舞姿跳得最优美，金孔雀见了也不敢开屏。我们的歌声乐坏了阿依俄，我们的舞步醉倒了木依吉。”岩糯、岩孟龙唱述，岩克、岩龙、高立旗搜集、翻译。收入《中国歌谣集成·云南卷》，16开，1页，16行，中国ISBN中心2003年版。

（海涛）

剽牛祭木鼓上架

佤族拉木鼓歌。流传于云南省孟连傣族拉祜族佤族自治县佤族聚居区。佤族拉木鼓进寨，便要剽牛祭木鼓上架。这时，魔巴先将一个鸡蛋摔在大鼓下面，身穿法衣唱诵此歌。歌谣唱出剽牛祭木鼓的过程，并祈求木鼓护佑全寨平安。“刀把是从哪里出来？刀把是从竹篷里出来。人是从哪里出来？人是从巴格岱山洞爬出来。牛是谁剽倒？牛是艾困和众人剽倒。剽牛祭哪个？木鼓进家上座。酒是谁喝的？酒是大家喝。酒是从哪里拿来？从窝郎艾困家背来。大家为什么在一堆？大家听魔巴唱歌。魔巴唱什么歌？魔巴唱木鼓喜欢我们寨子。木鼓怎样喜欢我们寨子，我们寨子有‘木依吉’保佑。”岩坎唱述，张定明记录。收入《云南民族民间文学集成·孟连佤族卷》，32开，2页，18行，云南民族出版社1993年版。

（海涛）

木鼓祭词（一）

佤族拉木鼓歌。流传于云南省西盟佤族自治县。佤族把木鼓送入木鼓房上架并敲响之后，要进行“祭木鼓”仪式。届时，由魔巴吟诵《木鼓祭词》，表示对木鼓神的赞颂，向祖先神灵祈求恩赐和护佑。“我们剽水牛，我们祭木鼓，梅依格中你最大，众神灵里你为王。木鼓房与天同高，木鼓房与地同宽。村村寨寨建它，座座山头有它。……我们敬你香饭，我们铺你温床，你是众神之王，你是精灵之尊。你是山寨的主人，你是家邦的护神，你是先祖的精灵，你是父辈的灵魂。”尼普冷唱述，尼嘎、魏德明搜集、翻译。收入《中国歌谣集成·云南卷》，16开，4页，104行，中国ISBN中心2003年版。

（海涛）

木鼓祭词（二）

佤族拉木鼓歌。流传于云南省西盟佤族自治县。佤族把木鼓送入木鼓房上架并敲响之后，要进行“祭木鼓”仪式。届时，由魔巴吟诵《木鼓祭词》，表示对木鼓神的赞颂，向祖先神灵祈求恩赐和护佑。“祭祀新的灵魂，希冀人丁增加，砍了新的木鼓，希冀全寨康乐。别因此让我们走错路，别因此让我们做错事。别因此让我们触犯神灵。眼睛亮的木鼓，手臂长的木鼓；当君当王的红毛树，最尊最贵的黄葛树。把你砍下来，把你拉回去，回到我们的山寨，回到我们的家邦。……回来呵，木鼓，木鼓回来！送走了晦气，得到了幸运！回来呵，木鼓！木鼓回来！告别了衰败，获得了兴旺。”尼普冷唱述，尼嘎、魏德明搜集、翻译。收入《中国歌谣集成·云南卷》，16开，3页，100行，中国ISBN中心2003年版。

（海涛）

木鼓祭词（三）

佤族拉木鼓歌。流传于云南省西盟佤族自治县。佤族把木鼓送入木鼓房上架并敲响之后，要进行“祭木鼓”仪式。届时，由魔巴吟诵《木鼓祭词》，表示对木鼓神的赞颂，向祖先神灵祈求恩赐和护佑。“称道你呵，安赫莱（雌性木鼓名），祈祷你呵，安赫莱！称道你呵，艾格牢（雄性木鼓名），祈祷你呵，艾格牢！请你们来，求你们归，从司岗里就请，从椿树根就求。请你们来吃饭，请你们来安息。从司岗里就请，从芭蕉根就求。我们集中，我们团圆。献奉你们，祈祷你们。……赐予水喝，赐予饭吃，赐予富贵，赐予兴隆。”隋嘎唱述，尼嘎记译。收入《中国歌谣集成·云南卷》，16开，3页，84行，中国ISBN中心2003年版。

（海涛）

剽牛歌（一）

佤族剽牛歌。流传于云南省西盟佤族自治县。歌谣唱述了剽牛祭祀的过程，并向神灵祈求平安吉祥。“剽牛啦，剽牛啦，剽牛要剽好牛，剽牛要选吉日，今天的日子最好，今天剽的牛最壮实。……剽牛啦，剽牛啦，我们剽牛祭祀，老天爷会给我们带来幸福，驱除病魔，六畜兴旺，谷物丰收，人丁安康。”岩盆冷唱述，岩土斯、高立旗搜集、翻译。收入《中国歌谣集成・云南卷》，16 开，2 页，30 行，中国 ISBN 中心 2003 年版。

（海涛）

剽牛歌（二）

佤族剽牛歌。流传于云南省西盟佤族自治县。佤族社会常常从剽牛的多少来衡量一家财富的多寡与贫富。“看啊，你家的牛头骨挂满墙上，你家的牛角叉已栽满屋旁，这是勤劳的见证，这是富有的象征。你们已经继承了祖辈的事业，一代更比一代强盛，是阿佤真正的汉子，是后人学习的榜样，大家都来祝贺，全寨人都很高兴。”夸赞了提供剽牛人家的富有和荣耀。岩胖唱述，尼短、高立旗搜集、翻译。收入《佤山歌声》（上），32 开，2 页，19 行，云南人民出版社 1994 年版。

（海涛）

剽牛歌（三）

佤族剽牛歌。流传于云南省西盟佤族自治县。剽牛时，魔巴端着水酒，捧上分割来的一块牛肉，来到主祭者（即献牛者）家的竹楼上，边跳唱此歌边泼洒水酒，以示为主祭人家驱鬼纳吉。“白花开满山，烈火烧满天，谷种撒下地，土地有了魂，我们剽牛来祭祀，祈求谷种来显灵。谷苗出得像头发，谷棵发杈像篱笆，谷粒饱满像豌豆，谷穗长得像马尾巴，保佑今年收成好，来年剽牛千万家。”岩散、岩来唱述，岩太、岩格朗、高立旗搜集、翻译。收入《佤山歌声》（上），32 开，2 页，12 行，云南人民出版社 1994 年版。

（海涛）

剽牛祝词

佤族剽牛歌。流传于云南省西盟佤族自治县。佤族社会常常从剽牛的多少来衡量一家财富的多寡与贫富。“最大的虎角牛，是你买来剽的。最好的大黄牛，是你买来砍的。大家吃三天三夜还吃不完，大家唱三天三夜还唱不够。你勤劳的双手，创造了富有的家业，你的劳动果实，分给大家享受，大家都来祝贺，祝你幸福长久。”夸赞了提供剽牛人家的富有和荣耀。岩满、娜里唱述，岩锐、高立旗搜集、翻译。收入《佤山歌声》（上），32 开，2 页，23 行，云南人民出版社 1994 年版。

（海涛）

祭社神

佤族祭祀歌。流传于云南省沧源佤族自治县。祭社神即祭木依吉神，是佤族最隆重的祭祀活动。每年春耕前，由大头人代表全寨向社神献祭，魔巴吟诵祭神辞，祈求社神保佑，来年丰收。“寨上的社神呵，寨下的河灵。白露花已经开白了山坡，刺桐花已经开红了寨周。山风呼啸，骄阳似火，是我们播种的时候了，是我们栽插的季节了。我们要撒小米了，我们要插稻谷了。是白鹇带给我们的稻种，是山雀带给我们的小米籽。让它们落到地上，让它们进到土里。陡坡也能扎根，岩上也能发芽。小雀来了遮住它的脸，松鼠来了捂住它的嘴。让它蓬大，让它叶壮。让它穗穗饱满，让它丘丘倒伏。我们已经备仓以待，愿我们收获昭昭！”佚名唱述，肖玉芬搜集、翻译。收入《中国歌谣集成・云南卷》，16 开，1 页，24 行，中国 ISBN 中心 2003 年版。

（海涛）

祭天地

佤族祭祀歌。流传于云南省西盟佤族自治县。歌谣反映了佤族人祈求神灵保佑的虔诚心情。“头道酒敬给你们喝，头碗饭献给你们吃，不要让蚂蚱鬼乱叫，不要让蚂蚱鬼缠住我们。这是祖宗传下的理，这是先辈教给做的事，我们都已照办，请天神地神保佑。年年风调雨顺，户户五谷丰登，家家人畜兴旺，人人百病不生。”岩盆冷唱述，岩土斯、高立旗搜集、翻译。收入《中国歌谣集成·云南卷》，16开，1页，12行，中国ISBN中心2003年版。

（海涛）

树神祭词

佤族祭祀歌。流传于云南省澜沧拉祜族自治县佤族聚居区。歌谣唱述又要砍树烧地，点种旱地了，请树神“团独”默许，快快乐乐地离开。歌谣既记录了轮歇地的耕种方式，也反映了山林的保护过程。佚名唱述，魏德明记录。收入《佤族历史与文化研究》，32开，5页，67行，德宏民族出版社1999年版。

（海涛）

新水祭词

佤族祭祀歌。流传于云南省西盟佤族自治县。歌谣反映了佤族对水的崇拜。“你们让谷子满仓，你们让小米满筒，你们让棉花白一山，你们让小红米堆一囤。使我们有吃，使我们有穿，使我们有力，使我们健壮。吧吧吧，回来、回来。吧吧吧，回来、回来。我们不会忘记，我们不会抛弃。”尼普冷唱述，尼嘎搜集、翻译。收入《中国歌谣集成·云南卷》，16开，2页，54行，中国ISBN中心2003年版

（海涛）

祭老母猪鬼词

佤族祭祀歌。流传于云南省西盟佤族自治县。“做老母猪鬼”，即把供在木鼓房里的人头送往寨外“神林”供奉，最后供奉人头的这一家在次年要做老母猪鬼。歌谣唱述的内容主要是祈求鬼神造福整个部落。“旧岁已经去了，新年已经到来……今天杀老母猪敬献，一切鬼神都聚拢来吧，欢欢喜喜共同品尝。……天神保佑我们，地神保佑我们，寨神保佑我们，家神保佑我们，让妇女多生子，让孩儿快长大，让老人多长寿，让部落多昌盛，外人不敢猎我们的人头，外寨人不敢入我们的寨门。”反映了佤族的万物有灵观。岩嘎领、岩中唱述，岩格朗、岩锐、高立旗搜集、翻译。收入《中国歌谣集成·云南卷》，16开，2页，43行，中国ISBN中心2003年版。

（海涛）

叫谷魂（一）

佤族祭祀歌。流传于云南省澜沧拉祜族自治县佤族聚居区。每年庄稼收割后，各家便要到地里去叫“谷魂”。祭词大多是称颂各种谷物给人类的生存带来光明，把各种谷物的魂接请回家，以期来年获得丰收。“回来，回来！旱谷与小米魂回，饮食之魂回，财富之魂回。……回来回来回来，迎接你们同归，迎接你们集会；享用你们的香饭，享用你们的甜酒。”反映了佤族的万物有灵观。达翁唱述，尼嘎搜集、翻译。收入《中国歌谣集成·云南卷》，16开，2页，53行，中国ISBN中心2003年版。

（海涛）

叫谷魂（二）

佤族祭祀歌。流传于云南省沧源佤族自治县。每年收割，各家便要到地里去叫“谷魂”。祭辞大多是称颂各种谷物给人类的生存带来光明，把各种谷物的魂接请回家，以期来年获得丰收。“稻谷魂、小米魂，银链魂、银杯魂，玉米、荞子，黍米、红米，各种庄稼，各种作物，是你们把我们喂饱，是你们把我们养大。你们的爹在我们家里，你们的妈在我的仓里，我来接你们回家，我来请你们归仓。……快快回到烟熏的家里，快回到干燥的仓里，让你们像沙滩一样涨涨，让你们像土堆一样隆起。让你们一锅够我们一家吃，让你们一箩够我们一寨吃！回去吧！跟我回去！”反映了

佤族的万物有灵观。佚名唱述，肖玉芬搜集、翻译。收入《中国歌谣集成·云南卷》，16 开，1 页，25 行，中国 ISBN 中心 2003 年版。

（海涛）

祭鬼词（一）

佤族祭祀歌。流传于云南省西盟佤族自治县。歌谣反映了佤族巫师为病人杀鸡占卜，驱鬼招魂的过程。"哦，达海啊达海，你是不应该来害人的，病人是个善良的人，他献给你吃的盐巴是大盐巴，他送给你的银子是大银子，他杀给你吃的鸡是大公鸡，他剽给你吃的牛是大庹角牛，请你原谅他吧，他是一片诚心，向你求饶，赔礼。"岩张唱述，岩锐、高立旗搜集、翻译。收入《中国歌谣集成·云南卷》，16 开，2 页，45 行，中国 ISBN 中心 2003 年版。

（海涛）

祭鬼词（二）

佤族祭祀歌。流传于云南省西盟佤族自治县。歌谣反映了佤族巫师为病人杀鸡占卜、驱鬼招魂的过程。"来来来，快快来，盆冷的木丑，你吃饭的碗是用藤篾编成的，你吃饭的桌子是用芭蕉叶围成的，你的另一个碗是银碗，我们盛满了酒肉献给你。你为什么要害他呀，是不是你俩在路上相遇，他没有给你让路？是不是他喝酒的时候，没有先敬给你？是不是他剽猪剽牛时，没有请你去吃？是不是他杀鸡时，没有献给你吃。请你原谅他吧，病人已从很远的地方，请来了大魔巴，今天杀鸡向你赔礼道歉。"岩中唱述，岩锐、高立旗记录。收入《中国歌谣集成·云南卷》，16 开，2 页，27 行，中国 ISBN 中心 2003 年版。

（海涛）

祭水鬼词

佤族祭祀歌。流传于云南省西盟佤族自治县。佤族凡病重卧床不起，头昏目眩、发烧、流汗，便认为是水鬼所为，就要请魔巴祭水鬼。"水鬼、水鬼，你们听着，病人做错了什么事，请你们告诉我，你们要原谅他，不要把他拖走，不要把他害死。……我们杀猪杀鸡敬献，还磨了白米白面撒到林中水边，请你们饱饱地吃，向你们赔礼道歉。"岩块、岩南唱述，岩龙、高立旗搜集、翻译。收入《中国歌谣集成·云南卷》，16 开，2 页，28 行，中国 ISBN 中心 2003 年版。

（海涛）

招魂词

佤族祭祀歌。流传于云南省澜沧拉祜族自治县佤族聚居区。佤族认为，如果魂离开了人体，人就会生病或死亡，便要为他招魂。"安翁呵，安翁，安翁受惊了，受惊！他被虫惊着，他被牛惊着，他被蛇惊着，他被蚂蟥惊着。我来召唤他的魂，我来抚慰他的灵；在恰当的时间招，在吉祥的日子唤。……安翁的魂呵，你回来吧，这是吉祥的日子，这是灿烂的阳光，鲜蛋属于你，雄鸡为你欢唱。"反映了佤族的万物有灵观。达嘎唱述，尼嘎、阿香搜集、翻译。收入《中国歌谣集成·云南卷》，16 开，2 页，72 行，中国 ISBN 中心 2003 年版。

（海涛）

撵水鬼咒语

佤族祭祀歌。流传于云南省西盟佤族自治县。歌谣反映了佤族巫师为病人驱鬼治病的过程。"我们泡酒敬你，我们杀鸡献你，鸡血全部给你喝，鸡毛全部给你吃，你赶快走吧，不要停留，让洪水把你冲走，远远地去吧，不要再回头。"岩门、娜丙唱述，岩克搜集、翻译。收入《佤山歌声》（上），32 开，1 页，21 行，云南人民出版社 1994 年版。

（海涛）

做老鼠鬼咒语

佤族祭祀歌。流传于云南省西盟佤族自治县。歌谣反映了佤族巫师为病人驱鬼治病的过程。“呸，这些在寨门的鬼，这些在家门的鬼，你们不要闯进家里来，不要来害活人的命。如果你们附在人的手足上，就自己退出去。如果你们害着人的头和眼睛，就赶快走出去。我们献饭给你们吃，我们敬酒给你们喝。请你们快快退出寨门，请你们快快退出寨门，远远地走，不要再回。”岩中唱述，岩锐、高立旗搜集、翻译。收入《中国歌谣集成·云南卷》，16开，2页，15行，中国ISBN中心2003年版。

（海涛）

轮歇地占卜咒语

佤族祭祀歌。流传于云南省西盟佤族自治县。西盟佤族刀耕火种，一块地一般种两至三年就得休耕，重新选一块新地种植。这种丢荒三五年又成为新地开垦的轮歇地，开垦前要占卦求吉。“旧地已经种完，新地就要开垦，山鬼、地鬼、水鬼，不要来作祟。我们杀鸡给你吃个够，让吉祥附在鸡卦上，祈祷免灾得福，风调雨顺，旱谷丰收。”反映了佤族刀耕火种的原始农耕生产劳动过程。岩中唱述，岩锐记录。收入《中国歌谣集成·云南卷》，16开，1页，9行，中国ISBN中心2003年版。

（海涛）

结婚占卜咒语

佤族祭祀歌。流传于云南省西盟佤族自治县。歌谣内容反映魔巴为一对新人结婚看卜，祝福新人幸福吉祥。“芭蕉叶已经铺好，小公鸡已经杀好，请老天爷保佑我们，让鸡卦生得好。让他俩互敬互爱，永远是一家人，同心相印牢固，永远不会分开。如果灾难降临，你就用毯子来遮盖；如果病魔闯来，你就刮起鸡毛蒙住它们的双眼。请老天爷保佑他们吧，请好鸡卦保护他们吧。让他俩新婚快乐，全家幸福。”岩张唱述，岩瑞、高立旗搜集、翻译。收入《中国歌谣集成·云南卷》，16开，1页，12行，中国ISBN中心2003年版。

（海涛）

婴儿夭折咒语

佤族祭祀歌。流传于云南省西盟佤族自治县。歌谣反映了魔巴为一早亡的婴儿杀鸡占卦，为其家人驱逐恶鬼的过程。“老天爷呀瞎眼睛，山鬼水鬼黑良心，我杀了多少只鸡给你们吃，我剽了多少头猪慰劳你们，你们还不满足，还要来害这可怜的婴儿，把他捉拿去阴间，我们大家都非常痛心。山鬼水鬼断头鬼，你们看看瞧，小孩死了，看你们还能得吃多少，这是最后一只鸡，我还不让你们吃得好，我要把它摔死在三脚石上，不让你们喝血，不让你们吃肉，只给你们尝点鸡毛……一切害人的妖魔，你们听着，长刀我们已经磨好，毒箭我们已经削好，大火我们已经烧好，看你们还敢作怪。如果不听劝告，我们就要动手，砍断你的鬼头，斩断你的鬼手，射穿你的鬼心，砸碎你的鬼腿，焚烧你的鬼身，让你永远不能复回。”岩可仕唱述，岩可仕、高立旗记录、翻译。收入《中国歌谣集成·云南卷》，16开，2页，40行，中国ISBN中心2003年版。

（海涛）

婴儿丧母咒语

佤族祭祀歌。流传于云南省西盟佤族自治县。以婴儿祖辈的口吻发出对死神的诅咒，求神保佑婴儿平安、吉祥。“她结婚的时候，我就杀猪杀鸡慰劳你们，猪肝长得多么好呀，鸡卦生得多么好，你们欺骗我们了，为何不领情意……多么可怜的孩儿呀，多么不幸的孩儿，我们祝福你快快长大，请老天爷保护他吧，愿鬼神不要再来害他，让他长大成人，让他养儿养女，让他繁衍子孙。”岩可仕唱述，岩可仕、高立旗记录、翻译。收入《中国歌谣集成·云南卷》，16开，1页，26行，中国ISBN中心2003年版。

（海涛）

撵鬼咒语

佤族祭祀歌。流传于云南省西盟佤族自治县。歌谣表现借神的威力，驱鬼打鬼，要鬼快快离开，同时求神保佑，让病人快快好起来。“呸，你这个吃生肉的鬼，你这个喝生血的鬼，你附在杯子口上，你附在碗口上，我们已经知道了，我们看见了。你是从墙缝里钻进来的，你是从门缝里钻进来的，你吃了活人的肉，你咬了活人的心，我们决不会饶你，你快快滚出去，快快离开孩子的肌体，一时也不准停留，快快远远地去，快快光光地走。我是驱鬼的神，一切由我主宰，不管你躲在哪里，我都知道，不管你藏在何方，我都看得见，你快快滚，快快回到你在的地方去。”岩中唱述，岩锐、高立旗搜集、翻译。收入《中国歌谣集成·云南卷》，16开，1页，25行，中国ISBN中心2003年版。

（海涛）

选地基

佤族祭祀歌。流传于云南省西盟佤族自治县。西盟佤族建房选地基都要请魔巴杀鸡看卜，以占吉凶。“啊，盖新房的时候到了，选地基的时候到了，我们杀鸡看卦，祝愿鸡卦眼生得好，不要生得歪，不要生得多，地基永远牢固，房屋永远不倒，村寨永远平安，六畜永远兴旺，男儿个个强壮，女子个个漂亮，老人个个长寿，家族代代昌盛。这是我们选定的地基，请鬼神多多保佑，蚂蚁不再做窝，蛆虫不再爬人，病魔远远离去，凶鬼远远撵走。”岩罗仕唱述，岩可仕记录、翻译。收入《中国歌谣集成·云南卷》，16开，2页，21行，中国ISBN中心2003年版。

（海涛）

（四）风俗歌

结婚调

佤族风俗歌。流传于云南省西盟佤族自治县。歌谣歌唱新娘的美丽和勤劳，祝一对新人永远幸福。“吉祥鸟向这里飞，吉祥鸟朝这里叫，今天接来的姑娘，是最勤快的姑娘。今天接来的姑娘，是最漂亮的新娘。新娘戴的头箍，是她用芦苇编织的，编得多么精巧，织得多么美丽。新娘穿的嫁妆，是她自己缝制的。新娘背的槟榔盒，也是她亲手制作的。祝他俩掉落的牙齿重新长，祝他俩白了的头发重新黑，祝他俩先生男儿后生女，祝他俩幸福生活万年长。”岩满、娜里唱述，岩锐、高立旗搜集、翻译。收入《佤山歌声》(上)，32开，2页，18行，云南人民出版社1994年版。

（海涛）

婚礼祝福歌

佤族风俗歌。流传于云南省西盟佤族自治县。歌中以长辈的口吻，在祝愿新婚夫妻互敬互爱的同时，宣传了佤族“同姓和近亲不婚”的婚姻制度。“今晚你俩结为夫妻，相亲相爱合在一起，愿你俩做上一个好梦，白头到老永不分离……祖宗传下的礼，我们要继承照办，不是近亲的两家人才能婚配，不是同姓的两家人才能成亲。”岩可伟唱述，岩土斯、高立旗搜集、翻译。收入《佤山歌声》(上)，32开，2页，36行，云南人民出版社1994年版。

（海涛）

婚礼祝愿歌

佤族风俗歌。流传于云南省孟连傣族拉祜族佤族自治县佤族聚居区。歌谣一开始就唱：“吉祥的鸟儿迎着你们欢唱，鲜艳的花朵朝着你们开放，幸福的生活就在你们前头。”接着祝愿新婚夫妇：“从今以后就要生活在一起，穿衣谁也不能忘记谁，种地谁也不能嫌弃谁，年年月月相亲又相敬，两个人的心连成一条，四只手紧紧拢在一起，顶住寒风和雨淋，两人同心协力组建新家庭。”同时规劝新人：“懒汉不要当，懦夫不能做，手里的长刀要紧握，抬弩人不要让他拴住手，生意人不能让他骗你走。”岩谢猛唱述，召罕嫩、周彪记录。收入《云南民族民间文学集成·孟连佤族卷》，32开，3页，35行，云南民族出版社1993年版。

（海涛）

结婚祝酒辞

佤族风俗歌。流传于云南省沧源佤族自治县。歌谣表达了人们对新婚夫妻的祝福，并希望他们要珍惜这份感情。“我们吟诵了吉祥的祝辞，我们表示了衷心的祝贺。现在你俩成了一碗米，现在你俩成了一家人；可以互枕手臂了；可以互叉脚腿了；可以互咽唾沫了；可以互拢手脚了。这是你们的长刀，这是你们的情爱，即使踩干了树叶，即使早吃稀饭，你们也不能把弩箭握弯，你们也不要自责心肠；是你们的一颗心，是你们的一片情。你们站，不能东摇西摆；你们懒，也不能感情动荡。老婆黑，男人不能嫌弃；男人懒，老婆不能怨恨。这是你们自己选择的。这是你们自己决定的。你们结了枇杷藤，你们成了一对夫妻，要像小鸟那样双双飞，要像马鹿那样对对走。跌倒要互相扶起，忠告要互相倾听。”佚名唱述。收入《中国歌谣集成·云南卷》，16开，3页，97行，中国ISBN中心2003年版。

（海涛）

父辈对新婚人祝词

佤族风俗歌。流传于云南省西盟佤族自治县。歌谣表达了父辈对新婚夫妻的祝福，并希望他们要珍惜这份感情。“儿啊！你拴住自己的帽绳，你记住阿祖说过的话；你知道我是树干，你知道我是父辈……从现在直到将来，要让你力气比大象大；要让你寿命有榕树长，要让你的人比鹦鹉多，要让你的寨子比麻雀闹；要让你的竹篷发得密，要让你的芭蕉长得茂。”佚名唱述。收入《中国歌谣集成·云南卷》，16开，2页，64行，中国ISBN中心2003年版。

（海涛）

小豆尖

佤族风俗歌。流传于云南省西盟佤族自治县。“小豆尖挣掉了，不会再发芽了，也不会开花结籽了，一场空了！姑娘嫁出去了，不是家里的人了，也不会再回来了，白白养了。”反映了热闹婚礼的另一面，即女方父母的失落情感和哀怨情结。娜捧、娜笋唱述，岩罗仕、高立旗搜集、翻译。收入《佤山歌声》（上），32开，1页，8行，云南人民出版社1994年版。

（海涛）

婴儿出世祝词

佤族风俗歌。流传于云南省西盟佤族自治县。歌谣祈求神灵保佑婴儿健康成长。“这是新人出世的时刻，全寨人都来致喜，希望鸡卦生得好，让小孩免灾得福，长大成人。请老天爷保佑他吧，请鸡卦保护他吧，让他成为一把斧子，继承祖宗事业，让他成为一支利箭，守护好部落的寨门。啊，这是新人见天日的时辰，希望鸡卦生得好，每一根小棍子都站得正，每一根小棍子都站得稳。”岩罗仕唱述，岩可仕、高立旗搜集、翻译。收入《中国歌谣集成·云南卷》，16开，2页，29行，中国ISBN中心2003年版。

（海涛）

婴儿出生祝词

佤族风俗歌。流传于云南省西盟佤族自治县。歌谣祈求神灵保佑婴儿健康成长。“孩儿已经落地，生命已经降临，他是祖宗的后辈，他是阿佤的子孙，请鬼神保佑他吧，不要伤害他的生命，让他快长快大，继承祖辈事业。请鬼神保佑他吧，不要伤害他的性命，走路不会摔伤他的脚，玩刀不会割破他的肉，上山砍树压不着他，下河洗澡淹不着他，让他快长快大，让他快长快大。”岩满唱述，岩锐、高立旗搜集、翻译。收入《佤山歌声》（上），32开，2页，28行，云南人民出版社1994年版。

（海涛）

婴儿满月祝词

佤族风俗歌。流传于云南省西盟佤族自治县。歌谣祈求神灵保佑婴儿健康成长。“小米雀叫得好，我儿福气高，病魔不缠身，快快长成人。砍头是英雄，打猎是能手，剽牛是好汉，种田粮丰收。姑娘个个喜欢你，身强力壮人聪慧，你盖的房子最大，你剽的牛最多。寨子里你最有威望，家家户户都抬头看着你，妈妈就盼着这一天哟，脸上充满无限荣光。孩儿快长大啊，孩儿快长大。”岩可仕唱述，岩可仕、高立旗搜集、翻译。收入《中国歌谣集成·云南卷》，16开，1页，18行，中国ISBN中心2003年版。

（海涛）

挽歌

佤族风俗歌。流传于云南省澜沧拉祜族自治县佤族聚居区。这首歌表达了一个叫咩伙的妇人去世以后，人们为她送葬时的悲伤心情，安慰她的儿女不要悲伤，一人有难大家帮助，饱含着团结互助的精神。荣索唱述，岩松翻译，阿香、岩松记录。收入《中国歌谣集成·云南卷》，16开，2页，64行，中国ISBN中心2003年版。

（海涛）

悼念歌（一）

佤族风俗歌。流传于云南省西盟佤族自治县。歌谣唱出了人们悼念死者的悲伤心情。“好朋友啊，我们多么想念你，劳动好像一块去，睡觉好像在一起。水酒一同喝，歌舞一起乐，你唱的歌大家最爱听，你领的舞大家最合脚。你像岩能一样能干，你像水罗一样勤劳。挖地不留埂子，薅草薅到地头。好朋友啊，我们多么想念你，你为什么要闭上眼睛，你为什么就与我们永别。”岩翁、岩方唱述，岩土斯翻译，高立旗记录。收入《佤山歌声》（上），32开，2页，24行，云南人民出版社1994年版。

（海涛）

悼念歌（二）

佤族风俗歌。流传于云南省西盟佤族自治县。歌谣唱出了人们悼念死者的悲伤心情。“主妇死了，中柱断了，家务无人管理，火塘从此熄灭，子孙无人教养，大家非常悲痛。主妇死了，房屋倒了，狂风刮来了，茅草吹飞了，大家非常悲痛。”娜里、娜拿唱述，岩瑞、高立旗搜集、翻译。收入《佤山歌声》（上），32开，1页，11行，云南人民出版社1994年版。

（海涛）

悼念歌（三）

佤族风俗歌。流传于云南省西盟佤族自治县。歌谣唱出了人们悼念死者的悲伤心情。“男人死了，石脚塌了，房子无人建盖，田地无人耕耘，后辈无人带领，大家非常悲痛。男人死了，房屋倒了，水源枯竭了，子孙断根了，大家非常悲痛。”岩党社、娜贡唱述，娜贡、高立旗记录、翻译。收入《佤山歌声》（上），32开，1页，11行，云南人民出版社1994年版。

（海涛）

扫邪恶

佤族风俗歌。流传于云南省西盟佤族自治县。佤族习俗，在死者离世的第二天至埋葬前，要请人跳《扫帚舞》，以清除邪恶，把鬼赶跑，同时演唱此歌。“扫呀扫，扫呀扫，把‘邪恶’扫除；扫呀扫，扫呀扫，把‘凶鬼’撵跑。”岩罗仕唱述，岩可仕、高立旗搜集、翻译。收入《佤山歌声》（上），32开，1页，4行，云南人民出版社1994年版。

（海涛）

送死神

佤族风俗歌。流传于云南省西盟佤族自治县。佤族习俗，在死者离世的第二天至埋葬前，要请老人在家里跳《摇篮舞》，把“死神”“凶鬼”远远地抛掉，同时演唱此歌。“摇呀摇，摇呀摇，把‘死神’往外推走；摇呀摇，摇呀摇，把‘凶鬼’往远远的地方抛掉。”岩罗仕唱述，岩可仕、高立旗搜集、翻译。收入《佤山歌声》(上)，32开，1页，4行，云南人民出版社1994年版。

（海涛）

送葬歌

佤族风俗歌。流传于云南省西盟佤族自治县。佤族习俗，在死者离世的第三天安葬死者时要演唱此歌。“红毛树倒了，连根翻起朝天，枝叶腐烂了，树干发泡了，再也站不起来了，再也不会发芽、生长了。你已经死了，我们把你装进棺材，深深地埋在土里，黑土堆就是你的家，你要在这里好好的安息，再也不会回来了。”岩产朵、岩板来唱述，娜贡、高立旗搜集、翻译。收入《中国歌谣集成·云南卷》，16开，1页，12行，中国ISBN中心2003年版。

（海涛）

向死者告别

佤族风俗歌。流传于云南省西盟佤族自治县。“树上的黄叶子落了，再也不会回到枝杈上了，你已经死了，再也不会复活了，红土洞就是你的家，你要好好的在这里安息。你不要寂寞，你不要难过，前有领路者，后有陪伴人，愿你们好好相处，高高兴兴地在一起生活。你爱吃的东西已经献给你了，你爱穿的衣服已经给你穿了，你爱听的歌已经给你唱了，你爱看的舞已经给你跳了，你应该心满意足了，不要对我们有意见了。你安息吧，你安安心心地在下吧，我们会时常想念着你，给你祭酒、祭饭、祭鸡，你也要保佑我们，不疼不病、事事顺利。”歌谣反映了佤族的灵魂崇拜观念。岩嘎唱述，娜贡、高立旗搜集、翻译。收入《中国歌谣集成·云南卷》，16开，2页，24行，中国ISBN中心2003年版。

（海涛）

撵鬼歌

佤族风俗歌。流传于云南省西盟佤族自治县。歌谣反映了佤族丧葬礼仪中的鬼魂观。“鬼呀鬼，你快快走，不要和我们在一起，你用过的一切都已经陪你埋葬，不要再回来缠在我们身上。鬼呀鬼，你快快走，你想吃什么东西都带走吧，不要在家里作乱，如果你还嫌东西太少，那就到同姓家族里去瞧一瞧。鬼呀鬼，你快快走，太阳已经落山了，土已经把你埋了，你快快走呀快快走，不要再停留，不要再回头。”岩门、娜丙唱述，岩克搜集、翻译。收入《佤山歌声》(上)，32开，2页，12行，云南人民出版社1994年版。

（海涛）

春节祝酒辞

佤族风俗歌。流传于云南省沧源佤族自治县。歌谣表达了人们在旧岁终结、新年来到之际，祈求来年五谷丰登、六畜兴旺、健康长寿的美好愿望。“呗！呗！呗！呗！欧——是这样，旧岁终结，新年来到；凶神随着旧年走，吉祥伴着新春来。我们装扮西木所鸟的巢，我们欢度帕召老人的春节……我们希望有吃不完的粮，我们希望有穿不完的衣；希望我们的人站满山，希望我们的人排满梁；走路，别让我们踢着石头；抬头，别让灰尘掉进我们眼里；做事情，让我们都能做好；铺道路，让我们铺得又平又直；做地，让庄稼长得好；烧地，让火烧得旺。让我们的谷秆粗又宽，让地里的杂草又少又易薅；让我们的旱谷背不完，让我们的荞籽运不完；让我们的粮仓排成行，白鹇大的母猪让它会生儿，箐鸡大的母鸡让它会下蛋；让猪群围满食槽，让鸡群叫遍圈窝；让我们的生活充满欢笑，让我们的名声四方传扬。”佚名唱述。收入《中国歌谣集成·云南卷》，16开，3页，111行，中国ISBN中心2003年版。

（海涛）

贺新房祝词

佤族风俗歌。流传于云南省西盟佤族自治县。新房盖好后，全寨人和亲朋好友都要来贺新房。大家围着柱子尽情地舞蹈，唱《贺新房》歌。“请老天爷保佑，这是一副最好的鸡卦，让不吉祥之事从墙缝里飞走，让不吉祥的鸡卦给河水淌走。嗨哎，你这只大公鸡王，你这只多么好的鸡，你的嘴能啄开石头，你的嘴能叫醒太阳，今日杀你敬天地，请天地爷保佑我们。新砍的木料虫不吃，新盖的茅草风吹不走，地基坚实牢固，新房平安长久，谷子小豆吃不完，儿孙满堂人长寿。”岩张唱述，岩锐、高立旗搜集、翻译。收入《佤山歌声》（上），32开，3页，33行，云南人民出版社1994年版。

（海涛）

贺新房（一）

佤族风俗歌。流传于云南省西盟佤族自治县。新房盖好后，全寨人和亲朋好友都要来贺新房。大家围着柱子尽情地舞蹈，唱《贺新房》歌。“好山才有蛇，好人才有客，你家建盖大房子，男女老幼都来贺喜……贺新房，贺新房，裙子长短都来参加贺新房，曼橙果柴煮酒酒才好，大家都来贺新房才吉祥。水酒一同喝，歌舞一起乐，老人来领唱，众人合着脚。我们的手越拉越紧，我们的舞越跳越欢，我们的民族像大青树一样昌盛兴旺，我们的村寨像大青树一样地久天长。”岩方、岩在唱述，岩土斯、高立旗搜集、翻译。收入《佤山歌声》（上），32开，2页，24行，云南人民出版社1994年版。

（海涛）

贺新房（二）

佤族风俗歌。流传于云南省西盟佤族自治县。新房盖好后，全寨人都要来贺新房。大家围着柱子尽情地唱《贺新房》歌，并伴之以舞蹈，直跳得房子都好像在摇晃才作罢。“今天我们盖的茅草是糯茅草，糯茅草盖房最好，我们盖了一层又一层，共盖了五层……今天我们为什么这样高兴？是因为满山的头颇花开了。今天我们为什么吃干饭？是因为粮食丰收。今天我们为什么多喝酒？是因为家家户户盖新房了。今天我们为什么多吃肉？是因为家家户户贺新房了。”岩可伞、岩布嘎唱述，岩格朗、岩满、高立旗搜集、翻译。收入《佤山歌声》（上），32开，3页，42行，云南人民出版社1994年版。

（海涛）

贺新房（三）

佤族风俗歌。流传于云南省西盟佤族自治县。新房盖好后，全寨人和亲朋好友都要来贺新房。大家围着柱子尽情地歌舞，唱《贺新房》歌。“是谁的头颇花开了？是我们的头颇花开了。是谁盖房子的季节到了？是我们盖房子的季节到了。盖房子的时节是芒母神教给的，盖房子的道理是格来都传给的，抓好节令盖房子，房子才会牢靠，按祖先传下的理盖房子，房子才会温暖，疾病才会减少。我们盖的房子，是建在蜻蜓飞舞的高山上。我们盖的房子，是建在向着太阳的山坡上。如果忘记了盖房子的节令，我们就要吃亏。如果不按照祖先传下的理盖房子，我们就会受寒。”岩布来、岩孔唱述，岩克、岩鸟、高立旗搜集、翻译。收入《佤山歌声》（上），32开，2页，19行，云南人民出版社1994年版。

（海涛）

贺新房（四）

佤族风俗歌。流传于云南省孟连傣族拉祜族佤族自治县佤族聚居区。此歌首先唱述了贺新房的礼仪：“剽倒一条最壮的小牛，小牛角祭供在新房中；斟满一筒最香的米酒，招待四面八方的客人；拉起寨子漂亮的姑娘，唱曲最好听的迎客调”。接着追忆佤族的历史，告诫人们：“贺新房贺主人，我们喝了不要忘记牛和狗，我们吃了不要忘记火和刀，我们饱了不要忘记竹和树，我们好了不要忘记山和水。”最后是对新房主人的祝福：“干透的茅草铺房顶，新削的扎篾捆椽子，长发的姑娘配伙子，主人的槟榔背袋满。”娜罕、岩坎唱述，张定明记录。收入《云南民族民间文学集成•孟连佤族卷》，32开，3页，50行，云南民族出版社1993年版。

（海涛）

新火塘祝词

佤族风俗歌。流传于云南省西盟佤族自治县。“我们已经挖好了洞，我们已经栽好了杈，我们已经上好了梁，我们已经搭好了屋架。茅草是新盖的，篾条是新扎的，楼梯是新搭的，竹笆是新铺的。新竹楼盖好了，新火塘搭起了，新三脚架安好了，祝贺主人的新火塘落成了。祝愿新火塘永远发光，祝愿新房子永远平安，家神会帮你们驱除贫穷，家神会帮你们赶走苦难。祝愿主人家猪满圈，祝愿主人家谷满仓，祝愿主人家像街子天一样热闹，祝愿主人家吉祥平安。”岩考、娜荣唱述，岩锐、高立旗搜集、翻译。收入《中国歌谣集成•云南卷》，16开，2页，12行，中国ISBN中心2003年版。

（海涛）

哭豹子

佤族风俗歌。流传于云南省西盟佤族自治县。佤族猎到豹子把肉分吃后，将豹皮缝合起来，里面装上稻草或谷糠以恢复豹子原形，并摘来大野果串成“珠珠”给它带上，供在木鼓房里或寨外路口旁，人们指着“豹子”诉说它的坏处，唱这首《哭豹子》。“黑眼睛的豹子你听着，你说刺戳不着你，可刺还是戳着你了。你说不再偷鸡吃，可鸡还是被你偷去吃了。黑眼睛的豹子你听着，你说不再咬牛抬猪了，可猪牛还是被你叼去吃了，你做尽了坏事，本性难改了。”佚名唱述，佚名记译。收入《中国歌谣集成•云南卷》，16开，1页，10行，中国ISBN中心2003年版。

（海涛）

（五）劳动歌

拆旧房子歌（一）

佤族劳动歌。流传于云南省西盟佤族自治县。歌谣反映了佤族拆旧房建新房的礼仪风俗。“一根藤子也会开花结果，我们是人更应繁衍子孙。一只小鸟也会衔草筑巢，我们是人更应建屋做窝……快来吧，快来吧。全寨男女老幼都集拢来吧，亲戚送粮食，朋友送米酒，妇女帮舂碓，老人帮杀鸡，酒肉共同品尝，幸福共同享受。今天的日子是多么美好，今天盖的房子格外牢靠。快来吧，快来吧。全寨男女老幼都集拢来吧。快把旧房拆除，快把地基挖好，大家一起动手，快把新房盖起。”岩门、岩孔唱述，岩松、高立旗搜集、翻译。收入《中国歌谣集成•云南卷》，16开，2页，27行，中国ISBN中心2003年版。

（海涛）

拆旧房子歌（二）

佤族劳动歌。流传于云南省西盟佤族自治县。歌谣反映了佤族拆旧房建新房的礼仪风俗。“老鹰已经把我们抱儿的母鸡抓走了，连儿连娘全部都抓走了，我们不能等待老鹰发善心，会把鸡儿还给我们，只有齐心协力与邪恶进行抗争，我们才能安安稳稳地过好日子。狂风已经把我们的房子刮走了，连柱子大梁全部都刮走了，我们不能等待狂风反悔，会把木料还给我们，只有齐心协力重建家园，我们才能安安稳稳地过好日子。”岩满、娜里唱述，岩锐、高立旗搜集、翻译。收入《佤山歌声》（上），32开，2页，12行，云南人民出版社1994年版。

（海涛）

盖房子的歌

佤族劳动歌。流传于云南省沧源佤族自治县。佤族建房的时间，一般选择在每年的春播之前。歌中反映了全寨子的人都来帮忙建房的劳动场景，以及主人对大家的感激之情。“全部落的人都到齐了，我到蚂蚁住的地方去割茅草，我去砍松鼠爬过的树，我去砍扎草的竹子。有的去山上背草，有的来架屋梁，有的来搭歇锅的木架，大家都来帮着盖房子……我的心里喜欢得像得到了一条牛，大家都露出了黑黑的牙齿一起笑。”佚名唱述，郭思九搜集、翻译。收入《沧源县佤族文学史概略》，16开，2页，18行，中共沧源县委宣传部、云南民族民间文艺沧源调查队1960年编印。

（海涛）

盖大房子歌（一）

佤族劳动歌。流传于云南省西盟佤族自治县。歌唱了全部落人相聚，庆贺大房子落成的欢乐场景。“祖先建盖的房屋像孔明的帽子一样好……大梁是从勐梭龙潭砍来的，柱子是从莫窝大箐伐来的，椽子是从大黑山里运来的，茅草是从山通岩城割来的。楼是木板铺平的，墙是木板围成的，楼梯又高又长，晒台又长又宽。茅草压得整整齐齐，燕子雕得像真的一样，众人齐心建盖的房子才有这样好，大家都来贺新房才有这样的热闹。一户盖房大家都来帮，一寨有事部落都来忙，祖先传下一条理，团结友爱才会喜洋洋。”岩章、大岩布来唱述，岩锐、高立旗搜集、翻译。收入《佤山歌声》（上），32开，2页，32行，云南人民出版社1994年版。

（海涛）

盖大房子歌（二）

佤族劳动歌。流传于云南省西盟佤族自治县。歌谣唱述了全部落人相聚，庆贺大房子落成的欢乐场景。“我们盖的大房子，是有五十棵柱子的大房子；我们盖的大房子，是有五十庹长的大房子；我们盖的大房子，是雕有人像、燕子像的大房子。为了使我们的水酒更甜，为了使我们的稀饭更香，为了使我们的寨子更牢固，为了使我们的部落更兴旺，祖先开创的事业，我们要继承传扬，祖先传下的道理，我们要照办发展。”岩真、岩伞唱述，岩党、岩太搜集、翻译。收入《佤山歌声》（上），32开，2页，33行，云南人民出版社1994年版。

（海涛）

猎歌

佤族劳动歌。流传于云南省沧源佤族自治县。歌中把老虎拟人化，唱出了猎手们安抚老虎“灵魂”安息的感情，抒写了对老虎进行捕杀的理由和痛惜的心情，赞美了猎手的机智和勇敢，再现了狩猎生活的动人场景。“岩舍啊！我们本不想使你流血，我们本不想把你打死。你把我们的鸡当箐鸡，你把我们的小牛当麂子。所以我们使你流血，所以我们把你打死……岩舍啊！追你的时候，我们埋伏在你出没的路口；撵你的时候，我们把弩手埋伏在你渡河的渡口。使你流血的就是我们的好汉，把你打死的就是我们的弩手。”陈三木勒唱述，王有明、尚仲豪搜集、翻译。收入《中国歌谣集成·云南卷》，16开，2页，26行，中国ISBN中心2003年版。

（海涛）

猎豹歌

佤族劳动歌。流传于云南省西盟佤族自治县。歌中在唱述豹子把鸡错当白鹇，把牛错当马鹿咬食的坏处时，也唱述了豹子最初也是和人“同出一个司岗”，歌谣反映了佤族“赕虎豹”的狩猎风俗。佚名唱述，尼嘎搜集、翻译。收入《中国歌谣集成·云南卷》，16开，2页，36行，中国ISBN中心2003年版。

（海涛）

猎豹归来

佤族劳动歌。流传于云南省西盟佤族自治县。歌中再现了人们猎豹归来后，全部落剽牛庆贺，把豹子头供在木鼓房里，把豹子的皮挂在树上“示威”的“赕豹”祭祀活动。“豹子啊豹子，黑眼睛的豹子，几年来，我们的猪鸡牛羊，不知被你咬吃了多少，我们的长刀磨了好几次，我们的猎枪擦了好几回，今天终于打到了你，我们唱歌跳舞才把你抬回。豹子啊豹子，黑眼睛的豹子，你睁大眼睛看看吧，我们要剥掉你的皮，割你的肉痛痛快快地吃，要把你的头供在木鼓房里祭祀，把你的皮挂在大树上示威。”岩满、尼短唱述，尼短、高立旗记录、翻译。收入《佤山歌声》(上)，32开，1页，15行，云南人民出版社1994年版。

(海涛)

猎鹿歌

佤族劳动歌。流传于云南省西盟佤族自治县。歌谣由一人领唱，众人合唱或齐声吼叫的形式，展现了佤族猎鹿的狩猎场景。以这种形式向“鹿魂”祈求恩赐和护佑，祈求“鹿魂”将疾病和贫穷带走，保佑全寨人吉祥平安，庄稼丰收，人丁兴旺。隋嘎、尼普冷唱述，魏德明、岩松搜集、翻译。收入《中国歌谣集成•云南卷》，16开，2页，46行，中国ISBN中心2003年版。

(海涛)

薅草歌(一)

佤族劳动歌。流传于云南省西盟佤族自治县。歌谣反映人们在刀耕火种的旱谷地里薅草劳动时的艰辛。“太阳火辣辣，已经当头照，汗水淌地里，已经流干净，我们编的头发，像松鼠尾巴一样粗；我们勒紧的腰身，饿得像手指头一样细。拉把茅草快点火，支起锅来快煮饭，吃饱肚子使劲干，快把杂草薅除完。”娜约、娜义唱述，岩克、高立旗搜集、翻译。收入《佤山歌声》(上)，32开，1页，12行，云南人民出版社1994年版。

(海涛)

薅草歌(二)

佤族劳动歌。流传于云南省西盟佤族自治县。歌谣反映人们在刀耕火种的旱谷地里薅草劳动时的艰辛。“旱谷地里的杂草太多了，长得像放牛场上的草一样多。旱谷地里的杂草太深了，长得比谷棵还要高。手拔疼了，还薅不好雨帽大的地方；腰苦酸了，还薅不好蓑衣宽的地方。为了不饿肚皮，只有坚持薅草，全家人都歇在窝棚里，一心只盼有个好收成。”娜普伟、娜皮里唱述，岩南、高立旗搜集、翻译。收入《佤山歌声》(上)，32开，1页，12行，云南人民出版社1994年版。

(海涛)

薅草歌(三)

佤族劳动歌。流传于云南省西盟佤族自治县。歌谣反映人们在刀耕火种的旱谷地里薅草时的劳动场景。“河边的水草密麻麻，地里的杂草根无数，为了让谷子长得好，我们要把杂草连根铲除，全家人出动了，小黑鸟们也集中来了。姑娘们，快锄哟，你们薅草像蜜蜂飞一样快；小伙子们，快锄哟，你们薅草像弩箭飞一样快；因为你们的手脚灵巧，因为你们像岩能一样勤劳。”岩俄、娜哈唱述，哦喊、高立旗搜集、翻译。收入《佤山歌声》(上)，32开，1页，12行，云南人民出版社1994年版。

(海涛)

薅草歌(四)

佤族劳动歌。流传于云南省西盟佤族自治县。“啊，伙伴们，抓紧，抓紧，节令不等人，快把你的铲刀磨快，快把谷地里的杂草除掉。啊，伙伴们，抓紧，抓紧，节令不等人，我们接水要到水源头接才洁净，我们薅草要薅到地头才丰收。”歌谣反映人们在刀耕火种的旱谷地里薅草时的劳动场景。大岩布来、娜给唱述，岩锐、高立旗搜集、翻译。收入《佤山歌声》(上)，32开，1页，10行，云南人民出版社1994年版。

(海涛)

薅草歌（五）

佤族劳动歌。流传于云南省孟连傣族拉祜族佤族自治县。歌谣反映了人们在刀耕火种的旱谷地里薅草时的劳动场景。“薅呀薅，薅草别拔旱谷苗，薅草别想歪门道。薅呀薅，姑娘别低着头，亮嗓唱支吉祥调，小伙子别张嘴笑，忙玩误了好时候。薅呀薅，别怕腰酸手起泡，明年碓窝不闲了。薅呀薅，树无影子日头落，大嘴雀已歇树梢。收工了，吃了稀饭磨长刀，不误明天铲刺蒿。”佚名唱述，岩养、张定明搜集、翻译。收入《云南民族民间文学集成·孟连佤族卷》，32开，1页，17行，云南民族出版社1993年版。

（海涛）

收工调

佤族劳动歌。流传于云南省西盟佤族自治县。歌谣唱出了在外劳动的人们很晚回来，家人为他们安全担忧的心情。“回去吧，回去吧，太阳已经落山了。回去吧，回去吧，树枝头已经向树根垂下了，阿爹见我们不回家，端着一碗米去找魔巴，魔巴看了看说，别急，别急，他们一定会平安回家。快回去吧，快回去吧，夜幕已经降临了，快回去吧，快回去吧，月亮已经升起来了，阿妈不见我们回家，泡了一筒水酒去找魔巴，魔巴看了看说，别慌，别慌，他们正行走在半路上。天黑了，我们可要提防，高山顶上是豹子经常出没的地方，我们的猎枪可要紧紧握在手上，寨旁的树林里，是凶鬼经常吓人的地方，我们的胆子要大，才能使魔鬼害怕。”岩满、岩里唱述，岩锐、高立旗搜集、翻译。收入《佤山歌声》（上），32开，2页，25行，云南人民出版社1994年版。

（海涛）

收新谷

佤族劳动歌。流传于云南省西盟佤族自治县。歌谣唱出了人们丰收时的喜悦心情。“旱谷成熟了，一片金黄，随风欢腾起舞哟，跳起丰收乐。全家人多么高兴啊，一起到谷地里看了又看，阿爸咂了咂嘴说，我已经闻到了布来的香味；阿妈搓了搓手说，碓窝又该唱新米歌了。篾笆已经编好，镰刀已经磨好，背箩已经背好，全家人个个充满欢笑。慢慢地割，精心地打，先收一箩回家，敬献谷神给我们带来的果实。喝水不忘源头，认真地割哟精心地打，我们绝不能浪费一粒粮食。”岩沙、岩皮唱述，岩南、高立旗搜集、翻译。收入《佤山歌声》（上），32开，2页，22行，云南人民出版社1994年版。

（海涛）

舂米歌

佤族劳动歌。流传于云南省西盟佤族自治县。歌谣唱出了庄稼丰收时姑娘舂米的喜悦心情。“阿佤姑娘舂碓忙，敲得碓窝丁东响，歌声随着棒儿起，舞步踏着歌儿转。微风轻轻地吹呀吹，簸箕唰唰地响呀响，汗珠串串脸堆笑，红米饭哟甜又香。”岩来、娜俄唱述，岩锐、高立旗搜集、翻译。收入《佤山歌声》（上），32开，2页，8行，云南人民出版社1994年版。

（海涛）

橄榄果

佤族劳动歌。流传于云南省西盟佤族自治县。“橄榄果，满山坡，用力摇，掉下来，一个一个拣满箩，背回家去哄小孩。橄榄果哟橄榄果，先涩后甜美味多，劳动换来丰硕果，怕苦哪有好收获。橄榄果哟橄榄果，绿色的衣裳心实落，回味无穷人人爱，铁石心肠人人学。”歌谣反映了佤族的采集生活。叶伟、赛黑朗唱述，岩龙、卫民、高立旗搜集、翻译。收入《佤山歌声》（上），32开，1页，12行，云南人民出版社1994年版。

（海涛）

拢给黑

佤族劳动歌。流传于云南省西盟佤族自治县。“拢给黑”，佤语的意思是刺麻树要开花，可收割之意。歌谣传授了刺麻生产的知识和技艺，并介绍了刺麻在佤族生活中的用途。“刺麻要用火灰来煮，煮透了拿到河里搓洗，搓得越透麻丝越亮，洗得越净麻丝越白。懒汉洗不出好麻来，懒婆捻不出白线来。一丝丝，一线线，全靠双手捻出来。一根根，一团团，日日夜夜编织忙。花裙子、花背带，撒渔网、花被盖，想要什么织什么，一切都从刺麻树上来。刺麻树长得好，刺麻树长得高，刺麻树成熟了，刺麻花含苞欲放了，等待我们去收割，等待我们去采摘，只要人勤快，万物手中来。”娜很木、叶很唱述，卫民、高立旗搜集、翻译。收入《中国歌谣集成·云南卷》，16开，2页，43行，中国ISBN中心2003年版。

（海涛）

麂子喝盐水

佤族劳动歌。流传于云南省西盟佤族自治县。“麂子喝盐水，越喝越想喝。白鹇生活在森林里，越在越想在。不穿越千座深山的人，不是好猎人；弓箭上无毛的猎手，不是好猎手。”歌谣反映了一个好的猎人要善于观察和掌握禽兽的生活规律。叶很、叶喊目唱述，卫清、高立旗搜集、翻译。收入《佤山歌声》（上），32开，2页，20行，云南人民出版社1994年版。

（海涛）

水罗

佤族劳动歌。流传于云南省西盟佤族自治县。水罗鸟是一种能报时节的鸟。歌中用“水罗”来夸赞勤劳的人们不误农时，抓紧节令生产的劳动热情。“水罗国国叫，佤山春来早，积肥备耕要做好，莫让时光浪费掉。水罗国国叫，播种节令到，按时播种粮丰收，莫把时机错过掉。水罗国国叫，薅锄管理好，除草灭虫苗儿壮，谷粒饱满产量高。水罗国国叫，收获季节到，精打细收选良种，颗粒归仓保管好。水罗国国叫，阿佤多勤劳，春夏秋冬巧安排，日子越过越美好。”岩扫、娜花唱述，岩锐、高立旗搜集、翻译。收入《佤山歌声》（上），32开，2页，20行，云南人民出版社1994年版。

（海涛）

大嘴鸟叫了

佤族劳动歌。流传于云南省西盟佤族自治县。佤族群众夏秋两季在山地里劳动时很难看到太阳，掌握不好时间，而大嘴鸟能在下午六时左右鸣唱，报告时辰，方便人们知道时间不早了，准备收工回家。“大嘴鸟叫了，我们该收工了，带着猪鸡的食回去，带着引火的柴回家。勤劳的人，从不空双手而归，接水接在水源头才干净，薅草薅到地头才丰收。肚子饿了要吃饭，拉把茅草点着火，麻栎树柴火力旺，支起锅来就煮饭。勤劳的人，从来不会饿着肚皮；懒惰的人，从来没有吃饱过饭。”娜布乱、娜俄唱述，岩锐、高立旗搜集、翻译。收入《佤山歌声》（上），32开，1页，16行，云南人民出版社1994年版。

（海涛）

下种歌

佤族劳动歌。流传于云南省西盟佤族自治县。歌谣介绍了下种的季节，各种农作物种植的地点及其简单的种植技术。“下种的时候到了，大风吹得轰隆隆，太阳晒得热辣辣，挑起旱谷下地去，烫得脚已踩不下。满山遍野开白花，大块地里撒旱谷，火堆塘里种南瓜，山坡上点红米，大家来把谷种撒。”佚名唱述，尼改·西古搜集、翻译。收入《中国歌谣集成·云南卷》，16开，1页，9行，中国ISBN中心2003年版。

（海涛）

播种

佤族劳动歌。流传于云南省沧源佤族自治县。歌谣介绍了下种的季节，各种农作物种植的地点及其简单的种植技术。“三月我们播下小米种，四月我们撒下旱谷种。……阳雀叫，我们去撒种，一穗谷子收一箩；布谷鸟叫，我们去栽秧。一丛谷子收一仓。一锅饭全家吃，一炕笆谷子全寨吃；一锅饭吃馊了吃不完，一炕笆谷子吃烂了吃不光。”田那嘎唱述，黄伦、郭思九搜集、翻译。收入《沧源县佤族民歌选》，32开，2页，18行，中共沧源县委宣传部、云南民族民间文艺沧源调查队1960年编印。

（海涛）

不要怕雨打

佤族劳动歌。流传于云南省沧源佤族自治县。歌谣唱述了人们在刀耕火种的旱谷地里顶风冒雨点种旱谷的劳动场景。“姑娘呀，不要怕雨打，衣裳湿了换干的；姑娘呀，雨大不要怕，雨过了会出太阳。我俩还是继续干下去，把籽种快快种下，等到谷子长出了，我们的生活就会好。”陈老大唱述，周天相搜集、翻译。收入《沧源县佤族民歌选》，32开，1页，8行，中共沧源县委宣传部、云南民族民间文艺沧源调查队1960年编印。

（海涛）

栽秧歌

佤族劳动歌。流传于云南省西盟佤族自治县。歌谣唱述了下种的季节，以及栽秧种田的劳动场景。“信似罗叫了黄泡熟，栽秧的时节已到了，男也勤来女也巧，你耙田来我栽秧，莫把良机错过掉，老也来了少也来，你打田埂我放牛，按时栽秧粮丰收。”佚名唱述，尼改·西古搜集、翻译。收入《中国歌谣集成·云南卷》，16开，2页，8行，中国ISBN中心2003年版。

（海涛）

守地歌

佤族劳动歌。流传于云南省西盟佤族自治县。歌谣以守地人的口吻，饱含着对庄稼的深厚感情，劝告鸟雀不要来啄食未成熟的庄稼。“小鸟、小鸟快飞开，莫来站在我的地边；我的旱谷刚抽穗，我的小米才弯腰；小鸟、小鸟快飞开，窝棚里我备好弩箭；山上有野花你去摘，崖旁有野果你去吃。”佚名唱述，尼改·西古搜集、翻译。收入《中国歌谣集成·云南卷》，16开，1页，8行，中国ISBN中心2003年版。

（海涛）

收粮歌

佤族劳动歌。流传于云南省沧源佤族自治县。歌谣采用人与粮食谈话的口吻，表达了人们对自己辛勤劳动所得的粮食的珍爱之情。“小米，小米，你们生长在地里，是为了给人吃饱，吃了你，人才会长大。一颗谷子，一颗小米，不掉在泥巴塘里，不掉在小牛脚印里。不丢你在打谷场，不丢你在树脚底。不给山沟水淌着，不给你流进大河里。我们把你驮回家，放在干燥的房子里。”收入《中国少数民族文学》（下），32开，1页，14行，湖南人民出版社1983年版。

（海涛）

晚归歌

佤族劳动歌。流传于云南省沧源佤族自治县。歌谣唱出了辛勤劳动一天的人们归来时的愉快心情。“我还在地里劳动的时候，星星已经出在天上。……我不知道夜花何时开放，是因为我劳动在茂密的竹林里。我不知道太阳何时下山，是因为我劳动在高大的森林旁。我们回去吧，我们回去吧，亲爱的阿妹！收拾好我们劳动的工具，洗干净我们劳动的手脚，拍掉我们身上的泥土，也让我们成双地回家去，说说笑笑地回家去，让我们轻轻松松地回家去，让我们高高兴兴地回家去。”肖俄不老唱述，王有明、尚仲豪搜集、翻译。收入《沧源县佤族民歌选》，32开，2页，22行，中共沧源县委宣传部、云南民族民间文艺沧源调查队1960年编印。

（海涛）

大家一齐回去

佤族劳动歌。流传于云南省沧源佤族自治县。歌谣反映了佤族群众集体劳动的场景，以及人们在劳动中互相帮助的良好品德。“我们从寨子里出来，走的是一条路，到了田边上，大家分散了，你到你的田里去，我到我的田里去。阿哥做完活计，你一定要在田头等我，大家一齐出来，大家一齐回去。”安盆唱述，李玉明、郭思九搜集、翻译。收入《沧源县佤族民歌选》，32 开，1 页，10 行，中共沧源县委宣传部、云南民族民间文艺沧源调查队 1960 年编印。

（海涛）

搭桥歌

佤族劳动歌。流传于云南省沧源佤族自治县。歌谣反映了佤族群众集体搭建桥梁的劳动场景。“我们骨头硬、力气大，拉树来，大家欢迎你。知了在树上叫，把树拉到这里来。小伙子用肩头抬树，天黑了留你在河边。”佚名唱述，佚名记录。收入《沧源县佤族文学史概略》，16 开，1 页，10 行，中共沧源县委宣传部、云南民族民间文艺沧源调查队 1960 年编印。

（海涛）

我们一齐劳动

佤族劳动歌。流传于云南省沧源佤族自治县。歌谣反映了佤族群众集体劳动中互相帮助，大公无私的品德。“我们一起在地里劳动，热辣辣的太阳晒着，我浑身都淌汗了；阿哥你拿来的伞快撑开，让大家遮遮太阳，阿姐你拿来的水果，拿出来分给大家解解渴。果子拿来了，是一个很小很小的果子，这么多的人怎么够吃。果子再小我们也要大家吃，一个分一点点，又怎么分得过来？就轮流放在嘴皮上凉一凉，这么一凉也能解渴。我们有伞了，就不怕太阳晒；我们吃了水果了，就不怕口渴。”佚名唱述，佚名记录。收入《沧源县佤族文学史概略》，16 开，1 页，18 行，中共沧源县委宣传部、云南民族民间文艺沧源调查队 1960 年编印。

（海涛）

更是害羞

佤族劳动歌。流传于云南省沧源佤族自治县。歌谣以劳动者的口吻，教育人要忠实、勤恳地劳动。“如果很多人在一起劳动，你在中间偷懒落在人后，这是最害羞；如果很多人挖一块很好的地，有一个人在中间没有好好地出力，这个人更是害羞。”佚名唱述，佚名记录。收入《沧源县佤族文学史概略》，16 开，1 页，6 行，中共沧源县委宣传部、云南民族民间文艺沧源调查队 1960 年编印。

（海涛）

（六）生活歌

古战歌

佤族生活歌。流传于云南省西盟佤族自治县。歌谣反映了佤族历史上氏族、部落之间的械斗和仇杀。“每人背三把刀，我们一起走出寨门。打仗我胜你必败，打仗我活你必亡；你变豹子我变虎，你会跑来我会飞。你的人多，打不赢我一个好汉；你的山大，我要把它戳穿。”杨老二唱述，沈应明、寿轩、尚仲豪搜集、翻译。收入《中国歌谣集成·云南卷》，16 开，1 页，10 行，中国 ISBN 中心 2003 年版。

（海涛）

复仇歌（一）

佤族生活歌。流传于云南省西盟佤族自治县。歌谣反映了佤族历史上氏族、部落之间的械斗、仇杀以及因此给佤族人民带来的不幸遭遇。“你恨我，我更恨你，请你们看看我们的寨子，已成为一片光溜溜的黑土地，多少孩子沦为孤儿，多少老人哭瞎了眼睛。你恨我，我更恨你，请你们看看我们的斋碗，我们的斋碗里盛满了鹿血，仇恨的长刀闪着寒光，愤怒的猎枪要飞向疆场。”岩考、岩龙唱述，岩帅、高立旗搜集、翻译。收入《中国歌谣集成·云南卷》，16开，1页，10行，中国ISBN中心2003年版。

（海涛）

复仇歌（二）

佤族生活歌。流传于云南省西盟佤族自治县。历史上，佤族由于“猎头”使得部落、村寨之间结下冤仇，经常发生“打冤家”。交战之前，要举行隆重的仪式，唱复仇歌。“莱薹掐了会发芽，儿子死了有孙孙，仇恨的种子埋藏在心底，不报仇雪恨决不罢休。铁三脚断了，洪水爆发了，复仇不留情，仇杀不留根。”岩城唱述，岩锐、高立旗搜集、翻译。收入《中国歌谣集成·云南卷》，16开，1页，8行，中国ISBN中心2003年版。

（海涛）

复仇歌（三）

佤族生活歌。流传于云南省西盟佤族自治县。历史上，佤族由于“猎头”使得部落、村寨之间结下冤仇，经常发生“打冤家”。交战之前，要举行隆重的仪式，唱复仇歌。“红毛树倒了，独木桥断了，送给他们的礼物是辣子、火炭，慰劳他们的礼品是火药、子弹。长刀要做他们的枕头，猎枪要和他们交朋友，上不了公明山不是阿佤汉子，打不到猎物决不返回。”岩乱唱述，岩罗仕、高立旗搜集、翻译。收入《中国歌谣集成·云南卷》，16开，1页，8行，中国ISBN中心2003年版。

（海涛）

摘黄泡

佤族生活歌。流传于云南省西盟佤族自治县。歌谣唱述一个被出卖的女奴在主人家像牛马一样干活，饿了只能摘黄泡充饥的悲惨生活。“我是玉体寨子的娜布朗，被卖到班折岩响家当奴隶，从早到山地里做活计，傍晚才得回家休息。夏天的太阳火辣辣，肚子饿得像铁皮，天天只有钻刺棵摘黄泡充饥。肚子饿了不拣嘴，看到黄泡流口水，为了充饥不怕刺棵，一天要摘吃好几回。”歌谣反映了佤族奴隶制社会萌芽时期的社会历史阶段的情况。娜笋、娜捧唱述，娜荣、高立旗搜集、翻译。收入《佤山歌声》（上），32开，1页，12行，云南人民出版社1994年版。

（海涛）

饥荒喜逢小米熟

佤族生活歌。流传于云南省西盟佤族自治县。歌谣反映了中华人民共和国成立之前佤族人民的苦难生活。“小米还在戴着绿帽，果实里还充满着妈妈的奶汁，我们迫不及待地就去收割，炒干、剥壳、充饥，全家人得以起死回生，个个又打起了精神，饥荒喜逢小米熟，感谢小米救人命哟。”岩来、娜俄唱述，岩锐、高立旗搜集、翻译。收入《佤山歌声》（上），32开，2页，8行，云南人民出版社1994年版。

（海涛）

悲伤歌

佤族生活歌。流传于云南省孟连傣族拉祜族佤族自治县佤族聚居区。“啊，像随身带的小竹筒一样，我们紧抱一团，小草般一样地成长。啊，想一想，我们的生活不如牛和羊，让我从头诉说这些悲惨。富裕和有钱的人家不把我们当人看，像篾笆一样拿去出卖交换；像牛羊一样把我们圈住，用栏杆和竹尖把我们的自由阻挡，受尽欺压凌辱，历经人间苦难。啊，狠心的珠米买我当奴隶，吃不饱饭菜来穿不暖衣。鞭打脚踢赶我为他种田地，我用尽全身力气要抗争站起来，但始终不能如愿。啊，我悲伤，我哭啼。”歌谣反映了佤族阶级分化以后，平民与头人之间的矛盾和争斗，同时反映了佤族平民阶层要求改变不合理的现实生活的愿望。岩罗田唱述，周彪记录。收入《云南民族民间文学集成·孟连佤族卷》，32开，2页，36行，云南民族出版社1993年版。

（海涛）

穿着破裤去要饭

佤族生活歌。流传于云南省沧源佤族自治县。歌谣反映了佤族阶级分化以后，平民与土司、头人、富人之间的矛盾和斗争，深刻地揭示了黑暗社会不可调和的阶级矛盾。“官家牛马成群猪满圈，我们抬着锄头挖毛薯；官家谷子成仓米满库，我们穿着破裤去要饭。”那不若唱述，黄伦搜集、翻译。收入《沧源县佤族民歌选》，32开，1页，4行，中共沧源县委宣传部、云南民族民间文艺沧源调查队1960年编印。

（海涛）

卖儿歌

佤族生活歌。流传于云南省西盟佤族自治县。歌谣以一个孩子的口吻，唱出了自己被卖出的原因和经过，反映了中华人民共和国成立之前佤族平民苦难的生活。“手里端着空饭碗，锅里煮的野菜汤，生活苦呀冷又饿，一家老小围火塘。父母怕我饿断肠，忍痛割爱卖儿郎，父亲卖儿一条牛，母亲卖我烟三两。”娜红唱述，岩帅、高立旗搜集、翻译。收入《佤山歌声》（上），32开，1页，8行，云南人民出版社1994年版。

（海涛）

妇女的苦处说不完

佤族生活歌。流传于云南省沧源佤族自治县。歌谣以一个阿妹的口吻，从一个独特的视角，反映了佤族妇女在夫权统治下所遭受的苦难和不幸。“阿妹在家娘照顾，去到人家服侍人。早上服侍洗脸水，晚上服侍洗脚水。人家吃饭妹添菜，人家吃饱妹肚空。男人吃饭坐板凳，阿妹吃饭蹲墙根。眼泪汪汪眼泪汪，忙跑菜园独自流。公婆问我做什么，阿妹顺口答应泼菜水。”李小五唱述，尚仲豪记录。收入《沧源县佤族民歌选》，32开，1页，12行，中共沧源县委宣传部、云南民族民间文艺沧源调查队1960年编印。

（海涛）

蚂蚱哭

佤族生活歌。流传于云南省西盟佤族自治县。歌谣以一个失去丈夫的妇女的口吻，唱出了寡妇艰辛的生活和悲惨的遭遇。“旱谷熟了，一片金黄，蚂蚱在谷地里跳来跳去，报告秋收的时节到了。天黑了，蚂蚱叫了，夜深了，蚂蚱哭了，黑牙齿的蚂蚱在哭，红腰身的蚂蚱也在哭。蚂蚱哭了，我也哭了，我是个寡妇，无依无靠太孤独，眼泪成了我的菜汤，苦日子成了我的伴侣。夜深人静的时候，我最害怕，我最伤心，屋里没人和我做伴，说话没有人听，我变成了一个哑巴，寂寞得就像无人烟的老林。”娜里唱述，岩锐、高立旗搜集、翻译。收入《佤山歌声》（上），32开，1页，23行，云南人民出版社1994年版。

（海涛）

村村寨寨都遭殃

佤族生活歌。流传于云南省沧源佤族自治县。“山茅野菜吃不饱，半夜三更睡不安。械斗连年田地荒，村村寨寨都遭殃。”歌谣反映了佤族历史上氏族、部落之间发生的械斗，给人们生活带来的不幸灾难。那不若唱述，黄伦搜集、翻译。收入《沧源县佤族民歌选》，32开，1页，4行，中共沧源县委宣传部、云南民族民间文艺沧源调查队1960年编印。

（海涛）

不要只学会拿枪

佤族生活歌。流传于云南省沧源佤族自治县。“年年月月械斗，年年月月死人。人家商量械斗，我就不参加；人家削弩箭，我去削筷子；人家去打仗，我要去生产。不要只学会拿枪，还要学会拿锄头。”歌谣表明了反对互相残杀的械斗的鲜明态度。那不若唱述，郭思九搜集、翻译。载《山茶》1981年第1期，16开，1页，10行。

（海涛）

荡秋千

佤族生活歌。流传于云南省西盟佤族自治县。歌谣唱出了人们在闲暇之余荡秋千时的舒畅心情。“荡呀荡秋千，秋千系在细腰蜂身上；荡呀荡秋千，我们似鸟儿飞翔。飞呀飞呀，乌黑的头发随风飘荡，两手紧紧拉，双脚用力蹬，看谁飞得高，把闪亮的手镯抖动得响叮当。荡呀荡秋千，我们似鸟儿飞翔，飞上高空，飞上蓝天，把美丽的山水瞧一瞧，把可爱的村寨看个够。荡呀荡秋千，把灾害全部荡掉。荡呀荡秋千，迎接新的一年，我们要快活成长，我们要高高飞翔。”娜唤唱述，岩锐、高立旗搜集、翻译。收入《佤山歌声》（上），32开，2页，22行，云南人民出版社1994年版。

（海涛）

白鹇鸟

佤族生活歌。流传于云南省西盟佤族自治县。“白鹇在林中觅食，金黄色的脚杆多么美丽，抬起左脚抓抓草，抬起右脚刨刨土，长长的尾巴翘天上，尖尖的小嘴觅食忙，抖动羽毛摇摇身，自由自在多逍遥。白鹇在林中觅食，东抓西抓找不到东西吃，大家乐意帮助它，摇下大青树上的红果给它吃，你也摇，我也摇，红果落满地面上，白鹇吃得很开心，乐得大伙笑眯眯。……白鹇鸟，白鹇鸟，阿佤山上的金凤凰，阿佤心中的吉祥鸟。”岩三太、岩板朵唱述，娜贡、高立旗搜集、翻译。收入《佤山歌声》（上），32开，2页，36行，云南人民出版社1994年版。

（海涛）

沙肯木的歌

佤族生活歌。流传于云南省西盟佤族自治县。“沙肯木”是人名，传说此歌首先是他唱的。歌谣教育人们爱护自然环境，保护好森林，不要乱砍乱烧。后人为了纪念他，就把此歌叫做《沙肯木的歌》。“上面有个拉四龙，下面有个山梁子，拉四龙寨光溜溜，山梁子上绿油油，不是拉四龙寨子生来不好，是人们乱砍乱烧才难瞧。光溜溜寨子最难瞧，就像秃顶不戴帽；光溜溜的寨子最难在，春天永远得不到。干季如火烤，黄灰到膝高，刮风天昏暗，行路走歪道，泉水不流淌，吃水山脚挑，雨季路又滑，人人怕摔跤。绿油油的山梁多好看，春天永远来拥抱，林中百鸟唱，四季花儿香，绿荫蔽日气候好，狂风再大灰不冒，大家共同来爱惜，不要再砍再乱烧。”叶喊目、叶很唱述，卫民、高立旗搜集、翻译。收入《佤山歌声》（上），32开，2页，26行，云南人民出版社1994年版。

（海涛）

江桑母罗

佤族生活歌。流传于云南省西盟佤族自治县。“江桑母罗”为佤语，“江”即称谓，“桑母罗”是人名。歌谣表述了佤族青年桑母罗揭露生意人利用两杆秤欺骗群众的经过，反映了佤族商品经济交换关系。“有一个生意人，带着两杆秤，销售时用小秤卖，收购时用大秤称。佤族青年桑母罗，发现秘密告诉众乡亲，生意人心上有病，两杆秤有轻重之分。秤虽是哑巴不会说话，但对谁都一样公平，大家揭露了生意人的诡计，赞扬桑母罗伶俐聪明。”娜普伟、岩里唱述，娜荣、高立旗搜集、翻译。收入《佤山歌声》（上），32开，2页，12行，云南人民出版社1994年版。

（海涛）

我想吃布冷的小青菜

佤族生活歌。流传于云南省西盟佤族自治县。“我想吃布冷的小青菜，布冷的小青菜又嫩又甜，煮在锅里嘴想吃，吃在口中肚里馋。今天吃，明天吃，越吃越觉开胃口，上顿搓上一把胡辣椒，下顿加上一勺芝麻油。”歌谣反映了佤族的饮食习惯及饮食特点。岩给、娜荣唱述，岩锐、高立旗搜集、翻译。收入《佤山歌声》(上)，32开，1页，8行，云南人民出版社1994年出版。

(海涛)

鹌鹑飞

佤族生活歌。流传于云南省西盟佤族自治县。“飞呀飞呀，似鹌鹑飞翔，乌黑的长发，随风飘荡。来呀来呀，快活的年轻人，把你闪亮的手镯，抖动得叮当响。”歌谣反映了佤族舞蹈的特点。岩扫、娜领唱述，岩锐、高立旗搜集、翻译。收入《佤山歌声》(上)，32开，1页，8行，云南人民出版社1994年版。

(海涛)

结束歌

佤族生活歌。流传于云南省西盟佤族自治县。歌谣以客人的口吻，赞美主人家的热情好客。“水酒已经喝了十坛，个个的脸上都充满了阳光，饭菜已经吃了十锅，人人的身子都充满了福相。主人是这样好客，大家牢牢记在心上。……这是最后唱的一首歌，这是最后跳的一个舞，再见吧，好朋友，再见吧，好歌手。”赛黑朗、叶很唱述，卫清、高立旗搜集、翻译。收入《佤山歌声》(上)，32开，3页，30行，云南人民出版社1994年版。

(海涛)

团结歌

佤族生活歌。流传于云南省西盟佤族自治县。“人类是从司岗里来的，各走一方才形成不同的民族。刀把是从竹林里来的，根据需要才有大小长短之别。各民族都是一家人哟，要像芭蕉一条心。眼珠不能少一点，人心不能少一片，头颅不能离身躯，骨肉不能分割开，各民族的团结哟，要像天上的星星月亮，永远在一起，要像金色的阿佤群山一样，世代永存。”歌谣反映了佤族民族团结意识。岩皮、岩里唱述，岩南、娜荣、高立旗搜集、翻译。收入《佤山歌声》(上)，32开，2页，15行，云南人民出版社1994年版。

(海涛)

芭蕉树倒了

佤族生活歌。流传于云南省西盟佤族自治县。“芭蕉树为什么倒了？是因为野猪拱翻了我的根。野猪为什么要拱芭蕉根？是因为螃蟹夹痛了我的尾巴。螃蟹为什么要夹野猪的尾巴？是因为竹枝掉下来落在我身上。竹枝为什么要戳螃蟹的背壳？是因为野鸡飞来落在我身上。野鸡为什么要飞来落在竹枝上？是因为南瓜滚下来压坏了我窝里的蛋。南瓜为什么要滚下来压野鸡窝里的蛋？是因为老鼠咬断了我的根。老鼠为什么要咬南瓜的根？是因为麂子跳下来踩坏了我的洞门。麂子为什么要踩坏老鼠的洞门？是因为大树倒下来砸坏了我的家。大树为什么要倒下来砸麂子的家？是因为挂蜂吊满了我的枝杈。挂蜂你为什么要吊在树上？是因为大黑蜂经常袭击我，使我在地上难以安身。”歌谣反映了佤族古代社会生活的艰辛。叶很、卫民唱述，卫清、高立旗搜集、翻译。收入《佤山歌声》(上)，32开，2页，21行，云南人民出版社1994年版。

(海涛)

省脚吕

佤族生活歌。流传于云南省西盟佤族自治县。“省脚吕”是两个人的名字，即岩吕和娜省。传说岩吕的儿媳妇叫娜省，娜省懒惰，怕劳动，岩吕唱此歌教育她。“蚂蚁会做窝，小鸟会筑巢，蜜蜂会采花，人应更勤劳。娜省好媳妇，你应反思考，天晴怕水淋，薅地怕拔草，织布怕弯腰，养猪怕喂食，煮饭怕火烤，吃穿哪里来，要活活不了；娜省好媳妇，富裕靠勤劳，只要多锻炼，你会学得好，母盼家兴旺，父盼儿英豪。”娜普伟、岩里唱述，娜荣、岩罗仕、高立旗搜集、翻译。收入《佤山歌声》（上），32开，1页，20行，云南人民出版社1994年版。

（海涛）

娜仁姑娘

佤族生活歌。流传于云南省西盟佤族自治县。“岳宋姑娘娜仁，要与铁匠岩产结婚，乡亲们都来劝说她，岩产已有了妻子儿女，不能与他成亲。娜仁不听忠告，硬与岩产结婚，家庭从此雷雨多，岩产把她抛弃，娜仁后悔万分。”歌谣反映了佤族一夫一妻制的家庭观。娜尾唱述，娜荣、岩锐、高立旗搜集、翻译。收入《佤山歌声》（上），32开，1页，10行，云南人民出版社1994年版。

（海涛）

娃娃哭了

佤族生活歌。流传于云南省西盟佤族自治县。歌谣反映了中华人民共和国成立前佤族人民的苦难生活。“我的大姑娘肚子饿了，一边哭，一边把手伸进竹筒里掏东西吃。我的大儿子肚子也饿了，一边哭，一边把手伸到火床上，寻找充饥的食物。”娜花、娜瑞唱述，岩锐、高立旗搜集、翻译。收入《佤山歌声》（上），32开，1页，7行，云南人民出版社1994年版。

（海涛）

娜很戴珠珠

佤族生活歌。流传于云南省西盟佤族自治县。“娜很戴珠珠，娜很戴珠珠，娜很戴的珠珠，是从傣族地区买来的绿珠珠。娜很戴珠珠，娜很戴珠珠，娜很还想戴打洛的白珠珠，娜很还想戴汉族的红珠珠。”歌谣反映了佤族与傣族、汉族经济上的交往。娜很木、娜布乱唱述，岩锐、高立旗搜集、翻译。收入《佤山歌声》（上），32开，1页，8行，云南人民出版社1994年版。

（海涛）

岩石上的瓜

佤族生活歌。流传于云南省西盟佤族自治县。“戈产寨有一个人，在岩石下面种了一塘瓜。南瓜藤伸到岩子上，结下几个大南瓜。他攀岩摘瓜摔下来，南瓜砸成烂泥巴。岩石上的瓜，岩石上的瓜，他攀藤摘瓜摔下来，乐得大伙笑哈哈。”岩他唱述，岩锐、高立旗搜集、翻译。收入《佤山歌声》（上），32开，1页，10行，云南人民出版社1994年版。

（海涛）

悬崖下的小溪

佤族生活歌。流传于云南省西盟佤族自治县。歌谣以生动的比喻，告诫人们不要说大话、说假话。“我听到悬崖下的小溪流水声很响，我点火去看，没有一点水的亮光。我听到龙潭边的青蛙叫得很凶，我悄悄地去看，却又无影无踪。我听到远方响起了激烈的木鼓声，我走近一看，原来是个用竹篾编成的饭盒响声。我听到布冷的大公鸡叫得很好听，我到布冷去看，原来是去催我睡觉的响篾声。我听到一面大铓锣敲得很响，我去仔细一瞧，原来是个烂铜盆。”岩仕伟唱述，岩锐、高立旗搜集、翻译。收入《佤山歌声》（上），32开，1页，15行，云南人民出版1994年版。

（海涛）

摆头摆尾的等刁

佤族生活歌。流传于云南省西盟佤族自治县。歌谣以等刁鸟作比喻，教育人们要安分守己，专心一意。“等刁鸟，很顽皮，像织布梭子一样翻来翻去，谁的羽毛好看它嫉妒，谁的鸣唱好听它不服。所有的天空它想飞，所有的树荫它想歇，所有的村寨它想去，所有的江河它想游。所有的果子它想吃，所有的海味它想品，摇头摆尾耍威风，到处调戏坏透顶。”大岩布来唱述，岩锐、高立旗搜集、翻译。收入《佤山歌声》（上），32开，1页，12行，云南人民出版社1994年版。

（海涛）

清党卖老婆

佤族生活歌。流传于云南省西盟佤族自治县。歌谣唱述清党偏听偏信，赶走勤快能干的大老婆，二老婆怕事情败露逃跑，清党又成为一条光棍的经历，反映了中华人民共和国成立前佤族多妻制家庭结构。娜很、娜喊目唱述，卫清、高立旗搜集、翻译。收入《佤山歌声》（上），32开，1页，27行，云南人民出版社1994年版。

（海涛）

懒汉岩孔

佤族生活歌。流传于云南省西盟佤族自治县。歌谣通过对懒人岩孔的描述，鞭挞了好逸恶劳的懒汉思想和行为。“岩孔是个大懒汉，什么事情都不想做。人家备耕他怕事，蒙头大睡不起床。人家播种他怕热，躲在家里不出门。薅草时节他怕雨，蹲在火边烤肚皮。秋收季节他嘴馋，口水流得长又长。茅屋变成望月房，铁锅只有半月亮，木拉只剩一个角，竹筒只有一长。山里果子熟透在枝头上，他也懒得伸手摘，睡在树下待神风，吹落果子掉口中。突然一阵狂风起，懒汉岩孔被山果打得鼻青眼又肿。”岩帅唱述，娜海、叶玲、高立旗搜集、翻译。收入《佤山歌声》（上），32开，1页，20行，云南人民出版社1994年版。

（海涛）

懒人爱睡觉

佤族生活歌。流传于云南省孟连傣族拉祜族佤族自治县佤族聚居区。歌中通过对懒人的描述，鞭挞了好逸恶劳的懒汉思想和行为。“懒人爱睡觉，常在路边树脚靠。苍蝇爬脸上，烂鞋脚上套。别人劳动吃鸡肉稀饭，懒人饿得皮包骨头眼皮掉。懒人爱睡觉，太阳照着屁股不起床。头发不梳妆，衣裳遮不住凸背腰。别人火塘边上红薯吃得香，懒人只得闻闻飘来的香味道。”岩垮唱述翻译，张定明记录。收入《云南民族民间文学集成•孟连佤族卷》，32开，1页，12行，云南民族出版社1993年版。

（海涛）

葫芦开花

佤族生活歌。流传于云南省西盟佤族自治县。“葫芦抽藤了，葫芦开花了，我们砍树搭架给它爬，架子搭得越宽结子越多，架子搭得越高结子越大。一个葫芦一个宝，我们要好好服侍它。葫芦抽藤了，葫芦开花了，葫芦快结子，葫芦快长大，嫩的摘来煮吃，人人都喜欢吃，甜滋滋的味道，绿丝丝的肉质。葫芦是个宝，生活用具少不了，硬邦邦的外壳多坚实，空荡荡的腹腔生得妙，吃饭用它做饭勺，舀水用它做瓢，农妇用它装籽种，猎人用它装火药，上山用它盛泉水，下地用它盛水酒。葫芦抽藤了，葫芦开花了，快快往上爬，使劲往上爬，爬得越开结子越多，爬得越高结子越大。”歌谣反映了葫芦在佤族生产、生活中的各种用途。叶很、叶喊目唱述，卫清、高立旗搜集、翻译。收入《佤山歌声》（上），32开，2页，31行，云南人民出版社1994年版。

（海涛）

一杆老草烟锅头

佤族生活歌。流传于云南省西盟佤族自治县中课小寨。歌谣唱述了佤族人吸食草烟的来历。“岩汤会种老草烟，岩汤会吃老草烟，烟锅把把细又长，烟锅头头粗又短，搓上一撮老草烟，按进烟锅头上边，点着火，抽起来，岩汤嘴里会冒烟，人人见了很稀奇，个个感到很新鲜。岩汤洋洋又得意，夸耀草烟显威力，吸上一口提精神，吸上两口嘴冒烟，吸上三口力气大，吸上四口变神仙。大家都向他学习，都会种植老草烟，为了变个活神仙，都吸上了老草烟。”叶很、叶喊目唱述，卫清、高立旗搜集、翻译。收入《佤山歌声》（上），32开，2页，20行，云南人民出版社1994版。

（海涛）

数家谱

佤族生活歌。流传于云南省西盟佤族自治县。歌谣唱述了一户共有27代人的家谱，反映了佤族父子连名制的父系家庭结构。“敲起竹竿跳起舞，数数我家的家谱，你们问，我来答，一代一代传下来。问：你叫什么名字？答：我叫散比里。问：你是谁家的儿子？答：我是比里松的儿子。问：比里松的父亲叫什么？答：比里松的父亲叫松萨。问：松萨是谁的儿子？答：他是萨特外的儿子。……窝普依是谁的儿子？答：窝普依是普依司岗的儿子。普依司岗的父亲是谁？答：他的父亲是司岗里赫。”卫民、叶很唱述，卫民、高立旗搜集、翻译。收入《中国歌谣集成·云南卷》，16开，4页，58行，中国ISBN中心2003年版。

（海涛）

可恨国民党

佤族生活歌。流传于云南省沧源佤族自治县。“来了国民党，鸡飞狗跳人遭殃；国民党走了，牛喊猪叫屋柜光。昨天派了款，今天又逼粮，出壳的小鸡都捉尽，满月的小猪全捉光。”歌谣反映了国民党统治时期对佤族地区的残酷剥削和压迫。六考唱述，黄伦搜集、翻译。收入《沧源县佤族民歌选》，32开，1页，8行，中共沧源县委宣传部、云南民族民间文艺沧源调查队1960年编印。

（海涛）

高高的大青树

佤族生活歌。流传于云南省孟连傣族拉祜族佤族自治县佤族聚居区。“大青树，立山尖，整吞（音译）鸟，飞来歇，普冷的蜂蜡赛梭的黑漆，都是世间上等品。柯乐花，开得好。员兰花，慢慢摇。世上美丽的花朵人人爱，我们染的棉线比云白。同色牛，好伙伴，一窝蜂，抱成团，有困难我们相互去帮忙，有幸福我们共同来分享。”岩谢猛唱述，召罕嫩、周彪记录。收入《云南民族民间文学集成·孟连佤族卷》，32开，2页，18行，云南民族出版社1993年版。

（海涛）

星星来

佤族生活歌。流传于云南省孟连傣族拉祜族佤族自治县佤族聚居区。“星星来，星星来，鼻涕树旁紧紧挨，姑娘小伙去哪儿，鼻涕树下拢一块。蹦跳的松鼠爬树上，我们愉愉快快闹着玩；鸣叫的鸟儿在一旁，大家痛痛快快尽情唱。谁聪俊，我们选他来出名，我们绕的麻线正在合拢一起，我们做事心要连心。我们生活的山野宽阔无边，前辈们的事业一定要继承，黄蜂飞过的地方是祖先的土地，决不能让它陷落在刺丛里。栽上新生小芭蕉，种植一遍三月豆，勤劳耕种精心管，年年岁岁庆丰收。天上星星布满河，地上大伙主意多，继承祖业要牢记，干活齐心又协力。”岩谢猛唱述，召罕嫩、周彪记录。收入《云南民族民间文学集成·孟连佤族卷》，32开，2页，25行，云南民族出版社1993年版。

（海涛）

甩发歌

佤族生活歌。流传于云南省西盟佤族自治县。“曼登果熟透了，掉在地上。姑娘们成熟了，甩发歌唱。酸苔树发芽了，躲在草丛里。姑娘们钟情了，露出红润的脸蛋。”歌谣表现了佤族少女对爱情的追求和渴望。叶伟、叶贡唱述，卫民、高立旗搜集、翻译。收入《佤山歌声》（上），32开，1页，8行，云南人民出版社1994年版。

（海涛）

（七）情歌

串门调（一）

佤族情歌。流传于云南省西盟佤族自治县。歌谣以一个去串姑娘的小伙子向心爱的姑娘表达爱情为主线，采用男女对唱的形式，唱出了男女初识，互相不摸对方的底，以歌代言，互相试探求爱的过程。“(男唱)我是一只小鸟，今天到哪里去歇脚，谁可怜我呀，快来和我做伴。(女唱)佤山这么大，人家这么多，还愁没有你歇脚步的树荫，还怕没有你睡觉的地方。(男唱)嫩油油的红毛树哟，你的颜色多么美丽，你的叶子多么宽大，你的身影像金子一样好看，下雨时，我歇在下面可蔽风雨；天晴时，我歇在下面多么凉快。我往河里撒网，渔网被河里的渣钩住不放，我要走已舍不得离开，因为我看见了心爱的姑娘。”岩他、娜尾唱述，岩锐、高立旗搜集、翻译。收入《佤山歌声》(上)，32开，2页，35行，云南人民出版社1994年版。

（海涛）

串门调（二）

佤族情歌。流传于云南省西盟佤族自治县。歌谣以一个去串姑娘的小伙子向心爱的姑娘表达爱情为主线，采用男女对唱的形式，唱出了男女初识，以歌代言，互相试探求爱的过程。“(男唱)搭桥就要稳稳地搭，河水再大冲不垮；做亲戚就要长久地做，生生死死在一起；做夫妻就要永远地做，千难万难不分离。姑娘啊，你是否知道了我赤诚的心，请你答应我一句话。(女唱)阿哥哟，你的为人我已知晓，你的赤诚我已记牢，可你来的不是时候，酸苔树果还没有开花。”歌谣反映了佤族青年男女对爱情的执着和向往。岩勒、娜荣唱述，岩养、高立旗搜集、翻译。收入《佤山歌声》(上)，32开，3页，41行，云南人民出版社1994年版。

（海涛）

串门调（三）

佤族情歌。流传于云南省西盟佤族自治县。歌谣反映了佤族青年男女初次交往，男青年到女青年家中串门谈情的过程。“我俩已经相爱，昼夜不能分开；昨日一起商定，今天我到你家来。我到你家来，主人在不在？水酒快泡好，大伙喝痛快。”俄双、叶怪唱述，尼短、高立旗搜集、翻译。收入《佤山歌声》(上)，32开，2页，8行，云南人民出版社1994年版。

（海涛）

求爱

佤族情歌。流传于云南省孟连傣族拉祜族佤族自治县佤族聚居区。歌谣采用一问一答的形式，女子先借提问考察小伙子的勤劳与智慧，而后姑娘用“剪枝的人”和“连根挖树”作比喻，暗示小伙子，要他去请一个媒人说服父母，她才能出嫁，两人还约好了下次提亲的时间。歌谣反映了男女初识，互相不摸对方的底，以歌代言，互相试探求爱的过程。岩坎、娜罕花唱述，张定明记录。收入《云南民族民间文学集成•孟连佤族卷》，32开，4页，56行，云南民族出版社1993年版。

（海涛）

求爱调（一）

佤族情歌。流传于云南省西盟佤族自治县。歌谣以男女对唱的形式，唱出了男女初识，互相不摸对方的底，以歌代言，互相试探求爱的过程。反映了佤族青年男女对爱情的执着和向往。岩满、娜里唱述，岩锐、高立旗搜集、翻译。收入《佤山歌声》(上)，32开，3页，58行，云南人民出版社1994年版。

（海涛）

求爱调（二）

佤族情歌。流传于云南省西盟佤族自治县。歌谣通过男女对唱的形式，唱述了一个出身贫寒的姑娘反对父母包办、买卖婚姻，拒绝富家子弟求婚的过程。歌中女子一开始就拒绝了男方的求爱，但男方抬出女方父母来压她就范，女方则不惧父母之命，决心逃婚或以死抗婚。“(男唱)我的弩箭上羽毛最多，麂子山雀干巴挂满坑头，野味是你阿爸的饮酒好菜，你阿爸早就看中了我。(女唱)

如果阿爸逼我成亲，我就逃往萨尔温江下游。如果阿妈逼我成亲，狗闹花就是我的好伙伴。不管阿爸怎样凶，不管阿妈怎样狠，刀壳刀身不相配，怎样强行在一起。”岩满、娜里唱述，岩锐、高立旗搜集、翻译。收入《佤山歌声》(上)，32开，6页，88行，云南人民出版社1994年版。

（海涛）

讨槟榔吃

佤族情歌。流传于云南省西盟佤族自治县。歌谣以哥与妹的口吻，唱出了佤族青年男女初次相识，一见钟情的喜悦之情。“(男唱)阿妹呀，我想吃你食的槟榔，你吃的槟榔色鲜味美，能把牙齿染红逗我喜爱，能使香味溢出引我嘴馋。我想吃你食的槟榔哟，你愿不愿意给我尝一尝。(女唱)阿哥哟，槟榔是我的好伙伴，我时时把它带在身上。味道虽然苦涩，果汁却像鲜血一般。它的赤诚就像我的心一样，只有爸最知我情，只有阿哥了解我意。如果你想吃我食的槟榔，我愿给你尝一尝。”岩考、岩很木唱述，岩锐、高立旗搜集、翻译。收入《佤山歌声》(上)，32开，2页，17行，云南人民出版社1994年版。

（海涛）

俄罕坎

佤族情歌。流传于云南省西盟佤族自治县。歌谣以男女对唱的形式，十分有趣地反映了两个佤族男青年同时追求一个女子的求爱过程。两个男青年甜言蜜语百般诱惑，女子在歌中的最后一段亮出了她要找诚实和勤劳的人的恋爱观和择偶标准。“狗闹花开得最好看，可它是一棵致人性命的毒药。你们的歌唱得最好听，表里是否一致，我还要仔细琢磨。我要到你们的家里去瞧一瞧，我要到你们的地里去看一看。谁是阿佤真正的汉子，我才嫁给他。”娜很、叶喊目唱述，卫民、高立旗搜集、翻译。收入《佤山歌声》(上)，32开，4页，77行，云南人民出版社1994年版。

（海涛）

快和阿哥合拢来

佤族情歌。流传于云南省孟连傣族拉祜族佤族自治县佤族聚居区。“春天百花开，花开随人来，阿妹哟！你像盛开的白花惹人爱。干透的茅草好把房盖，削好的扎篾好把草排拴，磨快的长刀好把刺棵砍，编好的饭盒把饭团装，阿妹啊！快到芭蕉林中来，快和阿哥合拢来。”歌谣反映了佤族青年男女对爱情的执着和向往。岩坎、娜罕花唱述，张定明记录。收入《云南民族民间文学集成·孟连佤族卷》，32开，1页，12行，云南民族出版社1993年版。

（海涛）

晚归谈情

佤族情歌。流传于云南省沧源佤族自治县。歌谣唱出了一个佤族青年男子劳动归来和情人会面的过程，通过“烤火”和“吃饭”两个情节，刻画了小伙子等待情人的焦急心情和匆忙神态，反映了青年人对爱情的追求和渴望。肖若块唱述，王有明、尚仲豪记录。收入《沧源县佤族民歌选》，32开，5页，66行，中共沧源县委宣传部、云南民族民间文艺沧源调查队1960年编印。

（海涛）

你要是真正的好人

佤族情歌。流传于云南省沧源佤族自治县。歌谣采用男女对答的方式，唱出了男女初识，互相试探求爱的过程。首先是姑娘考验小伙子：“小伙子呀！如果你是一个真正的好人，就把火拿去烧在水上。如果你是真正聪明的人，就把甑子里的饭在水塘里煮熟。”接着，姑娘又提出了许多困难的事考验小伙子，但小伙子却机智地回答：“姑娘！我是真正的好小伙子，你是不是最好的姑娘？如果你是最好的姑娘，你说的那些事情都能办到。你要是个最好的姑娘，我可以把火烧在水上；你要是个最聪明的人，我可以把甑子里的饭在水塘里蒸熟。你要是真心实意的人，蚂蚁就会说话；

你要是真正的好人，跳蚤就会办大事情。”姑娘出的难题被小伙子一一破解，表现了佤族青年男女的勇敢、勤劳和聪明，也表达了男女双方真诚相爱，不畏险阻，追求幸福的决心。安盆唱述，王有明、李玉明、郭思九搜集、翻译。收入《沧源县佤族民歌选》，32开，4页，54行，中共沧源县委宣传部、云南民族民间文艺沧源调查队1960年编印。

（海涛）

到底主根在哪里

佤族情歌。流传于云南省沧源佤族自治县。歌谣以一个男子的口吻，唱出了一对恋人发生了误会，小伙子到姑娘那里说明情况的过程。歌中用藤子比喻小伙子社交关系很多，但主根只有一个，姑娘还没有摸透他的心思，小伙子竭力表白自己对爱情的专一。“小姑娘呀！你不要把门关上，是我来了，请你把门打开。……你一直说我有老婆，可是我真的没有。如果我真的有了老婆，那么树就应该开花结果。我就像遍山爬的藤子，到处长着细小的根，到底主根在哪里？你有好好找过？”王艾兰唱述，陈老大、周天相搜集、翻译。收入《沧源县佤族民歌选》，32开，2页，20行，中共沧源县委宣传部、云南民族民间文艺沧源调查队1960年编印。

（海涛）

美丽的姑娘

佤族情歌。流传于云南省西盟佤族自治县。“姑娘多美丽，长发披肩上，牙齿黑黑食槟榔，大大的眼睛多漂亮。姑娘多美丽，耳环闪闪亮，银色项圈大而圆，串串彩珠挂胸前。姑娘多美丽，长发垂腰际，道道手镯响叮当，藤篾箍系腰上。姑娘多美丽，彩虹镶身上，心灵手巧人人爱，美丽的花朵世无双。”歌谣表达了小伙子对姑娘的爱慕之情。娜很木、娜布乱唱述，岩锐、高立旗搜集、翻译。收入《佤山歌声》（上），32开，2页，16行，云南人民出版社1994年版。

（海涛）

长发姑娘

佤族情歌。流传于云南省西盟佤族自治县。“我和长发姑娘谈恋爱，我和长发姑娘对唱，长发姑娘多漂亮，多漂亮。我和黑牙齿的姑娘谈恋爱，我和黑牙齿的姑娘对唱，黑牙齿的姑娘真漂亮，真漂亮。”歌谣表现了佤族青年男女相会，小伙子对姑娘的爱慕之情。娜黑吕、娜荣唱述，岩锐、高立旗搜集、翻译。收入《佤山歌声》（上），32开，1页，8行，云南人民出版社1994年版。

（海涛）

采花戴（一）

佤族情歌。流传于云南省西盟佤族自治县。“林中的鸟，要算白鹇最美丽，它敢与凤凰比羽。山梁上的花，要数花脚杆小鸟花最好看，花和‘鸟’同长在一棵树上。山梁再高我要去攀，山梁再险我要去爬，一心只想摘花脚杆小鸟花戴，把采花的蜜蜂引向我家里来。我把采来的花戴在耳朵上，左边戴五朵，右边戴五朵。我在花丛中，我比花娇艳。”歌谣反映了佤族青年对爱情的执着和向往。岩党社、娜贡唱述，娜贡、高立旗搜集、翻译。收入《佤山歌声》（上），32开，1页，14行，云南人民出版社1994年版。

（海涛）

歌舞调

佤族情歌。流传于云南省西盟佤族自治县。歌谣表现了男女相会时的喜悦心情。“月亮弯弯爬上树梢，针针线线相聚社交，阿美像新做的木鼓一样可爱，阿崩像刚发芽的红毛树尖一样漂亮。针引线来线引针，针针线线拉得紧，歌声更浓舞步更响，一边答来一边应。知心的歌儿唱不完，合脚的舞步情意深，跳到太阳睡醒觉，针线不愿两离分。”岩他、娜尾唱述，岩锐、高立旗搜集、翻译。收入《佤山歌声》(上)，32开，1页，14行，云南人民出版社1994年版。

（海涛）

求婚调

佤族情歌。流传于云南省西盟佤族自治县。歌谣通过对唱的形式，唱出了双方互相爱慕、情投意合，并盟定终身的过程。“(男唱)我俩已经铺下叶子定了情，再也不怕蚂蚱鬼乱叫。我俩的婚事即将办理，再也不怕布罗(音译)鸟乱叫。如果蚂蚱鬼乱叫，就让它叫断肚肠。如果布罗(音译)鸟乱鸣，就让它叫烂口舌！(女唱)你射箭要看准猎物，不要乱放弩箭打出去。你泡的酒要有人喝，你送的饭要有人吃。罐子装满酒才好，佤山宽阔才有丰富的宝藏。我与你铺下叶子定的情永不反悔，就等阿哥选好吉日来接阿妹。”娜里、岩满唱述，岩锐、高立旗搜集、翻译。收入《佤山歌声》(上)，32开，2页，16行，云南人民出版社1994年版。

（海涛）

我俩永远相好

佤族情歌。流传于云南省西盟佤族自治县。“太阳从来不因乌云遮挡而躲在山里，到鸡叫三遍的时候照样升起。月亮从来不因为天黑下雨而躲在家里，到该露面的时候照样爬上山顶。花儿从来不因干旱而枯萎，到开花的时候照常开花。青年人从来不因责备而丧气，到欢乐的时候照常欢乐。只要我俩相好，就不怕蚂蚱鬼乱叫。只要我俩相爱，就不怕暗箭长刀。我俩就像一棵芭蕉，树是一棵、心是一条。即使有人把我们齐根砍断，我们的根照常发芽生长。我俩永远相好，就不怕别人磨快刀。要死就要同刀死，要活就要心一条。”歌谣以男女合唱的形式，表达了男女真诚相爱，不畏险阻追求自由、幸福生活的决心。娜哈、岩帮唱述，岩响、高立旗搜集、翻译。收入《佤山歌声》(上)，32开，1页，20行，云南人民出版社1994年版。

（海涛）

郎是藤子妹是树

佤族情歌。流传于云南省沧源佤族自治县。“对门望见一堵岩，一棵藤子甩下来，郎是藤子妹是树，藤子缠树解不开。藤子解开除非树根烂，我俩拆离除非岩子塌。”歌谣反映了佤族青年男女对爱情的执着和向往。胡桂贞唱述，肖德仁、万家明记录。收入《沧源县佤族民歌选》，32开，1页，10行，中共沧源县委宣传部、云南民族民间文艺沧源调查队1960年编印。

（海涛）

自由恋歌

佤族情歌。流传于云南省西盟佤族自治县。歌谣反映了佤族青年小伙子谈情说爱“串姑娘”的过程。“蒿枝倒了，荞已断了，针线相连（恋）的时候到了。一对画眉鸟，落在桂花树上，嬉戏玩耍，多么快乐。一对小松鼠，跳到地面上，追逐打闹，多么幸福。我们要像画眉鸟一样，想攀哪棵树，就爬哪棵树。我们要像小松鼠一样，想在哪里歇脚，就哪里歇脚。自由串寨子，自由串姑娘，不管是异寨他乡，不管是相隔几座大山。我们喜欢谁，就去向她讨吃槟榔，和她同唱一首情歌，与她同披一床红棉毯，共同做上一个好梦，就与她配成双。”岩党社、娜贡唱述，娜贡、高立旗搜集、翻译。收入《佤山歌声》(上)，32开，2页，27行，云南人民出版社1994年版。

（海涛）

姊妹山歌

佤族情歌。流传于云南省沧源佤族自治县。全歌共8首，通过哥与妹的口吻，唱出了佤族青年男女互相爱慕、情投意合，并盟定终身的过程，同时反映了佤族青年的择偶观。“玉麦林林玉麦林，玉麦甘蔗棵棵甜，不甜那棵妹吃掉，甜的那棵留待郎。玉麦秆秆不出糖，官家少爷不如郎。”李小五唱述，高秀珍、邓文才、周天相记录。收入《沧源县佤族民歌选》，32开，4页，38行，中共沧源县委宣传部、云南民族民间文艺沧源调查队1960年编印。

（海涛）

只要我们真心相爱

佤族情歌。流传于云南省沧源佤族自治县。歌谣通过哥与妹对唱的形式，唱出了佤族小伙子对姑娘的求爱过程。“(男唱)阿妹呀！你是有钱人家的女儿，我是很穷很穷的孤儿，就像没有叶的树，就像没有毛的鸡。(女唱)阿哥呀！你不要看不起我，只要我们真心相爱，我们一同去开田地，就会有穿有吃。”胡桂贞唱述，肖德仁、万家明记录。收入《沧源县佤族民歌选》，32开，1页，10行，中共沧源县委宣传部、云南民族民间文艺沧源调查队1960年编印。

（海涛）

我要找穷苦的孤儿

佤族情歌。流传于云南省沧源佤族自治县。“老鹰歇过的树我不歇，我要歇的是常青树；富人家的儿子我不爱，我要找的是穷苦的孤儿。”反映了佤族不嫌贫爱富的择偶观。佚名唱述，黄伦记录。收入《沧源县佤族民歌选》，32开，1页，4行，中共沧源县委宣传部、云南民族民间文艺沧源调查队1960年编印。

（海涛）

我要嫁年轻的种田人和猎手

佤族情歌。流传于云南省沧源佤族自治县。歌谣通过男女对唱的形式，唱出了一富家子弟向出身贫寒的姑娘求爱的过程，表明了佤族不嫌贫爱富的择偶观，反映了佤族青年对真挚爱情的追求和渴望。“(男唱)我为你盖起新房，我为你买下牛马。你父亲看上我——有钱的女婿，我母亲看上你——美丽的姑娘。为什么你不愿嫁给我？(女唱)新房三年会变旧，牛马老了没用场。我爱上山的双脚，我爱勤劳的双手，我要嫁年轻的种田人和猎手。”肖若块唱述，郭思九记录。收入《沧源县佤族民歌选》，32开，1页，10行，中共沧源县委宣传部、云南民族民间文艺沧源调查队1960年编印。

（海涛）

我们跑出去住

佤族情歌。流传于云南省沧源佤族自治县。歌谣唱述了一对相爱的青年男女，坚持婚姻自由，反对父母包办婚姻，双双相约，勇敢地走上了逃婚的道路。他们跑遍了勐董、勐角、耿马、孟定上下寨、班老等地方，希望有个地方能让他们住下去，但因为他们是所谓“伤风败俗”的人，没有一个地方让他们住，他们就幻想“把坏寨子变成好寨子”过上幸福自由的生活。阿木乃、大嘎门唱述，魏小月、万家明搜集、翻译。收入《沧源县佤族民歌选》，32开，7页，77行，中共沧源县委宣传部、云南民族民间文艺沧源调查队1960年编印。

（海涛）

要死就要同刀口

佤族情歌。流传于云南省沧源佤族自治县。随着社会的发展，贫富差别的增大，佤族社会强迫、包办、买卖婚姻的现象日益突出。“蚂蚁上树不怕树尖高，做兄做妹不怕爹娘磨快刀。要死就要同刀口，要活就要同路走。一口棺材装不下，两口棺材埋一堆。”歌谣表现了相爱的青年男女决心不唯父命，以死抗婚，追求婚姻自由的决心和意志。李小五唱述，周天相记录。收入《沧源县佤族民歌选》，32开，1页，6行，中共沧源县委宣传部、云南民族民间文艺沧源调查队1960年编印。

（海涛）

莫非阿哥给我放了爱情药

佤族情歌。流传于云南省沧源佤族自治县。歌谣反映了佤族青年男女对爱情的执着和向往。“莫非阿哥给我放了爱情药，假若我和你分成了两条路，我眼泪要掉满路上的每个石头。我时刻想念阿哥！莫非阿哥已抓住了我的心，假若我和你变成了两棵树，我眼泪要洒遍树上的每片叶子。我不能离开阿哥！”尼戛唱述，佚名记录。收入《中国少数民族文学作品选》第五分册，32 开，1 页，8 行，上海文艺出版社 1984 年版。

（海涛）

如果阿妹看中了我的长刀

佤族情歌。流传于云南省沧源佤族自治县。歌谣反映了佤族青年男女对爱情的执着和向往。“如果阿妹看中了我的长刀，月光下不要跟别人跳舞；如果阿妹真心和我相爱，小伙子来玩不要和他谈话。”尼戛唱述，佚名记录。收入《中国少数民族文学作品选》第五分册，32 开，1 页，4 行，上海文艺出版社 1984 年版。

（海涛）

当阿妹听到我爱情的歌声

佤族情歌。流传于云南省沧源佤族自治县。歌谣反映了佤族小伙子对爱情的执着和向往。“当阿妹听到我爱情的歌声，要把你最好的耳环戴上；当我来到你的身旁，请说出你最真诚的心里话。”尼戛唱述，佚名记录。收入《中国少数民族文学作品选》第五分册，32 开，1 页，4 行，上海文艺出版社 1984 年版。

（海涛）

离异

佤族情歌。流传于云南省西盟佤族自治县。“（男唱）我俩已像断线的纽扣，各在一边不能相接。我不是你一心想割的青草，我不是你一心想爱的人。（女唱）我没有唱情歌给你听，我没有吹口哨引诱你，是谁叫你认识我，硬要和我配成婚。（男唱）是我睡意未醒受你骗，糊涂一时难挽回。（女唱）是你梦中还在吻着我，昼夜守在我家门。（男唱）我的挎包带子被你拉得很长，我的衣扣全部被你扯光。（女唱）因为你的眼睛斜了，因为你的心眼变了。”歌谣反映了一对夫妻离异时的争辩。岩满、娜里唱述，岩锐、高立旗搜集、翻译。收入《佤山歌声》（上），32 开，2 页，16 行，云南人民出版社 1994 年版。

（海涛）

重逢

佤族情歌。流传于云南省西盟佤族自治县。歌谣通过男女对唱，忏悔过去，共同总结婚变的经验教训，抒发了破镜重圆的感慨心情，表示了决不重蹈覆辙的决心。“（男唱）我飞呀飞呀，还是没有飞过佤山。因为风雨太大，因为河水太浑。（女唱）老人对你的忠告，比头箍上的眼还多，你就是听不进去。我对你说的知心话，比阿婆的头发还长，你就是听不进去。（男唱）绿油油的红毛树哟，你真好！我俩是天生的一对，老天爷不让我们决裂。今天重逢有缘，破镜重圆有因！我们都战胜了苦难，迎来了新的生活。忘记过去吧，我俩不再分开！牢记现在吧，我俩要像日月永恒。什么话我都不想说了，就以长刀为证：如果我再变心，就让人头落地。”岩满、娜里唱述，岩锐、高立旗搜集、翻译。收入《佤山歌声》（上），32 开，3 页，62 行，云南人民出版社 1994 年版。

（海涛）

合婚

佤族情歌。流传于云南省西盟佤族自治县。歌谣以合唱的形式，表现了一对离异后的夫妻复婚后的心情。“我们吃的饭不能断绝，断绝了就会丧失性命。我俩合婚不能再分离，再分离就会遭雷劈。谁再违反阿佤理，让鹌鹑鸟与他做伴。谁再拆散幸福的家庭，让黑头公给他送行。吉祥鸟向着这里飞，吉祥鸟向着这里叫。祝贺我俩合意，祝贺我俩成亲。愿我们吃的饭，像格拉果一样甜。愿我们喝的酒，像特来花一样香。愿我俩白头到老，像日月一样永存。”岩满、娜里唱述，岩锐、高立旗搜集、翻译。收入《佤山歌声》(上)，32开，2页，18行，云南人民出版社1994年版。

（海涛）

采黄菌不采白菌

佤族情歌。流传于云南省西盟佤族自治县。“黄菌好吃大家采，白菌好看没人爱。宁可与长瘿袋的勤妇相好，不愿与懒惰的美女相爱。”岩党社唱述，岩格朗、高立旗搜集、翻译。收入《佤山歌声》(上)，32开，1页，4行，云南人民出版社1994年版。

（海涛）

奥斑与三路（二）

佤族情歌。流传于云南省沧源佤族自治县。这是傣族叙事长诗《娥并与桑洛》在佤族地区流传而形成的具有佤族风格的歌谣。“在饮水的地方断了脚上的篾带，要是断了篾带还有竹圈和藤条。在上路的时候失落了情爱的心，要是失落了诚挚的爱情，那就看看奥斑(娥并)和三路(桑洛)吧!”佚名唱述，江瑜记录。收入《中国歌谣集成·云南卷》，16开，1页，5行，中国ISBN中心2003年版。

（海涛）

布朗嘿养

佤族情歌。流传于云南省西盟佤族自治县。歌谣唱述了佤族小伙子岩嘿养和姑娘娜布朗为反抗父母包办婚姻，双双殉情的爱情悲剧。“谁叫岩嘿养到巴格岱来，如果岩嘿养不到巴格岱，这棵竹笋就不会被砍掉。谁叫娜布朗到岩城来，如果娜布朗不到岩城来，刀刃就不会做她的枕头。布朗嘿养来得好哟有福气，一根拐杖支撑了他俩的身躯，头被砍了还紧紧地拥抱站立。他俩和拐杖变成了一棵大青树，他们的手指双足变成了大树的倒生根，从此，独树成林在永来山垭口诞生。”歌谣反映了包办婚姻给佤族青年带来的不幸，表达了佤族青年对婚姻自由的向往，歌颂了坚贞的爱情。娜布龙、岩孔唱述，岩锐、高立旗搜集、翻译。收入《佤山歌声》(上)，32开，2页，12行，云南人民出版社1994年版。

（海涛）

分别

佤族情歌。流传于云南省沧源佤族自治县。“只看见隐隐的云层，看不见山了；只看见远远的寨子，看不见家了。我走了！不要把我很快忘记，不要在我犁过的休耕地播撒小红米!”歌谣反映了失恋者的惆怅心绪。佚名唱述，王敬骝记录。收入《沧源县佤族民歌选》，32开，1页，7行，中共沧源县委宣传部、云南民族民间文艺沧源调查队1960年编印。

（海涛）

我也不知道为什么

佤族情歌。流传于云南省沧源佤族自治县。这是一首男女对唱的情歌，歌中男子试探女子以何择偶，女子则表明自己不要富贵钱财，只求善良、勇敢、勤劳的男子。反映了佤族人民真挚纯朴的爱情观。“男：山上的小雀窝隔窝，世上的人心各是各；像我这样穷的汉子也还有，比我富的小伙子也很多，她呀，喜欢哪一个？女：她不喜欢有钱又有枪，她不喜欢谷子有几仓，要他的心如涧水直泻洁净，要他的心如山谷饱满甜香，要他的弩专射坏人的胸膛，是阿佤汉子就要会种地、唱歌、打仗!”佚名演唱，柯岩翻译，段守林整理。收入《中国民间情歌·少数民族卷》，32开，1页，30行，上海文艺出版社1989年版。

（龙江莉）

我找最勤劳的一个

佤族情歌。流传于云南省沧源佤族自治县。这首情歌虚以起兴，实以叙情，表达了男子盼望找到勤劳意中人的心情。“森林中树木这么多，我找最笔直的一棵，山坡上鲜花这么多，我找最美丽的一朵。寨子里姑娘这么多，我找最勤劳的一个。”佚名演唱，刘允禔翻译、整理。收入《中国民间情歌·少数民族卷》，32开，1页，6行，上海文艺出版社1989年版。

（龙江莉）

妹心哪时得

佤族情歌。流传于云南省沧源佤族自治县。这首情歌以物起兴，试探女子的心意。歌中唱道：“四季花呢八瓣白，腊了开花配颜色；样样颜色配齐了，妹妹的心哪时得？”佚名演唱，韩永福搜集整理。收入《中国民间情歌·少数民族卷》，32开，1页，4行，上海文艺出版社1989年版。

（龙江莉）

小莺落在溪涧边

佤族情歌。流传于云南省沧源佤族自治县。这首情歌以物起兴，表达女子的相思情怀。“小莺落在溪涧边，掀起尾巴上下翩。阿妹来到火塘前，口弦情丝把人缠。”佚名演唱，刘道勇搜集翻译。收入《中国民间情歌·少数民族卷》，32开，1页，4行，上海文艺出版社1989年版。

（龙江莉）

我要嫁的

佤族情歌。流传于云南省沧源佤族自治县。歌谣反映了佤族女子的爱情观。“息雕歇过的树我不歇，我要歇的是常青树。蟒蛇喝过的泉我不喝，我要喝的是透明的甘露。游手好闲的人我不嫁，我要嫁的是勇敢的猎户。”佚名演唱，刘允禔翻译、整理。收入《中国民间情歌·少数民族卷》，32开，1页，6行，上海文艺出版社1989年版。

（龙江莉）

有情有意跟我来

佤族情歌。流传于云南省沧源佤族自治县。歌谣表达了男子对真挚爱情的追求。“歌翻坡来坡梭歌，唱了山歌几大箩；有情有意跟哥来，无心配我歌莫多。”佚名演唱，韩永福搜集、整理。收入《中国民间情歌·少数民族卷》，32开，1页，4行，上海文艺出版社1989年版。

（龙江莉）

只有你的火塘温暖我心房

佤族情歌。流传于云南省沧源佤族自治县。歌谣表达了对意中人情有独钟的专一爱情。“如果天上有一千颗星星，只有启明星最明亮；如果地上有一万朵鲜花，只有缅桂花最芳香。像蜂窝眼一样多的竹楼，只有你的竹门对着我心窗；像簸箕一样多的火塘，只有你的火塘温暖我心房。”佚名演唱，刘允禔翻译、整理。收入《中国民间情歌·少数民族卷》，32开，1页，8行，上海文艺出版社1989年版。

（龙江莉）

让你的生活更加美好

佤族情歌。流传于云南省沧源佤族自治县。歌谣唱述了男子对心仪女子的爱慕与钟情，并许下“让你的生活更加美好”的承诺。“在清澈的泉水边，我把手中的长刀忘了，可忘不了阿妹如花的容貌。在参天的榕树下，我把肩上的猎枪忘了，可忘不了阿妹甜蜜的微笑。阿妹啊，美丽的金鹿，日夜在我心房蹦跳；我在阿佤山上改天换地，让你的生活更加美好。”佚名演唱，刘允禔翻译、整理。收入《中国民间情歌·少数民族卷》，32开，1页，10行，上海文艺出版社1989年版。

（龙江莉）

心头的嫩竹

佤族情歌。流传于云南省沧源佤族自治县。歌谣以物起兴，表达男子对心仪女子的爱慕之情。“奔驰如飞的马鹿，澜沧江把你的身影留住。呼风唤雨的榕树，白云把你的身影记住。美丽窈窕的阿妹，你像冒出我心头的嫩竹。”佚名演唱，刘允禔翻译、整理。收入《中国民间情歌·少数民族卷》，32开，1页，6行，上海文艺出版社1989年版。

（龙江莉）

我们相爱的湖畔

佤族情歌。流传于云南省沧源佤族自治县。歌颂了对家乡山水的热爱和对美好爱情的追求。“我们相爱的湖畔，是星星洗澡的坝塘；我们相爱的山岗，是彩虹升起的地方。这儿的山草最绿，这儿的野花最香，这儿的土地最肥，这儿的泉水最长……金色的阿佤群山，是情侣酿蜜的地方。”佚名演唱，刘允禔翻译、整理。收入《中国民间情歌·少数民族卷》，32开，1页，14行，上海文艺出版社1989年版。

（龙江莉）

阿妹生来众人爱

佤族情歌。流传于云南省沧源佤族自治县。唱述了男子对心仪女子的爱慕之情。“阿妹生来众人爱，不消衣裳和穿戴。阿妹品貌长得好，赛过竹林斑鸠鸟。阿妹跳舞众人跟，不消三弦和芦笙。阿妹唱调声音脆，隔河对岸飘心扉。”佚名演唱，李道勇搜集、翻译。收入《中国民间情歌·少数民族卷》，32开，1页，8行，上海文艺出版社1989年版。

（龙江莉）

花羽毛的翠鸟

佤族情歌。流传于云南省沧源佤族自治县。情歌以翠鸟起兴，表达男子对心仪女子的仰慕之情。“花羽毛的翠鸟，你比百鸟都漂亮；看见我心上的鸟啊，我的心儿张开了翅膀。戴项圈的阿妹，你是姑娘中的好姑娘，看见我心上的人啊，我的心里充满了阳光。”佚名演唱，刘允禔翻译、整理。收入《中国民间情歌·少数民族卷》，32开，1页，8行，上海文艺出版社1989年版。

（龙江莉）

当你出门的时候

佤族情歌。流传于云南省沧源佤族自治县。情歌以物起兴，表达男子对心仪女子的爱慕之情。“枇杷果啊，甜蜜的果，当你成熟的时候，像落下深箐的云朵；我是吃蛀虫的阳雀，天天为枇杷果唱歌。阿妹啊，心上的人，当你出门的时候，像彩虹从山顶越过，我是清澈明亮的水潭，天天盼望彩虹降落。”佚名演唱，刘允禔翻译、整理。收入《中国民间情歌·少数民族卷》，32开，1页，10行，上海文艺出版社1989年版。

（龙江莉）

相爱的心只有一颗

佤族情歌。流传于云南省沧源佤族自治县。情歌唱述了男子对心仪女子的思慕之情。“阿妹啊，我愿变个橄榄果，天天被你衔着。阿妹啊，我愿化成一支歌，天天被你唱着。翠绿的芭蕉不分枝，相爱的心只有一颗。”佚名演唱，刘允禔翻译、整理。收入《中国民间情歌·少数民族卷》，32开，1页，6行，上海文艺出版社1989年版。

（龙江莉）

火把一点燃

佤族情歌。流传于云南省沧源佤族自治县。情歌以物起兴，表达男子对心仪女子的爱慕。“火把一点燃，夜路就亮了。谷种一撒下，大地就绿了。阿妹一出现，心中就甜了。”佚名演唱，刘允禔翻译、整理。收入《中国民间情歌·少数民族卷》，32开，1页，6行，上海文艺出版社1989年版。

（龙江莉）

月亮

佤族情歌。流传于云南省沧源佤族自治县。情歌以物起兴，委婉地表达了纯真爱情。“天上小星要路台，云彩放出月亮来；妹妹心肠同月亮，咋叫哥妹拆得开？”佚名演唱，韩永福搜集、整理。收入《中国民间情歌·少数民族卷》，32开，1页，

4行，上海文艺出版社1989年版。

（龙江莉）

好像泉水润竹根

佤族情歌。流传于云南省沧源佤族自治县。情歌用泉水润竹根、蜜蜂恋花心比喻相爱的男女深情相依。“阿妹是开不败的鲜花，阿哥是砍不完的竹林。阿妹是阿哥相好，好像泉水润竹根。阿哥和阿妹相爱，好像蜜蜂恋花心。”佚名演唱，刘允禔翻译、整理。收入《中国民间情歌·少数民族卷》，32开，1页，6行，上海文艺出版社1989年版。

（龙江莉）

如果你是盛开的鲜花

佤族情歌。流传于云南省沧源佤族自治县。情歌深情唱述了男子对心仪女子的相依相恋之情。“如果你是盛开的鲜花，我愿做含露的花瓣。如果你是翠绿的茶尖，我愿做挺拔的枝干。如果你是笔直的金竹，我愿做竹边的流泉。阿妹啊，亲亲的妹，你像火塘暖在我心间。”佚名演唱，刘允禔翻译、整理。收入《中国民间情歌·少数民族卷》，32开，1页，8行，上海文艺出版社1989年版。

（龙江莉）

在跳月的时候

佤族情歌。流传于云南省沧源佤族自治县。情歌唱述了男子对心仪女子的爱慕之情。“在跳月的时候，阿妹送我绣金边的荷包；荷包装着一颗火热的心，我跳得地动山摇……阿妹哟，摸上漆黑的山路，你是我心中的一颗明珠；阿妹哟，走在光明的大道，你是我心中光明的号鼓。”佚名演唱，刘允禔翻译、整理。收入《中国民间情歌·少数民族卷》，32开，1页，12行，上海文艺出版社1989年版。

（龙江莉）

我们永远相爱

佤族情歌。流传于云南省沧源佤族自治县。情歌表达了爱情的热烈和真挚。“我们永远相爱，如果你是柴，我便是火：燃烧——我们热烈而欢乐；熄灭——我们使大地肥沃。”佚名演唱，刘允禔翻译、整理。收入《中国民间情歌·少数民族卷》，32开，1页，5行，上海文艺出版社1989年版。

（龙江莉）

享受甜蜜的爱情

佤族情歌。流传于云南省沧源佤族自治县。情歌用朴实的比喻表达爱情的甜蜜。“你是白脖子喜鹊，我是花脖子锦鸡，我们追逐在花丛里，享受爱情的甜蜜。”佚名演唱，刘允禔翻译、整理。收入《中国民间情歌·少数民族卷》，32开，1页，4行，上海文艺出版社1989年版。

（龙江莉）

相爱的人只有一个

佤族情歌。流传于云南省沧源佤族自治县。情歌表达了佤族忠贞纯朴的爱情观。“你是锋利的长刀，我是漂亮的刀鞘。你是挺拔的金竹，我是翠绿的竹梢。相好的心只有一颗，相爱的人只有一个。”佚名演唱，刘允禔翻译、整理。收入《中国民间情歌·少数民族卷》，32开，1页，6行，上海文艺出版社1989年版。

（龙江莉）

相爱的心像盛开的花朵

佤族情歌。流传于云南省沧源佤族自治县。情歌生动地表达了爱情的甜蜜，爱人相依相伴的快乐。“我攀高山，你是那凉爽的树荫。我下深谷，你是那清澈的流泉。我去打歌，你是那动人的口弦。我来串门，你是那含笑的花瓣。阿妹啊，亲亲的妹，我们在芭蕉树下相约，我们在白露花丛相见，相爱的心像盛开的花朵，打扮起美丽的阿佤群山。”佚名演唱，刘允禔搜集、翻译、整理。收入

《中国民间情歌·少数民族卷》，32开，1页，13行，上海文艺出版社1989年版。

（龙江莉）

思念起我的阿哥

佤族情歌。流传于云南省沧源佤族自治县。情歌唱述了女子对心仪男子的思慕之情。“思念起我的阿哥，统（筒）裙上的花朵变成阿哥的笑脸。思念起我的阿哥，阴雨绵绵化成晴朗的蓝天。思念起我的阿哥，嘴里的苦连籽像甘蔗一样香甜。思念起我的阿哥，恶狗吠声像黄莺啼叫一样婉转。”佚名演唱，刘允禔翻译、整理。收入《中国民间情歌·少数民族卷》，32开，1页，8行，上海文艺出版社1989年版。

（龙江莉）

是叫人牵肠挂肚的来了吗

佤族情歌。流传于云南省沧源佤族自治县。情歌唱述了对情人的思念。“听见宿鸟扑扑地飞起，赶忙去把藤扎的柴门开；听见土蜂嗡嗡地扇翅，赶忙去把门上的杠子拆，是叫人牵肠挂肚的来了吗？不，是我想得太发呆。”佚名演唱，王敬骝翻译、整理。收入《中国民间情歌·少数民族卷》，32开，1页，6行，上海文艺出版社1989年版。

（龙江莉）

盼你盼你真盼你

佤族情歌。流传于云南省沧源佤族自治县。情歌唱述了女子对情人的相思之情。“盼你盼你真盼你，请个织女来绣你；把你绣在裙边上，手摸筒裙见到你。念你念你真念你，请个歌手来唱你；把你挂在嘴边上，唱起歌儿望见你。想你想你真想你，请个画匠来画你，把你画在手心上，伸开手儿瞧着你。”佚名演唱，刘允禔翻译、整理。收入《中国民间情歌·少数民族卷》，32开，1页，12行，上海文艺出版社1989年版。

（龙江莉）

生生死死路一条

佤族情歌。流传于云南省沧源佤族自治县。情歌以物起兴，表达女子对爱情的专一和忠贞。“蚂蚁爬树，不怕树尖高。知了啼叫，不管烈日烤。阿妹跟着阿哥走，生生死死路一条。”佚名演唱，刘允禔翻译、整理。收入《中国民间情歌·少数民族卷》，32开，1页，6行，上海文艺出版社1989年版。

（龙江莉）

私奔

佤族情歌。流传于云南省沧源佤族自治县。情歌以男女对唱的形式，表达了他们不畏艰险，对自由爱情的向往之情。“男：要是长刀一样快，要是心思一样同，带我小妹上夜路，带我小妹去私奔。女：小哥约我上夜路，小哥约我去私奔，多雷路上石头滑，安交路口有毒龙……合：上路要是人摔跤，私奔要是有吉凶，跌在地上身又起，拔出刀子胆又雄。”佚名演唱，史东文搜集。收入《中国民间情歌·少数民族卷》，32开，1页，16行，上海文艺出版社1989年版。

（龙江莉）

嫁年轻种田人和猎手

佤族情歌。流传于云南省沧源佤族自治县。情歌以男女对唱的形式，唱述了男子向女子求爱，却遭拒的情景。“男：斑鸠并翅双飞，鱼儿衔着尾游逛，我这独身的汉子啊，等你美丽的姑娘。嗞……啧……嗞。女：斑鸠双飞啊情相投！鱼儿跟着游啊，意相合，我和你无情又无意啊，为什么整日纠缠着我？嗞……啧……嗞……女：我爱爬山的双脚，我爱勤劳的双手，我要嫁年轻种田人和猎手。”佚名演唱，佚名搜集整理。收入《中国民间情歌·少数民族卷》，32开，1页，22行，上海文艺出版社1989年版。

（龙江莉）

攀山只采白露花

佤族情歌。流传于云南省沧源佤族自治县。情歌表达了男子对心仪女子的情有独钟。“白露花啊美丽的花，长在山崖上，不怕风吹和雨打。阿妹啊亲亲的妹，生在猎户家，虎豹豺狼都不怕。我爱勇敢的阿妹，攀山只采白露花。”佚名演唱，刘允禔翻译、整理。收入《中国民间情歌·少数民族卷》，32开，1页，8行，上海文艺出版社1989年版。

（龙江莉）

小妹一心不收礼

佤族情歌。流传于云南省沧源佤族自治县。情歌生动唱述出男子为娶亲彩礼而发愁，女子却为爱不图回报的真情实感。“小小烟锅楞子多，哥抽草烟眉头梭；妹问哥哥愁哪样？要娶妹妹礼不多；靠亲靠戚靠不着，开口难把实话说；小妹一心不收礼，劝爹对妈劝媒婆。”佚名演唱，韩永福搜集、整理。收入《中国民间情歌·少数民族卷》，32开，1页，8行，上海文艺出版社1989年版。

（龙江莉）

你永远和阿哥在一起

佤族情歌。流传于云南省沧源佤族自治县。情歌唱述了男子欲与心仪女子比翼齐飞的美好愿望。“我们舂的是雪白的米，我们织的是黑亮的布，我们犁的是肥沃的地，我们走的是宽阔的路，阿妹啊，我心头的金鹿，你永远和阿哥在一起。”佚名演唱，刘允禔翻译、整理。收入《中国民间情歌·少数民族卷》，32开，1页，6行，上海文艺出版社1989年版。

（龙江莉）

灯光对灯光

佤族情歌。流传于云南省沧源佤族自治县。情歌以物起兴，唱述男子希望与心仪女子心心相印，永不改变的愿望。“地上灯光对灯光，天上星星对星星，蒿枝花开颠倒颠，妹到岔路不分心。”佚名演唱，韩永福搜集、整理。收入《中国民间情歌·少数民族卷》，32开，1页，4行，上海文艺出版社1989年版。

（龙江莉）

好像太阳和月亮

佤族情歌。流传于云南省沧源佤族自治县。情歌以物起兴，唱述相爱的男女相互依恋。“不管蓝天怎么想，不管大地怎么讲，玉米秆秆不分岔，条条山泉归大江。不管榕树怎么想，不管山茶怎么讲，小小蜜蜂一个窝，五色彩蝶飞成双。不管阿爹怎么想，不管阿妈怎么讲，阿哥阿妹心连心，好像太阳和月亮。”佚名演唱，刘允禔翻译、整理。收入《中国民间情歌·少数民族卷》，32开，1页，12行，上海文艺出版社1989年版。

（龙江莉）

妹不招手郎不来

佤族情歌。流传于云南省沧源佤族自治县。情歌以物起兴，表达男女爱慕之情。“对门对户对石岩，石岩脚下一双鞋，水不溢来鞋不湿，妹不招手郎不来。”佚名演唱，韩永福搜集、整理。收入《中国民间情歌·少数民族卷》，32开，1页，4行，上海文艺出版社1989年版。

（龙江莉）

真心相爱不畏难（二）

佤族情歌。流传于云南省沧源佤族自治县。情歌以男女对唱的形式，唱述了相爱男女不畏艰险，誓要真心相爱，永远在一起的决心。“真心相爱花变鲜，真心相爱泉变甜，真心相爱心相印，真心相爱不畏难。妹：……如果哥是笔直的青竹，妹就是那翠绿的竹尖；如果妹是鲜艳的山茶，哥就是那挺拔的枝干，阿哥和阿妹，真心相爱不畏难。哥：……阿妹啊，让知心话留在岩石上，风吹雨打石更坚；阿妹啊，让知心话留在高山顶，天塌地陷心不变。”佚名演唱，陈学明、刘允禔翻译、整理。收入《中国民间情歌·少数民族卷》，32开，5页，172行，上海文艺出版社1989年版。

（龙江莉）

请栽种连根的糯谷

佤族情歌。流传于云南省沧源佤族自治县。情歌唱述了男子即将离开，盼望爱人的心永远与自己在一起的依依惜别之情。“只见隐隐的云层，望不见山了。只见远远的寨子，望不见家了。只见高高的大青树，望不见阿妹了。阿妹啊，我走远了，心儿却留给你了。那块田是我亲手犁，栽糯谷，切莫种小红米！”佚名演唱，刘允禔翻译、整理。收入《中国民间情歌·少数民族卷》，32开，1页，10行，上海文艺出版社1989年版。

（龙江莉）

没有心

佤族情歌。流传于云南省沧源佤族自治县。情歌以西瓜好吃没有心，暗喻单恋的苦楚。“高山大树多岔巴，随手砍棵栽瓜藤，西瓜好吃籽难噎，西瓜好吃没有心。”佚名演唱，韩永福搜集、整理。收入《中国民间情歌·少数民族卷》，32开，1页，4行，上海文艺出版社1989年版。

（龙江莉）

给我戴朵白露花

佤族情歌。流传于云南省沧源佤族自治县。情歌唱述了女子对忠贞爱情的向往和期盼。“阿哥啊，给我戴朵白露花，我不要鸦片花。阿哥啊，给我插支孔雀翎，我不要乌鸦尾巴。阿哥啊，我们相见在泉边，你不要说一句假话。阿哥啊，我们相爱在竹林，心像青竹一样笔直挺拔。”佚名演唱，刘允禔翻译、整理。收入《中国民间情歌·少数民族卷》，32开，1页，8行，上海文艺出版社1989年版。

（龙江莉）

水到半腰不为深

佤族情歌。流传于云南省沧源佤族自治县。这是一首女子表白爱情的情歌。“人到三十不为老，水到半腰不为深；劝哥莫愁莫多虑，妹妹爱哥爱得真。”佚名演唱，韩永福搜集、整理。收入《中国民间情歌·少数民族卷》，32开，1页，4行，上海文艺出版社1989年版。

（龙江莉）

只不过你眼睛朝天看

佤族情歌。流传于云南省沧源佤族自治县。情歌为男女对唱的形式，以诙谐幽默的语言唱述了青年男女追求爱情的方式。“男：唉！竹笋啊，没有我采的，有一个两个，人家采走了。姑娘啊，没有我娶的，有一个两个，人家娶走了。女：竹笋啊！山里还有，只是你无心朝他看。姑娘啊，有的是，只不过你眼睛朝天看。”佚名演唱，木尤整理。收入《中国民间情歌·少数民族卷》，32开，1页，8行，上海文艺出版社1989年版。

（龙江莉）

美丽迷人的红山茶

佤族情歌。流传于云南省沧源佤族自治县。情歌以物起兴，唱述美好爱情来之不易。“当樱桃花开放的时候，火焰雀啊，请你不要渴望甜蜜的果。当细鳞鱼穿梭的时候，白鹭鸶啊，请你不要呆呆地守在小河边。当姑娘们走来的时候，小伙子啊，请你不要紧紧朝她脸上盯着。美丽迷人的红山茶开在山顶上，攀不上悬崖绝壁的猎手摘不着。”佚名演唱，刘允禔翻译、整理。收入《中国民间情歌·少数民族卷》，32开，1页，8行，上海文艺出版社1989年版。

（龙江莉）

甜蜜的果子被小鸟吃了

佤族情歌。流传于云南省沧源佤族自治县。情歌唱述了心仪女子出嫁后男子的伤心失落。“一颗甜蜜的果子被小鸟吃了，一个我心爱的姑娘出嫁了；果子吃了哪年还会生，姑娘嫁了，我到哪儿去找？”佚名演唱，佚名整理。收入《中国民间情歌·少数民族卷》，32开，1页，4行，上海文艺出版社1989年版。

（龙江莉）

妹的实话不得听

佤族情歌。流传于云南省沧源佤族自治县。情歌中男子以固定的韵调，向心仪女子表白求爱，企盼女子给予答复。“一送天上银钉钉，二送月牙照妹心，三送春风来吹凉，四送花山来背阴……十送瓜子来相会，十样礼物送完了，妹的实话不得听。”佚名演唱，韩永福搜集、整理。收入《中国民间情歌·少数民族卷》，32开，1页，12行，上海文艺出版社1989年版。

（龙江莉）

（八）儿歌

孤儿歌（一）

佤族孤儿歌。流传于云南省西盟佤族自治县。歌谣唱述了孤儿流落荒野，备受摧残的悲惨生活。“我是一只小鸟没有窝，白天受雨淋，夜晚遭风吹，我从来没有温暖的时候。我是一个孤儿没有爹妈，从小没人教育我，生病没人疼爱我，我从来没有幸福的时候。”岩嘎领唱述，岩嘎、高立旗搜集、翻译。收入《佤山歌声》（上），32开，2页，21行，云南人民出版社1994年版。

（海涛）

孤儿歌（二）

佤族孤儿歌。流传于云南省沧源佤族自治县。歌谣揭示了产生孤儿的原因和富人对孤儿的压榨、凌辱，唱述了孤儿没有社会地位，当牛作马，备受摧残的悲惨生活，反映了佤族社会阶级分化、贫富悬殊的一个侧面。佚名唱述，郭思九搜集、翻译。收入《沧源县佤族民间长诗选》，32开，10页，60行，中共沧源县委宣传部、云南民族民间文艺沧源调查队1960年编印。

（海涛）

孤儿歌（三）

佤族孤儿歌。流传于云南省澜沧拉祜族自治县佤族聚居区。歌谣唱述了孤儿的苦难生活。“祖先的话啊，葫芦的歌，我家的柱为何全断？早上的光啊，晚上的月，我的父母为何双亡？他们没有伤害人的手，他们没有得罪神的心。神为何砍断他们的生命线？神的话儿到底灵不灵？”歌谣反映了佤族阶级分化后人与人之间不平等的关系。桑纳唱述，尼嘎搜集、翻译。收入《中国歌谣集成·云南卷》，16开，2页，70行，中国ISBN中心2003年版。

（海涛）

孤儿调

佤族孤儿歌。流传于云南省孟连傣族拉祜族佤族自治县佤族聚居区。歌谣追忆了孤儿过去苦难的生活，表达了对今天幸福生活的珍惜之情。“一棵无枝无杈的光树干，无依无靠独立山梁上，寒风吹，暴雨打，历经世间辛酸和苦难。自小父母双双离去，生活艰辛又孤苦伶仃，破烂的被子衣服无人补平，破旧的竹笆草排无人换新，日日夜夜祈求人们的怜悯。如今成家立业不再孤苦，说不完的甜蜜，道不尽的欢喜，过去辛酸的生活要牢记，今天幸福的日子要珍惜。”岩佳唱述，彭春兰、周彪记录。收入《云南民族民间文学集成·孟连佤族卷》，32开，1页，15行，云南民族出版社1993年版。

（海涛）

麻好勐

佤族孤儿歌。流传于云南省西盟佤族自治县。“麻好勐”，佤语，好妈妈之意。“哎，妈妈呀妈妈，我的好妈妈，阿爸是个黑老鸦，是他把你卖到龙格朗这个地方。哎，妈妈呀妈妈，我的好妈妈，阿爸不管我的死活，我无依无靠只有来找你诉说。哎，妈妈呀妈妈，你的命苦，我的命也苦，你外出劳动去那很远的山上，我还饿着肚子盼你早回。”娜红唱述，岩帅、高立旗搜集、翻译。收入《佤山歌声》（上），32开，1页，8行，云南人民出版社1994年版。

（海涛）

摇橄榄

佤族儿歌。流传于云南省孟连傣族拉祜族佤族自治县佤族聚居区。歌谣反映了佤族儿童以橄榄树的成长衰败计算年龄的一种方法。“蹬树干，摇橄榄，橄榄赶快掉下来。蹬树干，摇橄榄，橄榄熟一回，娃娃长一节。熟了好几回，头发拖到肩膀下，明年橄榄再结果，不蹬不摇爬上树。”娜贡唱述，张定明记录。收入《中国歌谣集成·云南卷》，16开，1页，11行，中国ISBN中心2003年版。

（海涛）

小刀和刀壳

佤族儿歌。流传于云南省孟连傣族拉祜族佤族自治县佤族聚居区。歌谣将小刀比喻为儿子，将刀壳比喻为父亲，唱出了父子两人无依无靠，贫穷苦难的生活。“我的小刀，不要哭了，乖乖地睡吧。小刀和刀壳，是长刀斧子砍剩的树桩。我们父子俩，是世间最苦最孤独的人。没有女人来为我们烧火煮饭，天神不保佑我们的命啊，珠米要撵我们出寨门。我俩像猴子一样住在老林，富人把我们当牛粪一样踩呀，我俩像腻虫一样粘在芭蕉叶上，珠米把谷子水酒抢走了。我俩像马鹿一样吃草啃树皮，我们的腰饿得像细黄蜂，我们的身子饿得皮包骨。”岩坎唱述，张定明记录。收入《云南民族民间文学集成·孟连佤族卷》，32开，2页，67行，云南民族出版社1993年版。

（海涛）

芭蕉熟了

佤族儿歌。流传于云南省西盟佤族自治县。“芭蕉熟了，高挂在树头上，果实累累，又大又黄，坠得妈妈脖子弯弯把头低。兄兄弟弟，姐姐妹妹，谁也离不开谁，排列得整整齐齐，团结得紧紧密密。”通过歌谣，向儿童传授知识，启迪智慧。岩松夸、娜养唱述，岩龙、高立旗搜集、翻译。收入《佤山歌声》（上），32开，1页，8行，云南人民出版社1994年版。

（海涛）

黄泡熟了

佤族儿歌。流传于云南省西盟佤族自治县。“黄泡熟了，小松鼠来了，小松鼠一跳跳到黄泡树上，任意品尝，吃得多么香甜，吃得肚子圆圆。水淋果熟透了，小松鼠来了，小松鼠一跳跳到水淋果树上，任意品尝，吃得多么有味，吃得弹舌咂嘴。我是一只小松鼠，以藤为道，树枝搭桥，一跳跳到黄泡树上，吃个够，一跃跃到水淋果树上，吃个饱。”通过这样的歌谣，培养儿童热爱自然、热爱生活的品德。岩来、娜俄唱述，岩锐、高立旗搜集、翻译。收入《佤山歌声》（上），32开，1页，18行，云南人民出版社1994年版。

（海涛）

芒果树

佤族儿歌。流传于云南省西盟佤族自治县。“芒果树，芒果树，大路就在你下边，路边有两个大水塘，一个浑来一个清。背着的娃娃肉皮白，比清水塘里的鱼还白，白呀白，白呀白，小娃娃更比鱼还白。”通过歌谣，培养儿童热爱自然、热爱生活的品德。岩翁、岩在唱述，岩土斯、高立旗搜集、翻译。收入《佤山歌声》（上），32开，1页，8行，云南人民出版社1994年版。

（海涛）

小黄牛尾巴

佤族儿歌。流传于云南省西盟佤族自治县。“小黄牛尾巴多光滑，尾巴尖尖垂脚下，左甩右摆多好看，哞哞叫声像歌唱。谁家富有砍牛尾巴，供人抢肉求强大，谁最英武比比看，牛还吼叫肉分家。”通过歌谣，向儿童传授本民族的传统文化。岩夸唱述，岩锐、高立旗搜集、翻译。收入《佤山歌声》(上)，32开，1页，8行，云南人民出版社1994年版。

（海涛）

麻鸡歌

佤族儿歌。流传于云南省西盟佤族自治县。“我听到麻鸡在河边叫，‘水淋果熟透了，水淋果熟透了’。亮晶晶的水淋果，酸甜味美多解渴，麻鸡想吃水淋果，我也想吃水淋果。”通过歌谣，培养儿童热爱自然、热爱生活的品德。岩扫、娜花唱述，岩瑞、高立旗搜集、翻译。收入《佤山歌声》(上)，32开，1页，8行，云南人民出版社1994年版。

（海涛）

沧源的肥猪

佤族儿歌。流传于云南省西盟佤族自治县。“爸爸到沧源去买猪，买回的公猪肥又大，大得像头牛，肥得像油瓜。永埃寨子里，算我家的猪最肥，岳宋部落里，数我家的猪最大。叔叔常来庹庹瞧，伙伴常来比比高，乐得阿爸哈哈笑，乐得阿妈笑眯眯。”通过歌谣，培养儿童热爱自然、热爱生活的品德。岩特、岩瑞唱述，岩锐、高立旗搜集、翻译。收入《佤山歌声》(上)，32开，1页，12行，云南人民出版社1994年版。

（海涛）

摘树果

佤族儿歌。流传于云南省西盟佤族自治县。“摘树果，摘树果，把熟的摘了，不熟的留下。今天摘，明天摘，树果天天熟，树果天天有。”通过歌谣，向儿童传授知识、启迪智慧。岩城、娜里唱述，岩锐、高立旗搜集、翻译。收入《佤山歌声》(上)，32开，1页，8行，云南人民出版社1994年版。

（海涛）

小野猫叫了

佤族儿歌。流传于云南省西盟佤族自治县。“麻鸡在草坪上觅食，多么自在，多么自由。它的羽毛像白鹇一样好看，多么美丽，多么幸福。小野猫叫了，到处乱串，麻鸡听见了，飞走躲藏。麻鸡为什么要飞走？因为小野猫是个大坏蛋。”通过歌谣，向儿童传授知识、启迪智慧。岩给、娜荣唱述，岩锐、高立旗搜集、翻译。收入《佤山歌声》(上)，32开，1页，12行，云南人民出版社1994年版。

（海涛）

小花鸟

佤族儿歌。流传于云南省西盟佤族自治县。“小花鸟在蕨蕨丛中睡着了，夜间活动的老鼠也睡着了，只有我们不想睡觉，快活成长的小花鸟，大伙在一起多好玩，唱歌跳舞多热闹。”通过歌谣，培养儿童热爱自然、热爱生活的品德。娜焕唱述，岩锐、高立旗搜集、翻译。收入《佤山歌声》(上)，32开，1页，6行，云南人民出版社1994年版。

（海涛）

卷叶子

佤族儿歌。流传于云南省西盟佤族自治县。“芭蕉树，层层皮，连树连根卷一起，卷呀卷，卷呀卷，千层万层一条心。芭蕉树，根相连，棵棵树根串一起，串呀串，串呀串，千棵万棵紧相连。”通过歌谣，向儿童传授知识、启迪智慧。叶贡、叶伟唱述，岩龙、高立旗搜集、翻译。收入《佤山歌声》(上)，32开，1页，12行，云南人民出版社

1994 年版。

（海涛）

煮小豆

佤族儿歌。流传于云南省西盟佤族自治县。“妈妈煮小豆，爸爸杀小鸡，小豆面又面，小鸡香又甜，宝宝吃个够，爸妈笑开颜。”歌谣反映了孩子的幸福生活。娜红唱述，大岩龙、高立旗搜集、翻译。收入《佤山歌声》（上），32 开，1 页，6 行，云南人民出版社 1994 年版。

（海涛）

采花戴（二）

佤族儿歌。流传于云南省西盟佤族自治县。“来呀来，快快来，大家一起聚拢来，不管你是哪个寨子的小姑娘，不管你是哪个部落的男伙伴，儿崩儿美在一起，人多热闹才好玩。美丽的鲜花开满山，我们一起去采花玩，不怕山坡陡，不怕刺棵深，要戴鲜花不怕难，不上高山采不上。我们就像小禾苗正在成长，我们就像花骨朵正要开放，要长成漂亮的小姑娘，要长成聪明的男子汉。赶快采花戴，赶快采花戴，我们要与鲜花比比瞧，我们要与鲜花比比看，看谁更美丽，看谁更漂亮。”通过歌谣，培养儿童热爱自然、热爱生活的品德。娜红、娜布吕唱述，大岩龙、高立旗搜集、翻译。收入《佤山歌声》（上），32 开，1 页，32 行，云南人民出版社 1994 年版。

（海涛）

小燕子

佤族儿歌。流传于云南省西盟佤族自治县。“你家的米我不拿，你家的盐我不要，你家的饭我不吃，你家的水我不喝，我只在你家的梁上歇脚，我只在你家的梁上做窝。下蛋、孵卵，抚育后代，培养它们守纪，带领它们锻炼，专到野外捉虫，专为人们除害。”通过歌谣，向儿童传授知识、启迪智慧。娜布拉唱述，俄喊、高立旗搜集、翻译。收入《佤山歌声》（上），32 开，1 页，12 行，云南人民出版社 1994 年版。

（海涛）

月亮亮

佤族儿歌。流传于云南省西盟佤族自治县。“月亮圆，月亮亮，照得寨子亮堂堂，小朋友，快来玩，这是我们唱歌跳舞的好时光。唱呀唱，跳呀跳，大家唱跳多热闹，月光白，月光亮，我们要和月亮比漂亮。”歌谣反映了孩子们在广场上玩耍时的热闹场景和欢快情绪。岩里唱述，岩南、高立旗搜集、翻译。收入《佤山歌声》（上），32 开，1 页，8 行，云南人民出版社 1994 年版。

（海涛）

多快乐

佤族儿歌。流传于云南省西盟佤族自治县。“太阳躲进高山坡，月亮上树来看我，羡慕我们多快乐，多快乐。敲起竹筒唱起歌，看谁跳得最灵活，我们的生活真快乐，真快乐。”通过歌谣，培养儿童热爱自然、热爱生活的品德。娜普伟、娜很唱述，娜勇、高立旗搜集、翻译。收入《佤山歌声》（上），32 开，1 页，8 行，云南人民出版社 1994 年版。

（海涛）

木鼓咚咚

佤族儿歌。流传于云南省西盟佤族自治县。“木鼓咚咚响，铓锣声声唤，跳歌场上有亮亮，大家欢聚一堂。我们并肩舞蹈，我们携手歌唱，唱得月亮欢笑，跳到星星睡觉。”通过歌谣，培养儿童热爱自然、热爱生活的品德。娜很、娜皮唱述，岩南、高立旗搜集、翻译。收入《佤山歌声》（上），32 开，1 页，8 行，云南人民出版社 1994 年版。

（海涛）

蔬菜长得好

佤族儿歌。流传于云南省西盟佤族自治县。“在家旁的园圃里，种上了一棵棵小菜秧，我们勤浇水，蔬菜生长得多么快哟，一片绿油油。妈妈夸奖我们，蔬菜长得好，蔬菜长大了，我们也长大了。”通过歌谣，向儿童传授知识、启迪智慧。娜焕唱述，岩锐、高立旗搜集、翻译。收入《佤山歌声》（上），32开，1页，10行，云南人民出版社1994年版。

（海涛）

小红米长得好

佤族儿歌。流传于云南省西盟佤族自治县。“野荠菜好吃，越吃越好吃，就像酸笋一个样，有香有甜又有酸。小红米长得好，越长越好，就像手掌发杈多，苗棵又高又粗壮。小红米熟透了，一团一团挂满头上，坠得妈妈弯下腰，笑得与奶奶一个样。小红米煮酒酒最好，米红色的汁液营养高，喝在口中甜蜜蜜，吃进肚里热乎乎。小红米水酒最好喝，越喝越想喝，你一口，我一口，轮流传喝才有味。小红米水酒最好喝，越喝越想喝，你一杯，我一杯，大家越喝越高兴。”通过歌谣，向儿童传授知识、启迪智慧。娜焕唱述，岩锐、高立旗搜集、翻译。收入《佤山歌声》（上），32开，2页，24行，云南人民出版社1994年版。

（海涛）

高高的月亮

佤族儿歌。流传于云南省西盟佤族自治县。“太阳落山了，夜幕降临了，高高的月亮升起来了，妈妈从地里劳动回来了。妈妈回来我高兴，弟妹不再要我领，高高的月亮升起来的时候，就是我痛痛快快玩的时候。”通过歌谣，培养儿童热爱自然、热爱生活的品德。娜焕唱述，岩锐、高立旗搜集、翻译。收入《佤山歌声》（上），32开，1页，8行，云南人民出版社1994年版。

（海涛）

小黑鸟

佤族儿歌。流传于云南省西盟佤族自治县。“小黑鸟，小黑鸟，在深山老林里自由飞翔。小松鼠，小松鼠，在水淋果树上欢乐游玩。各村寨的儿童自由来往，高高兴兴在一起快活成长。”通过歌谣，培养儿童热爱自然、热爱生活的品德。娜焕唱述，岩锐、高立旗搜集、翻译。收入《佤山歌声》（上），32开，1页，6行，云南人民出版社1994年版。

（海涛）

下霜歌

佤族儿歌。流传于云南省西盟佤族自治县。“霜从天上降下来，能把棕粑叶根冻死，灾难从天上降下来，能把我们折磨死。我们只有手拉着手，团结一心奋力抗争，灾难才会消除，生存才有保证。”通过歌谣，培养儿童的团结意识。岩松夸、娜养唱述，岩龙、高立旗搜集、翻译。收入《佤山歌声》（上），32开，1页，8行，云南人民出版社1994年版。

（海涛）

奶奶叫我抬水

佤族儿歌。流传于云南省西盟佤族自治县。“奶奶叫我抬水，我东玩西耍没有抬回。奶奶双手抚摸着我的头，语重心长地对我说：‘好孩子，要听话，你从小失去父母，是奶奶把你拉扯大。’我抬起头来看奶奶，只见奶奶泪珠串串如雨下，我双膝跪在奶奶身旁，半晌也说不出一句话，立即扛起竹筒把水抬回，回答了奶奶深情的期盼。”通过歌谣，培养儿童热爱劳动的品德。娜很、娜灰唱述，岩南、高立旗搜集、翻译。收入《佤山歌声》（上），32开，1页，13行，云南人民出版社1994年版。

（海涛）

打貂鼠

佤族儿歌。流传于云南省西盟佤族自治县。“我想要一只貂鼠，在树林子里等了好久好久；蚊子叮我不在乎，一心只想打到貂鼠。我睁大眼睛仔细看，竖着耳朵认真听。貂鼠过路跑得很快很快，我拉弓射箭把弦拉断，貂鼠未打到我想不通，吃饭吃不香，睡觉睡不着，还怕伙伴讥笑我，说我是个大笨蛋。”通过歌谣，培养儿童热爱劳动的品德。娜花四、岩很木唱述，大岩松、高立旗搜集、翻译。收入《佤山歌声》（上），32开，1页，14行，云南人民出版社1994年版。

（海涛）

吃橄榄果的鸡

佤族儿歌。流传于云南省西盟佤族自治县。“你妈妈去哪里？去找包酒的叶子。什么酒？盖房子请客人吃的酒。什么房子？挂刀的房子。什么刀？砍拴狗绳的刀。什么狗？咬鸡的狗。什么鸡？吃橄榄果的鸡。鸡吃橄榄果，吃得饱饱的。”通过歌谣，向儿童传授知识、启迪智慧。佚名唱述，佚名搜集、翻译。收入《佤族文学概况》，32开，1页，14行，云南省社会科学院文学研究所1979年编印。

（海涛）

不要让坏人进寨子

佤族儿歌。流传于云南省西盟佤族自治县。“野地里的野草，不要让它生长在田地里。如果生长在田地里，就赶快把它割掉。不要让坏人进寨里来，如果到我们寨里来，我们大家想办法，把他消灭掉。我们都是好人，我们做的都是好事。我们都是穷人，我们要互相团结、互相友爱。”通过歌谣，向儿童传授知识、启迪智慧。佚名唱述，佚名搜集、翻译。收入《佤族文学概况》，32开，1页，14行，云南省社会科学院文学研究所1979年编印。

（海涛）

你去哪块地

佤族儿歌。流传于云南省沧源佤族自治县。“锵锵，呵哎，‘你去哪块地？’‘我去松林里。’带的是硬斧，打得好柴火。”通过歌谣，培养儿童热爱劳动的品德。佚名唱述，王敬骝记录。收入《中国歌谣集成·云南卷》，16开，1页，5行，中国ISBN中心2003年版。

（海涛）

月亮升起来了

佤族儿歌。流传于云南省沧源佤族自治县。“月亮升起来了，月亮高高升起来；我想跟你借镰刀，你的镰刀钢火好；我想跟你借包包，你的包包多好瞧。”歌谣反映了孩子们在广场上玩耍时的热闹场景和欢快情绪。佚名唱述，王敬骝记录。收入《中国歌谣集成·云南卷》，16开，1页，6行，中国ISBN中心2003年版。

（海涛）

下雨

佤族儿歌。流传于云南省沧源佤族自治县。“雨、雨、快快下，下到我们旱谷地里来；白生生鸡蛋剥给你吃，香喷喷米饭煮给你吃；让我们多得穿好衣服，让我们多得吃糯米饭。”歌谣反映了下雨时孩子们的欢快情绪。佚名唱述，尼改·西古搜集、翻译。收入《中国歌谣集成·云南卷》，16开，1页，6行，中国ISBN中心2003年版。

（海涛）

牛铃歌

佤族儿歌。流传于云南省沧源佤族自治县。“叮呤咚隆牛铃响，不是汉家马帮来；不是傣家牛队到，而是爹妈赶街来。现在我家牛满圈，现在我家粮满仓。爹妈赶牛卖余粮，我和爹妈笑颜开。”歌谣反映了孩子们的幸福生活。佚名唱述，尼改·西古搜集、翻译。收入《中国歌谣集成·云南卷》，16开，1页，8行，中国ISBN 中心2003年版。

（海涛）

一棵竹子不成蓬

佤族儿歌。流传于云南省沧源佤族自治县。“一棵竹子不成蓬，三棵两棵才成蓬。一个人难做成事，两个三个才成事。”通过歌谣，培养儿童的群体意识。佚名唱述，尼改·西古搜集、翻译。收入《中国歌谣集成·云南卷》，16开，1页，4行，云南省民间文艺家协会、云南省民间文学集成编辑办公室1995年编印。

（海涛）

乖乖好好睡

佤族儿歌。流传于云南省沧源佤族自治县，是成年人为年幼儿童编唱的儿歌，属“摇篮曲”。“睡睡，我的小乖乖，我的宝贝吊兰花，我的青菜长得鲜，我的吊兰开得艳。”佚名唱述，王敬骝记录。收入《中国歌谣集成·云南卷》，16开，1页，4行，中国ISBN中心2003年版。

（海涛）

摇儿歌

佤族儿歌。流传于云南省孟连傣族拉祜族佤族自治县佤族聚居区，是成年人为年幼儿童编唱的儿歌，属“摇篮曲”。“我的儿，不要哭，夕阳徐徐朝西落，阿妈还在地里忙，待她归家喂你乳。我的儿，不要哭，大地悄悄降夜幕，阿妈已踏上归家路，待她回家亲吻乖。我的儿，快快睡，夜半更深不要惊，阿爸在旁伴你眠，蛐蛐高歌送娘归。”歌谣反映了父亲哄幼儿睡觉，期待外出劳动的妻子归来的过程。佚名唱述，岩薛端、周彪记录。收入《云南民族民间文学集成·孟连佤族卷》，32开，2页，28行，云南民族出版社1993年版。

（海涛）

来呀，来

佤族儿歌。流传于云南省沧源佤族自治县。歌谣唱述了孩子们在原野上采花、唱歌跳舞时的热闹场景和欢快情绪。李阿木帅唱述，王有明、郭思九搜集、翻译。收入《沧源县佤族民歌选》，32开，3页，40行，中共沧源县委宣传部、云南民族民间文艺调查队1960年编印。

（海涛）

条目汉语音序索引

A

B

C

D

E

F

G

H

J

K

L

M

N

P

Q

R

S

T

W

X

Y

Z

后 记

《中国少数民族古籍总目提要》是在国家民族事务委员会直接领导下，由国家民委全国少数民族古籍整理研究室组织实施的一个国家级重点文化项目。在云南，《中国少数民族古籍总目提要·佤族卷》（以下简称《佤族卷》）在中共云南省委、省政府关怀下，在省财政厅的大力支持及省民族宗教事务委员会直接领导下，由云南省少数民族古籍整理出版规划办公室负责具体的组织、协调、编纂工作。《佤族卷》自2002年启动至今，经各方专家学者共同努力，终于编纂完成。

国家民族事务委员会下达《中国少数民族古籍总目提要》编纂任务后，云南省成立了《中国少数民族古籍总目提要》云南编纂委员会，制定了编写实施方案。1999年11月，在昆明召开的第三次全省民族古籍工作会议上，把编目工作作为一项重要任务进行了全面动员和部署。2002年12月，在昆明召开《中国少数民族古籍总目提要》云南各民族卷负责人业务会议，省民委段金录副主任到会讲话，要求各卷负责人树立精品理念，严格把关，按照要求认真写好每一个词条，按质、按期圆满完成任务。会后，省民族古籍办多次召集省文联民间文艺家协会杨利先、杨海涛、刘怡、孙敏、龚正嘉等专家进行业务工作会议，具体安排纂写任务。其中，杨海涛负责完成佤族卷词条的纂写。

《佤族卷》主要在云南省民间文学集成工作成就的基础上编纂完成，云南省民间文学集成办公室，以及各州市县民间文学集成办公室、文化局、文化馆、民委等单位和部门都为此做出了很大贡献，一大批民族干部、民间文学爱好者、专家学者亦在收集整理工作中做出了骄人成绩。他们当中主要有：郭思九、尚仲豪、召罕嫩、王敬骝、梁红伟、刘允禔、鲁斌、隋嘎、艾荻、张开达、李学宏、汪兴宝、李晋、岩平、剑刊、刘新春、陈玲玲、王有明、黄伦、尹智、岩垮、岩嘎、薛端、彭春兰、张云、潘春辉、康复昆、沈应明、冯寿轩、贝叶春、刘文华、彭建新、周建明、王泽海、许勇、周天相、沈应明、史东文、岩昌、周德付、张定明、高立旗、尼嘎、魏德明、岩锐、岩可仕等。由于受本书体例的限制，未能将他们的名字一一列出，特此说明，并向所有为佤族口传古籍遗产抢救保护事业做出贡献的专家和学者表示诚挚的敬意！

本书序言及讲唱类由杨海涛负责完成，凡例、索引及汉文书籍类由龙江莉负责完成，图片主要由杨庭、杨文武、李江龙提供。书稿完成后，龙江莉进行了统稿、编审及补充工作，赵秀兰进行终审并提出了修改和出版意见，云南省佤族学会经审核同意出版该书。

《佤族卷》能得以顺利完成，得益于国家民委全国少数民族古籍整理研究室领导、云南省民族宗教委领导的重视和支持，也与云南省少数民族古籍整理出版规划办公室的精心组织密不可分，在此表示衷心的感谢！能力所限，难免错漏，不足之处恳请指正。

《中国少数民族古籍总目提要》云南编纂委员会

《中国少数民族古籍总目提要·佤族卷》编纂委员会

2018年8月

中国
少数民族古籍总目提要

国家民族事务委员会全国少数民族古籍整理研究室

布朗族卷

民族出版社

《中国少数民族古籍总目提要·布朗族卷》
编纂委员会

序言

布朗族是一个历史悠久、文化丰富的民族。在长期的历史发展中，与各兄弟民族一道为祖国西南边疆的巩固和发展做出了自己的贡献，并创造了丰富多彩的民族文化。

布朗族大多居住于山区或者半山区，得天独厚的自然环境为动植物提供了良好的生长条件，其中茶是大自然馈赠布朗族最为珍贵的宝物。在漫漫历史长河中，布朗族一直传承着其独特的茶文化，种茶历史可追溯至千年之前，其所在之地如今仍存有千年古茶树，是最早种植茶的民族之一。

一

据2010年第六次全国人口普查统计，布朗族人口有119639人，是全国人口较少民族之一，云南省特有民族之一。主要居住在云南省西双版纳傣族自治州、普洱市、临沧市、保山市、大理白族自治州、红河哈尼族彝族自治州等地，勐海县和双江拉祜族佤族布朗族傣族自治县是布朗族人口较集中的聚居区。

邻近我国的缅甸、泰国、老挝等国，也有布朗族居住。

很早就生活在今中国云南省境内的“濮人”，是布朗族先民。以目前所能见到的文献资料，最早只能追溯到晋人郭义恭《广志》中提到的“濮人”。《广志》记载的“濮人”，还因内部的一些文化特征差异，分成“木绵濮”“文面濮”“折腰濮”“赤口濮”“黑僰濮”等多个群体。“木绵濮”“文面濮”“折腰濮”不知居地，“赤口濮”“黑僰濮”则明确生活在永昌郡南和永昌郡西南。《华阳国志·南中志》说永昌郡有闽濮“鸠獠”“僄越”“裸濮”“身毒”之民。《广志》又说“黑僰濮”生活在永昌郡西南，多居于山区。当地出产白蹄牛、犀、象、武魄、金、铜华布。书中还描述他们的衣服，说妇女是以一幅布为裙，或着贯头衣；丈夫以谷皮为衣服。武魄即琥珀；铜华布即桐华布，也就是棉布；一幅布为裙，类似于桶裙；谷皮即构树皮，所谓以谷皮为衣，应属着树皮衣。唐代杜佑《通典》卷一八七已收“木绵濮”“文面濮”“折腰濮”“赤口濮”“黑僰濮”诸条，内容同《太平御览》，当也是出自《广志》。《通典》在“黑僰濮”条后加按语说：“诸濮与哀牢地相接，故附之。”所谓“与哀牢地相接”，是以其居永昌南、永昌西南的记述成说，《广志》成书的时代，已无哀牢人活动的记载。

到唐代，布朗族先民称“朴子蛮”，见于唐代樊绰《云南志》卷四，《新唐书》《太平御览》《册府元龟》等也录。说“朴子蛮”身手矫捷，劲勇剽悍；擅长用白箕竹弓，在密林中射飞鼠，箭无虚发；穿以青婆（娑）罗缎（棉布）制成的“通身袴”；缺乏餐具，多以芭蕉叶盛放食物。主要分布在南诏开南节度、银生节度及永昌、寻传等地，即今普洱市、临沧市、西双版纳傣族自治州、保山市，以及缅甸北部的一些地区。与《广志》记载的一些“濮人”的分布地域相合。又说铁桥西北边沿澜沧江亦有部落，则其少量的北迁部落，已进入今迪庆藏族自治州境内。“朴子蛮”一名，子是人的意思，族称主体是“朴”，与原先的濮，属同音异字。

元明清时期，多称“蒲人”或“蒲蛮”，字也偶尔作“普”“朴”等，也有文献称“朴子蛮”，应属沿用唐人称法。元代《招捕总录》说至元二十四年（1287年）有林场蒲人阿礼、阿怜等被云南行省派人劝说，归属地方官府。《土官底薄》说顺宁府知府阿曰贡是云南顺宁府蒲人。明代刘文征《滇志》卷三十说蒲人即古百濮，雍正本《阿迷州志》卷十一也有相同的表述。《滇志》卷三十又说在阿迷（今开远一带）的僰夷（傣族）习俗同蒲人，道光本《云南通志·种人二》也有相同的记载。明代谢肇淛《滇略》卷九说蒲人散居山谷，居无定所。乾隆本《腾越州志》卷十一说蒲人散居山谷，永昌以西，到处都有；通晓汉语，擅长贸易。光绪本《腾越州志》卷十一所载相同，唯“永昌以西”一句作“永昌以西南”。若以永昌府属的蒲人情况而论，人数较多的分布，应以作“西南”为是。

二

布朗族有自己的语言，属于南亚语系孟高棉语族佤德昂语支，分布朗方言和阿尔瓦方言。布朗族普遍信仰原始宗教，认为万物有灵，为了祈求神灵保佑，便产生了自然崇拜、图腾崇拜、祖先崇拜等原始宗教观念。后来，南传上座部佛教传入西双版纳地区，影响了众多民族的宗教观，同时也传入了布朗族地区，对布朗族产生了很大的影响。西双版纳傣族自治州的多数布朗族和普洱市、临沧市的部分布朗族，信仰南传上座部佛教。虔诚奉佛，精修谨行，成为布朗族典型的文化特征。出家修行限于男子，男子一生必须有进佛寺当和尚的经历。过去少则一两年，多则五六年方能还俗过俗世生活，也有一些人终身为僧。出家修行，要在佛寺里学习佛理教义和其他知识，并有严格的考评晋升制度。学而有成，知识渊博者，不论在寺为佛爷，还是还俗居家，都是布朗族的知识分子，备受人们的尊敬。过去没有学校，把孩子送进寺庙当和尚，是布朗族学习文化的主要渠道。

布朗族有丰富的口传文学，其神话传说、民间故事、诗歌、谚语、谜语等，极具民族特色。

受南传上座部佛教的影响，布朗族与傣族的宗教交往甚为密切，极大地促进了两个民族之间的文化交流，卷中收录的神话传说、民间故事中都留有这种文化交流的痕迹。聚居在西双版纳的布朗族在宗教信仰和生活习俗方面深受傣族影响，从前不仅人人会说傣语，对歌用傣语 ，文字也是用傣文。

布朗族文学同时也受到汉文学的影响。在元明清时期，一部分汉族进入布朗族地区，同时带来了汉文化，尤其是在滇西地区，临沧和保山地区的布朗族在明朝时期就会讲汉语，布朗族在与汉族的交往中学习、创新，不断充实着本民族的文化。

对布朗族古籍文献的搜集整理工作，始于20世纪50年代，之后中央访问团、中国科学院少数民族语言调查队、云南省民族民间文学调查队将他们搜集到的布朗族歌谣等陆续发表在《思茅报》等报刊上。1979年，中国社会科学院组织编写《中国少数民族文学》，其中的布朗族文学部分，是对布朗族民族民间文学的又一次大规模调查整理，此次工作搜集整理了大量的布朗族民间文学材料，为后人的研究留下了弥足珍贵的历史文献。

从史料记载来看，与佤族、德昂族相比较，布朗族是中国三个孟高棉语民族中历史记载最连贯、脉络最为清楚的一个民族。然而，由于各种原因，长期以来，布朗族丰富绚烂的文化没有受到足够重视，很多用傣文记录的历史文化典籍一直没有翻译整理，更谈不上研究，很多口传文学已经失传。布朗族历史文化资源是一座没有开发的富矿，蕴含着丰富的文化资源研究课题，期待有更多的专家学者参与抢救和发掘。

三

《中国少数民族古籍总目提要》为国家民委1997年立项的重大文化工程，主要任务是编纂中国55个少数民族及古代有民族文字典籍留存下来的少数民族现存古籍目录和内容提要。《中国少数民族古籍总目提要·布朗族卷》作为其中之一种，分以下三部分收录了布朗族各类古籍条目：第一部分，书籍类。主要是从各个朝代的正史、图志、志书、实录等文献摘录涉及布朗族历史的各种史料。另有大量用傣文记录布朗族历史文化、村寨历史、佛教传播历史等的典籍，此次未收录。第二部分，铭刻类。收录勐海、澜沧、施甸等地的墓碑、石雕、题刻、庙碑等。尚有许多碑刻需要实地调研、测量，未能收录。第三部分，讲唱类。收录神话传说、民间故事、长诗歌谣等。凡能搜集到的资料都已收录，但遗漏在所难免。

《中国少数民族古籍总目提要·布朗族卷》第一次系统注录了布朗族古籍的总体情况，基本上反映了布朗族古籍的概貌。作为一本较为全面系统的资料检索工具书，它的出版，具有较高的使用价值，对布朗族政治、经济、文化、历史、宗教等的研究也有着重要的参考价值。《中国少数民族古籍总目提要·布朗族卷》是第一次对布朗族古籍资料的大盘点，尚有许多不足之处，恳请方家、读者批评指正。

《中国少数民族古籍总目提要》云南编纂委员会
《中国少数民族古籍总目提要·布朗族卷》编纂委员会
2018 年 8 月

凡　例

一、本书收录布朗族古籍条目511条，其中书籍类91条，铭刻类7条，讲唱类413条。

二、本书按书籍类、铭刻类、讲唱类的顺序排列。书籍类分为九个部分：一是正史，二是先秦提到濮或百濮的文献，三是图志，四是志书，五是汇纂类，六是地理类，七是实录类，八是杂录类，九是文论类。按朝代、年代排列。铭刻类不分类。讲唱类分为三个部分：一是神话传说，其中又分为起源神话、习俗传说、图腾传说、山川风物及其他传说；二是民间故事，其中又分为幻想故事、生活故事、机智人物故事、动植物故事；三是史诗歌谣，其中又分为创世歌和古歌、祭祀歌、习俗歌、劳动歌、生活歌、情歌、儿歌。

三、本书按照国家民委《〈中国少数民族古籍总目提要〉编写纲要》编写，以确保丛书整体统一。

条目分类目录

书籍类

一、正史

二、先秦提到濮或百濮的文献

三、图志

四、志书

五、汇纂类

六、地理类

七、实录类

八、杂录类

九、文论类

铭刻类

讲唱类

一、神话传说

（一）起源神话

二、民间故事

（一）幻想故事

（二）生活故事

（三）机智人物故事

（四）动植物故事

（五）生活歌

（六）情歌

书籍类

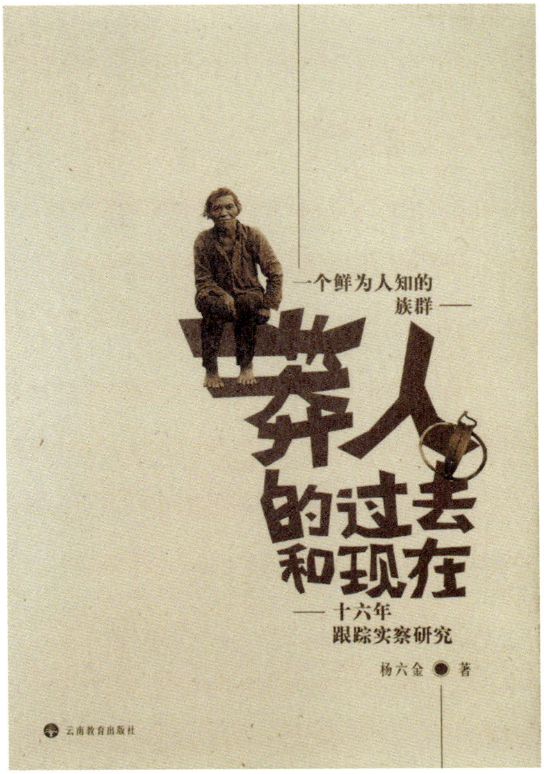

《一个鲜为知的族群——莽人的过去和现在》封面
（街顺宝 摄影）

《西双版纳雨林中的克木人》封面
（街顺宝 摄影）

《变迁与发展——云南布朗山布朗族社会研究》封面
（街顺宝 摄影）

《布朗族民间故事》封面
（街顺宝 摄影）

《布朗族社会历史调查（一)》封面
（街顺宝　摄影）

《布朗族社会历史调查（三)》封面
（街顺宝　摄影）

《布朗族文化史》封面
（街顺宝　摄影）

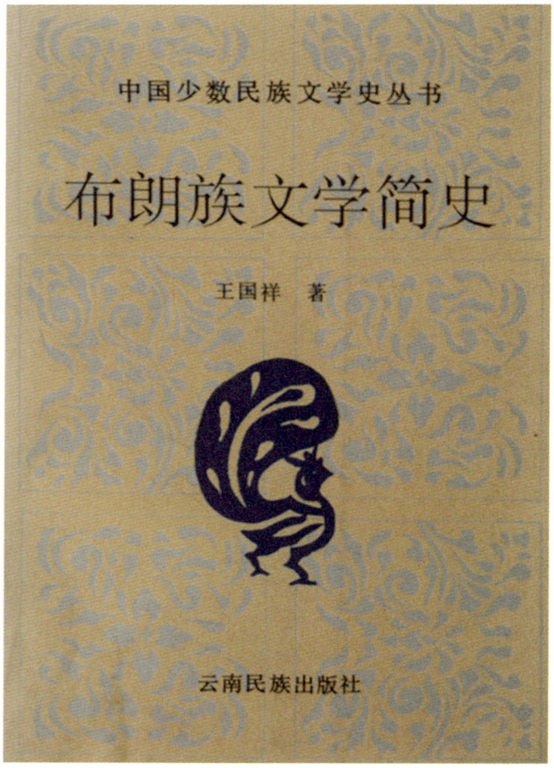

《布朗族文学简史》封面
（街顺宝　摄影）

《澜沧江畔布朗人》封面（街顺宝　摄影）

《芒景布朗族传说简史》封面（街顺宝　摄影）

《勐海少数民族纪略》封面（街顺宝　摄影）

《思茅少数民族》封面（街顺宝　摄影）

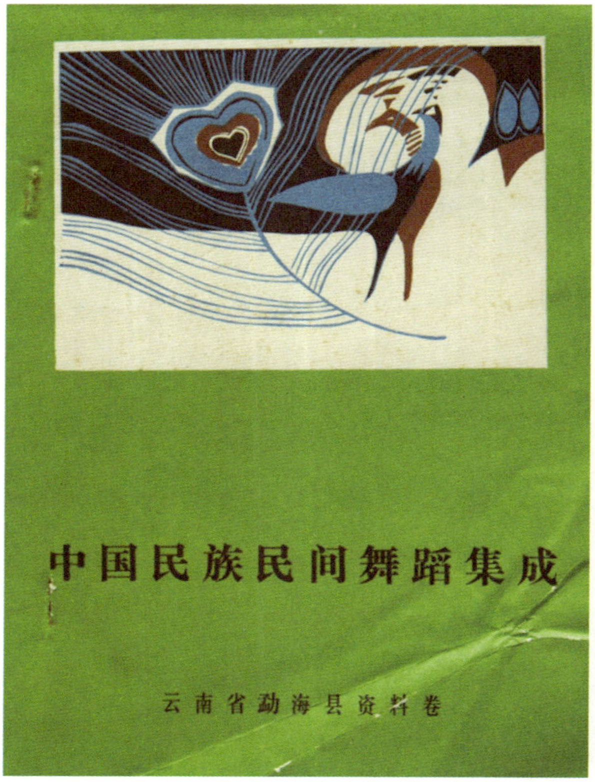

《中国民族民间舞蹈集成·云南省勐海县资料卷》封面
（街顺宝　摄影）

《西双版纳风情奇趣录》封面
（街顺宝　摄影）

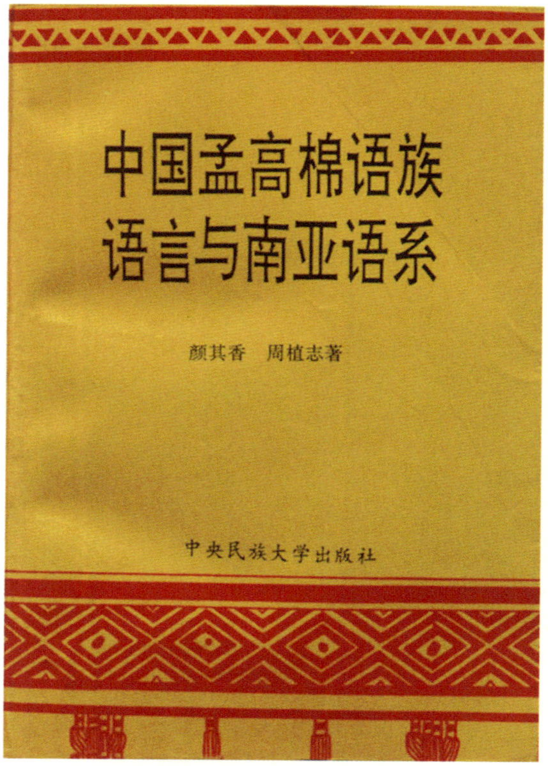

《中国孟高棉语族语言与南亚语系》封面
（街顺宝　摄影）

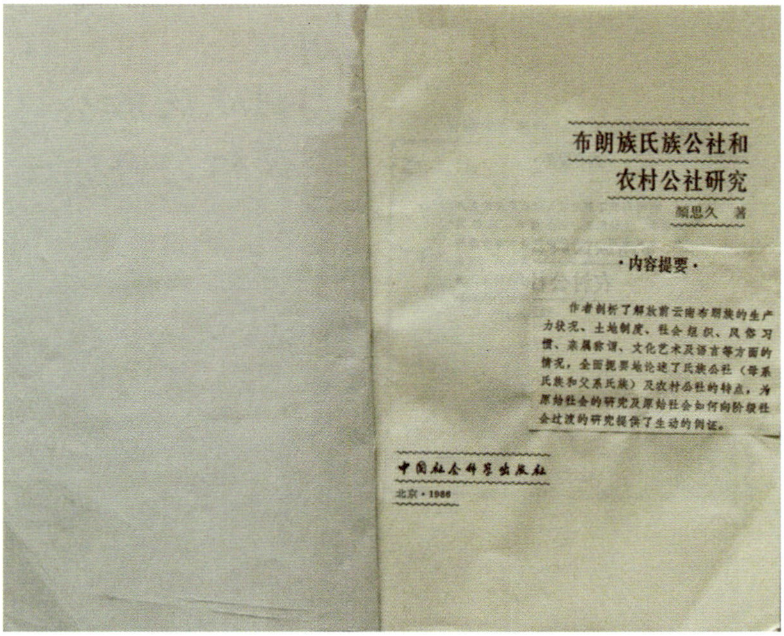

《布朗族氏族公社和农村公社研究》封面
（街顺宝　摄影）

《布朗族文化大观》封面
（街顺宝　摄影）

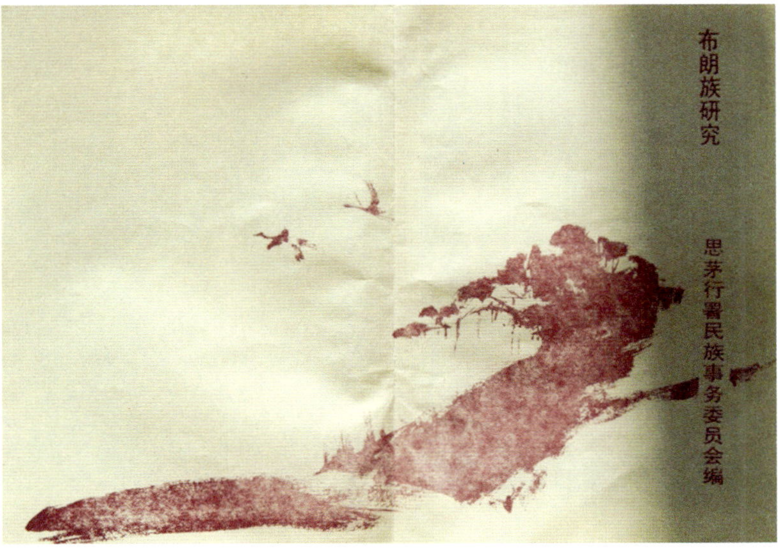

《布朗族研究》封面
（街顺宝　摄影）

布朗山寨（岩勐　摄影）

施甸布朗族村落（街顺宝　摄影）

景洪市布朗族昆格人的传统建筑（街顺宝　摄影）

勐海布朗族民居（街顺宝　摄影）

布朗族寨心（岩勐　摄影）

勐海布朗族寨门（街顺宝　摄影）

勐海布朗族寨心桩（街顺宝　摄影）

勐海县布朗山乡老曼峨建寨时修的老水井（街顺宝　摄影）

始建于明代的布朗族土司猛氏的凤庆东山寺（街顺宝　摄影）

勐海布朗族佛寺（街顺宝　摄影）

勐海县西定哈尼族布朗族乡
章朗寺院藏经阁
（街顺宝　摄影）

布朗族的四弦琴（岩勐　摄影）

勐海布朗族象脚鼓（玉罕娇　摄影）

澜沧县惠民乡芒景布朗族文献——命理书
（街顺宝　摄影）

勐海县西定哈尼族布朗族乡布朗西定寺院壁画
（街顺宝　摄影）

《皇朝职贡图》中的“蒲人”形象
（街顺宝　摄影）

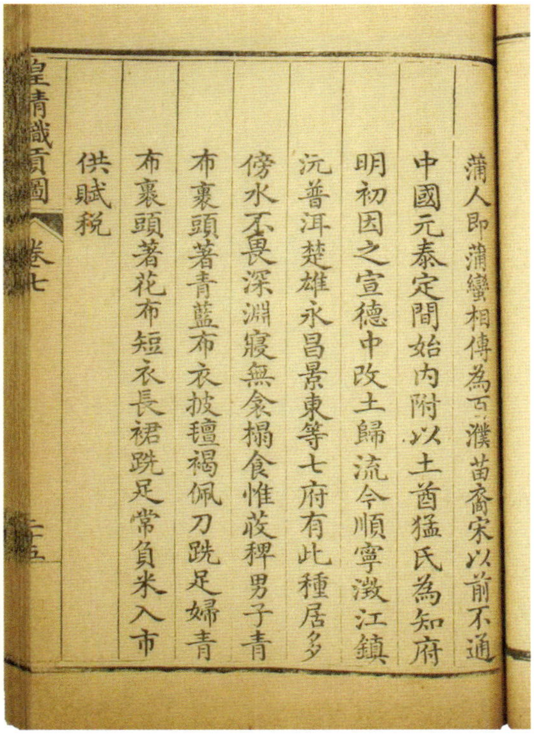

皇清職貢圖　卷七

蒲人即蒲蠻相傳為百濮苗裔宋以前不通
中國元泰定間始内附以土酋猛氏為知府
明初因之宣德中改土歸流今順寧澂江鎮
沅普洱楚雄永昌景東等七府有此種居多
傍水不畏深淵寢無衾裯食惟菽稗男子青
布裹頭著青藍布衣披氊褐佩刀跣足婦青
布裹頭著花布短衣長裙跣足常負米入市
供賦稅

《皇朝职贡图》对“蒲人”与“蒲蛮”的记述
（街顺宝　摄影）

勐海布朗族佛寺绘画
（街顺宝　摄影）

布朗族雕刻与绘画
（街顺宝　摄影）

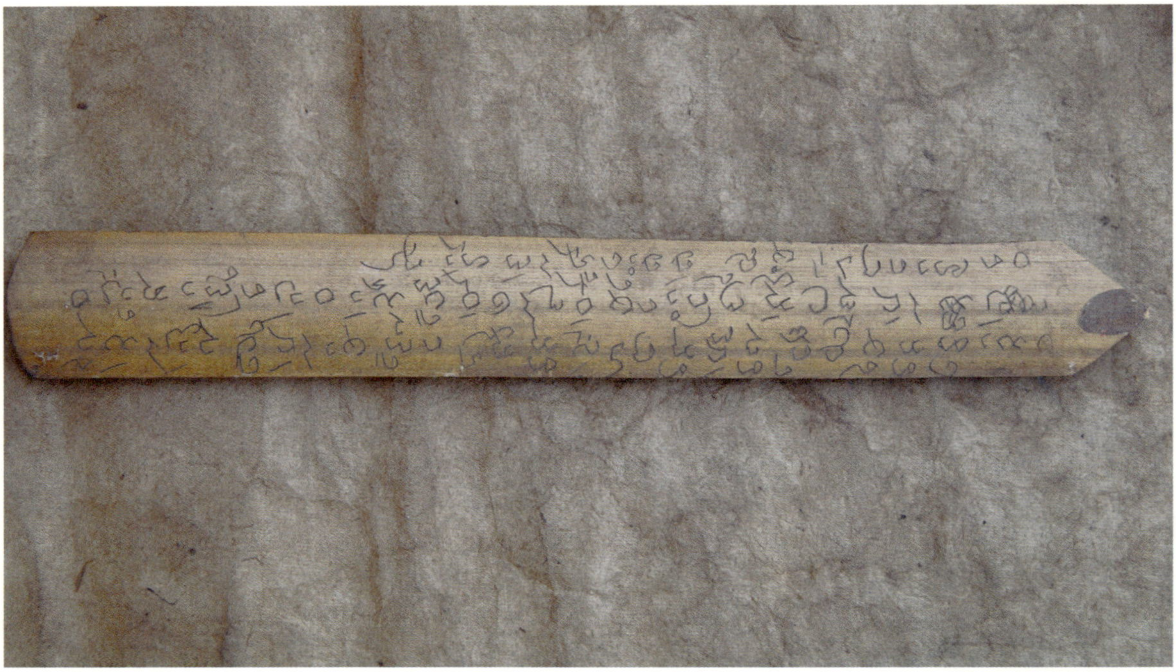

布朗族生辰牌（街顺宝　摄影）

布朗族寺院中保存汉字纪年傣文碑残片（街顺宝　摄影）

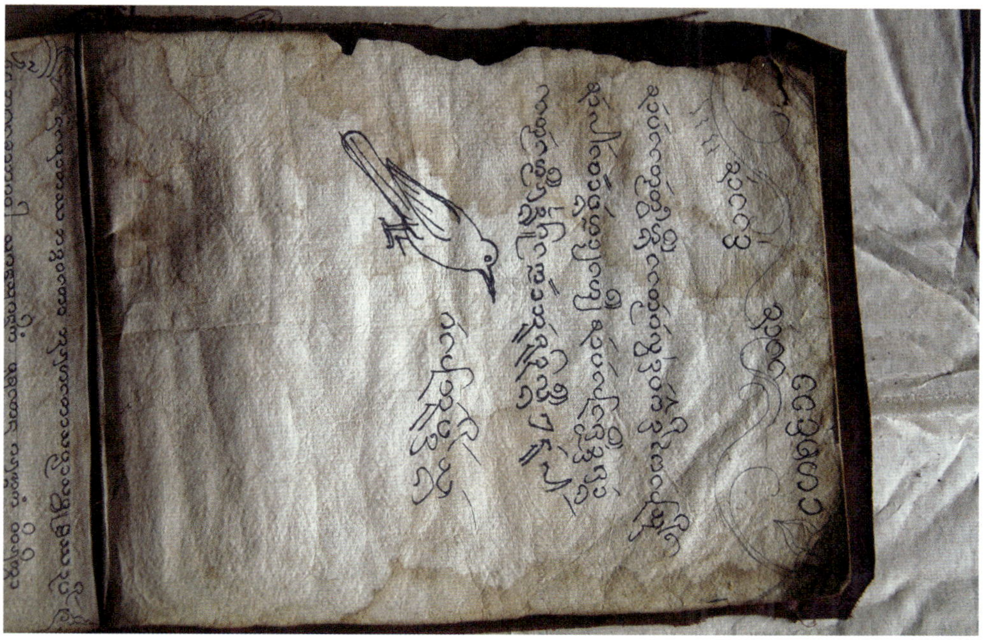

苏折打仪式用书
（街顺宝　摄影）

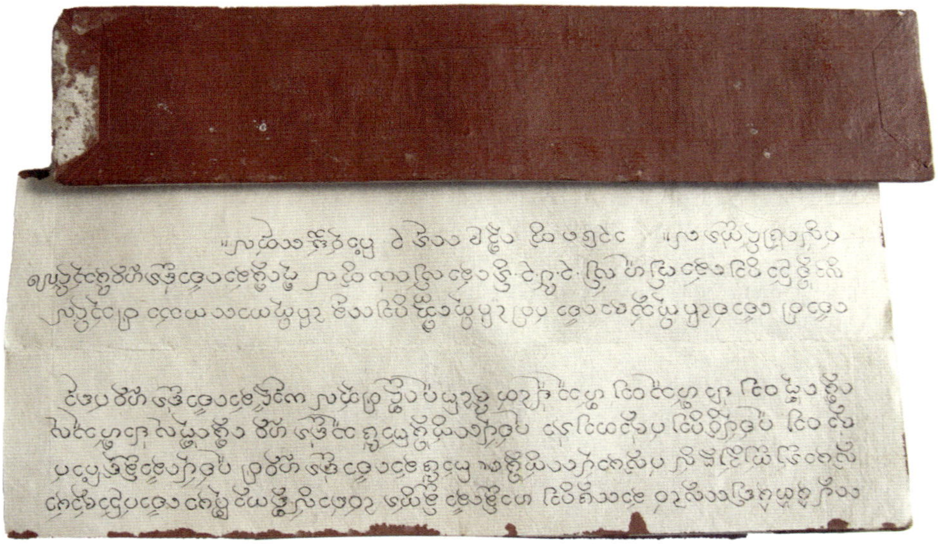

叭岩冷故事抄本
（街顺宝　摄影）

布朗族建房用书
（街顺宝　摄影）

布朗族银制饰品（街顺宝　摄影）

勐海布朗族竹编之腰箩（玉罕娇　摄影）

一、正史

史记

汉司马迁编撰。纪传体史书的开山之作，二十四史之一。记载了上至上古传说中的黄帝时代，下至汉武帝太初四年间的历史。全书包括十二本纪（记历代帝王政绩）、三十世家（记诸侯国和汉代诸侯、勋贵兴亡）、七十列传（记重要人物的言行事迹，主要叙人臣，其中最后一篇为自序）、十表（大事年表）、八书（记各种典章制度，记礼、乐、音律、历法、天文、封禅、水利、财用），共130篇，526500余字。《史记·司马相如列传》说："因朝冉从駹，定筰存邛，略斯榆，举苞满，结轶还辕，东乡将报，至于蜀都。"有人提其中的"苞满"即"濮曼"，就是布朗族（近代仍称布朗族为"濮曼"），认为是指今临沧一带的布朗族。实际上，从《史记·西南夷列传》和《史记·大宛列传》记载看，元狩元年（公元前122年）探路被抢，元封二年（公元前109年）强攻也不能胜昆明。连大理一带都到不了，去今临沧市境内地区，更不是事实。其次，"苞满"也不可能是布朗族族称的异译。元明清时期汉文文献，都称布朗族为"蒲人"或"蒲蛮"，也有用近音的字写"朴人""普人"或"朴蛮""普蛮"的。民国时期仍然沿用，只是用字不统一，作"蒲满""濮曼""朴莽"等的都有。"苞满"的所谓对应也就不能成立。一般人不了解布朗族族称，也不见得了解相关史实，有必要说明。与先秦时期的楚国历史关系密切的"濮人"，也常有人与布朗族联系，引为族源的追溯方向，出发点也仅是"濮"字相同，无法讨论彼此间是否有关联。《史记》有中华书局整理校点竖排本，1963年版，《司马相如列传》为卷一百一十七，在第九册。

（街顺宝）

后汉书

南朝宋范晔编撰。记述东汉历史的纪传体史书，二十四史之一。全书主要记述了上起东汉的汉光武帝建武元年（25年），下至汉献帝建安二十五年（220年），共195年的史事。书中分十纪、八十列传和八志（取自司马彪《续汉书》）。《西南夷列传》为《后汉书》中的一篇，原题《南蛮西南夷列传》，并南方及西南资料为一篇。清王崧《云南备征志》辑为一篇。方国瑜主编《云南史料丛刊》收西南部分，题为《西南夷列传》。《西南夷列传》除沿用《史记》《汉书》资料及补入东汉以后资料外，增加和变更的也不少，对庄蹻入滇一事的记述就明显不同于《史记》，竹王神话与九隆神话等重要资料系在西汉以后自民间访获，所补苴及变更的部分正是其价值所在。没直接提及"濮人"，但可以成为相关历史事件与地理风俗方面的参照。有中华书局整理校点竖排本，1965年版，《西南夷列传》为卷八十六，在第十册。

（街顺宝）

新唐书

《新唐书》是北宋时期宋祁、欧阳修等撰的一部记载唐朝历史的纪传体史书，二十四史之一。全书共有225卷，其中包括本纪10卷、志50卷、表15卷、列传150卷。《新唐书·南蛮传》为《新唐书》之一篇，全文10000余字。主要记述南诏始末及风俗、建置、南诏与唐及吐蕃关系、南诏与东南亚各国关系等。还列有很多民族的小条目，或插于南诏传之间，或在其前后单列，涉及今中国西南到东南亚当时的很多民族和国家。《新唐书·南诏传》中有三濮（文面濮、赤口濮、黑僰濮）一条，对他们当时的居住地域、生产、生活情况等都有简单的记述。但说三濮在云南徼外千五百里，又说龙朔中，遣使与千支弗、磨腊来朝贡，则明显有误。《太平御览》卷七九一引《永昌郡传》说："郡西南千五百里徼外有尾濮。"说明在云南徼外千五百里的是尾濮，而非文面濮、赤口濮、黑僰濮。又《太平御览》卷七九一引《扶南土俗传》说枸利东的蒲罗中人，"人皆有尾"，则虽然有尾之说系误传，但所说是明确的。所谓随千支弗入朝者，应当是指他们。《新唐书》有中华书局整理校点竖排本1975年版，《南蛮传》为卷二二二，分上、中、下排，在第二十册。《新唐书·南蛮传》（清）王崧《云南备征志》辑为一篇。方国瑜主编《云南史料丛刊》有云南相关资料辑录本。整理本有王忠《新唐书·南诏传笺证》中华书局1963年版。

（街顺宝）

元史

明宋濂、王祎等编纂。二十四史之一。系统记载元朝兴亡过程的一部纪传体断代史，记述了从蒙古族兴起到元朝建立再到元朝北逃蒙古高原的历史。全书210卷，包括本纪47卷、志58卷、表8卷、列传97卷。《元史》应该是对布朗族有明确时空，并能建立系统连贯记载的开始，主要涉及今云南保山市、临沧市及附近一些地区的布朗族。本纪与地理志部分，涉及布朗族的资料相对集中。《元史·泰定帝本纪》说："泰定四年（1327年）十一月，云南蒲蛮来附，置顺宁府、宝通州、庆甸县。"这是延续元、明两代的布朗族猛氏土司出现于历史舞台的开始。卷一四九《忙古带传》，称其为宝童之子，契丹人。说其任大理金齿等处宣慰司都元帅，提到其子火你赤袭万户。与保山一带的契丹后裔说有直接的渊源关系。《元史》有中华书局整理校点竖排本1976年版。方国瑜主编《云南史料丛刊》第二卷、第三卷有云南相关资料辑录本，云南大学出版社1998年版。方国瑜主编《元代云南傣族史料编年》，有相关部分资料的整理考校，部分内容涉及布朗族；除收入《云南史料丛刊》（第二卷），有云南人民出版社1958年版本。

（街顺宝）

明史

清张廷玉等纂。纪传体断代史，为二十四史之一。记载了自明太祖朱元璋洪武元年（1368年）至明思宗朱由检崇祯十七年（1644年）200多年的历史。共332卷，包括本纪24卷、志75卷、列传220卷、表13卷。《土司志》载有各地布朗族土司的一些情况，对猛廷瑞事件作公正描述。《地理志》载有施甸、凤溪长官与顺宁府等布朗族土司地区情况，还提到顺宁府设锡腊、董瓮等七巡检的情况。广邑州条说："本金齿军民司之广邑寨，宣德五年升为州，八年直隶布政司，正统元年三月徙于顺宁府之右甸。"右甸属顺宁府，说广邑州不是施甸。《邓子龙传》提到姚关之役布朗族的一些情况。《明史》有中华书局整理校点竖排本1974年版。方国瑜主编《云南史料丛刊》（第三卷）有云南相关资料辑录本，云南大学出版社1998年版。

（街顺宝）

明史稿

王鸿绪等编撰。记述明代历史的纪传体史书，又称《横云山人明史稿》。共310卷，包括本纪19卷、志77卷、表9卷、列传205卷。清康熙十八年（1679年），史馆始编纂《明史》。三十年（1691年），完成初稿416卷。三十三年（1694年），王鸿绪任总裁时，又与当时监修张玉书、总裁陈廷敬各任一类，继续纂修。王鸿绪承担列传，请万斯同于其家负责编写和修订，前后历时8年。

四十八年（1709年），王鸿绪解任回籍，继续删削改编成稿，在六十一年（1722年）完成，于雍正元年（1723年）进呈。刊印时均题为王鸿绪著。《明史稿》较《明史》详细，《土司传》部分，《明史》不到5万字，《明史稿》近6万字。《土司传》载有各地布朗族土司的一些情况，对猛廷瑞事件作公正描述。可与《明史》互参。方国瑜主编《云南史料丛刊》（第三卷）有云南相关资料辑录本，云南大学出版社1998年版。

（街顺宝）

二、先秦提到濮或百濮的文献

尚书

中国第一部上古历史文献和部分追述古代事迹著作的汇编。它保存了商周时期的一些重要史料。相传由孔子纂辑成书，有些篇目是后来补充进去的。西汉初存29篇，因用汉代通行的文字隶书抄写，称《今文尚书》。另有相传在汉武帝时从孔子住宅壁中发现的《古文尚书》和东晋梅赜所献的伪《古文尚书》。《尚书·牧誓》有文云："王曰：'嗟！我友邦冢君御事，司徒、司邓、司空，亚旅、师氏，千夫长、百夫长，及庸、蜀、羌、髳、微、卢、彭、濮人。称尔戈，比尔干，立尔矛，予其誓。'"唐孔颖达疏曰："文十八年《左传》称，庸与百濮伐楚，楚遂灭庸。是已庸、濮在江汉之南。"作为周的邻国居民，濮人在周人控制区域的周围，是明确的。在"江汉之南"，是以后来的濮人活动来说的，这些濮人与商朝末年的濮人是否有关，无法证实。因为民族名称通常都是记音，在音不在字，除非是抄摘旧书，不能简单以字相同来确定是否为同一民族。中国西南的布朗族先民，古代文献有记作濮人的，因为濮人一名的出现，以《尚书·牧誓》这段文字为最早，常见有人追溯到这里，有人甚至提出东南亚的孟高棉民族是从中国内地迁去，都只是揣测而已，于文献无证。在云南古文献中，这样的说法出现频繁，不得不作说明。《尚书》列入四书五经中，是五经之一，历来受重视。现在比较流行的是《十三经注疏》本。

（街顺宝）

春秋释例

15卷。西晋杜预撰。原书久已散佚，今存者为辑佚本。有乾隆《四库全书》本、嘉庆二年（1797年）庄氏刊本、《岱南阁丛书》本、扫叶山房重刊本及《古经解汇函》本等传世。杜预（222—284年）为晋代著名经学家。《四库全书总目提要》说，早在明代，原书久已散佚，仅《永乐大典》中尚存30篇，其中有6篇有释例而无经传，余亦多有脱文。《四库》馆臣辑出后又随篇掇拾，复取孔颖达《春秋左传正义》及诸书所引《释例》之文补之，又校其伪谬，重新厘为47篇，仍分作15卷，以还其旧，吴莱后序亦并附之。只因为晋人杜预《春秋释例》说："建宁郡南有濮夷，无君长总统，各以邑落自居，故称百濮。"杜预把百濮的观念移植到西南后，被一些人当成了史实，引为民族之源。《滇略》、（天启）《滇志》、（道光）《云南通志》等很多文献，都提到蒲人为古百濮裔一类的说法，实非有据。《滇略》卷一版略就说："云南古梁州域徼外，西南夷所居也。颛顼建九州，其西南为梁州。禹贡华阳黑水惟梁州，其地曰百濮，以西南有百国名之，如鄯阐、昆弥、句町、牂牁之类。周武王伐纣，濮人与焉。春秋时楚叔熊逃难于濮，始属楚。"冯甦《滇考》楚庄蹻王滇条说："西南有百国，目为百濮。武王东征，髳人、濮人与焉。楚语曰叔熊逃难于濮，今姚安楚雄间有濮落蛮，定远名髳州，顺宁称古濮地，是滇之通中国久矣。"聚珍版丛书乾隆敕刊本《春秋释例》卷七先列："建宁郡南有濮夷，濮夷无君长总统，各以邑落自聚，故称百濮也。"之后加按语说："案此四句永乐大典止有建宁县南有小夷七字，从文十六年正义所引释例增改。”在杜预及其之前的年代，建宁县在长沙郡下设过，建宁郡只有蜀汉时期在今云南境内设过。杜预所谓郡南有濮夷，也是指他的那个时代。中国西南及今邻近云南西南边境地区有濮人活动，《华阳国志》记载能与杜预的说法对应。问题在于，这个时候的所谓濮，与春秋时期的濮人，年代相去已久，地域相隔也远。无法仅因用字相同而认定他们之间有民族渊源关系。

（街顺宝）

三、图志

皇清职贡图

9卷。清傅恒等编著。乾隆十六年（1751年）奉敕撰。内容系将所有藩属与海外交往诸国官民以及国内各地先住民男女的状貌、服饰一一加以图绘。以朝鲜以下诸外藩为首，其余诸藩诸蛮，各以所隶之省为次。布朗族相关在卷七，有两幅图，分别为顺宁等府蒲人和顺宁等府蒲人妇，还有一页图说，列在后。书成后，在后编的云南省志，如道光《云南通志》在民族条下，一般都会引《皇清职贡图》中的图说。然而这个图说，也并非都来自当时采访所获。有的民族只是见于旧籍，并没有人见过，恐怕是照过去文献中的描述画的。按今天的标准，各民族的基本体质特征，也没有涉及。但有图有文，也开了一个先例。此后，类似的图说本不断出现。有辽沈书社1991年版。题清傅恒等编著，黑白图。蒲人相关图和图说在806~808页。

（街顺宝）

滇苗图说

2册。佚名画。有人认为是清代人摹明顾见龙本，含彩绘35幅。其中有蒲蛮图说，文1页，画1页，彩绘。排在倒数第二图。图与《清代民族图志》所收图相同，只画工更差，当是摹《清代民族图志》底本而成；非摹明人画本，而是摹清《皇清职贡图》一类的书。

（街顺宝）

夷人图说

2册。佚名画。含108幅彩绘，并有跋文。有人认为即《伯麟图说》，成于清嘉庆时期。有蒲人图说1页，图文列于同一页，字在上，画在下。图为彩绘。文云："一种蒲人，男以绛绘束发，衣尚彩。女以花布作带及裳，贱者无之。勤耕善走，能负重，为知肩担。永昌府属有之。"与道光《云南通志》所录《伯麟图说》文不同。道光《云南通志》录文作："蒲蛮，性多疑，貌黑而寝，其音类鸟。通汉语，知礼让。耕山善泅，食蕉心如蔬。楚雄府有之。"

（街顺宝）

古滇土人图志

近人董贯之编绘。分为民族形象绘图及风俗绘图及说明两类。书前有彝文及对译汉文1页。董贯之（1881—1931年），本名一道，字贯之，号墨医，云南峨山人，是清末民初的一位著名画家。有蒲蛮画像一幅，其形象是手抚月琴，头戴斗笠。从画的内容和形象，看不出旧文献所描述的蒲人特征。有云南崇文石印书馆民国三年（1914年）石印本，版式为23厘米 ×16.5厘米，版心尺寸为19厘米 ×11厘米。收入《西南民俗文献》，兰州大学出版社2003年版。

（街顺宝）

清代民族图志

中国历史博物馆李泽奉、刘如仲编著。这是一部反映中国清代各少数民族历史、民俗等文化的文献。书前有史树青序，说是两位作者历时3年，从大量公私所藏绘像中精选出300余幅而成。由各民族情况介绍和插图两部分组成。文字部分有30多万字，配有清朝宫廷画师们所作的各民族彩色绘像325幅。布朗族部分，连图和民族介绍共有4页，其中彩图2幅。录有《广舆胜览》题记。青海人民出版社1997年版。

（街顺宝）

四、志书

华阳国志

12卷。晋常璩撰。全书分为巴志、汉中志、蜀志、南中志、公孙述刘二牧志、刘先主志、刘后主志、大同志、李特李雄李期李寿李势志、先贤士女总赞、后贤志、序志并士女目录等，约11万字。是一部专门记述古代中国西南地区地方历史、地理、人物等的地方志著作。其内容采用地理、历史、人物相结合的办法编纂，是我国最早且较为完备的地方志书，历来受到重视，保存相对较好。《华阳国志·南中志》说：“（永昌郡）有闽濮、鸠獠、僄越、裸濮、身毒之民”；“祥子元康末为永昌太守。值南夷作乱，闽濮反，乃南移永寿，去故郡千里，遂与州隔绝”。这是对今云南西部地区孟高棉语民族濮人最早的明确记载。还有人根据《华阳国志·南中志》提到“滇濮”，认为滇国是濮人之国。实则《华阳国志·南中志》说：“南中在昔，盖夷、越之地，滇、濮、句町、夜郎、叶榆、桐师、嶲唐，侯王国以十数。”常璩的意思已非常明确，滇、濮、句町、夜郎、叶榆、桐师、嶲唐等，都是侯王国的名称，而非族称。滇国自然也就不会改称滇濮国，更不是表示滇国为濮人之国的意思。《华阳国志》宋代已有刻本，明清就更多。现代整理本有四川人民出版社1957年线装本、商务印书馆1958年顾广圻校本、刘琳《华阳国志校注》（巴蜀书社1984年7月）、任乃强《华阳国志校补图注》（上海古籍出版社1987年）等。

（街顺宝）

永昌郡传

晋佚名撰。其书久佚，材料散见于《太平御览》等书。方国瑜《〈永昌郡传〉概说》认为是蜀汉建兴三年到晋太康二年间（225—281年）的作品。《太平御览》卷七九一引《永昌郡传》说：“云南郡在建宁南四十五里，治云南县，亦多夷濮，分布山野，千五百人。女大小蹲踞道侧。皆持数种器杖，时寇钞，为郡邑之害”；“郡西南千五百里徼外有尾濮。尾若龟形，长三四寸。俗坐，辄先穿地空，以安其尾。若邂逅误折尾，便死。男女长，各随宜野会，无有嫁娶，犹知识母，不复别父。俗云贷老相食，则此濮也。古人所说，非目见也”。有人将尾濮当成中国西南的古代民族，并强解尾为衣饰之误，实非。所谓尾濮，从标题到内文，都在强调人有尾，显然不能以误看解释。但作者强调来自传闻，并非亲见，则是要说明有这么一些人不假，但有关他们的说法却未必是真。所谓“西南千五百里徼外”，说明他们生活的地域在永昌郡西南边境外千五百里地方，离永昌已很远。《太平御览》卷七九一引梁祚《魏国统》曰：“西南有夷，名曰尾濮。其地出玳瑁、犀、象、珠玑、金、银、葛越、桂木。人皆蛮夷，重译乃通也。”“重译乃通”，说明山隔水阻，相去甚远，且中间还有很多其他的民族，层层翻译，才能与中原人交流。《太平御览》卷七九一引《扶南土俗传》曰：“枸利东有蒲罗中人，人皆有尾，长五、六寸。其俗食人。按其地，并西南蒲罗，盖尾濮之地名也。”这种对濮人的认识，对我国孟高棉语民族与东南亚相关民族的研究有一定的参考价值。佚文所记为地理、风俗一类，所记也不限于永昌一郡，涉及当时南中地区许多地方。清王谟《汉唐地理书钞》、王叔武《云南古佚书钞》（云南人民出版社1978年）、方国瑜《云南史料丛刊》卷一（云南大学出版社1998年）均有辑录。

（街顺宝）

南中八郡志

晋佚名撰。其书久佚。佚文多记当时南中地区的地理、风俗、物产，以地方特产动植物为多。没有直接提及濮人，但所提到的一些永昌郡当时的资料，可作濮人研究的文化背景参考资料。宋王溥《唐会要》卷一百、《太平御览》卷一七七及《太平寰宇记·骠国传》都提到汉晋时有《南中八郡志》一书。方国瑜《〈南中八郡志〉概说》认为成书于东晋时期。方国瑜主编《云南史料丛刊》卷一（云南大学出版社1998年）有辑文。

（街顺宝）

广志

晋郭义恭撰。原书久佚，《太平御览》《艺文类聚》《初学记》等有辑录文。一般认为《广志》是晋代成书，但也有认为是北魏时成书。然而从建置与地名看，没有发现刘宋、北魏时的新地名，但已出现建宁、云南等蜀汉设郡。（王利华《〈广志〉成书年代考》，《古今农业》1995年第3期）《太平御览》卷七九一引郭义恭《广志》有木绵濮、文面濮、折腰濮、赤口濮、黑僰濮诸条，木绵濮、文面濮、折腰濮不知居地，赤口濮、黑僰濮则明确在永昌南和永昌西南，是对众多濮人群体最早的明确记载。《太平御览》卷七九一引《广志》说："赤口濮，在永昌南。其俗，折其齿，劓其唇使赤；又露身，无衣服"；"黑僰濮，在永昌西南，山居，耐勤苦。其衣服，妇人以一幅布为裙，或以贯头；丈夫以谷皮为衣。其境出白蹄牛、犀、象、武魄、金、铜华布"。"露身，无衣服"的记载与《华阳国志·南中志》所说的裸濮可能有关。马国翰《玉函山房辑佚丛书》有辑本。方国瑜主编《云南史料丛刊》有云南相关资料辑录本。

（街顺宝）

云南志

10卷。唐樊绰撰。又作《云南记》《云南史记》《南蛮志》《南蛮记》《南夷志》《蛮书》。宋元以后常见著录，明清云南志书也多著录，但其书在明代以后就已极少见，现存本是乾隆年间从《永乐大典》中辑出的，收入《聚珍版丛书》，流传于世。书的内容分为云南界内途程、山川江源、六诏、名类、六睑、云南城镇、云南管内物产、南蛮风俗、南蛮条教、南蛮疆界连接诸蕃夷国名10部分，各为一卷。全面系统地记述了南诏国内的政治、经济、文化各方面的情况，以及当时云南和邻近地区的民族、风俗和社会情况，还涉及东南亚的一些史实。所以，无论是研究这一时期云南的历史、民族文化，还是研究东南亚的情况，此书都是难得的资料，南诏史研究就更不用说。《云南志》卷四说："扑子蛮，勇悍矫捷。以青婆罗缎为通身袴。善用白箕竹，深林间射飞鼠，发无不中。部落首领谓酋为上。无食器，以芭蕉叶藉之。开南、银生、永昌、寻传四处皆有，铁桥西北边延澜沧江亦有部落。臣本使蔡袭咸通四年正月三日阵面上生擒得扑子蛮，拷问之，并不语，截其腕亦不声。安南子城虞候梁轲云是扑子蛮。"明确记载了当时南诏境内布朗族、佤族、德昂族等民族先民扑子蛮的基本情况。其居住地域、社会风情都有记及。是中国孟高棉语民族历史研究承前启后的重要资料。由于此书的重要价值，一直受到人们的重视，研究、校勘、注解者很多。目前易见的整理本有向达的《蛮书校注》（中华书局1962年）、赵吕甫的《云南志校释》（社会科学出版社1985年）、木芹的《云南志补注》（云南人民出版社1995年）几种。方国瑜主编《云南史料丛刊》卷二（云南大学出版社1998年）收入木芹整理本。

（街顺宝）

云南志略

4卷。元李京撰。明代云南诸省志及《续文献通考》《千顷堂书目》《世善堂藏书目录》等均著录，《说郛》题注为4卷，并说明有附录。今存《云南总叙》与《诸夷风俗》两节，出涵芬楼本《说郛》卷三十六。《古今图书集成•方舆典》、《云南备征志》卷五、《滇系•典故》也录，据考也来源于此。《云南总叙》一节首次梳理了云南历史线条，《诸夷风俗》节记录了白人、罗罗、金齿百夷、么些、斡泥、野蛮、土僚、蒲人8个群体的社会风俗，开明清云南方志记录民族风俗的先河。《云南志略》说："蒲蛮，一名扑子蛮，在澜沧江以西。性勇健，专为盗贼。骑马不用鞍。跣足，衣短甲，膝（颈）〔胫〕皆露。善用枪弩。首插雉尾，驰突如飞。"又《元混一方舆胜览》之"永昌府风土•骑马不鞍"条说："兰沧以西有蒲蛮，一名扑子，专为盗贼，骑马不鞍，善用劲弩，驰突如飞。"《云南志略》和《元混一方舆胜览》的材料应该是同出一源。除名称变为朴子蛮外，其余内容多与唐代樊绰《云南志》中的望苴子蛮相同。澜沧江以西的蒲人，应是永昌府和顺宁府境内的蒲人。明代文献，除抄录《云南志略》者外，未见有类似的记载。整理本有王叔武《大理行记校注•云南南略辑校》（云南民族出版社1986年）一书，方国瑜主编《云南史料丛刊》卷三（云南大学出版社1998年）也收，两种都收虞集、元明善、李京三序。

（街顺宝）

云南图经志书（景泰）

10卷。明陈文纂修。前6卷为地理志，后4卷为艺文志。以各府、州及宣慰司、宣抚司、指挥使司、长官司为纲，下列载其建置、沿革、郡名、至到、风俗、形势、公廨、学校、井泉、堂亭、楼台、寺观、祠庙、古迹、墓葬、桥梁、馆驿、名宦、人物、科甲、题咏等二十余门。艺文志所载，多元人作诗文碑记之文，亦录自以前志书。为现存明代云南省志中最早的版本。布朗族相关资料散于各卷。卷四顺宁府下各条，多与布朗族及土司猛氏有关。风俗条记载布朗族风俗较多，且真实可信。卷五云龙州风俗提到云龙是峨昌与蒲人杂处但互相不通婚。卷六永昌金齿军民指挥使司风俗也提到蒲蛮风俗。古迹有万箭树一条，说为镇厌蒲人，过者射树，成一景观。不可信。正德《云南志》卷十三腾冲军民指挥使司哨戍说腾冲东三十里有乱箭树哨，乱箭树得名似也与万箭树条相同的习俗，恐怕不止一处有这样的树。卷四顺宁府风俗："屈膝为礼：境内多蒲蛮，形恶体黑，男子椎髻跣足，妇人绾髻于脑后，见人无拜礼，但屈膝而已。不知节序，不奉佛教，惟信巫鬼。其心性狠毒而勇悍，好斗轻生，兵不离身，多为盗贼。服食陋恶：蒲蛮男子以布二幅缝为一衣，中间一孔，从首套下。富者以红黑丝间其缝，贫者以黑白线间之，无襟袖缘，两臂露出。夜寝无床席，惟以此衣蒙首，拳曲而卧。妇人用红黑线织成一幅为衣，如僧人袈裟之状，搭于右肩，穿过左胁，而报于胸前。下无裹衣，用布一幅，或白，或黑，缠蔽其体。腰系海肥，手带铜钏，耳有重环。凡饮食不用箸，惟以手捻，酷嗜犬鼠，其土蜂、蛇虺、虾蟆、蜻蜓、蜘蛛、蝼蚁、水虫，无不食之。其陋恶甚于诸夷者也。"金恩辉、胡述兆主编《中国地方志总目提要》（李孝友文）说海虞陈揆之稽瑞楼，以及北京图书馆均藏有原刊本，云南省图书馆传抄北京图书馆藏原刊本庋藏。方国瑜主编《云南史料丛刊》有辑录本。《续修四库全书》收景泰《云南图经志书》。有李春龙、刘景毛校注本，云南民族出版社2002年版。

（街顺宝）

云南志（正德）

44卷。明周季凤纂修。系在彭纲纂修的弘治《云南总志稿》的基础上后加编次，"期月而成"。在正德五年（1510年）成书之后，到嘉靖三十二年（1553年）才刊印行世。与景泰《云南图经志书》相较，地理各府分目大致相同，列传之名宦、烈女，又外志之诸夷及文章，多出景泰《云南图经志书》而更翔实，事要系大事记，为景泰《云南图经志书》所无。事迹补景泰以后五十余年资料。卷三大理府风俗提到峨昌与蒲人杂处但互相不通婚。同景泰志文，显系引用。卷八顺宁府涉及蒲人及猛氏较多。风俗条同景泰《云南图经志书》。屈膝为礼条少“多为盗贼”一句。服食陋恶条之“无襟袖缘”，此作“无襟袖、领缘”。宦迹：阿曰贡，蒲人，元奠长，洪武间归附，授土官知府。猛丘，曰贡子，袭职。猛朋，丘弟，袭职。卷十三金齿军民指挥使司山川说：“博南山，在永平县西南四十里，一名金浪颠山，一名丁当丁山，极为险隘，乃蒲蛮出入之所。昔南诏遣将军征缅，回师多赍金宝，经此山遇盗，将军死之，后立祠曰金浪巅山神祠。北麓有泉，流为花桥河”；“凤溪山，在凤溪长官司治东，东西有二泉合流为凤溪”；“清水河，有二：一出本司阿隆村，一出甘松坡下，合流至潞江安抚司城东北，合凤溪、郎义河，又至司城东南，合沙河诸水，入于峡口洞焉”。卷十三金齿军民指挥使司风俗说：“采猎为务。蒲蛮，一名朴于蛮，其服饰好尚与顺宁府者相同。居澜沧江以西者性勇健，专为盗贼。髻插弩箭，兵不离身，以采猎为务，骑不用鞍，跣足，驰走如飞。男子出外，其妇杜门绝客，禁杵臼，静坐以待其至。有罪，无分轻重，其酋长皆杀之。有战斗，杀犬分肉为令，击木为号。讲和则斫牛为誓，刻木为信。争首位，则父子兄弟相攻，邻里不救，受贿乃救云。”地域相连，同顺宁是对的。异者系抄旧籍，不辨致误。卷十三金齿军民指挥使司风俗说：“蒲蛮据险为恶，今近城居者咸汉俗，而吉凶之礼多变。”卷十三金齿军民指挥使司古迹也载万箭树，同（景泰）《云南图经志书》。金恩辉、胡述兆主编《中国地方志总目提要》说有浙江宁波范氏天一阁庋藏有嘉靖三十二年（1553年）原刊本，北京图书馆所藏系影抄天一阁藏本，云南省图书馆又抄北图影抄本进窟一部庋藏。方国瑜主编《云南史料丛刊》有辑录本。

（街顺宝）

云南通志（万历）

17卷。明邹应龙修，李元阳纂。原刊本首载李元阳自序及凡例七则；排印本增龙云重印序。书刊印于大理，传世不多。民国二十一年（1932年），云南通志馆得天津任振采天春园藏本，抄一寄上海排印500部，才得以广泛流传。有当时布朗族的一些情况记。例如，卷五说金齿巡检司，即蒲蛮关南，府治南三十五里，洪武十五年建。顺宁府治署提到土知府猛寅改建府署事迹。卷六记载顺宁府户口、田赋、差发等情况。卷八记载顺宁府土知府猛寅建社学情况。卷十六羁縻志僰夷风俗条提到蒲人风俗，说：“蒲人，青红布裹头顶，以青绿小绦绳而系之，多者为贵，无则为贱也。下着花裩，身挂花套长衣，膝下系墨藤数遭。妇人绾髻于脑后，头带青绿珠，以花布围腰为裙，上系海贝带十数围，以莎罗布系肩上为盛服。赤脚而行，涉水登山其疾如飞。”又说：“蒲人、阿昌、哈剌、哈杜、怒人皆居山巅，种苦荞为食，余则居平地或水边也，言语皆不相通。”方国瑜主编《云南史料丛刊》有部分内容辑录本。

（街顺宝）

滇志（天启）

30卷。明刘文征纂修。系以李元阳纂修之（万历）《云南通志》，包见捷纂修的（万历）《云南通志草》为蓝本，加上自己的见解编成。其体例大都沿旧志，补了万历初年以后五十年间事。卷三十土司官氏项下，记载当时的布朗族土司情况最为详细。凤溪长官司土官正长官莽氏、把事张氏、施甸长官司土官正长官莽氏、甸头巡检司巡检莽氏、水眼巡检司土巡检莽氏及保山县有十五喧、二十八寨的情况，都详为列举。石册寨、施甸东山寨、下腾场寨、金齿东山寨、甸头寨，保场寨，乌邑寨七莽氏副千夫长也，为布朗族。波艮邑寨、木瓜郎泰、阿思郎寨、南窝寨、周册寨、信邑寨、瓦窑寨七莽氏百夫长也，是布朗族。锦邑寨、老姚寨、交邑寨、牛旺寨、山邑寨五莽氏百户也，是布朗族。蒲缥寨莽氏火头也，是布朗族。这些莽姓，在康熙《永昌府志》中已全部改为蒋姓，说明改姓过程是在（天启）《滇志》资料截止后完成的。枯柯、明邑、茶山、干海子已失其官，也有可能是布朗族。顺宁府只简单说因猛廷瑞事件改流，没有事迹记载。可能因为事在当时，多有忌讳。卷三十种人记载各地布朗族情况也较为详细，只是蒙自及教化三部、十八寨的所谓野蒲，应该不是布朗族。有古永继点校本，云南教育出版社 1991 年版。

（街顺宝）

滇略

10 卷。明谢肇淛纂辑。成书后曾在云南大理刻印，清初刻本已少见，还好收入《四库全书》，列于史部地理类。全书分 10 略，即版略、胜略、产略、俗略、绩略、献略、事略、文略、夷略、杂略。云南省图书馆李孝友认为产略、俗略及夷略，最具学术资料价值。卷一版略提到顺宁府历来是蒲人居地。卷二胜略博南山附近有蒲蛮。卷七事略提到万历十一年（1583 年）缅甸寇顺宁，破施甸、猛淋、盏达诸寨等事。卷七事略提到猛廷瑞事件，但简略。《滇略》卷七事略叙止于万历四十八年（1620 年）。卷九夷略有布朗族资料。有把蒲人归为僰人类群，普蛮（扑子蛮）归为爨人类群之类问题存在，抄书不辨之过。卷十杂略录有猛廷瑞托梦郭子章夫人一事，实是在为其申冤，说明当时对这件事的看法已有改变。方国瑜主编《云南史料丛刊》录有全本。

（街顺宝）

云南通志（康熙）

30 卷。清范承勋、王继文同修，吴自肃、丁炜同纂。大都录（天启）《滇志》成文，补有清初数十年事迹，但也十分粗略。卷二十七种人条下有蒲人条，系抄（天启）《滇志》卷三十，没有增加后来的内容，其他资料也多如此。可作版本校对参考。金恩辉、胡述兆主编的《中国地方志总目提要》说民国十九年（1930 年）在昆明旧文庙尊经阁发现（康熙）《云南通志》版片，重印数十部，得以广泛流传。书目文献出版社出版过北京图书馆古籍珍本丛刊本。

（街顺宝）

云南通志稿（道光）

216 卷。清阮元修，王崧、李诚纂。分量较前修云南志书大增，内容丰富。有人认为是今存明清两代云南志中较好的一部。在种人一项下，就搜罗了道光朝以前的府、州、厅、县志的少数民族的很多资料，集中在一起，方便查找；还绘制各民族生活情景图，附于文前，图文并茂。蒲人条就录有《皇朝职贡图》、旧《云南通志》、《顺宁郡志余钞》、《景东厅志》、《楚雄府志》、《宁洱县采访》六种，还有蒲蛮一条，列有伯麟《图说》一种。蒲人、蒲蛮分两条列，则说明编辑不够认真。道光《云南通志》搜罗资料极全，以民族部分论，志书不易全获，则可以是书为参考。

（街顺宝）

云南志抄（道光）

清王崧撰，杜允中注。阮元任云南总督时，聘请浪穹王崧纂修云南通志，因与阮元的继任者意见不合辞任。王崧纂辑之成稿，由门人杜允中注，并收入《乐山集》刊刻。金恩辉、胡述兆主编《中国地方志总目提要》说传世极少，云南省图书馆藏本是方树梅多年访求，得零本配成全帙。土司部分分成世官与废官两类记述，废官部分录有顺宁府土知府猛氏、莽水寨土巡检莽氏、右甸土千户蒋氏。永昌府记明代所置各布朗族土司，又记右甸守御所正千户蒋氏、副千户蒋氏。有刘景毛点校本，云南省社会科学院文献研究所 1995 年印行。

（街顺宝）

新纂云南通志

226卷。龙云、卢汉修，周锺岳等纂。民国二十年（1931年）开馆重修，组织人力“集历朝旧志，复者删之，逸者访之，缺者苴之，乖谬者订正之”，并以光绪二十七年（1901）至宣统三年（1911年）事补之，历时12年，于民国三十二年脱稿，民国三十八年铅印成书，题名《新纂云南通志》。辑录旧志上的资料，又增加民国时期的内容，内容丰富，可作布朗族历史文化研究参考，卷五十一顺宁府古迹之庆甸废县、武侯石柱、江心铁柱、聚书楼等，都注明来自《清一统志》《顺宁府志》等书。卷一七三、一七四土司考之废官录有永昌府、顺宁府的布朗族土司土官。录（道光）《云南志抄》成文。卷二〇五名贤传顺宁府录明代有猛盖、猛卿二人，录（万历）《云南通志》文。此书于民国三十八年（1949年）铅印成书，全书266卷，分装140册，约648万字，附表198张，图78幅，共印800部。李春龙等点校本《新纂云南通志》由云南人民出版社于2007年出版，全书分装为10册。

（街顺宝）

续云南通志长编（民国）

81卷。周锺岳、赵式铭主纂，是《新纂云南通志》原班人马纂修的另一部书。原稿为80卷，分20门。下又内分大事记、气象、议会、内政、财政、教育、建置、交通、盐务、司法、外交、社会、农政、水利、工业、商业、宗教、人物、金石、田粮、学校等类。《新纂云南通志》叙事止于宣统三年（1911年），以后的有关资料，就辑成了《续云南通志长编》。起自民国元年（1912年），下至民国二十年（1931年），偶有延至民国三十五年（1946年）者。虽然不直接针对布朗族，但对布朗族的这一时期的历史研究有一定的参考价值。当时未刊行，到1984年，才由云南省地方志办公室组织人力整理成上、中、下三册，于1988年由云南人民出版社出版。

（街顺宝）

滇黔志略

30卷。清谢圣纶撰。前16卷为《滇志》，后14卷为《黔志》，各自为篇。《滇志》的主要内容：卷一沿革（附建置），卷二山，卷三水，卷四气候，卷五名宦（附使命、武功），卷六学校（附选举），卷七风俗，卷八人物，卷九列女，卷十物产，卷十一古迹，卷十二流寓，卷十三轶事，卷十四土司（附外徼），卷十五种人，卷十六杂记。种人部分有蒲人条，大篇幅引用董难《百濮考》，并认为考证“最为明晰”。说镇沅、永昌、普洱、顺宁、景东等地有蒲人，不说楚雄、新兴、阿迷等地有，或许是调查所获。据《中国地方志联合目录》记载，中国科学院图书馆、上海复旦大学图书馆藏有乾隆二十八年（1763年）刻本，云南省图书馆有抄本，贵州省图书馆有1966年油印本。2004年，兰州大学出版社出版梁公卿总主编《中国西南文献丛书》，其第三辑《西南史地文献》中收录有该书“据传抄乾隆二十八年本影印”之本。有古永继点校，杨庭硕审订《滇黔志略点校》，贵州人民出版社2008年出版。

（街顺宝）

滇系

40册。清师范编撰。为其任安徽望江知县时编刻引书。始辑于1806年，完成于1807年。此书取材大都出自旧有的文献。参阅文献约400种，精选成编。共分12系（类），40册，约45万字。全面、详尽辑录了清嘉庆以前有关云南省疆域、职官、事略、赋产、山川、人物、典故、艺文、土司、属类、旅途、杂载等方面的重要文献，对云南历史文化研究有重要的参考价值。辑录了很多文献，如李京《云南志略》、诸葛元声《滇史》等，还搜罗了很多单篇文章，众多资料集中在一起，方便查找使用。但其资料收集，也有一些问题，如永昌府属布朗族土司资料，都只到没有改姓之前。此书最早于嘉庆十三年（1808年）刊印，光绪十三年（1887年）云南通志局复刻，后收入《云南丛书》。

（街顺宝）

永昌府志（康熙）

36卷。清罗纶修，李文渊等纂。记事止于康熙四十年，为现存最早之永昌府志。内釐26门，下系35目，约203000字。永昌府所辖之宣抚司、土县丞、土州、土舍等，其民族族属，辖境之大小，道路远近等，在土司门中皆考而详之。卷二十四土职列有15喧28寨，并注当时的承袭情况，仅剩13喧24寨。有些名称与（天启）《滇志》不同。（康熙）《永昌府志》卷二十四种人有蒲人一条，后注详《云南通志》，说明是抄旧志，非以调查描述。（康熙）《永昌府志》卷二十五录王瞿尧诗。书目文献出版社有北京图书馆古籍珍本丛刊本。康熙以后，还有（乾隆）《永昌府志》、（道光）《永昌府志》、（光绪）《永昌府志》也可作参考。蒲人条目，多系抄旧书，很少纂辑调查。（光绪）《永昌府志》台湾成文出版社1967年影印出版过。

（街顺宝）

楚雄府志（康熙）

10卷。清张嘉颖、李镜等人纂修。列图考、地理、建设、赋役、学校、秩官、选举、人物、艺文9门，下系子目64，订10册，约19万字。记事止于康熙五十五年。卷一风俗人种类说："蒲蛮，山居火种，妇人织火麻布为生。"是对楚雄府境内蒲人情况的记述。据中华书局1985年版的《中国地方志联合目录》的统计，收藏单位不算少。云南省图书馆藏有康熙五十五年刻本。凤凰出版社、上海书店、巴蜀书社出的《中国方志集成》有此书影印本。

（街顺宝）

定边县志（康熙）

1册。清杨书纂修。康熙五十二年（1713年）成书。传抄未刊。分成星野、沿革、风俗等计26个类目，类目全而文字简约，只有2万字左右。风俗条说："蒲蛮，男耕女绩，织布为生。"定边即今南涧彝族自治县一带，与顺宁府境相邻，可能连片。（道光）《云南通志》种人二引《伯麟图说》说："蒲蛮……楚雄府有之。"所谓楚雄府有蒲人，疑是指在定边县者而言，其他州、县未见载有蒲人。定边为楚雄府属县。北京图书馆有藏本，云南省图书馆有北京图书馆抄藏。大理州文化局翻印过一本，由邓承礼标注点校，底本来自云南省图书馆本。

（街顺宝）

大理府志（康熙）

30卷。清傅天祥修，黄元治、张泰交纂。正文分地图、星野、沿革、疆域、山川、城池、户口、田赋、课程、职官、学校、风俗、官师、选举、兵防、封建、名宦、人物、乡贤。卷十二云龙州风俗说只有阿昌、罗舞、僰、栗粟四个民族，但后文说："赶马撒西北为鲁戛寨，俗号蛮山，蒲蛮居焉。"属《云龙纪往》以外较早的云龙布朗族情况记载。（雍正）《大理府志》卷十二也载，略有不同，说："（赶马撒）西北为鲁戛寨。俗（又百里为彩归）号蛮山，蒲蛮居焉。""又百里为彩归"一句，为抄混误置。（雍正）《云龙州志》也载，当是还有少数遗留。金恩辉、胡述兆主编《中国地方志总目提要》说北京图书馆藏康熙三十三年（1694年）刊本，云南省图书馆亦藏此刊本，俱已残缺，另有铅字重印康熙三十三年本。书目文献出版社出版过北京图书馆古籍珍本丛刊本。

（街顺宝）

云龙州志（雍正）

12卷。清陈希芳纂。全志约5万字。正文分图考、星野、沿革、疆域、建置、风俗、赋役、物产、学校、官师、人物、灾祥、艺文13类。卷三形势之赶马撒条说："自旧州迤北三十里到苗委山，转西欧国家超涧，攀崖二十里至汉洞寨，邻浪宋。又三十至赶马撒，亦阿昌种，八十余家。西北为鲁戛，山势粗雄，俗号蛮山，蒲蛮居焉，约二十家。"赶马撒在云龙县槽涧镇，在澜沧江西。《云龙纪往》说："（云龙）夷有三种，摆夷十之七，阿昌十之二，蒲蛮十之一，地广人稀。"应该是反映董善庆作是书时的情况。王凤文序说董善庆是康熙四十九年贡生，可以看出明末清初该地虽有蒲人，但人数不多。北京图书馆藏雍正六年（1728年）原刊本，云南省图书馆藏此刊本，又有传抄本一部。政协云龙县文史委员会和云龙县志编纂委员会1985年翻印过一本，周祜点校。

（街顺宝）

普洱府志（道光）

20卷。清郑绍谦原纂，李熙龄重修。道光三十年付梓，咸丰元年（1851年）书成。是志内鋆凡例20则，辨误2则，列20目，下系子目72，约14万字。知府郑绍谦组织编纂的（道光）《普洱府志》在道光二十年（1840年），编成后不过10年，就已残缺不全，知府李熙龄于道光三十年（1850年）在其基础上重修另一部（道光）《普洱府志》。卷十八对宁洱（今宁洱哈尼族彝族自治县一带）、思茅（今普洱市思茅区）、威远（今景谷傣族彝族自治县）的蒲人情况有介绍。根据中国科学院北京天文台主编《中国地方志联合目录》（中华书局，1985年1月）的统计，北京图书馆、天津图书馆、云南省图书馆等多家图书馆藏有道光三十年（1850年）刊本。上海图书馆藏有郑绍谦纂《普洱府志》道光二十年（1840年）刊本，但仅存卷一至十三及卷十八。

（街顺宝）

腾越州志（乾隆）

13卷。清屠述濂纂修。腾越修志最早在明正德间，腾冲军民指挥使司指挥使徐廉延绅士易翼之等两修司志。隆庆、万历都有续修，未传。乾隆三十五年（1770年）知州吴楷以所获旧州志资料的基础上，重为续纂，未刊行。至屠述濂任知州，增订为12卷，于乾隆五十五年成书。光绪二十三年（1897年）知州黄炳坤重刻。约183000字。卷十一说："蒲人，散居山谷，永昌以西南，所在多有，知汉语，通贸易。"猛廷瑞与李先著事迹等，著录详尽。有蒲蛮诗等可供布朗族历史文化研究参考。台湾成文出版社1967年影印出版过。有文明元、马勇点校本，云南科技出版社2006年版。凤凰出版社、上海书店、巴蜀书社出的《中国方志集成》有此书影印本。

（街顺宝）

腾越厅志（光绪）

20卷。清陈宗海修，陈宗海、赵瑞礼纂。约276000字。记事止于光绪十四年。乾隆五十五年（1790年）以前事迹，多采自旧志，五十五年以后至光绪十四年事迹，系据采访补缀增益。卷八录李先著传，涉及猛廷瑞事件，认为李置事允当，却被陈用宾等人诬陷害死。卷十五种人有蒲人条，录旧籍成文。卷十八录董难《百濮考》，卷十八录王尧瞿诗，没有新资料，但可供版本互校。台湾成文出版社1967年影印出版过。凤凰出版社、上海书店、巴蜀书社出的《中国方志集成》有此书影印本。

（街顺宝）

景东县志稿（民国）

22卷。周汝钊修，侯应中纂。正文分天文、地理、沿革、建投、学校、赋役、职官、科学、选举、人物等，是汇集旧志材料又补充民国以来史事而成，并补旧志遗缺。卷二种夷项下有朴蛮一条，云："朴蛮，男女体貌深黑。居深山，衣服婚丧如白罗罗。女织棉布。惟沿江一带有此种。"除族称用字改作"朴蛮"外，其余同旧志中的蒲蛮条，系抄旧志。（雍正）《景东府志》卷三作："蒲蛮，男女体貌深黑。居深山，衣服婚丧如白罗罗。女织棉布。惟沿江一带有此种。”全部一样。（道光）《云南通志•种人二》引《景东厅志》说：“（蒲人）居深山，衣服婚丧如白罗罗。女织棉布，惟沿江一带有此种。”省去“男女体貌深黑”数字。台湾成文出版社 1961 年影印出版过。凤凰出版社、上海书店、巴蜀书社出的《中国方志集成》有此书影印本。在历史上，还有（雍正）《景东府志》5 卷、（乾隆）《景东直隶厅志》4 卷、（嘉庆）《重修景东直隶厅志》28 卷，直接提到布朗族的部分都基本相同。其他文化背景知识部分可以参阅各志。

（街顺宝）

重修阿迷州志（雍正）

20 卷。清陈权等重修，顾琳等纂。分 24 目，系子目 26，约 25000 字。其体例与康熙志大体相同，康熙至雍正间史事作了增补。新增盐法、汛防、巡检、使命、流寓、杂具类，篇幅有所增益。卷十一沿革附土司种人说：“蒲人，即古百濮。质纯黑，椎髻跣足，套头短衣，手带铜镯，耳环铜圈，带刀弩长牌，饰以丝漆，上插孔雀尾。”（道光）《云南通志•种人二》引旧《云南通志》提到有蒲人流入新兴、禄丰、阿迷、镇南者，只不过是抄（天启）《滇志》，道光时的情况无从查考。雍正志以后的阿迷志书，未再提有蒲人，可能迁移，也可能是融入其他民族之中。台湾成文出版社 1975 年影印出版过。

（街顺宝）

普思沿边志略

1 册。柯树勋编辑。系柯树勋收集史料编辑而成，约 3 万字。以编年体方式顺序著录元大德元年（1297 年）到民国四年（1915 年）相关事迹。思普沿边地区，主要指今普洱市和西双版纳傣族自治州的边境地区。对于民国四年以前的资料，收集整理较为系统，方便检索。对于该区域内的布朗族历史研究可作文化背景资料参考。《西南民俗文献》第七卷影印民国四年（1915 年）铅印本，兰州大学出版社 2003 年版。有彭洪俊《普思沿边志略校证》，见《西南古籍研究（2011 年）》，云南大学出版社 2012 年版。

（街顺宝）

威远厅志（道光）

8 卷。清谢体仁纂修。全书约 10 万字。正文分典谟、天文星野、地理舆图、山川、建置、疆域、城池、学校、风俗、户口、田赋、课程、经费、水利、积贮、祠祀、秩官、兵防、名宦、选举、乡贤、忠烈、孝义、文学、乡望、烈女、流寓、隐逸、仙释、古迹、物产、祥异、杂记、艺文。系依据夏鼎所编志稿编纂而成。其中风俗、户口、田赋、经费、积贮等类尤详。卷三风俗有蒲蛮条。凤凰出版社、上海书店、巴蜀书社出的《中国方志集成》有此书影印本。

（街顺宝）

镇越县志（民国）

赵恩治修，单镜泉纂。约 4 万字。正文分沿革、地理、户口、物产、民俗、种族、政治、自治、财政、教育、建设、保卫、国防、备荒、交通、卫生、宗教、语文、古迹、杂录。地理、种族两项辑录材料较详细。卷六为种族，列有僰人、阿卡、瑶人、响堂、本人、仆莽、汉人。民国二十七年（1938 年）成书油印。台湾成文出版社 1975 年影印出版过。

（街顺宝）

龙陵县志（民国）

16 卷。张鉴安、修名传修，寸开泰纂。民国元年始，民国六年付梓，为龙陵首部县志，约 146000 字。有关边防及缅甸之事叙述较详。艺文志占全志三分之一强，但多抄永昌旧志。卷十三种人录蒲人，抄旧籍。录有傣语和缅语词汇，应该是抄（光绪）《永昌府志》。卷十四录王尧衢诗。台湾成文出版社 1975 年版。

（衔顺宝）

顺宁府志（康熙）

3 卷。清董永艾纂修。为董永艾任顺宁府知府时所修。董永艾在任时，在之前的知府徐欐旧志残篇的基础上，再搜集补充文献资料，于康熙三十九年（1700 年）成书，抄本未刊。志卷端有董永艾自序，凡例 12 则。内容分赋役、地理、人物、建投、艺文、秩官、六纲，下分 38 目。订为 3 册，4 万余字。顺宁府，即今凤庆一带，是明清时期布朗族土司猛氏的统治区域，也是布朗族最为集中的地区，历史文化遗迹众多。但是在万历年间改土归流之后，布朗族土司便退出了历史舞台，布朗族的文化也不再见于记载。见于记载者，多是猛氏土司统治时期的资料。清以后编写顺宁府地方志书有多种，但涉及布朗族历史文化的内容，因系追溯前明猛氏土司相关遗留，多大同小异。然而，各种版本之间，详略不等，记述也不尽相同，各志都有一定的版本参考价值，故一并著录。北京图书馆藏有此书，云南省图书馆传抄北京图书馆藏本。

（高瑞泽）

顺宁府志（雍正）

10 卷。清范溥修，田世容纂。范溥，江苏吴县人，康熙六十一年（1722 年）任顺宁知府。田世容，钱塘（今浙江杭州）人。雍正三年（1725 年）成书刻行，卷端载常德寿序，范溥自序，凡例 17 则。全编分天文、沿革、建设、赋役、人物、风俗等 10 志，子目 74，计 10 卷 5 册，约 12 万字。此书与旧志书相比，内容更为充实，增设灾祥、名宦、乡贤人士、土司头人等类目，并对旧志书进行了考订修正。北京图书馆藏雍正三年（1725 年）原刊本，云南省图书馆传抄北京图书馆藏本庋藏。

（高瑞泽）

顺宁府志（乾隆）

10 卷。清刘靖纂修。刘靖，字畅亭，号元甫，河南新郑人，贡生，康熙五十九年举人，乾隆二十四年任顺宁知府。靖莅任间仍因范志重辑，于乾隆二十六年成书付梓。雍正三年知府范溥纂府志十卷，靖因其志稿而成此志。卷端载刘靖自序、范溥序。凡例 17 则。全编分图考、沿革、赋役、建设、风俗、物产、学校、天文、人物、地理、艺文 11 门，子目 57，又附目 37，计 10 卷 8 册，20 余万字。子目虽繁，附系甚当，体裁详密，则以近今之实迹详慎补入，其余者仍依旧志，内容丰富，史料价值高。天津图书馆藏乾隆二十六年（1761 年）原刊本，云南省图书馆传抄天津馆藏本庋藏。

（高瑞泽）

续修顺宁府志（光绪）

38 卷。清朱占科修，周宗洛等纂。正文分天文、地理、建置、食货、学校、武备、祠祀、秩官、选举、人物、鳌文、杂志 12 目，下列子目 38，有图 40，表 4，计 38 卷 12 册，约 20 万字。于光绪三十一年刊行。卷三十四杂志种人有蒲蛮一条，辑录旧文成篇。有插图一幅。卷三十四杂志引《一统志》列眺阙楼条，说在城东一里，飞甍架空，明土知府猛寅额曰眺阙。也提到聚书楼。提到猛氏石城、东山寺、如是庵。并说如是原名象塘，是明时猛氏土司饮象处。提到猛氏土司承袭历史，并作适当考证，提到猛廷瑞事件。人物部分提到猛盖、猛卿、猛廷瑞等。提到巡按御史毛堪题请昭雪一事发生在万历四十二年。黎雍熙条下提到顺治五年本郡枯柯土司蒋朝臣引兵围云州城，黎雍熙固守拒战阵亡。事与布朗族有关，也可能与李定国等反清活动有关联。黎雍熙是云州人。卷十九祠祀志提到有两处猛公祠，一在城隍庙边，另一在东岳庙边。明廷昭雪猛廷瑞后，允许建祠，民间私建。卷十五书院义学志提到凤山书院为猛廷瑞建的望阙楼旧址。卷十三食货有蛮弩楛矢一条，说："濮人常执木弓药矢，射禽兽多中。"又有芦笙一条，说："濮人有喜庆，吹芦笙唱跌脚歌。"都记是采访所得资料。台湾成文出版社出过影印本。根据《中国地方志联合目录》的统计，本志在各地的收藏相对较多。凤凰出版社、上海书店、巴蜀书社出的《中国方志集成》有此书影印本。

（街顺宝）

顺宁县志初稿（民国）

14卷。张问德修，杨香池纂。自丙戌（1946年）6月始，越丁亥（1947年）8月成书，石印为14卷，叙百余年之历史而明纲领旨，采百余村之民风而条分缕析。志卷编有张问德自序，设有凡例20则。全编记录有大事记、舆地、职官、司法、财政、教育、交通、工业、氏族、语言、祀俗、艺术、人物等22志，子目179，订15册，约30万字。记录了民国以前之旧事，并修正编写了顺宁县进入民国以来的政绩。此文献使用了标点符号，乃是一大进步，并将"种人志"中少数民族带有犬旁的称谓一律汰除，以示尊重。云南省图书馆藏民国三十六年（1947年）石印本。上海图书馆存有抄本。凤凰出版社、上海书店、巴蜀书社出的《中国方志集成》有此书影印本。

（高瑞泽）

五、汇纂类

通典

200卷。唐杜佑撰。是中国历史上第一部体例完备的政书，“十通”之一。为记述唐天宝以前历代经济、政治、礼法、兵刑等典章制度及地志、民族的专书。内分9门，子目1500余条，约190万字。作者杜佑曾任唐朝节度使和宰相等职，对中央及地方制度极为熟悉，他采录历代典籍，溯寻制度的因革变迁，希望为唐帝国写下一幅臻于理想的政治蓝图。卷一八七边防三诸濮条目，有尾濮、木绵濮、文面濮、折腰濮、赤口濮、黑僰濮6条。最后加按语说是因为诸濮地与哀牢地相接，故附之。未注明出处。尾濮、木绵濮、文面濮、折腰濮、赤口濮、黑僰濮等，之后的《太平寰宇记》《太平御览》《文献通考》等都有抄录，但以《通典》为最早。《通典》在北宋时就有刊本，以后元明清各代有多种刻本流传，其中以清朝乾隆武英殿刻“九通本”最为流行。

（街顺宝）

太平御览

1000卷。宋李昉、李穆、徐铉等辑。《太平御览》采以群书类集之，凡分55部550门而编为千卷，所以初名为《太平总类》；书成之后，宋太宗日览三卷，一岁而读周，所以又更名为《太平御览》。全书以天、地、人、事、物为序，分成55部，可谓包罗古今万象。书中共引用古书1000多种，保存了大量宋以前的文献资料，但其中十之七八已经亡佚，更使本书显得弥足珍贵，是中国传统文化的宝贵遗产。卷七九一四裔十二有尾濮、木绵濮、文面濮、折腰濮、赤口濮、黑僰濮6条。尾濮条引《永昌郡传》《扶南土俗传》《魏国统》成文，木绵条前面加“郭义恭《广志》曰”，文面濮、折腰濮、赤口濮、黑僰濮前都加“《广志》曰”，注明出处。之前有濮一条，引下列三种书，显然是与后面的尾濮等当作一类并列。又引《永昌郡传》曰：“云南郡在建宁南四十五里，治云南县，亦多夷濮，分布山野，千五百人。女大小蹲踞道侧。皆持数种器杖，时寇钞，为郡邑之害。”这些都是布朗族历史研究的重要资料，且出处注解明确，方便确定史料的年代。

（街顺宝）

文献通考

348卷。元马端临撰。记载上古至宋宁宗时的典章制度的沿革门类，较杜佑《通典》分析为详，计有田赋考、钱币考、户口考、职役考、征榷考、市籴考、土贡考、国用考、选举考、学校考、职官考、郊社考、宗庙考、王礼考、乐考、兵考、刑考、经籍考、帝系考、封建考、象纬考、物异考、舆地考、四裔考24门。除因袭《通典》外，兼采经史、会要、传记、奏疏、论及其他文献等，资料较《通典》丰富，于宋代典章制度尤称详备，其中刑考分为刑制徒流、详谳、赎刑、赦宥等，可供研究中国法制史参考。卷三三〇四裔七有尾濮、木绵濮、文面濮、折腰濮、赤口濮、黑僰濮6条。没有注明出处，只是加按语说是因为诸濮地与哀牢地相接，故附之。这是《通典》已有的按语，可能是抄《通典》。

（街顺宝）

云南备征志

21卷。清王崧辑，是王崧在纂修志书之暇，搜辑前人记载滇事之书61种成书。卷一有《史记·西南夷列传》《汉书·地理志》《汉书·西南夷列传》《续汉书·郡图志五》《后汉书·西南夷列传》《华阳国志·南中志》《山海经·海内东经》《水经注》《晋太康三年地纪》《晋书·地理志》《隋书·地理志》等。卷二为《蛮书》。卷三为《新唐书·地理志》《唐书·南蛮列传》《新五代史·四夷附录》。卷四为《资治通鉴》。卷五为《太平寰宇记·西南西道》《四夷徼外南蛮》《桂海虞衡志·志略》《文献通考·四裔南诏略》《西原蛮略》《记古滇说》《宋史·外国大理列传》《蛮夷列传》《云南志略》等。卷六为《元史·本纪》《元史·地理志》。卷七为《滇载记》《鸿猷录》《图书编之谷山笔尘》《曲洧纪闻》《缅略》《滇史略》。卷八为《南诏野史》。卷九为《明史》之《本纪》《地理志》《诸王传》《沐英传》《四川土司传》《云南土司传》。卷十为《明史·云南土司传》。卷十一为《滇考上》。卷十二为《滇考下》。卷十三为《春明余略录》《明史稿》《求野录》《也是录》《附滇系所采杂说》。卷十四为《续宏简录》《滇黔记游》。卷十五为《云南蛮司志》。卷十六为《广闻录略》。卷十七为《云南事略》。卷十八为《维西见闻录》。卷十九为《腾越州志·忠烈传》《云龙纪往》。卷二十为《续资治通鉴》《平定三逆述略》。卷二十一为《滇系事略》《明黔宁沐氏世袭事略》。系自汉至明云南历史资料汇编，以事为主，照录全文。一册在手，方便查找。流传最广的是宣统二年（1910年）铅字排印本。

（街顺宝）

永昌府文征

136卷。李根源辑。《永昌府文征》作为一部地方文献总集，篇幅浩繁，内容丰富，“网罗永昌府六县（保山、腾冲、龙陵、永平、漾濞、镇康）七设治局（梁河、盈江、莲山、陇川、瑞丽、泸水、潞西），凡过去现在、本籍外籍足以考镜之文字”。全书主要包含诗录、文录、记载、列传四大部分，共收录汇集先秦两汉至20世纪40年代初的1203人创作的诗词11563首、文章1102篇、记载253篇、人物传记66篇。全书共26册，近500万字。内容几乎涉及整个云南的历史，是研究滇西地区乃至云南省地方文化史、民族史、地域史、对外贸易史以及近代革命史和中缅关系史的一部大型文献典籍。与布朗族历史研究有关者，如《牧誓》濮人、《逸周书·王会篇》百濮、《春秋释例》濮人、《华阳国志·南中志》与《九州记》哀牢夷、《广志》之诸濮，都有辑录，方便一般读者检索，可供研究参考。《永昌府文征》在民国三十年（1941年）初版于昆明，铅印线装本20余套。云南美术出版社出版有《永昌府文征》校注本。

（街顺宝）

六、地理类

圣朝混一方舆胜览

元佚名撰。此书体例与《元史·地理志》不同，分成治名、辖县名、沿革、风土、景致、人物、名宦诸多名目。有一部分为《元史·地理志》所无，有些则用字互异，可以互相参校。永昌府风土之骑马不鞍条说："兰沧以西有蒲蛮，一名扑子，专为盗贼，骑马不鞍，善用劲弩，驰突如飞。"永昌府条说："万箭树，段氏时扑蛮作盗，出没于此。故过者射其树以厌之，至今犹尔，树高五丈余，箭镞如猬毛然。"（景泰）《云南图经志书》卷六永昌府古迹之万箭树条与此相同，只是改"朴"为"蒲"，应是来源于此。射箭厌胜活人，说不通，似以另一种解释为更合理。明谢肇淛《滇略》卷九说："（杨）干贞贪虐无道，国人怨之。越二年，通海节度使段思平率众攻之，干贞走死，段氏有其国。干贞死处有万箭树，在澜沧江南二十里。干贞缢于此树，万众攒射，故名。后人过者必射树以厌胜，迄今犹然。树高百丈，矢着如猬。"有郭声波整理本，四川大学出版社 2003 年版。方国瑜主编《云南史料丛刊》卷三（云南大学出版社 1998 年）据复旦大学藏元刊本辑出有关云南部分，并以他本校对。

（街顺宝）

寰宇通志

119 卷。明陈循等纂修。明代官修地理总志。永乐十六年（1418 年），夏原吉等受命纂修《天下郡县志》，书未成。景泰五年（1454 年）七月，为继成此业，复遣进士王重等 29 人分行全国各地，博采有关舆地事迹，又命陈循、高谷、王文等总裁纂修。七年（1456 年）五月书成。是书以景泰五年政区建制为基础，记载了各行政区的基本情况。涉及两京十三布政使司所辖府、直隶州、属州、县；两京都督府的都指挥使司、行都指挥使司、中都留守司所属的卫、千户所；以及设于少数民族地区的宣慰、宣抚、安抚、招讨、长官等各土司，最后列有外夷各国。书成遇夺门之变，景泰帝退位，未能颁行。天顺二年（1458 年），明英宗朱祁镇命李贤等重编《大明一统志》。《大明一统志》颁行后，《寰宇通志》即遭毁版，故流传甚少。1947 年，郑振铎将其收入《玄览堂丛书续集》印行。布朗族相关资料散见于各相关政区条下。顺宁府条涉及猛氏与布朗族历史文化，分建置沿革、山川、风俗、分廨、井泉、寺观来叙述。提到府城东南四里有福恩寺。金齿军民指挥使司下有施甸、凤溪二长官司。山川部分有凤溪山一条，说在凤溪长官司东，有凤溪一条，说："在凤溪长官司治北，其源一出凤溪山东，一出凤溪山西，流至司北合为一溪，西南流十余里入清水河。"说明长官司得名与山和水有关。方国瑜主编《云南史料丛刊》有云南相关资料辑录本。

（街顺宝）

大明一统志

90 卷。明李贤等纂修。明代官修地理总志，由李贤、彭时等纂修，成书于天顺五年（1461 年）。体例仿《大元一统志》，以当时两京十三布政使司为纲，以及所属 149 府为目。下列建置、沿革、郡名、形胜、风俗、山川、土产、公署、学校、书院、宫室、关津、寺观、祠庙、陵墓、古迹、名宦、流寓、人物、列女、仙释等38门，作简略说明。书中提到布朗族相关资料，散见于各卷。如顺宁府部分与猛氏土司历史有关；凤溪长官司、施甸长官司等与布朗族土司土官有关。卷八十六云南府风俗之种类非一习俗不同条说："《云南志》：诸处之夷，种类非一，曰僰人，曰爨人（即罗罗，有黑、白二种），曰麽些，曰秃老，曰些门，曰蒲人，曰和泥……大抵滇南之夷，皆此数种。其所习俗，各不相同。"卷八十七永昌府风俗之兵不离身条引《云南志》说："蒲蛮兵不离身，骑不用鞍，以采猎为务。"博南山条提到蒲人活动情况，附近应有较多人居住。虽然多系录自旧有文献，也可互相参证。

（街顺宝）

大明一统名胜志

208卷。明曹学佺撰。书有崇祯三年（1630年）著者曹学佺序，书名题为《大明舆地名胜志》。曹学佺（1574—1646年），字能始，一字尊生，号雁泽，又号石仓居士、西峰居士。福建福州府侯官县人，万历二十三年（1595年）进士。明代官员、学者、诗人、藏书家。清兵入闽，自缢殉节。卷八十八云南名胜志之顺宁府条有关顺宁府的历史沿革、地理环境、物产、建置等资料较丰富。顺宁府条下提到顺宁城西北十五里有乐平山，是郡的镇山。山下有塘，周围里许。知府猛寅所凿，以备灌溉。还提到城东万庆寺观音像系自于澜沧江中逆流而来，为渔人网获献于猛氏知府，猛氏置于寺中。录有《滇略》朴子蛮文。录傣族女英雄夜梅抗缅故事。还录有《通志》蒲人文，系录万历《云南通志》。有明崇祯三年自刻本。

（街顺宝）

读史方舆纪要

130卷（后附《舆地要览》4卷）。清顾祖禹编纂。约280万字。中国古代历史地理、兵要地志专著。着重考订古今郡县变迁，详列山川险要战守利害。顾祖禹（1631—1692年），字瑞五，号景范，南直隶常州府无锡县（今江苏无锡）人。于明亡后隐居不仕，历时30年，约在康熙三十一年（1692年）成书。书中有布朗族相关资料，散见于各卷，主要集中在顺宁府与永昌军民府下。虽然多系抄录旧籍成文，但在选择和订正过程中，也加入了自己的思考及见解。明谢肇淛《滇略》卷一说："顺宁府，古百濮地也，后讹濮为蒲。"明杨慎辑、清胡蔚订正《增订南诏野史》、明刘文征（天启）《滇志》卷三十、清阮元（道光）《云南通志·种人二》等很多文献，都提到蒲人为古百濮裔一类的说法。《读史方舆纪要·云南七》卷一一九说："（顺宁府）古蛮夷地，地名庆甸……蒲蛮居之。一云即古濮人也，后讹为蒲。"与其他文献相比，只多了"一云"二字，却明确表达了那只是一种观点，对不对要读者自己斟酌的严谨态度。有贺次君、施金和点校本，中华书局2005年版。

（街顺宝）

天下郡国利病书

120卷。清顾炎武撰。该书是记载中国明代各地区社会政治经济状况的历史地理著作。顾炎武自崇祯十二年（1639年）后，即开始搜集史籍、实录、方志及奏疏、文集中有关国计民生的资料，并对其中所载山川要塞、风土民情作实地考察，以正得失，约于康熙初年编定成书。后又不断增改，终未定稿。原稿为清代藏书家黄丕烈收藏，分34册，其中佚失第十四册。顺宁府条叙述较详。云南部分有种人条目，抄录各民族情况。有蒲人条，当是录自（天启）《滇志》。现通行商务印书馆《四部丛刊》三编影印本。《续修四库全书》收录。《顾炎武全集》（上海古籍出版社2012年版）收录。

（街顺宝）

嘉庆重修一统志

560卷。中国清朝官修地理总志。从清康熙二十五年至道光二十二年（1686—1842年）编辑的三部

《大清一统志》中的一种，另外两部为康熙《大清一统志》和乾隆《大清一统志》。《嘉庆重修一统志》前两志的基础上进行了一些增补。《嘉庆重修一统志》不仅仅是嘉庆二十五年（1820年）以前的清代地理总志，而且也包含了以往各代的地理志内容，因此，成了每一个研究中国历史、地理工作者的必读物。顺宁府条提到原来的猛氏土司，并有地理情况记述，可供研究猛氏及当地布朗族历史参考。古迹部分还提到猛氏土知府购经籍建聚书楼等情况。还提到奉禄妻猛氏、猛继妻易朵、猛朋妻易乔及女英雄夜梅等当地明代名女人。易朵、易乔为傣族嫁布朗族，猛氏则是布朗族嫁傣族。明确说夜梅是傣族。永昌府下提到凤溪长官司、施甸长官司等已废土司。 有中华书局1986年本。

（街顺宝）

徐霞客游记

明徐宏祖撰。为明末著名旅行家徐霞客的旅行笔记。按日记述作者1613—1639年间旅行观察所得，对地理、水文、地质、植物等现象，均作了详细记录。除佚散者外，遗有60余万字游记资料，死后由他人整理成《徐霞客游记》。世传本有10卷、12卷、20卷等数种。在地理学和文学等很多方面，都有独到的贡献。有天台山、雁荡山、黄山、庐山等名山游记17篇和《浙游日记》《江右游日记》《楚游日记》《粤西游日记》《黔游日记》《滇游日记》等篇章。徐霞客在云南游历的时间最长，《滇游日记》也是内容最多的部分。在滇西布朗族地区活动的时间较长，记录的资料也不少，是明代布朗族历史文化研究的重要参考资料。多次提到高黎贡山上的蒲满哨，说蒲人、缥人，乃永昌九蛮中二种。提到保山附近有蒲蛮寨岭地名，提到已实无寨的蒲蛮寨地名，知其地有蒲人。提到顺宁及猛廷瑞情况。有些记述也存在一定的问题，也应注意。如《徐霞客游记》说猛氏为孟获后为想当然。被害一事列在万历四十年（1612年），还说猛廷瑞在丙午年（万历三十四年，1606年）毁桥，事已过，还能毁桥？说明明朝地方官员封锁消息，滇人也难知真情。《徐霞客游记》的整理出版文本较多，以云南相关研究而言，朱惠荣《徐霞客游记校注》为较好版本。书中提到的地名的注释很多，方便使用。该书由云南人民出版社1985年出版。另有朱惠荣、李兴和译注《徐霞客游记》，中华书局2015年版。

（街顺宝）

七、实录类

明实录

2911卷。佚名修。《明实录》是明代历朝官修的编年体史书，记录了从明太祖朱元璋到明熹宗朱由校共15代皇帝、约250年的大量资料，具有重要史学价值，是研究明朝历史的基础史籍之一。全书共13部，1600多万字，是有明一代史料的集大成者。纂修此书，系以朝廷诸司部院所呈缴的章奏、批件等为本，又以遣往各省的官员收集的先朝事迹做补充，逐年记录各个皇帝的诏敕、律令，以及政治、经济、文化等大事而成。涉及布朗族历史者，以土司朝贡、袭替及猛廷瑞事件的内容为多。《明神宗实录》卷三六六说："云南十三寨矣堵诸夷，即《志》所称蒲蛮者，虽名十三寨，高垒深堑，绵亘数百里，即百寨不止也，所居天险，强弩毒药，为诸夷之最。董瓮、亦革雒、亦璧等寨诸夷，莽凹、歪列、哈喇梗等，遂连结为乱。"关于顺宁府境内布朗族分布情况，记载不多，上述记载，已成为可供参考的稀有资料。《云南史料丛刊》分土司、分区域作过辑录，顺宁府内容较多。

（街顺宝）

八、杂录类

经世大典·招捕总录

1卷。元佚名撰。是书辑录自元世祖至元年间至英宗至治年间的征讨辑捕等事。按内容所及，分为云南、大理、金齿、罗罗斯、车里、乌撒、乌蒙、东川、茫部、八百媳妇、八番顺元诸蛮、宋隆济、广西、两江等20余个条目。至治二年（1322年）提到庆甸蒲火头阿你通，至元二十四年（1287年）提到林场蒲人阿礼、阿怜等，延祐五年（1318年）提到永昌南窝蒲人阿都众、阿良等，都是元代布朗族历史研究的重要资料。《守山阁丛书》《丛书集成》等收载。方国瑜主编《云南史料丛刊》（第二卷）辑有有关元代云南行省部分的资料，云南大学出版社1998年版。

（街顺宝）

皇元征缅录

元佚名撰。辑录从至元十年（1273年）到大德五年（1301年）之间元朝与缅甸关系的一些史实。至元十二年（1275年）、十四年（1277年）提到蒲人活动情况。先说有未归附元朝的蒲人袭扰征缅军队，后说派忽都、段信苴日等领军征伐未降部族。可供研究元代布朗族历史参考。《宛委别藏》收有《皇元征缅录》，江苏古籍出版社1988年版。

（街顺宝）

国榷

104卷。明谈迁编著。为记载明朝历史的编年体史书。谈迁有感于明历代实录很多地方忌讳失实，而各家编年史书又多肤浅伪陋，寻访各种资料，广征博引，力求征信，编著《国榷》一书。从天启元年（1621年）始编著，初稿6年后完成，据称曾六易其稿，“汇至百卷”。顺治四年（1647年）全稿被窃，他又发愤重写。顺治十年（1653年），谈迁应弘文院编修朱之锡邀请，携稿赴北京，访问前朝遗老、皇室、宦官、降臣等，阅读公家档案，重新校订，历30余年编成《国榷》一书，署名江左遗民。录有布朗族土司相关资料。如卷七提到洪武十五年（1382年）三月置顺宁府，以阿悦贡署府事。卷七十八提到猛廷瑞事，说法与《明实录》大致相同，只是把猛廷瑞说成了大侯州酋，人物关系记述不清，事件记述也乱，且把时间列到了万历二十六年（1598年），二十八年（1600年）四月再次提及此事，说是向上呈报，称猛廷瑞为顺宁府酋。《云南史料丛刊》（第五卷）辑录有有关云南事迹资料，云南大学出版社1998年版。

（街顺宝）

南诏野史

以《南诏野史》题名的书有多种，较流行的有倪辂集本、阮元声改订本、胡蔚刻本、王崧刻本等多种，其间关系，袁嘉谷、方国瑜已详为考说（见方国瑜《南诏野史概说》，《云南史料目录概说》及《云南史料丛刊》皆收此文）。从南诏、大理至元、明都有，而尤详于南诏、大理及元代段氏史实。南诏、大理传承及年号更迭等，他书少见，为重要资料。是书为研究南诏、大理历史必读之书。此书虽名《南诏野史》，内容较杂，不限于南诏史事，胡蔚《增订南诏野史》有南诏各种蛮夷一篇，其中有蒲人条目。台湾成文出版社1968年影印出版过。《云南史料丛刊》（第四卷），收倪辂集本，云南大学出版社 1998 年版。单行本有木芹《南诏野史会证》，云南人民出版社 1990 年版。

（街顺宝）

万历野获篇

30 卷，又有补遗 4 卷。明沈德符撰。为明人笔记。该书记述起于明初，迄于万历末年。内容翔实，在明代笔记中堪称上乘之作。卷三十有大侯州一条，有很多猛廷瑞事件资料，为研究明代布朗族历史重要史料。还提到猛廷瑞托梦郭子章夫人等事，应是陈用宾被抓以后的传闻。有中华书局版历代史料笔记丛刊本等很多个版本。

（街顺宝）

广志绎

原书 6 卷，《台州丛书甲集》本存 5 卷。明王士性撰。卷一方舆崖略，卷二两都，卷三江北四省，卷四江南诸省，卷五西南诸省，卷六四彝辑。卷五西南诸省提到云南的民族情况，提到蒲人，还提到顺宁府风俗。中华书局《元明史料笔记丛刊》本，上海古籍出版社《王士性地理书三种》本。

（街顺宝）

百夷传

1 卷。明钱古训、李思聪撰。是钱古训与李思聪作为明朝使者于 1396 年去调解麓川宣慰司与缅甸军民宣慰司的冲突回来后完成的著作。记录了白夷、古剌、哈喇、缅人、结些、哈杜、怒人、蒲蛮、阿昌等很多民族的情况。对所经过地区的山川、道路、人物、出产、风俗、宗教等，也作了记述。在蒲蛮、阿昌条下，注云“事见《云南志》”，说明书中一些内容是抄来的，不是亲眼所见。但他们所说的《云南志》，现在已见不到，所以，即便是抄录，也成为珍贵资料。地方文献，可作西双版纳与临沧等地布朗族历史研究的参考。

（街顺宝）

西南夷风土记

1 卷。明朱孟震撰。《西南夷风土记》，记述包括老挝、缅甸等西南地区的地理物产、风俗民情等内容，对研究民族史、中外关系史等有参考价值。提到夷人种类有阿昌、曰百夷、曰老缅、曰蒲人。并说：“蒲人、僰人、阿昌，乃在邦域之中。杂华而居，渐变于夏，间有读书登芹泮，纳粟为吏承者矣。”这是研究永昌府境内布朗族文化变迁的重要资料。此书有《学海类编》本、《丛书集成初编》本，江应樑《百夷传校注》有录文，方国瑜主编《云南史料丛刊》也录。

（街顺宝）

土官底簿

明佚名。是书专录明正德以前诸土司官爵世系、承袭削除等事。载云南土司 151 家，广西土司 167 家，四川土司 20 家，贵州土司 15 家，湖广土司 5 家，广东土司 1 家，共 359 家。顺宁府知府、水眼寨巡检、甸头廵检司廵检等一些布朗族土官土司资料有收录。朱彝尊《曝书亭集》有此书跋，只说抄自海盐郑氏，亦不言作者为谁。《西南民俗文献》收有《土官底簿》，兰州大学出版社 2003 年版。方国瑜主编《云南史料丛刊》录有关云南部分。

（街顺宝）

滇云历年传

12 卷。清倪蜕辑。有道光十二年（1832 年）昆明倪氏刊本，《云南丛书初编》收录。有 12 个子目，辑抄云南史志资料，按年代先后编排，从帝尧陶唐氏起，止于清雍正十三年（1735 年）。详于明清两代事迹。倪蜕在滇幕府，所载雍正年间事，多据案牍及亲历亲闻，尤为翔实。布朗族历史相关，有猛廷瑞事件的记述。其注文引徐欐《顺宁府志余抄》的资料，徐志今已无存，有其价值。整理本有李埏《滇云历年传校注》，云南大学出版社 1992 年版。

（街顺宝）

滇南杂志

24卷。清曹春林撰。分为事略、考据、传纪、轶事、遗文、殊方、土司、种人八大类，种人类中附有方言一篇。卷十一大官小官条说保山城外大官庙小官庙，每年正月十五是蒲人、僰人赶庙会作祭，城中人也会去等，系抄旧籍。卷二十四种人有蒲蛮，系抄旧志。卷二十四种人附方言，录了一些民族语言，以汉字记音，并作了词义解释，是几种语言的语音汇在一起，再附汉语解释。台湾华文书局据嘉庆十五年刊本影印出版过。

（街顺宝）

滇海虞衡志

13卷。清檀粹辑。分志岩洞、志金石、志香、志酒、志器、志禽、志兽、志虫鱼、志花、志果、志草木、杂志、志蛮，每志为一卷，共13卷。卷十三志蛮有蒲人条。校注本有宋文熙、李东平《滇海虞衡志校注》，云南人民出版社1990年版。《西南民俗文献》录《滇海虞衡志》，系影印1935年中华书局《丛书集成初编》影印《问影楼舆地丛书》本，兰州大学出版社2003年版。

（街顺宝）

云南蛮司志

4卷。清毛奇龄辑。毛奇龄《西河全集·蛮司合志》共15卷，卷八至十一为云南土司，《绍兴先正遗书》也收录。材料多录自《明实录》《土官底簿》《四夷馆考》诸书，编次无条理；但可与上述诸本及《明史·土司传》参校，为研究明代云南土司、土官历史的重要史籍。布朗族土司土官资料有收录，如顺宁府猛氏知府事迹、广邑州与阿都鲁事等。《续修四库全书》收有《蛮司合志》15卷，影印天津图书馆藏清康熙刻本，上有“西河合集”字样，当是录自《西河合集》。清王崧《云南备征志》收云南部分4卷，题《云南蛮司志》。方国瑜主编《云南史料丛刊》（云南大学出版社1998年）据《云南备征志》本收录。《西南民俗文献》收有《云南蛮司志》，兰州大学出版社2003年版。

（街顺宝）

云龙纪往

1卷。清王凤文撰，是记述云龙县过去历史情况的文献，讲述了云龙县地方历史上权力更迭与民族关系的一些情况。相关历史事件涉及蒲蛮，即布朗族。（雍正）《云龙州志》卷三说：“赶马撒……西北名鲁戛，山势粗雄，俗号蛮山，蒲蛮居焉。”也应是反映当时的情况。清王崧《云南备征志》录《云龙纪往》。方国瑜主编《云南史料丛刊》（第十一卷）也录，云南大学出版社2001年版。《西南民俗文献》也收，据旧抄本整理重排，兰州大学出版社2003年版。

（街顺宝）

滇游续笔

清桂馥著。桂馥字未谷，山东曲阜人。书系他于嘉庆年间在云南为官时所作。《滇游续笔》分条记述，记所见闻者，有价值。有摘录旧籍者，不注出处。有濮人一条，大致是录董难《百濮考》成文。还说：“明董难（字西羽，太和人）云：诸濮地与哀牢相接。案：哀牢即今永昌，濮人即今顺宁所名蒲蛮者是也，濮与蒲音相近，讹为蒲耳。”没有促进濮人问题研究的价值，但对于学说的传播，以及明、清人的学风问题研究有其意义。《云南史料丛刊》有辑录。《西南民俗文献》也收，据旧抄本整理重排，兰州大学出版社2003年版。

（街顺宝）

滇南志略

6卷。清刘慰三纂。又名《滇南识略》。仿《黔南识略》体例，总叙之后，分府、州、厅、县，从志书简要录之，而补道光以后事，相当于省志的简编便览本。在卷四永昌府条下所列的境内12种夷人中，有蒲人。在卷六顺宁府条下提到顺宁城北的乐平山，有明土官知府猛寅于天启年间开建的天泽塘，周回有半里许，可资浇灌。其他有关顺宁府的地理环境、物产、建置等资料也较丰富。所列的境内7种夷人中，有蒲人。方国瑜主编《云南史料丛刊》(第十三卷)录，云南大学出版社2001年版。

（街顺宝）

顺宁杂著

清刘靖著。刘靖乾隆二十四年（1759年）任顺宁知府。曾修（乾隆）《顺宁府志》，于乾隆二十六年（1761年）成书付梓。《顺宁杂著》收入王锡祺《小方壶斋舆地丛钞》，仅10条。《云南史料丛刊》辑入。方国瑜认为文字不多，但所记事翔实，又有不见于其他史志的内容，自有其特殊价值。猛公祠条记述极为详尽，可知其来龙去脉。三土司条，说大侯与猛缅土司出自同一祖先。猛缅改流事，不见其他文献。记述当地土道、风物，也极具价值。所提到的鸡血藤膏，至今仍是凤庆名产。

（街顺宝）

双江一瞥

彭桂萼编撰。民国二十五年（1936年）由省立双江县政府发行。全书分为绪言、舆地鸟瞰、民族检讨、社会设施、地方展望和结语，共8万余字。系彭桂萼在省立双江简易师范学校任教期间编撰。全书既有历史回溯、实地调查，也有发展规划和未来展望。既有拉祜族、佤族、布朗族、傣族、彝族等民族情况介绍，也有南传佛教介绍。对于文献遗留本就不多的双江来说，虽然年代较近，却有着重要的历史文献价值。

（街顺宝）

云南游记

谢晓钟（谢彬）著。是谢彬游历云南时的日记。谢彬当年到云南是从海路行走，所以书中也有关于广州、香港和海南的史料。有关思普沿边的部分，提到居民有蒲满人，此外，记述的地理风情、行政建置等情况，还有各勐土司属民的户口表，可作民国时期布朗族历史研究参考。李小缘《云南书目》说中华书局民国十三年（1924年）铅字初印。《近代中国史料丛刊第九辑》为谢晓钟《云南游记》，台湾文海出版社1967年版。

（街顺宝）

九、文论类

百濮考

论文1篇。明董难撰，是一篇讨论当时的蒲人族源的文章。作者董难是太和（今大理）人。清桂馥《滇游续笔》濮人条就引其文说：“明董难（字西羽，太和人）云：诸濮地与哀牢相接。案：哀牢即今永昌，濮人即今顺宁所名蒲蛮者是也，濮与蒲音相近，讹为蒲耳。”《百濮考》随意发挥之处很多，说濮人在顺宁府（今凤庆县）也非有史实可据，但说到濮人的居地与哀牢相接，则与汉晋时的记载相合。其文不长，为便检索，特录于后：“《牧誓》：庸蜀羌髳微卢彭濮人。《传》曰：庸濮在江汉之南。《疏》曰：此八国皆西南夷也。《逸周书》记：伊尹为四方献令，正南百濮。《尔雅》记：南至于濮铅。《郑语》记：叔熊逃难于濮而蛮。楚蚡冒始启濮。刘伯庄曰：濮在楚西南。《左传》记：巴濮楚邓吴（吾）南土也。又云：麇人率百濮伐楚。《通典》有尾濮、木棉濮、文面濮、折腰濮、赤口濮、黑僰濮。《周书·王会篇》：卜人以丹砂。注云：西南之蛮，盖濮人也。诸蛮地与哀牢相接。余按：哀牢即今永昌，濮人亦今顺宁所名蒲蛮者是也。濮人之俗，用鹿尾末椎其髻，且好以漆饰面。《通典》所云尾、文面，言其饰也。木绵即攀枝花，濮地多产之，可以夹纩，言其居产被服也。折腰濮人见尊长则折腰以趋，言其礼俗也。赤口濮人调舌为音如鹦鹉然，言其舌声也。黑僰其色多黑，言其种类也。濮与蒲字音相近，今讹为蒲耳。或以全滇之地，其人百种，概名百濮，亦甚谬矣。濮、白所居连壤，余文以白音按之，濮字在白音亦合一屋韵，蒲字在白音亦合七虞韵，白语称其人为濮，而不称其蒲，是一证也。又濮俗截大竹为筒以注水，谓之濮竹，如郫筒之得名。以此验之，盖彰彰矣。今之论百濮者，既不得其地，又不得其人，又不得其音，虽近濮地者，尚尔懵然。余因稽之载籍，证以方音，作《百濮考》。”其文在（天启）《滇志》卷二十五以后，多见收录。明刘文征（天启）《滇志》卷三十、明杨慎辑、清胡蔚订正《增订南诏野史》、清阮元（道光）《云南通志·种人二》等很多文献，都提到蒲人为古百濮裔一类的说法。这明显是受此文影响的结果。

（街顺宝）

议恤录名臣疏

明毛堪著。为猛廷瑞事件重要历史文献。毛堪为吴县人，进士，明万历年间曾任云南巡抚。任内遇到陈用宾在顺宁府搞“改土归流”，镇压土官知府猛廷瑞一事。疏文的主要内容是为李先著鸣冤，要求为其平反，明确反对陈用宾等人的做法。（天启）《滇志》第二十二录文。《光绪续修顺宁府志》卷三十三艺文录。清师范《滇系》第十七册艺文八之一录文。

（街顺宝）

顺镇沿边的濮曼人

彭桂萼著。濮曼是中华人民共和国成立前一些地方对布朗族的称法，中华人民共和国成立后统一称为布朗族。所谓顺镇沿边，是以顺宁（凤庆）、镇康来概括，范围大致为现在的临沧市，以及历史上与双江关系密切的澜沧拉祜族自治县北部地区。文章主要涉及双江、缅宁（临沧市临翔区）、耿马、沧源、澜沧一带布朗族。除从历史文献资料探究布朗族族源的部分外，其余生计生业、服饰、生活、建筑、语言、宗教、民俗、婚姻、娱乐等方面的介绍，皆来自著者实地调查，内容翔实可信，是近代我国学者介绍布朗族情况少见的专门研究论著。其对于布朗族桑衎新年节的研究，除布朗族一般资料可以参考外，对于佛教相关的研究和当时的桑衎新年节称法和对布朗族的意义等，是直接相关的节日历史资料。彭桂萼《顺镇沿边的濮曼人》发表于《西南边疆》1939 年第 7 期。李绍明、程贤敏编的《西南民族研究论文选 1901—1949》选录《顺镇沿边的濮曼人》，四川大学出版社 1991 年版。

（街顺宝）

蒲蛮诗

诗 1 首。清王尧瞿作。乾隆《腾越州志》十三卷录王尧瞿描写民族风情的诗 10 首，每一首写一个民族或民族支系，《蒲蛮》是其中之一。其余 9 首分别为爨蛮、妙罗罗、僰夷、缅人、竭些子、野人、地羊鬼、遮些、阿昌，以前人文献所载民族风情作成诗，并非以亲眼所见描写。《蒲蛮》诗文为：“微卢彭濮见《周书》，百濮为蒲西徼居；贵者看头绳百结，那堪贱漆黑藤余。”

（街顺宝）

汉营走马

诗 1 首。明毛玹作。怀念诸葛亮的即景抒情诗，过永昌城外的诸葛营，有感而作。文中提到蒲人、僰人，应属作者还能见到的诸葛营附近居民。诗文为：“我闻汉诸葛，深入不毛地。庙食在此邦，世远名愈高。至今蒲僰儿，犹能记前朝。曾传训练法，弓刀随所操。走马不执缰，手中弄旌旄。红藤束两腕，捷若猿与猱。垂身掠地过，取物名夺标。一呼万人和，军容亦何骄。持酒争劳之，俱曰毋足劳。”较早收录，见（景泰）《云南图经志书》卷九、（正德）《云南志》卷二十三。

（街顺宝）

滇南即事

诗 4 首。明沐璘作。诗文如下：“自昔梁州域，西南路尽通。碧鸡名岫远，金马敌关雄。罗妇裙花布，蒲蛮臂柘弓。圣恩同覆载，处处乐时丰。漫说滇南俗，人民半杂夷。管弦春社早，灯火夜街迟。问岁占鸡骨，禳凶瘗虎皮。輶车巡历处，时听语侏离。万山藏古寨，六诏杂诸蛮。僰女头笼帽，蕃僧耳坠环。啖蛇传土俗，屠犬祀神奸。更有西戎种，轻生赋性顽。老稚毡为服，侏离语更哗。汤池皆可浴，石鼓不堪挝。土产饶山锡，官租半海[illegible]。信知南地暖，常吐四时花。”诗中提到蒲蛮，但并非叙事，不涉及布朗族历史文化，但却牵扯当时对布朗族关注度的问题。统治阶级提及，说明有某种影响，受到他们一定的重视。（正德）《云南志》卷二十四文章二录。

（街顺宝）

吊猛廷瑞

诗 1 首。清董永艾作。诗文如下：“心直如弦事已休，转将彝俗化神州。英魂总在谁招得，黄叶沧江两岸秋。”为感怀诗，为猛廷瑞鸣不平。《光绪续修顺宁府志》卷三十三艺文录，题顺府知府董永艾作。

（街顺宝）

谒猛公祠

诗 1 首。清刘埥作。诗文如下：“堪怜质子还卖印，当路如何操斧寻。参政无辜遭逮系，焚桥未辨已成擒。流魂得诉精通帝，披甲著灵梦入黔；郡邑有祠家有祝，年来尚见百蛮心。”《光绪续修顺宁府志》卷三十三艺文录，题知府刘埥作。猛廷瑞被害死，有群众自发为其立祠，云南巡抚陈用宾等人也不阻止，得以保留下去。诗的内容反映了猛廷瑞事件的基本情况。

（街顺宝）

铭刻类

凤庆琼英洞猛氏题刻

琼英洞位于云南省临沧市凤庆县郭大寨彝族白族乡境内，在琼英村和大立色村附近。琼英洞洞口外侧的悬崖上刻着“桃源”巨匾，洞厅南侧“石田”边的石壁上分别刻有“琼英洞天”“琼英洞”“云窠”等题刻。其中，“琼英洞天”是明朝嘉靖戊午年（1558年），由顺宁土府知府勐寅所刻；“琼英洞”“桃源”等是清末民初的顺宁府太守张汉臯、陆军少校杨体仁等所刻。《滇略》卷二胜略说：“琼英洞，在顺宁西南西粤山之麓。其山层峰叠壑，石壁横峭。洞口豁然如城阙状，可十丈许，嵌空奇崛。其上有青莲华盖，朵朵下垂。洞中石钟鼓磬，击之琳琅成韵。深邃莫穷，幽致万状。盖西南之奇观也。”后面还附有董难诗一首。琼英洞题刻是布朗族猛氏土司保留至今的稀有遗迹。

（街顺宝）

保山市隆阳区大官庙碑

现存碑一通，题额：万古流传。碑正中以大字题：特授永昌府正堂军功随带加五级纪录八次彭为（此后为小字）金谕将安乐寺所管收租之山场识明四至，故刻石作碑，以垂永久不朽云。咸丰元年（1851年）七月二十日。《滇略》卷四俗略说：“永昌以正月十六祠大官小官庙，夷汉皆往会祭。有水旱，官亦往祷。庙在哀牢山下，其神题大官曰大定戎方天下灵帝，小官曰大圣信苴利物灵帝。不知何神。张志淳曰：此必蒙氏世隆僭号时，即其始祖生长之地而祠之也。相传大官为叔，小官为侄。其塑像冠服皆与蒲蛮同。”着蒲蛮衣，应是大理国时期遗留的传统。说明此时蒲蛮已大量进入保山坝子周围地区。此碑虽然与大官庙的文化没有直接关系，但因庙已不存，作为遗址保存的旧物，已成为大官庙历史研究的重要资料。

（街顺宝）

恤忠祠记碑和恤忠祠

恤忠祠记碑和恤忠祠在施甸县姚关镇郊外的清平洞。《恤忠祠记碑》碑高2.6米、宽0.95米，计文33行、每行89字。碑文记述明万历十一年（1583年），明将邓子龙、刘铤率军抗击缅军的事迹。恤忠祠始建于万历十五年（1587年），为纪念这一战役，祭奠牺牲将士而建。祠所在地尚存烹象处、挂弓石、课射处、洗甲池等遗迹。具有重要的历史价值和纪念意义。1983年公布为云南省文物保护单位，保护遗址有10处之多。其中的点将台在离清平洞两公里的姚关—摆榔公路边。万历抗缅活动，对当时的施甸布朗族土司和布朗族群众都有极重要的影响。有关遗留是布朗族相关历史重要的参考资料。

（街顺宝）

澜沧县惠民乡芒洪八角塔石雕

芒洪八角塔在澜沧拉祜族自治县惠民乡芒景寨，系布朗族南传上座部佛教佛塔。该塔为八角形重檐攒尖顶空心砖石塔，通高5.8米，塔基砂石质，高1.6米，须弥座式，塔身高2.1米，底层两方设门，另有七方嵌石雕图案。塔顶作八角攒尖顶，檐下绘有古代兵器。塔心中空，径3.36米，为藏经处，对研究布朗族宗教文化有重要价值。1985年公布为澜沧拉祜族自治县文物保护单位。邱宣充主编《云南名胜古迹辞典》，277页，云南科技出版社1999年版。

（街顺宝）

勐海县西定乡章朗村寺院题刻壁画

寺院常以绘画图案装饰，一为美化寺院，二为弘扬佛法。因其主题多来自经书，也有人称其为经画。常见的经画有壁画和布画两种。壁画直接画于墙面或板壁之上，画得最多的位置是佛龛两侧、须弥座背面、经台、隔扇、门亭、回廊、天花板及其他木构件上。章朗寺院的绘画主要集中在大殿内外。佛龛两侧、经台、天花板等处都是新画，天花板原系木雕图案装饰，翻修时取下装新天花板，以绘画木板代替旧的木雕板。这些画多出自康朗、康隆及其他一些村民之手，康朗、康隆主持，有村民协助。就章朗寺院而言，最有价值的壁画绘于大殿外墙，可惜已在20世纪末村民修缮寺院时覆盖。还好有人拍过一些照片，精美的壁画画面可以见到其概貌。壁画的内容是谈描绘佛本生故事中的《维先搭腊》故事。《维先搭腊》故事的梗概：说心地善良的维先搭腊（据说是佛的前身），一生行善，一心舍己为人。天神叭英为考验他，变成最贪得无厌的婆罗门，向其无度需索。先讨走他的神象、车、马，至后维先搭腊的全部财产也被索要一空。维先搭腊无怨无悔，带着妻子儿女到山中清贫度日。叭英化身的婆罗门，还是跟来需索。身无长物的维先搭腊，不改乐善好施的初衷，将儿女、妻子也赕给了他。他的诚心最终感动了天神，维先搭腊一家又得到团圆，并获无上之福祉。维先搭腊的故事，经书中有长篇描述，西双版纳地流行多种版本。已出版的《中国贝叶经全集》，就收录有该类经书。章朗布朗族个人做赕，最大的一项就数赕维先。整个仪式就是以维先搭腊故事为梗概，复演一次花费太多，所以章朗做过赕维先的人，也只有少数几家。《维先搭腊》故事反映的是南传上座佛教赕佛积善以修来世的基本教义。李伟卿《傣族佛寺的绘画艺术》，见王懿之、杨世光编《贝叶文化论》，458 ~ 471页，云南人民出版社1990年版。

（街顺宝）

章朗村寺院傣汉文残碑

在勐海县西定哈尼族布朗族乡章朗村寺院藏经阁中，收藏有两块傣文碑的残片，从石质及字体看，应该是来自同一块碑的碎片。其一为纯傣文，其一有“慶拾陸年”四个汉字。以中国历史上的皇帝年号纪年看，“慶”当是“嘉庆”之残，指嘉庆十六年（1811年）。那一次寺院翻修，应该就是在1811年进行的。村民说寺中原立一碑，记述建寺及寺院翻修等事。“文化大革命”时尚存，后因无人收管，不知去向。这些残片当是寺院所立碑的碎片。

（街顺宝）

勐海县西定乡章朗村寺院大殿天花板木板画

章朗古寺保存了一批木刻饰件，多数属大殿天花板原来的木刻，原板损坏严重，多不宜再用，无法连片。翻修之后取下收藏，多数藏于大殿内，少数展于博物馆。有少部分木刻饰件来自其他部位，如大殿门等。还有一些是当代新刻，也放在一起。总计有153片（其中有金水印纹木构件15件，非雕刻品）。另外，在大殿外墙，还保留着一些原有木刻，未被移动。保存最好的是藏经阁木雕。从风格和年代来区分，可分为汉系木雕、东南亚系木雕和新刻翻刻木雕三类。

（街顺宝）

讲唱类

一、神话传说

（一）起源神话

天和地的起源

布朗族起源神话。流传于云南省勐海县布朗族聚居区。远古时，宇宙间充满灰蒙蒙的雾气。数千年以后，雾气中突然冒出一个巨大的火球，火球喷发出来的熊熊火焰冲散了雾气。轻柔的雾气向上升腾变成了白云，重浊的雾气逐渐下沉，而蓝色的火焰慢慢变成了天空。又过了数千年，宇宙的下面冒出汹涌澎湃的大水，淹没了火球和雾气。重浊的雾气遇水冷却后，变成了黑黄相间的大地。主宰万物的帕雅天在第十层天空中造了一座天宫，让天神、天仙居住；又在水底下建了一座龙宫，让龙王一家居住。后来，他见大地空荡寂寞，便把草籽、树种和飞禽走兽撒向那里，于是大地上有了青草、绿树和飞禽走兽，生机一片。佚名讲述，艾杨搜集、整理。收入《布朗族民间故事》，32开，2页，600字，云南人民出版社1994年版。

（苏文英）

征服太阳神

布朗族起源神话。流传于云南省景洪市布朗族地区。在天地形成一万年的时候，万物和人类还没有诞生，宇宙中出现了七个太阳神兄弟。有一次，他们生气了，决定把天和地烧毁，便按长幼顺序先后跳上天空，将自己所有的热量射向大地，大地燃烧起来。随着宇宙的热量不断升高，火焰从地表直逼天穹，大火整整烧了一万年。专门巡视天地的猎神看不惯七个太阳神如此猖狂，决意制服他们。他接连射下六个太阳，当瞄准最后一个太阳时，由于用力过猛，弓被折成两截，箭没有射出去。他对幸存者警告一番后，返回神山去了。从那以后，天上就只有一个太阳了。波儿帕讲述，岩温扁记录、整理。收入《中华民族故事大系》第12卷，32开，3页，1500字，上海文艺出版社1995年版。

（苏文英）

定海神珠

布朗族起源神话。流传于云南省勐海县布朗族地区。地球刚形成时，大海由于没有依托，摇荡不定。创世神主英叭就用身上的污垢捏了一个水神，赋予他生命和力量，还送给他一颗定海神珠，叫他去稳住大海。水神在海底筑起一座王宫，把定海神珠放在它的顶上。定海神珠立即迸发出炫目的光芒，射向四面八方，把晃荡了一万年的大海给镇住了。从那以后，大海才得以固定下来。艾帕相讲述，岩温扁搜集、整理。收入《中华民族故事大系》第12卷，32开，2页，500字，上海文艺出版社1995年版。

（苏文英）

帕雅英与十二瓦席

布朗族起源神话。流传于云南省勐海县布朗族聚居区。若干万年以前，地球到处都是无边无际的汪洋。宇宙大神的儿子帕雅英将十二瓦席（行星）的光和热集中在自己的左眼里，然后将左眼挖出挂在天空中。从此地球可得到太阳的光照。后来，宇宙大神派月亮女神去帮帕雅英造人，并送给他们一把宝刀和一个宝瓶。帕雅英与月亮女神用宝刀砍倒了八十一棵大树，将它们削成三百六十对木头男女，摆在地球上；又用宝瓶里的水滴在这些木头人身上。七天七夜后，木头人有了生命；又过了七天七夜，帕雅英赋予他们智慧和热情，月亮女神给了他们善良和情爱。从此这些木头人会思考，有爱心；他们结成夫妇，生儿育女。佚名讲述，王国祥搜集、整理。收入《布朗族文学简史》，32开，2页，880字，云南民族出版社1995年版。

（玉罕娇）

帕雅英、帕雅捧、帕雅天造人

布朗族起源神话。流传于云南省勐海县布朗族聚居区。开天辟地伊始，宇宙有十六层，上面八层，下面八层，其他层都有生命，唯独位于中间的地球层没有。帕雅英神用手指在地球层的上一层戳了一下，顿时下起雨来；帕雅捧神和帕雅天神趁机用雨水和泥巴捏出许多男女泥人，放在地球层上。帕雅英用手指一划，地球从中间裂开，男女各在一边。一百万年后，男女同时祈祷："我们若有缘分，就请地球合拢吧！"他们念了三年，地球终于合拢，男人和女人得以相见。他们结为夫妻，生出许多孩子；孩子分散到各地，演化成许多民族。佚名讲述，王国祥搜集、整理。收入《布朗族文学简史》，32开，3页，900字，云南民族出版社1995年版。

（玉罕娇）

石头的传说

布朗族起源神话。流传于云南省勐海县布朗族聚居区。很早以前，地上没有石头，只有稀泥巴。地神为了让大地稳固下来，拔下自己的十颗牙齿撒向四周。牙齿落进稀泥巴后，就一一变成了石头。石头很快把周围的稀泥巴牢牢吸住。不久稀泥巴变干变硬，变成像今天一样的土地。康朗甩利讲述，李二收集、整理。收入《布朗族民间故事》，32开，1页，200余字，云南人民出版社1994年版。

（苏文英）

太阳和公鸡

布朗族起源神话。流传于云南省勐海县布朗族聚居区。太阳是天帝的儿子，原是住在大海里的。他非常任性，常发出强热的光，使水里的动物致伤致残。龙王跑到天帝那里告状，天帝便把太阳带回到天上。可太阳回到天上后还是我行我素，弄得天地一片混乱，万物痛苦不堪。后来天帝采纳女儿月亮的建议，让地球上所有的鸟类到天上伺候太阳。一开始太阳还能沉浸在鸟类的轻歌曼舞中，但很快又感到无聊，跑到山上睡觉。"喔！喔！喔！"公鸡一阵雄壮的啼声把他惊醒了。他感到特别振奋，就一心要找到公鸡，从这山找到那山，从东边找到西边。就这样，人间有了黑夜与白昼。岩嘎讲述，高和搜集、整理。收入《布朗族民间故事》，32开，2页，700余字，云南人民出版社1994年版。

（苏文英）

布桑西和雅桑赛

布朗族起源神话。流传于云南省勐海县布朗族地区。远古时，大地上仅有土地和海水。神仙王为了创造人类和其他万物，就派一对神仙夫妇带着植物种子来到地球上。男神仙叫布桑西，女神仙叫雅桑赛，夫妇俩把植物种子撒向大地的每一个角落，顿时整个地球一片生机。两位神仙又从海边取来黄泥，捏成一对泥人，赋予他们生命和智慧，教他们生产、生活常识，还让他们成为夫妻繁衍后代。从此地球上有了人类。康朗罕讲述，岩温扁搜集、整理。收入《中华民族故事大系》第12卷，32开，2页，1000余字，上海文艺出版社1995年版。

（苏文英）

人类的由来

布朗族起源神话。流传于云南省勐海县布朗族聚居区。开天辟地的时候，大地上只有地神和植物。地神觉得太寂寞了，就向英叭神要人种。英叭神搓下自己身上的污垢，捏了一对人送给他。污垢人一到地上就活起来了。他们在大地上生活了好多年，一直以兄妹相称，始终没有成婚，也就没有生育后代。发愁的地神就要一对山雀帮忙。一次，山雀夫妻趁兄妹俩洗澡之际，在河边的一棵树上交配。兄妹俩看见后，也学着它们同居。几个月之后，妹妹生下七男七女。孩子们长大后也像父母一样配对同居，生儿生女，繁衍后代。康朗甩利讲述，李二收集、整理。收入《布朗族民间故事》，32 开，2 页，600 余字，云南人民出版社 1994 年版。

（苏文英）

葫芦传人的故事

布朗族起源神话。流传于云南省勐海县布朗族聚居区。天地形成以后，大地上没有人，也没有飞禽走兽。一天，从河里漂来一个肉葫芦，它越漂越大，最后堵住了河水。海中的龙王想尽办法疏通河水，皆徒劳无效。它只好向天王帕雅英求援。帕雅英向下看了看，就对它说："肉葫芦正孕育着人和飞禽走兽，待这些生灵成形后我再为你解除障碍。回去吧，我会令雨神多下雨保海洋不干。"过了一段时间，人和走兽飞禽已成形，天王就令一只天鹅去啄开肉葫芦。于是一群飞禽首先从葫芦口飞出，接着又走出一群男女。岩温门讲述，艾杨整理。收入《布朗族民间故事》，32 开，2 页，900 余字，云南人民出版社 1994 年版。

（苏文英）

兄妹成婚

布朗族起源神话。流传于云南省勐海县布朗族聚居区。远古时，大地曾遭受一次特大洪灾。之后，地球上只剩下一对兄妹、一对螃蟹和一对猴子。兄妹俩不愿成婚，又担心长久这样下去人类就会绝种。他们犹豫不定，最后只好向螃蟹和猴子请教。两人目睹螃蟹兄妹、猴子兄妹成亲并生育后代的事实后，便不再感到羞耻，同居在一起，不久，生下四个孩子。这四个孩子成了今天的彝族、哈尼族、傣族和布朗族的先祖。岩三玛、岩述娜讲述、翻译，门图搜集、整理。收入《布朗族民间故事》，32 开，2 页，600 余字，云南人民出版社 1994 年版。

（苏文英）

兄妹成婚衍人类

布朗族起源神话。流传于云南省临沧、普洱、保山等地的布朗族聚居区。远古时，人与动植物能互通语言，和睦相处。后来因天神失职，九个太阳一起出来，地球大旱，所有生灵都面临灭绝的危险。大家一致推选白猴王上天看个究竟。白猴王来到天上，怒踢天缸。天水倾泻到地球上，造成大地洪水泛滥。洪水退了以后，人类只剩下一对兄妹。天王塔爬雅历尽波折，才说服兄妹俩成婚，繁衍人类。这对兄妹就是今天人类的祖先。佚名讲述，俸春华搜集、整理。收入《澜沧江畔布朗人》，32 开，4 页，1470 字，云南民族出版社 2003 年版。

（俸春华）

天公地母

布朗族起源神话。流传于云南省勐海县布朗族聚居区。远古时，天地间只有一个大葫芦。一次，天上的铁匠失落了一把火钳，掉在地球上，将大葫芦烧了一个洞。从洞里钻出一对布朗人，他们以兄妹相称。面对一无所有的大地，他们只好向天求助。求了九十九天，天被感动。天说："我可与地配成对来帮助你们，但你俩也必须配成对，繁殖后代。"兄妹俩只好结亲配对，生儿育女。天与地结成双来帮助他们，天做公，给光，给水，给种子；地做母，生了花草树木和飞禽走兽。岩应苏等讲述，朗确搜集、整理。收入《布朗族民间故事》，32开，2页，800余字，云南人民出版社1994年版。

（苏文英）

布朗人的来历

布朗族起源神话。流传于云南省勐海县布朗族地区。远古时，有个单身男子生活在山里，以采集和狩猎为生。一天，他走累了，就在大树下过夜。由于无法入睡，男子就干脆站起来刻木头玩。他把木头刻成一个人形，并雕出五官和四肢。雕着雕着，他就搂着木头人睡着了。第二天醒来时，只见木头人变成了一个姑娘。后来他们结为夫妻，生育后代，成了布朗人的祖先。佚名讲述，岩尼应搜集、整理。收入《布朗族民间故事》，32开，1页，200余字，云南人民出版社1994年版。

（苏文英）

稻谷是怎么来的

布朗族起源神话。流传于云南省永德县布朗族聚居区。很久以前，人生活在森林里，靠野果野菜充饥。后来找不到东西吃了，他们只有忍受饥饿的煎熬。在一个叫勐木里木劳的地方，有三座很高的山，山里有一个白鼠国，白鼠们吃的是山上长的稻谷。有一天，白鼠王的两个儿子发现了因饥饿而奄奄一息的人群，就决定把仓库里储存的稻谷送给他们。兄弟俩的想法得到了父王的支持。白鼠王用两个大冬瓜壳装满稻谷，让兄弟俩去送给人群。兄弟俩途经龙国、蛇国、牛国、羊国、猴国、鸡国、狗国和猪国，听说是给饥饿的人们送谷种，各国国王都派兵加入运送的队伍。浩浩荡荡的队伍来到人类居住的地方，把谷种献给他们，并教会他们如何种稻谷。从此，人类告别了饥饿的日子。段二讲述，王国祥整理。载《山茶》1988年第1期，16开，3页，2620字。

（玉罕娇）

一颗印信

布朗族起源神话。流传于云南省墨江哈尼族自治县布朗族地区。很久以前，大地一片荒凉，天神决定派四兄弟下凡繁衍人类，告诉他们，老大是佤族，老二是布朗族，老三是汉族，老四是傣族；老大、老二住在山上，老三、老四在坝子里生活。四兄弟来到人间后，天神捎口信给他们，他要颁发一颗印信，谁拿到它，谁就可以管理天下。他首先叫老二的名字，要他拿着一个葫芦去打满水，回来后就可掌管印信。有位佛祖不愿让布朗人管理天下，就偷偷把葫芦戳了一个小洞，因而布朗人始终装不满水。后来在一个过路人的指点下，布朗人到森林深处去打水，可他一去就爱上了那个地方，不愿再回去找天神领印信了。佚名讲述，任宝国搜集，杨毓骧整理。载《山茶》1985年第6期，16开，1页，400字。

（玉罕娇）

火烧葫芦蜂

布朗族起源神话。流传于云南省施甸县布朗族聚居区。天神骑着马在大地上到处寻找人种，始终找不到。一天，他正坐在树荫下休息，一只葫芦蜂飞到他面前。他便问葫芦蜂有没有看到人种，葫芦蜂没好气地说，要是看见人种就把他蜇死。天神生气地用马鞭把它打死了。过了一会儿，天神觉得自己不该伤害生命，就顺手拔下一根马尾毛，把葫芦蜂的腰接起来，葫芦蜂又活了。天神告诉葫芦蜂，今后再不革心换肠，就会被人用火烧死。后来天神找到了人种。可葫芦蜂还是见着人就蜇，所以人们一见它们就用火烧。这就是火烧葫芦蜂的由来。杨双林讲述，张栋林整理，载《山茶》1986年第5期，16开，1页，430字。

（玉罕娇）

仙人掌和猴子

布朗族起源神话。流传于云南省施甸县布朗族聚居区。一位老妇人种的包谷成熟了，成群的猴子常常在夜里来糟蹋。她无力对付它们，只得烧香求神保佑。一位仙人很同情她，把手一伸，变成无数棵仙人掌团团围住包谷地。晚上，猴群又来了。仙人掌一次次把它们推开，但它们始终不肯离去。后来见仙人发火了，猴子们才假装走开。它们躲在附近的树林里，看见仙人化成一团烟雾升上天以后，便一哄而起，坐在仙人掌上吃包谷。仙人掌悄悄地生出密密麻麻的尖刺，把它们的屁股刺得直淌血，所以猴子的屁股是红的。佚名讲述，戌德茂搜集、整理，载《山茶》1986年第5期，16开，1页，790字。

（玉罕娇）

蚂蟥与谷种

布朗族起源神话。流传于云南省勐海县布朗族地区。远古时，布朗族祖先居住在平坝上。一年秋天，他们正准备秋收，一场狂风暴雨毁掉了所有的粮食，把他们逼到高山上。一位老大爷想抢回谷种，可他想尽各种办法都空手而归。一条蚂蟥游过来告诉布朗人说，只要以后在它饿的时候能让它吸血，就去帮他们取回谷种。没办法，大家只好同意了。蚂蟥潜入水里，用吸盘吸回几粒谷子。几个来回，取回了不少谷种。从此以后，蚂蟥就要吸食人们的血。佚名讲述，朗确、杨胜能搜集、整理。收入《中华民族故事大系》第12卷，32开，2页，1000余字，上海文艺出版社1995年版。

（苏文英）

帕雅戈的传说

布朗族起源神话。流传于云南省勐海县布朗族聚居区。很久以前，人面蛙身的帕雅戈凭借自己的智慧战胜了虎和象，成了动物之王。管风、雨、云、雷的帕雅天有意跟地上的动物作对，该降雨时不降雨，该起风时不起风，让动物饥渴难耐。帕雅戈就带领虎队和象队讨伐帕雅天，但败阵归来。不久，他又带上亿万白蚁再次向帕雅天宣战。这次他吸取教训，用智慧取得了胜利，因而得到地上万物的尊崇。草木之王献上雅补洛仙草，专供他与妻子服用。经历几次蜕皮后，帕雅戈夫妇长到了五尺高。不久，动物们放火烧了他们蜕下的老皮，让他们变成人形，成为世上的人种。由于人是由动物之王变成的，所以动物们对人很敬畏，总是躲得远远的不敢见他们。康朗三讲述，艾杨整理。收入《布朗族民间故事》，32开，4页，1800余字，云南人民出版社1994年版。

（苏文英）

星星和月亮的由来

布朗族起源神话。流传于云南省勐海县布朗族聚居区。从前，布朗山寨有位土司，先后娶了两个老婆，大老婆不能生育，小老婆生下一子。不久土司与小老婆相继去世，幼子只有由大老婆来抚养。儿子长大后，不听大妈的安排，自己做主娶了意中人。小两口成家后，大妈就把怒火撒在善良的儿媳妇身上。有一次儿媳妇遭到婆婆的砍杀，带伤逃到娘家。她将发生的事情告诉父母后，就含恨离开了人间。丈夫回家不见妻子，便四处寻找。他在狗、小鸟和小鱼的帮助下找到了妻子家，发现妻子已躺在棺材里，他伤心欲绝，爬到棺材里把妻子紧紧搂在怀里。突然“嗡”的一声巨响，棺材不见了，只见一男一女朝天上飞去，变成两颗耀眼的星星。这两颗星星后来哺育出无数星儿星女，它们缀满了天空。土司的大老婆在人们的责骂声中死去。她死后变成一轮月亮，带着悔意向星星认罪。但是狗仍不肯放过她，时不时咬她一口。于是月食现象就出现了。康朗相讲述，岩帕南翻译，门图搜集、整理。收入《布朗族民间故事》，32开，5页，2000余字，云南人民出版社1994年版。

（苏文英）

月亮与布朗人

布朗族起源神话。流传于云南省勐海县布朗族聚居区。很久以前，山林里住着一位布朗老阿婆，她把子孙们打发到各个山头去建立村寨。她自己没有固定住所，也不耕种田地，仅依靠神奇的金块过日子。她经常装成行乞的丑妇到子孙们的寨中巡视。一天，她碰见自己的几个曾孙在狩猎，便试着向他们乞讨。几个曾孙宁愿把饭菜扔进草丛，也不给她。失望的老阿婆为了布朗人的声誉，决意把这几个品行不佳的曾孙带离人间，免得给人类留下祸根。她对着金块念了几句，变成一只白鹇鸟向天际飞去，几个曾孙也变成小鸟跟在后面。到天上之后，老阿婆变成了月亮，让几个不肖的后代变成星星。从此以后，每到晚上，月亮便带着星星出来巡视，若发现黑心人就将他带上天际，让他离开人间。佚名讲述，朗确整理。收入《布朗族民间故事》，32 开，3 页，1300 余字，云南人民出版社 1994 年版。

（苏文英）

日食和月食

布朗族起源神话。流传于云南省勐海县布朗族地区。从前，太阳、月亮和天狗是人间的三兄弟。一天，他们家赕佛，邀请了很多人来参加。父亲让三兄弟下厨做菜做饭。吃饭时，有客人说菜里没盐，父亲就责骂三兄弟。老二与老大相互包庇，把责任推到老三身上，老三便挨了两巴掌。三兄弟死后都升了天，大哥变成太阳，二哥变成月亮，三弟则变成一只天狗。变成天狗的老三仍念念不忘报前世之仇，在农历的每月十五或三十把月亮或太阳的脸抹黑。这便是月食和日食现象产生的原因。岩叫讲述，岩甩他搜集、整理。收入《中国民间故事集成·云南卷》，16 开，1 页，330 字，中国 ISBN 中心 2003 年版。

（玉罕娇）

动植物为何不会说话

布朗族起源神话。流传于云南省勐海县布朗族聚居区。远古时，动植物都会说话。一次，地神盖房需要木料，就拿着刀上了山。可他每次举刀砍树时，树木就哭着哀求他。最后他只好空手而归。在回家的路上，他遇到同样空手而归的猎人。猎人随口说了一句“如果动植物不会讲话就好了”，这提醒了地神。第二天一早，地神就到天上向英叭神求助，英叭神给了他一包哑巴药。地神回来后将药向动植物撒去，从此它们就不会说话了。康朗甩利讲述，李二搜集、整理。收入《布朗族民间故事》，32 开，1 页，460 字，云南人民出版社 1994 年版。

（苏文英）

岩多取火种

布朗族起源神话。流传于云南省勐海县布朗族聚居区。远古时有一个叫岩多的孤儿，他听说了火的好处后，便备好刀、弩、箭、干粮上路去取火。他历经千辛万苦，终于来到有火种的天边。可那里有无数个火魔把守着，他无法靠近火种。正当岩多冥思苦想时，一只机灵的松鼠叫他准备好一百只竹筒，把其中的九十九只装满水，剩下的一只把它放进去，然后全部往火里扔。岩多照办了。火魔看见竹筒里有水，就赶快把它们从火里捡起丢了出去，松鼠趁机偷出了火种。岩多谢过松鼠后立即把火种送回了村寨。从此，人间就有了火。岩南尖等讲述，朗确搜集、整理。收入《布朗族民间故事》，32 开，3 页，1100 余字，云南人民出版社 1994 年版。

（苏文英）

布朗族没有文字的缘由

布朗族起源神话。流传于云南省双江拉祜族佤族布朗族傣族自治县布朗族聚居区。古时候，天神昭麻霍巡游天下，传授人们各种知识和技能，并为各民族创造文字。一次他来到布朗族村寨，看见布朗人正在用丝瓜瓤洗碗。他不知道丝瓜瓤是天然长成的，以为是人工编造的，因此认为布朗人一定非常聪明，他们会做的自己不一定会做，所以不用教他们了。于是他离开布朗族村寨来到汉族和傣族生活的地方，教给他们文字及各种技能。所以今天的布朗族没有文字，生产技术也不如汉族和傣族先进。佚名讲述，俸春华搜集、整理。记录稿，16开，1页，250字，稿存双江拉祜族佤族布朗族傣族自治县文体局。

（俸春华）

为何布朗语只能数到十

布朗族起源神话。流传于云南省勐海县布朗族地区。很早以前，布朗族和傣族各派一个年轻人到很远的地方去向天神学文字，天神用两种不同的文字教他们。傣族青年聪明，几年过后便能用傣文写书、作诗。反应迟钝且健忘的布朗族青年到毕业时，仅学会了一些简单的字母和数字。在回家的途中，他被一只突然飞起的鹧鸪吓得胆战心惊，将学来的东西忘了一大半，只记住了从一到十这十个数字。后来，布朗族又另外派人去跟傣族学文字。直到现在布朗族都没有自己的文字，而且十一以后的数字都借用傣文。佚名讲述，杨正明搜集、整理。收入《中华民族故事大系》第12卷，32开，2页，600余字，上海文艺出版社1995年版。

（苏文英）

葫芦传说

布朗族起源神话。流传于云南省勐腊县布朗族（克木人）聚居区。在遥远的年代，世间混沌一片，先是火球烧尽万物，之后大雨倾泻，洪水暴发，人间遭遇巨大的劫难。姐弟俩死里逃生，幸存下来。灾难过后，姐弟分别去东、西、南、北方寻求配偶以繁衍后代，但发现世间的人只剩姐弟二人。这时一只德哥鸟指示姐弟二人结婚再造人类。姐姐怀孕七年后生下一个葫芦，夫妻俩生气，后就把葫芦丢在茅屋的旮旯里。一天，他俩上山狩猎、采集回来后听见葫芦“突突”地响。他们好生奇怪，就用火塘边带铁尖的拨火棍戳葫芦，从里面出来了布朗族，因为拨火棍铁尖把葫芦烙糊了，第一个钻出来的布朗族沾染了葫芦口的炭灰，所以布朗族的肤色发黑。后来他们又用凿子凿开一个洞，出来了傣族、汉族以及其他民族，这些民族共有一百零一种。佚名讲述，王国祥搜集、整理。收入《西双版纳雨林中的克木人》，16开，2页，800余字，云南人民出版社2009年版。

（陈江敏）

为何先打闪后打雷

布朗族起源神话。流传于云南省镇康县布朗族聚居区。很久以前，天上的雷公性格鲁莽，动辄发怒。一天，雷公听到小孩的哭声，往人间一看，看到一个妇女正把小孩放进井里，雷公一怒，把那个妇女劈死了。妇女死得冤，就到阎王爷处告状，阎王爷又向玉皇大帝汇报，玉皇大帝把妇女传到天庭，问清冤情。得知是雷公错把打水的葫芦看成小孩，错杀了妇女，于是将冤死的妇女封为电母，派她和雷公一起值班，并降旨雷公和电母，在打雷前须先照一照，免得再错杀好人。佚名讲述，李应搜集、整理。收入《临沧少数民族口传文学》，16开，1页，300余字，云南民族出版社2013年版。

（白云）

月亮里的树

布朗族起源神话。流传于云南省勐腊县布朗族（克木人）聚居区。从前，有两兄弟，弟弟年幼，靠哥哥抚养。后来弟弟得到一根神奇的木棍，木棍具有起死回生的魔力，弟弟用木棍救活了一些去世不久的人，还救活了一只蛤蟆，为报救命之恩，蛤蟆就留在弟弟身边做伴。在一个月明星稀的夜晚，当人们在月光下欣赏木棍时，木棍被月亮抢走，变成了月亮里的一棵树，弟弟和蛤蟆也随之来到月亮里，那个坐在树下的人就是弟弟，他旁边蹲着的就是那只蛤蟆。佚名讲述，李成武搜集、整理。收入《克木人——中国西南边疆一个跨境族群》，32开，1页，200余字，中央民族大学出版社2006年版。

（白云）

天人下凡到人间

布朗族起源神话。流传于云南省金平苗族瑶族傣族自治县布朗族（莽人）聚居区。古时候，地上没有人烟，天上的阿哼觉得可惜，便从天上放下来一个装着大耳朵人的葫芦，猴子最先发现葫芦，就用弩箭射穿葫芦，大耳朵人顺序走出来，被长牙利齿的穿山甲全部吃光了。阿哼非常气愤，将煮熟的大批南瓜撒落地上，穿山甲跑去抢吃，牙齿全被烫断，穿山甲再也不敢吃人了。阿哼又陆续降人到地球上生活：第一批人是盘先人，第二批人是奔人，第三批人是莽人，第四批人是算母，第五批人是顸人，这些人就是现在各民族的始祖。龙大讲述，杨六金搜集、整理。收入《一个鲜为人知的族群——莽人的过去和现在》，16开，2页，300余字，云南教育出版社2004年版。

（白云）

阿黑吴与佐俄

布朗族起源神话。流传于云南省金平苗族瑶族傣族自治县布朗族（莽人）聚居区。很早以前，有一个叫阿黑吴的小伙子和一个叫佐俄的老阿婆。阿黑吴好吃懒做，但是地上的动物植物都归他管。佐俄勤劳又聪明，掌握着惩治恶人的权力。有一天，阿黑吴偷吃佐俄的芭蕉，佐俄很恼火，决定惩治他。佐俄叫阿黑吴帮她砍倒门前的一棵树，阿黑吴砍了三天也没有砍倒，佐俄教给他一个办法，就是砍树砍到一半时把头伸进树里看看有什么东西，就能把树砍倒。阿黑吴照做了，头被大树夹住。后来，阿黑吴变成了月亮里的一棵树，在每月十五至十六的晚上，含着眼泪遥望他原来统管的动植物。佚名讲述，杨六金搜集、整理。收入《一个鲜为人知的族群——莽人的过去和现在》，16开，2页，700余字，云南教育出版社2004年版。

（白云）

（二）习俗传说

祭竹鼠的来历

布朗族习俗传说。流传于云南省勐海县布朗族地区。很早以前的旱谷又大又沉，谷种全由雅枯栓保管。一年夏天，雅枯栓没把仓库关严，偷偷跑出去乘凉的谷种被风一吹，慢慢膨胀起来，把雅枯栓居住的地方挤得水泄不通。当时雅枯栓怀了孕，行动不便，只好叫谷种自己返回谷仓。可谷种不听她的话，她就用竹棍打它们。谷种被敲成碎粒，漏下竹楼，一会儿就不见了踪影。正当人们发愁时，下了一场暴雨，洪水冲来一只竹鼠。雅枯栓救起了这只可怜的竹鼠，等风雨停后才把它放回竹林。为报救命之恩，竹鼠历经千辛万苦找到了谷种，把它们交给雅枯栓。可谷粒都变小变轻了，成了现在的模样。为了感谢竹鼠，布朗族便有了祭竹鼠的习俗，每年要挖一只竹鼠，用鲜花打扮它，再用竹竿抬着绕寨巡游。佚名讲述，艾杨搜集。收入《布朗族民间故事》，32开，2页，800余字，云南人民出版社1994年版。

（苏文英）

茅草片的由来

布朗族习俗传说。流传于云南省勐海县布朗族聚居区。很久以前，布朗族的祖先用易干枯的树叶和芭蕉叶来铺盖房顶，因而经常遭日晒雨淋。善良的燕子很同情他们，飞到很远的地方找来茅草籽，撒在布朗村寨附近的山坡上。不久，山坡上便长满了茅草。燕子飞来告诉布朗人：“你们可用茅草扎成草片，用它盖房子。”布朗人照燕子说的去做，从此住上能避风遮雨的房子。后来布朗人每盖好一座新房，都请燕子来家里做窝。佚名讲述，岩甩他搜集、整理。收入《布朗族民间故事》，32开，1页，280字，云南人民出版社1994年版。

（苏文英）

埋吉薄僚

布朗族习俗传说。流传于云南省勐海县布朗族聚居区。埋吉薄僚，傣语，意为压住房顶茅草的木条。很久以前有一对贫穷的老夫妇，一天，暴风雨掀翻了他们居住的简陋房屋。在盖新房时，他们把剖开的两块竹片交叉绑在屋顶上面，压住草排。三年以后，草排上面的竹片发芽了，乡亲们觉得这是一件吉祥事，纷纷前来祝贺。帕雅召勐则认为是两位老人施的巫术，不仅命人拆了他们的房子，还准备将他们投入大海。老两口拿出乡亲们的贺礼送给帕雅召勐，才买得一条生路。后经维滴哈召勐的点化，帕雅召勐才知道竹片发芽是好事，便将两位老人拜为父母，扶上宝座。从那以后，布朗人盖房时都要在屋顶绑上竹片。这样既是为了压住草排，又是祈求福气降临。佚名讲述，王国祥搜集、整理。收入《布朗族文学简史》，32开，2页，830字，云南民族出版社1995年版。

（玉罕娇）

嚼槟榔的由来

布朗族习俗传说。流传于云南省勐海县布朗族地区。一个布朗村寨里有一位能说会道的中年妇女，当地没有人能辩得过她。邻寨有个寨主听说后不信，决定来探个究竟。快进村寨时，他先后与寨里的几个小女孩搭过话，被她们厉害的嘴巴所折服。他想，连小孩的口才都这么好，那位中年妇女会更了不得。担心见面后说不过她，会被人们取笑；但若转回家去又不甘心。正思来想去时，他突然想起傣族土司送的一盒槟榔，就决定用槟榔堵住那位妇女伶俐的嘴。他进寨以后，把布朗寨中所有的妇女叫来，说土司赐予她们能变健康、漂亮的药，现在他奉命送来。说着他还作示范嚼了起来。刚开始，只有胆大的妇女试着嚼槟榔，后来嚼的人越来越多了。佚名讲述，朗确搜集、整理。收入《中华民族故事大系》第12卷，32开，3页，1500余字，上海文艺出版社1995年版。

（苏文英）

布朗青年送花传情的由来

布朗族习俗传说。流传于云南省勐海县布朗族聚居区。从前，布朗山寨有个孤儿，靠种地为生，因勤劳能干获得了姑娘们的青睐。可他自认为不能给别人带来幸福，因而从来不敢示爱。一天，孤儿正打算云地边的池塘里洗澡，突然从塘里传来一阵嬉戏声，还有一股桂花香袭来。他出于好奇，躲在草丛里想看个究竟，结果发现塘中有三个如花似玉的姑娘。孤儿最欣赏较小的那位，便偷偷藏起了她的羽翎。小仙女为了要回自己的羽翎，便答应留下来和孤儿一起过日子。为了试探孤儿是否真心，小仙女让孤儿送给自己一样东西。孤儿穷，很为难。小仙女说送一朵花就行，孤儿便送给她一支黄吊兰。小仙女便留了下来，两人后来过着恩爱的生活。从此以后，布朗小伙子就把鲜花送给心仪的姑娘，以表达爱意。佚名讲述，朗确搜集、整理。收入《布朗族民间故事》，32开，3页，1600余字，云南人民出版社1994年版。

（苏文英）

布朗人为何崇拜蚂蚁鼓堆

布朗族习俗传说。流传于云南省勐海县布朗族地区。古时候有个姑娘叫玉甩，与母亲相依为命。在一次锄草时，她见到一个由野猫王子变成的英俊小伙子。两人互相爱慕，很快就热恋起来。从此以后，玉甩每次去锄草，总要带上足够两人吃的饭菜，时间一长，引起了母亲的怀疑。有一次，母亲特意让女儿留在家做饭，自己上山锄草。野猫王子出来叫她“阿妈”，并将发生的一切告诉了她。母亲又羞又恼，把野猫王子打死了。玉甩知道后也活活气死了。悔恨的母亲把两人合葬在旱谷地里，不久那里隆起一个蚂蚁鼓堆。后来布朗人就把蚂蚁鼓堆当作纯真爱情的象征。康朗相讲述，门图搜集、整理。收入《布朗族民间故事》，32开，2页，780字，云南人民出版社1994年版。

（苏文英）

布朗族不吃烧螃蟹的缘由

布朗族习俗传说。流传于云南省勐海县布朗族聚居区。从前，老虎和螃蟹一起住在山里。一天，老虎碰到螃蟹，张口就要吃它。螃蟹便提出比赛跳沟，若自己输了，就让老虎吃；若它赢了，老虎要放了它。比赛完后老虎认输了，并和螃蟹成了好朋友。分手时，老虎嘱咐螃蟹，遇到麻烦时叫一声"虎哥"，它一定会鼎力相助。从此以后，布朗人在山上捞到螃蟹时，只能煮着吃，不敢烧它，因为用火烧螃蟹会发出吱吱的响声，怕引出老虎来伤人。佚名讲述，胡志华搜集、整理。收入《西双版纳传说故事集》第二集，32开，1页，400余字，中国民族摄影艺术出版社2005年版。

（岩香南）

（三）图腾传说

"水鸟氏"图腾传说

布朗族图腾传说。流传于云南省金平苗族瑶族傣族自治县布朗族（莽人）聚居区。在莽人中，姓陈的为"水鸟氏"。传说，此姓氏的先民因跟踪水鸟而寻到水源，认为是得到了祖先的帮助，因此崇拜水鸟，以水鸟为姓。所以，莽人中姓陈者忌食水鸟肉。佚名讲述，杨六金搜集、整理。收入《一个鲜为人知的族群——莽人的过去和现在》，16开，1页，60余字，云南教育出版社2004年版。

（白云）

"蛇氏"图腾传说

布朗族图腾传说。流传于云南省金平苗族瑶族傣族自治县布朗族（莽人）聚居区。在莽人中，姓龙的为"蛇氏"。传说，此姓氏的先民因跟踪蛇的行踪而走出密林，认为是得到了祖先的帮助，于是崇拜蛇，以蛇为姓。由此，莽人中姓龙者忌食蛇肉。佚名讲述，杨六金搜集、整理。收入《一个鲜为人知的族群——莽人的过去和现在》，16开，1页，60余字，云南教育出版社2004年版。

（白云）

"哨路鸟氏"图腾传说

布朗族图腾传说。流传于云南省金平苗族瑶族傣族自治县布朗族（莽人）聚居区。在莽人中，姓罗的为"哨路鸟氏"。传说，此姓氏的先民因看到哨路鸟叼细柴和茅草做窝，认为是得到了祖先的帮助和启迪。于是崇拜哨路鸟，以之为姓。由此，莽人中姓罗者忌食哨路鸟肉。佚名讲述，杨六金搜集、整理。收入《一个鲜为人知的族群——莽人的过去和现在》，16开，1页，60余字，云南教育出版社2004年版。

（白云）

"布广树氏"图腾传说

布朗族图腾传说。流传于云南省金平苗族瑶族傣族自治县布朗族（莽人）聚居区。在莽人中，姓刀的为"布广树氏"。传说，此姓氏的先民因在布广树脚躲避而免遭灾难，认为是布广树救了祖先的命。于是崇拜布广树，以之为姓。因此，莽人中姓刀者忌烧布广树柴。佚名讲述，杨六金搜集、整理。收入《一个鲜为人知的族群——莽人的过去和现在》，16开，1页，60余字，云南教育出版社2004年版。

（白云）

"斑鸠鸟氏"图腾传说

布朗族图腾传说。流传于云南省金平苗族瑶族傣族自治县布朗族（莽人）聚居区。在莽人中，姓盘的为"斑鸠鸟氏"。传说，此姓氏的先民看到斑鸠筑巢而学会盖干栏式楼房，认为是得到了祖先的帮助和启迪。于是崇拜斑鸠鸟，以之为姓。

因此，在莽人中姓盘者忌食斑鸠肉。佚名讲述，杨六金搜集、整理。收入《一个鲜为人知的族群——莽人的过去和现在》，16开，1页，60余字，云南教育出版社2004年版。

（白云）

"虎氏"图腾传说（一）

布朗族图腾传说。流传于云南省金平苗族瑶族傣族自治县布朗族（莽人）聚居区。在莽人中，姓虎的为"虎氏"。传说，此姓氏的祖先在被豹子追赶逃命时，恰遇一只老虎把豹子咬死，躲过一劫，便认为是老虎救了祖先的命。于是崇拜老虎，以之为姓。因此，在莽人中姓虎者忌食虎肉。佚名讲述，杨六金搜集、整理。收入《一个鲜为人知的族群——莽人的过去和现在》，16开，1页，60余字，云南教育出版社2004年版。

（白云）

"野鸡氏"图腾传说

布朗族图腾传说。流传于云南省勐腊县布朗族（克木人）聚居区。穷苦的两兄弟在薅旱谷时发现一只受伤的野鸡，便给它包扎后带回了家。被带回的野鸡变成美女，每天给兄弟俩做可口的饭菜。后来美女与哥哥成亲，生了个孩子。一天，妻子在家做家务，孩子哭闹，打猎归来的丈夫叫妻子给孩子喂奶，妻子做着活计走不开。丈夫被孩子哭得烦躁，就骂道："你这个野鸡婆，干什么呢！"话音刚落，妻子立即变成野鸡飞上了树。刚巧弟弟归来，见家门口树上有一只野鸡，举弩即射，被射中的野鸡带箭飞走了，鸡血滴瞎了弟弟的眼睛，此后野鸡姑娘再也没有回来，于是他们的后代以野鸡为姓。关于野鸡氏还有一种传说：一位老人得到一只野母鸡，他把野母鸡烤好后放在屋顶上，入夜后这只野母鸡复活了。野母鸡与一只野公鸡对话道："无论来世变成什么动物，我都要做你的妻子。"说完后，野母鸡挣脱绳索逃进树林。老人发现后，追到树林中把野母鸡打死带了回来，刚要吃时，老人妻子的眼里流出了血，倒地死了。他们认为自己是野鸡的后人，便以野鸡为姓。佚名讲述，王国祥搜集、整理。收入《西双版纳雨林中的克木人》，16开，2页，500余字，云南人民出版社2009年版。

（陈江敏）

"秧鸡氏"图腾传说

布朗族图腾传说。流传于云南省勐腊县布朗族（克木人）聚居区。传说，一个猎人射得一只肥肥的雄秧鸡，一位织布的少女向猎人讨鸡油润滑织机。此后，她每次启动织机，脚下就传出雄秧鸡的"咕咕"叫声。她四下张望，却不见有什么。过了一段时间，她的肚腹逐渐膨鼓起来，未嫁人便怀孕了，少女不敢出家门。三年后生下了一对儿女，子女便以秧鸡为姓，从此她家开始人丁兴旺起来。佚名讲述，王国祥搜集、整理。收入《西双版纳雨林中的克木人》，16开，1页，100余字，云南人民出版社2009年版。

（陈江敏）

"破脸狗氏"腾图传说

布朗族图腾传说。流传于云南省勐腊县布朗族（克木人）聚居区。在古时候，有一个人猎得一只貉（当地人叫"破脸狗"），就放在火上烤，烤得冒出油来，他不断翻动貉，弄黑了手。由于天热，他用手擦汗，抹花了脸，只有鼻子没抹到是白净的。见到他的人都说他像一只"破脸狗"。以后他的子孙就以"破脸狗"为姓了。佚名讲述，王国祥搜集、整理。收入《西双版纳雨林中的克木人》，16开，1页，100余字，云南人民出版社2009年版。

（陈江敏）

"德哥氏"图腾传说

布朗族图腾传说。流传于云南省勐腊县布朗族（克木人）聚居区。在遥远的年代，世间混沌一片，火球烧尽万物，大雨倾泻，洪水暴发，人间遭遇巨大的劫难。姐弟死里逃生，幸存下来。灾难过后，姐弟二人分别去东、西、南、北方寻求配偶以繁衍后代，但发现世间的人只剩姐弟二人。这时一只红眼、绿嘴、长尾巴的德哥鸟追着他们叫唤："德哥，德哥哥，普尼莫时尼各哟嘎勒。"意为：姐弟二人抱在一起交媾。后来姐姐怀孕七年后生下一个葫芦，从葫芦里出来了布朗族等共一百零一种民族。由于有了德哥鸟的指示，人类得以繁衍，克木人为了感谢德哥鸟，遂以德哥为姓。佚名讲述，王国祥搜集、整理。收入《西双版纳雨林中的克木人》，16开，2页，800余字，云南人民出版社2009年版。

（陈江敏）

"所乐氏"图腾传说

布朗族图腾传说。流传于云南省勐腊县布朗族（克木人）聚居区。传说，有男子上山砍树获得一只所乐鸟，就用绳子拴给他的儿子玩，小孩怕鸟飞走，就把绳的一端系在腰上。村中小孩好奇地围拢来看所乐鸟，鸟受惊腾飞，拖走了小孩。孩子在树林中长大，日夜思念父母。十多年后的一天，小孩跟随一群进树林中吃野果的猪走出树林，走进了一个村寨，正遇一户人家新房落成，全村人都去祝贺。小孩也去道喜，在对歌时唱出了自己的身世和遭遇，刚巧他的父母在场，听了小孩的唱述惊喜交集，认出是自己的孩子，一家人得以团聚。家人为感谢所乐鸟养育自己的孩子十多年，同时感谢天神护佑，于是就以所乐为姓。佚名讲述，王国祥搜集、整理。收入《西双版纳雨林中的克木人》，16开，2页，300余字，云南人民出版社2009年版。

（陈江敏）

"德瓦氏"图腾传说

布朗族图腾传说。流传于云南省勐腊县布朗族（克木人）聚居区。关于德瓦氏的传说有两个。一个传说为：从前，有两个堂兄弟出外游玩，遇见一位美貌的姑娘，兄弟俩都喜欢上了这个姑娘。他们一起游玩，坐在山崖边上的一块石头上休息的时候，弟弟趁哥哥不注意，把他推下山崖，欺骗姑娘说，哥哥不小心自己坠崖了。姑娘随弟弟回家后，家中的人闻讯甚是悲痛，准备次日去寻找尸体。再说哥哥，当他摔下山崖时被半空中横着的一棵德瓦树所救，他回到家，道出弟弟谋害他的真相，姑娘得知后不再理弟弟，嫁给了哥哥，从此二人相亲相爱。德瓦树救了哥哥的性命，使他获得幸福，哥哥的子孙就把德瓦树作为祖先的象征，便姓德瓦。另一个传说为：一位猎人归家时被洪水所阻，他见一棵巨大的德瓦树伸向彼岸，成串成线的蚂蚁正攀爬过去，毫无危险。他模仿蚂蚁爬过去，爬到中间时树断了，他坠入水中被淹死了。从此，他的子孙就以德瓦（树）为图腾和姓氏。佚名讲述，王国祥搜集、整理。收入《西双版纳雨林中的克木人》，16开，2页，500余字，云南人民出版社2009年版。

（陈江敏）

"虎氏"图腾传说（二）

布朗族图腾传说。流传于云南省勐腊县布朗族（克木人）聚居区。传说，一对老夫妇有一独子，"摩胡腊"（占卜师）告诉夫妇俩，其子将死于虎口。为了孩子的安全，他们把儿子关在屋里，百般保护。一天，村民猎获一只老虎，全寨的人都跑去观看，这家人也带着儿子一同去观看。父亲见虎已死，大为解恨，用脚去踢老虎，儿子也跟着踢。不料，孩子的脚扎在虎牙上，流血过多而死。于是这家的后代开始敬畏老虎，以虎为姓。佚名讲述，王国祥搜集、整理。收入《西双版纳雨林中的克木人》，16开，1页，100余字，云南人民出版社2009年版。

（陈江敏）

“小米雀氏”图腾传说

布朗族图腾传说。流传于云南省勐腊县布朗族（克木人）聚居区。传说，一位住在窝棚守护山谷的人，从地里摘来一条黄瓜解渴，他正把削下的瓜片用刀刃插着往嘴里送，这时飞来一群小米雀啄山谷吃。守山人连忙吆赶，不料刀刃划破了嘴皮，割伤了舌头，流出许多血来，不久就死了。他的子孙就以小米雀为姓氏。佚名讲述，王国祥搜集、整理。收入《西双版纳雨林中的克木人》，16开，1页，100余字，云南人民出版社2009年版。

（陈江敏）

“八哥氏”图腾传说

布朗族图腾传说。流传于云南省勐腊县布朗族（克木人）聚居区。传说，有一个人上树掏八哥鸟窝里的蛋，被八哥啄瞎了眼，掉下树摔死了，于是他的后人开始敬畏八哥，以八哥为姓。佚名讲述，王国祥搜集、整理。收入《西双版纳雨林中的克木人》，16开，1页，30余字，云南人民出版社2009年版。

（陈江敏）

“牛屎雀氏”图腾传说

布朗族图腾传说。流传于云南省勐腊县布朗族（克木人）聚居区。从前，有一个人骑牛经过一棵树，树洞里栖息着一窝牛屎雀，他伸手进树洞掏雀蛋，不料牛突然狂奔尥蹶，把骑牛人摔掉在地上。这人跌断了手，流血过多而死。从此，他的后代开始敬畏牛屎雀，以牛屎雀为姓。佚名讲述，王国祥搜集、整理。收入《西双版纳雨林中的克木人》，16开，1页，100余字，云南人民出版社2009年版。

（陈江敏）

“钻氏”图腾传说

布朗族图腾传说。流传于勐腊县布朗族（克木人）聚居区。传说，有一天下雨，狗跑进一个山洞，与狗玩耍的一个小孩追了进去，狗出来后小孩却死在了洞里。村中老人指点孩子的父母用竹子搭成山洞的模样从中穿过，表示钻进去又出来，日后子孙就会平安无事。后来这个氏族就姓钻。该氏族禁忌蛇和苦凉菜。佚名讲述，王国祥搜集、整理。收入《西双版纳雨林中的克木人》，16开，1页，200余字，云南人民出版社2009年版。

（陈江敏）

“水氏”图腾传说

布朗族图腾传说。流传于勐腊县布朗族（克木人）聚居区。传说，有一氏族的祖先在河边解手时，被水中的一种鱼咬了屁股，其后代便不再吃这种鱼，并对水产生敬畏，以水为姓。佚名讲述，王国祥搜集、整理。收入《西双版纳雨林中的克木人》，16开，1页，100余字，云南人民出版社2009年版。

（陈江敏）

（四）山川风物及其他传说

怪味神药——叶锅鱼汤

布朗族风物传说。流传于云南省勐海县布朗族聚居区。有一次，女神在河边看见一个因饥饿而奄奄一息的弱女子，便在沙滩上刨了一个坑，准备弄点东西煮给她吃。她在坑的内壁铺了几层芭蕉叶，做成“叶锅”，在“叶锅”里盛上清水，从河里捞来几条鱼，放在水里。接着她又拾了七八块鹅卵石放在火里烧；石头烧得通红后，将它们放进“叶锅”里。水开鱼熟后，女神放进了几坨烧红的盐巴，一服怪味神药就做成了。弱女子喝了鱼汤，很快恢复了元气，忙问女神用的是什么神药。女神指了指“叶锅”后便神秘地消失了。弱女子后来将这段奇遇讲给村民听，人们便效仿着女神做叶锅鱼汤。佚名讲述，朗确搜集、整理。收入《西双版纳传说故事集》第二集，32开，2页，600余字，中国民族摄影艺术出版社 2005 年版。

（岩香南）

千刀菜的由来

布朗族风物传说。流传于云南省勐海县布朗族聚居区。有一天，布朗寨主的女儿娜英和同村的几位姑娘到河里洗澡。大家正在玩水时，娜英突然惊叫起来，原来是一只拳头大的螃蟹夹住了她的手指头。姑娘们用了许多办法也掰不开蟹钳。大家急了，忙把娜英送回家。寨主折断蟹脚，才掰开蟹钳，救了女儿。他将螃蟹交给一个佣人，交代一定要整整它为女儿解恨。不多时，佣人端来一碗清香四溢的菜，告诉寨主，这叫“千刀菜”，是把螃蟹剁了一千刀，再配上作料做成的。千刀菜就这样产生了。佚名讲述，朗确搜集、整理。收入《西双版纳传说故事集》第二集，32 开，2 页，480 字，中国民族摄影艺术出版社 2005 年版。

（岩香南）

艾掌来焖肉的由来

布朗族风物传说。流传于云南省勐海县布朗族聚居区。有一位聪明过人的布朗猎手，叫艾掌来。一天，他带领伙伴们猎获了一头野猪。回家的路上，大家想试一试艾掌来到底“聪明过人”在哪里，便说肚子饿了要休息，并各自放下肩上的野猪肉，要他做肉给大家吃。他们的要求很高，说不吃剁生，不吃烧烤，也不吃叶子包烧肉。当时四周没有水，艾掌来便将肉切成块，拌好盐巴和辣椒粉等作料，塞入竹筒内，用芭蕉叶紧紧塞住筒口，再把竹筒放进火堆中烧。不一会儿，一道清香四溢的竹筒焖肉做成了。猎手们吃后称赞不已。佚名讲述，朗确搜集、整理。收入《西双版纳传说故事集》第二集，32 开，2 页，590 余字，中国民族摄影艺术出版社 2005 年版。

（岩香南）

澜沧江的传说

布朗族风物传说。流传于云南省勐海县布朗族聚居区。古时候，澜沧江是一条母河，它从青藏高原奔流而下，率领众多的子女一路浩浩荡荡，快要到勐遮坝时，遇到额头长有白毛、会说谎的“闪”鸟。“闪”鸟问澜沧江要到哪里去，澜沧江说要到勐遮坝。“闪”鸟惊讶地说：“我的老天啊，去勐遮坝路途太遥远，你看我从那里出发，头发都走白了才来到这儿。”澜沧江听后害怕了，决定改变前进的方向，就往景洪方向走了。岩敢讲述，岩香南搜集、整理。记录稿，16 开，1 页，260 字，稿存云南省勐海县文体局。

（岩香南）

茶叶的传说

布朗族风物传说。流传于云南省勐海县布朗族聚居区。一天晚上，几个布朗族小和尚坐在一起念经，不多时都打起盹来，老佛爷只好让他们出去走动走动。一个和尚跑到山坡上去散心，他边玩边顺手摘了几片嫩叶塞进嘴里嚼起来，开始觉得味苦，继而变甜。他回到佛寺后精神焕发，念的经文也比别人多。老佛爷问他原因，他实话相告。第二天晚上，老佛爷看见徒弟们又困得很，便建议他们都去摘那种嫩叶嚼嚼，结果个个回来觉得眼明脑醒。这事一传十、十传百，附近各村寨的人都种上那种小树苗，疲倦时就摘其嫩叶煮水喝，于是就有了今天的茶叶。佚名讲述，冯得安、李世玲搜集、整理。收入《布朗族民间故事》，32 开，2 页，600 余字，云南人民出版社 1994 年版。

（苏文英）

布朗山帕点帕玛的由来

布朗族风物传说。流传于云南省勐海县布朗族聚居区。很久以前，一个布朗寨子住着一对无儿无女的老夫妇。一天，他们正在锄草，佛祖来了。佛祖为让两位老人过上好日子，就让他们把河里的一块大石头搬到平地上。看见他们很吃力搬石头的样子，佛祖便口念“帕点帕玛，帕点帕玛”，以示鼓劲。临走时，他留下装有谷种的葫芦。两位老人按照他的吩咐，把谷种撒在地里。从此以后，他们年年丰收，后来还得到一个儿子。夫妇俩为了感谢佛祖，把自己所在的寨子取名“帕点”，把那块石头叫做“帕点帕玛”，并定期给它烧香、磕头、敬献食物。佚名讲述，岩香南搜集、整理。记录稿，16开，2页，800余字，稿存勐海县文体局。

（岩香南）

翁斯峦河的传说

布朗族风物传说。流传于云南省勐海县布朗族聚居区。从前，布朗山上有一只能听懂人语的猛虎。它见周围村村寨寨都有释迦牟尼的雕像，且男男女女都虔诚地跪拜，心里好生奇怪，便决定找释迦牟尼本人比试本领。一天，它听说释迦牟尼将途经一条小河，便在河边等候。太阳快落山时，它看到一位双耳垂肩、眼亮如灯、身披袈裟、光芒四射的佛爷向自己走来，大吃一惊，“咚”地跃进小河，潜水逃走了。从此，那条小河便有了“翁斯峦”（虎潜河）的名字。佚名讲述，艾杨搜集、整理。记录收入《布朗族民间故事》，32开，2页，500余字，云南人民出版社1994年版。

（苏文英）

曼佤水塘的传说

布朗族风物传说。流传于云南省勐海县布朗族聚居区。很久以前，巴达山上有个布朗族寨子。有一天，寨中的男人上山狩猎打得了一只马鹿回来，准备分肉。一个寡妇因家里没有男人参加打猎，就没分到肉。这事激怒了天神，他叫水龙来寨中作怪，让分食马鹿肉的人家陷落，变为水塘。这样一来，全寨就只有寡妇一家幸免于难。由于水塘是由寨子陷落而成的，所以后人叫它“曼佤（陷落）水塘”。佚名讲述，玉康叫、岩俔党搜集、整理。收入《布朗族民间故事》，32开，2页，900余字，云南人民出版社1994年版。

（苏文英）

勐冈的由来

布朗族风物传说。流传于云南省勐海县布朗族聚居区。在兵荒马乱的年代，一个布朗寨的人们纷纷出逃，去寻找安身之地，只有一对相依为命的母子由于消息闭塞，隔了好几天才知道消息。他们追赶了几天几夜，仍不见同村人的踪影。有一次他们走到一个箐沟边，看见砍断的芭蕉树已经长出很长的新叶，便认为赶不上其他人了，于是就在此定居下来。后来又有逃难者陆陆续续到了这里住下，渐渐形成一个新寨子。因为这个寨子是夹在两个坝子中间，所以被叫做“勐冈”（坝子中间）。康朗叫讲述，岩温叫、玉拉罕搜集、整理。收入《布朗族民间故事》，32开，1页，300余字，云南人民出版社1994年版。

（玉罕娇）

空罕的传说

布朗族风物传说。流传于云南省勐海县布朗族聚居区。空罕这个地方本来没有人家，只长着一蓬野竹。一年春天，一个善良的布朗孤女在附近挖春笋，可一无所获。太阳快落山时，一根发出金光的竹子吸引她走了过去，她看到那根竹子的根上竟然长了几根金笋。她挖出最小的那根，第二天拿到集市上换了许多米、布和盐，把它们分给穷苦的人们。人们听说这事后纷纷前来询问，她都如实相告，于是大家都赶着去挖金笋，可谁也没法将金笋拿回家。天黑后，金笋消失了，只留下人们挖的深坑。大家就把这个深坑叫做“空罕”（金坑）。少数人舍不得离去，就在此建寨住了下来。后来这个寨子就被叫做“空罕寨”。佚名讲述，艾杨搜集、整理。收入《布朗族民间故事》，32开，2页，700余字，云南人民出版社1994年版。

（苏文英）

娜淀

布朗族风物传说。流传于云南省永德县布朗族聚居区。很早以前，有个被梅漂竹包围着的布朗族寨子，寨里的头人有个如花似玉的女儿，名叫娜淀。附近来提亲的人络绎不绝，但都被拒绝了，姑娘说要嫁一个能够攻进自己的寨子而又不伤害寨民的英雄。消息传开后，许多小伙子便联合起来围攻姑娘所在的寨子，但因为有密密麻麻的竹林保护，他们始终没有攻进来。孤儿阿坎也想一显身手。他请同寨的小伙子帮忙捉来很多萤火虫，把它们绑在箭上射向竹林。头人看见竹林中有许多闪光发亮的东西，以为是金子，令人把竹子全部砍倒。阿坎和他的伙伴趁机冲入寨子，活捉了守寨人。当天晚上阿坎和娜淀就成了亲。他们的婚事引起老妖怪的妒忌，它领着一群小妖怪杀进寨子，砍死了阿坎，活捉了娜淀。为了报仇，娜淀假意答应与老妖怪成亲，并让它把自己心爱的白马牵到身边，然后飞身上马，撞死了所有妖怪，最后连人带马跳进奔腾的大河中。为了纪念娜淀姑娘，人们把那条河叫做“娜淀河”。佚名讲述，冯朝良搜集、整理。载《山茶》1984年第1期，16开，2页，2200字。

（玉罕娇）

“木老元”的传说

布朗族风物传说。流传于云南省施甸县布朗族聚居区。很久以前，小白龙和老黑龙为独霸易龙池而打架。小白龙的儿子请人做了一条木龙给父亲助战，老黑龙招架不住，连连向南败退。木龙追到一个地方，被一座山挂住脚跑不动了，后人把此山叫做“木龙山”。后来有两弟兄为逃命搬到此地居住，哥哥阿祥在山上种地，弟弟阿三在山下种田，他们把这些田地称作“木老园”。时间长了，人们把“木老园”改成“木老元”。居住在木老元的布朗族据说就是阿祥和阿三的后代。段学义讲述，蒋在凡记录，蒲正兵、祝庆开整理。收入《散落的珍珠》，32开，1页，410字，保山地区群众艺术馆1983年编印。

（玉罕娇）

西定名称的由来

布朗族风物传说。流传于云南省勐海县布朗族聚居区。有一天，释迦牟尼来到一个布朗村子。村里的人们听说佛祖远道而来，十分感动。可他们又拿不出什么好东西招待他，只好“西定”（拉琴）来恭迎他。佛祖听见琴声，觉得很不错，便对村民们说：“你们这么会‘西定’，以后这里就叫做‘西定’吧！”佚名讲述，杨胜能搜集、整理。收入《西双版纳传说故事集》第一集，32开，1页，550字，中国民族摄影艺术出版社2005年版。

（岩香南）

南览河与章朗山的传说

布朗族风物传说。流传于云南省勐海县布朗族聚居区。古时，南览河无河名，当地人都称它为“南咪龙”（大河）。有一次，释迦牟尼准备到西双版纳传教，听说那里的佛门弟子没有经书，便派一名高僧用大象驮着经书送过去。高僧一路风餐露宿，一天来到大河边，见那里有几棵果实累累的橄榄树，便顺手摘了几粒果实充饥，然后捧起河水解渴，顿时他觉得甘凉无比，便情不自禁地赞道：“览叠（甘凉之极）！”从此以后，人们便把这条河称为“南览”（甘凉之河水）。高僧渡过南览河后，继续向前走，来到一座山上。不一会儿，天空乌云翻滚，接着豆粒大的雨点倾泻而下。见无法行走，高僧便把大象拴在一座凉亭外的树下，自己则在亭内躲雨。第二天清晨，他走出凉亭，发现大象冻死了，尸体已经僵硬。后人把大象冻死的那座山叫“章朗山”（僵象山）。佚名讲述，艾杨搜集、整理。收入《西双版纳传说故事集》第一集，32开，2页，700余字，中国民族摄影艺术出版社2005年版。

（岩香南）

章朗名称的由来

布朗族风物传说。流传于云南省勐海县布朗族聚居区。一千多年前，释迦牟尼的弟子玛哈烘赶着一头大象来嗯巩多山传教。他住下来后，放大象进山吃草。当时正值冬季，这头来自热带的庞然大物不适应当地的气候，不久就冻僵了。村民们发现后，便在它周围燃起了几堆大火，给它取暖。大象终于苏醒过来。后来人们在此地建立寨子，取寨名为“章朗”，即大象冻僵之寨。康朗坎垅讲述，岩香南搜集、整理。记录稿，16 开，1 页，400 余字，稿存云南省勐海县文体局。

（岩香南）

嘎巴格爹（土桥）

布朗族风物传说。流传于云南省勐海县布朗族聚居区。从前，章朗村里有一个美丽的姑娘，与一位能歌善舞、机智勇敢的小伙子一见钟情，双双坠入爱河。但小伙子家境贫寒，因而姑娘的父母极力反对。这对恋人只能偷偷约会。一天，两人见面时，被姑娘的父亲发现。他便把女儿锁在家里，禁止两人相见。不知过了多少日子，姑娘与小伙子找到机会又见面了。两人决定私奔，当晚他们逃出了寨子。跑了一会儿，他们陷入了困境：前面是无法跨越的山谷，后面是父亲的追兵。两人泣不成声，拥抱着准备跳下深谷。他们的坚贞感动了爱神，爱神用手一指，点土成桥，让他俩跨越山谷，逃脱了追赶。后来两人终于喜结良缘，土桥也一直留在了那里。康朗坎垅讲述，岩香南搜集、整理。记录稿，16 开，2 页，800 余字，稿存云南省勐海县文体局。

（岩香南）

象滑石

布朗族风物传说。流传于云南省勐海县布朗族聚居区。佛爷玛哈烘赶着一头大象到处传经，来到章朗山时，他卸下象背上的东西，放象进山觅食。不久大象踩在了一块很光滑的石头上，摔了一跤。由于大象很重，因而石头留下了几道痕迹。当地百姓认为那块石头传教有功，就将它叫做“象滑石”，并奉为圣石，每年对它顶礼朝拜。岩敢讲述，岩香南搜集、整理。记录稿，16 开，1 页，390 字，稿存云南省勐海县文体局。

（岩香南）

虎跳峡的由来

布朗族风物传说。流传于云南省勐海县布朗族聚居区。古时候，章朗寨附近为原始森林所覆盖，野兽成群结队。那时，南孙河有一段峡谷，宽窄不一，最窄处只有两米。章朗人上山打猎时，往峡谷方向逃窜的野兽不是被猎人射杀，就是摔下悬崖粉身碎骨；只有老虎能跳过两米宽的峡谷，幸免于难。虎跳峡因此得名。岩应懂、康朗坎垅讲述，岩香南搜集、整理。记录稿，16 开，1 页，500 余字，稿存云南省勐海县文体局。

（岩香南）

布朗族为什么住在山林

布朗族风物传说。流传于云南省勐海县布朗族聚居区。很久以前，布朗族的祖先住在平坝里，单独成为一个国家，国都叫勐占帕。后来附近的几个邻国联合起来攻下了勐占帕，并大开杀戒，大部分布朗人被杀，只剩下一些老人和小孩。一天，一个生命垂危的布朗汉子嘱咐小儿子，等自己死后，用绳子拖着人头离开勐占帕；头在哪里停下，他就在哪里安家。汉子死后，儿子拖着他的头离开国都，走了好多天，可头一直没有停下来。儿子只得继续前行，涉过一条条河流，翻过一座座山。后来，汉子的头颅终于在一个树林茂密的地方停住了，他儿子便在那里伐竹割草盖窝棚，砍树烧荒种山地。不久，从勐占帕逃出来的布朗人纷纷寻到这里。几年以后，老林里就出现了一个大寨子。从那以后，布朗族就世世代代住在了山林里。佚名讲述，王国祥搜集、整理。收入《布朗族文学简史》，32 开，2 页，700 字，云南民族出版社 1995 年版。

（玉罕娇）

布朗族为何住在山区

布朗族风物传说。流传于云南省勐海县布朗族聚居区。很早以前，布朗族和傣族是一对兄弟。长大成家后，父母叫他们另立门户。分家产时，老大傣族选了自己喜欢的马，老二布朗族只好牵走了马鹿。马习惯在坝子生活，因而一出门就驮着老大夫妇往平坝跑；而马鹿是在山里长大的，所以它驮着老二夫妇一个劲地往山里跑，来到密林深处才停住。时间长了，两兄弟的后代也越来越多。佚名讲述，陈光旭搜集、整理。收入《布朗族民间故事》，32 开，1 页，400 余字，云南人民出版社 1994 年版。

（苏文英）

青龙抱蛋

布朗族风物传说。流传于云南省施甸县布朗族聚居区。很早以前，布朗族居住在一个被称为“青龙抱蛋”的地方，那是块风水宝地，人们过着丰衣足食的好日子。为了歌唱美好的生活，布朗人敲起了铓锣、吹响了唢呐，清脆的唢呐声传进了县官的耳朵里。当他得知青龙抱蛋是一个好地方时，立即派兵想赶走那里的布朗人。勇敢的布朗人击退了一次次的进攻。县官见强攻不行，便请来一位风水先生，让他找出青龙抱蛋的龙脉，然后派兵丁夜里去挖。但兵丁挖开的口子总是自然合拢。有一次一个兵丁无意中知道龙害怕铁钉的秘密，便拿出一根一尺多长的铁钉，从青龙脖子处敲进去。结果青龙的血流尽，青龙抱蛋也失去了灵性，不久那里树枯草黄，牲畜年年遭瘟疫。布朗人无法生活下去，只好搬到了现在的居住地。李国强讲述，东方既晓记录、整理。载《山茶》1984 年第 4 期，16 开，2 页，1800 字。

（玉罕娇）

两把神刀

布朗族风物传说。流传于云南省施甸县布朗族聚居区。明朝万历年间，邓子龙将军率领他的兵马驻扎在清平洞附近。有一次，敌人利用大象群向邓将军的阵营发起进攻。为避免不必要的伤亡，邓将军命令士兵躲进地形较复杂的深箐中。有个叫阿兴的布朗族士兵，因搀扶生病的傣族兄弟而落伍，两人躲在一座石拱桥下。阿兴随身带的酒葫芦的塞子突然脱落，里面的米酒洒了一地。敌人来桥上观察地形，他们骑的大象闻见了米酒的香味，便拼命把长鼻子伸到桥下。只听“咔嚓”一声，阿兴砍下了大象的长鼻子。受伤的大象一阵乱撞，敌军乱作一团。邓子龙将军乘机发起反攻，大获全胜。为奖赏勇敢的阿兴，邓将军答应免除他的家乡——木老元的官税，并送给他一对神刀。后来阿兴死时，嘱托人们把两把神刀放在家乡的山道路口。奇怪的是，两把神刀竟会讲话，只要山下的歹人稍有动静，它们就会朝着寨子喊话报信，帮助乡亲们一次次将歹人打下山去。佚名讲述，一凡搜集，晓黎整理。收入《散落的珍珠》，32 开，5 页，2340 字，保山地区群众艺术馆 1983 年编印。

（玉罕娇）

东老布朗族关于“勐卯”的传说

布朗族风物传说。流传于云南省耿马县布朗族聚居区。布朗族先民居住的地方——勐卯，是一个很大的村庄，为抵御外族侵扰，布朗先民在村庄周围种植了连片的倒钩刺，形成了坚固的围墙，族人得以安居乐业。一心想侵占勐卯的外族人想了一个歹毒的办法，用金银制成的箭镞射入倒钩刺丛，族人为能取到挂在刺藤上的金银箭镞，就砍断倒钩刺，围墙不攻自破，勐卯被外族人霸占。劫后余生的田氏家族成员逃到东老，成了东老的最早先民。佚名讲述，张新祥搜集、整理。收入《临沧少数民族口传文学》，16 开，2 页，700 余字，云南民族出版社 2013 年版。

（白云）

东老小姐的传说

布朗族风物传说。流传于云南省耿马傣族佤族自治县布朗族聚居区。很久以前，东老村有一位多才多艺、品貌端庄的布朗族美女，村里的老少都尊称她为“婻”（布朗族对小姐或公主的尊称）。她的美貌引起了邻近土司和一些小藩王的不和，特别是佤族头领发誓一定要得到婻。眼看着自己的美貌将给布朗山寨带来灾祸，婻决定牺牲自己的性命。她让村人把自己活埋在村寨对面的一棵榕树下，唯一的陪葬品是一套炊具，她对村里人说：“如果你们看到坟头上还冒烟，证明我还活着。”七天过去了，坟头上并没有冒烟，人们知道他们爱戴的婻已经逝去。不甘心的佤族头领挖开婻的坟墓，却找不到婻的遗体。布朗人都说婻是天女下凡，回天宫去了。佚名讲述，张新祥搜集、整理。收入《临沧少数民族口传文学》，16开，1页，500余字，云南民族出版社2013年版。

（白云）

取头打扮的传说

布朗族风物传说。流传于云南省镇康县布朗族聚居区。很久以前，人们可以把头取下来，打扮好了再装到脖子上去。因为方便，妇女们整日都在打扮自己而不干活，男人很有意见。这件事被值班的天神知道了，回到天上奏明了玉皇大帝，玉皇大帝让天神用封条把妇女的脖子封住，人头就再也不能取下来了。天神封人的脖子时，在男人的脖子前面打了一个大结，后来就成了男人的喉结。女人被封住脖子后，总感到不舒服，天神就给女人戴上一条小链子，这就是后来的项链。佚名讲述，李应搜集、整理。收入《临沧少数民族口传文学》，16开，1页，400余字，云南民族出版社2013年版。

（白云）

蛇蜕皮的传说

布朗族风物传说。流传于云南省镇康县布朗族聚居区。很久以前，人每年都要蜕一次皮，每次蜕皮都备受折磨，需要休息很长时间才能恢复体力。有一个人在蜕皮时发牢骚说：“上天真会捉弄人，让长有四肢的人蜕皮，而蛇那样光溜一条的身子却可以任性成长，要是换蛇蜕皮就好了。”这话恰好被值班的天神听到，天神向玉皇大帝汇报，玉皇大帝降旨，让蛇蜕皮，人就不再受蜕皮之苦了。杨二花讲述，李应搜集、整理。收入《临沧少数民族口传文学》，16开，1页，300余字，云南民族出版社2013年版。

（白云）

睡佛的由来

布朗族风物传说。流传于云南省永德县布朗族聚居区。远古时代，永德松林山洞住着一个颇有神通、无恶不作的蛇精，远近的居民深受其害。布朗山的居民跪求太上老君严惩蛇精。太上老君感念布朗人的诚恳，指派释迦牟木下凡镇压蛇精。释迦牟木变成睡佛山，永远守护着苍生。佚名讲述，李有旺搜集、整理。收入《临沧少数民族口传文学》，16开，1页，100余字，云南民族出版社2013年版。

（白云）

布朗山寨仙根水

布朗族风物传说。流传于云南省永德县布朗族聚居区。很久以前，布朗族先民从异地搬迁到永德下忙平，不远处就是仙根景点，人们每年都去朝拜仙根。有一年，一个布朗族老妇人在祭拜时向仙根诉说担水的艰难，当天晚上，仙根化成一个白胡须老人托梦给老妇人，让她找人在房后的大榕树下挖一口井，三天后井里就会有水。人们都不相信那地方会出水，几经周折，水井终于挖好了，挖好井的第二天早上，人们惊喜地发现水井里装满了水。自从有了水井，人们就不用再到远处挑水了。为了感恩，人们把井水叫做仙根水。时至今日，井水还常清常满。佚名讲述，李有旺搜集、整理。收入《临沧少数民族口传文学》，16开，3页，2000余字，云南民族出版社2013年版。

（白云）

瓦房帽的由来

布朗族风物传说。流传于云南省云县布朗族聚居区。很久以前，布朗族部落的小孩患一种怪病，一到夜间就惊叫大哭，请郎中也无济于事。一天夜里，全部落人都做着一个同样的梦，梦见一个鹤发童颜的长者，手持拂尘，端坐云团，念念有词：

布朗人儿莫惊慌，小儿得病夜哭嚷。
不是五谷饮食坏，巫师诅咒把儿伤。
若要消除病魔苦，仔细听我传药方。
桃仁花椒白羊角，胡椒银子加大蒜，
金竹芯加大白解，各取一撮包帽上，
驱除邪恶破诅咒，小儿一觉大天亮。

布朗人如法炮制，给孩子戴上坠有药物的帽子，孩子果然不再惊叫。后来，布朗人为使童帽美观且轻便，就把童帽做成瓦房式样，并渐渐演变成具有特殊意义的赠品，谁家生小孩，亲友的贺礼中必有一顶瓦房帽。李树英讲述，张正中搜集、整理。收入《临沧少数民族口传文学》，16开，2页，800余字，云南民族出版社2013年版。

（白云）

石板墓的传说

布朗族风物传说。流传于云南省永德县布朗族聚居区。很久以前，布朗山上生活着一对母子，儿顺母慈，相依为命。后来儿子被强征入伍，他不忍心丢下疾病缠身的老母亲，便背着母亲四处征战。七年后母亲病故，天神托梦让他将母亲的尸体火化，将骨灰装到土罐中背着走。满三年的时候，母亲托梦告诉儿子：你已经背我三年，可以埋了，只要在坟头上放三块石板就行。后来形成永德布朗族“一块碑心石，两块柱子石，三块坟头石”的石板墓葬习俗。蒋金贵讲述，赵明生、高宏慧搜集、整理。收入《临沧少数民族口传文学》，16开，2页，700余字，云南民族出版社2013年版。

（白云）

鱼下水，鸟上树

布朗族风物传说。流传于云南省勐腊县布朗族（克木人）聚居区。从前，鸟生活在水里，而鱼则在树上生活，上天嘱咐让鸟生蛋以养活人类。后来鱼跟鸟商量说：咱俩换换吧！你身上有羽毛，在树上生活不会冷，而我身上没有羽毛，在树上生活太惨了，而且我一次能生出成千上万的蛋，足够养活人类。就这样，鸟上了树，而鱼下到水里生活。佚名讲述，李成武搜集、整理。收入《克木人——中国西南边疆一个跨境族群》，32开，1页，200余字，中央民族大学出版社2006年版。

（白云）

野猪为什么吃山谷

布朗族风物传说。流传于云南省勐腊县布朗族（克木人）聚居区。从前，有一对相恋的年轻人，相约厮守终生。小伙为筹措结婚费用出远门做生意，双方约定三年后成婚。三年期未到，女子因病去世，出殡时因棺重如山，无法挪动，家人只好停棺原地，举家搬走。男子如约而归，见女子端坐阳台正梳头，音容未变。入夜，男子察觉女子已变成鬼，遂设计逃跑，被女鬼发现。一天，小伙上山，女鬼紧随其后，小伙无法逃跑，后遇野猪，乞猪救命，野猪撕碎女鬼。小伙为报答野猪救命之恩，答应每年山谷成熟时，允许野猪来吃。佚名讲述，李成武搜集、整理。收入《克木人——中国西南边疆一个跨境族群》，32开，1页，200余字，中央民族大学出版社2006年版。

（白云）

猫头鹰的平头和麂子的长鼻

布朗族风物传说。流传于云南省勐腊县布朗族（克木人）聚居区。从前，猫头鹰和麂子是好朋友，经常一起到山中下扣子捕猎。后来，因猫头鹰经常偷食猎物，两个打了起来，扭打中撞翻了一口烧开水的锅，开水溅在一个老妇人腿上，老妇人从身边的鸡窝里抓起一个蛋用蛋清止痛，鸡窝里的鸡惊飞起来撞断一根树枝，掉下来的树枝砸在蛇身上，受惊的蛇搅动一旁的蚂蚁窝，愤怒的蚂蚁去叮野猪的嘴，野猪跑去拱芭蕉树，芭蕉树上的蝙蝠受惊后飞到大象耳朵里，惊恐的大象去顶撞大青树，大青树的树汁正好滴在龙潭里玩耍的小龙的眼睛里，致小龙眼瞎。龙王责问大清树，最终找到罪魁祸首，他用锤子击打猫头鹰的头，猫头鹰原本高高的头被打平了；用钳子扭拉麂子的鼻子，麂子的鼻子被拉长了。佚名讲述，李成武搜集、整理。收入《克木人——中国西南边疆一个跨境族群》，32开，2页，600余字，中央民族大学出版社2006年版。

（白云）

白头翁及其他

布朗族风物传说。流传于云南省勐腊县布朗族（克木人）聚居区。自从磨歇发现盐泉后，好奇的动物、植物、山川、河流等都想去看个究竟，大家从不同的地方出发前往磨歇。白头翁飞得最快，它看完盐泉后就往回飞，途中遇到那些正赶路去看盐泉奇观的其他物种，白头翁就骗它们说："磨歇那个地方远得很，我头发都飞白了还未飞到，你们什么时候才能到呢?"遇到白头翁的都信以为真，就停下来不再往前走了。青松到向明就返回了，所以现在向明一带有青松，而磨歇则没有；龙竹到磨憨就往回走了，所以从磨憨到磨歇一带没有龙竹；而南亮河本应流经磨憨，听了白头翁的话就改道他途了。佚名讲述，李成武搜集、整理。收入《克木人——中国西南边疆一个跨境族群》，32开，1页，300余字，中央民族大学出版社2006年版。

（白云）

说话发音重的传说

布朗族风物传说。流传于云南省金平苗族瑶族傣族自治县布朗族（莽人）聚居区。深山密林中居住着一户莽人，在父母去世后，兄弟俩就分了家。分家那天，聪明的弟弟把语言带到河谷去了，老实的哥哥求仙人教他说话。仙人让他去砍些竹子放在火塘里烧，竹子发出什么声音就学什么声音。哥哥照仙人教的方法去做，烧竹子的时候竹子发出"叭""薄""棚"的声音，哥哥记住了那些声音，所以莽人讲话时发音重。佚名讲述，杨六金搜集、整理。收入《一个鲜为人知的族群——莽人的过去和现在》，16开，1页，200余字，云南教育出版社2004年版。

（白云）

忌食麂子肉的传说

布朗族风物传说。流传于云南省金平苗族瑶族傣族自治县布朗族（莽人）聚居区。生活在高山密林深处的莽人，长期以刀耕火种为生。起初，他们在烧过的山地上播撒谷种，但不知道盖上土，每年的收成都很少。后来他们发现，同一块山地里的庄稼，每年总会有一片长得很茂盛。经过观察发现，每年播种后就会有成群结队的麂子到山地里找嫩草吃，凡被麂子踩过的谷种就被埋进土里，过后都长得很好。于是，他们把竹片和木棍削成麂蹄状，用来戳穴播谷种，收成好多了。莽人认为麂子是上天派来教他们种庄稼的，所以他们不会去捕猎麂子，也不吃麂子肉。佚名讲述，杨六金搜集、整理。收入《一个鲜为人知的族群——莽人的过去和现在》，16开，1页，200余字，云南教育出版社2004年版。

（白云）

鱼和松鼠的传说

布朗族风物传说。流传于云南省金平苗族瑶族傣族自治县布朗族（莽人）聚居区。很早以前，鱼生活在树上，松鼠生活在水里。人们无法射到树上的鱼，也无法网到水里的松鼠。后来，有人爬上树捉到鱼，把鱼丢进水里；又下水逮到松鼠，把松鼠甩到树上。从那以后，原本在水里的松鼠就成了在树上生活的动物，而在树上生活的鱼就成了在水里游玩的动物。佚名讲述，杨六金搜集、整理。收入《一个鲜为人知的族群——莽人的过去和现在》，16开，1页，100余字，云南教育出版社2004年版。

（白云）

莽人与傣族分家的传说

布朗族风物传说。流传于云南省金平苗族瑶族傣族自治县布朗族（莽人）聚居区。很早以前，莽人和傣族本是亲兄弟，莽人是哥哥，傣族是弟弟。原先，兄弟俩都在高山上刀耕火种。一天，弟弟说是要去河坝砍地，背地里悄悄开了许多田。哥哥见弟弟长时间不回来，叫妻子去找，妻子看到弯弯曲曲的田埂以为是蟒蛇，不敢前行。后来弟弟回来，告诉哥哥自己要去河谷居住，叫哥哥把权力让给他，哥哥答应了。就这样，哥哥成为一无所有的莽人，聪明的弟弟成了有钱有粮的傣族。佚名讲述，杨六金搜集、整理。收入《一个鲜为人知的族群——莽人的过去和现在》，16开，1页，100余字，云南教育出版社2004年版。

（白云）

睡佛传说

布朗族风物传说。流传于云南省永德县布朗族聚居区。远古的时候，送归地区有黄、青两条龙在作怪，要么干旱不下雨，要么暴雨成灾，黄龙和青龙还经常扮成俊男美女到送归调戏布朗族小伙和姑娘。有一天，一家布朗人家正在办喜事，黄龙（公龙）、青龙（母龙）同时出动，黄龙抢了新媳妇，青龙抢了新姑爷，上天知道后，派仙家下界查看实情，黄、青二龙在仙家下界时很温驯，可等到仙家回到天上，黄、青二龙又出来祸害百姓。最后，上天派睡佛神仙下界查看，睡佛神仙装扮成一个布朗老人在火塘上方吸烟筒，这天晚上，黄、青二龙又出来兴风作浪，睡佛神仙把自己的躯体化成蜿蜒大山以镇黄、青二龙。黄龙就是现在的德党河，青龙就是现在的大地河。佚名讲述，金常学、何金武搜集、整理。收入《睡佛山下布朗人》，16开，2页，400余字，云南人民出版社2012年版。

（陈江敏）

佛爷塘

布朗族风物传说。流传于云南省永德县布朗族聚居区。佛爷塘位于从睡佛山下小送归布朗山寨往东北方向翻过一座小山垭口处。佛爷塘的面积二十亩左右，全是水塘自身自然出的水，因而水塘旱天水不落，雨天水不涨。据说，远古的时候，释迦牟尼佛来到送归授经文，在佛爷塘先是喝了一口水，然后双手合十作揖，口念撒图，之后，脱下袈裟在水里划了三下，意为天上、地下、人间皆为信佛，水塘的水就变成了黄袈裟色。关于佛爷塘还有另一个传说：释迦牟尼佛到送归传经时，遇到一位长相酷似自己的布朗佛爷，便有心将其收为弟子，要他在当年的关门节起程去印度。这位布朗佛爷途经滚弄江时，看到江水越涨越高，便放弃了印度之行。当晚，他梦见佛问他为何不继续西行印度，佛一直在滚弄江等他。天亮后，布朗佛爷意识到那江水是佛对他的考验，他很后悔，认为自己佛缘不深，便潜心研究佛经，为众生行善。在他107岁那年的四月初八，他头上点燃了七支蜡烛，口诵经文，走进了水塘中。他的躯体化成送归睡佛山，水塘便是如今的佛爷塘。佚名讲述，金常学、何金武搜集、整理。收入《睡佛山下布朗人》，16开，2页，700余字，云南人民出版社2012年版。

（陈江敏）

金芭蕉

布朗族风物传说。流传于云南省永德县布朗族聚居区。在睡佛山对面，有一座送归布朗族信奉的神山——海转大山，送归布朗族世世代代守护着神山里的七棵金芭蕉。关于海转山七棵金芭蕉有这样的传说。很早以前，布朗人居住的地方出现洪灾，人间成了汪洋大海，所有的山和植物都被淹没，眼看布朗人快要被完全淹没了，这时，在茫茫的海水中缓缓冒出七棵芭蕉，于是，漂泊在水中的布朗人拼命游向七棵芭蕉。说来也怪，待所有漂泊在水中的布朗人游到七棵芭蕉树旁，海水也渐渐地退了。海水退尽后，布朗人发现，每棵芭蕉根部都有一块七丈高、七丈宽的金子垫着。后来，人们才知道，那七棵芭蕉是帕雅英为救布朗人而点化的。如今，整个送归山处处都能看到芭蕉树，送归也是芭蕉园的佛语译音。佚名讲述，金常学、何金武搜集、整理。收入《睡佛山下布朗人》，16开，2页，600余字，云南人民出版社2012年版。

（陈江敏）

公主青

布朗族风物传说。流传于云南省永德县布朗族聚居区。睡佛山下落阿洼布朗山寨脚底有一棵细叶大榕树，四季常青，树干有十围粗，枝干伸向东南西北四方，树冠占地10亩，树龄600余年。这棵细叶大榕树有着一个传说。永康旧城傣家土司公主南象跟随父亲到送归巡游，来到睡佛山下祭拜睡佛，与边放牛边吹短笛的布朗小伙岩坎情投意合，便私下定了终身，但这段感情遭到土司老爷极力阻挠。南象便把从家里偷偷拿的七锅银子埋在睡佛山下，并在上面种下了一棵细叶榕树，寓意她和岩坎的情意四季常青。一天，岩坎睡在那棵细叶榕树下面，南象公主托梦给他说，她为岩坎埋下了七锅银子，要他生活困难的时候去挖银子。但岩坎无论生活怎么困难，也没有去挖银子，后来岩坎出家了。布朗人为了纪念南象公主，便把细叶榕叫做公主青。佚名讲述，金常学、何金武搜集、整理。收入《睡佛山下布朗人》，16开，2页，400余字，云南人民出版社2012年版。

（陈江敏）

铜沟

布朗族风物传说。流传于云南省永德县布朗族聚居区。在送归村委会东面有一条很深的沟壑，沟长约五公里，沟两边都长满松树，沟里长年四季流水。传说，铜沟下部右侧的山崖里原先有一座铜库，铜库里有无数铜块，但铜库里的铜只有落阿洼的帕西灭长老曾拿过两块，他把铜块打制成铓、锣、镲分到各个缅寺。后来送归有一贪心的人，他用牛去驮了一驮铜块，到家发现驮回的不是铜块而是木炭。这事被帕西灭知道后，他怕有人再起贪心去偷盗铜块，便用咒语把铜库的门给封住了。从此，再也没有人知道铜库在哪里了。所以，送归一直流传“做人莫贪婪、铜会变木炭”警世语。佚名讲述，金常学、何金武搜集、整理。收入《睡佛山下布朗人》，16开，2页，400余字，云南人民出版社2012年版。

（陈江敏）

姊妹泉

布朗族风物传说。流传于云南省永德县布朗族聚居区。在睡佛山北端山脚下靠近德党河边有两个被称作姊妹泉的水潭，一潭为热水，另一潭为冷水，两潭水相隔10米。姊妹泉起源于一个美丽的传说。相传，帕雅英下界巡察，发现布朗山上到处是浑水，没有一点清净的水，于是帕雅英就用自己的宝瓶装了一瓶浑水在头上摇了三下把它倒出来，顷刻间，布朗山上所有的浑水全部变成清水了，帕雅英还特意安排了一冷一热两潭水，让布朗人冬天可以用热水，夏天可以用冷水。后来布朗人把热水潭称作姐姐，冷水潭称作妹妹，姊妹泉便由此而来。佚名讲述，金常学、何金武搜集、整理。收入《睡佛山下布朗人》，16开，2页，400余字，云南人民出版社2012年版。

（陈江敏）

二、民间故事

（一）幻想故事

两只金孔雀

布朗族幻想故事。流传于云南省勐海县布朗族聚居区。从前，有姐妹两人，姐姐富有而没良心。妹妹死了丈夫，家境贫穷，为了两个孩子，只好到姐姐家帮工。一次，她正准备把捡来的碎米煮给孩子吃，被姐姐一把抢走，倒进猪食锅里。姐姐说妹妹偷东西，不再让她帮工，妹妹只好靠采摘山果野菜给孩子充饥。一天她空手而归时，被一条蟒蛇拦住去路。她对蟒蛇说，若是前来相助就请爬进背篓，蟒蛇竟乖乖地爬进了背篓里。回到家，她把蟒蛇肉煮给孩子吃了，两个孩子变成金孔雀连夜飞走了。天亮时，妹妹哭着喊孩子的名字，两只金孔雀给她送来了芒果和菠萝，然后飞到狠心的姐姐头上拉了两泡屎。它们天天如此。狠心的姐姐头上的孔雀屎越积越多，不久，便生了一个大疮。到她死的那天，连一块好头皮都没有。佚名讲述，岩应塔搜集、整理。收入《中华民族故事大系》第12卷，32开，3页，1500余字，上海文艺出版社1995年版。

（苏文英）

长工和猴子

布朗族幻想故事。流传于云南省景洪市布朗族聚居区。从前，有个叫艾宰攀的穷人，到召曼家当长工。一天，鸡才叫第三遍，召曼就催他去干活。到了中午，艾宰攀又累又饿。他实在支撑不住了，就到一棵鸡嗉子果树下睡觉。猴子发现了他，把他当成大玩具玩来弄去，他都不哼一声。一只猴子把一只虱子放在他的肚皮上，并使劲地敲。他就模仿鼓的声音哼了一声，猴子们都被吓着了。后来看看没什么动静，它们又接着敲。艾宰攀就随它们敲的次数有节奏地哼起来，乐得它们直说发现了“好鼓”。猴子们把艾宰攀抬了回去，纷纷取出金银首饰放在“大鼓”旁狂欢起来，直到天黑才各自回窝睡觉。艾宰攀把身边的金银财宝统统带回了家。他买了田地、耕牛，盖起了竹楼，再不用到召曼家受窝囊气了。召曼探听到艾宰攀发财的秘密后，便叫老婆给自己缝一个大口袋，鸡叫三遍时就按艾宰攀所说的去做。猴子们高兴地把“丢失的鼓”抬回家。经过深谷时，召曼很害怕，叫猴子“别松手”。猴子吓得松了手，召曼摔进了万丈深渊。岩香帕讲述，岩温扁整理。收入《中华民族故事大系》第12卷，32开，4页，2000余字，上海文艺出版社1995年版。

（苏文英）

玉朵和蛇郎

布朗族幻想故事。流传于云南省勐海县布朗族聚居区。十一岁的孤儿玉朵到召曼家做家奴，被当牛马使。一天，她饿着肚子上山砍柴，累了便到芒果树下休息。一条大蟒蛇帮她摇下芒果。玉朵见它会说人话且无半点恶意，就答应嫁给它。召曼的老婆与女儿看见蟒蛇非常害怕，立即把玉朵赶走了。一天晚上，蟒蛇告诉玉朵，自己是神蛇的王子，名叫蛇郎，因中了妖婆的圈套才变成蟒蛇离开了王宫。后来玉朵陪同丈夫来到一条河边。蟒蛇在河的上游洗完澡后，变成一个英俊的小伙子；玉朵在河的下游沐浴后变得漂亮无比。夫妻俩回到家时，原来的草棚已变成金楼房，从此他们过着比天堂还好的生活。召曼的老婆让自己的女儿学玉朵上山领来一条蟒蛇，结果被蟒蛇吞食了。康朗罕讲述，岩应塔搜集、整理。收入《中华民族故事大系》第12卷，32开，5页，2500余字，上海文艺出版社1995年版。

（玉罕娇）

玉塔姥的故事

布朗族幻想故事。流传于云南省勐海县布朗族聚居区。从前，有个寨子里住着幸福的一家三口，女儿名叫玉塔姥。住在坟墓里的女野鬼出于嫉妒就从中作梗，她让玉塔姥的父亲将母亲推下了深谷，然后自己嫁给了他，从此玉塔姥受尽折磨。死去的母亲先后变成斑鸠和金鲤鱼来帮助女儿，都被女鬼害死了。母亲叮嘱玉塔姥留下一根鱼刺，埋在召勐宫殿外的广场上。玉塔姥照办了，结果鱼刺长成一棵金干银叶的神缅桂树。召勐宣布，谁能用手掌托起神缅桂树，将获得神树一样的福气。结果其他人无一能做到，而玉塔姥用手轻轻一托，神缅桂树就立在她的掌心上。召勐令儿子把玉塔姥抱到大象的背上，从此她就做了布朗族王子的妻子。康朗罕讲述，岩温扁搜集、整理。收入《中华民族故事大系》第12卷，32开，8页，5000余字，上海文艺出版社1995年版。

（玉罕娇）

岩冈攀的故事

布朗族幻想故事。流传于云南省勐海县布朗族聚居区。布朗山寨有两兄弟，从小就没了父母。哥哥叫岩英攀，长得魁梧壮实，力大无比；弟弟名叫岩冈攀，体弱多病。岩英攀经常挑松明到坝子换些吃的用的维持着两人的生计，后来土司强迫他做长工。他为了能照顾弟弟，再三哀求土司放过自己。土司就让他与自己斗鸡、赛马、赛牛。前两次比赛时，奄奄一息的岩冈攀都把自己的灵魂附在哥哥那些瘦小动物的身上，岩英攀都赢了。最后一轮比赛，土司牵出一头猛虎变的牛，把岩英攀的牛咬死了。岩英攀记住了弟弟赛前的嘱咐，拣了一块牛骨头藏在身上。最后他还是被迫留在土司家当了长工。奇怪的是，土司从此就得了头痛病，且疼痛的程度与岩英攀干活的轻重程度相同。土司没有办法，只好放了岩英攀。岩英攀将那根牛骨头放在奄奄一息的弟弟身上，弟弟便醒了，没过几天伤口也愈合了。兄弟俩又恢复了往日的生活。康朗三等讲述，艾杨搜集、整理。收入《中华民族故事大系》第12卷，32开，5页，2600余字，上海文艺出版社1995年版。

（玉罕娇）

孤儿艾腊与仙女玉娜倮

布朗族幻想故事。流传于云南省勐海县布朗族聚居区。一个叫勐往的地方有一年闹虫灾，村民们四处乞讨。孤儿艾腊在途中碰到一位因饥饿过度而昏倒在地的老阿婆，便把讨来的饭团送给了她，并说到森林里再给她找些吃的。当他从森林回来时，老阿婆不见了，只见一个漂亮的姑娘坐在那里。姑娘告诉艾腊，自己是月亮的外孙女，叫玉娜倮，受阿婆之托下凡试探他，如果他像传说的那样厚道，她就留下来和他做伴。他俩回寨成了亲。后来两人靠勤劳的双手，庄稼年年丰收。寨主想把玉娜倮变成他的第四房老婆，就百般刁难艾腊，但均以失败告终。他想通过划船比赛来害死艾腊，反而自己连人带船沉到了江里。佚名讲述，朗确搜集、整理。收入《布朗族民间故事》，32开，9页，5000余字，云南人民出版社1994年版。

（玉罕娇）

天女

布朗族幻想故事。流传于云南省勐海县布朗族聚居区。很早以前，布朗山上有一个靠打猎为生的孤儿，叫岩宰留。一天，他走进树林，听到草丛里传来母鸡的叫声，可左寻右觅就是不见鸡的影子。后来他在草丛旁边的乱石堆里找到了一块漂亮的圆石，便把它放在自家的缸里。从此，他家里发生了诸多怪事，莫名其妙添了新衣，他打猎归来有热饭热菜等他。原来圆石是天女变的，她见岩宰留孤苦伶仃，有意帮他，并愿意做他的妻子。天女有一套神奇的本领：能把细沙变成粮食，芭蕉叶变成新衣，土团变成银子，石块变成金子。附近的村民在她的帮助下，也过上了衣食无忧的生活。一天，吃穿不愁的召圈背着一个大背篓，要天女给他变金坨。不管天女变多少，他都嫌不够，最后被金坨活埋了。佚名讲述，杨波搜集、整理。收入《布朗族民间故事》，32 开，4 页，1800 余字，云南人民出版社 1994 年版。

（玉罕娇）

金鹿姑娘

布朗族幻想故事。流传于云南省勐海县布朗族聚居区。在一个坝子里曾住着一位名叫苏早瓦纳的青年猎手，他相貌出众，勤劳勇敢，且有一手好箭法。一天，他进山打猎，发现了一只肥美的马鹿。这次他的好箭法失效了，只好拔刀追去。他追着追着便迷了路，最后躺在树根上睡着了。醒来后，他发现自己身上盖着鹿皮，旁边的刀却不见了。在他寻找之际，身后传来姑娘银铃般的歌声。一番情歌对唱后，他才知对方是金鹿姑娘，名叫南广坎，是巴英玛板王的女儿。两人情投意合，结为夫妻，过上了美满富裕的生活。佚名讲述，岩香南翻译、整理。收入《布朗族民间故事》，32 开，4 页，1800 余字，云南人民出版社 1994 年版。

（苏文英）

猎人与白鹇姑娘

布朗族幻想故事。流传于云南省勐海县布朗族聚居区。才貌双全的猎人盘坝与爷爷相依为命。一天他去打猎，在路上救了一条小蛇。为报答救命之恩，小蛇告诉他，山那边的湖泊里有个美丽的姑娘在等他。盘坝翻山越岭来到湖边，却没有发现什么姑娘，只见五只白鹇飞落在草地上。她们一会儿变成人一会儿变成鸟。盘坝“哦嗬，哦嗬”两声，把她们惊飞了。第二天中午，白鹇又出现了。她们解下羽装在湖里嬉水、沐浴，最小的一只一脚踏进了盘坝安放的扣子中。盘坝“啊”了一声，吓得小白鹇挣断扣绳，慌忙尾随姐姐们飞入云端。白鹇飞走时，掉下了一串绿宝石项链。为找回丢失的宝物，五只白鹇又飞回了大湖。它们误入魔穴，最后被盘坝相救。四位白鹇姐姐见盘坝手捧项链安然无恙，便认定他就是妹妹的意中人。白鹇的父母为他们举行了婚礼。几天后，盘坝携妻返回了家乡。后来白鹇姑娘教会布朗人种棉、织布、做衣。岩胆应讲述，艾杨整理。收入《布朗族民间故事》，32 开，6 页，3000 余字，云南人民出版社 1994 年版。

（玉罕娇）

神螺姑娘

布朗族幻想故事。流传于云南省勐海县布朗族地区。很久以前，勐戈桑彼国下了七天七夜的暴雨。雨停后，国王的御花园里出现了一个大如谷箩、形似宝塔的螺蛳。国王下令将它搬进王宫，可不管动用多少人、马、象都搬不动。在离御花园不远的一个村庄里，住着相依为命的祖孙俩，孙子名叫艾甘帕。一天晚上，好奇的艾甘帕偷偷来到御花园，一见大螺蛳就赞不绝口。他的自言自语引出大螺蛳的对答。大螺蛳叫他回家取一根白线和一根黑线，然后搓成细绳，拴住自己的尖角。艾甘帕照办。他轻轻一拉，螺蛳就乖乖地跟他回家了。从此以后，天天有人为祖孙二人收拾房屋，做好饭菜。艾甘帕觉得很奇怪，决心探个究竟。一天，他假装出门，躲在柴堆后偷看。快到中午，只见螺蛳口开启，从里面走出一个美丽的女子，帮他料理家务。艾甘帕突然出现在她面前。螺蛳姑娘告诉他，自己原来住在大江里，这次是特意瞒着父母来找勤劳、诚实、善良的郎君的。不久两人成了亲。国王听说后，怒火万丈，派人来抢螺蛳姑娘。就在当天夜里，狂风暴雨袭击了王宫。雷雨停后，王宫变成了碧波万顷的湖泊。艾甘帕号啕大哭，但他的妻子没有重现，只留给世人一个美丽的传说。康朗罕讲述，岩温扁整理。收入《布朗族民间故事》，32 开，8 页，5000 余字，云南人民出版社 1994 年版。

（苏文英）

忘恩负义的孤儿

布朗族幻想故事。流传于云南省勐海县布朗族地区。有个孤儿以捞鱼摸蟹为生。一天，他捕了一条小白鱼，把它放进水缸里养着。第二天，孤儿下河回来，只见屋里收拾得干干净净，桌上放好了香喷喷的饭菜。接下来几天都如此。孤儿很奇怪，决定弄个水落石出。一天早晨，他装作去干活的样子，走到半路又折回来躲在门外。不一会儿，缸里的小白鱼变成一个美丽的姑娘。其实她是龙王的小女儿，人称白鱼公主。她发现孤儿手脚勤快，便产生爱慕之情，变成小白鱼来和他成亲。成亲后，孤儿的生活发生了很大变化。他变成大富翁后，开始厌倦白鱼公主，尽干些拈花惹草的事。妻子好言相劝，但无济于事，便化作一股白烟走了。她这一走，孤儿家立刻恢复了先前的样子，变得一无所有。后悔莫及的孤儿在家里哭了七天七夜，又在河边寻找了三天三夜。后来一只蛤蟆帮助了他。哪知他一见妻子，就兴奋得忘记了蛤蟆不准说话的告诫，白鱼公主最后还是消失了。都肖讲述，玉拉罕、岩温叫搜集、整理。收入《布朗族民间故事》，32 开，4 页，2000 余字，云南人民出版社 1994 年版。

（苏文英）

鹰头宝石

布朗族幻想故事。流传于云南省勐海县布朗族聚居区。一天，神仙王召集天上的众神，说创世神祖留下遗嘱，要他们在人类形成一百万年后，把一颗威力无比的“鹰头宝石”赠送给人间最勇敢、最有福气的人。他把赠送宝石的任务交给巨鹰夫妇，并告诉他们，谁能把他们射死，谁就是宝石的主人。巨鹰夫妇不敢违抗命令，穿云破雾降落人间。以后的两千年里，巨鹰夫妇吞食了无数生命，也不知有多少城市、村庄在他们的手下变成了废墟。最后他们终于被勐班加国的召西拉罕王子射中了。巨鹰夫妇在断气前将真相告诉了召西拉罕王子，并叫他摘下他们头上的宝石。巨鹰夫妇死后，神奇的宝石让天地旋转了起来，王子也当场晕倒过去。待他清醒后，发现周围的一切都恢复了往日的景象，被巨鹰夫妇吞食的生灵也都复活了。佚名讲述，岩温扁搜集、整理。收入《布朗族民间故事》，32 开，22 页，13000 余字，云南人民出版社 1994 年版。

（玉罕娇）

金山的传说

布朗族幻想故事。流传于云南省勐海县布朗族聚居区。布朗族居住的地方有一座大山叫嗯巩新，山洞里住着怪物哄卡。它一个月外出一次，飞到一座叫咽贡啃的山中。到了中旬，它又飞回自己的洞里屙金子。因而它藏身的地方遍地都是黄金。一次，一个穷人上山砍柴，中途遭遇暴风雨，便跑进怪物的山洞里躲避。他发现洞里的黄金后，信手拾了一坨，结果成了富翁。召圈知道这个秘密后，携带全家老小来搬洞中的黄金。可搬来的黄金一到他家，就都变成了鹅卵石。他逼穷人去给他背金子，可金子一到他手里还是变成了碎石。召圈得不到金子，就把所有知道秘密的人赶进山洞，然后封住了洞口。从此，哄卡再没出现，人们也找不到这个洞口了。康朗三讲述，艾杨整理。收入《布朗族民间故事》，32 开，2 页，800 余字，云南人民出版社 1994 年版。

（苏文英）

分金子

布朗族幻想故事。流传于云南省勐海县布朗族地区。从前，布朗山寨里住着一对无依无靠的老人。一天，老大爷告诉老大妈，他要去犁田了，中午送饭来。可老大妈到太阳偏西才送饭来，老大爷很生气。老大妈解释，村里来了一位和尚，把家里仅有的一点粮食吃了，自己只好到山里采些野菜给丈夫弄午饭。老大爷听后急忙跪下，求佛祖保佑来年有个好收成。第二天一早，他又来到田间，被眼前的情景惊呆了：昨天翻过的土全都变成了金子！他忙叫乡亲们一起把金子抬回村。他把金子分成三份：头人和自己各一份，村民们分一份。可贪心的头人硬要两份，老大爷只好把自己那一份给他，然后与村民们平分另一份。不久，头人的金子全变成了泥土。他不得不向全村人认错，泥土才又变回了金子。他不敢再贪心，按老大爷的吩咐与大家重新分了金子。佚名讲述，王军搜集、整理。收入《布朗族民间故事》，32 开，2 页，700 余字，云南人民出版社 1994 年版。

（苏文英）

神奇的果树

布朗族幻想故事。流传于云南省勐海县布朗族聚居区。孤儿玉南苏从小生活在姨妈家。姨妈不同情她，反把她当长工使唤。一天，玉南苏跟姨妈上山挖地。收工时，姨妈叫她去割猪草。玉南苏在箐沟边看见一棵结着两个果子的小树，便伸手去摸果子。一颗果子掉在她的掌心上炸开了，一片果瓣跳进她的嘴里。她觉得味道甜美，便把另一颗带回家交给姨妈。姨妈的女儿玉叫旺吃完果子后，硬叫母亲逼玉南苏去找更多的果子。玉南苏担心找不到果子，就在那棵树下哭诉。小树听后竟然能说话，它告诉玉南苏，以后每天结两个果子给她吃，但如果交给姨妈，果子会变成石头。从此以后，玉南苏每天来树下吃两个果子，慢慢地成了布朗族最俊俏的姑娘。一次，姨妈叫玉叫旺跟踪窥探。玉叫旺听见了玉南苏与果树的对话。原来果树是天上的王子变的，欲与玉南苏成亲。玉叫旺冒充表姐与王子约会，被王子察觉。几经周折，王子同玉南苏成了婚，两人过上了恩爱幸福的生活。岩宝儿、岩叫苏等讲述，朗确搜集、整理。收入《布朗族民间故事》，32 开，11 页，6500 余字，云南人民出版社 1994 年版。

（玉罕娇）

艾多囡智杀妖魔

布朗族幻想故事。流传于云南省勐海县布朗族聚居区。远古时，布朗山寨出现一个人兽皆吃的妖魔。人们用了各种办法，都未能把它杀死。一个名叫艾多囡的瘦小男子为了拯救乡亲，挺身而出独自去杀妖魔。他带上鸡蛋、辣椒粉、生珠栗果和一把刀便出发了。妖魔见到他，根本不把他当回事，还要他住下来为自己挠痒。一天，艾多囡趁妖魔沉睡之机，把辣椒粉投入盛水的竹筒里，把生珠栗果埋在火塘里，把蛋清泼洒在地上，再砍来几截野芭蕉秆放在旁边。妖魔一觉醒来感到浑身寒冷，便对着火塘“噗噗”地吹。火塘里的生珠栗果炸了起来，火灰糊了它一头一脸。它摸到竹筒想用水来洗双眼，辣椒水弄瞎了它的眼睛。它瞎摸瞎闯滑倒在洒有蛋清的地上。艾多囡把野芭蕉秆递给它做“拐棍”，它的一双利爪插进了芭蕉秆里。艾多囡趁机抽刀把妖魔杀得奄奄一息，然后放火把它烧死了。岩光讲述，艾杨整理。收入《布朗族民间故事》，32 开，4 页，2200 余字，云南人民出版社 1994 年版。

（玉罕娇）

岩腊桑比与岩腊桑亚

布朗族幻想故事。流传于云南省勐海县布朗族聚居区。从前，在一座大山里住着老猎人和他的两个儿子。老猎人临终时拿出仅有的财产——弩和箭，让两个儿子挑选。质量稍好的大弩和长箭被大儿子岩腊桑比拿走了，弟弟岩腊桑亚只得到了小弩和短箭。一天，弟弟射中一只白兔。善良的他把小白兔带回家疗伤，并认做干弟弟。岩腊桑比却趁弟弟外出把白兔吃了。岩腊桑亚把白兔的骨头安葬在父亲墓旁。后来弟兄两个分别成了家，哥哥垂涎弟媳的美貌，几次想谋害弟弟。因有白兔生前的好友们暗中相助，岩腊桑亚每次都逢凶化吉。一次，岩腊桑比把弟弟推进山洞里。虽然岩腊桑亚得到老虎相救，但已摔成重伤。老虎把他留下来疗伤。一年后，岩腊桑亚回到家，发现妻子已经因不甘心做哥哥的小老婆而悬梁自尽了。他悲痛欲绝，下决心报仇。不久岩腊桑比命丧虎口。在一只小神鸟的指引下，岩腊桑亚找到一个白胡须老人，向他讨到了起死回生药，救活了父亲、妻子和白兔。从此，一家人过上了幸福的生活。岩尼地讲述，门图整理。收入《布朗族民间故事》，32 开，16 页，10000 余字，云南人民出版社 1994 年版。

（玉罕娇）

神蟹的宝珠

布朗族幻想故事。流传于云南省勐海县布朗族聚居区。孤儿岩香为生计到寨主家放牛。一天，他在河边救起一只螃蟹。螃蟹说自己是河神，因遭蛟龙袭击受了伤，要岩香把它送回河里去。临别时，它交给岩香一个宝珠，告诉他有事相求时带上宝珠来河边叫一声。岩香把宝珠藏到一个石洞里，依然过着忍饥挨饿的日子。有一天，豹子咬死了两头牛，岩香急忙来到河边向螃蟹求助。螃蟹叫他放心回去，说牛自然会补上。后来果真应验了。牛死而复生的事传开后，大家都来打听秘密，但岩香闭口不说。一天早上，岩香被牛踩断左手昏了过去，醒来后寨主竟还逼他去放牛。他疼痛难忍，只好又去向螃蟹求助。螃蟹叫他把手放进河里洗两下，伤果真好了。这事又很快传开了，寨主逼岩香说出了真相。寨主把宝珠弄到手后，迫不及待赶到河边向螃蟹求财物。螃蟹对贪财的寨主说：“你要什么尽管到河里拿吧。”寨主回家拿了背篓、布袋来到河边，跳进水里，从此再也没有上岸。当天，螃蟹又把宝珠送回给岩香。岩香把宝珠藏在无人知道的地方，后来为帮助村民，他又拿出来用了几次。不久岩香被拥为新寨主，人们过上了安居乐业的生活。佚名讲述，朗确搜集、整理。收入《布朗族民间故事》，32 开，4 页，2000 余字，云南人民出版社 1994 年版。

（玉罕娇）

神奇的母鸡

布朗族幻想故事。流传于云南省勐海县布朗族聚居区。很早以前，在今天的布朗山章家村有弟兄二人。哥哥成家后，对弟弟百般虐待。弟弟被迫提出分家，哥嫂只给他一只母鸡。没多久，母鸡就开始下蛋，且每天都把鸡笼下满，弟弟靠卖鸡蛋过上了好日子。哥嫂把母鸡偷了去，可他们五天五夜都没见着一枚蛋。两人只好悄悄地把母鸡送回去。可母鸡一到弟弟家就又开始下蛋了。夫妇二人忙连笼带鸡提回了家。可刚到家门口，笼里的鸡蛋全变成了粪便，几次来回都这样。他俩气得把母鸡吃了，把鸡笼烧了。弟弟知道后，来到烧鸡笼的地方失声痛哭，忽然看见那只母鸡嘴含珠子在他身边转来转去，便心疼地抱住了它。母鸡变成了一位美丽的姑娘，后来两人成了亲。哥嫂吃了鸡肉后一直拉肚子，没过多久就死了。佚名讲述，朗确搜集、整理。收入《布朗族民间故事》，32 开，2 页，800 余字，云南人民出版社 1994 年版。

（苏文英）

寻找太阳神

布朗族幻想故事。流传于云南省勐海县布朗族聚居区。从前，有个名叫艾温南的小伙子，他为了使妻子永远漂亮，便不让她干活，一个人忙里忙外。劳而不富的他去向寨老求助，寨老说只有太阳神能帮忙。于是艾温南带上三筒米找太阳神去了。途中，他先后遇到削竹篾的老人、铁匠和大蟒蛇，发现他们比自己还可怜，就把随身带的米每个送了一筒。不久，艾温南终于见到了满头白发的太阳神。说明来意后，太阳神告诉他，想致富就要夫妻共同劳动。太阳神让他转告篾匠老人，不要盲目削篾，要抽空铲除房前屋后的杂草，种上果树，才能过上好日子；又叫他告诉铁匠，不要荒了田地，才会有吃有穿；还要他转告蟒蛇，只要不乱伤害行人和动物，就会有好运气。最后太阳神送给艾温南一包饭，叫他带回家蒸熟后给全寨人吃。艾温南捎回了太阳神的话，大家从此都过上了好日子。岩温装讲述，门图整理。收入《布朗族民间故事》，32 开，5 页，2500 余字，云南人民出版社 1994 年版。

（玉罕娇）

人鬼分家

布朗族幻想故事。流传于云南省勐海县布朗族聚居区。人和鬼曾经通婚。一天，一个英俊小伙子在街上见到漂亮的鬼姑娘，就主动去搭话，并帮她把买好的布匹送回了家。他们开始热恋起来。虽然双方的父母都坚决反对，他们还是成了亲，并生下了一个男孩。时间一长，他们的感情出现了危机。丈夫经常出去偷情，并骂孩子是“鬼生的孩子”。鬼妻再也无法容忍，带着孩子回了娘家。从那以后，人就再也见不到鬼了。佚名讲述，岩伲党搜集，玉康叫整理。收入《布朗族民间故事》，32 开，2 页，600 余字，云南人民出版社 1994 年版。

（苏文英）

西沙玛里画师的故事

布朗族幻想故事。流传于云南省勐海县布朗族聚居区。山主吩咐管家去找画师来给仙女般的妻子画像。管家请来了西沙玛里。西沙玛里只看了几眼山主的妻子，就把她的像画出来了。他先拿给管家看。管家说，美中不足的是没有把山主爱妻胸部左侧的一块黑斑点出来。画师问管家是怎么知道的。管家说是山主开玩笑时无意中说出来的。画师在画像上添了一块黑斑后，把它交给了山主。山主看了后勃然大怒，说画师不正经，连自己妻子身上有一块黑斑都知道。他令管家把画师杀掉。管家却把画师藏在自己家中，然后杀死了自家的黑狗应付主子。山主的儿子纳瓦带领手下去打猎，遇到天神化成的黑熊，因而知道了父亲冤枉画师的事。他答应帮忙救画师。他按照天神的旨意，回到家就装疯卖傻。山主请了许多名医来治都不见效。他许下诺言，要重赏能治好儿子怪病的人。管家趁机推荐自己家中的“神医”。“神医”药到病除。纳瓦把天神的话告诉了父亲，要父亲给画师树碑立传。管家也向山主下跪求饶，告诉了他真相。为了弥补自己的过错，山主封西沙玛里为大画师，并留在身边重用。都肖讲述，玉拉罕、岩温叫搜集、整理。收入《布朗族民间故事》，32 开，4 页，2200 余字，云南人民出版社 1994 年版。

（玉罕娇）

艾嘎那

布朗族幻想故事。流传于云南省勐海县布朗族聚居区。布朗山寨里有个孤儿叫艾嘎那。父母在世时溺爱他，因而他好吃懒做，贪图享乐。父母去世后，他把家中的财产挥霍一空后，以行骗和偷盗为生，都三十出头了，还没讨媳妇。父亲的灵魂看到儿子如此堕落，悔恨之余，决定挽救他。一天，他见儿子拦路抢劫，就乔装成强盗，对儿子行凶；然后又变成一个老头来解救儿子。艾嘎那非常感激，拜老人为义父。老人帮他还清了债务，教他种田种地，引导他重新做人。在义父的引导下，艾嘎那不仅鸡禽满圈，而且还娶了媳妇。一天夜里，义父把真相告诉了艾嘎那，并嘱咐他要好自为之，然后就消失了。艾嘎那明白父亲的良苦用心，变得更加勤快了。佚名讲述，娜沙搜集、整理。收入《布朗族民间故事》，32 开，2 页，800 余字，云南人民出版社 1994 年版。

（苏文英）

艾焕宽的故事

布朗族幻想故事。流传于云南省勐海县布朗族聚居区。青年农夫在赶街时认识了一个姑娘，她是龙王的女儿。两人结婚后住进了龙宫。当青年农夫发现真相后，便悄悄跑回了人间。不久，龙女生下一个男孩，取名艾焕宽。艾焕宽十多岁时到人间寻找父亲，并在那里娶妻生子。有一年，召片领建盖宫殿，要用大香心树做中柱。人们历尽千辛万苦才找到一棵，在运输途中却被大旋涡卷入江底，卡在暗礁的石缝里。多少人下去拔它，都有去无还。为避免更多的人再去送死，艾焕宽决定自己下去试一试，最后成功了。宫殿建成后，召片领认为艾焕宽的本事太大，会威胁到自己的王位，便密谋杀害他。就在召片领派人去抓艾焕宽的那天，突然间雷声轰鸣，山洪暴发，大水一直冲到山脚下。艾焕宽把自己将遭杀害的事告诉了妻儿，觉得自己在人间已没有容身之地，只好回到龙宫找母亲，还说在每年谷子抽穗时会回来看家人和乡亲们。说完就现出龙身钻进洪水中去了，从此再没有回到人间。康朗罕讲述，岩温扁搜集、整理。收入《中华民族故事大系》第十二卷，32 开，5 页，2800 余字，上海文艺出版社 1995 年版。

（玉罕娇）

西满批王的传说

布朗族幻想故事。流传于云南省勐海县布朗族聚居区。从前，在西满山有一个叫艾三母说的布朗族青年。一天，他在路上发现一条被人打死的蛇，就顺手捡回家挂在晒台上。一只寻找食物的犀鸟见到了死蛇，就冲下来想叼走它。艾三母说赶紧从家中冲出来拍手大叫。犀鸟被吓得张嘴一叫，一颗亮晶晶的珠子从它嘴里掉了出来，让艾三母说捡到了。自从有了珠子后，艾三母说想要什么就会得到什么，甚至连飞禽走兽都听他使唤，大家都叫他“批王”。他所辖之地六畜兴旺，集市繁荣。大勐龙的头领知道这事后，对神珠起了坏心，便召见批王，要他每年上交难以承担的赋税；若是拒绝，就要派兵攻打西满。批王回到家后拿出神珠敬拜，祈求它保护西满的百姓。不一会儿，西满与大勐龙之间矗立起一座座大山，阻隔了两地的交通。大勐龙的头领只好望山兴叹，批王及西满的百姓逃过一劫。佚名讲述，胡志华搜集、整理。收入《西双版纳传说故事集》第二集，32 开，2 页，860 字，中国民族摄影艺术出版社 2005 年版。

（岩香南）

母老鼠与岩满纠

布朗族幻想故事。流传于云南省勐海县布朗族聚居区。孤儿岩满纠好吃懒做，靠讨饭过日子。一次，一只母老鼠正偷吃他讨来的饭，被逮着了，岩满纠要置它于死地。母老鼠跪地求饶，并承诺一定帮他娶到寨中头人的女儿，条件是岩满纠必须每天到地里干活种粮食。就这样，岩满纠起早贪黑地干活，日子渐渐好了起来。一天，头人家的女儿向小伙子们宣布，谁能在第二天早上带着一串金果、一颗大绿宝石和一片珍珠叶前来求婚，她就嫁给谁。包括岩满纠在内的小伙子们听了都很失望。母老鼠便开导岩满纠说：“你地里种的谷子、西瓜和豌豆不就是她提出的三宝吗?”第二天一大早，岩满纠满心欢喜地带上母老鼠说的三样东西去求亲，姑娘当场就同意了。佚名讲述，玉拉罕、岩温叫搜集、整理。收入《布朗族民间故事》，32 开，3 页，1000 余字，云南人民出版社 1994 年版。

（苏文英）

慈善的雅古拴

布朗族幻想故事。流传于云南省勐海县布朗族聚居区。山里住着一位叫雅古拴的老妇人，一次她摘野菜时救回一只小老虎。小老虎一到深夜就去偷吃村民的鸡，村民劝雅古拴把它杀了。可她舍不得。一天，她带着小老虎上山采野菜，饥饿难忍的小老虎竟提出要吃她腿上的肉，并说以后一定会报答她。雅古拴边退边对它说："我们先找个人评评理，若你的请求合理，我会答应的。"他们先后找珠栗树、甜竹、荒地，它们都同意小老虎的要求。雅古拴快绝望时，来了一位猎人。猎人告诉小老虎，他的猎枪能给它满意的回答。没见过猎枪的小老虎不知它的厉害，竟对着枪口问自己该不该吃老妇人的肉。它的话音刚落，猎人一枪射穿了它的额头。"哟，你怎么把它给打死了？"雅古拴惊讶地问。"我再不把它打死，你还有命吗？"猎人回答。康朗恩讲述，艾杨整理。收入《布朗族民间故事》，32 开，3 页，1500 余字，云南人民出版社 1994 年版。

（苏文英）

艾都干遇虎记

布朗族幻想故事。流传于云南省勐海县布朗族聚居区。一天，山主的儿子为了让艾都干帮自己捆马驮抬马驮，便提出带他出去做生意。两天后，他们赶着马出发了。两人来到一座有猛虎出没的山冈时，山主的儿子叫艾都干到箐沟打水，自己却赶着马溜走了。艾都干走到山腰，一只母虎向他扑来。他一边躲闪一边告诉母虎，自己是受母亲之托，带两只鸡来探望虎姨妈的。母虎听了很高兴，便带着他到山洞里休息。饭后公虎抬出许多金银珠宝，叫他带回去。山主的儿子得知消息后，也学艾都干背了两只鸡进山，结果被老虎咬断了脖子。岩的兴讲述，岩温炳搜集、整理。收入《布朗族民间故事》，32 开，3 页，1400 余字，云南人民出版社 1994 年版。

（玉罕娇）

七兄弟的故事

布朗族幻想故事。流传于云南省勐腊县布朗族（克木人）聚居区。有七个兄弟都是瞎子，父母年迈，没有能力供养他们，就把他们放在七张竹筏上，让他们漂去远方讨生活。他们在竹筏上捉到一只来偷食的野猫，把它煮了吃。老大发现猫的眼液让他的眼睛明亮了。于是，他把猫的眼液分别滴进弟弟们的眼睛里。滴到七弟时，眼液只够滴一只眼睛了，导致七弟的眼睛仍然瞎着一只。六个哥哥划着竹筏顺流而下，叫弟弟慢慢划，他们找到什么都给他留一份。六兄弟划到一个河滩，为了充饥把鱼坝上的鱼煮着吃了。主人来了，要他们赔鱼。这时，七弟赶到了，对主人说："我们本来是不想吃这些鱼的，因为这些鱼没有舌头，我们才把鱼煮着吃了。""我的这些鱼怎么会没有舌头？要真是那样，鱼就不要你们赔了。"主人把鱼翻看了半天，果然没有找到舌头，就把他们放了。之后，七兄弟又往下游划去，老七又落后了。六兄弟来到一个大湾塘，遇到一头牛在吃草。正值肚子饿，他们便把牛杀了烤着吃。主人来找牛，见状后要他们赔牛。这时七弟赶来了，他对主人说："这牛我们本来是不想杀了吃的。就因为这牛没上牙，是条凶牛，会给主人带来祸害。与其您遭殃，不如我们遭殃，所以把它杀着吃了。"主人说："我的牛天天吃草，怎么会没有上牙？如果真是那样，我就不要你们赔牛了。"主人把手伸进牛嘴摸，没有找到上牙，就把他们放了。七兄弟又往下划，遇到一块绿洲，他们住下来，开田耕地，过上了好生活。佚名讲述，王国祥搜集、整理。收入《西双版纳雨林中的克木人》，16 开，2 页，700 余字，云南人民出版社 2009 年版。

（陈江敏）

孤儿故事

布朗族幻想故事。流传于云南省勐腊县布朗族（克木人）聚居区。讲述一个孤儿的奇遇。孤儿把已死的父亲从坟墓中叫起来为他做弩。父亲回家时遇到狗，狗吠，父亲变成了马鹿。孤儿骑鹿奔出村寨，并按照父亲的吩咐，在鹿角脱落的地方盖屋。他借过路人的工具种庄稼，在刮风下雨时烧荒。他用弩箭射斑鸠，从其嗓子中剖出七种谷种，每种谷种都有七粒种子。他撒种播种，共种了七行，每行七粒。谷子结穗时，天上的仙女来偷吃，孤儿诉诸天神，只有第七个仙女承认偷吃了稻谷，天神把仙女嫁给了孤儿，二人生活美满富足。佚名讲述，王国祥搜集、整理。收入《西双版纳雨林中的克木人》，16开，1页，200余字，云南人民出版社2009年版。

（陈江敏）

朋友种地

布朗族幻想故事。流传于云南省勐腊县布朗族（克木人）聚居区。猴子吃了某个穷人的庄稼被要求用银子补偿，穷人因而致富。这个穷人的朋友探出其致富的原因，也学着种庄稼。猴子来吃庄稼时，他把自己装进口袋里佯扮成冬瓜，猴子抬起“冬瓜”回洞。在猴子转弯时，他动了动，并说：“小心！”猴子被吓坏了，把他丢下山崖就跑了。佚名讲述，王国祥搜集、整理。收入《西双版纳雨林中的克木人》，16开，1页，100余字，云南人民出版社2009年版。

（陈江敏）

两兄弟

布朗族幻想故事。流传于云南省勐腊县布朗族（克木人）聚居区。兄弟俩的父母去世后，哥哥霸占了家产，只分给弟弟两把锄头、一把长刀。弟弟进山砍地时无意间听到一群猴子说在一个山洞里发现了银子。猴子嗅出有人味，四处寻找，弟弟怕被找到，就脱光衣服在泥塘里打滚装死。猴子找到了弟弟，检查他是否活着，先挠痒，由于他遍身糊满泥巴，挠不痒他。猴子又把他高举再摔下，由于身上的泥巴很厚，摔不疼他。猴子以为他真是死人，就散去了，弟弟按照猴子说的地点取了银子过上了好日子。哥哥探听出弟弟致富的根由，也学他扛着锄头别着长刀，佯装进山砍地，并窃听到猴子们说在一棵树的洞里有金子。他去取金子时被猴子发现了，猴子把他抬起往上抛，他跌在地上摔死了。佚名讲述，王国祥搜集、整理。收入《西双版纳雨林中的克木人》，16开，1页，300余字，云南人民出版社2009年版。

（陈江敏）

布兴人和蛇精

布朗族幻想故事。流传于云南省勐腊县布朗族（克木人）聚居区。蛇精幻化成帅哥上树为姐妹摘花，姐姐承诺嫁给蛇郎，蛇吃了姐姐，父母听见妹妹哭声后赶来，并召集村民烧蛇精。最后蛇精被烧炸成了公蛇，女孩变成了黄鳝。佚名讲述，王国祥搜集、整理。收入《西双版纳雨林中的克木人》，16开，1页，100余字，云南人民出版社2009年版。

（陈江敏）

布兴人和乌龟

布朗族幻想故事。流传于云南省勐腊县布朗族（克木人）聚居区。七妹抛绣球选婿，被乌龟捡到，七妹便嫁给了乌龟。后来七妹烧掉乌龟壳，丈夫永远成了布朗族人，从此夫妻恩爱，家庭幸福。佚名讲述，王国祥搜集、整理。收入《西双版纳雨林中的克木人》，16开，1页，100余字，云南人民出版社2009年版。

（陈江敏）

乌龟尾巴树

布朗族幻想故事。流传于云南省勐腊县布朗族（克木人）聚居区。一位寡妇勾引邻居家的男人，并将其妻抛进河中变成了乌龟，留下他们的两个女儿，然后与男人结婚。寡妇又唆使男人捉杀乌龟，乌龟的尾巴变成了树。寡妇便砍树，但树被砍倒又会长起来，于是寡妇就每天砍树。这一切被天上的月亮看得清清楚楚。后来月亮中的英俊青年来向大女儿求婚，大女儿说：“我妈变的那棵树怎么办呢？”“拔起栽到月宫去。”青年拔起“乌龟尾巴树”，带着大姐和小妹飞升时，把正在砍树的寡妇也一起带到月亮上了。寡妇就这样被罚在月亮上一直砍树。佚名讲述，王国祥搜集、整理。收入《西双版纳雨林中的克木人》，16 开，2 页，300 余字，云南人民出版社 2009 年版。

（陈江敏）

（二）生活故事

坎的故事

布朗族生活故事。流传于云南省永德县布朗族聚居区。古时候，有个英俊的布朗族小伙子，人们称他为“坎”。坎七岁时就跟父亲到山里学打猎。他十五岁那年，父亲病危，临死前叮嘱他好好练习箭法，以便将来外出谋生。坎牢记父亲的话，苦练了三年，练出百发百中的硬功夫后出去谋生。走了九十九天，坎来到一个只剩下几个人的寨子里。他去山洞射死了吓人的恶龙，继续赶路。一天晚上，坎在一户只有母女二人的人家借宿。在门杠的帮助下，他杀死了来强逼姑娘成亲的龙，使姑娘逃过一劫。坎拒绝了母女二人的答谢，只要走了她们家的门杠，接着上路。走了三天，坎来到另一个寨子边，被迎面走来的一个姑娘挡住，说他杀了她的丈夫，要他赔命，并约他第二天到头人家对质。在门杠的帮助下，坎制服了那个姑娘。其实她是一个美女蛇。寨子的头人对坎说：“你为大家除了害，因而寨里的姑娘任你选，财物任你挑。”坎却什么都不要，只希望人们幸福，然后继续上路了。佚名讲述，冯朝良搜集、整理。载《山茶》1985 年第 4 期，16 开，2 页，2100 字。

（玉罕娇）

讲忌讳

布朗族生活故事。流传于云南省永德县布朗族聚居区。有父子俩，做了许多竹夹剪，要上山支放。头天晚上，父亲给儿子讲了支放竹夹剪的两个要诀：第一，要起得早，避免出门遇到人；第二，从出门到回到家不能讲一句话，以免犯了忌讳，冲了好运。他还叮嘱儿子：“明天我做什么你也跟着做。”第二天一早，父子俩各自扛上一大捆竹夹剪就上山去了，开始一切都很顺利。不料父亲绊了一根藤条，触发了一个已上了扣的夹剪，把一粒沙子弹进了他的左眼。他连忙向儿子招招手，示意来给自己取眼里的沙子。儿子也连忙向父亲招了招手。父亲又用右手指了指左眼。儿子也照着做。父亲无法，只好用手扒着左眼皮向儿子走去。儿子又学着他。父亲指指自己的眼睛，儿子也指指自己的眼睛。父亲火了，给了儿子一巴掌。儿子还了父亲一耳光。父亲踢儿子一脚，儿子还了父亲一脚。无奈，父亲只好开口说道：“我是叫你给我取眼里的沙子，你瞎整什么名堂？”儿子这才恍然大悟。张银生讲述，张文彬整理。载《山茶》1984 年第 1 期，16 开，1 页，800 字。

（玉罕娇）

阿灵过堂

布朗族生活故事。流传于云南省施甸县布朗族聚居区。有一年干旱，收成不好，阿灵交不起皇粮，被抓到衙门问罪。在公堂上，阿灵机智地讽刺了县官一顿，把县官气得暴跳如雷。县官吼道：“把他拉下去打屁股！”差役正要打，阿灵却说脱了裤子才打得着屁股，边说边要脱裤子，引得公堂里的人们大笑。县官哭笑不得，转而骂差役们是饭桶，叫他们快点把人赶走。阿灵爬起来笑眯眯地回家去了。佚名讲述，蒋一凡搜集、整理。载《山茶》1985 年第 4 期，16 开，1 页，900 字。

（玉罕娇）

岩坎南与依娜苏

布朗族生活故事。流传于云南省勐海县布朗族聚居区。曼丙寨有一对年轻人，女的叫依娜苏，长得秀气，人又聪明；男的叫岩坎南，相貌帅气，且很能干。村里人都说他俩是天生的一对。早就暗恋依娜苏的寨主想谋害岩坎南。一天，他派岩坎南去办事。岩坎南走到江边，被寨主的管家关进一个石洞里。寨主告诉岩坎南的父母和依娜苏，小伙子得病死了。过了几天，他去依娜苏家提亲，遭到姑娘的冷嘲热讽。他一气之下说漏了嘴，让依娜苏知道了真相。聪明的依娜苏假装答应嫁给寨主，条件是要见岩坎南最后一面。管家带回岩坎南，恋人相见，悲喜交加。后来在一位老人的帮助下，他们逃到了江对岸。佚名讲述，朗确搜集、整理。收入《布朗族民间故事》，32 开，3 页，1600 余字，云南人民出版社 1994 年版。

（苏文英）

岩南与傣族土司

布朗族生活故事。流传于云南省勐海县布朗族聚居区。岩南夫妇有七个孩子。因为过年没有米下锅，妻子只好昧着良心叫岩南到傣族土司家偷银子。岩南半夜三更溜进土司家。当他拿到银子正想逃走时，被土司宠爱的第七个老婆南波欢发现。南波欢提出，只要岩南与她相好，就让他免遭杀头之罪。忠于妻子的岩南拒绝了。南波欢恼羞成怒，急呼手下抓住岩南。土司得知了事情的真相，称岩南为“好男人”，封他为布朗头人，并令武将把放荡的南波欢拉去斩首。岩的兴讲述，岩温炳搜集、整理。收入《布朗族民间故事》，32 开，2 页，700 余字，云南人民出版社 1994 年版。

（苏文英）

撒谎妇人的报应

布朗族生活故事。流传于云南省勐海县布朗族聚居区。一个以说谎为乐的妇女不知让多少人上了当受了骗。久而久之，人们就不再轻信她的话了。一次，她和同村的妇女们上山挖竹笋。刚进山，大家就听到她的呼救声，以为她又在捉弄人，所以都没理她。到了中午，大家准备回村时才发现少了她，便找到她呼救的地方，发现她已经被老熊咬死了。从此以后，人们就以她为教训，告诫后辈做人要诚实，不能说谎。相宰讲述，李永文搜集、整理。收入《布朗族民间故事》，32 开，1 页，300 余字，云南人民出版社 1994 年版。

（苏文英）

人勤定有好日子过

布朗族生活故事。流传于云南省勐海县布朗族聚居区。一位寡妇因劳累过度而病倒，她把三个儿子叫到跟前嘱咐一番后便死了。老三哭得死去活来，老大、老二却在忙着分家产。老大认为牛肉可充饥，就把牛牵走了；老二觉得骑马可到处找吃的，就牵走了马；只剩下一把锄头留给老三。老三在村人的帮助下埋了阿妈。老大把牛杀了，可吃完牛肉后再也找不到可充饥的东西，最后饿死在森林里。老二骑着马到处找吃的。后来，马走不动，被他打死了。不久，他也饿死在树林里。老三来到一个山坡上，边刨树根充饥边开荒种地。一天，来了两位挑着袋子的老年人，老三把他们送过山。分别时，两位老人要送给他一样东西。他在装有金、银、糯米、谷种的四个袋子中选了谷种，并把谷种撒在地里。到了年底，他的谷子堆满了粮仓。后来，“人勤定有好日子过”成了布朗人教子持家的励志语。岩南尖等讲述，朗确搜集、整理。收入《布朗族民间故事》，32 开，4 页，1800 余字，云南人民出版社 1994 年版。

（苏文英）

分猎物

布朗族生活故事。流传于云南省勐海县布朗族聚居区。富人的儿子约穷小伙子一起去打猎。在分打到的豪猪时，他把所有的肉和头、脚、肠子装进自己的挎包里，只分给穷小伙子一个肺。穷小伙子却提出自己只要人们不喜欢吃的猪肚子。这可把富人的儿子乐坏了，他不知道能治胃病的豪猪肚子比十只豪猪的肉还值钱。他以为穷小伙子蠢，好欺负，就再次约他去打猎。这次他们打到一头熊和一只马鹿。分猎物时，富人的儿子分给穷小伙子四只熊掌和一对鹿茸。见穷小伙子故作委屈状，他更以为自己占了大便宜，非常得意。后来穷小伙子把熊掌和鹿茸拿到街上卖了一大笔钱。岩温桑讲述，门图搜集、整理。收入《布朗族民间故事》，32 开，2 页，600 余字，云南人民出版社 1994 年版。

（苏文英）

没有不吃腥的猫

布朗族生活故事。流传于云南省勐海县布朗族聚居区。有个人把野鸡杀好后放在砧板上，转身去洗作料时，大黄猫把鸡叼跑了。那人发现后只是笑笑说："鸡没有作料腥味太重，待会儿你吃不下，还得乖乖给我送回来。"哪知他等了半天，吃得肚子圆鼓鼓的大黄猫才回来，而野鸡早就没有了。岩罕香讲述，岩温炳搜集、整理。收入《布朗族民间故事》，32 开，1 页，180 余字，云南人民出版社 1994 年版。

（苏文英）

聪明的女人

布朗族生活故事。流传于云南省勐海县布朗族聚居区。头人岩坎排娶了聪明漂亮的玉尖。有一次，他带着一帮人马到外地做生意，途中遭到勐洞国王岩也的暗算，抢走了全部财产，还被抓去做苦工。一年后玉尖才得到消息，带上一帮人马来到勐洞国，寄宿在丈夫住过的旅店。晚上大伙都进入梦乡了，玉尖也故意打起鼾来。贪财的岩也又令心腹岩炳故技重演，把王印藏在玉尖的马鞍下，想再弄点钱财。岩炳一走，玉尖取出王印，砍碎后丢到河里。半个时辰后，岩也、岩炳带着一队士兵，以王印被偷为由对玉尖进行搜查。玉尖趁机提出，若搜不到王印，就必须放回岩坎排及他的随从，并归还所有的财物，若不答应就不让搜查。满以为很有把握的岩也答应了。最后他们没搜到王印，只好放了岩坎排及其随从，并归还了财物。岩三玛、岩述娜讲述，门图记录、整理。收入《布朗族民间故事》，32 开，3 页，1600 余字，云南人民出版社 1994 年版。

（苏文英）

艾糯与艾苏

布朗族生活故事。流传于云南省勐海县布朗族聚居区。艾糯、艾苏两兄弟好吃懒做，阿爹为他们熬白了头发，即使病了也得为他们料理一切。有一次阿爹去讨饭，空手而归。兄弟俩竟起了卖父换饭的歹心。他们把阿爹哄进一个大箩筐，然后抬去卖。走了一段路程，阿爹才明白儿子的用意。为了教训两个不孝之子，他想出了一计，说祖宗在山上埋了一些金子。两个儿子听后立即来了精神，发誓不管吃多少苦头也要挖到金子。第二天，他们在阿爹的指点下，铲草、砍树、放火、挖地，从此走上了漫长的寻金之路。后来，阿爹又叫他们在挖过的地上种庄稼，说有粮食吃，才有力气挖金子。到了秋收时节，阿爹告诉两个儿子，收回来的粮食其实就是金子。兄弟俩这才明白阿爹的良苦用心。从此，两个懒汉变成了孝子。佚名讲述，朗确搜集、整理。收入《布朗族民间故事》，32 开，7 页，4500 余字，云南人民出版社 1994 年版。

（苏文英）

打鸟

布朗族生活故事。流传于云南省勐腊县布朗族（克木人）聚居区。荡顿去打猎，见树上歇着一对鸟，他举枪瞄准这只又舍不得那只，他想要找一个兼打两只鸟的位置，挪动时踩断了干树枝，惊飞了鸟。荡顿愤愤地说："飞吧，这次逃掉两只，下次我一枪打下三只！"佚名讲述，王国祥搜集、整理。收入《西双版纳雨林中的克木人》，16 开，1 页，200 余字，云南人民出版社 2009 年版。

（陈江敏）

独弦胡

布朗族生活故事。流传于云南省勐腊县布朗族（克木人）聚居区。孤儿娶村中的美丽姑娘为妻，小两口很恩爱。村中头人的儿子胡作非为，射鼠玩时射死了孤儿的妻子。孤儿为报仇，想出妙计。

他在村寨中央大声呼喊："是谁用弩箭射中大老鼠呀？老鼠跑到我家墙脚挣扎，快来拿呀！"村民纷纷聚拢来，头人的儿子排开众人举着弓弩说："是我！是我用毒箭射的，快把老鼠和箭交还我！"孤儿一把抓住他说："乡亲们哪，我的妻子昨天被人射死了，凶手原来是他呀！""杀人偿命！"大家吼起来。按照克木人的规矩，头人的儿子受到了应得的惩罚。孤儿虽然报了仇，但是心中的悲怆仍不能平复。他拿起妻子平时背水的竹筒，不经意间做出了一把琴。他用一块很薄的竹片拴在琴上，又从妻子头上剪下一绺乌黑的秀发在竹片上轻轻梳理，头发与竹片摩擦发出声音。此后，他每天都拉这独弦胡忆念妻子。后来独弦胡成了克木人青年在串姑娘时表达爱情的乐器。佚名讲述，王国祥搜集、整理。收入《西双版纳雨林中的克木人》，16开，1页，600余字，云南人民出版社2009年版。

（陈江敏）

（三）机智人物故事

干一天活够吃一辈子

布朗族机智人物故事。流传于云南省勐海县布朗族聚居区。头人的女儿玉胆如鲜花般美丽。头人提出，只有做一天活计就够一家人吃一辈子的人，才有资格做他的女婿。因此，附近的小伙子都不敢去求婚。一天，家境贫穷的艾掌来大摇大摆向玉胆姑娘求婚，并要头人"说话算数"。第二天清晨，他来到头人家，在院子内一块潮湿的地方挖出一口水井，然后指着它对头人说："这水够一家人吃一辈子。"头人哑口无言，只好把女儿嫁给他。朗朗英讲述，玉拉罕搜集、整理。收入《中华民族故事大系》第12卷，32开，2页，400余字，上海文艺出版社1995年版。

（苏文英）

铲包谷

布朗族机智人物故事。流传于云南省勐海县布朗族聚居区。召圈在翁沙朗河边种了一片包谷。包谷地早该除草了，可他自己不想动手。一天，他见艾掌来路过，就将他喊上了竹楼，对他说："你父亲生前借了我十块银元，要是算利，那就是好几十块了。不过我不计较这些，只要你帮我干活就行了。"看着召圈似笑非笑的脸，艾掌来明白了几分。召圈递过来一把锄头，说铲完那片包谷不仅算他还了债，而且还要请他喝酒。在让召圈确认是"铲包谷"后，艾掌来拿着锄头往包谷地走去。几天后，召圈发现包谷地里的草依旧茂盛，而包谷苗全被铲掉了，便责问艾掌来。艾掌来不慌不忙地说："召圈，你没叫我除草，只是叫我'铲包谷'呀。我当时就觉得不对劲，反复问你'铲了包谷会不会怪我'，你当时不是说'不怪'吗？"召圈气得什么话也说不出来。佚名讲述，艾杨搜集。收入《布朗族民间故事》，32开，3页，800余字，云南人民出版社1994年版。

（苏文英）

砍猪槽

布朗族机智人物故事。流传于云南省勐海县布朗族聚居区。十一岁的艾掌来到寨主家当帮工，刚来的第二天就被吩咐去砍猪槽。他从未使用过斧子，但又不敢不听使唤，只好带上斧头、茶壶和土碗上山了。他来到一个三岔路口，在那里烧好茶水等待过路人。不久有几个行人过来，艾掌来向他们敬茶，并虚心求教如何砍猪槽。结果他不曾动一下斧头，靠过路人一边指点一边示范，在太阳落山前就砍好了猪槽。这事传开后，村人无不夸他聪明。佚名讲述，朗确搜集、整理。收入《布朗族民间故事》，32开，2页，600余字，云南人民出版社1994年版。

（苏文英）

骗召勐

布朗族机智人物故事。流传于云南省勐海县布朗族聚居区。勐粘芭的召勐听说艾掌来聪明过人，就把他召进府来，当众试他的本领：要艾掌来讲三句骗得了他的话。艾掌来进屋后呆呆地看着召勐，让大小官员的视线都转移到召勐身上。召勐被看得心慌手抖，就问艾掌来为何盯着自己看。艾掌来说召勐的脸色不好。召勐照过镜子后方知自己已上当。接着，艾掌来又以“后面那道小门有个姑娘在招手”和“身后有刺客”为由，两次骗了召勐。看着愤怒的召勐，艾掌来笑着退出了王府。康朗坎囡讲述，艾杨整理。收入《布朗族民间故事》，32开，2页，600余字，云南人民出版社1994年版。

（苏文英）

神药

布朗族机智人物故事。流传于云南省勐海县布朗族聚居区。想做生意的艾掌来没有本钱，就把家中唯一的一头黄牛拉到街上卖。不巧他的牛被傣族土司家的牛群给带走了。艾掌来不但没讨回自己的牛，反被土司痛骂了一顿。他发誓一定要出这口恶气。半个月后，土司得了胸痛病，到处寻找秘方。艾掌来用粪便和树皮屑拌成“神药”后，故意到土司家门口小歇。土司下楼询问，艾掌来说自己带来一筒专治胸痛病的“神药”，正在这里等一个约好的病人来取。土司信以为真，要艾掌来把“神药”卖给他。艾掌来假装为难，让土司进一步中了圈套。最终土司以二十个半开（古时的银元，面值为五角）的价把“神药”买走了。岩温帕讲述，门图整理。收入《布朗族民间故事》，32开，2页，900余字，云南人民出版社1994年版。

（苏文英）

牛吃羊

布朗族机智人物故事。流传于云南省勐海县布朗族聚居区。土司看见牵羊路过的艾掌来，假装热情地留他住宿。半夜，土司趁艾掌来睡着了，把十个半开放进他的挎包里，然后叫人来捉“贼”。土司答应艾掌来，只要另外再赔十个半开，便不将他的“丑行”公之于众。艾掌来沉默不语，土司认为他默认了偷钱的事。下半夜，土司家的人都睡着了，艾掌来杀了一只鸡，把羊毛和鸡血涂抹在土司家的牛的脸上，然后把自己的羊和死母鸡转移到寨外，再上床睡觉。第二天，他故意晚起，惊叫说自己的羊被土司家的牛吃了。土司虽不相信牛会吃羊，可面对证据无话可说。艾掌来要土司赔偿自己二十个半开。土司怕事情传出去坏了自己的名声，只好认了。艾掌来拿着二十个半开，一手提着死母鸡，一手牵着自己的羊，唱着山歌回家去了。岩温帕讲述，门图整理。收入《布朗族民间故事》，32开，3页，1500余字，云南人民出版社1994年版。

（苏文英）

赛马

布朗族机智人物故事。流传于云南省勐海县布朗族聚居区。有一次傣历新年时，艾掌来赶着马到坝子看傣家人赶摆，当他赶到时，赛马已经结束。第一名得主波朗正牵着自己的马在炫耀，看到艾掌来的瘦马时取笑了一番，硬逼艾掌来赛上一场。实在推托不掉，艾掌来就装作羡慕的样子围着波朗的马转了一圈，趁人不注意迅速将一根细针扎进马的舌头底下。以为稳操胜券的波朗提出，若自己输了，宝马归艾掌来；若自己赢了，艾掌来与瘦马都归他处置。开始比赛时，艾掌来的马明显处于弱势，波朗的马远远地跑在前面。波朗一提缰绳，马嚼嘴便勒到了插在马舌头底下的细针，马痛得立起前蹄跳了起来。不知情的波朗还一个劲地抖缰绳，直至被马掀倒在地。最后他输了，不得不让艾掌来把自己的宝马牵走了。康朗坎囡讲述，艾杨整理。收入《布朗族民间故事》，32开，3页，700余字，云南人民出版社1994年版。

（苏文英）

捞月亮

布朗族机智人物故事。流传于云南省勐海县布朗族聚居区。农历十五这天夜晚，到山寨逼债的波朗酒足饭饱后要艾掌来陪着赏月。途经一口水井时，波朗看见月亮在水中的倒影，就说月亮掉进水里了。艾掌来笑道：“何止是月亮，连你自己也掉进井里了。”波朗看到水中果然有自己的半个身影，便急忙叫艾掌来快把自己和月亮捞上来，并许诺事成后奖金赏银。艾掌来知道波朗是有意为难自己，就说金银太贵自己没有福分要，只要免租税就行。波朗爽快地答应了。艾掌来顺手拉过一块竹席往水井上一盖，再指着天上的月亮和井边的波朗说：“我把你和月亮都捞出来了。”佚名讲述，艾杨搜集、整理。收入《布朗族民间故事》，32 开，2 页，600 余字，云南人民出版社 1994 年版。

（苏文英）

巧戏波朗

布朗族机智人物故事。流传于云南省勐海县布朗族聚居区。波朗办酒席请客，也把艾掌来叫到家中。艾掌来知道他没安好心，就备了一包橄榄、舂好的盐巴和辣椒，以及一些葵花子来了。他看着桌上丰盛的酒肉直咽口水，表面上还是装出不在意的样子，在一旁嗑着葵花子。波朗不怀好意地问艾掌来是否饿了，并叫他拿几块骨头啃啃。艾掌来谢绝了，说这些酒肉比起自己带来的东西差远了，说完又拿出橄榄津津有味地吃了起来。看见又绿又酸的橄榄，波朗与客人都忍不住咽口水。这时艾掌来借故起身走出波朗家。他返回后，看着正在嚼橄榄的波朗说：“你怎么趁我撒泡尿就偷吃我的东西呢？想吃就讨嘛！”一席话把波朗和客人都羞红了脸。康朗坎囡讲述，艾杨整理。收入《布朗族民间故事》，32 开，2 页，600 余字，云南人民出版社 1994 年版。

（苏文英）

堵田水

布朗族机智人物故事。流传于云南省勐海县布朗族聚居区。艾掌来一年到头在寨主家累死累活地干活，而吝啬的寨主还从不给他吃一顿饱饭，过年大家吃肉吃粑粑也没有他的份。有一年栽完秧后，寨主派艾掌来管理田水。艾掌来发现田埂下有一个漏水洞，便想出了一个惩罚寨主的方法。他把洞口捣大，让田里的水流走，然后回去告诉寨主：“田里有漏水洞，我已求教过一位长老，他说只有用米粑粑和猪肉才能堵住它，不然整块水田会陷落下去，给主人带来灾祸。”寨主听后吓得直说：“长老怎么说就怎么办！”然后他把米粑粑和猪肉拿出来，吩咐艾掌来快去堵漏洞。艾掌来享用完美味的食物，才用石头将漏水洞堵住了。佚名讲述，朗确搜集、整理。收入《布朗族民间故事》，32 开，2 页，600 余字，云南人民出版社 1994 年版。

（苏文英）

牛赔谷子

布朗族机智人物故事。流传于云南省勐海县布朗族聚居区。艾掌来家的包谷苗被寨主家的牛群糟蹋得面目全非。但他索赔时，寨主竟要赖说：“牛吃了东西怎么能叫人来赔呢？”气极了的艾掌来索性把自家的牛赶到寨主的稻田里，让它们吃了个饱。当寨主要他赔两担谷子时，艾掌来回敬道：“庄稼又不是我吃的，要赔就找牛去！”第二天一大早，趁牛还没屙屎，艾掌来就赶着它们来到寨主家的楼下，喊道：“牛赔谷子来了！”寨主下楼时，他一边用竹鞭抽打牛屁股，一边吼道：“还不快向寨主赔不是，把吃进肚的稻秧倒出来！”见牛“噼里啪啦”屙出一大堆稀屎来，他对寨主说：“没办法，牛才赔得起这个，今天先还你这一担，明天再……”没等他把话说完，寨主就吼道：“你带着它们滚吧，我什么都不要你赔了。”艾掌来道了声“谢谢”就赶着牛走了。岩光章、岩叫讲述，朗确搜集、整理。收入《布朗族民间故事》，32

开，4 页，1000 余字，云南人民出版社 1994 年版。

（苏文英）

一粒谷的工钱

布朗族机智人物故事。流传于云南省勐海县布朗族地区。寨主经常克扣长工的工钱，甚至要他们倒赔自己。艾掌来得知后，决定好好治治他。这一年的播种季节到了，他自愿到寨主家帮五年工，且不要工钱，唯一的条件是要一粒谷子作为种子，再在寨主的地里连种五年。寨主看着体格强壮的艾掌来，以为占了大便宜，便满口答应。一粒谷种种下后，秋收时收得九十九粒；第二年，再把这九十九粒谷种种下，收割时得到了整整一箩。到了第五年，寨主家的地全是艾掌来种的谷种。秋收时，艾掌来带着一帮人挑走了一担又一担的粮食。寨主哑口无言，但后悔也来不及了。佚名讲述，朗确搜集、整理。收入《布朗族民间故事》，32 开，2 页，700 余字，云南人民出版社 1994 年版。

（苏文英）

多兑点水

布朗族机智人物故事。流传于云南省勐海县布朗族地区。寨主为了让几个佣工多出力干活，叫人送午饭时多带了两竹筒兑了水的酒。等送饭的人一走，艾掌来就把掺水的酒倒进田里，然后叫大家装作喝醉了。寨主来监工时，他们有的装吐，有的说胡话。寨主问是怎么回事，艾掌来“吃力”地站起来对他说：“寨……寨主，你家的酒劲太大，大家一喝就醉，以后你给我们喝酒就多兑些水……”说完又躺在地上。寨主气得转头回家去了。岩光章、岩叫讲述，朗确搜集、整理。收入《布朗族民间故事》，32 开，2 页，400 余字，云南人民出版社 1994 年版。

（苏文英）

叫着偷

布朗族机智人物故事。流传于云南省勐海县布朗族聚居区。贪得无厌的寨主强迫艾掌来打赌：艾掌来若能在五天之内偷走他家的牛，牛就归他；反之就得输给他五两银子。艾掌来答应后，寨主就吩咐手下人层层把关，并在牛圈门口拴了两条凶狗，晚上还有人轮流守着牛。艾掌来摸清情况后，每天趁人不备弄些老鼠肉、鸟肉丢给凶狗吃。一开始狗一见他就乱叫，他也故意大叫说自己偷牛来了。守牛的人上当了几次后，慢慢不理会他了。几天过后，狗也对他友善起来，他很顺利地就把牛牵走了。当他折回来告诉寨主他已经把牛偷走时，寨主还以为他在家骗人，叫家人把他赶走，别影响自己午睡。家人说这是真的，寨主气得脸色发紫。岩光章讲述，朗确搜集、整理。收入《布朗族民间故事》，32 开，3 页，1000 余字，云南人民出版社 1994 年版。

（苏文英）

智慧果

布朗族机智人物故事。流传于云南省勐海县布朗族聚居区。艾掌来到了远方的一个寨子，久闻其名的寨民纷纷赶来看究竟。寨主听到消息后，派人把艾掌来请到家中，要他当面骗自己。艾掌来见到寨主后，推托说没带智慧果来，骗不了他；接着吹嘘了一大通智慧果的神奇。寨主更急着想看智慧果，就要艾掌来骑上自家的马赶快回去取。艾掌来装作极不情愿的样子，接过管家牵来的马，骑上就走了。寨主在家直等到第五天仍不见他回来，方知自己上了当，气得几天吃不下饭。佚名讲述，朗确搜集、整理。收入《布朗族民间故事》，32 开，3 页，700 余字，云南人民出版社 1994 年版。

（苏文英）

谁最聪明

布朗族机智人物故事。流传于云南省勐海县布朗族聚居区。山主为了试探周围有没有比自己更聪明的人，当众宣布，自己的女儿已到了出嫁的年龄，无论穷人、富人都可以求婚，条件是必须头天结婚第二天就让她生下一个婴儿。眼看十天的期限就要过去，山主正暗自高兴。这天傍晚时分，艾掌来到山主家求亲。他要山主先答应一个条件，然后再谈成亲的事：山主今晚拿上谷种、芭蕉苗到地里去栽，明日叫它们开花结果。山主大笑艾掌来愚蠢。艾掌来说："还有更愚蠢的人呢，竟叫自己的女儿今日结婚明日生出孩子。"山主羞得无地自容，只好承认艾掌来比自己聪明。康朗腊讲述，玉拉罕搜集、整理。收入《布朗族民间故事》，32 开，2 页，700 余字，云南人民出版社 1994 年版。

（玉罕娇）

宝马

布朗族机智人物故事。流传于云南省勐海县布朗族聚居区。山主有一匹病马急于脱手，艾掌来不知情，花了十五块银元把马买了下来。他发现自己被骗后很气愤，但没表露出来。每天早上人们见他淘洗马粪时，总能得到一枚金币。消息传开，很多人都想买这匹"宝马"。山主知道后，更是后悔不已。有一次，他亲眼目睹了艾掌来从马粪中取出金币，更是吃不香睡不宁。他想以双倍的价钱赎回自己的马，可艾掌来故意不肯。不久山主干脆丢下六十块银元，抢了马就走。他回家后，给马喂最好的饲料，却见不着一枚金币，便赶着马责问艾掌来。艾掌来说："你没喂它金币，它怎么会屙出金币呢？"山主气得脸发紫。岩光叫、岩叫讲述，朗确搜集、整理。收入《布朗族民间故事》，32 开，3 页，900 余字，云南人民出版社 1994 年版。

（苏文英）

听地神训话

布朗族机智人物故事。流传于云南省勐海县布朗族聚居区。春播时节，召圈派艾掌来去恩恐呷山脚下种黄豆。太阳晒得厉害，才挖一阵子，艾掌来就累得不行。他本想到树下休息片刻，哪知头一着地便睡着了，被前来督工的召圈逮个正着。艾掌来醒来脑子一转，对召圈说："我正在听地神训话，只因它声音太小，所以我才把耳朵贴在地上听。"召圈问他地神训话的内容。艾掌来告诉他，地神说豆地本是它的宫殿，若在此种豆会使神宫受到破坏，豆地的主人将因此受到断子绝孙的惩罚。召圈吓得急忙跪下祈祷，并催艾掌来扛上豆种赶快回家。佚名讲述，艾杨搜集、整理。收入《布朗族民间故事》，32 开，3 页，800 余字，云南人民出版社 1994 年版。

（苏文英）

巧辨狗兄弟

布朗族机智人物故事。流传于云南省勐海县布朗族聚居区。一个到布朗山做买卖的商人听说艾掌来聪明过人，就买了两只同胎生的小狗，让他来辨"哪只是兄哪只是弟"。艾掌来要他先回答人生的孩子是先出生的大还是后出生的大，然后再用他的结论来证明自己的观点。商人说，那当然是先出生的大。艾掌来便指出，两只狗中，稍大一点的为兄，稍小的为弟。商人说："这未必。"艾掌来就反问他："那你刚才说的全是假的了？"商人被问得哑口无语，但内心非常佩服艾掌来的机智。佚名讲述，艾杨搜集、整理。收入《布朗族民间故事》，32 开，2 页，400 余字，云南人民出版社 1994 年版。

（苏文英）

有牙的飞禽和无头的走兽

布朗族机智人物故事。流传于云南省勐海县布朗族聚居区。有一年大旱，分管布朗山的傣族波朗向百姓增派五块银元作为门户钱。艾掌来代表乡亲们去求情，波朗要他捕来"有牙的飞禽和无头的走兽"才答应。艾掌来笑着说："请出张布告吧，把你免除门户钱的条件告诉全体百姓。若他们不能照办，我替你催收门户钱。"布告贴出不到五天，艾掌来和几个布朗族青年就把“无头的走兽”——螃蟹和“有牙的飞禽”——蝙蝠摆在波朗面前。波朗想抵赖，但被艾掌来的解释噎住了，半天答不上话来。佚名讲述，艾杨搜集、整理。收入《布朗族民间故事》，32开，2页，600余字，云南人民出版社1994年版。

（玉罕娇）

水上烧火与用石点灯

布朗族机智人物故事。流传于云南省勐海县布朗族聚居区。艾掌来在河边看见管家在抽打长工。原因是长工弄撒了一碗灯油，管家便罚他在河中烧火，用石点灯；长工做不到，就只有接受体罚了。艾掌来走过来，叫管家息怒，说让长工去喝口水，兴许他能想出办法来。管家答应了。艾掌来与长工一起来到河边，对他耳语了几句。长工找来几块又干又轻的牛屎，点燃后放在一张芭蕉叶上，让它们随水漂流。他趁管家忙着看河中漂流的火团，迅速捡来一块石头，拴上一根白线，再在线上涂上一层黄蜡，然后将线点燃。管家很是纳闷：平时笨拙的长工怎么现在突然开窍了？佚名讲述，艾杨搜集、整理。收入《布朗族民间故事》，32开，2页，700余字，云南人民出版社1994年版。

（玉罕娇）

小牛是谁的

布朗族机智人物故事。流传于云南省勐海县布朗族聚居区。同时丢失牛崽的两户人家在河边找到一头小牛，都说是自家的。他们相持不下，只好请艾掌来帮忙。艾掌来叫他们分别赶来母牛，让小牛自寻母亲、母牛自找牛崽。两头母牛见着小牛都哞哞直叫，小牛也在两头母牛间欢跳着嗅来嗅去，最后它认准其中一头母牛吃起奶来。小牛该归谁家也就明白了。佚名讲述，艾杨搜集、整理。收入《布朗族民间故事》，32开，2页，450字，云南人民出版社1994年版。

（玉罕娇）

谁是真房主

布朗族机智人物故事。流传于云南省勐海县布朗族聚居区。很久以前，有甲、乙两个单身汉同住在一栋竹楼里。一次，他们因一件小事伤了和气，便都说自己是房东，要把对方撵走。两人争执不下，就请寨里的头人来主持公道。头人又叫艾掌来帮忙。艾掌来就竹楼的木料、所做记号询问两人一番后，又与头人一起去验证。甲说的记号是在竹楼的横梁上画了龙、凤和雄狮；乙提出的标记是在竹楼的二十四根木柱下各垫了一块石头。艾掌来便向头人分析说，横梁上清晰的动物画面是在竹楼盖好后画上去的；但木柱子下的石块肯定是盖竹楼时就垫上去的，所以乙一定是真正的房东。甲听后心服口服，最终搬出了竹楼。佚名讲述，艾杨搜集、整理。收入《布朗族民间故事》，32开，2页，500余字，云南人民出版社1994年版。

（玉罕娇）

巧取蜂蜜

布朗族机智人物故事。流传于云南省勐海县布朗族聚居区。有一天，艾掌来和几个同伴一起上山打猎，看见悬崖的弯树上吊着一个大马蜂窝，都很想吃蜂蜜。艾掌来沉思片刻，想出了取蜜的妙计。他让大伙砍好竹筒，再找些细青藤，把青藤的一端系在箭尾上，然后叫神射手射马蜂窝。携着青藤的箭射进了蜂窝，大伙便用竹筒接顺藤淌下的蜂蜜。康朗坎囡讲述，艾杨整理。收入《布朗族民间故事》，32开，2页，600余字，云南人民出版社1994年版。

（玉罕娇）

岩建亚勐的故事

布朗族机智人物故事。流传于云南省勐海县布朗族地区。很久以前，布朗山寨住着一对夫妻，生了个儿子叫岩建亚勐。岩建亚勐年龄虽小，但主意却比布朗山上的树叶还多。一天，阿爸交给他十两银子，叫他去买一头黄牛。岩建亚勐买到一头小牛，却在回家的路上被召曼施计骗走了。他非常气愤，心里一直盘算着报仇的计划。在一个寒冷的冬天，他牵着一只小山羊，站在召曼必经的路口等着。见到召曼后，岩建亚勐声称手中牵的是专吃冷空气的“宝羊”。召曼信以为真，用两头黄牛与牛背上驮着的毛毯、食盐换走了“宝羊”。后来召曼发现自己上当受骗了，就让两个家丁去把岩建亚勐抓来问罪。早有准备的岩建亚勐先后用会捕鱼的“宝猫”、会跟踪飞鸟的“神弩”、能起死回生的“神药”作诱饵，教训了召曼几次。召曼最后被捉弄得狼狈不堪，再也不敢仗势欺人了。康朗相讲述，门图搜集、整理。收入《中华民族故事大系》第12卷，32开，10页，6000余字，上海文艺出版社1995年版。

（玉罕娇）

猪肉回锅秧回根

布朗族机智人物故事。流传于云南省永德县布朗族聚居区。有一天，头人叫甩坎帮忙拔秧，答应除付工钱外，还要请他吃一顿猪肉。甩坎拔完秧回到头人家，无意中听见头人叫厨子把猪肉倒回锅里，只给他吃青菜。甩坎转身回到秧田，把拔好的秧苗又插了回去。当头人问他为何这样做时，他答道：“这叫猪肉回锅秧回根！”头人只得重新招待甩坎一番。佚名讲述，冯朝良搜集、整理。载《山茶》1981年第5期，16开，1页，360字。

（玉罕娇）

土罐碎了

布朗族机智人物故事。流传于云南省永德县布朗族聚居区。有一天，一个叫甩坎的农民去赶集，在路上遇见头上顶着两个土罐的头人，就想捉弄他一番，便故意边走路边抬头看天。头人很好奇，问他原因。甩坎说天上出现了八个太阳。头人嘴里说不相信，甩坎让他抬头看。他一抬头，头上顶着的两个土罐掉下来摔碎了。佚名讲述，冯朝良搜集、整理。载《山茶》1981年第5期，16开，1页，400字。

（玉罕娇）

（四）动植物故事

狗的舌头为什么是长的

布朗族动植物故事。流传于云南省勐海县布朗族聚居区。很久以前，有一户人家养着一头猪和一条狗。一天，主人让它们去挖地，答应谁挖的多以后就吃米饭，并住在楼上；而挖的少的只能吃草，住楼下。猪和狗来到山地时，正是烈日当空。狗去树荫下睡大觉，老实的猪则不停地用嘴拱地，一直干到天快黑。猪停下来叫醒了狗，说该回家了。狗让它先走一步，然后在地里一阵乱抓乱扒，留下自己的爪印。见到主人，猪和狗都说自己挖的地多。主人第二天来到地里，看到地上只有狗的爪印而没有猪拱地的痕迹，就相信了狗的话。猪有口难辩，气得诅咒狗说，如果狗说谎，就让它的后代舌头长长的。几个月后，狗生下了一窝小狗，它们的舌头真的都是长长的。直到现在，布朗族还用“舌头像狗舌头一样长”来指责那些说谎者。玉叫应讲述，晓玉搜集、整理。记录稿，16开，4页，920字，稿存云南省少数民族古籍整理出版规划办公室。

（玉罕娇）

狗为什么和人在一起

布朗族动植物故事。流传于云南省南涧彝族自治县布朗族地区。古时候，狗和兔子住在一起。一天晚上忽然刮起大风，狗狂叫起来。兔子劝它不要叫，说狼听见后会来把它们吃掉的。狗嫌兔子胆小，就去找狼一起住。夜里风声又起，狗又叫了起来。狼劝它，说老虎听见叫声会来把它们吃掉。狗嫌狼胆小，又去找老虎一起住。夜里狂风怒吼，狗狂吠。老虎劝它别叫，担心人听见后来把它们打死。狗嫌老虎胆小，就去找人一起住。

夜里风声再起，狗又叫个不停。人对狗说："那是风的声音，你去吃盆里的饭吧。"狗听人这么一说，就不再叫了。从此以后，狗就和人住在了一起。周明祥、李开明讲述，罗成武、李仲等搜集、整理。收入《南涧民间文学集成》，32开，2页，360字，云南民族出版社1987年版。

（玉罕娇）

狗为什么追麂子

布朗族动植物故事。流传于云南省双江拉祜族佤族布朗族傣族自治县布朗族聚居区。古时候，狗的头上有角，而麂子头上光秃秃的。它们是好朋友。麂子狡诈贪婪，对狗的双角垂涎三尺，想骗过来占为己有。一次，狗和麂子到寨子里玩耍，发现人们用来舂米的石臼里有残留的米糠，便一起舔食。狗因有角而舔不到，麂子发现盼望已久的机会来了，便极力劝狗取下双角以便舔食。狗上当了，把角交给了麂子。麂子戴上双角飞奔而去，路上不小心踩了农人的韭菜地，因而后来它的四蹄总散发着韭菜味。直到今天，不管麂子跑到哪里，狗总能嗅到它的足迹味道追上它。佚名讲述，俸春华搜集、整理。记录稿，16开，1页，250字，稿存云南省双江拉祜族佤族布朗族傣族自治县文体局。

（俸春华）

狗为何会闻麂子的脚印

布朗族动植物故事。流传于云南省勐海县布朗族地区。一只麂子每天都到多依果树下捡果子吃。有一天，它吃果子被卡住喉咙，昏倒在树下，让猎人捡了个便宜。猎人哼着山歌，轮流用双肩扛麂子，在来回换肩时，将麂子喉咙里的多依果给抖掉了。猎人回到家把麂子一扔，就去叫朋友来帮忙。他刚走，麂子便趁机逃命。由于太慌张，麂子不慎把一锅蒜汤踩翻了，弄得四蹄都有蒜味，连蹄印也不例外。猎人回来见麂子跑了，就放猎狗去追，狗嗅着麂子的蹄印穷追不舍。佚名讲述，罗纠搜集、整理。收入《布朗族民间故事》，32开，1页，450字，云南人民出版社1994年版。

（苏文英）

老虎和野猫

布朗族动植物故事。流传于云南省勐海县布朗族地区。老虎见野猫身手敏捷，就拜它为师。野猫在教老虎本领时，有意留了一手。有一天，野猫对老虎说："我的本事已全部传给你了。你有了本事后不能欺小凌弱，目空一切。"老虎听后心花怒放，认为自己有实力称王称霸了，只有将野猫除掉，森林之王就会永远属于自己。于是老虎趁设宴谢师之机扑向野猫。野猫机灵地爬上了树梢，老虎无可奈何。它责问野猫为何不教它这一招，野猫训斥道："对你这种有野心的，必须留一手。"因此，老虎至今都没有爬树的本领。佚名讲述，胡志华搜集、整理。收入《西双版纳传说故事集》第一集，32开，1页，300余字，中国民族摄影艺术出版社2005年版。

（岩香南）

虎蟹比赛

布朗族动植物故事。流传于云南省墨江哈尼族自治县布朗族地区。有一天，老虎在箐边看见一只螃蟹，便要跟它赛跑。螃蟹不甘示弱，便答应了。听口令时，老虎翘着尾巴，螃蟹张开自己的大钳。口令刚下，老虎一跃就到了约定的树下，还向后招呼螃蟹加油。没想到螃蟹却在它的前面答应着。原来螃蟹钳住老虎的尾巴，被甩到前面去了。老虎不服气，还要继续比。可一连几十次，它都输了，最终累倒在树下。佚名讲述，小兰记译、整理。载《山茶》1981年第2期，16开，1页，500字。

（玉罕娇）

虎王、猴王和猫头鹰王

布朗族动植物故事。流传于云南省勐海县布朗族聚居区。奸诈的虎王要与猴王比赛做梦，不知是计的猴王答应了。第二天，虎王怂恿猴王按自己所梦见的去偷吃人家的茄子。第三天，虎王说自己两次梦见猴王的儿子，也要按所梦吃掉它们。这时猴王才恍然大悟。它们争执不下就叫其他动物来评理。老熊、狼、野猫等动物早就被虎王收买，都向着它。正在猴王绝望之际，一向主持公道的猫头鹰王飞来了。它对大家说，自己曾梦见了虎王的儿子，不知道该不该吃掉它。大家都说不该。猫头鹰王又问大家："那虎王该不该吃猴王的儿子？"大家不好再帮虎王说话，虎王灰溜溜地走了。岩温沙讲述，门图搜集、整理。收入《布朗族民间故事》，32 开，2 页，600 余字，云南人民出版社 1994 年版。

（苏文英）

猴子和老虎

布朗族动植物故事。流传于云南省勐海县布朗族聚居区。以百兽之王自居的老虎经常欺负弱小动物。猴子看不惯，决心杀杀它的威风。它分别以掏螃蟹的猴子、专吃果子的猴子、敲锣的猴子等几种身份出现，让老虎先是被大石头压住了前爪，接着又从树上摔在大石头上，最后被黄蜂蜇、被毒蛇咬，痛得满地打滚。聪明的猴子为弱小动物出了一口气。岩玛讲述，岩述娜翻译，门图整理。收入《布朗族民间故事》，32 开，5 页，2000 余字，云南人民出版社 1994 年版。

（苏文英）

老虎、螃蟹和小山羊

布朗族动植物故事。流传于云南省勐海县布朗族聚居区。一只又饥又渴的老虎到河边喝水，见到一只螃蟹，心里顿时乐开了花。来不及逃命的螃蟹灵机一动，便向老虎提出挑战，若自己输了，愿意被老虎吃掉；若自己赢了，则要老虎滚蛋。老虎被激怒了，说自己只需用尾巴轻轻一拍就能打死螃蟹，说着就开始行动。螃蟹趁势钳住了老虎的尾巴。几个回合下来，老虎有些紧张又不想认输，便决定吃掉螃蟹。可它才张开嘴巴，螃蟹马上就钻进它的嘴里，用双钳紧紧夹住它的舌头。无论老虎怎么弄，螃蟹就是不出来。这时恰巧有一只小山羊路过，老虎只好向它求救，并发誓以后再也不吃它。山羊见老虎说得很认真，就说："你到河边去，把嘴巴张开后伸进水里就好了。"老虎照办，螃蟹趁机逃生。从此以后，老虎再也不敢吃螃蟹，但照样吃山羊。佚名讲述，罗纠搜集、整理。收入《布朗族民间故事》，32 开，3 页，1300 余字，云南人民出版社 1994 年版。

（苏文英）

虎为何九年生一胎

布朗族动植物故事。流传于云南省勐海县布朗族聚居区。古时候，虎一年生九胎，因而遍地都是虎群。当食物供不应求时，它们连人都吃。创世神主发觉后，便变成一只麻雀飞到人间，歇在树枝上对熟睡的母老虎大嚷大叫。被吵醒的母老虎非常生气，但又没办法抓着会飞的麻雀。麻雀对母老虎说，只要回答一个问题，自己就远走高飞。母老虎一心想早点打发掉麻雀，就随口乱答话说创世神主让自己九年生育一胎。麻雀让它重复一遍后就现出了原形。母老虎见了创世神主，吓得急忙求饶。创世神主于是叫它记清楚，以后每九年只能生一胎。母老虎急忙应诺："我记住了，九年生一胎。"岩兴东讲述，玉拉罕、岩温叫搜集、整理。收入《布朗族民间故事》，32 开，2 页，700 余字，云南人民出版社 1994 年版。

（苏文英）

老虎是怎样变恶的

布朗族动植物故事。流传于云南省勐海县布朗族聚居区。很早以前，老虎以野菜野果为食，从不伤害其他动物。一天，它正在觅食时遇到一只会耍赖的母豹，被缠得无法脱身，只好答应去偷牛。天黑时，老虎躲进牛厩，被两个偷牛贼误认为是一头肥牛给拴起来拉走了。偷牛贼走到密林深处，把“牛”拴在树干上。天亮时他们发现拴着的竟是一只老虎，吓得拔腿就跑。偏偏拴老虎的那棵树上住着一窝熊。母熊误认为老虎居心不良，不愿帮它解绳子。老虎在挣脱绳子时，把熊窝震了下来，小熊伤的伤，死的死。它一再道歉，可没有用。母熊请来大象评理。大象不容老虎辩解，就定了它的罪。被激怒的老虎跳上大象的头，咬住它的脖子。看热闹的动物四处逃窜，愤怒的老虎认为它们是串通一气来害自己，便一边大骂一边追赶它们。从那以后，老虎就变成了林中猛兽。佚名讲述，岩些搜集、整理。收入《中华民族故事大系》第12卷，32开，3页，1600余字，上海文艺出版社1995年版。

（玉罕娇）

刺猬和老虎

布朗族动植物故事。流传于云南省勐海县布朗族聚居区。野猪、麂子和山羊想惩治横行霸道的老虎，却想不出好主意。刺猬主动献出妙计。它叫麂子和山羊给老虎传话，向老虎挑战，自己和野猪负责找深沟。当老虎听说小小的刺猬要与自己比本领，且扬言要战胜自己时，气得咬牙切齿，就跟随麂子和山羊去会它。刺猬和野猪找到深沟后，把两边堵死，只留一个够刺猬出入的小洞。双方交战后，刺猬一步步把老虎引进深沟，然后自己从小洞逃走了。老虎跳不出深沟，扬言要找“小家伙”算账。刺猬也不示弱，说还有更好的办法来惩治它。佚名讲述，岩甩搜集、整理。收入《中华民族故事大系》第12卷，32开，2页，900余字，上海文艺出版社1995年版。

（苏文英）

老虎身上的花纹

布朗族动植物故事。流传于云南省勐海县布朗族聚居区。古时候，自称百兽之王的老虎身上的毛是白色的。有一次，老虎看见一头牛和两匹马被人使唤，很是气愤，于是把它们抓来审问。牛和马告知老虎，人实在太厉害，帮他干活是不得已而为之。老虎不以为然地说：“我是百兽之王，难道还怕小小的人不成！”不久它把一个背草的人拦住，说是要为百兽报仇，并提出要比试本领，若它赢了就要吃人。背草人装作十分害怕的样子，对老虎说，自己的智慧留在家里了，请它先帮忙把草运回家，然后再比试本领。不可一世的老虎答应了。背草人用绳子把草牢牢地捆在虎背上，然后把草点燃。老虎发现背上着火，拼命逃跑，越跑火越旺。最后它跑到水塘边，向正在洗澡的水牛求救，水牛叫它跃入水塘。火灭了，可老虎身上的皮毛已被火烧出一道道斑痕。佚名讲述，杨正明搜集、整理。收入《布朗族民间故事》，32开，2页，800余字，云南人民出版社1994年版。

（玉罕娇）

宝角牛

布朗族动植物故事。流传于云南省勐海县布朗族聚居区。从前，勐基沙森林里住着凶残的牛王。为维护自己的统治地位，牛王不惜残杀所有的公牛。附近的百姓也深受其害，成千上万地惨死在牛王的角下，千万亩良田被它糟蹋成烂泥塘。一天，牛王的第一万一千一百零五个妻子怀孕了。牛妻预感到自己怀的是公牛，为了保住肚里的小生命，它逃到一个很远的岩洞里躲起来，半年后果然产下一头小公牛。小牛长到五岁，母亲天天教它习武练功，直到把双角练成一对闪闪发光的宝角，母牛便放它去报仇。一天，牛王正在显威风时，突然看见双角发光、气势不凡的宝角公牛，便气急败坏地冲向它。父子俩杀得天昏地暗，鲜血四溅。几个回合后，牛王身负重伤，逃进岩洞躲避。宝角公牛把厚重的石门击碎，以闪电般的速度把牛王挑死在山洞里，为无数死去的公牛报了仇，为百姓除了害。康朗罕讲述，岩温扁搜集、整理。收入《中华民族故事大系》第12卷，32开，7页，4000余字，上海文艺出版社1995年版。

（玉罕娇）

两代牛王

布朗族动植物故事。流传于云南省勐海县布朗族聚居区。一座大山上住着一万头牛，却只有一头公牛。公牛拐世腊批是牛王，很霸道，不许母牛生小公牛，生出来也会被它踩死。有一年，一头母牛担心自己怀的是公牛，不忍心自己的骨肉遭到残杀，于是逃到一座山林里分娩。它果真生下一头小公牛，取名拐康香。拐康香八岁那年，母牛被缠得没法，只好把事情的真相如实告诉了儿子。又过了十年，拐康香心想自己的父亲会变好的，便趁母亲没注意，跑去找它。哪知父亲不想放过它，拐康香只得跑回来，用半年的时间专练挑、踏、撞、滚等功夫。母亲看了儿子的武功后，告诉它可以去杀牛王了。拐康香又一次找到父亲，经过一番厮杀，终于击毙了它。拐康香当上牛王后宣布，为了牛家族的发展壮大，不管母牛还是公牛都要加以保护。母牛们奔走相告，那些被赶走的和跑出去躲避的母牛也都回来了。岩三玛、岩述娜讲述，门图搜集、整理。收入《布朗族民间故事》，2 开，3 页，1200 余字，云南人民出版社 1994 年版。

（苏文英）

豹子、黄牛和水牛

布朗族动植物故事。流传于云南省勐海县布朗族聚居区。豹子很想吃黄牛和水牛，但又惧怕它们的双角。一次，狡猾的豹子假作关心状，劝黄牛把容易被树枝挂着的尖角锯掉。老实的黄牛觉得有道理，就同意了。锯掉尖角的黄牛因没有了抵抗的武器，成了豹子的食物。豹子又劝水牛锯角。水牛知道它不怀好心，就说自己的双角是专门用来对付像它这样的坏蛋的。豹子听了慌忙逃命。佚名讲述，罗纠搜集、整理。收入《布朗族民间故事》，32 开，1 页，400 余字，云南人民出版社 1994 年版。

（苏文英）

水牛犁田的由来

布朗族动植物故事。流传于云南省勐海县布朗族聚居区。很早以前，人和猴子的生活习性没有多大区别。天神发现后，决心改变人的生活状况。他令水牛来到人间，告诉人们，要学会耕种，日作夜息，每三天吃一顿饭。水牛来到人间，发现了一个水塘，就在里边泡了一阵子。上岸后把天神交代的话记错了，它告诉人们，一天吃三顿饭，还把天神交代的耕种方法忘记传了。天神很生气，就罚水牛在人间帮人们耕种，直到赎清罪过为止。水牛不敢违令，告知了人们春播秋收的方法，并帮他们耕田犁地。佚名讲述，岩伲党搜集、整理。收入《布朗族民间故事》，32 开，2 页，700 余字，云南人民出版社 1994 年版。

（玉罕娇）

知了的肚子为什么是空的

布朗族动植物故事。流传于云南省勐海县布朗族聚居区。大油瓜突然掉下来，把艾广龙背着的一只土锅砸得粉碎。艾广龙追究下去，发现原来是一只知了看见一只麂子在林间散步，故意飞到它耳边大叫，吓得它赶紧跑，踩断了冬瓜蒂；冬瓜滚下山坡撞着芝麻秆，一粒芝麻飞进野鸡的眼里；野鸡瞎扑乱抓，扒翻了黑蚂蚁窝；黑蚂蚁乱跑胡叮，叮着了松鼠；松鼠咬黑蚂蚁，由于用力过猛，咬断了油瓜蒂，大油瓜于是掉了下来。大家一致认为罪魁祸首是知了，要它赔偿艾广龙的土锅。知了赖着不赔。艾广龙抓住它的腰一捏，把它肚里的五脏都挤了出来。从此，知了的肚子就变成空空的了。岩尼应讲述，王国祥搜集、整理。载《山茶》1980 年第 2 期，16 开，2 页，900 字。

（玉罕娇）

知了为什么哀叫

布朗族动植物故事。流传于云南省双江拉祜族佤族布朗族傣族自治县布朗族聚居区。知了在树上突然大声鸣叫，惊吓了树下的麂子。麂子狂奔起来，踩了蚂蚁的窝。蚂蚁发怒，咬断了南瓜藤，南瓜掉下来差一点砸在野鸡身上。野鸡飞起来，停在已枯烂的树枝上，树枝折断了，打中了大象的耳朵。大象吓慌了，不择路地奔跑，一脚踢翻了盛满烫水的大锅。烫水四溅，烫伤了公主。国王追查结果，发现责任在知了。他要重罚知了，而知了又拿不出钱财赎罪，最后被掏出了肠子。从此以后，每到金色的秋天，人们用酒肉欢庆丰收；可没有肠子的知了不能吃不能喝，只好悲伤地哀叫。佚名讲述，俸春华搜集、整理。记录稿，16开，1页，230字，稿存云南省双江拉祜族佤族布朗族傣族自治县文体局。

（俸春华）

乌鸦与白鹇的传说

布朗族动植物故事。流传于云南省勐海县布朗族聚居区。乌鸦和白鹇原本是好朋友。在一次百鸟节中，它们都有演出任务。演出前，它们互相帮忙化妆。乌鸦先帮白鹇。它做得相当认真，为好朋友扑粉上胭脂，花了大半天时间。轮到白鹇帮乌鸦化妆时，舞台上已经紧锣密鼓，演出马上就要开始。白鹇急着上台展现自己，乌鸦又催它赶快化妆。忙乱中，白鹇将染发水全泼在乌鸦身上，然后就跑去演出了。乌鸦拍拍双翅，走到镜前一看，发现自己全身黑透，便大骂白鹇。它们的关系从此闹僵了。至今，乌鸦是黑的，而白鹇是彩色的。岩敢讲述，岩香南搜集、整理。记录稿，16开，1页，320字，稿存云南省勐海县文体局。

（岩香南）

懒惰的乌鸦

布朗族动植物故事。流传于云南省勐海县布朗族聚居区。懒惰的乌鸦不听铁翎甲的劝告，反而取笑它是只会干活的傻瓜。不久乌鸦落到连饭都讨不到，只好厚着脸皮到铁翎甲家借粮食。好心的铁翎甲可怜乌鸦，就借给它五箩包谷，并告诫它来年要好好种庄稼。可第二年乌鸦就忘了饿肚子的滋味，在大家忙着种庄稼时，它又东游西逛去了。铁翎甲非常生气，就去找它要包谷。还不出包谷的乌鸦只好东躲西藏。直到今天，乌鸦一见铁翎甲就没命地逃跑。佚名讲述，杨正明搜集、整理。收入《布朗族民间故事》，32开，2页，350字，云南人民出版社1994年版。

（苏文英）

喊爹鸟

布朗族动植物故事。流传于云南省永德县布朗族聚居区。远古时，有父子二人相依为命。父亲叫旺坎，儿子叫坎达。坎达十二岁那年的一天，旺坎去打谷子，叫儿子留在家里挑水煮饭。坎达等到天黑不见爹回家，就到村边的山坡上喊。村里的人听到坎达的喊声，赶忙帮他到田里去找，发现旺坎的身子已被妖怪吃了，只剩下头。听到爹的死讯，坎达跑到田里，抱住爹的头，边哭边叫爹，一直哭了七天七夜。后来人们听不到坎达的哭声，也找不着他了。到了第二年谷子黄的时候，人们听到一种鸟叫着“爹！爹！爹”，大家都说，鸟是坎达变的，就叫它“喊爹鸟”。佚名讲述，冯朝良搜集、整理。载《山茶》1984年第1期，16开，1页，1100字。

（玉罕娇）

呼儿鸟的传说

布朗族动植物故事。流传于云南省勐海县布朗族聚居区。一个布朗族寡妇有两个孩子，男孩四岁，女孩三岁。那时山里灾害频繁，病死饿死的人很多。一年青黄不接时，寡妇横下心，把两个孩子放在森林里的一棵鸡嗉子树下，打算到秋收季节再接回去。两个孩子照着母亲的嘱咐，饿了就摘果子吃，渴了就喝山泉水，晚上在树上睡觉。过了几个月，他们的衣服被树枝挂破了，全身长了毛，变成了猴子。谷子成熟后，寡妇带着新米饭来寻找孩子。她千呼万唤后，两个孩子从山上跑了下来，但已经不认识自己的母亲了。寡妇悲痛欲绝。在回家的途中，她一路呼叫着孩子们的名字，不慎掉进深箐里摔死了。她死后变成一只呼儿鸟，每天飞行在树林间呼叫着孩子的名字。岩帕欣讲述，岩温扁搜集、整理。收入《中华民族故事大系》第 12 卷，32 开，3 页，1600 余字，上海文艺出版社 1995 年版。

（玉罕娇）

竹鼠、喜鹊与葫芦笙

布朗族动植物故事。流传于云南省墨江哈尼族自治县布朗族聚居区。一个边走边吹葫芦笙的布朗人掉进土坑里，爬不出来，干脆就在里面继续吹葫芦笙解闷。竹鼠听见动听的音调后，到布朗人身边要葫芦笙，并叫他抓住自己的尾巴救他出来。快到坑口时，那人把竹鼠的尾巴拉断了。竹鼠可不管这些，它得到葫芦笙后，跑到林子里吹。喜鹊也觉得葫芦笙发出的声音好听，便找竹鼠借。可葫芦笙一到手，它就飞到树上。聪明的竹鼠抓住了它的尾巴，使它成了短尾巴的喜鹊。最后喜鹊还是没有还葫芦笙。竹鼠失掉葫芦笙，哭红了眼，哭肿了脸。陶怀益讲述，兰天搜集、整理。载《山茶》1981 年第 2 期，16 开，2 页，900 字。

（玉罕娇）

竹鼠的眼睛为什么又细又红

布朗族动植物故事。流传于云南省勐海县布朗族聚居区。竹鼠做了一支笛子，吹起来婉转动听。斑鸠很想得到笛子，于是想了一个坏主意。一天，竹鼠吹了好长时间的笛子，斑鸠见竹鼠吹累了，便说："这么优美的曲子，要是再配上轻盈的舞步，那就没有谁能比得过你了。"竹鼠有点得意，斑鸠趁机说可免费教它跳舞。斑鸠刚教几步就停了下来，叫竹鼠把笛子借给它，说边吹笛子边教跳舞效果更好。见竹鼠有些犹豫，斑鸠让它揪着自己的尾巴学跳舞。斑鸠的舞姿把竹鼠给迷住了，它松开了手。斑鸠趁机带着笛子飞走了。竹鼠失去心爱的笛子后，哭了几天几夜，把眼睛哭得又细又红。佚名讲述，朗确搜集、整理。收入《中华民族故事大系》第 12 卷，32 开，2 页，800 余字，上海文艺出版社 1995 年版。

（苏文英）

好胜的狮子、野牛

布朗族动植物故事。流传于云南省勐海县布朗族聚居区。很早以前，狮子和野牛同在一片大森林里生活，一个是东兽王，一个是西兽王。它们互不来往，都看不起对方。一只狼也住在这片森林里。有一次，它几天都猎不到食物，饥肠辘辘，忽然想起了狮子和野牛。狼东家长西家短，挑起狮子和野牛互相争斗。两个兽王互不相让，奋起拼命，最后双双死去，成了狼的美餐。佚名讲述，玉拉罕搜集、整理。收入《西双版纳传说故事集》第一集，32 开，1 页，600 余字，中国民族摄影艺术出版社 2005 年版。

（岩香南）

穿山甲为什么没有牙齿

布朗族动植物故事。流传于云南省勐海县布朗族聚居区。一只麂子认为自己跑得快，要与穿山甲比赛，看谁能穿过在坡下种地的人群而不挨打。穿山甲同意了，把身体缩成一团滚了下去。人们以为是石头掉下来，便赶快让开，穿山甲顺利通过了。麂子跑下坡后，人们便喊着围拢来打，成了人们的佳肴。穿山甲想到麂子害人终害己，觉得很开心，哈哈大笑起来，将牙笑掉了。从此它再也没有牙齿了。玉叫应讲述，晓玉搜集、整理。记录稿，16 开，2 页，520 字，稿存云南省少数民族古籍整理出版规划办公室。

（玉罕娇）

蛐蟮为什么爱跳动

布朗族动植物故事。流传于云南省勐海县布朗族聚居区。从前，萤火虫和螳螂是好朋友，它们决定相互帮助挖地。第一天挖的是螳螂的地。螳螂早早地让朋友收工。第二天去挖萤火虫的地，它们一直干到天全黑才回家。途中，螳螂跟不上萤火虫，只好借宿在麻雀家里。夜里，一棵干枯的大树倒下来，吓着了螳螂。它一伸腿，把麻雀的幼儿踩死了。螳螂和麻雀去追究责任，大树说是蚂蚁把它的根吃空了，站不住才倒下来的。蚂蚁说是因为蛐蟮不让它们吃土，才不得不啃树根。当螳螂责问蛐蟮时，蛐蟮自知理亏，只好耍赖，暴跳起来说："天是我的天，地是我的地，我不想给谁吃就不给谁吃。"直到今天，当人们无意碰及蛐蟮时，它还以为他们要跟自己争土吃，便会扭着身子跳动起来。玉叫应讲述，晓玉搜集、整理。记录稿，16开，4页，1100字，稿存云南省少数民族古籍整理出版规划办公室。

（玉罕娇）

小蛤蟆智斗三大王

布朗族动植物故事。流传于云南省勐海县布朗族聚居区。老虎、狮子和大象都号称百兽之王，小动物非常害怕它们。蛤蟆决定用智谋将它们打败，以长小动物的志气。它先吞下三件"武器"：酷似老虎眼珠的比来果核、像狮子耳朵的大木耳和状如象牙的山草根，然后分别去找老虎、狮子和大象。蛤蟆一番恶语将老虎激怒后，趁机提出比试谁能从嘴里吐出东西。老虎干呕了半天，什么也吐不出来，只好灰溜溜地站到一边。轮到蛤蟆上阵了，它张嘴吐出比来果核，然后告诉老虎："这是你妈妈的眼球！"老虎信以为真，觉得蛤蟆太厉害了，担心自己也会被吞食，便一溜烟跑了。第一仗轻松取胜，蛤蟆感到无比高兴。后来它又以同样的方式制服了狮子和大象。佚名讲述，岩香南搜集、整理。收入《云南民族民间故事选》，32开，5页，2900字，《云南群众文艺》编辑部1979年编印。

（玉罕娇）

野猫和青蛙

布朗族动植物故事。流传于云南省勐海县布朗族聚居区。正在觅食的野猫见到刚出洞的青蛙，就装作无比关心的样子上前搭话。青蛙一边答话一边提防着。不一会儿，垂涎欲滴的野猫按捺不住，扑向青蛙。青蛙"扑通"一声跳进水池里。野猫也跟着跃入水中，喝了几口水就沉到池底去了。康朗赛讲述，玉拉罕翻译、整理。收入《布朗族民间故事》，32开，1页，150字，云南人民出版社1994年版。

（苏文英）

不老实的蝙蝠

布朗族动植物故事。流传于云南省勐海县布朗族聚居区。好吃懒做的蝙蝠以行骗为生。一次，它连睡了几天懒觉，醒来后觉得肚子饿得慌，可它既不会捕捉虫子，又不想采摘野果。它看到一群鸟正围着一个洞口啄吃蚂蚁，便凭三寸不烂之舌让它们相信自己是同类，分享了一些食物。正愁吃不饱时，它又看见一群松鼠在啃吃栗果，便偷偷离开鸟群，用自己的嘴巴和耳朵骗取了松鼠的信任。当蝙蝠吃饱后正想开溜时，被鸟群发现了。最后它遭到鸟群的质问和松鼠的揪扯，只好缩紧身子挣脱出来，飞走了。从此，怕鸟来啄、怕松鼠来咬的蝙蝠只敢在太阳落山后才出来觅食。佚名讲述，朗确搜集、整理。收入《布朗族民间故事》，32开，2页，1000余字，云南人民出版社1994年版。

（苏文英）

马鹿、乌龟和斑鸠

布朗族动植物故事。流传于云南省勐海县布朗族聚居区。斑鸠、马鹿和乌龟是患难与共的朋友。一天，马鹿看见猎人正瞄准斑鸠，就赶忙跑去报信，斑鸠幸免于难。傍晚时分，马鹿被猎人下的扣子勒住了脚，它的两个朋友急忙前来营救。扣子快被啃断时，猎人也来到跟前。乌龟只好叫马鹿使劲挣断扣子逃命。猎人把乌龟放进挎包走了。马鹿见后急了，就跑到猎人前面的山坡上又叫又滚。猎人放下挎包去追马鹿，斑鸠急忙啄破挎包放出了乌龟。都肖讲述，玉拉罕、岩温叫搜集、整理。收入《布朗族民间故事》，32 开，2 页，600 余字，云南人民出版社 1994 年版。

（玉罕娇）

母野猫的死

布朗族动植物故事。流传于云南省勐海县布朗族聚居区。母野猫为了吃到西翁鸟，就大力赞美它的歌喉，希望它能教教自己的孩子。西翁鸟知道来者不善，故作思考片刻后同意了。晚上，母野猫带着孩子们来学唱歌。假惺惺地听了一阵歌后，它就“关心”地叫西翁鸟早点休息，说它们明晚再来。西翁鸟说自己睡前有个习惯，要“嘎，嘎，嘎”地叫三声后才进窝。母野猫爬到树上，听到三声叫声后，以为西翁鸟睡觉了，伸出双爪向它的窝猛扑过去。哪知它扑了个空，摔到了树下。等在下面的小野猫们以为母亲扔下了西翁鸟，便照事先的安排，一阵乱棍猛打。听见西翁鸟的笑声，它们才知道打死的是自己的母亲。康朗赛讲述，玉拉罕搜集、整理。收入《布朗族民间故事》，32 开，2 页，700 余字，云南人民出版社 1994 年版。

（玉罕娇）

蚱蜢与猴群

布朗族动植物故事。流传于云南省勐海县布朗族聚居区。挑水的蚱蜢在途中受到猴子的戏弄，同它们争执起来。被激怒的猴群向猴王建议，狠揍蚱蜢一顿。毫无惧色的蚱蜢冲向猴群说：“你们今天手无寸铁，怎么打架？还不如回家准备好木棒再来。”猴子们觉得有理。第二天一早，它们拿着木棍，把蚱蜢家团团围住。蚱蜢先是拖延时间，直到正午时分，发现猴子们被烈日烤得昏昏欲睡，才出门迎战。它先飞到猴王的头上，用锯齿般的后腿使劲蹬它的脑门。疼痛难忍的猴王叫手下快打死蚱蜢。猴子们便朝猴王的脑袋猛敲，结果把它打死了。而蚱蜢早已飞到另一只猴子的头上。猴子们敲来敲去，最后，死的死，伤的伤。佚名讲述，岩地教搜集、整理。收入《布朗族民间故事》，32 开，3 页，1500 余字，云南人民出版社 1994 年版。

（苏文英）

谁最笨

布朗族动植物故事。流传于云南省勐海县布朗族聚居区。兔子看见缓慢爬行的螺蛳，就骂它是大笨蛋。螺蛳不但不生气，反而承认自己确实不如兔子机灵，并愿意和它比试看谁走得快。第二天清晨，螺蛳邀约了许多朋友在水塘周围埋伏起来。比赛时，骄傲的兔子每跳三步，就说这够螺蛳走三天三夜。可它每次话音刚落，螺蛳就在它前面答话。不服输的兔子气得抱着头就滚，结果滚进了池塘，差点被淹死。看着湿漉漉的兔子，螺蛳笑着问：“是你笨还是我笨？”兔子不好意思，灰溜溜地跑了。佚名讲述，罗纠搜集、整理。收入《布朗族民间故事》，32 开，2 页，700 余字，云南人民出版社 1994 年版。

（玉罕娇）

猫武士和老鼠王

布朗族动植物传说。流传于云南省勐海县布朗族聚居区。猫本来住在天上，是负责看守仓库的武士。一天，天神令猫到人间消灭作恶多端的老鼠，否则不能回到天上。猫到人间为民除害的消息传开后，老鼠纷纷躲进山洞里。人们对猫充满感激之情，用好鱼好肉款待它。猫认为这是应该的，因而理所当然地接受了。躲在洞里的老鼠饿得发慌。聪明的鼠王出来观察猫的行踪，发现了它的所好，便每天趁夜深人静偷来鱼和肉，专门为它设宴。结果猫成天沉醉在美食和恭维之中，忘了自己的使命。当它明白自己上当后，老鼠已经多得抓不完了。猫就再也无法回天上复命了。佚名讲述，朗确搜集、整理。收入《布朗族民间故事》，32开，2页，1000余字，云南人民出版社1994年版。

（苏文英）

螃蟹报仇

布朗族动植物故事。流传于云南省勐海县布朗族聚居区。很久以前，高山上的一个湖里住着许多鱼和螃蟹。有一天，从远处飞来一只白鹭，说自己是奉神之命来此湖祷告的。大鱼和大螃蟹听信了它的谎言，像往常一样照旧到湖埂上玩耍，回来后发现湖里的很多小鱼和小螃蟹都失踪了。一只螃蟹知道这是白鹭所为后，决心为朋友们报仇。它装作若无其事的样子，问白鹭湖里那些小鱼和小螃蟹的去向。白鹭说，它们在树荫下休息，若想见它们，它可以帮忙。白鹭背着螃蟹飞。快到终点时，它叫螃蟹看树荫底下成堆的白骨，然后突然翻身，想摔死螃蟹。螃蟹用两支钳子紧紧夹住白鹭的脖子不放，于是白鹭一落地就断气了。康朗赛讲述，玉拉罕整理。收入《中华民族故事大系》第12卷，32开，2页，700余字，上海文艺出版社1995年版。

（苏文英）

花猫的“朋友”

布朗族动植物故事。流传于云南省勐海县布朗族聚居区。一只新婚不久的花猫死了丈夫，暗自伤心发愁，觉得今后的日子少不了朋友的帮忙，于是到河里捕来许多鱼，分成三份给丈夫生前的好朋友送去。黑狗、白猪和红头鸟把鱼收下后，都表示今后无论花猫遇到什么困难，一定前来相助。夏季的一天，一场大风把花猫房头的草排刮走了，花猫便去找朋友们帮忙。可三个朋友分别以腿生疮、手被扭伤、腰骨疼为借口打发了它。善良的花猫信以为真，觉得应该给它们送点好东西补补身子，于是又到河里捕鱼，然后送了过去。插秧时节快到了，花猫再次去找朋友们帮忙。可黑狗等又以生病为由拒绝相助。花猫又一次信以为真，并准备第三次给朋友们送鱼。一只松鼠提醒了它。花猫仔细回想起两次求助的情景，觉得松鼠的话很有道理，从此就不再与黑狗、白猪和红头鸟来往了。岩尖讲述，门图搜集、整理。收入《中华民族故事大系》第12卷，32开，4页，2000余字，上海文艺出版社1995年版。

（玉罕娇）

黄鳝为何躲在泥土里

布朗族动植物故事。流传于云南省勐海县布朗族聚居区。很早以前，鱼、蛇、青蛙、螃蟹和黄鳝都没有家。一次，它们决定讨论定居的事。到了约定的时间，黄鳝却没有到。过了很久，大家等得不耐烦了，就听取蛇的建议，按不同的生活习性分居住地。没分到居住地的黄鳝很不高兴，打起了坏主意。它以同是一个祖先的后代为由，分别拜见了生活在水中的鱼和螃蟹，以及栖息在陆地和草丛里的青蛙与蛇。它每到一家，便编造出一些挑拨离间的话。黄鳝的诡计最后被青蛙揭穿了，大家都恨透了它。黄鳝因为做了亏心事，不好意思再见大家，就躲在泥土底下定居去了。佚名讲述，罗纠搜集、整理。收入《布朗族民间故事》，32开，2页，1000余字，云南人民出版社1994年版。

（苏文英）

蚊子和蚂蟥的来历

布朗族动植物故事。流传于云南省勐海县布朗族聚居区。远古时，在一片叫英麻板的森林里，有一位被人们称为丫的怪物。它的食量大得惊人，把成群的鸟兽吃得所剩无几，又闯进布朗族村寨捕食人畜，布朗族面临灭顶之灾。一天，与老祖母相依为命的穷人艾多嘎打去卖松明，返回时见村里一片狼藉，老祖母也不见踪影。他得知是丫所为后，决心为民除害，便备好刀、弩、箭，走了九天九夜，但没有找到丫的巢穴。第十天清晨，他醒来，看见面前站着身披金色袈裟的帕拉西，就边施礼边把自己此行的目的告诉了他。帕拉西叫他先学本领再报仇，并愿意收他为徒，教他剑术、拳术，以及七十二般变化的秘诀。一百天后，艾多嘎打接过师傅所赠的一张宝弓和一把宝剑，并按他所指引的方向找丫决斗。在厮杀的过程中，丫先后变成大鹰、蚂蚱、古树，艾多嘎打也变换着形象与它周旋。最后艾多嘎打用宝剑把丫砍死了。可是丫被砍去的四肢和脖子竟然能够与身躯再次粘连起来，恢复原形。为使丫不能复活，艾多嘎打把它的尸体剁碎，然后撒进水里和林间。结果撒在水中的碎肉变成了蚂蟥，丢在林间的碎肉变成了蚊子。它们见人叮人，见畜咬畜，至今也没改变嗜血的本性。佚名讲述，艾杨搜集、整理。收入《布朗族民间故事》，32 开，4 页，2000 余字，云南人民出版社 1994 年版。

（苏文英）

骄傲的青藤

布朗族动植物故事。流传于云南省勐海县布朗族聚居区。一根瘦弱的青藤在小树的关照下茁壮成长，不久就比小树高出许多。它不但不感恩，反而骂小树是自己的绊脚石。看着自命不凡的青藤，伤心的小树迁居到很远的地方去了。失去依靠的青藤颓然倒地，恰有一阵大风呼啸而来，把它撕得七零八落。佚名讲述，门图搜集、整理。收入《布朗族民间故事》，32 开，2 页，500 余字，云南人民出版社 1994 年版。

（玉罕娇）

诸葛亮错封树王的传说

布朗族动植物故事。流传于云南省双江拉祜族佤族布朗族傣族自治县布朗族聚居区。三国时期，诸葛亮带领蜀兵来到布朗族生活的地方，军队因断粮缺水，又被敌兵围困，处于生死存亡的境地。诸葛亮叫部下吃了香甜又润口的粟米果后军威大振，打了大胜仗。回朝后，他要封粟米果树为树王，而他的手下为省事，将封文告示胡乱贴在椿树上了。从此，椿树就当上了树王。佚名讲述，俸春华记录、整理。载《仙人山》杂志 1991 年第 3 期，16 开，1 页，300 字。

（俸春华）

指拇雀与大象

布朗族动植物故事。流传于云南省勐腊县布朗族（克木人）聚居区。大象仗着力气大，在林中十分霸道。大象把指拇雀的窝从树上撞了下来，那时指拇雀正在孵蛋，指拇雀遭遇横祸，四处哭泣呼号。黄蜂、苍蝇、青蛙听了它的哭诉十分愤慨，商议为它报仇。它们飞到大象面前，黄蜂冲上去蜇伤了大象的眼睛，苍蝇立即在伤处产卵，使它的眼化脓生蛆。瞎眼的大象想喝水，听见崖下青蛙的叫声循声奔去，最后掉下崖摔死了。佚名讲述，王国祥搜集、整理。收入《西双版纳雨林中的克木人》，16 开，1 页，100 余字，云南人民出版社 2009 年版。

（陈江敏）

马鹿的角和脚

布朗族动植物故事。流传于云南省勐腊县布朗族（克木人）聚居区。马鹿喜爱自己那对美丽的角，鄙视自己纤细的脚，经常把它的脚隐藏在草丛里。一天，它被猎人追赶，角被上方的葛藤缠绕住，它急得团团转。这时，脚帮它脱离了危险。从此，马鹿十分爱惜自己的脚。佚名讲述，王国祥搜集、整理。收入《西双版纳雨林中的克木人》，16 开，1 页，100 余字，云南人民出版社 2009 年版。

（陈江敏）

三、史诗歌谣

（一）创世歌和古歌

布咪雅造天造地

布朗族创世歌。流传于云南省勐海县布朗族聚居区。在遥远的年代，没有万物的混沌世界出现了三个球：红球、黑球和黄球。经过多少年的碰撞，红球中爬出了天神“布咪雅”，黑球中爬出神犀牛“拉扎西”，黄球中游出神鳌鱼“巴阿嫩”。他们三个是好朋友，结伴造天做地。拉扎西决心献出身躯造天做地，布咪雅用拉扎西的皮、肉、骨头、眼睛、血管等做成天地、日月星辰、山石江河、树木花草、鸟兽鱼虫。大地浮在水面上晃荡，巴阿嫩钻到地底下，驮住大地，从此大地才稳固。玉安、玉欣唱述，岩腊翻译，林璋采录，思子文字校正。收入《中国歌谣集成·云南卷》，16开，2页，53行，中国ISBN中心2003年版。

（谭玉婷）

人从葫芦出

布朗族创世歌。流传于云南省勐海县布朗族聚居区。布咪雅造天做地后，天上出现神仙“板哈披添”，地上出现地鬼“色各叠”，海上生出水鬼“色翁”，树有树鬼“色枯”，野牛有野牛鬼“色格每批”。各种鬼怪争雄逞能，混战不断。天神发誓创造生灵，主宰混乱的世界。天神招来天鹅，给它一粒葫芦籽。天鹅领了天神的旨意，飞行了数不清的日子，才找到肥沃的土地，播下葫芦籽；并遵照天神的教导，召唤来各路鬼神，吩咐他们照料好种子。这颗葫芦籽长出的藤结出一个葫芦。葫芦长大后，天鹅在葫芦壳上烙了一个大洞。一群人从洞口挤出来，最先出来的人被洞口的黑炭染黑了皮肤，是布朗族人的祖先，“所以布朗人的皮肤个个都是又黑又亮”。玉安、玉欣唱述，岩腊翻译，林璋采录，思子文字校正。收入《中国歌谣集成·云南卷》，16开，3页，162行，中国ISBN中心2003年版。

（谭玉婷）

布咪雅劈木成人

布朗族创世歌。流传于云南省勐海县布朗族聚居区。布咪雅是男性。他造天做地后准备睡觉时，顺手拉来一块圆木当枕头，为使圆木安稳，他将圆木劈成四方块。劈木让他的心开了窍，于是他照自己的身影劈出木人来做伴。劈完后他睡着进入了梦乡，梦见仙女下凡，教会他男女之事。他一觉醒来，木偶变成了真的女人，与他结为夫妻传后代。玉安、玉欣唱述，岩腊翻译，林璋采录。收入《中国歌谣集成·云南卷》，16开，2页，57行，中国ISBN中心2003年版。

（谭玉婷）

雅来汉和达来亨

布朗族创世歌。流传于云南省勐海县布朗族聚居区。神人布咪雅开天辟地后，天地间出现两个人模样的神，男的叫达来亨，女的叫雅来汉。达来亨结实粗壮，但脑子空荡荡；雅来汉美丽聪明，世间事都在她心中。春心荡漾的雅来汉想与达来亨结合做夫妻，无奈多次暗示，达来亨都没领会。正好树上鸟儿在交配，她指给达来亨看，达来亨终于明白了她的心意。二人从此配成双，生出来的八对儿女又结合，孩子生下一大堆。达来亨和雅来汉还嫌人烟少，又用泥巴捏人放在野外，泥人被风吹，就变成真的人。玉安、玉欣唱述，岩腊翻译，林璋采录，思子文字校正。收入《中国歌谣集成·云南卷》，16开，3页，77行，中国ISBN中心2003年版。

（谭玉婷）

布咪雅射日

布朗族创世歌。流传于云南省勐海县布朗族聚居区。太阳吸收阴气育出九个姐妹，月亮吸收阳气养出十个兄弟，他们违背天规，涂炭生灵。沉睡的布咪雅在巴阿嫩的摇动下苏醒，决心消灭孽障。他用树干和藤做成弓，用巨石磨成箭，消灭了八个太阳九个月亮。剩下一个太阳弟弟和一个月亮小妹逃到山洞中躲藏了起来，后来，公鸡来协调，安排好了太阳和月亮的出入时间。从此，大地有了日月和光明，六畜兴旺，人们生活幸福美满。佚名唱述，林璋记录、整理。收入《布朗人之歌》，64开，10页，222行，林璋1999年编印。

（谭玉婷）

谷神雅班豪

布朗族创世歌。流传于云南省勐海县布朗族聚居区。古时候人们不会种谷子，“谷子自己会滚来”，“有的如南瓜，有的似鸡蛋。只要盖起仓房，谷子就会来住下”。后来，有个老寡妇还未盖好仓房，谷子就滚来住，并撞着她的身子。她就把谷子打成了小颗粒。谷神雅班豪很生气，就逃到海里去了，所以现在的谷子颗粒都是细小的。依章乐唱述，王国祥搜集、整理。收入《中国歌谣集成·云南卷》，16开，1页，29行，中国ISBN中心2003年版。

（玉罕娇）

谷种到人间

布朗族创世歌。流传于云南省勐海县布朗族聚居区。歌谣唱述的是谷种到人间，为人所利用的过程。谷种原来在仙山，由谷神雅枯索照管。当时谷种大如萝卜，成熟后自己会回到谷仓。有一次，雅枯索有了身孕，来不及盖好谷仓，成熟的谷子就争着进谷仓。谷神生气了，就挥着洗衣棒打谷子。有的谷子被打碎掉在谷仓下；有的逃进山洞，被老鼠吃了。后来，老鼠屎落地发芽，长出了谷子，从此谷子变成鼠屎般大小。人们为感谢老鼠把谷种带到了人间，定下规矩，仓中粮食任老鼠吃，不能打老鼠。玉安、玉欣唱述，岩腊翻译，林璋采录，思子文字校正。收入《中国歌谣集成·云南卷》，16开，3页，112行，中国ISBN中心2003年版。

（谭玉婷）

人找住处

布朗族创世歌。流传于云南省勐海县布朗族聚居区。人类诞生后食不果腹，居无定所，“何处是安全的去处，哪里找舒适的居所，人们苦苦寻觅”。人们先躲在大树下，后躲树丫间，无奈这些地方都不是安身之所。人们见猴群居住在石洞，受到启发，从此以洞为家，不再流离。男子捕兽女子采集，孩子出世先认母亲，洞中主宰是女性。佚名唱述，林璋记录、整理。收入《布朗人之歌》，64开，4页，88行，林璋1999年编印。

（谭玉婷）

迁徙之歌

布朗族创世歌。流传于云南省勐海县布朗族聚居区。歌谣回顾了布朗族祖先们历尽千难万险进行迁徙的历史。布朗族人的祖先原居于“筐勒南三嘿”（筐勒，澜沧江上游；南三嘿，三条江平行或交汇的地方），由男人王代袜么、女人王代袜娜带领居于山洞中，以洞分群体，实行群婚，孩子只识母，不知父。八万四千年后，三岔河变寒冷，人们难耐严寒，同时北方的异族入侵，布朗人的祖先无奈举族朝东迁徙，途中一路留下同胞，大部分人到勐冒坝，和傣族人结下友谊，学会耕织、打铁和文字、礼仪。队伍又向东走，用竹排渡过了南筐（澜沧江）到江的南岸，在鱼米之乡“帕筐弄俄”（帕筐，澜沧江边；弄俄，长满芦苇的湖泊）住下，从此布朗人过上了丰衣足食的好日子。后来，由于一外寨妇女不懂规矩，生育后私自下湖洗下身，得罪了湖鬼，招来发冷发热病，传染了全村人，人们只好弃家上山，安身山上。佚名唱述，林璋记录、整理。收入《布朗人之歌》，64开，20页，464行，林璋1999年编印。

（谭玉婷）

祖先歌

布朗族古歌。流传于云南省澜沧拉祜族自治县布朗族聚居区。此歌表现了布朗族人对祖先叭艾冷的崇敬之情。“老规矩我们不能忘，母亲定的族规不要废，现在我们的族规严是因为有母亲，现在我们的力量大是因为有父亲，我们才能上楼梯住高房。叭艾冷是我们的英雄，叭艾冷是我们的祖先，是他给我们留下竹篷和茶树，是他给我们留下生存的拐棍。”佚名唱述，徐永安搜集、整理，收入《布朗族研究》，32开，2页，21行，云南人民出版社1991年版。

（玉罕娇）

创世诗

布朗族创世歌。流传于云南省金平苗族瑶族傣族自治县布朗族（莽人）聚居区。唱述人类和万事万物的来源。地上人烟哪里来？林木花果哪个栽？牛马猪鸡哪个养？山河水道哪个开？天上神仙“阿哼”王，葫芦装人从天降，草木禽兽本没有，红河、黑江祖先创……人烟降到大地上，没有吃来没有穿，山茅野果充肚肠，树皮叶子当衣裳。没有吃穿怎么活？“阿哼”降下大“刀垛”，刀垛里面东西多，纷纷扬扬往下降。各色货物样样有，吃穿样样不用愁。感谢“阿哼”把物降，人间各自有奔头……陈进新、小罗山等唱述，胡仕源搜集、整理。收入《一个鲜为人知的族群——莽人的过去和现在》，16开，13页，228行，云南教育出版社2004年版。

（白云）

（二）祭祀歌

砍地三祭

布朗族祭祀歌。流传于云南省勐海县布朗族聚居区。布朗族历史上曾盛行刀耕火种，每年砍地前都要举行隆重的祭祀仪式，此歌唱述了祭祀的全过程和内容。在备砍的林地边，由尊长用三杯酒分别祭献山神、树神和地神，请求他们准许砍树、烧地，保佑“粮食丰收谷满仓”。“今天敬酒为求你，砍地别让人受伤。请你尽职守地边，烧地别让火过界。”佚名唱述，林璋采录，思子文字校正。收入《中国歌谣集成·云南卷》，16开，3页，63行，中国ISBN中心2003年版。

（谭玉婷）

砍地祈祷歌

布朗族祭祀歌。流传于云南省勐海县布朗族聚居区。此歌谣是过去刀耕火种年代，布朗族人在开始砍地前祭祀寨神时吟唱的。“召王召千给了我们开地的权利，大鬼小鬼请搬到别的地方去！……我们砍不倒的树请帮我们掀倒，我们烧不透的枝请帮我们烧透。如果火烧过界，请在地边帮我们灭火头。”佚名唱述，王国祥搜集、整理。收入《中国歌谣集成·云南卷》，16开，1页，11行，中国ISBN中心2003年版。

（玉罕娇）

祭寨心

布朗族祭祀歌。流传于云南省勐海县布朗族聚居区。此歌谣是布朗族祭祀“在曼”（即寨心，村寨中心埋石竖桩供祭祀的地方）神时所唱。歌颂祖先神代瓦摩、代瓦拉对村寨的守护之功，感谢他们赐予村寨的福气。“千谢万谢谢祖宗，全靠你们来赐福。诚望年年都如此，寨子越来越兴旺。”佚名唱述，林璋采录，思子文字校正。收入《中国歌谣集成·云南卷》，16开，2页，44行，中国ISBN中心2003年版。

（谭玉婷）

祭地鬼

布朗族祭祀歌。流传于云南省勐海县布朗族聚居区。此歌谣在播种的季节来临，择吉日祭拜地鬼“色格洛”时吟诵。歌中请地鬼“管好小雀别啄籽，管好蚂蚁别吃种”；“万般有害谷种的事，托付你一一来照顾”。并表示人们会虔诚敬献，让地鬼吃饱喝足。岩的兴唱述，林璋采录。收入《中国歌谣集成·云南卷》，16开，2页，16行，中国ISBN中心2003年版。

（谭玉婷）

送葬歌

布朗族祭祀歌。流传于云南省勐海县布朗族聚居区。这是一首送葬时吟唱的歌。告诉死者后事已安排妥当，他到阴间该用的东西也已备齐；并安慰死者不要留恋亲人，要放心离去，到山上与鬼为伴。“我们送你一头‘牛’，让你阴间去犁田。我们送你香谷种，让你阴间去播种。我们送你一口锅，让你阴间煮饭吃。我们送你碗和筷，让你阴间方便用。”岩的兴唱述，林璋采录。收入《中国歌谣集成·云南卷》，16开，2页，113行，中国ISBN中心2003年版。

（谭玉婷）

叫谷魂

布朗族祭祀歌。流传于云南省勐海县布朗族聚居区。此歌在为谷子叫谷魂时吟唱。唱述了谷魂和谷壳不可分离的关系，告诫谷魂离开谷壳无法生存，只有回到壳里来，才“像个野孩子回到家”得到温暖、爱护。“谷魂你飞上天去，风要把你吹远方；谷魂你若飞入地，沙土永远埋住你。”佚名唱述，林璋记录、整理。收入《布朗人之歌》，64开，3页，48行，林璋1999年编印。

（谭玉婷）

送鬼谣

布朗族祭祀歌。流传于云南省勐海县布朗族聚居区。这是一个名叫岩相的男童流鼻血不止，家人认为他得罪了诸鬼，魂被摄走，于是备齐祭品带到寨边，请求诸鬼宽恕年幼无知的孩子，放回他的魂时吟唱的歌。“人有双腿到处跑，阴间世界看不见，可能房子被闯倒，也许踏死你家苗，我们帮他来求情，孩子贪玩并无心，你们是鬼神通天，别跟小孩多计较。”佚名唱述，林璋记录、整理。收入《布朗人之歌》，64开，3页，36行，林璋1999年编印。

（谭玉婷）

求神歌

布朗族祭祀歌。流传于云南省勐海县布朗族聚居区。这是一个名叫玉的的女童得了怪病，祭司带着祭品呼唤天神下凡为其赶走病魔、消灾除难时唱的歌。“诸神在天心明亮，人间疾苦都关心，今日母女遇大难，你们赶紧来帮忙，送几匹马当坐骑，送几头象供观赏，黄牛水牛我都有，猪鸡鹅鸭我都献上。”佚名唱述，林璋记录、整理。收入《布朗人之歌》，64开，3页，36行，林璋1999年编印。

（谭玉婷）

增户祭

布朗族祭祀歌。流传于云南省勐海县布朗族聚居区。旧社会，一个远嫁他乡的女子，生育一子两女后，丈夫因病去世，母子四人生活无着落，被迫转回娘家投靠父母，不料父母已不在人世。村人同情母子四人，愿意收留他们，为他们在路边搭建草房，捐赠衣食，并举行接纳仪式，吟唱此歌祈求寨心神的保佑。“两条蜡条今献上，是她母子敬寨心，逢年过节不啦（落）下，全村一起来祭奠，母子四人很和气，全寨男女都欢迎，只要祖宗不反对，我们收留大人情。”从此，村中增加了住户，都要举行增户祭，唱诵此歌。佚名唱述，林璋记录、整理。收入《布朗人之歌》，64开，3页，48行，林璋1999年编印。

（玉罕娇）

叫魂歌

布朗族祭祀歌。流传于云南省勐海县布朗族聚居区。这是一个孩子高烧不退，家人认为孩子受惊吓魂飞走了，为祈求历代祖先帮忙把孩子的魂找回家而唱的歌。“我孩子的魂上天，天上的鸟会把它啄，我孩子的魂入地，地里的蚂蚁会把他啃，魂回不来他会死，他死我也活不成，我尊敬的祖先啊，请赶快来帮帮我。”佚名唱述，林璋记录、整理。收入《布朗人之歌》，64开，3页，36行，林璋1999年编印。

（谭玉婷）

叫谷魂歌

布朗族祭祀歌。流传于云南省勐海县布朗族聚居区。此歌在每年秋收季节收割完稻谷开始装仓时唱诵，内容是祈望谷魂保佑谷仓中的粮食吃不完，常年谷满仓。“我们开始拿谷穗，不怕豹子不怕蛇。让谷吃不完，任你撮谷谷箩不会减，老谷没吃完新谷又装进。”佚名唱述，王国祥搜集、整理。收入《中国歌谣集成·云南卷》，16开，1页，9行，中国ISBN中心2003年版。

（玉罕娇）

叫人魂词

布朗族祭祀歌。流传于云南省永德县布朗族聚居区。布朗族人认为，生病是魂魄离开身体所致，所以家人生病时，要唱此歌为其叫魂。“魂啊，回来！……无论你在什么地方……你回来吃三脚架上的热乎菜，你回来吃甑子里的热乎饭。”段二唱述，王国祥搜集、整理。收入《中国歌谣集成·云南卷》，16开，1页，25行，中国ISBN中心2003年版。

（玉罕娇）

祭树鬼

布朗族祭祀歌。流传于云南省勐海县布朗族聚居区。一位青年去砍柴，回到家后肚子疼得厉害。家人请尊长看米卦，得知是他砍柴时错砍了鬼树所致，于是备齐祭品，到他砍柴的地方祭拜树鬼，请求树鬼宽恕他的不敬，消除病患。这是他们祭树鬼时唱诵的歌。“来到树前摆祭品，树鬼面前求宽恕，儿病不起躺在家，衣服一件代表他，儿子年小不敬神，错把鬼树当柴砍，现在我来赔不是，病好叫他新树栽。”佚名唱述，林璋记录、整理。收入《布朗人之歌》，64开，2页，36行，林璋1999年编印。

（玉罕娇）

祭火神

布朗族祭祀歌。流传于云南省勐海县布朗族聚居区。此歌是野火烧山逼近寨子，村民到寨边祭火神时唱诵的。“不知野火哪里来，一直烧来像中魔，山沟的水挡不住它的路，茂密的树林被它烧秃，它直向寨子赴过来……”歌中还颂扬了火神对人类生产、生活的巨大贡献，表达了人类对火神的崇拜之情，继而祈求火神“牵走野火远离去”，“不要烧进寨子来”。佚名唱述，林璋记录、整理。收入《布朗人之歌》，64开，3页，54行，林璋1999年编印。

（玉罕娇）

祭山神

布朗族祭祀歌。流传于云南省勐海县布朗族聚居区。相传山神叭呀底卡是一条住在山上的龙，专吃野兽，也常伤害行人。每年傣历四月，头人要带上祭品进山林祭拜山神，给村民消灾，并劝导山神要遵从佛祖教训，多行善事少作恶。“人神同住一天地，相处和睦最重要，各自都照佛祖训，相安互助日子好，人敬神仙香火旺，神仙爱人过安稳，佛光灿耀照大地，人神共同享太平。”佚名唱述，林璋记录、整理。收入《布朗人之歌》，64开，3页，48行，林璋1999年编印。

（玉罕娇）

赕妻灵

布朗族祭祀歌。流传于云南省勐海县布朗族聚居区。此歌是丈夫在给亡妻举行的祭奠仪式上吟唱的。丈夫回忆了妻子在世时夫妻的恩爱和共同劳动的种种情景，颂扬妻子温柔善良、任劳任怨的美德，表达了对妻子的深切怀念之情。“孩子的妈啊——你怎么不说一声就去了，你怎么舍得把我们抛下，我们想念你啊，无时无刻不把你牵挂，孩子的妈啊——离开了你我不好过，枕边没有人说话，家中没有人做伴，做工没有人帮手，弹琴没有人唱歌……”佚名唱述，林璋记录、整理。收入《布朗人之歌》，64开，4页，72行，林璋1999年编印。

（玉罕娇）

亡灵指路诵词

布朗族丧葬诵词。流传于云南省金平苗族瑶族傣族自治县布朗族（莽人）聚居区。金平莽人的丧葬习俗，人死后，在下葬后的第二天早晨天快亮时，由祭师在亡者家的后门为亡者举行领路（指路）仪式，指引亡灵按祖先迁徙来的路线，回归祖先的繁衍地，与祖先团圆。仪式开始，祭师手持野姜枝，口中念念有词：“嗯——亡者！你病在床上，你的儿和女，日夜不睡觉，随时守护你……嗯——亡者！你的儿和女，你的亲和友，你的邻居们，夜间不睡觉，白天不休息，到处找草药，好药给你吃，吃药没有效。你莫怪儿女，你莫怪亲友，你莫怪邻居……嗯——亡者！家里的粮食，最好的一份，先分给你了。……家里的金银，最多的一份，先分给你了……嗯——亡者！赶着你的畜，抱着你的禽，拿着你的物，离开此村吧！前往雷公打牛地，到了雷公打牛地，继续往前走，走路莫回头……到了莱州地，往南方向走，到了河内后，寻找祖宗灵……”佚名唱述，杨六金搜集、整理。收入《一个鲜为人知的族群——莽人的过去和现在》，16开，6页，111行，云南教育出版社2004年版。

（白云）

占卜诵词

布朗族占卜诵词。流传于云南省金平苗族瑶族傣族自治县布朗族（莽人）聚居区。过去，金平莽人久病不愈时，要请祭师占卜驱邪。其方法是用一根绳子的两端拴住刀尖和刀柄，祭师两手拿住绳子的中间，任刀子悬空来回摆动，祭师念念有词：“啊！我锋利的刀刃，悬空在这里，为何作祟于人，刀刃摆动中显现。若你不显现，要砍你头脚。你若显现了，你要吃猪肉，杀猪祭给你……杀猪宰鸡已祭你，好酒好肉已献你，你不要害病者了，吃饱喝饱离此地……你来自北方，我送你到北方，带着你的祭品，快离开此地。”佚名唱述，杨六金搜集、整理。收入《一个鲜为人知的族群——莽人的过去和现在》，16开，2页，30行，云南教育出版社2004年版。

（白云）

招魂诵词

布朗族招魂诵词。流传于云南省金平苗族瑶族傣族自治县布朗族（莽人）聚居区。金平莽人认为，迷路、受惊吓、凶死者作祟等几种情况会使人失魂，人失魂就会生病，因此要根据病人的情况举行不同的招魂仪式，田间、地头、井旁、路边、家门口等处都可能成为仪式地点，祭师手持不同的祭品，大声呼唤：“呜！呜！呜！某某你回来！

河里不是你在处，水里不是你玩处，我跟水神讲好了。水门水路已打开……沿着竹梯爬上来……你要喝好酒，家里有好酒；你要吃好肉，家里有好肉……万日的路程，千日赶回来……三月的路程，三日赶回来，三日的路程，一日赶回来……”佚名唱述，罗老大、杨六金搜集、整理。收入《一个鲜为人知的族群——莽人的过去和现在》，16开，3页，34行，云南教育出版社2004年版。

（白云）

（三）习俗歌

新年歌

布朗族习俗歌。流传于云南省景洪市布朗族聚居区。这是一首在傣历元旦之日唱的歌。“亮堂堂的‘日子之王’来到了，七月知了在山上到处叫，布朗人去种地；七月石蚌和田鸡在田里叫得很好听，布朗人去把田耕。”反映了布朗族人民迎接即将开始的农耕季节的欢欣之情。艾甘唱述，王国祥搜集、整理。收入《中国歌谣集成・云南卷》，16开，1页，6行，中国ISBN中心2003年版。

（玉罕娇）

结婚祝词

布朗族习俗歌。流传于云南省永德县布朗族聚居区。这是在结婚仪式上由主婚者为新婚夫妇唱诵的祝福歌。“你们两人欢欢喜喜结成伴，正当月亮团圆时。从今天起，你俩的岁月像天地一样长；从今天起，你俩的幸福像江水一样多。”反映了布朗族希望婚姻美满、生活富足、人生长寿的美好心愿。段二唱述，王国祥搜集、整理。收入《中国歌谣集成・云南卷》，16开，1页，32行，中国ISBN中心2003年版。

（玉罕娇）

答谢歌

布朗族习俗歌。流传于云南省勐海县布朗族聚居区。这是一首新娘为答谢参加婚礼的亲朋好友而唱的歌。歌中唱了十种要谢的人和事：一谢乡亲来庆贺，二谢大家的礼品，三谢尊长来教导，四谢远方来客，五谢伙伴来帮忙，六谢双方的父母，七谢哥哥不嫌弃，八谢新房盖得宽，九谢男伴去接亲，十谢女伴来送行。佚名唱述，林璋记录、整理。收入《布朗人之歌》，64开，4页，60行，林璋1999年编印。

（谭玉婷）

女儿诫

布朗族习俗歌。流传于云南省勐海县布朗族聚居区。这是一首母亲教导即将出嫁的女儿的歌。母亲先表达了对女儿的依依不舍之情，夸女儿从小聪明懂事；然后叮嘱她到婆家后应该注意的做人之礼和为媳之道；还传授女儿将来养儿育女的方法和经验。“去到男家敬公婆，胜过家中亲爹娘，不要和长辈顶嘴，他们有过要慢说；对待丈夫要和气，吼叫不是为人妻，内外家务分内事，切不可怕重专拈轻。”佚名唱述，林璋记录、整理。收入《布朗人之歌》，64开，6页，106行，林璋1999年编印。

（谭玉婷）

赞房屋木料调

布朗族习俗歌。流传于云南省澜沧拉祜族自治县布朗族聚居区。此歌在“入宅”酒席上由长老演唱，以增加吉祥欢乐的气氛。“曾在山中当大树，伐到人间做中柱，做梁做柱共一屋，今后有福又有禄。”佚名唱述，徐永安搜集、整理。收入《布朗族研究》，32开，1页，4行，云南人民出版社1991年版。

（玉罕娇）

赞房屋门向调

布朗族习俗歌。流传于云南省澜沧拉祜族自治县布朗族聚居区。此歌在“入宅”酒席上由长老演唱，以增加吉祥欢乐气氛。“房屋背靠俸禄山，门向开朝银宝山，左方流来金质水，右方山好儿女旺。”佚名唱述，徐永安搜集、整理。收入《布朗族研究》，32开，1页，4行，云南人民出版社1991年版。

（玉罕娇）

贺新房歌

布朗族习俗歌。流传于云南省澜沧拉祜族自治县布朗族聚居区。此歌是在“入宅”酒席上由长老演唱，表达对乔迁新居者的美好祝愿。“今天是最好的一天，太阳出来放光华，哪天的阳光都没有今天璀璨。今天啊，我们这些头人来祝贺主人建成新房，祝贺你们升上幸福的峰巅。”外恳唱述，王国祥搜集、整理。收入《中国歌谣集成•云南卷》，16开，1页，13行，中国ISNB中心2003年版。

（玉罕娇）

小小梯子

布朗族习俗歌。流传于云南省施甸县布朗族聚居区。这是一首木工在建房过程中上梁时唱的“上梁调”。“小小梯子本是生成龙船样，送我鲁班上天堂，上得天堂上中梁。”佚名唱述，蒋在凡、蒲正兵、祝庆开搜集、整理。收入《散落的珍珠》，32开，1页，7行，保山地区群众艺术馆1983年编印。

（玉罕娇）

索是金丝银练索

布朗族习俗歌。流传于云南省施甸县布朗族聚居区。这是一首木工“上梁调”。“双手接得主人一对索，索是金丝银练索，先拴龙头、后拴龙脚，龙头拴得链环扣，龙脚拴得扣链环。”佚名唱述，蒋在凡、蒲正兵、祝庆开搜集、整理。收入《散落的珍珠》，32开，1页，6行，保山地区群众艺术馆1983年编印。

（玉罕娇）

龙头起得高万丈

布朗族习俗歌。流传于云南省施甸县布朗族聚居区。这是一首木工“上梁调”。“上梁上到半中腰，恭贺主人穿不愁来吃不焦；龙头起得高万丈，龙尾起得万丈高。”佚名唱述，蒋在凡、蒲正兵、祝庆开搜集、整理。收入《散落的珍珠》，32开，1页，4行，保山地区群众艺术馆1983年编印。

（玉罕娇）

小小斧头

布朗族习俗歌。流传于云南省施甸县布朗族聚居区。这是一首木工“上梁调”。“小小斧头亮汪汪，一捶伐下紫金梁；出是出在伐木地，砍是砍在九龙山；今日砍来做金梁，叫你千年不变万年也不糠。”佚名唱述，蒋在凡、蒲正兵、祝庆开搜集、整理。收入《散落的珍珠》，32开，1页，6行，保山地区群众艺术馆1983年编印。

（玉罕娇）

小小托盘

布朗族习俗歌。流传于云南省施甸县布朗族聚居区。这是一首木工“上梁调”。“小小托盘四四方，中间摆着王子王宝菜花秧；菜花开得红花扇，小小蜜蜂朝贺你；扇扇翅膀抬进箱，抬进箱来做蜂房；蜂房做成格子样，客人来往喜洋洋。”佚名唱述，蒋在凡、蒲正兵、祝庆开搜集、整理。收入《散落的珍珠》，32开，1页，8行，保山地区群众艺术馆1983年编印。

（玉罕娇）

小小粑粑白如雪

布朗族习俗歌。流传于云南省施甸县布朗族聚居区。这是一首木工“上梁调”。“小小粑粑白如雪，是用白米做成的；安是安在粮仓上，七星下凡做一双。”佚名唱述，蒋在凡、蒲正兵、祝庆开搜集、整理。收入《散落的珍珠》，32开，1页，4行，保山地区群众艺术馆1983年编印。

（玉罕娇）

拿你做个点血鸡

布朗族习俗歌。流传于云南省施甸县布朗族聚居区。这是一首木工“上梁调”。“一不早、二不迟，正遇主人上梁时；主人今日修造满，上梁又遇紫微郎；上梁要用红金鸡……昨晚你在房中叫五更，你叫一声连根三级渐渐起，弟子听得你声气好；拿你做个点血鸡。”佚名唱述，蒋在凡、蒲正兵、祝庆开搜集、整理。收入《散落的珍珠》，32开，2页，30行，保山地区群众艺术馆1983年编印。

（玉罕娇）

心作良田百世基

布朗族习俗歌。流传于云南省施甸县布朗族聚居区。这是一首木工“上梁调”，表达了对房主一家的良好祝愿。“国有忠臣安社稷，家无逆子喜双亲；竖柱欣逢黄道日，上梁正遇紫微星；家为至宝一生用，心作良田百世基。”佚名唱述，蒋在凡、蒲正兵、祝庆开搜集、整理。收入《散落的珍珠》，32开，2页，24行，保山地区群众艺术馆1983年编印。

（玉罕娇）

白虎抬头掌金朝

布朗族习俗歌。流传于云南省施甸县布朗族聚居区。这是一首木工“上梁调”。“上梁上到半中腰，青龙白虎两边朝；青龙抬头掌王位，白虎抬头掌金朝；上梁上到中柱头，恭贺主人穿不焦来吃不愁。”佚名唱述，蒋在凡、蒲正兵、祝庆开搜集、整理。收入《散落的珍珠》，32开，1页，8行，保山地区群众艺术馆1983年编印。

（玉罕娇）

摆崩调

布朗族习俗歌。流传于云南省澜沧拉祜族自治县布朗族聚居区。这是一首节日庆歌，一人领唱众人合唱，并且边歌边舞，场面热闹非凡。“我们的歌声……喏，多么响亮……喏，好日子随鼓声过村……喏，今天擂它庆喜狂欢……喏。”佚名唱述，徐永安搜集、整理。收入《布朗族研究》，32开，2页，9行，云南人民出版社1991年版。

（玉罕娇）

吃饭歌

布朗族习俗歌。流传于云南省澜沧拉祜族自治县布朗族聚居区。这是节日期间青年们招待来客时宾主对唱的歌。如果来客是姑娘，本寨小伙子就先唱，反之，则由姑娘先唱。它不但能使宾主开怀畅饮，还能增添节日的欢乐气氛，增进年轻人之间的相互了解。“（男）昨夜阿哥刚上床，梦见仙女到人间，她们来到阿哥家，阿哥一见心喜欢……阿哥煮的粗粮饭，吃着如同土拌砂，阿哥做的菜饭，味淡得像蒸过的酒糟。（女）阿哥莫说谦虚话，阿哥的糯米饭糯又黏，阿哥的菜甜又香，穷阿妹不配做阿哥的客，吃了阿哥的饭菜终身不忘。”佚名唱述，徐永安搜集、整理。收入《布朗族研究》，32开，2页，42行，云南人民出版社1991年版。

（玉罕娇）

赞铁三脚调

布朗族习俗歌。流传于云南省澜沧拉祜族自治县布朗族聚居区。此歌在“入宅”酒席时演唱，以增加吉祥欢乐的气氛。“长年拴着不能收，祖宗传下铁笼头。千人万人不敢动，威力管到人和畜。”佚名唱述，徐永安搜集、整理。收入《布朗族研究》，32开，1页，4行，云南人民出版社1991年版。

（玉罕娇）

吃饭调

布朗族习俗歌。流传于云南省澜沧拉祜族自治县布朗族聚居区。此歌是宾客在“入宅”酒席上唱的，称颂主人的新房，表达对主人美好的祝福，增加乔迁新居的欢乐气氛。“一张桌子四角尖，七碗八碟摆中间，金色椽子银色梁，象牙筷子颠倒颠。”佚名唱述，徐永安搜集、整理。收入《布朗族研究》，32开，1页，4行，云南人民出版社1991年版。

（玉罕娇）

婚礼歌

布朗族习俗歌。流传于云南省金平苗族瑶族傣族自治县布朗族（莽人）聚居区。莽人青年男女确定恋情后，男方父母就请媒人到女方家提亲，如女方父母同意，一对恋人就可以同居，开始为期3至5年的从妻居生活。约定的从妻居时间结束时，男方家要举办隆重的婚礼，正式把妻子迎到自家。婚宴上宾客开怀畅饮，边喝酒边对唱婚礼歌助兴：（男）“我来妻家的那天，家里活计不会做，生地熟地我不知，耕地肥瘦我不识。我妻不仅外表美，手巧心灵良心好，在家教我做家活，出外教我选林地。”（女）“我的丈夫来家后，家里活计他来担，林中耕地他来选，砍地烧地他全做。我夫不仅外表美，手巧心灵良心好，不仅家事他来担，外面农活他全做。”佚名唱述，陈大、杨六金搜集、整理。收入《一个鲜为人知的族群——莽人的过去和现在》，16开，3页，32行，云南教育出版社2004年版。

（白云）

萨吉恩节歌

布朗族习俗歌。流传于云南省金平苗族瑶族傣族自治县布朗族（莽人）聚居区。这是在每年冬月庆祝萨吉恩节时唱的歌。莽人过节时备有年猪的户主会请全村人来家中吃年饭，主客边吃边唱，欢庆节日。客：“啊——野外的草木，枯黄了几个月，开始发芽了。洞里的熊和蛇，冬眠了几个月，开始出洞了……辞旧迎新的第一天，你家杀猪待村人，我代大家感谢你家。”主人：“啊——旧年一辞去，新年即到来，你们来我家过年，感谢大家了……望明年也像今年一样吗，大家再来我家过年。”佚名唱述，杨六金搜集、整理。收入《一个鲜为人知的族群——莽人的过去和现在》，16开，2页，31行，云南教育出版社2004年版。

（白云）

丰收歌

布朗族习俗歌。流传于云南省金平苗族瑶族傣族自治县布朗族（莽人）聚居区。这是在农历九月庆祝丰收时唱的歌。“旱谷抽穗建谷仓，谷仓建好收谷子，谷子堆满仓，年末粮食吃不完，剩余粮食酿酒喝。”佚名唱述，杨六金搜集、整理。收入《一个鲜为人知的族群——莽人的过去和现在》，16开，1页，5行，云南教育出版社2004年版。

（白云）

祝酒歌

布朗族习俗歌。流传于云南省金平苗族瑶族傣族自治县布朗族（莽人）聚居区。这是在农历九月庆祝丰收时唱的歌。“粮食丰收养猪鸡，猪鸡吃粮身肥壮；杀猪宰鸡来过年，全村老少来吃肉，好粮酿酒出好酒，全村老少来喝酒。”佚名唱述，杨六金搜集、整理。收入《一个鲜为人知的族群——莽人的过去和现在》，16开，1页，10行，云南教育出版社2004年版。

（白云）

打歌唱词

布朗族习俗。流传于云南省永德县布朗族聚居区。打歌，布朗语称“基乌”，就是凡遇嫁娶，众人围聚于主人家院落为歌场，以善吹竹笛、芦笙和弹奏弦子的男子为先导，男女问答作唱调（“作对子”），伴随各种舞步转换踏歌而舞。打歌时男女要对唱歌调，歌调（打歌词）内容一般是即兴而作，可以编唱历史、传说，编唱生产生活情景，也可以编唱男女挑逗的趣闻趣事；方式有邀请词，对歌者相互盘查、试探、谦恭，或者相互挖苦、讥讽、嘲弄，用语含蓄、幽默、诙谐，趣味无穷。

打歌词虽即兴而作，但却严格讲究人与人间的辈分，始终贯穿“合班”与“不合班”的原则。“不合班”的人不能同时在同一歌圈“作对子”，不同歌圈的人不得随便对歌。比如有歌圈内青年男子邀请圈外女子打歌这样唱：“左脚搓，右脚搓，可惜阿妹不搭着（不在场）。左脚抬，右脚抬，要想打歌快些来，打了三转你不来，给是合心阿哥不搭着？”众附唱：“阿数色瞧着，罗细色甩着！”假如场外有“合班”女子愿意进入歌圈打歌，就会以歌回敬：“不得打歌脚就痒，不见阿哥呢心发慌！”男接唱：“你说我说都一样，下下说合我呢心！”众附唱：“阿数色瞧着，罗细色甩着。”女又唱：“不吃三天不说饿，不见一天就说想！”众附唱：“阿数色瞧着，罗细色甩着！”金常学、何金武搜集、整理。收入《睡佛山下布朗人》，16开，4页，2400余字，云南人民出版社2012年版。

（陈江敏）

婚礼对歌

布朗族习俗歌。流传于云南省勐腊县布朗族（克木人）聚居区。布朗族婚礼的中心节目是隔门对唱。新郎一行人被阻挡在女方家门外，需要唱开门歌后方能进入。新郎唱开门歌时多用本嗓，曲调为D调式，乐句及全曲头尾常为唱衬词的衬腔。音区多在八度音域内进行，较多地使用单倚音或复倚音。新郎走上女方家门口的台阶，唱道：“当踏上你家门口的台阶，我怎么也站立不稳。为什么脚下这么滑呀？哦！原来是踩在玉石上。站在这玉石的台阶上呀，像是踏在彩云里一样。当我抬起头，为什么眼睛睁不开？哦！是因为大门在闪金光，原来这大门是金子打造的。”新娘和宾客在门内静听，新郎继续唱：“补法（京城）里的公主是够美的了，你比公主还美丽。天下的姑娘是够多的了，我心眼里只有你一个。”新娘的心在怦怦地跳，这时新郎直爽地提出：“需要杀牛吗？我已经把牛拉来了。需要杀猪吗？我已经把猪抬来了。我衷心向你的氏族祖先请求，我衷心向你的父母请求，让我一辈子做你家的姑爷。我心上的姑娘啊，请你开门吧！”新郎唱动了姑娘的心，这时新娘在房内应声：“进来吧，请进来，新来的贵人，我家的姑爷。我选中你，因为你是英雄——健壮的小伙儿；我看中你，因为你全身都是金银（力气）。”王国祥搜集、整理。收入《西双版纳雨林中的克木人》，16开，2页，500余字，云南人民出版社2009年版。

（陈江敏）

（四）劳动歌

打猎歌

布朗族劳动歌。流传于云南省勐海县布朗族聚居区。歌谣唱述了布朗族集体围猎的过程，从出发前的祭祀猎神，到如何围猎，以及猎物的分配方式和猎手们用猎物的血涂抹武器手柄，在武器上粘上兽毛，以求下次打猎还有好运气等。“无论单个与集体，猎物不能独自吞。无论大小大家分，否则山神要怪罪。”岩苏坎唱述，林璋采录。收入《中国歌谣集成·云南卷》，16开，2页，44行，中国ISBN中心2003年版。

（谭玉婷）

采茶歌

布朗族劳动歌。流传于云南省勐海县布朗族聚居区。歌谣唱述了母女三人上山采春茶的场景，形象地表现出母亲疼爱女儿、大女儿怀春、小女儿天真的特点。“炸雷震天响，春雨落地下。群山披绿裳，茶叶发新芽。芽儿像鸟嘴，口中含露珠。全身芬芳味，顺风飘千里。母亲低头忙，妹妹叫喳喳。姐姐歌不断，左右频频盼。”玉嗯唱述，林璋采录。收入《中国歌谣集成·云南卷》，16开，2页，68行，中国ISBN中心2003年版。

（谭玉婷）

制茶歌

布朗族劳动歌。流传于云南省勐海县布朗族聚居区。歌谣唱述了布朗族制作散茶、酸茶、竹筒茶的主要工序和注意事项。“如要做散茶，先把锅烧热。鲜茶放其内，炒时勤翻腾。制作竹筒茶，要选嫩茶尖。炒好不等冷，趁热塞竹筒。”玉占应唱述，林璋采录。收入《中国歌谣集成·云南卷》，16开，3页，76行，中国ISBN中心2003年版。

（谭玉婷）

讨猪食的歌

布朗族劳动歌。流传于云南省双江拉祜族佤族布朗族傣族自治县布朗族聚居区。歌谣以第一人称演唱，描述了一个女孩上山采集劳作的场景。“我上山去讨猪食，看见火镰菜，采回家里去，爹妈抬水熬稀饭。我上山去讨猪食，看见阿补花，采回家去染花饭，好看又芳香。”李惠英唱述，王国祥搜集、整理。收入《中国歌谣集成·云南卷》，16开，2页，16行，中国ISBN中心2003年版。

（罕娇）

纺纱谣

布朗族劳动歌。流传于云南省勐海县布朗族聚居区。这是布朗族妇女一边纺纱织布，一边想着为家人做衣裤，憧憬着美好生活而唱出的歌谣。“手摇纺车咕咕转，布朗妇女纺纱忙，越纺心里越高兴，今年地里棉花好，纺出棉纱细又长……只要今世手不断，不愁吃来不愁穿。”玉香的唱述，林璋采录。收入《中国歌谣集成·云南卷》，16开，1页，20行，中国ISBN中心2003年版。

（谭玉婷）

建新房歌

布朗族劳动歌。流传于云南省澜沧拉祜族自治县布朗族聚居区。此歌唱述了建房过程和所用材料。“标直的树木做屋柱，红毛树做大梁。三十八人抬树头，二十七人抬树梢。择定吉祥的日子，把房柱栽起来。”外恳等唱述，王国祥搜集、整理。收入《中国歌谣集成·云南卷》，16开，2页，23行，中国ISBN中心2003年版。

（玉罕娇）

盖新房

布朗族劳动歌。流传于云南省勐海县布朗族聚居区。歌谣唱述了建盖房屋的全过程。分五个部分：第一部分讲砍木伐竹，准备材料时的要求和注意事项；第二部分讲选择地基的禁忌，不能选在行道上、蚂蚁堆上、大树底下、别人的旧宅基上，以免不吉；第三部分讲割茅草的时机和编排茅草（做房顶）时的讲究；第四部分交代动工建房的过程；第五部分唱述乔迁新居、上新房的热闹景象。“盖好新房上新房，全寨老少都来了，来者都不空着手，送锅送碗送米粮……三天三夜时间快，酒肉吃完客散去，主人腰酸筋骨软，睡在新房心里暖。”岩苏坎唱述，林璋采录。收入《中国歌谣集成·云南卷》，16开，4页，200行，中国ISBN中心2003年版。

（谭玉婷）

烧地歌

布朗族劳动歌。流传于云南省勐海县布朗族聚居区。此歌唱述了布朗族人过去进行刀耕火种时烧地这一环节的主要事项：选时间、祭祀三鬼、挖防火沟、查看火势、烧完后巡视火场、捡拾烧死的猎物等。“火过不要忙回家，查看四周要谨慎，别把火种暗留下，死灰复燃危害大，巡视火场好处多，历来烧荒不放过，野兔麂子跑不及，查勘会有大收获。”佚名唱述，林璋记录、整理。收入《布朗人之歌》，64开，5页，72行，林璋1999年编印。

（谭玉婷）

种田歌

布朗族劳动歌。流传于云南省勐海县布朗族聚居区。歌谣根据春播秋收的相关时令顺序，分四部分详细介绍了犁田耙田、栽秧、薅秧、割谷、脱粒、归仓的过程，以及各环节应该注意的事项。歌谣语言风趣，在介绍生产经验的同时，也描绘了具体的劳动场景，如姑娘被蚂蟥叮，小伙子上去帮忙除蚂蟥的时候，乘机捏姑娘一把，生动又富有现场感。“白鹇鸟儿叫，秧苗渐长高，野草随苗长，及时把秧薅，妇女薅秧腰挂箩，遇到螃蟹捉螃蟹，逗着田螺捡田螺，有时秧鸡蛋一箩。”佚名唱述，林璋记录、整理。收入《布朗人之歌》，64开，7页，134行，林璋1999年编印。

（谭玉婷）

种地歌

布朗族劳动歌。流传于云南省澜沧拉祜族自治县布朗族聚居区。歌谣表现了布朗族农忙时的劳动场景。“冬天是伐木的好季节，春天是种田地的好时光。‘达帕雅’和‘达先’们忙啊忙：又是杀鸡，又是卜卦，选出好田好地分给百姓种下。”佚名唱述，王国祥搜集、整理。收入《布朗族文学简史》，32开，1页，6行，云南民族出版社1995年版。

（玉罕娇）

妇女歌

布朗族劳动歌。流传于云南省勐海县布朗族聚居区。歌中唱述了布朗族妇女鸡鸣即起，烧火、做饭、舂米、喂猪、喂鸡，然后出门干农活的过程。“一路手不停，边走边纺线。地里各种事，样样担得起……布朗妇女真勤劳，功劳件件数不完，钱财仓库她们管，备受有识人尊敬。”颂扬了布朗族妇女家里家外忙碌，为家人操劳的奉献精神。佚名唱述，林璋记录、整理。收入《布朗人之歌》，64开，2页，36行，林璋1999年编印。

（谭玉婷）

（五）生活歌

孤儿歌

布朗族生活歌。流传于云南省勐海县布朗族聚居区。歌谣表现了旧社会布朗族孤儿悲惨的生活状况。“我生来是个孤儿，长大后嫁给一个孤儿。我和他苦瓜挨着苦藤。用芭蕉叶当裙，用竹笋壳当衣，可可怜怜混日子，全寨最穷的就算我俩了。”依坎莲唱述，王国祥采录、整理。收入《中国歌谣集成·云南卷》，16开，1页，17行，中国ISBN中心2003年版。

（玉罕娇）

三担白米三担糠

布朗族生活歌。流传于云南省施甸县布朗族聚居区。歌谣描述了布朗族商人走南闯北经商的情景。“三担白米三担糠，赶起老牛下镇康，镇康爱我大驮牛，我爱镇康小姑娘。三担白米三担糠，骑上白马上永昌，永昌爱我小白马，我爱永昌兰花香。”佚名唱述，杨枝福采录。收入《中国歌谣集成·云南卷》，16开，1页，12行，中国ISBN中心2003年版。

（玉罕娇）

眼泪泡饭才有一点咸

布朗族生活歌。流传于云南省勐海县布朗族聚居区。歌谣描述了在旧社会，“布朗山寨缺少盐，眼泪泡饭才有点咸。有十五起商人从内地运来盐。马帮来到澜沧江岸”，却因为嫌船夫要的渡船费贵而把盐驮回内地，使“江这边缺盐人泪涟涟”。从一个侧面反映了中华人民共和国成立以前，由于交通落后，布朗族人民生活极为不便的状况。艾依少唱述，王国祥采录、整理。收入《中国歌谣集成·云南卷》，16开，1页，14行，中国ISBN中心2003年版。

（玉罕娇）

苦歌

布朗族生活歌。流传于云南省澜沧拉祜族自治县布朗族聚居区。这是一个人诉说自已的不幸遭遇的歌。“如果你抓着了石蚌田鸡，请不要折断它的脚，因为它就是我；我的日子啊，就像石蚌知了一样，又可怜又渺小。请你不要折断它的脚吧，让它去唱给人们好听的歌。”钱二牛唱述，孙国新、周晓明整理。载《山茶》1991 年第 6 期，16 开，1 页，15 行。

（玉罕娇）

处世歌

布朗族生活歌。流传于云南省澜沧拉祜族自治县布朗族聚居区。歌谣反映了布朗族的择偶观。“阿妹出家门的时候，父母再三叮嘱说：见小伙子不要只和一个好，谁来求爱都要说好话。谈情说爱面要广，最后选准意中人。”佚名唱述，徐永安搜集、整理。收入《布朗族研究》，32 开，1 页，9 行，云南人民出版社 1991 年版。

（玉罕娇）

迎客调

布朗族生活歌。流传于云南省澜沧拉祜族自治县布朗族聚居区。此歌反映了布朗族热情好客的民族性格。“我们像是亲兄弟，今日有酒开怀饮，人活在世需有伴，常来常往感情深，有来有去像亲人。”李二唱述，徐永安搜集、整理。收入《布朗族研究》，32 开，1 页，7 行，云南人民出版社 1991 年版。

（玉罕娇）

孤儿的家

布朗族生活歌。流传于云南省澜沧拉祜族自治县布朗族聚居区。歌谣以第一人称描述了旧社会布朗族孤儿悲惨的生活情景。“九岁上没有爹妈，我和七岁的弟弟，厮守着破烂的茅屋小家。三月里人家吃腊肉香肠，姐弟俩茅薯当肥肉。四月半中南风吹，房头茅草乱纷飞。五月过后雨如注，房里房外无干处。六月走上竜林路，爹妈幼弟已成鬼，心中悲愁向谁诉。”佚名唱述，徐永安搜集、整理。收入《布朗族研究》，32 开，2 页，27 行，云南人民出版社 1991 年版。

（玉罕娇）

寡妇调

布朗族生活歌。流传于云南省南涧彝族自治县布朗族聚居区。歌谣述说了一个寡妇一年十二个月里无依无靠的生活惨景。“正月里，菜花黄，新做寡妇想爹娘。二月里，二月八，小小媳妇回娘家。银针头上不敢插，脚下花鞋不敢穿……四月里，要夏至，夏至忙忙要栽秧，人家有夫之人栽秧转绿，阿妹无夫荒了田烂了秧……九月里，是重阳，无夫之人痛断肠。要烧干柴无人砍，要吃凉水无人挑。十月里，十月朝，寡妇想夫把夫找。翻得大鞋一小双。可惜鞋在人不在，只是鞋双人不双。”杨秀兰、王力秀唱述，苏联昌、邓承礼整理。收入《南涧民间文学集成》，32 开，3 页，55 行，云南民族出版社 1987 年版。

（玉罕娇）

布朗族的歌

布朗族生活歌。流传于云南省勐海县布朗族聚居区。歌谣表现了布朗族人民对生活的热爱。“布朗族的歌，是从原始森林深处淌出来的啊，像泉水那样清脆流畅，像百灵那样迷人动听。……像日子那样实实在在，像茶叶那样香味浓浓。……像对恋爱那样痴情，像对生活那样真心。”佚名唱述，佚名整理。收入《布朗族文学简史》，32 开，2 页，12 行，云南民族出版社 1995 年版。

（玉罕娇）

古歌

布朗族生活歌。流传于云南省澜沧拉祜族自治县布朗族聚居区。此歌在过年过节时演唱，赞美美好的生活，增加节庆的欢乐气氛。“深山林里是我们的家乡，劳动时知了为我们奏乐，归途中蜜蜂为我们歌唱，我们的生活充满着欢乐。”佚名唱述，徐永安搜集、整理。收入《布朗族研究》，32开，1页，7行，云南人民出版社1991年版。

（玉罕娇）

全作料

布朗族生活歌。流传于云南省施甸县布朗族聚居区。这是一首以作料为谜底的谜语歌，男问女答，富有生活情趣。“（男）问你年轻十八阿妹，拿得什么来做全作料？拿得什么来拌你黄瓜生？（女）说给聪明阿哥，八角茴香是全作料，这回拿起芫荽拌你黄瓜生。”段学义唱述，祝庆开等搜集、整理。收入《散落的珍珠》，32开，1页，6行，保山地区群众艺术馆1983年编印。

（玉罕娇）

菜花腌菜

布朗族生活歌。流传于云南省施甸县布朗族聚居区。这是一首以如何配菜为内容的谜语歌，男问女答，富有生活情趣。“（男）问你聪明阿妹，拿得什么来烩牛肉味？拿得什么来拌你火烧生？（女）说给有情阿哥，拿得老黄麦瓜烩你牛肉味，拿得菜花腌菜拌你火烧生。”段学义唱述，祝庆开等搜集、整理。收入《散落的珍珠》，32开，1页，6行，保山地区群众艺术馆1983年编印。

（玉罕娇）

躲在土里闷在心

布朗族生活歌。流传于云南省施甸县布朗族聚居区。这是一首以拟人手法描述常见食品特色的歌，语言诙谐，富有生活情趣。“红青配上粗大碱，花椒儿张口做媒人；千匹青菜把礼送，冬瓜儿擦粉去送亲。芫荽压荤把客待，活活地气坏了老葱根；山药芋头胆子小，躲在土里闷在心。”段学义唱述，祝庆开搜集、整理。收入《散落的珍珠》，32开，1页，12行，保山地区群众艺术馆1983年编印。

（玉罕娇）

小雀歇在干树枝

布朗族生活歌。流传于云南省普洱市布朗族聚居区。这是一个人倾诉自己生活的困苦和人生不幸的歌。“世上的人呵，最穷就是我了。我好比一只小雀，只能歇在连树叶都不长的干树枝上啊。”钱田芳唱述，孙国新、周晓明搜集、整理。收入《中国歌谣集成·云南卷》，16开，1页，5行，中国ISBN中心2003年版。

（玉罕娇）

眼泪哗哗流

布朗族生活歌。流传于云南省勐海县布朗族聚居区。这是一个人哭诉自己生活的艰辛和无奈的歌。“生来就是受苦人，干活、讨饭都无门。吃没吃处住没住处，东奔西讨无门路。回到窝棚眼泪哗哗流，要是眼泪能流干早已流干。”依坎莲唱述，王国祥搜集、整理。收入《中国歌谣集成·云南卷》，16开，1页，8行，中国ISBN中心2003年版。

（玉罕娇）

只怪姻缘不长结

布朗族生活歌。流传于云南省勐海县布朗族聚居区。此歌唱述的是一对曾经恩爱的夫妻，因缘分已尽而离婚。在举行了离婚仪式、分割了财产后，他们互相祝愿对方早日重组家庭，希望对方忘掉过去，迎接未来。“黄瓜熟透蒂要落，哥妹离分因情薄。手持蜡条跪别亲，告知家族分财物。分完东西相嘱谈，望你早把家园建。树上孤鸟叫不歇，我俩今天要离别，不怪爹娘不怪谁，只怪姻缘不长结。”岩院坎、岩书门、岩布坦唱述，岩香兰搜集、整理。收入《中国民间情歌》，32开，3页，68行，上海文艺出版社1989年版。

（玉罕娇）

豆芽弯弯难出征

布朗族生活歌。流传于云南省施甸县布朗族聚居区。这是一首以菜名为谜底的谜语歌，男问女答，富有生活情趣。“（男）问你聪明阿妹，菜名里头什么弯弯难出征（甑）？什么软弱难挡兵（边）？（女）说给有情阿哥，豆芽弯弯难出征，韭菜软弱难挡兵。”段学义唱述，祝庆开等搜集、整理。收入《散落的珍珠》，32开，1页，6行，保山地区群众艺术馆1983年编印。

（玉罕娇）

（六）情歌

不知水深水浅

布朗族情歌。流传于云南省勐海县布朗族聚居区。在这首歌中，小伙子把自己心仪的姑娘比作美丽芳香的花，说自己“有心采撷又不知水深水浅”，表现了小伙子渴望爱情又担心被拒绝的矛盾心理。艾赛砍唱述，王国祥采录、整理。收入《中国歌谣集成·云南卷》，16开，1页，4行，中国ISBN中心2003年版。

（玉罕娇）

请舞歌

布朗族情歌。流传于云南省勐海县布朗族聚居区。这首歌中，小伙子在热情邀请小姑娘跳舞的同时，称赞了姑娘优美的舞姿，借以表达自己对她的钟情。“请你进来跳个舞！你的舞姿多优美，就像巴达山上的凤尾竹。”艾温班唱述，王国祥、艾尼应采录、整理。收入《中国歌谣集成·云南卷》，16开，1页，6行，中国ISBN中心2003年版。

（玉罕娇）

姑娘梳妆焕光华

布朗族情歌。流传于云南省勐海县布朗族聚居区。这首歌里，小伙子赞美梳妆后的姑娘像宝石一样亮丽，像鲜花一样芳香。“姑娘梳妆焕光华。右边光亮似宝石，左边透明胜过‘教洛法’。可意的人哟，你比得过香遍整个坝子的‘章巴花’。”岩赛砍唱述，东方即晓采录、整理。收入《中国歌谣集成·云南卷》，16开，1页，10行，中国ISBN中心2003年版。

（玉罕娇）

悬在竹竿尖上的爱情

布朗族情歌。流传于云南省勐海县布朗族聚居区。此歌表现了一对恋人因爱情受阻，前途未卜，所以相见时泪流满面的情景。“我俩的爱情像悬在竹竿尖尖上，难道又遭遇上猛雨狂风？你见我泪流满面，我见你满面泪淌。”艾温班唱述，王国祥采录、整理。收入《中国歌谣集成·云南卷》，16开，1页，10行，中国ISBN中心2003年版。

（玉罕娇）

春天不到花不开

布朗族情歌。流传于云南省勐海县布朗族聚居区。此歌表现了少女对爱情的渴望和执着。“春天不到花不开，姑娘快乐是因为小伙子来。我悄悄寻找美丽的小伙子，心爱的人啊，哪怕你在遥远的故乡。让我的心飞过高山、大河，最后飞到你的身旁。”依摩唱述，王国祥、张昌明采录、整理。收入《中国歌谣集成·云南卷》，16开，2页，29行，中国ISBN中心2003年版。

（玉罕娇）

相爱

布朗族情歌。流传于云南省勐海县布朗族聚居区。这首歌表现了热恋中的青年男女沉浸在幸福的海洋中，觉得彼此是天造地设的一对，缘分久远。“我们从有土地的时候起就相爱，从有水的时候起就相爱，从在娘肚子里起就相爱，从眼珠才有菜子米小的时候就相爱，从生下来有手指头小的时候就相爱，从儿时嬉水的时候就相爱。”达帅唱述，东方即晓采录、整理。收入《中国歌谣集成·

云南卷》，16开，1页，10行，中国ISBN中心2003年版。

（玉罕娇）

蓓蕾般的姑娘

布朗族情歌。流传于云南省勐海县布朗族聚居区。这是一首小伙子赞美姑娘的情歌。“你这蓓蕾般的姑娘，打从走进寨来，老远老远就飘来芳香。你就是布朗山上的黄鹂啊，歌声比椰子水还清亮。你的话儿啊甜过蜜糖。”艾温班唱述，王国祥采录、整理。收入《中国歌谣集成·云南卷》，16开，1页，12行，中国ISBN中心2003年版。

（玉罕娇）

请答应我的真心实意

布朗族情歌。流传于云南省勐海县布朗族聚居区。这是一首小伙子向姑娘求爱时唱的歌。“我能干得像岩蜂，我勤快得像头麂子；我会铲坡种旱谷，我会开荒种苏子，我会春谷孝敬你的父母，姑娘啊，请答应我。”艾温班唱述，王国祥采集、整理。收入《中国歌谣集成·云南卷》，16开，1页，14行，中国ISBN中心2003年版。

（玉罕娇）

通到你的寨子和家门

布朗族情歌。流传于云南省勐海县布朗族聚居区。这是一首男女对唱情歌，双方通过一问一答的形式，表达了相互的爱慕之情。“（女）太阳出了几尺你出家门？太阳出了几拿你下寨梯？你走的路有几条？你过的山有几座？（男）太阳出来三尺高我出家门，我走的路有三条：一条通向蓝天，一条通向森林，一条通到你寨子和家里。”艾三、门双等人唱述，王国祥采录、整理。收入《中国歌谣集成·云南卷》，16开，2页，19行，中国ISBN中心2003年版。

（玉罕娇）

打歌打到太阳出

布朗族情歌。流传于云南省施甸县布朗族聚居区。此歌表现了打歌场上情侣情意绵绵，共同憧憬美好生活的场景。“一碗白饭两块肉，打歌打到太阳出，阿哥阿妹手牵手，杀了公鸡祭阿祖。阿哥阿妹团团舞，烧块粑粑甜酥酥。山歌头上滚绣球，金谷银米装进兜。”佚名唱述，杨技福采录、整理。收入《中国歌谣集成·云南卷》，16开，1页，12行，中国ISBN中心2003年版。

（玉罕娇）

我爱你像……

布朗族情歌。流传于云南省勐海县布朗族聚居区。这是一首小伙子向姑娘表白爱意的歌。“我爱你像盖子同罐子相配，我爱你像刀子别在腰间，我爱你像棉籽在地里面。”艾猛唱述，王国祥采录、整理。收入《中国歌谣集成·云南卷》，16开，1页，12行，中国ISBN中心2003年版。

（玉罕娇）

蜡条舞曲

布朗族情歌。流传于云南省勐海县布朗族聚居区。这是一首男青年表白真挚爱情，憧憬未来美好生活的歌。“围绕烛光尽情地舞蹈吧，红金般美丽的姑娘。仓内堆满稻谷和瓜果，全靠我们这双勤劳的手创造。阿妹是宽广的地，阿哥就是挺拔的树；阿妹是艳丽的喷板花，阿哥就是采花的蜂。蟋蟀的低吟是我俩留下的温馨话语，风儿轻吹是我俩爱情弹奏的回音。”艾赛砍、依班唱述，王国祥采录、整理。收入《中国歌谣集成·云南卷》，16开，1页，43行，中国ISBN中心2003年版。

（玉罕娇）

莫仿这份说

布朗族情歌。流传于云南省永德县布朗族聚居区。这是一首男女对唱的情歌。双方在歌中唱和对答，既试探对方的心意，同时也表白了自己的情怀，唱词诙谐、风趣，又情意绵绵。“（男）你说在本寨子没有阿郎哥，你是在哄我。即使你有山大，你的巴掌滑溜溜，你的手指齐朵朵，你也舍不得拿给我们目睹。（女）莫仿这份说，哄得别人哄不得你啊，仿你这份合心的骄客，天上地下难找着。”阿秀、杨梅唱述，王国祥采录、整理。收入《中国歌谣集成·云南卷》，16开，2页，88行，中国ISBN中心2003年版。

（玉罕娇）

尝一尝阿妹做的饭菜

布朗族情歌。流传于云南省澜沧拉祜族自治县布朗族聚居区。这是一首小姑娘表达对心上人绵绵情思的歌。“我心爱的阿哥，当你们在途中跋涉时，阿妹已做好饭菜盛在篾盒。当你们在半路休息时，阿妹已经摆好篾桌。阿妹盼望阿哥早些来，尝一尝阿妹做的饭菜是凉还是热。”佚名唱述，王国祥、苏国荣采录、整理。收入《中国歌谣集成·云南卷》，16开，1页，20行，中国ISBN中心2003年版。

（玉罕娇）

金子呃金子

布朗族情歌。流传于云南省勐海县布朗族聚居区。这是一首男女青年对唱的情歌。双方在歌中通过对一些劳动场景的描述，互相表达爱慕之情，憧憬未来的生活。“（男）种旱地要选适合旱地的种子，种水田要选适合水田的种子。你嫁人要选美好的人。（女）你砍地要多砍一些，您开田要多开一些，把我的面份也算在内呀，因为我要来长住你的竹楼。”艾峨桑唱述，王国祥采录、整理。收入《中国歌谣集成·云南卷》，16开，1页，14行，中国ISBN中心2003年版。

（玉罕娇）

夺回你

布朗族情歌。流传于云南省勐海县布朗族聚居区。这是一首小伙子向心爱的姑娘表达爱意的歌。“看见了你，爱上了你，不让别人来串你。如果别人来串你，我骑马骑象夺回你。”艾应、依教唱述，王国祥采录、整理。收入《中国歌谣集成·云南卷》，16开，1页，6行，中国ISBN中心2003年版。

（玉罕娇）

按住疼痛的心为你祝福

布朗族情歌。流传于云南省勐海县布朗族聚居区。这是一首失恋的小伙子为昔日的恋人唱的祝福歌，表达了自己虽不能得到心爱的人，但祝福昔日的恋人获得幸福，并颂扬了纯洁美好的爱情。“你做新娘的消息已飞进我的耳朵，我的心就像被野猫抓一样！你若能从他那里得到幸福，我愿按住疼痛的心为你祝福。”艾温班唱述，王国祥采录、整理。收入《中国歌谣集成·云南卷》，16开，1页，20行，中国ISBN中心2003年版。

（玉罕娇）

想起从前心爱的姑娘

布朗族情歌。流传于云南省勐海县布朗族聚居区。这是一首小伙子表达对心上人的思念的歌。“明王虫在大树梢上歌唱，喜鹊歇在大树上的窝里，唱得多好听，任何时候都想念我心爱的姑娘。”艾光唱述，岩腊老五、刀卫红翻译，杨伟采录。收入《中国歌谣集成·云南卷》，16开，1页，6行，中国ISBN中心2003年版。

（玉罕娇）

美丽的小姑娘

布朗族情歌。流传于云南省勐海县布朗族聚居区。这是一首小伙子赞美心上人的歌，反映了恋爱中的小伙子幸福的感觉。“美丽的小姑娘，真是越看越惹人爱，你能做我的心上人啊，那是我有福气，那是我的命好啊。”岩桑唱述，杨明康采录。收入《中国歌谣集成·云南卷》，16开，1页，8行，中国ISBN中心2003年版。

（玉罕娇）

你的歌为何这样好听

布朗族情歌。流传于云南省勐海县布朗族地区。这是一首相爱的男女青年相互表达爱慕之情的对唱情歌。“（女）得腊维啊，得腊维，你的琴声为何这样欢乐？你的歌儿为何这般动听？你的脸上为何绽开了花朵？你的双眼为何亮得像两颗明星？（男）汪腊奔啊，汪腊奔，琴声欢乐是因为遇上了知音，歌儿动听是因为幸福降临，爱情的泉水浇开了脸上的花朵，阿妹用心上的火点亮了我眼前的灯。”康朗香唱述，杨桂生搜集、整理。载《山茶》1981年第2期，16开，1页，10行。

（玉罕娇）

嫁别歌

布朗族情歌。流传于云南省勐海县布朗族聚居区。这是一首男青年为已嫁给别人的昔日恋人唱的祝福歌。“你生的若是女儿，我给她取个名字：定甩——愿她是大锭的银子；你生的若是儿子，我给他取个名字：新丙勐——愿他是一个地方的主人。我在这里为昔日的恋人祝福，愿你过上美好的生活！”艾帕先唱述，艾三宰翻译，东方即晓搜集、整理。载《山茶》1981年第2期，16开，2页，20行。

（玉罕娇）

我俩的爱情

布朗族情歌。流传于云南省勐海县布朗族地区。这是布朗族青年跳“板典”（蜡条舞）时唱的一首传统情歌。“假如哥死了变蜡条，阿妹啊死后变成火；假如哥死了变成田，妹死了要变成谷；假如哥死了变成水，妹死后要变成鱼；假如哥死了变成大树，妹死后要变成葛藤把大树紧紧缠着；假如哥死了变成莲花，妹死了要变成蜜蜂飞绕花朵。”艾光唱述，岩温扁、岩香兰翻译，东方即晓搜集、整理。载《山茶》1981年第2期，16开，1页，35行。

（玉罕娇）

不见有情人

布朗族情歌。流传于云南省施甸县布朗族聚居区。这首歌反映了怀春少女渴望爱情的心情。“隔山叫你山答应，隔河叫你水盖音。上山采花花掉地，下地采花花垫根。红花好看还要三张绿叶陪，小妹好看还要阿哥衬。”李金玉唱述，王国祥搜集、整理。收入《中国民间情歌》，32开，1页，22行，上海文艺出版社1989年版。

（玉罕娇）

麻布洗脸初相会

布朗族情歌。流传于云南省勐海县布朗族聚居区。这是一首小伙子向初次相识的姑娘表示好感的歌，语言风趣而直率。“粉蓝衣裳鸭蛋绿，想你表妹才唱曲；麻布洗脸初相会，一回生来二回熟。”佚名唱述，华云搜集、整理。收入《中国民间情歌》，32开，1页，4行，上海文艺出版社1989年版。

（玉罕娇）

菜子不打不出油

布朗族情歌。流传于云南省勐海县布朗族聚居区。这是一首小伙子邀请喜欢的姑娘与自己对歌的歌谣。“菜子不打不出油，小曲不唱心忧愁；菜子出油打油浆，合心小妹来起头。”佚名唱述，华云搜集、整理。收入《中国民间情歌》，32开，1页，4行，上海文艺出版社1989年版。

（玉罕娇）

只让小妹过一遭

布朗族情歌。流传于云南省勐海县布朗族聚居区。这是一首小伙子向姑娘表白爱意的情歌。“雾露下坝后夜罩，掐把茅草搭新桥，千牛万马不给过，只让小妹过一遭。”佚名唱述，华云搜集、整理。

收入《中国民间情歌》，32 开，1 页，4 行，上海文艺出版社 1989 年版。

（玉罕娇）

赶起骡马串茶山

布朗族情歌。流传于云南省勐海县布朗族聚居区。此歌反映了小伙子因思念情人而感到度日如年的心情。“鹧鸪叫起三月三，赶起骡马串茶山；串到茶山茶不发，串到花山花不艳；花不开来郎等得，等到花开喜心间。”佚名唱述，华云搜集、整理。收入《中国民间情歌》，32 开，1 页，6 行，上海文艺出版社 1989 年版。

（玉罕娇）

春风一阵紧一阵

布朗族情歌。流传于云南省勐海县布朗族聚居区。这是一首小伙子向初次相识的姑娘进行探问的歌。“春风一阵紧一阵，问起表妹哪乡人；哪乡哪人说给我，早去晚来好应承。”佚名唱述，华云搜集、整理。收入《中国民间情歌》，32 开，1 页，4 行，上海文艺出版社 1989 年版。

（玉罕娇）

问你小妹何方人

布朗族情歌。流传于云南省勐海县布朗族聚居区。此歌是一首男女对唱情歌。双方在歌中互探心意、互诉衷情。“（男）妹是香花引蜂蝶，妹是清塘诱鱼游，塘中鱼儿各是各，问你小妹何方走？（女）今年妹刚一十八，翅膀软来口舌傻，通往妹家路一条，人未曾行茅草堵。妹的凉亭只一座，不宽不敞容一客。”岩院坎唱述，岩香兰翻译、整理。收入《中国民间情歌》，32 开，2 页，58 行，上海文艺出版社 1989 年版。

（玉罕娇）

我从远方来

布朗族情歌。流传于云南省澜沧拉祜族自治县布朗族聚居区。这是一首男女对唱的情歌。双方在歌中互诉衷情。“（男）我从远方来，来到你们这个寨，就像黄竹和山竹掺杂，就像老喜鹊孤零歇田台。（女）我们两个是最好的一对，抵得上一棵石榴结的果；像人家说的天平一样，两头不少也不多。”陶大牛唱述，陶志祥翻译，华云整理。收入《中国民间情歌》，32 开，1 页，15 行。上海文艺出版社 1989 年版。

（玉罕娇）

话儿再甜也不能当糖吃

布朗族情歌。流传于云南省勐海县布朗族聚居区。这是一首初相识的男女对唱的歌。双方在歌中互相试探、互诉情怀。“（男）章灌花开放香飘千里，为酿造美酒不怕荆棘满路；有着斑鸠般嘴舌的姑娘，人人赞美你像发红的金珠。（女）撒种不宜找贫瘠的田土，小林子怎能留金孔雀栖宿？话儿再甜也不能当糖吃，我俩今日相会来连情，要像星戛轮、星戛耿永不离步。”岩香兰唱述，光芒整理。收入《中国民间情歌》，32 开，2 页，38 行，上海文艺出版社 1989 年版。

（玉罕娇）

花不满箩不回家

布朗族情歌。流传于云南省永德县布朗族聚居区。这是一首小伙子赞美心爱的姑娘，并向她倾诉真情的歌。“阿妹美啊，阿妹乖，我爱阿妹好人才。阿妹的家乡是大地方，阿妹聪明有好主张。我俩手提花箩采山花，花不满箩不回家！”佚名唱述，王国祥搜集、整理。收入《中国民间情歌》，32 开，1 页，10 行，上海文艺出版社 1989 年版。

（玉罕娇）

蜜糖泡着我的心田

布朗族情歌。流传于云南省勐海县布朗族聚居区。这是一首小伙子向心爱的姑娘倾诉真情的歌。“好似一朵鲜花开在我眼前，就像一杯米酒灌在我心间，汪腊奔约和你相见的时候，没有鲜花我也感到美丽，没有喝酒我早已酣醉。就像蜜糖泡着我心田，我周身四体都温暖，我五脏六腑都蜜甜。”康朗香唱述，杨胜能搜集、整理。收入《中国民间情歌》，32开，2页，10行，上海文艺出版社1989年版。

（玉罕娇）

欢乐的布朗

布朗族情歌。流传于云南省勐海县布朗族聚居区。这是男女青年在跳集体舞时对唱的歌，表现了男女青年和着鼓点翩翩起舞，并且相互逗趣、传情的欢乐情景。“（男）三十二种鼓点在欢快地震响，姑娘的舞姿像孔雀开屏一样好看；小伙子的刀舞谁也比不上，纯贞的姑娘请围拢来，有了情人的请往后边站。（女）跳起舞来找伙伴，姑娘的眼睛在小伙子身上打转转。在这美丽的时候，请尽情敲击欢乐的鼓点；跳到深夜星星落，跳到心花开满山。”岩赛坎、依么唱述，李金印、吴学源、秦序翻译、整理。收入《中国民间情歌》，32开，1页，26行，上海文艺出版社1989年版。

（玉罕娇）

今日不乐待何时

布朗族情歌。流传于云南省勐海县布朗族聚居区。歌谣表现了热恋中的青年人沉浸在爱河里的幸福。“哥是春雨下三月，妹是戛今三月香；春雨洒在蓓蕾上，冬夏春秋四季旺。树木花草叶交枝，鱼虾成双游河池，蜂蝶采蜜闹嗡嗡，哥妹不乐待何时？燕子远飞结佳伴，斑鸠双双飞落田，哥妹成双又成对，待到来年四月间。”岩院坎唱述，岩香兰搜集、整理。收入《中国民间情歌》，32开，2页，32行，上海文艺出版社1989年版。

（玉罕娇）

我不是漂亮的男郎

布朗族情歌。流传于云南省澜沧拉祜族自治县布朗族聚居区。这是一首男女青年互相表达心中情怀的对唱情歌，唱词生动形象，富有生活情趣。“（女）可喜你是个年轻轻的男郎，就像才撒出的辣子秧一样。好得比天上的人还好，整个地下找不到一双。（男）不消说我的长相，我不是漂亮的男郎。你怎么说我都像树桩桩，火烧的桩桩不迷人，不论刮风下雨都一个样。”陶大牛唱述，陶志祥翻译，华云整理。收入《中国民间情歌》，32开，2页，15行，上海文艺出版社1989年版。

（玉罕娇）

我俩团圆等哪天

布朗族情歌。流传于云南省勐海县布朗族聚居区。此歌表现了恋人盼望团聚的情思。“大山团团小山尖，月亮圆圆照山边；月亮圆圆等十五，我俩团圆等哪天？”佚名唱述，华云搜集、整理。收入《中国民间情歌》，32开，1页，4行，上海文艺出版社1989年版。

（玉罕娇）

就像乱风打失无踪影

布朗族情歌。流传于云南省澜沧拉祜族自治县布朗族聚居区。这是一首表达对恋人的苦苦思念的歌。“我们两个像一片叶子，要么一同枯要么一同荣。想你就像田鸡想水塘，想你等你几年不见你来，你就像乱风打失无踪影。”陶大牛唱述，陶志祥翻译，华云整理。收入《中国民间情歌》，32开，1页，6行，上海文艺出版社1989年版。

（玉罕娇）

想你想你真想你

布朗族情歌。流传于云南省勐海县布朗族聚居区。这是一首男青年表达思念恋人的情歌，唱词生动风趣，把小伙子如痴如醉的神态表现得淋漓尽致。“想你想你真想你，日出想你到日空，吃饭想你留半碗，喝茶想你留半盅。煮饭想你饭烘糊，走路想你脚踢伤，喝酒想你呛鼻孔，睡觉想你碰床帮。”岩光香唱述，岩香兰翻译、整理。收入《中国民间情歌》，32开，2页，64行，上海文艺出版社1989年版。

（玉罕娇）

阿哥说了一句话

布朗族情歌。流传于云南省澜沧拉祜族自治县布朗族聚居区。这是一首女子向心爱的小伙子唱的表白歌，告诉小伙子自己还没有情人。“阿哥说了一句话，都说阿妹有情哥。要是哥能找出我的情哥来，阿妹寻螃蟹血做菜招待客；要是哥能找出我的小伙来，阿妹寻子卯（一种会叫的昆虫）血做汤招待哥。”佚名唱述，苏国文翻译，王国祥整理。收入《中国民间情歌》，32开，1页，22行，上海文艺出版社1989年版。

（玉罕娇）

石头落底我才留

布朗族情歌。流传于云南省勐海县布朗族聚居区。这是一首逗趣的情歌。“石不丢来针不丢，捡起石头顺河溜（扔之意）；石头漂起我不去，石头落底我才留。”佚名唱述，华云搜集、整理。收入《中国民间情歌》，32开，1页，4行，上海文艺出版社1989年版。

（玉罕娇）

放心走过来

布朗族情歌。流传于云南省勐海县布朗族聚居区。这是一首小伙子热情主动地与外来姑娘套近乎的歌。“外地的姑娘请你进家来，布朗兄弟心眼好啊，你就放心走过来。不要害羞，不要犹豫，我们在一起，你就知道我心里多火热。”佚名唱述，岩香宰、曾安秀翻译、整理。载《山茶》1990年第2期，16开，1页，8行。

（玉罕娇）

我多想换他的篾编帽

布朗族情歌。流传于云南省澜沧拉祜族自治县布朗族聚居区。此歌表现了一个姑娘既渴望爱情又羞于表白的心理。“小伙子有一顶篾帽子，我多想借来戴一天；小伙子有一个绣花背袋，我多想要来背一天；小伙子有一件棕织的蓑衣，我多想讨来披一天，但我怎么能把口开？我多想用我的心，换来他的一片情。”钱二牛唱述，孙国新、周晓明整理。载《山茶》1991年第6期，16开，1页，26行。

（玉罕娇）

姑娘的话语

布朗族情歌。流传于云南省勐海县布朗族聚居区。这是一首小伙子赞美心爱的姑娘，并向她倾诉真情的歌。“姑娘的话语最好听，我要把它装在烟包里，拿出烟包吸斗烟，话语随烟到心里。姑娘的话语最好听，我要把它装在瓜子壳里，颗颗瓜子进我肚，句句话语暖我心。”佚名唱述，曾安秀采录，岩香宰翻译、整理。载《山茶》1991年第3期，16开，1页，8行。

（玉罕娇）

寻找恋人

布朗族情歌。流传于云南省勐海县布朗族聚居区。这是一首年轻人表达渴望爱情的炽热情怀的歌。“瓢泼的大雨下个不停，我在雨中寻找我的恋人，小船啊，载我漂向远方，我要寻找我的恋人。”佚名唱述，岩香宰、曾安秀翻译、整理。载《山茶》1990年第2期，16开，1页，8行。

（玉罕娇）

情歌

布朗族情歌。流传于云南省澜沧拉祜族自治县布朗族聚居区。这是一首男女青年抒发情怀，互相倾诉爱慕之情的对唱情歌。“（女）昨夜睡觉做了个梦，梦见一群小伙子进山寨。妹一见哥就喜欢，但愿我俩有姻缘，早日和哥成一家。（男）阿妹歌声像银铃，句句符合哥的意。阿哥阿妹早有缘，现在我俩已长大，我俩的爱情要开花。”佚名唱述，徐永安搜集、整理。收入《布朗族研究》，32开，2页，29行，云南人民出版社1991年版。

（玉罕娇）

送情人

布朗族情歌。流传于云南省澜沧拉祜族自治县布朗族聚居区。此歌是一首姑娘送别情郎的歌，反映了情人离别时的依依不舍之情。“离别上路哥走前，阿妹相送跟后边，泪水难禁滴答流。妹愿变小鸟在哥前走，妹愿变蝴蝶在哥旁飞，哥哥莫要忘记妹，听到雷响那是妹的哭声，见到下雨那是妹的眼泪。”佚名唱述，徐永安搜集、整理。收入《布朗族研究》，32开，1页，11行，云南人民出版社1991年版。

（玉罕娇）

槟榔盒

布朗族情歌。流传于云南省澜沧拉祜族自治县布朗族聚居区。这是一首姑娘试探心仪的小伙子，并向他表白自己爱意的歌。“阿哥的槟榔盒真好看，小巧玲珑亮晃晃。盒盖雕着龙，盒身刻着凤，阿妹想要它，怕它已有了主人，阿哥怎么舍得送给穷阿妹。”佚名唱述，徐永安搜集、整理。收入《布朗族研究》，32开，2页，11行，云南人民出版社1991年版。

（玉罕娇）

心中的星

布朗族情歌。流传于云南省澜沧拉祜族自治县布朗族聚居区。这是一首少女吐露情怀的歌。“星星铺满天，阿妹看来唯有一颗亮晶晶，他就是阿妹的心上人。若他愿向阿妹开声口，阿妹愿变美酒让他喝，愿变鲜花让他香。”佚名唱述，徐永安搜集、整理。收入《布朗族研究》，32开，1页，10行，云南人民出版社1991年版。

（玉罕娇）

石榴和礁石

布朗族情歌。流传于云南省澜沧拉祜族自治县布朗族聚居区。此歌表现了恋人间心心相印、情深意长的真挚感情。“我俩一块玩耍就像两个石榴，一个不把一个丢；我俩又像大江里的大礁石，江水再大也不能冲歪头。”陶大牛唱述，陶志祥翻译，华云整理。收入《中国民间情歌》，32开，1页，4行，上海文艺出版社1989年版。

（玉罕娇）

只要你对我讲真话

布朗族情歌。流传于云南省澜沧拉祜族自治县布朗族聚居区。这是一首向恋人表白真心并表达对真挚情感的向往的歌。“我和你说的是真话，就像不愿丢你嚼槟榔；我和你说的是真话，就像嚼槟榔化在嘴腔。只要你对我讲真话，我就放心落肠把你想。”陶大牛唱述，陶志祥翻译，华云整理。收入《中国民间情歌》，32开，1页，6行，上海文艺出版社1989年版。

（玉罕娇）

莫让别人论长短

布朗族情歌。流传于云南省澜沧拉祜族自治县布朗族聚居区。此歌反映了布朗族青年对待爱情执着、自信的特点。“大路平平镶石板，石板底下支木杆；是黑是蓝我两个，莫让别人论长短。”佚名唱述，华云搜集、整理。收入《中国民间情歌》，32开，1页，4行，上海文艺出版社1989年版。

（玉罕娇）

请你原谅我

布朗族情歌。流传于云南省澜沧拉祜族自治县布朗族聚居区。这是一首男女对唱情歌，表现了男女青年互相传情、逗趣的情景。“（女）阿哥早上到，阿妹没来见，因为阿妹家务忙，茶水忘了给哥倒，花花席子忘了给哥垫，请你原谅我。（男）阿哥早上到，阿妹假装没瞧见；阿妹家务忙吗？这不是理由啊，休说给哥听见。”佚名唱述，苏国荣翻译，王国祥搜集、整理。收入《中国民间情歌》，32开，1页，31行，上海文艺出版社1989年版。

（玉罕娇）

苦了我

布朗族情歌。流传于云南省施甸县布朗族聚居区。这是一个被变心的恋人抛弃的人指责昔日恋人喜新厌旧、嫌贫爱富行为的歌。“你得了百尺绸缎的人啊，怎会记得我这百尺土布？丢下我孤孤凄凄在路旁。你跟别人撑伞同遮雨，苦了我被淋得浑身水淌。”佚名唱述，棠棣华搜集、整理。收入《中国民间情歌》，32开，1页，12行，上海文艺出版社1989年版。

（玉罕娇）

任你多丑人家还是娶走了你

布朗族情歌。流传于云南省澜沧拉祜族自治县布朗族聚居区。“小小时候就爱你，你才穿完一尺布我就爱你，可惜，现在我得不到你，任你多丑人家还是娶走了你。”表现了歌者的惋惜之情。陶大牛唱述，陶志祥翻译，华云整理。收入《中国民间情歌》，32开，1页，4行，上海文艺出版社1989年版。

（玉罕娇）

砍树要干心才好

布朗族情歌。流传于云南省澜沧拉祜族自治县布朗族聚居区。此歌表现了一个男青年苦苦思念已嫁给别人的心上人的心情。“砍树要干心才好，你就是在石头里，我也要砍开石头找。……现在你像东西一样被人称了，再也轮不到我来称了。”陶大牛唱述，陶志祥翻译，华云整理。收入《中国民间情歌》，32开，1页，7行，上海文艺出版社1989年版。

（玉罕娇）

我是刺芭林无人挨

布朗族情歌。流传于云南省澜沧拉祜族自治县布朗族聚居区。这是一个单身青年人表达对爱情的渴望的歌。“我是匹椿树叶飘过来，叶子虽大不成材。别人一个个都安家，只有我一个被路旁甩。我是刺芭林无人挨。”陶大牛唱述，陶志祥翻译，华云整理。收入《中国民间情歌》，32开，1页，6行，上海文艺出版社1989年版。

（玉罕娇）

求亲山歌

布朗族情歌。流传于云南省施甸县布朗族聚居区。这是一首男女对唱情歌。在歌中，男女青年相互试探，互诉爱慕之情。“（男）蜜蜂采花不等天脚亮，天脚发白小小蜜蜂过江心，小妹不玩小耍为哪样？是已经有了管头不做声？（女）蜜蜂采花你等天亮克（去之意），天脚发白恐怕你迷路程，我不玩小耍为哪样？我不有玩处玩不成！”李桂明唱述，蒋在凡、浦正兵、祝庆开搜集、整理。收入《散落的珍珠》，32开，3页，40行，保山地区群众艺术馆1983年编印。

（玉罕娇）

东山阳雀

布朗族情歌。流传于云南省施甸县布朗族聚居区。歌谣表现了男女青年在一起嬉闹逗趣的情景。“东山阳雀飞到西山叫，这回踩下脚迹传下名。……不玩不耍又说妹子不和气，一玩小耍又说我是风流人。……妹子穿得三件衣裳挨肉有一件，外边两件随你脱一件，想要挨肉那件万不能。”李桂明唱述，蒋在凡、浦正兵、祝庆开搜集、整理。收入《散落的珍珠》，32开，1页，10行，保山地区群众艺术馆1983年编印。

（玉罕娇）

麻布衣裳要飘带

布朗族情歌。流传于云南省施甸县布朗族聚居区。歌谣表现了布朗族年轻人择偶的标准和追求真爱的勇气。“麻布衣裳要飘带，不是人狂地方兴。出头椽子不怕雨淋烂，既做姊妹不怕别人来议论。”李桂明唱述，蒋在凡、浦正兵、祝庆开搜集、整理。收入《散落的珍珠》，32开，1页，10行，保山地区群众艺术馆1983年编印。

（玉罕娇）

我是单头鸽子来找伴

布朗族情歌。流传于云南省施甸县布朗族聚居区。这是一首男女对唱情歌。歌中，男女双方通过一问一答互相试探，并互相倾吐真情，唱词诙谐风趣。“（男）我是单头鸽子来找伴，问你小妹是村里有了管头人。（女）妹子单针不有穿过双头线，妹子一人不有带过二人心。”李桂明唱述，蒋在凡、蒲正兵、祝庆开搜集、整理。收入《散落的珍珠》，32开，2页，20行，保山地区群众艺术馆1983年编印。

（玉罕娇）

情歌对唱

布朗族情歌。流传于云南省施甸县布朗族聚居区。这是一首男女对唱的歌谣。歌中，双方互相逗乐打趣、试探、表白情感。“（男）我想吃鲤鱼顺河克，一遇潭子我撒下网，恐怕不遇潭子白操心。我身背渔网顺河克（去之意），阿哥拿得大鱼街上卖，拿得小鱼搭你小妹拌鱼生。（女）想吃鲤鱼要从海中过，恐怕你拿得小小鲤鱼你鱼生请（吃之意）不成！”李桂明唱述，蒋在凡、蒲正兵、祝庆开搜集、整理。收入《散落的珍珠》，32开，2页，32行，保山地区群众艺术馆1983年编印。

（玉罕娇）

火烧干鱼

布朗族情歌。流传于云南省施甸县布朗族聚居区。这是一首男女对唱情歌。歌中男女青年相互试探，并表露爱慕之情。“（男）火烧干鱼烧得二九十八翘，七翘八翘你翘（瞧）上哪一人？（女）小妹不玩小耍阿哥又说小妹不和气，小妹想玩小耍又怕不合阿哥心。我杀个小鸡做得七十二盘菜，问你阿哥哪盘哪碟才合你的心。”李桂明唱述，蒋在凡、蒲正兵、祝庆开搜集、整理。收入《散落的珍珠》，32开，1页，14行，保山地区群众艺术馆1983年编印。

（玉罕娇）

心宽的阿哥

布朗族情歌。流传于云南省施甸县布朗族聚居区。这是一首男女对唱情歌。“（女）你走在前来我在后啊，哥——前心拉住后心疼。七星跟着月亮克（去之意），白帮月亮挡空边。（男）天上七星本是跟着月亮克啊——妹——为哥不能叫你白帮月亮挡空边，你可晓得，为哥海宽养得鲤鱼大，我心宽带得住八乡人。”李桂明唱述，蒋在凡、蒲正兵、祝庆开搜集、整理。收入《散落的珍珠》，32开，2页，20行，保山地区群众艺术馆1983年编印。

（玉罕娇）

天上小星

布朗族情歌。流传于云南省施甸县布朗族聚居区。这是一首男青年向心爱的女子表达爱慕之情的歌。“天上小星个个亮，地下妹妹个个亲。好酒一杯不得搭你妹妹同席吃，好花一朵不得搭你同树生。好酒一杯不兴醉，妹妹戴花满天不满心。”蒋朝东唱述，祝庆开搜集、整理。收入《散落的珍珠》，32开，1页，8行，保山地区群众艺术馆1983年编印。

（玉罕娇）

小小蜜蜂

布朗族情歌。流传于云南省施甸县布朗族聚居区。小伙子以小蜜蜂采花来比喻追求姑娘的心情。“小小蜜蜂，蜜蜂小，蜜蜂采花不等天明过江心；高些飞来风摇摆，矮些飞来阳雀瞧；哪个坳口转不清，哪个山头转不到。蜜蜂做蜜人去吃，白费蜜蜂一片心。”佚名唱述，祝庆开搜集、整理。收入《散落的珍珠》，32开，1页，10行，保山地区群众艺术馆1983年编印。

（玉罕娇）

要问姑娘爱哪个

布朗族情歌。流传于云南省勐海县布朗族聚居区。这是一个姑娘对自己择偶观念的表白：正如鱼爱在深水塘，鸟爱在树上做窝，她爱的是勤劳、心肠好、会体贴人的小伙子。“白银黄金我不爱，靠着双手能挣来。高楼瓦房我不爱，勤劳之人可以盖。花言巧语虽会说，粮食不会满屯箩。要用这些来哄我，你是白日把梦做。我劳累时他帮我，我痛病时他守我。我伤心时他疼我，我高兴时他共乐。”玉占应唱述，林璋采录。收入《中国歌谣集成·云南卷》，16开，2页，28行，中国ISBN中心2003年版。

（谭玉婷）

谈情说爱看时机

布朗族情歌。流传于云南省勐海县布朗族聚居区。此歌唱述了小伙子追求姑娘的一些要领。“春雨落地花儿开，有刺花儿看仔细。不要光看发痴呆，属于你的大胆采。谈情说爱看时机，机会失去不再来，看到伙伴成双对，孤身一人不好在。”岩苏坎唱述，林璋采录。收入《中国歌谣集成·云南卷》，16开，1页，28行，中国ISBN中心2003年版。

（玉罕娇）

我要弹到日东升

布朗族情歌。流传于云南省勐海县布朗族聚居区。这是夜深月明时，小伙子到心爱的姑娘家楼底下，拨动琴弦呼唤姑娘时唱的歌。“昨夜特定此时见，为何几番不回答。叫我心中急似火，让我心中好失望。莫非火塘客已满，那个座位被人占。越思心里越着急，越急琴声越响亮。如果阿妹不露面，我要弹到日东升。”岩砍板唱述，林璋采录。收入《中国歌谣集成·云南卷》，16开，2页，28行，中国ISBN中心2003年版。

（玉罕娇）

章灌花开在石岩

布朗族情歌。流传于云南省勐海县布朗族聚居区。这是一首男女对唱的情歌。男青年将心爱的姑娘比作章灌花，并表达了对姑娘执着的爱；姑娘也表达了对男青年的爱意。“（男）章灌花树在石岩，雨水落地花正开，岩高路滑哥不怕，只怕花儿不让采。（女）章灌花树在石岩，雨水落地花正开，只要阿哥爬得上，满树鲜花任他采。（男）心心相印花通情，神仙自然会助哥，最美的一朵是阿妹，接回就把媳妇做。”岩洛、玉占应唱述，林璋采录。收入《中国歌谣集成·云南卷》，16开，2页，32行，中国ISBN中心2003年版。

（玉罕娇）

隔山歌

布朗族情歌。流传于云南省勐海县布朗族聚居区。这是一首男女对唱情歌。男女青年互诉衷情，表达爱意。“（女）一人出来采野菜，行单影孤好寂寞，随口唱出一支歌，看看能把谁碰着。（男）隔山听见鸟唱歌，乐得心里打哆嗦，离开实在舍不得，走近又怕鸟骇着。壮起胆子接过歌，不知鸟儿伴可多？歌虽接过心发慌，怕听鸟儿停了歌。”佚名唱述，林璋记录、整理。收入《布朗人之歌》，64开，6页，104行，林璋1999年编印。

（谭玉婷）

请姑娘

布朗族情歌。流传于云南省勐海县布朗族聚居区。这是夜幕笼罩下的山村里，小伙子们结伴去串姑娘时与姑娘们对唱的歌。领头的小伙子先唱述来意，众小伙随声附和，然后姑娘们对答。双方都表明了自己选择恋人的标准。“（女）哥啊哥啊，你要走近瞧，不要看花眼，眼花选麻子，眼岔选瞎子，你要后悔一辈子。（男）只要爱劳动，只要心肠好，耳聋眼瞎大麻子，哥哥都不嫌。”佚名唱述，林璋记录、整理。收入《布朗人之歌》，64开，3页，63行，林璋1999年编印。

（玉罕娇）

酒席情歌

布朗族情歌。流传于云南省勐海县布朗族聚居区。这是一首男女青年在酒席上相遇时，互相表示好感的对唱情歌。小伙子见到姑娘，心中爱慕，唱出了“我要壮胆子，随手把花采”的心愿。姑娘则对答：“既然鲜花开，有胆歇下来。”并警告说如果小伙子是虚情假意，鲜花上的利刺会划破他的皮，刺瞎他的眼。佚名唱述，林璋记录、整理。收入《布朗人之歌》，64开，3页，49行，林璋1999年编印。

（谭玉婷）

火塘情歌

布朗族情歌。流传于云南省勐海县布朗族聚居区。这是一对青年男女坐在火塘边，低声吟唱的对唱情歌。双方在歌中互诉真情，表达自己对爱情的忠贞不渝。男子说自己喜欢对方，但“只是家中不富裕，日久阿妹要嫌弃”。女子则表示“今生今世跟定你，刀山火海也敢进”。女子还表达了担忧的心情：“只怕阿哥来哄我，到头一场空欢喜。”男子则表示：“尖刀剖胸拿出心，叫你看清是什么。”佚名唱述，林璋记录、整理。收入《布朗人之歌》，64开，4页，65行，林璋1999年编印。

（谭玉婷）

蜜蜂采花

布朗族情歌。流传于云南省施甸县布朗族聚居区。此歌以小蜜蜂采花来比喻小伙子追求姑娘，表现了小伙子对爱情的执着。“蜜蜂采花自来找，花见蜜蜂自开心。蜜蜂采花飞到年轻阿妹的花园上，采不到好花不起身。蜜蜂采花奔来就说绕山克，采到好花笑着回。”佚名唱述，祝庆开搜集、整理。收入《散落的珍珠》，32开，1页，10行，保山地区群众艺术馆1983年编印。

（玉罕娇）

连盆带花端

布朗族情歌。流传于云南省施甸县布朗族聚居区。这是一首男女对唱情歌。小伙子把姑娘比作开在悬岩上的红花，姑娘把小伙子比作蜜蜂。双方通过对歌相互试探，小伙子表达了追求爱情的决心。“（男）我真心想摘不怕红花开在悬岩上，阿哥变成一只蜜蜂绕花心。（女）想采红花要在花树脚下睡，恐怕别人采了阿哥又心疼。（男）蜜蜂采花采得一朵起身克，阿哥采花要连盆带花端克才安心。”李桂明唱述，蒋在凡、蒲正兵、祝庆开搜集、整理。收入《散落的珍珠》，32开，2页，15行，保山地区群众艺术馆1983年编印。

（玉罕娇）

相好歌

布朗族情歌。流传于云南省施甸县布朗族聚居区。这是一对离别三年的恋人重逢时对唱的歌。双方相互询问对方家境情况，试探对方对自己的感情是否依旧未变，并表达自己要继续与对方相伴的心愿。“（男）说你阿妹一心要来攒就我，我是三棵茅草盖成铺，三匹篾子扎道竹笆门。（女）别人有千有万我不愿，我一心搭你阿哥，就是无房无铺也情愿蹭墙根。”李桂明唱述，蒋在凡、蒲正兵、祝庆开搜集、整理。收入《散落的珍珠》，32开，2页，23行，保山地区群众艺术馆1983年编印。

（玉罕娇）

人意更比甘蔗甜

布朗族情歌。流传于云南省施甸县布朗族聚居区。这是一首小伙子向心爱的姑娘表达爱意的情歌。“妹栽甘蔗在花园，中间砍断两头甜；妹家甘蔗我尝过，人意更比甘蔗甜。”佚名唱述，蒋在凡、蒲正兵、祝庆开搜集、整理。收入《散落的珍珠》，32 开，1 页，4 行，保山地区群众艺术馆 1983 年编印。

（玉罕娇）

郎妹好像一棵棕

布朗族情歌。流传于云南省施甸县布朗族聚居区。歌谣表现了小伙子追求爱情时复杂矛盾的心情。“郎妹好像一棵棕，一棵结果一棵空；左边就怕龙耍水，右边就怕水耍龙。”佚名唱述，蒋在凡、蒲正兵、祝庆开搜集、整理。收入《散落的珍珠》，32 开，1 页，4 行，保山地区群众艺术馆 1983 年编印。

（玉罕娇）

昨晚等你你不来

布朗族情歌。流传于云南省施甸县布朗族聚居区。此歌表现了小伙子苦苦等待心上人的情景。“昨晚等你你不来，烧了几抱大弯柴；抱个石头坐下等，石头成灰也不来。”佚名唱述，蒋在凡、蒲正兵、祝庆开搜集、整理。收入《散落的珍珠》，32 开，1 页，4 行，保山地区群众艺术馆 1983 年编印。

（玉罕娇）

小妹说话口上甜

布朗族情歌。流传于云南省施甸县布朗族聚居区。这是一首小伙子与小姑娘逗趣的歌。“湿柴烧火起黑烟，小妹说话口上甜；想我想在嘴皮上，挂我挂在犁后边。”佚名唱述，蒋在凡、蒲正兵、祝庆开搜集、整理。收入《散落的珍珠》，32 开，1 页，4 行，保山地区群众艺术馆 1983 年编印。

（玉罕娇）

草房脚下桂花香

布朗族情歌。流传于云南省施甸县布朗族聚居区。这是一首小伙子赞美心爱的姑娘的情歌。“大田大地好栽秧，深山深壑出树王；瓦房脚下出好女，草房脚下桂花香。”佚名唱述，蒋在凡、蒲正兵、祝庆开搜集、整理。收入《散落的珍珠》，32 开，1 页，4 行，保山地区群众艺术馆 1983 年编印。

（玉罕娇）

送妹送到大树脚

布朗族情歌。流传于云南省施甸县布朗族聚居区。这是小伙子送别恋人时唱的情歌。“送妹送到大树脚，叶子落地水滴落；拣张叶子擦眼泪，眼泪擦擦各走各。”佚名唱述，蒋在凡、蒲正兵、祝庆开搜集、整理。收入《散落的珍珠》，32 开，1 页，4 行，保山地区群众艺术馆 1983 年编印。

（玉罕娇）

心想小妹脚踩飘

布朗族情歌。流传于云南省施甸县布朗族聚居区。表现了小伙子想念心上人时痴迷的样子。“上个坡来坡又高，爬到顶头跌一跤；这跤不是郎想跌，心想小妹脚踩飘。”佚名唱述，蒋在凡、蒲正兵、祝庆开搜集、整理。收入《散落的珍珠》，32 开，1 页，4 行，保山地区群众艺术馆 1983 年编印。

（玉罕娇）

细篾帽子

布朗族情歌。流传于云南省施甸县布朗族聚居区。这是一首小伙子向心爱的姑娘吐露心声的情歌。“细篾帽子龙竹编，给我小郎戴几天；白天想你戴着去，晚上想你挂枕边。”佚名唱述，蒋在凡、蒲正兵、祝庆开搜集、整理。收入《散落的珍珠》，32 开，1 页，4 行，保山地区群众艺术馆 1983 年编印。

（玉罕娇）

想妹想得心惶惶

布朗族情歌。流传于云南省施甸县布朗族聚居区。这是一首小伙子向心爱的姑娘吐露思念之情的歌。“月亮出来亮汪汪，想妹想得心惶惶，吃饭想起妹模样，一连咬断筷三双。”佚名唱述，蒋在凡、蒲正兵、祝庆开搜集、整理。收入《散落的珍珠》，32开，1页，4行，保山地区群众艺术馆1983年编印。

（玉罕娇）

藤子开花几百层

布朗族情歌。流传于云南省施甸县布朗族聚居区。这是一首小伙子向心爱的姑娘表达爱慕之情的歌。“对门看见一蓬藤，藤子开花几百层；藤蓬脚下盘腿坐，前思后想你一人。”佚名唱述，蒋在凡、蒲正兵、祝庆开搜集、整理。收入《散落的珍珠》，32开，1页，4行，保山地区群众艺术馆1983年编印。

（玉罕娇）

高高山上映山红

布朗族情歌。流传于云南省施甸县布朗族聚居区。这是一首姑娘向小伙子表达爱意的情歌。“高高山上映山红，既做姊妹罢嫌穷；郎家穷来妹遮盖，绿叶遮着映山红。”佚名唱述，蒋在凡、蒲正兵、祝庆开搜集、整理。收入《散落的珍珠》，32开，1页，4行，保山地区群众艺术馆1983年编印。

（玉罕娇）

针筒打水真情意

布朗族情歌。流传于云南省施甸县布朗族聚居区。这是一首恋人间表达真挚爱意的情歌。“针筒打水真情意，真情真意下真心；铁打心肝铁心意，贴心贴意贴着你。”佚名唱述，蒋在凡、蒲正兵、祝庆开搜集、整理。收入《散落的珍珠》，32开，1页，4行，保山地区群众艺术馆1983年编印。

（玉罕娇）

相恋歌

布朗族情歌。流传于云南省金平苗族瑶族傣族自治县布朗族（莽人）聚居区。过去，莽人青年男女十五六岁就开始谈情说爱。小伙子有了心仪的姑娘后就会主动要求去姑娘家约会，相会时，双方通过对歌诉说自己的爱慕之情。男：“阿妹呀！身材如金竹，面色如桃花，心地又善良，手脚又勤快，人见都爱你。”女：“阿哥呀！你莫说反话，身材像弯树，脸色像猴脸，手脚又笨重，人见都怕我。”男：“阿妹呀！你跟哥过日子，无粮妹肚饿，无衣妹身寒。”女：“阿哥呀！小妹说真话，有饭一起吃，无饭一起讨，两人心相爱，再苦心也甜。”男：“阿妹呀！如那你真相爱，今晚是吉夜，咱俩订下情。”女：“阿哥呀！妹等哥此言，今晚订下情，明日拜天地。”佚名唱述，陈大、杨六金搜集、整理。收入《一个鲜为人知的族群——莽人的过去和现在》，16开，5页，62行，云南教育出版社2004年版。

（白云）

（七）儿歌

六月到

布朗族儿歌。流传于云南省双江拉祜族佤族布朗族傣族自治县布朗族聚居区。此歌反映了布朗族儿童欢天喜地迎接桑刊节（新年）的情景。“六月到，庆桑刊，米树落叶开花在中间。我们手捧金银花，来到米树下庆桑刊。”佚名唱述，王国祥搜集、整理。收入《中国歌谣集成・云南卷》，16开，1页，4行，中国ISBN中心2003年版。

（玉罕娇）

数星星

布朗族儿歌。流传于云南省双江拉祜族佤族布朗族傣族自治县布朗族聚居区。这是一首对儿童普及天文知识的歌谣。布朗族认为，天上的七星是娥并和洛桑以及他们的五个儿女。“姐姐西篾拉，弟妹围着她。老二骑大象，老三骑水牛，阿绍爬树上，摇摇又晃晃。”佚名唱述，王国祥搜集、整理。收入《中国歌谣集成·云南卷》，16开，1页，8行，中国ISBN中心2003年版。

（玉罕娇）

雨水落在沟中间

布朗族儿歌。流传于云南省双江拉祜族佤族布朗族傣族自治县布朗族聚居区。这是一首对儿童普及农田耕作知识的歌谣。“雨水落在沟中间，水沟像弩弯又弯。抢在节令前，秧田都栽遍。”佚名唱述，王国祥搜集、整理。收入《中国歌谣集成·云南卷》，16开，1页，7行，中国ISBN中心2003年版。

（玉罕娇）

飞蚂蚁

布朗族儿歌。流传于云南省双江拉祜族佤族布朗族傣族自治县布朗族聚居区。此歌谣是儿童玩“过家家”游戏时唱的歌谣。“飞蚂蚁呀飞飞，飞出谷堆。用土锅破片烤你的肉。吃鱼剁生，吃炮杖果，快乐！快乐！”佚名唱述，王国祥搜集、整理。收入《中国歌谣集成·云南卷》，16开，1页，9行，中国ISBN中心2003年版。

（玉罕娇）

反毛鸡

布朗族儿歌。流传于云南省双江拉祜族佤族布朗族傣族自治县布朗族聚居区。这是一首布朗族儿童游戏时唱的歌谣。“反毛鸡，没尾鸡。小猪躲在‘不乃’篷，小牛躲在圈，豹子来咬牛，血在路上现，鲜血四处流，就像雨水掉在沟坝头。”佚名唱述，王国祥搜集、整理。收入《中国歌谣集成·云南卷》，16开，1页，8行，中国ISBN中心2003年版。

（玉罕娇）

火亮虫

布朗族儿歌。流传于云南省双江拉祜族佤族布朗族傣族自治县布朗族聚居区。这是一首布朗族儿童游戏时唱的歌谣。“火亮虫，来拿火。官家来按鸡，画眉来啄我，豹子爬篱笆，叫我哪里躲?”佚名唱述，王国祥搜集、整理。收入《中国歌谣集成·云南卷》，16开，1页，10行，中国ISBN中心2003年版。

（玉罕娇）

数指头

布朗族儿歌。流传于云南省双江拉祜族佤族布朗族傣族自治县布朗族聚居区。这是一首以数手指头为内容的儿歌，具有对儿童进行初步劳动教育的意义。“老幺、老四、老三、老二、老大猴，为妈舂碓‘嘭嘭’，为爹抬水‘咕咕’。”佚名唱述，王国祥搜集、整理。收入《中国歌谣集成·云南卷》，16开，1页，3行，中国ISBN中心2003年版。

（玉罕娇）

葫芦歌

布朗族儿歌。流传于云南省勐海县布朗族聚居区。这首儿歌向儿童传递了布朗族“人类从葫芦中诞生”的观念。歌谣词句简单，每句以“金葫芦，银葫芦”开头，唱述了葫芦从发芽、开花、结果到孕育出布朗族的全过程，强调了葫芦在布朗族生产、生活中的重要作用。“金葫芦，银葫芦，葫芦要种在沃土。”“金葫芦，银葫芦，葫芦藤开葫芦花。”“金葫芦，银葫芦，葫芦爬出布朗族。”佚名唱述，林璋记录、整理。收入《布朗族之歌》，64开，3页，42行，林璋1999年编印。

（谭玉婷）

要洗脸

布朗族儿歌。流传于云南省勐海县布朗族聚居区。歌谣用充满童稚的语言，告诉小孩子不洗脸的害处，劝告孩子们要把脸洗干净，大人才喜欢。“小娃娃，要洗脸，不洗脸，狗来舔，咬破脸；小娃娃，要洗脸，不洗脸，猫来舔，抓瞎眼。”佚名唱述，林璋记录、整理。收入《布朗人之歌》，64开，2页，24行，林璋1999年编印。

（谭玉婷）

抓蛐蛐

布朗族儿歌。流传于云南省勐海县布朗族聚居区。唱述了孩子们用水灌入蛐蛐洞，然后守在洞口捉蛐蛐的全过程，并讲到蛐蛐剁生“味道就像麂子肉”一样的味美。“蛐蛐水呛忍不住，必定急忙往外钻，洞口露出两根须；手腕用力猛戳下，尖棍轻轻往后拖，蛐蛐就在你手中。”佚名唱述，林璋记录、整理。收入《布朗人之歌》，64开，3页，27行，林璋1999年编印。

（谭玉婷）

打瓦雀

布朗族儿歌。流传于云南省勐海县布朗族聚居区。“小瓦雀是‘坏东西’，在房顶上做窝、在田间吃谷子。小朋友们用弓、弩把瓦雀打下来，烤熟了吃，雀肉香甜好下饭。”佚名唱述，林璋记录、整理。收入《布朗人之歌》，64开，2页，30行，林璋1999年编印。

（谭玉婷）

学歌诀

布朗族儿歌。流传于云南省勐海县布朗族聚居区。唱述了孩子学歌的要诀，告诉孩子学歌要用心，不要怕难、不要心急。“学歌经常练，记熟能生巧。”佚名唱述，林璋记录、整理。收入《布朗人之歌》，64开，3页，21行，林璋1999年编印。

（谭玉婷）

阿哥快来歇歇脚

布朗族儿歌。流传于云南省勐海县布朗族聚居区。歌谣体现了布朗族朴实而热情好客的民族性格。“过路小阿哥，不要太慌忙，过来喝碗茶，过来歇歇脚，我家有甜酒，我家有剁生，机会错过白挨饿。”佚名唱述，林璋记录、整理。收入《布朗人之歌》，64开，3页，25行，林璋1999年编印。

（谭玉婷）

放牛歌

布朗族儿歌。流传于云南省勐海县布朗族聚居区。这是儿童放牛过程中对牛唱的一首歌，充满童趣。全歌分为两部分：第一部分是太阳出来儿童赶牛出门时唱的，“顺着小路走，不要走散了，山箐有嫩草，管你吃个饱”；第二部分是太阳落山赶牛回家时唱的，“顺着原路归，不要走散了，不要太贪嘴，跟我把家回”。佚名唱述，林璋记录、整理。收入《布朗人之歌》，64开，2页，26行，林璋1999年编印。

（谭玉婷）

宝宝好好睡

布朗族儿歌。流传于云南省勐海县布朗族聚居区。这是爷爷哄还是婴儿的孙子入睡时唱的歌谣。“月儿明又亮，像只小弯船，航行在天上，宝宝闭上眼，阿达（爷爷）带你坐上船，漫天到处去游玩，月儿飘荡好逍遥，睡醒一觉长大了。”佚名唱述，林璋记录、整理。收入《布朗人之歌》，64开，2页，20行，林璋1999年编印。

（谭玉婷）

这样做人好

布朗族儿歌。流传于云南省勐海县布朗族聚居区。教导孩子做人的道理和为人处世的方法，尤其强调要尊敬父母，听从父母的教诲。“走到哪里哪里学，来到忙处帮人家，这样做人好处多，脚板一抬走天涯。”佚名唱述，林璋记录、整理。收入《布朗人之歌》，64开，2页，19行，林璋1999年编印。

（谭玉婷）

要做好娃娃

布朗族儿歌。流传于云南省勐海县布朗族聚居区。这是父母教育孩子的一首歌。歌中首先告诉孩子，独自在家时不要玩火、不要打架、单个不要上山、不要进入深水，并且讲了违反这些规矩的危险性；然后告诉孩子对待父母和待客的一些规矩。“大人要说话，娃娃不打岔，听父母吩咐，去把果品拿；客人送礼物，娃娃双手接，说句感谢话，客走要送他。”佚名唱述，林璋记录、整理。收入《布朗人之歌》，64开，3页，44行，林璋1999年编印。

（谭玉婷）

教子歌

布朗族儿歌。流传于云南省勐海县布朗族聚居区。这是一首父亲和儿子对唱的歌谣，表现了家长对孩子的期望，以及孩子对家长的崇敬。“（父）莫嫌老人话太多，树老根就多，老人爱护你才会费心教导你。（子）你的话不说是太阳，也可以比作月亮，说得我心里热乎乎，说得我心中亮堂堂。”佚名唱述，林璋记录、整理。收入《布朗人之歌》，64开，2页，25行，林璋1999年编印。

（谭玉婷）

鹰背羊

布朗族儿歌。流传于云南省勐腊县布朗族（克木人）聚居区。“鹰背羊，鸷背猫，进大屋得羊，进小屋得猫。”王国祥搜集、整理。收入《西双版纳雨林中的克木人》，16开，1页，4行，云南人民出版社2009年版。

（陈江敏）

条目汉语音序索引

A

B

C

D

F

G

H

J

K

L

M

N

P

Q

R

S

T

W

X

Y

Z

后　记

《中国少数民族古籍总目提要》是在国家民族事务委员会直接领导下，由国家民委全国少数民族古籍整理研究室组织实施的一个国家级重点文化项目。在云南，这项工作则在中共云南省委、省政府关怀下，在省财政厅的大力支持和省民族事务委员会直接领导下，由云南省少数民族古籍整理出版规划办公室具体运作。历经十余年，《中国少数民族古籍总目提要·布朗族卷》终于完成。

国家民族事务委员会下达任务后，云南省成立了《中国少数民族古籍总目提要》云南编纂委员会，制定了编写实施方案。1999年11月，在昆明召开了第三次全省民族古籍工作会议，把编目工作作为一项重要任务进行全面动员和部署。2002年初，《中国少数民族古籍总目提要·布朗族卷》编写工作正式启动，在全省范围内查寻、搜集相关资料，拟订条目，之后组织专家开始编写工作。

2007年初，《中国少数民族古籍总目提要·布朗族卷》讲唱类初稿基本完成。之后，逐步进行了补充完善，主要是补充书籍类、铭刻类以及克木人、莽人方面的内容。2018年8月15日，俸春华完成稿件初审；8月28日，穆文春完成第二次审稿；9月2日，云南省民族学会布朗族研究委员会胡明学会长完成第三次审稿。2019年1月12日，国家民委全国少数民族古籍整理研究室李晓东主任以及中央民族大学、民族出版社的专家学者，到昆明召开"《中国少数民族古籍总目提要》云南各民族卷专家审读会"，对《中国少数民族古籍总目提要·布朗族卷》提出具体修改意见。会后，根据意见和要求，本卷主编对书稿进行了全面修改和完善，至此，《中国少数民族古籍总目提要·布朗族卷》相关工作暂告一个段落。

参加编写的主要人员有：苏文英、街顺宝、谭玉婷、俸春华、岩香南、白云、陈江敏、玉罕娇等，书籍类和铭刻类主要由街顺宝负责完成。图片主要由街顺宝、玉罕娇、岩勐等提供。

《中国少数民族古籍总目提要·布朗族卷》历经十余年终于完成，主要得益于国家民委全国少数民族古籍整理研究室领导和云南省民委领导的重视和支持，特别是与云南省少数民族古籍整理出版规划办公室领导的精心组织密不可分。在此，谨对他们表示真诚的感谢。

《中国少数民族古籍总目提要》云南编纂委员会

《中国少数民族古籍总目提要·布朗族卷》编纂委员会

2019 年 1 月 21 日

中　国
少数民族古籍总目提要

国家民族事务委员会全国少数民族古籍整理研究室

基诺族卷

民族出版社

《中国少数民族古籍总目提要·基诺族卷》编纂委员会

序　言

基诺族是1979年被国务院正式确认为我国的一个单一民族，是云南省人口较少的特有民族和直过民族之一。基诺族主要聚居在云南省西双版纳傣族自治州（以下简称西双版纳）景洪市基诺山基诺族乡（以下简称基诺乡）及四邻的勐养镇、勐罕镇、勐旺乡，勐腊县的勐仑镇、象明乡也有少量基诺族散居。基诺语称基诺山乡辖区为“基诺洛克”，即基诺族居住的全部山区，简称基诺山。

“基诺”是本民族自称，“基”为舅舅，“诺”为跟在后面的，直译是“跟在舅舅后面的人”，释意为“舅舅的后人”或“尊重舅舅的民族”。雍正七年（1729年），清廷在基诺山的司土寨设置“攸乐同知”，使“攸乐”这一称谓广为人知。直到今日，当地的各族群众仍习惯地把基诺族称为“攸乐族”，把基诺山称为“攸乐山”。这也是对基诺族最普遍的一个他称。

据2010年第六次全国人口普查统计，基诺族总人口为23143人。

基诺族日常生活中使用基诺语。基诺语属汉藏语系藏缅语族彝语支。语音、词汇上与彝语支、缅语支都有明显的对应关系，但在语音、词汇、语法上有自己的特点。

基诺族没有文字，过去多以刻木、刻竹记数、记事。

一

我国汉文献典籍卷帙浩繁，不仅详细记述了汉族数千年的历史，也记载了各少数民族的很多史事。但是关于基诺族的记载却寥寥无几，直到清道光年间才有几条零星记载。

道光《云南通志·南蛮志·种人》引《宁洱县采访》记：“三撮毛，即罗黑派，其俗与摆夷、僰人不甚相远，思茅有之。男穿麻布短衣裤，女穿麻布短衣桶裙。男以红黑藤篾缠及手足。发留左、中、右三撮，以武侯曾至其地，中为武侯留，左为阿爹留，右为阿嫫留；又谓左为爹嫫留，右为本命留者。以捕猎野物为食。男勤耕作，妇女任力。”又引《伯麟图说》：“种茶好猎，剃发作三髻，中以戴天朝，左右以怀父母，普洱府属思茅有之。”

这两条史料着重描绘的是作为“种人”即民族之一的“三撮毛”的来由。从史料记叙中可知，“三撮毛”类似“罗黑”，而且与摆夷、僰人相近。单从“男勤耕作，妇女任力”“种茶好猎”这种方志套语中我们很难断定族别。加之“三撮毛”居住在达数千里的思茅厅，所以仅凭这两条模棱两可的史料，很难将其与基诺族联系在一起。直到1958年杜玉亭、金国富等一行到基诺山进行民族识别的实地调查研究工作，才将“三撮毛”与仍有此俗的基诺族联系在了一起。

而关于汉民族和其他民族对其“攸乐”的族称主要是依据传说而来。据传，三国时代诸葛孔明率大军南征到达普洱一带，部分士卒因贪睡而掉队。当他们日夜兼程追到小黑江边才赶上队伍，但孔明为严肃军纪，不再收留他们。随后又赠予他们茶籽、棉籽，命其种茶植棉为生。同时，还让他们照自己帽子的式样搭屋居住。于是这部分人被称为“丢落的人”。后来，取其谐音称“攸乐”。而在当地傣族的传说中，这部分人则是跟随傣族首领叭比沙怒远征而来，同样也是因为贪睡而掉队，因而被称为“攸乐”。

关于基诺族的族源主要有两种。一种认为，根据基诺族的创世神话和族源传说可以看出，基诺族很久以前就和哈尼族、布朗族、汉族、傣族等民族有交往并定居在基诺山了。再据其送魂路线，基诺族发祥地是“司杰卓米”——基诺山东部边缘一座海拔近1440米的高山。至今，阿哈、阿西两支系以及居住在勐旺乡补远村的乌热支系居民在回顾祖先迁徙路线时都不约而同地把发祥地指向这座高山。而且众多的民族学材料，如婚姻形态等也是基诺族发源于基诺山的佐证。另一种认为，基诺族祖先是先秦以前从西北向南迁到金沙江流域的氐羌族群的一部分。迁徙时曾经过昆明和峨山的“没且竜”，后又辗转至西双版纳的勐遮和勐养，最终定居于基诺洛克。

据现有的资料看，基诺族最早的隶属关系可以追溯到1160年叭真统一勐泐各部落，建立勐泐景龙金殿国时。当时，基诺山即为叭真王族的世袭领地。

元朝在云南设置行省之后，西双版纳纳入元朝的统治范围。元廷设立彻里路，委任傣族土官进行统治。明朝改置车里军民宣慰使司，土司统治一直沿至清代。清朝鄂尔泰任云贵总督时，为开拓西双版纳，于雍正七年（1729年）在“江内六版纳”，实行“改土归流”。雍正七年至十三年（1729—1735年）在攸乐山的茨通寨筑砖城，派骑兵、步兵约500人驻守，设攸乐同知。清雍正十三年（1735年）因“烟瘴甚盛”，驻军和行政官吏病死颇多，清廷撤销攸乐同知，委任基诺族首领为“攸乐土目”，作为代理人直接管理基诺山。后来基诺山长期受傣族封建领主管辖，傣族封建领主“召片领”在基诺山头人中任命“叭竜”级大头目和“叭”“鲊”“先”诸级基层小头目。

民国年间，国民政府曾将基诺山归小勐养乡管辖，后又推行保甲制，在基诺族上层头目中任命保长、甲长，于是，基诺山区形成“三位一体”的政治组织。

1941年，基诺山28个寨子，约8000人，由于无法忍受国民党政府的各种差役赋税，在操腰等人的领导下发动了起义，迫使当局撤职查办了车里县县长王字鹅。此后3年，地方政府不再向基诺族人民多加兵役赋税。

1949年10月1日中华人民共和国成立，使中国走上了社会主义道路，全国各地旧貌换新颜，特别是我国各少数民族在中国共产党领导下进入历史大跨越的时期。党和人民政府派工作队进入基诺山，宣传党的民族政策，帮助基诺族人民发展生产。在党的领导下，通过发展生产和文化，使基诺族社会由原始社会的农村公社向社会主义直接过渡。基诺族人民和全国其他民族一起昂首阔步地迈进了社会主义的新时代。

二

基诺族先民很早就定居在基诺山上，用辛勤的汗水、勤劳的双手和聪明才智开发了祖国西南边陲这块美丽富饶的土地。在漫长的岁月里，基诺人在开发利用自然资源、认识基诺山的基础上，充分有效地保护了同本民族的存亡攸关的自然资源和生态环境，使基诺人的生息繁衍得到了保证并世世代代延续至今。

基诺族中有关于“基诺族文字”的传说故事，反映出基诺人对文字的企盼。但是由于历史的种种原因，这些美好的传说并没能形成基诺族的文字。若因基诺族没有自己的文字，就认为他们没有本民族的“古书”，未免武断。对基诺族古籍的范围，有学者认为，应该包括具有基诺族“某种文化涵义的符号”“口头语言记录下来的文化载体”和形态模式化了的文化系列，即包括了“实物古籍”“口碑古籍”和“模式古籍”；从类型上看，属于“原生载体古籍”“口碑载体古籍”。在具有“某种文化涵义的符号”的原生载体古籍方面，基诺族曾使用过，即村寨之间、人与人之间用于传递信息的符号和物品，主要是树叶信、鸡毛信等；同时近现代时期村寨中也有用于记录值勤、账目的木刻等。

实物古籍是基诺族生产生活必需的系列用具，均为看得见摸得着的东西。包括生产工具、生活用具、服装服饰等。

口碑古籍又有讲述、演唱和祭祀（诵念）词之分，并以此形式作为自己的传承方式。

讲述性古籍有神话、传说及民间故事等，它们同时也构成了基诺族传统民间文学的主要部分。在神话传说中，流传较广的是《阿嫫腰白》《玛黑和玛妞》等。在基诺族口传古籍中，反映女性非凡创造力题材的篇章相当丰富，虽然其情节相对简略，但是正是女性繁衍了今日的基诺族，所以女性受到后世基诺族的尊敬与祭祀，也反映了基诺族母系制社会的特点。同时也包含了大量的反映基诺族历史的题材，如英雄传说《阿普少雪》等。民间故事有反映纯洁爱情的《两个小伙子》《织布姑娘白薇》；有歌颂正直、善良，抨击投机取巧、损人利己的《宝刀和竹笛》《猴子抬南瓜》；有机智人物故事《阿推的故事》；有勤劳勇敢、品德高尚、舍己救人的《沙切和蛇郎》《鸡蛋姑娘》；还有借动植物，用拟人手法，赋予人的思想的讽喻故事《玉波壳乐和野猫》《青蛙断案》等。这些作品中保存着基诺族早期历史、道德、宗教、哲学、政治、法律等极重要的成分，为我们研究基诺族历史、文化、传统道德及风俗习惯等提供了重要依据。

演唱性古籍可分为“巴”和“资”两类。“巴”为情歌类，分为普通的情歌和“巴什”（氏族内禁婚）情歌；“资”为史类与除情歌外的其他类。史类分创世歌、叙事歌、年节歌、礼俗歌、时节歌、儿歌等。歌是基诺族传承自己文化的主要载体，也是基诺族的“百科知识读本”。如《啥高》演唱时长达10余小时，内容涵盖了基诺族房屋建筑的所有工序和宗教仪式；结婚歌《咪嫫绕嫫》演唱时长与《啥高》相当，内容包含了人的成长与风俗礼仪、伦理道德等；此外，还有叙史《普遮支》（又写作《普遮之》等，基诺族创世歌）等。情歌是基诺族民间文学重要的组成部分，也是基诺族口碑古籍的重要组成内容之一。人们从成年礼后开始唱情歌，可到终老。情歌不仅反映了基诺族人的爱情，也是基诺族吟唱的重要民歌，尤其“巴什”，还是尽人皆知的传说故事。这些歌曲倡导青年男女质朴的爱情观念和纯贞的恋爱风尚，展现了基诺族传统爱情观、幸福观、人生观和价值观以及传统价值观与信仰、社会规范、行为准则之间的矛盾及整合关系，具有很高的古籍价值、文学价值和研究价值。

诵念性的古籍有白腊泡（意为念祭词的老人。祭司）祭祀词、莫丕（意为教会继承传统文化的人。祭司）祭祀词、村寨祭祀词和家庭祭祀词等。这与基诺族在漫长的社会历史发展过程中形成的独特的宗教文化和祭祀文化密不可分。基诺族信仰原始宗教，崇拜自然、崇拜祖先，相信万物有灵，因此在基诺族生活中随处都有祭祀活动。狩猎时唱诵《祭猎神歌》；砍地、烧地、耕种时都有相应的祭祀歌、祭祀词；为了保佑孩子，给予孩子福泽，要念诵《取名词》，等等。此类祭词的念诵，既是对神灵的敬畏，又是向神灵祈福。同时，词中也包含了基诺族的生产生活经验，念诵的过程也是向人们传授经验的过程。

模式古籍指基诺族社会往复的年岁中具有固定形态的历史系列习俗，是形态化了的模式性系列，较为抽象。相对于书面古籍来说，口碑古籍本来就多为即兴创作，但是经专家学者长期在基诺族中进行详细考察发现，基诺族社会中的此类古籍，如年节礼仪、婚礼仪式、建房习俗等不论是内容还是演唱规程都具有相当明显的规范性。对这些包罗生产、生活、政治、宗教、文化、礼俗、生息繁衍等综合知识系统的古籍在不同场合的反复唱诵，既是基诺族传统知识神圣的实践，又是基诺族将世代积累的知识系统传承的需要与使命。

这些口口相传的有关基诺族社会历史等各方面的记录、基诺族的生产生活知识，经过不断积累完善，充实到各个领域。通过一代又一代的承袭，传播和传承了本民族特有的文化。基诺族人不论男女老幼，要熟悉和学懂基诺族乡土知识，首先要得到长老的指教和祭司、民间艺人在各种场合下举行的各种仪式中耳闻目睹的示范。这也是基诺族最为独特又最具特色的传承本民族古籍和文化的方式。

基诺族传统文化和口碑古籍是基诺族社会历史发展过程中沉淀下来的优秀文化的精华，亦是中华民族的文化瑰宝，它将作为全人类共同的精神财富，载入世界文化史册。

三

对基诺族的调查研究始于20世纪50年代末，云南省社科院杜玉亭同志曾两次深入基诺族山区进行民族识别的考察。1977年，杜玉亭同志邀请参加《凉山彝族奴隶社会》编写组的专家，四川省民族研究所的所长尚理，四川省历史研究所所长吴德让，西南民院民语系主任冯元蔚（彝族）、著名学者伍精忠（彝族）、张光显（彝族）、李绍明、王家佑，中国社科院的周自强、易谋远、王景阳、赵树勋，云南民族学院（今云南民族大学）的盖兴之等二十几位同志，组成联合调查组对基诺族进行了民族识别调查，并由杜玉亭执笔上报，国务院1979年6月6日正式确认基诺族为我国的一个单一民族。至此，基诺族的传统文化资料的搜集工作才算正式开始。

基诺山基诺族乡在1980年建立了文化站，成立后就开始了搜集整理基诺族口头民间文学，同时为研究基诺族的国内外专家、学者提供帮助，还为各级文化事业单位及《景洪市志》的撰写提供了大量的材料，为基诺族文化的传播和发展做出了重要的贡献。特别是在民间文学搜集整理工作方面，成绩斐然：《基诺族抵达草房》在《山茶》上发表，《基诺族的特懋克节》《基诺族人名趣谈》被县政协《文史资料选辑》第五期选用，并在《民间文艺》上发表，还完成了《贺新房》《特懋克节》两部民族风情片的拍摄工作。基诺乡文化站坚持文艺为人民服务、文艺为社会主义服务，一直是社会主义精神文明建设最前沿的文化阵地。利用文化艺术和群众喜闻乐见的形式在建设基层农村健康文化、保证社会主义文化健康有序发展等方面做好宣传工作，让群众了解国家的路线、方针、政策和法律法规，同时仍积极开展搜集、整理、抢救基诺族民间文学（口碑古籍）、艺术工作。目前已搜集基诺族民间音乐300余首，组织整理基诺族《普遮之》《结婚歌》《左册特》等古歌100余万字。

1980年，云南省社科院重新组建了云南民间文学研究所。1981年7月，云南省第一届民间文艺家代表大会召开，省民间文学研究会正式成立，中断了10年的民间文学普查、采录工作重新开始。1983年，中国民间文艺研究会（今中国民间文艺家协会）为适应文化建设的需要，与文化部、国家民委联合签发了《关于编辑出版〈中国民间故事集成〉、〈中国歌谣集成〉、〈中国民间谚语集成〉的通知》的808号文件，并将此项任务列入国家重点文化建设项目。云南省民间文学集成编辑办公室也正式成立，并按照“科学性、全面性、代表性”的要求，先后在云南省内进行了各民族民间文学的普查工作。基诺族的口碑古籍即以民间文学开始搜集、整理并由此步入复苏和发展的新阶段。同时，以刊登民间文学作品为主、搜集和传承民间口传文化的《山茶》杂志成为向公众展示基诺族民间口传文献资料的主要阵地，基诺族口传文献陆续见诸各类文学刊物。

后来，按照全国集成总编委会确定的要求，云南省集成编辑办公室汇集基诺族普查的资料，初选25万字的故事、歌谣和谚语，于1989年编纂出版了《基诺族民间文学集成》。该书分为两大部分，主要收录了基诺族的神话传说故事、风俗歌、儿歌等。1990年，由云南人民出版社出版《基诺族民间故事》，收录基诺族各类民间故事57篇，分为风习传说、传奇故事、生活故事、阿推的故事和动物故事5部分。1995年，上海文艺出版社编纂出版的《中华民族故事大系》，在第16分册《基诺族卷》中共收录基诺族民间故事71篇。1996年，云南民族出版社出版了杜玉亭的《基诺族民间文学简史》，对基诺族民间蕴藏的丰富多彩的文学遗产进行了一次开拓性的发掘、整理与研究。2004年，上海音乐出版社出版沈洽主编的《贝壳歌——基诺族血缘婚恋古歌及相关人文叙事》，该书是沈洽、刘怡在长期调查、研究基诺族的基础上对基诺族古歌的辑译，涵盖了基诺族社会文化生活各方面内容，展示了基诺族血缘内婚的故事，也为音乐民族志的写作打开了一扇大门。对于没有书写传统的基诺族来说，该书的问世有着重大意义。随后，不少专家、学者经过对基诺族的调研出版了大量介绍基诺族、基诺族文化的书籍，从方方面面展示了基诺族丰富多彩的文化内涵，其中也包括基诺族口碑古籍。

1984年，云南省成立云南省少数民族古籍整理出版规划办公室（以下简称省民族古籍办），以白忠明（基诺族）为代表的专业技术人员开始从事基诺族口碑古籍的搜集、整理与研究工作。1996年，由省民族古籍办编，云南民族出版社出版了常生、沙车演唱，沙车、白伽林（白佳林）翻译，王彬、王懿之记录整理的《巴诗与米诗》（单行本）。为了让云南各民族优秀的民间口传文献典籍得到更好的抢救保护和公之于众，从2000年开始，省民族古籍办开展了对云南各民族民间口传文献遗产的编目工作。2008年组织编撰的《云南民族口传非物质文化遗产总目提要》中，收录云南基诺族口碑古籍提要8万余字，涵盖了史诗歌谣、神话传说和民间故事等方面内容，促进了基诺族口碑古籍的抢救、保护及研究工作不断向前发展。2009年编辑出版《云南少数民族古典史诗全集》（上、中、下），其中整理、收录基诺族长诗1部。2012年整理出版《云南少数民族叙事长诗》（上、中、下），其中收录基诺族长诗5部。与此同时，于2010年开始，组织专家团队，着手翻译与整理基诺族婚礼习俗口传古籍，该书有望在近年内出版发行。2018年，在基诺乡文化站抢救收集整理口传古歌《啥高》的基础上，省民族古籍办组织人员、安排经费筹备该书的出版事宜。基诺族古籍抢救保护与翻译整理工作迎来了新的发展。

上述成果，为编写《中国少数民族古籍总目提要·基诺族卷》打下了良好基础。在国家民委全国少数民族古籍整理研究室组织实施，云南省民族宗教事务委员会和云南省少数民族古籍整理出版规划办公室的直接领导和具体指导下，历经多年，2018年最终完成了《中国少数民族古籍总目提要·基诺族卷》的编撰工作。由于基诺族是云南特有民族，也是人口较少民族之一，加之分布地域集中，无本民族文字，因此，古籍总量不大。《中国少数民族古籍总目提要·基诺族卷》是在《〈中国少数民族古籍总目提要〉编写纲要》确定的收录原则基础上进行编写的，内容涉及历史、文化、政治、经济、生产生活、礼仪习俗等方面，收录的古籍条目按书籍类、铭刻类、文书类、讲唱类进行了编排。

第一，书籍类。主要是汉文献或其他民族文献古籍中关于基诺族的记载。

第二，铭刻类。在基诺族社会中存在一定数量的主要用于记录农业收获、记账等的木刻、竹刻，但由于对其具体产生时间、使用等存在争议，因此本书未予收录。而在基诺族聚居区的勐腊、象明等地都有不同数量的石碑铭刻，但由于自然侵蚀及人为破坏，残损程度不一，可见内容不多。仅从现存资料看，石碑铭刻中均无明显涉及基诺族历史、文化、社会生活等方面的记载，因此本书亦未对其进行收录。

第三，文书类。历代政权治理基诺山的公文、奏折有史可循，但基诺族民间契约、凭证等，多为刻木、刻竹、结绳等，因此本书仅收录了历代奏折、公文等。

第四，讲唱类。此类口传古籍条目基本涵盖了基诺族传统民间文学，有神话、传说、民间故事、长诗、歌谣等。在这些众多的口传古籍中，包含了基诺族历史文化、社会生活、民间故事、风俗礼仪等各个方面，展示了基诺族独有的文化传统。为体现条目的全面性、科学性和代表性，编委会从众多的作品中认真精选，并根据基诺族口传古籍特点分类编排。

如果没有国家民族事务委员会全国少数民族古籍整理研究室和云南省民族事务委员会的领导和支持，没有编写人员的共同努力，此书的编写工作难以顺利进行。这是党和政府关心基诺族的结果，也是集体智慧的结晶。

本书第一次系统介绍了基诺族古籍的总体情况，基本上反映了基诺族古籍概貌，展示了基诺族丰富多彩的历史文化。它不仅是一部了解基诺族历史文化的读物，也是研究基诺族政治、经济、历史、文化、宗教、艺术等的工具书，具有较高的实用价值和收藏价值。本书的编纂出版，对保护、开发、弘扬基诺族历史文化遗产有着极其重要的意义，也将进一步增加基诺族民族文化自信，促进各民族间的文化交流，增进民族团结，促进民族进步和文化繁荣。由于本书是首次对基诺族古籍的收录与汇总，且编者水平有限，书中错漏难免，恳请专家学者批评指正。

《中国少数民族古籍总目提要》云南编纂委员会

《中国少数民族古籍总目提要·基诺族卷》编纂委员会

2018 年 8 月

凡　例

一、本书收录基诺族古籍条目374条，其中书籍类8条，文书类3条，讲唱类363条。

二、本书按书籍类、文书类、讲唱类顺序排列。书籍类主要是史志，按年代顺序排列，年代不明者，排在所在朝代最后。讲唱类分为四个部分：一是神话；二是传说，分为起源传说、人物与历史传说、风俗传说、风物传说和寨子传说；三是民间故事，分为幻想故事、生活故事、机智人物故事和动植物故事；四是长诗歌谣，分为创世诗、叙事诗、习俗歌、仪式歌、婚俗歌、祭祀歌及祭词、哀歌、生活歌、猎歌、历史歌、情歌和儿歌。讲唱类条目释文中有“××记录”“×× 翻译”“×× 整理”者，皆指从基诺语翻译为汉语。

三、编撰人员姓名均在各条目末括号内注明。

四、本书按照国家民委《〈中国少数民族古籍总目提要〉编写纲要》编写，以确保丛书整体统一。

条目分类目录

书籍类

文书类

讲唱类

一、神话

二、传说

（一）起源传说

（二）人物与历史传说

（三）风俗传说

（三）机智人物故事

（四）动植物故事

四、长诗歌谣

（一）创世诗

（二）叙事诗

（三）习俗歌

（四）仪式歌

（五）婚俗歌

（六）祭祀歌及祭词

（七）哀歌

（八）生活歌

书籍类

云南通志（道光）

216卷。清阮元等修，王崧、李诚纂。清道光十五年（1835年）刻本。分类15、子目68，为明清两朝所修云南省志最为精善者。卷一三六中载："三撮毛，种茶好猎，雉发作三髻，中以戴天朝，左右以怀父母，普洱府思茅有之。"卷一八七中引《宁洱县采访》："三撮毛，即罗黑派，其俗与摆夷、僰人不甚相远，思茅有之。男穿麻布短衣裤，女穿麻布短衣桶裙。男以红黑藤篾缠及手足。发留左、中、右三撮，以武侯曾至其地，中为武侯留，左为阿爹留，右为阿嫫留；又谓左为爹嫫留，右为本命留者。以捕猎野物为食。男勤耕作，妇女任力。"又引《伯麟图说》："（三撮毛）种茶好猎，剃发作三髻，中以戴天朝，左右以怀父母，普洱府属思茅有之。"为研究清代基诺族历史文化等的重要史料。本色宣纸，线装，楷体，墨书。页面26厘米 ×17厘米，板框22.3厘米 ×16.2厘米，四周双栏，10行，每行22字。白口，有书名、鱼尾、卷名、卷次、页码。保存完好。云南省社会科学院图书馆藏本。

（杨筱奕）

普洱府志（道光）

20卷。清郑绍谦原纂，李熙龄纂修。此志记述了普洱府分野、沿革、疆域、城池、山川、职官、学校、官师、选举、兵防、土司、名宦、人物、乡贤、教义、风俗、物产、古迹、流寓、隐逸、仙释、寺观、灾祥、艺文、杂异等。卷十八中载："三撮毛，即倮黑派，其俗与摆夷、僰人不甚相远，思茅有之。男穿麻布短衣裤，女穿麻布短衣桶裙。男以红黑藤缠及手足。发留左、中、右三撮，以武侯曾至其地，中为武侯留，左为阿爹留，右为阿嫫留；又谓左为爹嫫留，右为本命留者。以捕猎野物为食。男勤耕作，妇女任力。"为研究基诺族历史文化的重要史料。本色绵纸，线装，楷体，墨书。页面25.3厘米 ×18厘米，板框20.9厘米 ×14.2厘米，四周双栏，12行，每行23字。白口，有书名、鱼尾、卷次、页码及"云南少数民族历史社会调查组"红印。保存完好。云南省社会科学院图书馆藏本。

（杨筱奕）

云南种人图说

图像古籍。清光绪十八年（1892年）绘制。纸本彩绘。该书以图文并茂的形式直观、生动、形象地描绘了清代云南少数民族或支系的真实风貌与特点，具有很高的历史价值、学术价值和艺术价值，为研究云南民族史、民族文化史的珍稀史料。其中记："三撮毛，居思茅。性情平和，种茶为业。身穿麻布，发留三撮，相传诸葛武侯至其地，以中发为武侯所留，右发父母所留，左发本命所留。足缠红藤，好捕孔雀野物。"对研究清代思茅地区（今普洱）基诺族分布、服饰、生活生产等有重要参考价值。云南大学图书馆藏本。2005年云南美术出版社出版了《清代滇黔民族图谱》，内含《云南种人图说》与《金筑百苗图》两书。

（杨筱奕）

车里宣慰世系简史

1册。本书记载了第九世召坎勐（1346—1390年）在位期间曾娶一攸乐姑娘为妃的事。记载说王妃有一个三尾螺，在阳台上失手掉下被猪咬坏，召坎勐认为不祥便丢弃了此王妃。王妃生有一子，就是十世刀西拉罕。当时他与母亲一起被召坎勐送回基诺山，召坎勐指派山寨供养其子，宣布免去全寨的贡献、杂派。刀西拉罕长到七岁时被其父接回。另与基诺族有关的记载出自第四十世召孟苏晚纳帕钪，也就是刀栋梁在位期间（1925—1943年），书中记录了攸乐山以搓约（也写作操腰）为首的山民向县政府要求减免兵役税捐发生斗争的全过程，刀栋梁也因攸乐山和其他山区民族反抗忧郁成疾而终。1985年西双版纳傣族自治州文史资料工作委员会对此资料进行了翻译和补充，译为《车里宣慰世系简史》，

1987年版。

（刘怡）

车里

1册。李佛一著。本书为十二版纳方志，全书分为十二章，记有十二版纳历史沿革、自然地理、山川河流、气候历法及民情礼俗、语言文字、物产交通、政教制度等方面的内容。其中记录了有关基诺族的内容。“攸乐人自称其族曰‘罗’，亦译作‘乐’，摆夷呼之为‘卡罗’。摆夷语谓居住为‘攸’，因其聚族而居之所在曰‘攸罗’，近今通作‘攸乐’。既以名山，亦以名人。攸罗人中之受汉化深者言曰：‘攸罗者，丢落也。’谓为武侯所丢落也。自言为中土人，先世随武乡侯南征戍此，蜀亡，遂家焉。娶夷妇，习夷礼，从夷俗，至于今，几不知中华为何物，汉人为何如人也。惟孔明，妇稚皆知，闻其名，未有不肃然起敬者，咸呼之为孔明老爹云。著者访问攸罗，确有其崇拜之偶像，但与上说有异。按攸罗人为罗磨群之一支系，亦有父子连名之习俗。阿卡、攸罗，应为南诏之真正遗民。所谓中土者，当即指南诏。随武乡侯戍此者，附会之言耳。”该书附有民俗插图和若干附表。商务印书馆1933年版。

（刘怡）

泐史

李拂一著。云南省西双版纳傣族编年史书，以傣历干支纪年。书所记从傣历五四二年（宋淳熙七年，1180年）一世帕雅莫起，至傣历一三一二年庚寅（1950年）四十四世或作三十六世召孟罕勒（汉名刀世勋）止，共770年事。详记各世召片领姓名、生卒年、在位时间及其配偶、儿女与封地、俸禄等，对于制度、历史大事及与泰、老、缅等邻邦关系，也有所记述，颇类边疆土司的谱牒，为研究中国西南边疆地方史和傣族史的重要史料。其中有关于车里土司与基诺族女子结婚之事的记载。昆明文建书局1947年版。

（杨筱奕）

云南三迤百蛮图

图像古籍。全4册。清吴振棫编绘《滇省夷人图说》抄本。成书时间在咸丰七年至八年间（1857—1858年）。该书卷一、三为舆地图说，卷二、四为三迤百蛮图。卷二收入人物图像54幅，图上均有图说；卷四收入人物图像54幅，图上均有说。卷四载：“三撮毛，种茶好猎。衣后缀长布如尾，剃发作三髻，中以戴朝廷，左右怀父母也。普洱府属思茅有之。”直观反映了清代基诺族人物形象，为研究清代基诺族社会生活、风俗习惯等的重要史料。绵白纸，彩绘，摺装，版心高37厘米、宽26厘米，淡黄木版封装。保存完好。中央民族大学图书馆善本库藏本。

（杨筱奕 朝告才让）

御制外苗图

图像古籍。上、下两册。佚名撰，成书年代待考证。该书无序无跋，共收入图像104幅，上下册各52幅。每图均以人物活动为中心，配以山水、场景，呈现山水画风格。其中上册载：“三撮毛，剃发留三作，种茶好猎。中以戴朝，左右怀父母。普洱府属思茅有之。”此图直观反映了清代基诺族社会生活、生产，为研究基诺族历史文化等的重要史料。绵白纸，彩绘，正图摺装，版心高26.3厘米，宽23厘米，红木板豪华封装。保存完好。中央民族大学图书馆善本库藏本。

（杨筱奕 朝告才让）

文书类

清云贵总督尹继善就筹办普思元新善后事宜疏

此文记载了攸乐同知裁撤后，清朝官府对地势显要的攸乐山进行善后安排的情况。“攸乐营汛既撤，其三十六寨需人管约，据宣慰司马绍文及各土弁公保叭（弄）贡管理。”可供研究清朝对基诺山的管辖参考。收入《基诺族简史》，32开，1页，50字，云南人民出版社1985年版。

（刘怡）

国民党云南省政府民政厅长李培天呈龙云报告

该文记载：“攸乐山之土人叛变案，尤以攸乐事件关系国计甚大。原系去秋该县长派委员陈培林率警前往攸乐，两次催填积谷与催收门户款，而此少产稻谷之攸乐高山土人于青黄不接之际，既无谷以填仓，又不胜委员之食供，且不堪旅费（闻每次现金二百元）之勒索，稍不称意，即加捆打，因之土人即托神扶助反抗。陈得寓居之何铜匠密告送走，俟何返乃将其杀毙，乘势集众至小勐养，据缅寺，被该地老叭报告到县。该县长刚愎自用，不轸民瘼，即先派团警多人至小勐养，双方开枪，打死团警一人。”此件存于云南省档案馆全宗号51，目录号4，卷号186，43~44页。收入《基诺族简史》，云南人民出版社1985年版。

（刘怡）

滇黔绥靖公署暂编第二大队致龙云报告

此文记录了第二大队于民国三十年，奉思普独立守备指挥部命令，剿抚攸（乐）与徭（瑶）卡阵亡情况，请均署予抚恤的报告。“此次剿抚攸（乐），阵亡官兵均属忠勇效命，历时二年余，转战数千里，叛逆始靖，大功甫成。即以为国捐躯，其情形不无可悯，恳请照战时陆军阵亡抚恤条例，从优给恤。”此件存于云南省档案馆。收入《版纳文史资料选辑》第七辑，32开，1页，600字，云南民族出版社1992年版。

（刘怡）

《中国文化知识读本 · 基诺族》封面（杨筱奕　摄影）

《中国各民族神话》封面（杨筱奕　摄影）

《中国基诺族》封面（杨筱奕　摄影）

《基诺族》封面（杨筱奕　摄影）

《基诺族医药》封面（杨筱奕　摄影）

《基诺族文化史》封面（杨筱奕　摄影）

《基诺族文学简史》封面（杨筱奕　摄影）

《基诺族民间故事》封面（杨筱奕　摄影）

《基诺族民间文学集成》封面（杨筱奕　摄影）

《基诺族文化大观》封面（杨筱奕　摄影）

《基诺族民间舞蹈》封面（杨筱奕　摄影）

《基诺族普米族社会历史综合调查》封面（杨筱奕　摄影）

《基诺族简史》封面（杨筱奕　摄影）

《基诺族简史》封面（杨筱奕　摄影）

《基诺族风俗志》封面（杨筱奕　摄影）

《巴诗与米诗》封面（杨筱奕　摄影）

《云南民族村寨调查 · 基诺族》封面（杨筱奕　摄影）

基诺族姑娘服饰（白忠明　摄影　白云 提供）

基诺族博物馆陈列的祭祀面具
（玉罕娇 摄影 白云 提供）

背包（白忠明 摄影 白云 提供）

基诺族村寨（白忠明　摄影　白云　提供）

基诺族粮仓（白忠明　摄影　白云　提供）

集体鼓舞（白忠明　摄影　白云　提供）

全村共聚共同预祝五谷丰登（张云　摄影）

特懋克节日场景（李植森　摄影）

特懋克庆典（白忠明　摄影　白云　提供）

铁匠祭祀铁神（张云　摄影）

上刀山（杨筱奕　摄影）

捕竹虫（杨筱奕　摄影）

基诺族妇女织布（杨筱奕　摄影）

捕猎工具——压木（白忠明　摄影　白云　提供）

讲唱类

一、神话

阿嫫腰白造天地

基诺族神话。流传于云南省西双版纳傣族自治州景洪市基诺乡。基诺族的创世女神阿嫫腰白（音译，又写作“阿嫫尧白”“阿嫫肖贝”等）从水中出来，造天造地，造太阳、月亮、星辰，合拢天地，造草，造风，造树，造雨，造火的业绩以及她用洪水毁灭万物，仅留下一对双胞兄妹再重造万物的过程。同时讲述了基诺族的祖先玛黑玛妞在阿嫫腰白的安排下，躲过了洪水，在司杰卓米安家。后来，兄妹成亲繁衍了基诺族。白佳林、沙车讲述，刘怡记录。收入《基诺族民间文学集成》，32开，4页，2000字，云南人民出版社1989年版。

（刘怡）

阿嫫腰白

基诺族神话。流传于云南省西双版纳傣族自治州景洪市基诺乡。远古时宇宙间一片汪洋，阿嫫腰白第一个来到世上，她造天地、日月、星辰、山川、河流、动物、植物和人。最初，万物都会说话，常常产生矛盾，人类受到动物的威胁和侵害。阿嫫腰白给人以智慧，帮助人们治服灾害。那时，天上有七个太阳，晒得人无法生存，人追打太阳，太阳就躲藏起来。阿嫫腰白教人请回了太阳，教人使用工具，教基诺族造字，还为人挑土造平坝。她被害死后，基诺族年年都要举行祭祀创世神阿嫫腰白的活动。白腊赛（又写作白腊塞等）、标利、沙车讲述，陈平记录。收入《基诺族民间文学集成》，32开，6页，4000字，云南人民出版社1989年版。

（刘怡）

阿嫫腰白分财产

基诺族神话。流传于云南省西双版纳傣族自治州景洪市基诺乡。人类诞生后，阿嫫腰白把财产分给几个民族。分土地时，基诺族要坝子，傣族要山区，汉族不要土地。分工具时，基诺族拿了锄头、背索和背板，傣族拿了扁担，汉族拿了秤。分动物时，基诺族认了马，傣族认了鹿，汉族不要动物。分贫穷时，基诺族和傣族认了穷，汉族认了富。分箱子时，基诺族拣了一个最重的，汉族、傣族拣了轻的，结果基诺族得的是粗布，汉族和傣族得的是绸缎。分疾病时，基诺族和汉族不要，傣族要了天花、麻风。佚名讲述、翻译，付金芝记录。收入《基诺族心理学研究》，32开，2页，1000字，贵州教育出版社1992年版。

（刘怡）

玛黑、玛妞

基诺族神话。流传于云南省西双版纳傣族自治州景洪市基诺乡。玛黑、玛妞是一对兄妹，当阿嫫腰白决定发洪水毁灭万物时，留他俩做人种。他们在木鼓中保存了性命，到司杰卓米安了家。他们把阿嫫腰白给的九颗葫芦籽种下，只活了两棵：一棵爬了九座山、九条箐，只开花不结果，基诺人认为是公的，所以男人有九个魂；另一棵爬了七座山、七条箐，开完花结了一个大葫芦，基诺人认为是母的，因而女人有七个魂。葫芦裂成三块后滚下山坡，出来了动植物。玛黑、玛妞生了七个儿女，老大被蜂吃了，其他六个儿女，恰好三男三女，结成三对夫妻，繁衍了基诺族。柯普罗（音译，柯普罗为基诺族七大长老之一，又写作柯普洛、柯朴洛、柯朴罗等）、沙车讲述，白佳林翻译，刘怡记录。收入《中国各民族宗教与神话大词典》，16开，1页，300字，学苑出版社1990年版。

（刘怡）

玛黑、玛妞和葫芦里的人

基诺族神话。流传于云南省景洪市基诺族聚居区。讲述了基诺族的来历及没有文字的原因。白腊赛（音译，指基诺族省级非物质文化遗产传承人白腊先，又写作白腊腮、白腊塞等）、白腊东讲述，白忠明、策白翻译，赵鲁云整理。收入《南方少数民族创世神话选集》，16开，6页，2900字，中国国际广播出版社2016年版。

（杨筱奕）

基诺人的来历

基诺族神话。流传于云南省景洪市基诺族聚居区。远古时候，阿嫫尧白创造了天地万物，为了保存人类，玛黑、玛妞两兄妹被装进木鼓随水漂流。到了一个叫司杰卓米的地方并种下了葫芦，从葫芦里走出来空格人、基诺人、汉人和傣人。佚名讲述、记录。收入《中国各民族神话》，32开，1页，500字，书海出版社2014年版。

（杨筱奕）

一轮十三天的由来

基诺族神话。流传于云南省西双版纳傣族自治州景洪市基诺乡。讲述了创世女神阿嫫腰白造地时，“火”日遭人暗算，“水”日闭上了眼睛，“阿嫫腰白”日全身冰冷，人们从“阳”日到“合”（称冒，天地合拢的意思）日忙于报丧和奔丧，“草”日商量安葬仪式，“风”日准备祭品，“树”日为阿嫫腰白拴线，“雨”日为她送鸡蛋，“七阳”日送葬，“火”日升天。一轮十三天就来源于此，并由此留下了规矩，祭阿嫫腰白的“喏嫫洛”仪式，正祭之日一定要在“水”日。普通人去世，“七阳”日不得行送葬之礼，“火”日不得烧地，“雨”日不能给活人拴线等。巴漂寨卓巴讲述，刘怡记录。收入《基诺族文化大观》，32开，2页，1000字，云南人民出版社1999年版。

（刘怡）

铁匠神

基诺族神话。流传于云南省景洪市基诺山基诺族聚居区。讲述了基诺族打铁节的来历。远古时候一位妇女怀胎九年九个月孩子才咬断她七根肋骨自己跳出来。孩子一出生一手拿铁锤一手拿火钳，很快就打出砍刀、弯刀等农具。从此基诺族开始用铁器，并产生了对铁匠、打铁的祭祀。佚名讲述，陈平搜集、整理。收入《中国各民族神话》，32开，2页，200字，书海出版社2014年版。

（杨筱奕）

箐神

基诺族神话。流传于云南省景洪市基诺山基诺族聚居区。讲述了基诺族祭祀箐神的由来。一对相爱的基诺族堂兄妹因禁止氏族配婚，相约逃到山林隐居。住在上游的妹妹死后变成了神。哥哥每次狩猎之时都要在两人居住过的山箐里做纪念仪式，而妹妹也常常送野兽在箐中，让哥哥猎取。后来，基诺族猎人到深箐狩猎都要在箐中做纪念仪式。佚名讲述，陈平搜集、整理。收入《中国各民族神话》，32开，1页，200字，书海出版社2014年版。

（杨筱奕）

巴什

基诺族神话。流传于云南省西双版纳傣族自治州景洪市基诺乡。基诺族一对同氏族的兄妹，从小青梅竹马，成年后受“同氏族不得成婚”的习惯法所制约，虽一再请求父母、长老以及傣族、汉族的大官，均未得到许可。两人殉情，结果妹死哥活。妹妹的灵魂求得女神的帮助，将活着的阿哥的魂灵接到祖先居住的司杰卓米成亲。沙车讲述，陈平记录。收入《基诺族民间文学集成》，32开，4页，2000字，云南人民出版社1989年版。

（刘怡）

二、传说

（一）起源传说

白发老人当月老

基诺族传说。流传于云南省西双版纳傣族自治州景洪市基诺乡。阿嫫腰白第二次用洪水灭万物时，将玛黑、玛妞两兄妹放入木鼓中并装上了一把小刀和一个小铃铛，让他们每天敲三下鼓，待鼓声响亮时就用小刀划破鼓皮出来。木鼓在水上漂了七天七夜，漂到了司杰卓米撞在岩石上后，发出响亮的声响。兄妹俩划破鼓皮出来，在司杰卓米山上住下。为了繁衍子孙，哥哥想和妹妹成亲，又不好意思，就让妹妹去问大石岩后的白发老人。哥哥装成老人躲在石岩后。妹妹听了“白发老人”让他们兄妹成婚的话，便与哥哥结成夫妻，成了基诺人的祖先。佚名讲述，董绍禹、杨毓骧记录。载《山茶》1985 年第 6 期，16 开，2 页，1000 字。

（刘怡）

乌优、阿哈和阿西

基诺族传说。流传于云南省西双版纳傣族自治州景洪市基诺乡。基诺族的创世神阿嫫腰白造出天地万物，一切都有灵性，还会说话。人去砍树，树会央求人不要砍它，动物饿了就叫人来吃，渐渐地秩序混乱起来。为此，阿嫫腰白决定再造万物。于是她发洪水淹没大地，却将玛黑、玛妞放入木鼓，七天七夜后，玛黑、玛妞就在木鼓落地处安了家。兄妹成婚，生了七个儿女，大女儿被蜂吃了，其余三男三女长大后，又兄妹婚配繁衍了基诺族。当时不知如何给孩子取名，就按树来取，老大一对称“乌优”（又写作“乌热”），是树尖；老二一对称“阿哈”，是树杈；老三一对称“阿西”，是树枝。他们共同生活、劳动在司杰卓米。白腊者、白佳林、沙车讲述，段精德记录。收入《基诺族》，32 开，1 页，600 字，成都科技大学出版社 1994 年版。

（刘怡）

谷种的来历

基诺族传说。流传于云南省西双版纳傣族自治州景洪市基诺乡。很早的时候，粮食不够吃，基诺族派斑鸠到谷神那里去要谷种。斑鸠没把谷种带回来，于是又派谷子雀去找。谷子雀在帮谷神晒谷种时将谷种衔在嘴里，带回了谷种。基诺人认为谷种是谷子雀带回来的，所以至今让它吃谷子。沙都讲述，紫切（音译，亦写作资切）、刘怡记译。收入《基诺族民间文学集成》，32 开，1 页，600 字，云南人民出版社 1989 年版。

（刘怡）

基诺人为什么没有文字

基诺族传说。流传于云南省西双版纳傣族自治州景洪市基诺乡。创世神阿嫫腰白创世时，给汉人的文字是写在纸上的，给基诺人的文字是写在牛皮上的。基诺人拿着写了字的牛皮过河，牛皮浸了水，上面的字模糊了。基诺人就把牛皮放在火上烤，结果牛皮被烤糊了，字迹就更看不清了。基诺人想，把牛皮吃进肚里，字就记在心上了。

于是便把写了字又烤煳的牛皮吃了。从此基诺人便失去了自己的文字。白腊约、阿四讲述，杜玉亭记录。收入《基诺族文学简史》，32开，1页，500字，云南民族出版社1996年版。

（刘怡）

（二）人物与历史传说

米里几德

基诺族人物传说。流传于云南省西双版纳傣族自治州景洪市基诺乡。基诺族女祖米里几德据说是个通天文地理、知晴雨寒暑的有名祭司，而且有很高的法力。她用竹子做水槽引来了山间的泉水供人们饮用，还发现了可以磨刀的磨刀石。基诺族因为与外族战争不得不离开祖先住地，离开时忘记带祖先的神器——煮饭用的三角石，导致人丁衰亡。米里几德得知此事后，奋不顾身重返杰卓，取回了祖先的神器，使人口兴旺起来。佚名讲述，杜玉亭记录。收入《基诺族文学简史》，32开，1页，500字，云南民族出版社1996年版。

（刘怡）

阿普少雪

基诺族人物传说。流传于云南省西双版纳傣族自治州景洪市基诺乡。阿普少雪长得魁伟英武，力大无穷。他手执一把百余斤重的铁刀，腰系一块数百斤重的磨刀石。外族入侵基诺山时，他率众出征，因日夜杀敌而变得嗜杀成性。即便胜利回来，还扬言要杀光所有的姑娘。于是，人们设计用藤篾将他从马上绊跌下来并用藤子勒死了他。佚名讲述，杜玉亭记录。收入《基诺族简史》，32开，2页，500字，云南人民出版社1985年版。

（刘怡）

曹寇王的传说

基诺族人物传说。流传于云南省西双版纳傣族自治州景洪市勐旺乡。补远寨曹姓祖先中有一位叫曹寇王的勇士，在消灭敌人的战斗中表现得英勇顽强，但消灭敌人后却变得嗜杀成性，为此他要求人们将他杀掉。人们不肯。于是他提议在路上挖一大坑，坑里插上刀，然后自己纵马跳了进去。他死后，人们在他血溅起处盖了一个棚子，在每年八月间举行祭祀仪式，同时还要“拉黄牛”祭祖。李章宝、张汉臣讲述，刘怡记录。收入《基诺族文化大观》，32开，1页，500字，云南民族出版社1999年版。

（刘怡）

“攸乐”一名的由来

基诺族历史传说。流传于云南省西双版纳傣族自治州景洪市。故事讲述基诺族跟随傣族首领叭比沙怒到西双版纳的途中因起床晚了而被丢落在基诺山。因此被当地的人称之为“攸乐”，基诺山也被叫“攸乐山”。召应忠记录，刀建光、刀兴平记译。《西双版纳基诺族历史》，32开，1页，100字。

（刘怡）

平坝换山地，马换鹿

基诺族历史传说。流传于云南省西双版纳傣族自治州景洪市基诺乡。古时，基诺人住在坝区，骑马；傣族人住在山上，骑鹿。傣族头人对基诺人说山上的物产丰富而且马鹿颜色美观，跑得快，角上还可以挂东西。于是，基诺人就将自己住的平坝和骑的马与傣族交换。从比基诺人便住在了山上，而换来的鹿也跑了。白腊约、阿四讲述，杜玉亭记录。收入《基诺族文学简史》，32开，1页，500字，云南民族出版社1996年版。

（杨筱奕）

龙刀为什么是断的

基诺族历史传说。流传于云南省西双版纳傣族自治州景洪市基诺乡。基诺族铁匠战胜龙王得到了龙刀，因普米寨的长老用它砍断了九根水笕槽就放在了普米寨里。清朝官兵修筑司土城后，用计将基诺族青年引入城中杀害。普米寨的一名勇士想为兄弟们报仇便拿了龙刀去了司土城。进城后，官兵们设宴招待他，想把龙刀盗走。贪杯酒醉的勇士发现有人要盗宝刀，在争夺中，龙刀被折断，勇士握着折断的龙刀逃出了司土城。所以普米寨传下的龙刀没有上部。佚名讲述，杜玉亭记录。收入《基诺族文学简史》，32开，1页，500字，云南民族出版社1996年版。

（刘怡）

亚诺寨的两个人种

基诺族历史传说。流传于云南省西双版纳傣族自治州景洪市基诺乡。清朝时官府在司土寨建城，命15岁以上的男子都去服劳役。城建好后许诺能跳进城的人便赐给白银。亚诺寨的基诺汉子生性好强，轻信了谎言，一一从城外跳入，结果全部被杀。只有叶巧和叶不鲁两兄弟未跳免于一死，成为亚诺寨的两个人种。而亚诺寨阿车绕氏族父子连名的谱系均数到这两兄弟为止，其代数和建城的时间相当。佚名讲述，杜玉亭记录。收入《基诺族文学简史》，32开，1页，500字，云南民族出版社1996年版。

（刘怡）

（三）风俗传说

敬献祖先的来历

基诺族风俗传说。流传于云南省西双版纳傣族自治州景洪市基诺乡。洪水泛滥时，基诺始祖玛黑玛妞兄妹在阿嫫腰白的庇护下，靠木鼓保全了性命。兄妹成婚后种下了葫芦籽，葫芦长大后结了一个大葫芦，里面传出了人的声音。兄妹俩想用火棍烙开看，但葫芦里发出人的惊叫声。葫芦里叫“欧”的人让两兄妹往自己那边烙。葫芦烙开后，第一个出来的是空格人，所以空格人是黑的；汉族和傣族后出来，所以是白的。基诺人认为是“欧”牺牲了生命才有了基诺人，所以凡举行仪式和唱歌时都要对“阿仳欧”表示敬意。沙车讲述，禹尺记录。收入《基诺族民间文学集成》，32开，5页，2800字，云南人民出版社1989年版。

（刘怡）

鲁车和耶朵

基诺族风俗传说。流传于云南省西双版纳傣族自治州景洪市基诺乡。鲁车和耶朵是一对同天出生的“巴什”（同氏族情人），尽管老人们一再告诫他们“巴什不能成婚”，但仍阻止不了两人的情感。他们到长老处、景洪土司衙门去申诉，都没得到允许。他们又去祈求父母，也被父母为难，而没能成婚。两人决定再去找汉族的大官申诉。在过小黑江时，因划船人不让他们上同一条船，只得各上一条船。船到江中即被湍急的江水分开。鲁车的船逆水而上，耶朵的船顺水而下。后来，鲁车飘上天变成了月亮，耶朵飘上天变成了太阳，他们只有在月食时才能相会。沙车讲述，白佳林、杜玉亭记译。收入《基诺族文学简史》，32开，3页，2000字，云南民族出版社1996年版。

（刘怡）

象征爱情的羽毛

基诺族风俗传说。流传于云南省西双版纳傣族自治州景洪市基诺乡。一对“巴什”兄妹的爱情受到父母和村寨长老的反对，不得成婚。为了到祖先住的“司杰卓米”成亲，两人相约殉情。二人死后化做的白鹇鸟不幸被猎人扣住。它们死前告诉猎人，自己是猎人的儿子和媳妇。为了纪念他们，猎人从白鹇身上各拔下一根羽毛，插在自家屋檐的草排上。因寨中时有殉情之事发生，加之人们传说这些殉情的人都变成了各种各样的鼠、鸟，所以基诺人打到鼠、鸟便将其羽毛或尾巴取回来，插在屋檐下作纪念。沙车讲述，郑培庭、王援宁、温源凯、赵洪宝记录。收入《中华民族故事大系》第16卷，32开，3页，2000字，上海文艺出版社 1995 年版。

（刘怡）

天神姑娘

基诺族风俗传说。流传于云南省西双版纳傣族自治州景洪市基诺乡。一对“巴什”恋人想成婚得不到社会的允许，就相约去森林里建立家庭。后来巴什郎受到传统的惩罚——被围捕者用弩箭射伤，而巴什妹则被天降白布接引成为天神姑娘。卓巴•沙车讲述，杜玉亭记录。收入《基诺族文学简史》，32 开，1 页，300 字，云南民族出版社 1996 年版。

（刘怡）

庆“抛猜”的来历

基诺族风俗传说。流传于云南省西双版纳傣族自治州景洪市基诺乡。又译作《鸡蛋姑娘》。讲述孤儿特绕在神仙老人指引下意外地得到了鸡蛋姑娘。鸡蛋姑娘的美貌让“搓高”（有钱人）心动，“搓高”用金银绸缎为诱却都遭到鸡蛋姑娘的拒绝，只好提出与特绕比输赢。在鸡蛋姑娘的帮助下，斗马、斗牛、斗鸡、斗狗，特绕都获得了胜利。无计可施的“搓高”请祭司占卜后得知特绕忌吃鸡蛋，就想法子让特绕违忌吃下鸡蛋而后抢走了鸡蛋姑娘。为了救回鸡蛋姑娘，特绕完成了“搓高”出的三道难题，“搓高”只得放了他们。但背信弃义的“搓高”又派兵来抓他们。特绕和鸡蛋姑娘觉得人世间没有立足之地，决定上天。按规矩，特绕到了太阳上，鸡蛋姑娘来到月亮上，三年才得相见一次。基诺人把月食现象认为是特绕离开太阳到月亮上与鸡蛋姑娘相会，所以每当月食发生，基诺村寨就响起庆“抛猜”的欢呼声。周布鲁、梅泽讲述，周兴文、李云昌、禺尺记译。收入《基诺族民间文学集成》，32 开，16 页，10000 字，云南人民出版社 1989 年版。

（刘怡）

基诺族敬重铁匠的来历

基诺族风俗传说。流传于云南省西双版纳傣族自治州景洪市基诺乡。父子四人相依为命，后来父亲被恶龙所害，三兄弟发誓要为父亲报仇。他们听说龙王害怕铁腥味，就到水塘边打铁。龙王让铁气味熏得头发昏，眼发花，又被打铁声震得坐立不安，就派小鱼来劝三兄弟不要在此打铁。小鱼被老大用火钳夹住烧红了尾巴，成了红尾巴鱼；派来的螃蟹，被老大、老二夹住了两个大夹子，只能靠六只脚横着走路；最后，龙王只好自己来，却被老三用铁钳子夹伤。龙王只好将龙宫中的金银财宝和神刀给了三兄弟。三兄弟获得了神刀，为民除害。因此基诺人特别尊重和爱戴铁匠，每年过“特懋克”时要祭铁匠房。白佳林讲述，周新文记录。记录稿，6 页，3000 字，稿存云南省民间文学集成编辑办公室。

（刘怡）

祭树神的由来

基诺族风俗传说。流传于云南省西双版纳傣族自治州景洪市基诺乡。懒汉布拉都扔的芒果核让七姑娘吃后怀了孕，七姑娘被迫嫁给了他。懒汉在七姑娘的调教下开始劳动，可他砍过树的地第二天就会复原。布拉都抓到把树叫起来的老人，老人告诉他要杀狗祭树神才可以。从此基诺族有了祭树神的习俗。回珍（音译，现法定名为回振）寨老人讲述，白佳林翻译，刘怡记录。收入《中华民族故事大系》第 16 卷，32 开，6 页，3000 字，上海文艺出版社 1995 年版。

（刘怡）

敲竹筒的由来

基诺族风俗传说。流传于云南省西双版纳傣族自治州景洪市基诺乡。基诺族居住在杰卓山的时候，猎人杰白种的谷子经常被野猪糟蹋，只好到地里守护。他发现是猎神“勒斯”敲着竹筒让野猪来糟蹋谷子，就想整治猎神。他用计使猎神跌了个大跟头并大声喊叫。猎神怕自己的糗事张扬出去就送给杰白一头大野猪作为赔偿。杰白得到了大野猪，却无法搬走。猎神让他剥来一张鼠皮，念咒将野猪包在鼠皮中。回家的路上杰白遇到寨中六位长老，长老们见他只带个小老鼠还气喘吁吁的，感到很奇怪。杰白只好打开鼠皮让他们看。鼠皮打开后野猪变大了，杰白无法带走，只有请六位长老帮忙。他们砍来竹子，学着猎神的样子敲起竹筒。从此基诺族打到猎物都要敲竹筒，而“七音竹筒”也成了基诺族特有的乐器。沙车讲述，刘怡记录。收入《基诺族民间文学集成》，32开，3页，1700字，云南人民出版社1989年版。

（刘怡）

“上新房”的由来

基诺族风俗传说。流传于云南省西双版纳傣族自治州景洪市基诺乡。三兄弟因父亲年老不能干活而想遗弃老人，他们卖父不成便想将他丢入江中。老三于心不忍就将袋苦荞推入江中。父亲将给老大、老二的谷种用开水烫过，让其来年不发芽。他们去找祭司白腊泡问卦，白腊泡告诉他们要举行“打黄牛”祭祖的仪式才可。此后形成“上新房”时“打黄牛”祭祖的风俗。资切讲述，刘怡记录。收入《基诺族民间文学集成》，32开，3页，2200字，云南人民出版社1989年版。

（刘怡）

扫基与召片领

基诺族风俗传说。流传于云南省西双版纳傣族自治州景洪市基诺乡。基诺山茨通寨的姑娘扫基，在摸鱼时捡到个七孔螺蛳戴在头上后变得十分美丽。进宫后的扫基生了个儿子，遭正宫娘娘玉腊罕嫉妒。玉腊罕乘扫基不备，将七孔螺蛳弄掉捡起来并藏好。失去螺蛳的扫基一天天憔悴下去，自觉无颜再见召片领，跑回了基诺山，跳进了嘎里果箐的大龙潭。召片领带人来寻，只见到了扫基留下的衣服和首饰。后来召片领又将扫基的儿子送回了基诺山抚养。玉腊罕想变漂亮就将七孔螺蛳戴在头上，可事与愿违。变得丑陋不堪的玉腊罕气愤地将七孔螺蛳砸碎，不料却引火烧身。扫基的儿子长大后，召片领将他接回宫并继承了王位。为怀念母亲、感激基诺族的养育之恩，他把扫基留下的衣服裁下一条，挂在王宫大殿的中柱上，这一习俗也影响了傣族人，延续至今。所以，傣族人家上新房时，要在中柱上挂一块彩条布；结婚或重大祭祀时，摆放敬酒的葫芦时，口上要盖一块用砍刀布拼成的基诺族尖尖帽。沙车、白佳林讲述，郑培庭记录。收入《基诺族民间文学集成》，32开，5页，3000字，云南人民出版社1989年版。

（刘怡）

新米治难产

基诺族风俗传说。流传于云南省西双版纳傣族自治州景洪市基诺乡。一个长着癞疮的老人到寨子里借宿，人们见他的样子都婉言谢绝了。他来到富人的竹楼下，正巧富人的老婆难产。老人说自己能治，富人忙把老人接进家中热情招待，老人让他去太阳落山的寨子找半生不熟的绿谷子。富人的老婆吃了绿谷熬的药后，顺利地生了一个胖娃娃。白佳林讲述，郑培庭记录。记录稿，32开，3页，800字，稿存云南省民间文学集成编辑办公室。

（刘怡）

牛角号的功用

基诺族风俗传说。流传于云南省西双版纳傣族自治州景洪市基诺乡。每当月食要发生时，牛屎虫（屎壳郎）就会感觉到。他告诉癞蛤蟆说：“太阳和月亮咬打起来了，你很聪明，去劝劝它们别打了。”于是癞蛤蟆就上天去劝架。因此每当月食时基诺人吹牛角号，据说是欢送癞蛤蟆上天，有的地方还要鸣枪。卓巴·沙车讲述，刘怡记录。记录稿，16开，1页，200字，稿存云南省民间文学集成编辑办公室。

（刘怡）

狩猎习俗的传说

基诺族风俗传说。流传于云南省西双版纳傣族自治州景洪市基诺乡。一个孤儿常受人欺负，大家打到猎物也不分给他。孤儿自己上山下扣子却总扣不到动物。后来，他发现是一位老人吃了他的猎物。老人答应赔他野猪，可他拿不走。老人用松树皮包起野猪给他。在回去的路上，人们不信孤儿打到了野猪，他只好取出给人们看，结果却再也包不起来了。人们只好把野猪就地煮了吃，并敲打砍来的七截竹筒。从此基诺人打到野兽就要敲竹筒。白忠明讲述，盖兴之记录。收入《中华民族故事大系》第 16 卷，32 开，2 页，1500 字，上海文艺出版社 1995 年版。

（刘怡）

新米节的来历

基诺族风俗传说。流传于云南省西双版纳傣族自治州景洪市基诺乡。两兄弟得到了黄狗带回来的一粒谷种，收获了一把谷子后留下一半做谷种，另一半放在嘴里咂味道。一天，一个老爷爷来讨饭，两兄弟拿出一粒谷子给老人。老人却让两兄弟抬来锅，然后将谷子放进去，不一会就煮出了一锅白米饭。老人走时给了他们一把谷子并让他们种下。三天后两人将成熟的谷子收进谷仓，盖上芭蕉叶。五天后去看时，谷仓里装满了谷子。从此基诺人有了谷种，吃上了新米饭，为庆祝这事，每年谷子抽穗时，基诺人都要举行"吃新米"的仪式。白佳林讲述，郑培庭记录。载《山茶》1986 年第 3 期，16 开，4 页，1100 字。

（刘怡）

会飞的谷子

基诺族风俗传说。流传于云南省西双版纳傣族自治州景洪市基诺乡。很久以前谷子吃不完。老阿妈在打扫准备收新谷的谷仓时埋怨陈谷子为什么不飞走，结果不仅陈谷子飞走了，就连才收获的新谷子也飞走了。老阿妈后悔不已，只好杀鸡祭祀谷神，又到地里去叫谷魂。从此，基诺族有了收谷子叫谷魂的习俗。白佳林讲述，郑培庭记录。收入《基诺族民间文学集成》，32 开，1 页，云南人民出版社 1989 年版。

（刘怡）

稻谷籽种的来历

基诺族风俗传说。流传于云南省西双版纳傣族自治州景洪市基诺乡。很久以前，人们不知种稻子。猎人腰车的猎狗不知从何处带回了几粒稻子，被母亲随手扔在屋后的空地上。后来长出了稻谷，基诺族人便有了谷种。于是，基诺人认为是狗带来了谷种，所以特别关爱狗，睡觉前也不忘喂饱狗。白佳林讲述，郑培庭、温源凯、赵洪宝、王援宁记录。收入《基诺族民间文学集成》，32 开，1 页，600 字，云南人民出版社 1989 年版。

（刘怡）

嫁姑娘寨

基诺族风俗传说。流传于云南省西双版纳傣族自治州景洪市基诺乡。基诺山巴卡寨一对从小一起长大的同氏族恋人，因"同氏族不得成婚"的规矩得不到父母和村寨长老的允许，只好去求姑娘的舅舅——巴别寨的长老，准其成婚。巴别寨的长老对小伙子进行了考察，觉得他人品好，聪明伶俐，在举行祭祖仪式后同意了他们的婚事。从此，巴卡寨同氏族的恋人如果一定要成婚，就手捧猪头到巴别寨的长老处求情，待长老给予考验并用猪头祭祖后，就可以结婚了。白佳林、标利讲述，郑培庭、赵洪宝记录。收入《基诺族民间文学集成》，32 开，5 页，3000 字，云南人民出版社 1989 年版。

（刘怡）

（四）风物传说

阿枯幽的传说

基诺族风物传说。流传于云南省西双版纳傣族自治州景洪市基诺乡。一对从小一起长大的同氏族恋人，因“同氏族不能成婚”，女方家人在小伙子求婚时出题为难他。小伙子在姑娘的帮助下也只完成了一道难题。姑娘的父亲以此为借口不许两人成婚。两人相约上吊自杀，姑娘死了，而小伙子没死。后来小伙子外出做生意回来，路过两人相约上吊的地方，听到一种叫“阿枯幽”的知了不停地鸣叫，觉得是姑娘在埋怨自己，于是拔刀自尽，变成了另一只知了。佚名讲述，李云昌记录。收入《基诺族民间文学集成》，32开，3页，1800字，云南人民出版社1989年版。

（刘怡）

草烟的来历

基诺族风物传说。流传于云南省西双版纳傣族自治州景洪市基诺乡。一对誓死要结为夫妻的“巴什”恋人，姑娘因病死后，巴什郎为其墓地铲草时留下了一株不知名的草。秋后这株草的叶片发黄，巴什郎因思念巴什妹就嚼食了它的叶片，从而发现了烟叶。柯普洛•沙车、木拉孜讲述，卓巴•沙车、白佳林、白腊者、杜玉亭记译。收入《基诺族文学简史》，32开，1页，400字，云南民族出版社1996年版。

（刘怡）

基诺族服饰的传说

基诺族风物传说。流传于云南省西双版纳傣族自治州景洪市基诺乡。美丽善良的姑娘布鲁蕾和勤劳忠厚的小伙泽白相爱，头人的儿子泽木拉派人抢走了布鲁蕾。泽白去救布鲁蕾，发现布鲁蕾的衣袖和身上都被血染红了，他背起布鲁蕾逃走，刚过河就被泽木拉用箭射伤。一位神秘的老妈妈救了泽白并为他包扎伤口。泽木拉追了过来，泽白背着布鲁蕾爬到大树上躲避，而追到树下的泽木拉一伙则变成了山羊。后来基诺人便用服装上的装饰以示泽白与布鲁蕾的经历。白佳林讲述，郑培庭、王援宁、温源凯、赵洪宝记录。收入《基诺族民间文学集成》，32开，4页，2000字，云南人民出版社1989年版。

（刘怡）

“不都”的来历

基诺族风物传说。流传于云南省西双版纳傣族自治州景洪市基诺乡。世间万物都由阿嫫腰白定名。但是在她临终前，紫胶还未定名。因为阿嫫腰白在弥留之际已经说不清话，人们只能从她喘气的声音中听出了“不都”的声音，因此就称紫胶为“不都”。佚名讲述，杜玉亭记录。收入《基诺族文学简史》，32开，1页，200字，云南民族出版社1996年版。

（刘怡）

俄节阿鲁的来历

基诺族风物传说。流传于云南省西双版纳傣族自治州景洪市基诺乡。阿嫫腰白造了世上万物，划分了不同民族的地域和文化生活特点。在她挑土造澜沧江边的大山时，有人在她的扁担上做了手脚，阿嫫腰白挑着担子到小勐养时扁担折断，利刀伤了颈部，扁担飞出数十里外，形成景洪附近澜沧江中的长岛，而筐里挑的土倒出后形成“俄节阿鲁”山峁。佚名讲述，杜玉亭记录。收入《基诺族简史》，32开，1页，300字，云南人民出版社1985年版。

（刘怡）

六大茶山名称的来历

基诺族风物传说。流传于云南省西双版纳傣族自治州景洪市。传说武侯诸葛亮走遍了六大茶山并留下了很多遗物。而六大茶山的名称就是根据他留下的器物而得名。攸乐山是因武侯将铜锣留下而得名，这里的人也就称为攸乐人；留下铓的地方称莽芝，埋铁砖的地方称蛮专；埋马镫的地方称革登；放置撒袋的地方称慢撒；孔明山则是诸葛亮的寄箭处，而大茶王树是诸葛亮种下的。佚名讲述，赵志淳记录。收入《版纳文史资料选辑》第四辑，32 开，1 页，300 字，云南省西双版纳傣族自治州政协 1984 年编印。

（刘怡）

（五）寨子的传说

潮退鼓落处建的寨子

基诺族地名传说。流传于云南省西双版纳傣族自治州景洪市基诺乡。传说创世神阿嫫腰白将玛黑、玛妞兄妹留做人种放入木鼓，以避开洪水。洪水退去木鼓停留的地方就是基诺族始祖玛黑、玛妞最早的居住地——“司杰卓米”。那时人鬼不分，人死后，灵魂与活人一同生活，不劳动光吃饭。人没有办法养他们，就定了规矩：划定鬼魂住在司杰卓米，人离开司杰卓米，另找地方生活。此后，司杰卓米就只有死者的灵魂，由祭司送到。在小黑江附近有一黑一白两块石岩，传说就是基诺族人鬼分开时的划界石。柯普罗•沙车讲述，卓巴•沙车翻译，刘怡记录。记录稿，16 开，3 页，800 字，稿存云南民间文学集成编辑办公室。

（刘怡）

杰卓的传说

基诺族地名传说。流传于云南省西双版纳傣族自治州景洪市基诺乡。传说基诺族从司杰卓米迁徙后，阿西、阿哈在此建起了寨子。人们为了记住自己是从司杰卓米搬迁过来的，就把这里称为“杰卓”，意思是“从司杰卓米搬迁过来的”。这里是基诺人在基诺山最早的聚居地，后来因为火灾，人们又迁离了杰卓山。卓巴•沙车讲述，刘怡记录。收入《基诺族文化大观》，32 开，2 页，400 字，云南民族出版社 1999 年版。

（刘怡）

巴夺寨的传说

基诺族寨名传说。流传于云南省西双版纳傣族自治州景洪市基诺乡。基诺族从最早的聚居地杰卓山搬下来时，领头建立巴夺寨的阿仳米里几德是一个法力高强的女祖先。当得知因战事仓促下山忘了带走祖先神器——煮饭用的三脚石，她立即奋不顾身地赶回杰卓山，取回了祖先的神器并将它安放在巴夺寨。在基诺语中，“巴”就是扛着东西来，“夺”是栽的意思。作为基诺族的母亲寨——巴夺（现法定名为巴朵）就此得名。标利讲述，陈平记录。收入《基诺族民间文学集成》，32 开，1 页，500 字，云南人民出版社 1989 年版。

（刘怡）

巴飘寨的传说

基诺族寨名传说。流传于云南省西双版纳傣族自治州景洪市基诺乡。巴飘，音译，现法定名为巴漂。传说基诺族首领少雪抵御外敌回来后嗜杀成性。但他力大无比，没人能制服他。于是“门普”所领阿哈支中有人想出一条计谋：在路上暗布藤条将其绊倒后捆住，再用削尖的黄竹片刺入他的太阳穴。少雪被抓，人们用竹子将他活活打死。巴漂寨就是由打死少雪的人领头建的寨子。人们为了记住这件事，就在歌里将巴漂寨唱作“伏特它肖”，意思就是“拿竹子敲打”。巴漂是基诺族阿哈人的父亲寨。柯朴罗•沙车讲述，刘怡记录。记录稿，16 开，2 页，500 字，稿存云南民间文学集成编辑办公室。

（刘怡）

巴雅——掌权寨

基诺族寨名传说。流传于云南省西双版纳傣族自治州景洪市基诺乡。巴雅，音译，现法定名为巴亚。传说基诺族有一名叫少雪的男子，外族入侵杰卓山之时，他率众出征。得胜回来带人建立了巴亚寨，这是基诺山第一个由男性领头建的寨子。由于少雪在战斗中的英勇顽强，人们推选他掌握基诺族权力的象征物“把茄”，并将他领头建的巴雅寨称为“掌权寨”。标利讲述，陈平记录。收入《基诺族民间文学集成》，32开，1页，500字，云南人民出版社1989年版。

（刘怡）

巴贵（桂）——妙龄姑娘建的寨

基诺族寨名传说。流传于云南省西双版纳傣族自治州景洪市基诺乡。巴贵（桂），音译，现法定名为巴果类。传说基诺族从杰卓山下来后，老妞和少妞、车妞一起建了亚诺寨。后来，脸色红润、身材苗条、长得漂亮的少女老妞又自己建了寨。于是，人们就把这个寨叫做“巴果类”。卓巴·少车讲述，段精德记录。记录稿，32开，1页，200字。稿存云南民间文学集成编辑办公室。

（刘怡）

巴卡

基诺族寨名传说。流传于云南省西双版纳傣族自治州景洪市基诺乡。传说巴卡寨和巴别寨的两个小伙子同时爱上了巴塔寨的一位漂亮姑娘，互不相让。姑娘的父亲就让他们将一块大石头抬上树杈。结果巴卡寨的小伙子力气大，将石头抬上了树杈，赢得了恋人。这个小伙子所在的寨子就被称为巴卡，意思就是“力气大的寨子”。沙车、白佳林讲述，段精德记录。收入《景洪文史资料之三——基诺族》，32开，2页，400字，成都科技大学出版社1995年版。

（刘怡）

巴别——相让恋人寨

基诺族寨名传说。流传于云南省西双版纳傣族自治州景洪市基诺乡。巴别，音译，现法定名为巴杯。传说巴别寨的小伙子因没能把大石头抬上树杈，只得将恋人让给了巴卡寨的小伙子，人们就把这个寨子叫做“巴别”，意思是“相让恋人的寨子”。沙车、白佳林讲述，段精德记录。记录稿，32开，2页，400字，稿存云南民间文学集成编辑办公室。

（刘怡）

巴吉寨的故事

基诺族寨名传说。流传于云南省西双版纳傣族自治州景洪市基诺乡。巴吉，音译，现法定名为曼秀。传说这个寨子的人原来居住在高山上，生产生活都十分不便。经人指点后，寨子里的人恍然大悟，连称“吗后”。于是寨名就叫“吗后”。后来变成了“曼秀”（傣名）。“巴吉”是基诺名，意为“觉醒寨”。柯普罗·沙车讲述，刘怡记录。记录稿，16开，1页，300字，稿存云南民间文学集成编辑办公室。

（刘怡）

丢失“把茄”的寨子

基诺族寨名传说。流传于云南省西双版纳傣族自治州景洪市基诺乡。传说基诺族的权力的象征物“把茄”自少雪死后就没有人能管得了，最后被人丢弃了。这个寨子的人从路上捡回来以后以为自己拥有了权力，可族人并不认可，最终致使“把茄”烂掉。人们认为基诺族的法律是从这个寨子失传的，就把这个寨子叫做巴来，意思是“法律失传的寨子”。柯朴罗·沙车讲述，刘怡记录。记录稿，16开，2页，500字，稿存云南民间文学集成编辑办公室。

（刘怡）

林中的铅沟寨

基诺族寨名传说。流传于云南省西双版纳傣族自治州景洪市基诺乡。传说巴过寨的人搬到了原始森林中建寨居住，因寨子旁边有铅矿，傣族就把这个寨叫“回珍”（音译，现法定名为回振），意为“铅沟箐寨”。柯朴罗•沙车讲述，段精德记录。记录稿，16开，1页，300字，稿存云南民间文学集成编辑办公室。

（刘怡）

巴洛寨的传说

基诺族寨名传说。流传于云南省西双版纳傣族自治州景洪市基诺乡。传说巴洛寨是建在一个牛滚塘的旁边，基诺人把它称为“阿窝牛高毕者普门”，意思是“建在下面日落处的好寨子”。后来这个寨子又叫“回鲁”，是傣语名字。据说是因为这里有很多的蛇。卓巴•少车讲述，段精德记录。记录稿，32开，1页，200字，稿存云南民间文学集成编辑办公室。

（刘怡）

洛特——滚石选址的寨子

基诺族寨名传说。流传于云南省西双版纳傣族自治州景洪市基诺乡。传说基诺族从杰卓山下来建这个寨子时，为了确定寨址，就从山上往下滚石头，石头停下的地方就建了洛特寨。他们为了记下这件事，就将这个寨子叫做“洛它可迭普门”，意思是建在石头平面上的好寨子，因为这里石头多，还曾叫过“石嘴老寨”。柯朴罗•沙车讲述，刘怡记录。记录稿，16开，1页，300字，稿存云南民间文学集成编辑办公室。

（刘怡）

洛特寨的传说

基诺族寨名传说。流传于云南省西双版纳傣族自治州景洪市基诺乡。传说洛特寨建寨时只有一个氏族，为了繁衍人口，他们抬着酒和鸡，到各个寨子去邀请人来当卓色，并许下若干好处。可是一直没人去。最后他们来到生牛寨的一家人中，这家只有兄弟俩，为了说服两兄弟去洛特，洛特寨的人杀鸡倒酒请这两兄弟吃。弟弟不愿去，谢绝了人家的好意，哥哥吃了人家的东西，不好意思说不去，推说要洛特全寨的人来此迎接，他去了才好当家。洛特寨的人果然杀鸡宰猪，在洛特寨通往生牛寨的山梁上摆下酒席，放好礼品，修整道路，前来迎接，于是生牛寨的人便去洛特寨当了卓色。卓巴•沙车讲述，刘怡记录。收入《基诺族文化大观》，32开，1页，600字，云南民族出版社1999年版。

（刘怡）

巴奎寨子

基诺族寨名传说。流传于云南省西双版纳傣族自治州景洪市基诺乡。巴奎，音译，现法定名为吉座。传说这个寨子的人不识傣话，住在附近的傣族来寨子中玩耍，与他们讲傣语，寨子里的人听不懂，只得笑脸相迎。傣族就将这个寨子叫做“曼亏”，意思是“笑脸相迎寨”，后来改为“巴奎”。柯朴罗•沙车讲述，刘怡记录。记录稿，16开，1页，300字，稿存云南民间文学集成编辑办公室。

（刘怡）

阿窝绕——兄弟寨

基诺族寨名传说。流传于云南省西双版纳傣族自治州景洪市基诺乡。阿窝绕，音译，现法定名为阿窝饶。传说这个寨子的少部分基诺人是迁到勐旺的补远寨居住，后来又迁回了基诺山的。基诺人认为他们是自己的兄弟，就将这个寨称为“尼勒老克乌要普门”，意思是“小黑江对面住的兄弟建的好寨子”，历史上傣族曾称此寨为“曼武”。卓巴•少车讲述，段精德记录。记录稿，32开，1页，200字，稿存云南民间文学集成编辑办公室。

（刘怡）

偏坡上的阿婆寨

基诺族寨名传说。流传于云南省西双版纳傣族自治州景洪市基诺乡。传说基诺人曾与布朗人共同在这个寨子中居住，基诺人称布朗人为“阿婆”，历史上这个寨子就叫“阿婆”，现法定名为曼怀。但在基诺族的古歌中，这个寨子叫做“必遮阿婆巴歪普门”，意思是“翻过山梁就到的偏坡地是布朗族住的好寨子”。傣族曾把这个寨子叫做“曼怀”，据说是佛祖曾经过这片偏坡地而取的名。卓巴·少车讲述，段精德记录。记录稿，32开，1页，300字，稿存云南民间文学集成编辑办公室。

（刘怡）

普西——最早建的新寨

基诺族寨名传说。流传于云南省西双版纳傣族自治州景洪市基诺乡。普西，音译，现法定名为普希。传说这是基诺族在杰卓山居住时就出来建的一个新寨子，基诺人称它为“妞普派勒普迭”，意思是“女祖先带人在芒果树箐边建的寨子”。为了有别于杰卓山上的寨子，基诺人就叫它为普西，意思就是“新寨子”。柯朴罗·沙车讲述，刘怡记录。记录稿，16开，1页，300字，稿存云南民间文学集成编辑办公室。

（刘怡）

么卓寨的来历

基诺族寨名传说。流传于云南省西双版纳傣族自治州景洪市基诺乡。传说这个寨子的长老卓巴去世后，寨子里的人劝说已到巴漂居住的阿苗回来当卓巴。但是阿苗不愿回来，寨里的人许她最好的土地、山林和茶林，这样阿苗才回来担任了卓巴。寨名“么卓”意思就是“劝说卓巴（回来）”。柯朴罗·沙车讲述，刘怡记录。记录稿，16开，2页，500字，稿存云南民间文学集成编辑办公室。

（刘怡）

火烧寨的来历

基诺族寨名传说。流传于云南省西双版纳傣族自治州景洪市基诺乡。讲述基诺妇女少妞生了三兄弟，老三是怀了九年零九个月、咬断了母亲七根肋骨才出来的。三兄弟以打铁为生，还打了一把宝刀。后来，父母和宝刀都被龙王抢走了。为了救出父母，夺回宝刀，三兄弟在河边盖起铁匠房，震得龙宫整日不得安宁。他们打败了龙王派来的团鱼、螃蟹、白鱼、箭杆鱼，又将大锤压在了龙王的头上。龙王不得已送回了他们的父母，还回了宝刀。这把宝刀传下来后被人们藏在山中不知去向。为了找回宝刀，人们放火烧山，终于在一棵大青树的树洞里找到了宝刀。后来人们在火烧过的地方建立了寨子，这个寨子就叫做火烧寨（现法定名为普米）。白佳林讲述，郑培庭、温源凯、王援宁、赵洪宝记录。收入《基诺族民间文学集成》，32开，4页，2400字，云南人民出版社1989年版。

（刘怡）

少妞寨的传说

基诺族寨名传说。流传于云南省西双版纳傣族自治州景洪市基诺乡。少妞，音译，现法定名为少纽。传说基诺族从杰卓山下来后，老妞、车妞和少妞共同建了亚诺寨。而少妞寨则是由少妞一人所建。由于不知道自己的父亲是谁，所以这个寨子就被称为“阿它少妞普门”，意思是“不知父的女人少妞建在山上的寨子”。沙车讲述，段精德记录。收入《基诺族》，32开，1页，300字，成都科技大学出版社1994年版。

（刘怡）

要绕开的毛哦寨

基诺族寨名传说。流传于云南省西双版纳傣族自治州景洪市基诺乡。毛哦，音译，现法定名为毛俄。传说这个寨子是在基诺族到达杰卓山之前就已建立，所以基诺族送魂或祭祖时的念词中，经过这个寨子的时候要绕开。在古歌中，这个寨子叫做“牛朵折可普门”，意思是“绕开建在太阳出来那方的好寨子”。傣族曾叫此寨为

"曼洼"。卓巴•少车讲述，段精德记录。记录稿，32 开，1 页，300 字，稿存云南民间文学集成编辑办公室。

（刘怡）

扎果寨的传说

基诺族寨名传说。流传于云南省西双版纳傣族自治州景洪市基诺乡。传说所罗从杰卓山下来时迷了路，在箐边遇到一对布朗族老夫妇，便向他们讨要宅基地。老人让他帮自己把东西搬到箐对面。所罗将老人的东西搬好后，老人就将自己原来的地盘让给了他。扎果寨名的意思就是"河边做工（得地）"。柯朴罗•沙车讲述，刘怡记录。记录稿，16 开，2 页，350 字，稿存云南民间文学集成编辑办公室。

（刘怡）

扎磊寨的由来

基诺族寨名传说。流传于云南省西双版纳傣族自治州景洪市基诺乡。扎磊，音译，现法定名为扎吕。据说罗托和罗帕两兄弟为争宅基地打架，哥哥用黄刺条将弟弟打得头破血流。弟弟顺着河边来到了这里，用冬果叶擦身上的血迹，提出箐沟边血流过的地方归自己，于是就在这里建寨居住，称为"扎磊"，意为"河边擦血迹的人住的寨子"。柯朴罗•沙车讲述，刘怡记录。记录稿，16 开，1 页，300 字，稿存云南民间文学集成编辑办公室。

（刘怡）

茄玛寨的来历

基诺族寨名传说。流传于云南省西双版纳傣族自治州景洪市基诺乡。传说乌热、阿哈、阿西三个支系共同居住在司杰卓米，在后来的迁徙中，阿西、阿哈走在前面，上了杰卓山，而乌热的人因煮螃蟹吃耽误了，只来了少部分人在半山居住了下来。因这些人会做象征基诺族权力的"把茄"，基诺人就把他们的寨子称为"茄玛"，意思是"制作把茄的人们"。柯普罗•沙车讲述，刘怡记录。收入《基诺族文化大观》，32 开，2 页，500 字，云南民族出版社 1999 年版。

（刘怡）

司土寨的传说

基诺族寨名传说。流传于云南省西双版纳傣族自治州景洪市基诺乡。传说基诺族的祖先玛黑、玛妞躲在木鼓中躲过洪水，繁衍了基诺族，木鼓因此成了族人崇拜的神圣器物。从杰卓山搬下来时，迦勒氏族的人背着族中的木鼓到此建寨。于是这个寨子就成了基诺阿西支的父亲寨。柯普罗•沙车讲述，刘怡记录。收入《基诺族文化大观》，32 开，4 页，1000 字，云南民族出版社 1999 年版。

（刘怡）

三、民间故事

（一）幻想故事

白鱼姑娘

基诺族幻想故事。流传于云南省西双版纳傣族自治州景洪市基诺乡。一孤儿捕到了条白鱼舍不得吃养在缸里。接连几天家里都有人给做好了饭菜。孤儿躲着偷看到白鱼脱去鱼鳞，变成了漂亮姑娘，便抓了鱼鳞衣并请求白鱼姑娘与他做夫妻。婚后，孤儿有了牛马和家产。财主想把自己的女儿许配给孤儿，便不断地挑拨他与白鱼姑娘的关系。白鱼姑娘离开前，一再问孤儿是否回心转意，可孤儿一点都不顾及白鱼姑娘的情意。白鱼姑娘走后，家里的牛马猪羊也全都跟着她走了。孤儿什么也没有了，财主的女儿也不要他了。孤儿很后悔，到海边痛哭，请求白鱼姑娘原谅他，可白鱼姑娘不可能再回去了。悔恨交加的孤儿跳进了大海，海水就向很远的地方退去了。所以，基诺族的后代再也见不着大海了。标利、刀小桥讲述，郑培庭、王援宁、温源凯、赵宏宝记录。记录稿，10页，3000字，稿存云南省民间文学集成编辑办公室。

（刘怡）

鱼姑娘

基诺族幻想故事。流传于云南省西双版纳傣族自治州景洪市基诺乡。基诺山寨中的波卖捕到了一条白鱼，舍不得吃，放在水缸里养着。此后每天家里都收拾得干干净净，还有烧好的饭菜。波卖发现是鱼变的姑娘为他做的这一切，就将鱼姑娘抓住，让她和自己成亲。波卖想要什么就有什么，于是寨中的富姑娘就想做他的妻子。当偷听到鱼姑娘不让波卖吃鱼和鸡蛋，富姑娘不仅请波卖到家吃饭，还让波卖吃了鱼和鸡蛋。鱼姑娘不见后，波卖和富姑娘成了亲。渐渐地，家中的牲畜和家产不见了，富姑娘恼怒地回了娘家。波卖想念鱼姑娘，在癞蛤蟆的帮助下，虽然见到了鱼姑娘，可惜鱼姑娘再也不能和他一起回家了。但是，鱼姑娘给了他两颗“玉色”，让他有了灾难就用“玉色”祭鬼。从此，基诺人就拿“玉色”祭鬼了。佚名讲述，白忠明记录。载《山茶》1986年第3期，16开，4页，4000字。

（刘怡）

穷小伙和鱼姑娘

基诺族幻想故事。流传于云南省西双版纳傣族自治州景洪市基诺乡。穷小伙捕到了龙王的女儿鱼姑娘，龙王让他一天内盖好七个猪厩、七个牛厩、七个仓库，还要他一天内砍倒七座山的树，一天内烧光砍倒的树，捡完烧剩的桩，一天内撒下一万斤的菜籽，再一天内捡回来。在鱼姑娘的帮助下，穷小伙一一做到了。龙王又约他打猎，若打到马鹿就同意他与女儿成亲。穷小伙也做到了，他与鱼姑娘成了亲。渐渐地，过上了好日子的穷小伙忘了鱼姑娘的好，与邻居的姑娘相好了。鱼姑娘气得一边往地里钻一边问他是否真的不爱她了，见穷小伙死心塌地要跟邻家姑娘好，鱼姑娘就钻进土里不见了。穷小伙与邻居姑娘结了婚，可家产却一天天没有了。邻家姑娘走了，穷小伙也开始后悔了。在青蛙的帮助下，他得到了鱼姑娘的谅解，从此相亲相爱地生活在了一起。白腊赛讲述，陈平记录。记录稿，16 开，3 页，3000 字，稿存云南省民间文学集成编辑办公室。

（刘怡）

宝刀和竹笛

基诺族幻想故事。流传于云南省西双版纳傣族自治州景洪市基诺乡。三兄弟与父亲在江边玩耍，龙王将其父吃掉了。为了报仇，三兄弟在江边打铁，龙王被打铁的味道和声响弄得无可奈何，就去找三兄弟的麻烦。老三用火钳夹伤龙王的肚皮，得到了龙王的宝刀和竹笛。老大、老二嫉妒老三，设法使老三掉进了深坑。在竹鼠的帮助下，老三爬出了深坑，传信给妻子，让妻子帮他报了仇。两人过上了幸福的生活。特周讲述，陈平记录。收入《基诺族民间文学集成》，32 开，4 页，2000 字，云南人民出版社 1989 年版。

（刘怡）

沙切与蛇郎

基诺族幻想故事。流传于云南省西双版纳傣族自治州景洪市勐旺乡补远寨。有三个女儿的寡妇遇到了一条大蛇。大蛇让寡妇送一个女儿给它做妻子。姐姐们都不愿意，善良的三姑娘只好嫁给了蛇郎，却意外地得到了人们向往的幸福。当三姑娘背着孩子带着财宝回家看望阿妈时，大姐设计使三妹掉进了井里，冒充三妹去见蛇郎，被蛇郎识破赶了出来。二姐又冒充三妹去见蛇郎，也被识破赶了出来。后来，三姑娘变成了小鸟找到了蛇郎，一家人过上了幸福的生活。叶金保讲述，郑培庭、王援宁、温源凯、赵洪宝记录。收入《基诺族民间文学集成》，32 开，7 页，4000 字，云南人民出版社 1989 年版。

（刘怡）

宝葫芦

基诺族幻想故事。流传于云南省西双版纳傣族自治州景洪市基诺乡。一个很穷的老阿妈精心地救治了一只被老鼠咬断翅膀的小燕子。来年秋天，燕子给老阿妈送来了一个会掉金子的宝葫芦。老阿妈过上了好日子，还将金子分给穷人。头人夫妇得知这个事情后，就捉来一窝小燕子，将其翅膀折断，然后再包扎起来，送回燕窝中并盼着小燕子来年带来宝葫芦。哪知小燕子带来了两条毒蛇，将这对狠心的头人夫妇毒死了。白佳林、标利讲述，郑培庭、温源凯、王援宁、赵洪宝记录。收入《基诺族民间文学集成》，32 开，3 页，1800 字，云南人民出版社 1989 年版。

（刘怡）

虹的故事

基诺族幻想故事。流传于云南省西双版纳傣族自治州景洪市基诺乡。姑娘车妞和孤儿白腊腰从小相爱，而富人腰杰想娶车妞，就要抓白腊腰。白腊腰逃进了深山。一年后白腊腰偷偷跑来看车妞，车妞发现白腊腰随身带着一个装小石子的葫芦，以为白腊腰饿了只能吃石头，就为他装了满满一葫芦米。白腊腰进山后，遇到头大黑熊，赶紧掏出葫芦来摇。可葫芦里装满了米，怎么也摇不响。大黑熊把白腊腰咬伤了。车妞精心地照料受伤的白腊腰。腰杰得知后将两人抓了起来，逼车妞嫁给他。车妞宁可烧死也不愿嫁给腰杰。腰杰将他们烧死后还不让他们的尸骨埋在一起。可埋在两处的坟地上各长出了一蓬竹子，竹梢连在一起。竹子被腰杰砍掉了，来年发出的新竹仍旧连在一起。腰杰将他们的坟地挖开，坟地里冒出了两股热气，变成了彩虹。基诺族人认为，颜色深的几道是白腊腰，颜色浅的几道是车妞，他们永远也不分开了。白佳林讲述，郑培庭、陈平记录。收入《基诺族民间文学集成》，32 开，3 页，1800 字，云南人民出版社 1989 年版。

（刘怡）

孤儿腰杰的故事

基诺族幻想故事。流传于云南省西双版纳傣族自治州景洪市基诺乡。讲述孤儿腰杰是一个力大无比的小伙子，头人想置他于死地，就让他到山里送饭。头人用滚石和大树都未能将腰杰打死，只好将泉眼堵死，骗腰杰去找地下阿仳赔罪。腰杰路遇三个老人，一同找到了地下阿仳，还带着地下阿仳给的金银财宝和谷种回到了基诺山。后来腰杰掏开了泉眼，把头人轰走，和乡亲们一道过上了幸福的日子。白佳林讲述，郑培庭记录。收入《基诺族民间文学集成》，32 开，7 页，3500 字，云南人民出版社 1989 年版。

（刘怡）

豹子扮阿妈

基诺族幻想故事。流传于云南省景洪市基诺族聚居区。豹子吃了在江边捕鱼的寡妇后穿上她的衣服打扮成寡妇的样子回了家，边敲门边和两个女儿说话。单纯的妹妹被豹子吃了，姐姐逃了出来，躲在了树上。第二天，豹子看见躲在树上的姐姐又想把她骗下来吃。最终，聪明的姐姐杀死了豹子，回到了家里。而死后不甘心的豹子变成了浑身长满白毛毛刺的荨麻。佚名讲述，郑培庭、王援宁、温源凯、赵洪宝搜集、整理。收入《基诺族民间故事》，32 开，3 页，1500 字，云南人民出版社 1990 年版。

（杨筱奕）

老鼠搭救三兄弟

基诺族幻想故事。流传于云南省西双版纳傣族自治州景洪市基诺乡。三兄弟打回来的野兽第二天就不见了。大哥在家看守时，看到是妖怪吃了猎物，却不敢声张。老二看守时也被吓坏了。只有老三编了个大鸡笼，将妖怪罩住，等哥哥们回来处理。老大坚持用火烧，结果烧坏了鸡笼让妖怪跑了。妖怪借请他们吃饭，用鸡笼将三兄弟罩了起来。夜里，老鼠帮他们咬破了鸡笼，又将房顶咬了个洞，救了三兄弟。为了感谢老鼠，三兄弟种下的谷子随老鼠吃。因此基诺山人们盖房时，都要搭一根方便老鼠上下的梁。白佳林讲述，郑培庭、王援宁、温源凯、赵洪宝记录。收入《中华民族故事大系》第 16 卷，32 开，2 页，1400 字，上海文艺出版社 1995 年版。

（刘怡）

神人盒

基诺族幻想故事。流传于云南省西双版纳傣族自治州景洪市基诺乡。两兄妹相依为命，哥哥在山上劳动，妹妹给他送饭。一天，有个老人来讨饭，妹妹把要送给哥哥的饭给了他。老人送给妹妹一个小盒子，说是能给她想要的东西。妹妹一试就变出了一顿美味的饭菜。兄妹俩心肠好，用盒子帮助寨子里的穷人，大家把这个盒子叫“神人盒”。白腊腮讲述，郑培庭记录。记录稿，32 开，2 页，600 字，稿存云南省民间文学集成编辑办公室。

（刘怡）

猴子抬南瓜

基诺族幻想故事。流传于云南省西双版纳傣族自治州景洪市基诺乡。有兄弟二人，老大好吃懒做，老二忠厚俭朴。老二种的庄稼经常被猴子糟蹋，于是就躲在最大的南瓜里，让猴子把他抬到了猴王处，得到了金银。老大得知后学着去做，结果被猴子丢下了悬崖。佚名讲述，周兴文记录。收入《中华民族故事大系》第 16 卷，32 开，上海文艺出版社 1995 年版。

（刘怡）

（二）生活故事

神棍

基诺族生活故事。流传于云南省西双版纳傣族自治州景洪市基诺乡。死了父母的两兄弟分家后一起守地。晚上哥哥出去打猎，让弟弟煮饭。哥哥的是紫米，弟弟的是白米，饭煮好后都成了紫色，哥哥责怪弟弟只煮了紫米。后来，哥哥又让弟弟煮他打来的松鼠，弟弟煮好后用一根棍子搅拌，肉就变成松鼠跑了。生气的哥哥把弟弟打得头破血流并赶走了他。弟弟拿着棍子走了，路上碰到一条死蚯蚓，弟弟用棍子一拨，蚯蚓就活了。后来弟弟用棍子救活了头人的女儿，不仅成了头人的女婿，还做了头人。哥哥到已是头人的弟弟家干活，在给头人弟弟剃头时看到他满头的伤疤，得知原委后，才知道自己错怪了弟弟。白腊车讲述，策白、陈平记译。记录稿，3 页，700 字，稿存云南省民间文学集成编辑办公室。

（刘怡）

两个小伙子

基诺族生活故事。流传于云南省西双版纳傣族自治州景洪市基诺乡。穷小伙木腊切和富小伙资布鲁爱上了同一个姑娘，可姑娘爱的是木腊切。资布鲁不服气，要与木腊切比高低。资布鲁带来了金凳子和金盒子装的槟榔，姑娘不坐也不吃。只坐木腊切的木凳子，吃他用树叶子包的槟榔。斗鸡比赛时，木腊切用姑娘借给他的鸡斗败了资布鲁用金子包着脚的鸡。资布鲁用计将木腊切带进了琵琶鬼寨，又强迫姑娘与他成亲。木腊切在姐姐的帮助下逃了出来，找到了姑娘。资布鲁面对木腊切的长刀，吓得滚下了山崖。特周讲述，陈平记录。收入《中华民族故事大系》第 16 卷，32 开，2 页，1500 字，上海文艺出版社 1995 年版。

（刘怡）

白腊杰与白腊车

基诺族生活故事。流传于云南省西双版纳傣族自治州景洪市基诺乡。白腊杰和白腊车两兄弟曾相亲相爱地生活在一起，哥哥白腊杰娶妻后，狠心的媳妇婆施总怕弟弟占便宜，唆使二人分家。分家后弟弟什么也没有，只能用狗拉犁。弟弟没有谷种，嫂子将发酵的种子给他，还好有一粒好种子，长出又壮又高的谷苗。可惜谷穗还是被野鸡叼走了。伤心的弟弟得到了神仙阿妈的相助，从谷秆上摇下了装满七间谷仓的谷子，过上了好日子。白佳林讲述，郑培庭记录。收入《基诺族民间文学集成》，32 开，2 页，1200 字，云南人民出版社 1989 年版。

（刘怡）

两兄弟争麂子

基诺族生活故事。流传于云南省西双版纳傣族自治州景洪市基诺乡。很早以前札角寨（现称扎果村）住着两兄弟，哥哥占了弟弟扣到的麂子并强词夺理地说麂子是自己扣住的。弟弟请天王、地王、河王、青蛙王来评理。天王、地王、河王因与哥哥有交情，就将麂子判给了哥哥。只有青蛙王说明了真相，弟弟得到了麂子。白腊者讲述，郑培庭、王援宁、温源凯、赵洪宝记录。收入《基诺族民间文学集成》，32 开，3 页，1500 字，云南人民出版社 1989 年版。

（刘怡）

聪明的父亲

基诺族生活故事。流传于云南省西双版纳傣族自治州景洪市基诺乡。一位父亲让两个女儿到地里薅草，一连三天草都没有薅完，父亲对女儿们说，薅完了草后杀鸡。第四天一早，两个女儿就到地里薅草去了。薅完草回来后，父亲杀了鸡，问女儿，你们在地里都看见了什么。大女答只看见地里的草和蚂蚁。二女答看见了日出日落，云飞鸟鸣，蝶飞蜂舞。父亲得知大女成天埋头劳动，就奖励大女吃鸡大腿，给二女吃鸡头和翅膀。受到教育的妹妹便跟着姐姐认真劳动，成了一个勤劳能干的姑娘。木拉（音译，应为“白腊”，下同）切、沙车、木拉孜、白佳林讲述，杜玉亭记录。收入《基诺族文学简史》，32 开，2 页，800 字，云南民族出版社 1996 年版。

（刘怡）

织布姑娘白薇

基诺族生活故事。流传于云南省西双版纳傣族自治州景洪市基诺乡。富家女切施和穷家女白薇是好朋友，白薇靠帮切施家织布过活。邻寨搬来的小伙子腰杰爱上了勤劳美丽的白薇，可切施也爱上了腰杰。切施将白薇织好的布拿去骗腰杰说是自己织的，腰杰不相信，更没爱上她。切施就到父亲处告白薇抢走了自己的心上人，白薇被狠狠地打了一顿。腰杰不忍见心上人受折磨，就带着白薇到了一个山清水秀、花开四季的地方住了下来，过上了幸福的生活。白腊者讲述，郑培庭、王学信记录。记录稿，7页，1900字，稿存云南省民间文学集成编辑办公室。

（刘怡）

选新娘

基诺族生活故事。流传于云南省西双版纳傣族自治州景洪市基诺乡。穷家女白腊蕾和富家女车妞同时爱上了一个叫杰布鲁的小伙子。白腊蕾结实健美，样样事情都会做；车妞眉清目秀，很会打扮，两个姑娘都想嫁给杰布鲁。杰布鲁很为难，就摘了一把南瓜尖和一把冬瓜尖让两个姑娘做菜。车妞选了好看不能做菜吃的冬瓜尖，做了一碗无法下口的汤。白腊蕾做了一碗汤鲜叶绿的南瓜尖汤。于是杰布鲁决定娶会干活的白腊蕾为妻。沙车讲述，洪哲兵记录。收入《基诺族民间文学集成》，32开，2页，1000字，云南人民出版社1989年版。

（刘怡）

阿和的故事（一）

基诺族生活故事。流传于云南省西双版纳傣族自治州景洪市基诺乡。基诺族有一个住了八家富人、一家穷人的寨子，富人常常欺负穷人，打到猎物从不按祖先的规矩分给穷人。穷人在一个暴雨狂风的夜里热情地接待了一个过路的阿和（指汉人），阿和走时让穷人搬离住所，使穷人避免了一场地陷的灾难。特周讲述，陈平记录。收入《云南民族民间故事选》，32开，2页，1200字，《云南群众文艺》编辑部1980年编印。

（刘怡）

阿和的故事（二）

基诺族生活故事。流传于云南省西双版纳傣族自治州景洪市基诺乡。孤苦伶仃的穷寡妇，除了一头牛什么都没有。寨子里闹牛瘟，穷寡妇牵着牛外出躲避。遇到一位阿和，他从袋子里掏出一把草给牛吃，又给了穷寡妇一顶旧雨帽。从此穷寡妇心明眼亮、勤劳能干：她采来野草喂牛，牛没有病，长得又肥又壮；她种的庄稼收成很好。人们都来请教她，她也热心地帮助大家。因此，寨子里的人与她一样都很感谢那位好心的阿和。特周讲述，陈平记录。收入《云南民族民间故事选》，32开，1页，700字，《云南群众文艺》编辑部1980年编印。

（刘怡）

人吃饭、牛吃草的由来

基诺族生活故事。流传于云南省景洪市基诺族聚居区。远古时候人们是吃青草度日，而在天上的牛却是吃白米饭的。随着人越来越多，青草不够吃了，饥饿造成的死亡严重威胁着人们的生存。阿嫫腰白就派牛到人间告诉人们，九天才能吃一口青草。又笨又懒又贪玩的水牛边走边玩，早就忘了自己要传的旨意，想回去再问问，却又嫌路远。于是就照着自己在天上一天吃三餐大米饭，每餐吃三碗的规定传给了人类。消息传回天上，阿嫫腰白气坏了。为了惩罚水牛，阿嫫腰白让它带着五谷来到人间并帮助人们耕种。而且水牛再也不能吃米饭，只能吃青草了。佚名讲述，郑培庭、王援宁、温源凯、赵洪宝搜集、整理。收入《基诺族民间故事》，32开，2页，700字，云南人民出版社1990年版。

（杨筱奕）

心急吃不下烫稀饭

基诺族生活故事。流传于云南省景洪市基诺族聚居区。漂亮的阿妞选夫婿，求婚的小伙子们都无法回答她的问题，垂头丧气回家了。一天，三个做好充分准备的青年慕名而来。第一次，三个小伙子都回答了阿妞的问题，无法分出胜负。第二次，阿妞准备了稀饭，说谁先吃完，谁就赢。一个小伙子心急，被稀饭烫伤；另一个小伙子一着急就把稀饭洒了；只有聪明细心的杰腰边吹边顺着碗边吃，反而是第一个吃完稀饭的。阿妞最终嫁给了杰腰。从此，基诺人喜欢用“心急吃不了烫稀饭”来告诉人们做事不要急躁。佚名讲述，郑培庭、王援宁、温源凯、赵洪宝搜集、整理。收入《基诺族民间故事》，32开，2页，700字，云南人民出版社1990年版。

（杨筱奕）

儿子给老子的启示

基诺族生活故事。流传于云南省景洪市基诺族聚居区。相依为命的母子俩原本母慈子孝，生活虽然穷困，但过得十分舒畅。儿子娶了媳妇之后，听信媳妇的挑唆，把母亲叫做“老猴”。母亲心里十分难过却只能忍气吞声。几年后，夫妇有了孩子。孙子看见哭泣的奶奶上前安慰并得知了原因。待见到夫妇二人，孙子借机喊他们“老公猴”和“老母猴”。夫妻二人十分难受。孙子告诉他们，将心比心，你们这样叫奶奶，她不难受吗？夫妇二人听了儿子的话，面红耳赤无言以对，从此对母亲恭恭敬敬，不再怠慢了。月全得讲述，郑培庭、王援宁、温源凯、赵洪宝搜集、整理。收入《基诺族民间故事》，32开，2页，600字，云南人民出版社1990年版。

（杨筱奕）

（三）机智人物故事

羊马赛

基诺族机智人物故事。流传于云南省西双版纳傣族自治州景洪市基诺乡。又名《山羊换骏马》。阿推为了惩治头人扎洛，骑着借来的山羊去找扎洛，并说它是“万里羊”。扎洛与阿推比赛并承诺，谁先到山垭口就可得到对方的坐骑。阿推背着羊抄小路赶到了山垭口，赢得了头人的骏马。佚名讲述，刘伯华记录。收入《基诺族民间故事》，32开，3页，1000字，云南人民出版社1990年版。

（杨筱奕）

山官捉竹鼠

基诺族机智人物故事。流传于云南省西双版纳傣族自治州景洪市基诺乡。阿推给山官放牛，捉到一只又肥又大的竹鼠，山官吃了以后便要阿推带他去捉。阿推带着山官上山找到鼠洞，让山官守在洞口，并告诉他只要见竹鼠出来就用刀砍。阿推用竹叶和湿柴在鼠洞的另一洞口烧起火来。一时间浓烟滚滚，山官被熏得鼻涕眼泪不停地流，等竹鼠出来时，山官一刀砍在了石头上，结果竹鼠没捉着，刀也砍缺了。白腊者讲述，郑培庭记录。收入《基诺族民间文学集成》，32开，2页，1000字，云南人民出版社1989年版。

（刘怡）

主人拿刺骨鱼

基诺族机智人物故事。流传于云南省西双版纳傣族自治州景洪市基诺乡。阿推天天为主人捉鱼，可从来没有鱼吃，于是就想让主人体会一下捉鱼的辛苦。阿推带着主人到鱼塘里捉鱼，主人不会，只好学着阿推的样子捉。阿推故意用两个巴掌去拍刺骨鱼，于是学着阿推捕鱼的主人被刺破了手。白佳林讲述，郑培庭记录。收入《基诺族民间文学集成》，32开，2页，1000字，云南人民出版社社 1989 年版。

（刘怡）

不会发火的人发火了

基诺族机智人物故事。流传于云南省西双版纳傣族自治州景洪市基诺乡。头人想让阿推骗他发火。阿推推说自己忙着卖肉没空，于是头人打算把肉全买下来，便问："怎么卖?"阿推说："这不摆着卖嘛。"头人换种说法又问："是多少一斤?"阿推回答："十六两一斤。"头人只好再换另一种问法："我是说一斤肉合多少?"阿推仍然慢条斯理地答："一斤合十六两。"还说头人是个憨包。最终头人让阿推逗得忍无可忍地发火了。佚名讲述，郑培庭记录。收入《基诺族民间故事》，32 开，3 页，600 字，云南人民出版社 1990 年版。

（杨筱奕）

会动脑筋的阿推

基诺族机智人物故事。流传于云南省西双版纳傣族自治州景洪市基诺乡。阿推和伙伴们在去赶街的路上看见一棵结满桃子的桃树。大家都争先恐后地去摘，而阿推却坐在一旁。伙伴们笑他傻。阿推便告诉大家，路边的桃子如果好吃，早就被人摘光了。结果大家一尝才知道桃子又苦又涩。于是大家都说阿推会动脑筋。白佳林讲述，郑培庭记录。收入《基诺族民间文学集成》，32 开，1 页，500 字，云南人民出版社 1989 年版。

（刘怡）

打嘴巴

基诺族机智人物故事。流传于云南省西双版纳傣族自治州景洪市基诺乡。头人的儿子结婚请客，阿推忙了两天，累得腰都直不起来了，可头人还是不让他休息，在人们吃饭时还叫阿推用竹片打苍蝇，并要求"哪里有苍蝇就打哪里"。阿推看到苍蝇叮在吃饱睡着了的头人沾满油渍的嘴巴上，便想乘机出口气，于是就拿竹片朝头人的嘴巴上打去。气急败坏的头人要惩罚阿推，阿推邀请众人评理，说自己只是按照主人的要求"哪里有苍蝇打哪里"。大家看见主人嘴巴上还有两只死苍蝇，就说阿推没错。于是头人只有吃了哑巴亏。白佳林讲述，郑培庭、王援宁、温源凯、赵洪宝记录。收入《中华民族故事大系》第 16 卷，32 开，3 页，1500 字，上海文艺出版社 1995 年版。

（刘怡）

砍断宝刀

基诺族机智人物故事。流传于云南省景洪市基诺族聚居区。山官刁难足智多谋的阿推，让阿推想办法，让他自己把宝刀弄坏。一天，趁山官外出收税的时候，阿推进入山官家中，把他的贵重衣服撕得粉碎，又收进箱子。山官回到家中，发现自己没有衣服可穿十分生气，阿推告诉山官是老鼠所为。于是二人开始抓老鼠。当山官用宝刀劈"老鼠"时，只听得"哐"的一声巨响，宝刀断成了两截。原来，这只"老鼠"是阿推用鼠皮包着青岗石布置的。此时，阿推笑着问："老爷，宝刀断了吧！"佚名讲述，刘伯华搜集、整理。收入《基诺族民间故事》，32 开，2 页，700 字，云南人民出版社 1990 年版。

（杨筱奕）

阿推被擒

基诺族机智人物故事。流传于云南省西双版纳傣族自治州景洪市基诺乡。阿推被山官抓住关在木制鸡笼里，挂在江边的大青树上，准备把他丢进江里。山官离开去吃饭的时候，另一个山官骑马路过。阿推见这个山官的眼睛又红又肿，得知他患了眼病，就骗他自己挂在树上是为了治眼病，把山官骗进了鸡笼。阿推骑着马回了寨，告诉山官说自己从龙宫回来了，马是龙王送的。贪心的山官想多得到龙王的礼物，打算带全家一起去见龙王。阿推让他们坐在砸破底的大缸中，再去见龙王。佚名讲述，刘伯华记录。收入《基诺族民间文学集成》，32开，2页，1500字，云南人民出版社1989年版。

（刘怡）

财主偷皮箱

基诺族机智人物故事。流传于云南省西双版纳傣族自治州景洪市基诺乡。财主和阿推进城赶街，见一商人守着三个箱子，财主乘其不备偷了一个箱子就跑。回家路过一个寨子，财主肚子饿了，只好让阿推守着箱子自己先去找饭吃。阿推将箱子搬到竹楼上，见财主回到竹楼外，就用树枝打箱子，口中拚命地叫："不是我偷的，我替别人看着的。"财主一听，以为是箱子的主人找来了，吓得逃跑了。阿推将箱子里的钱物分给了寨子里的穷人。白佳林讲述，郑培庭记录。收入《中华民族故事大系》第16卷，32开，2页，1200字，上海文艺出版社1995年版。

（刘怡）

阿推巧救大力士

基诺族机智人物故事。流传于云南省西双版纳傣族自治州景洪市基诺乡。阿推和大力士为头人干活却得不到饭吃，于是两人就到仓库里偷吃白薯和酒。被发现后，大力士被抓住捆在牛皮口袋中吊打。阿推先在厨房放火，并乘乱将头人的爹放进牛皮口袋里。头人救火回来，更将一肚子火发在牛皮口袋中的人身上。白佳林讲述，郑培庭记录。记录稿，32开，6页，1800字，稿存云南省民间文学集成编辑办公室。

（刘怡）

阿推吃鱼

基诺族机智人物故事。流传于云南省西双版纳傣族自治州景洪市基诺乡。阿推饿着肚子给头人烤鱼，烤好后忍不住把鱼吃了，留下了鱼头和鱼刺。阿推告诉头人说是因为鱼烤得太香，被苍蝇全吃光了。白佳林讲述，郑培庭记录。记录稿，32开，3页，800字，稿存云南省民间文学集成编辑办公室。

（刘怡）

"棍打"山官婆

基诺族机智人物故事。流传于云南省西双版纳傣族自治州景洪市基诺乡。为惩治贪心的头人，阿推说自己有一根能把老妇打成姑娘的木棒，并在老婆婆和姑娘的帮助下让头人相信了。头人想将自己的老婆变成漂亮姑娘，千方百计买下木棒，回家后便用木棒一直打媳妇。佚名讲述，王学信、郑培庭记录。收入《基诺族民间故事》，32开，3页，1000字，云南人民出版社1990年版。

（杨筱奕）

财主背盐巴

基诺族机智人物故事。流传于云南省西双版纳傣族自治州景洪市基诺乡。头人和阿推进城买盐巴，头人吃饱喝足骑在马上，还不停地催促饿着肚子的阿推快走。阿推假装与死去的亲人谈话，骗头人说只要背着很重的东西赶路，就可以见到死去的亲人。头人想见亲人，就背上盐巴赶路。走得满身大汗的头人仍没有见到亲人。阿推乘头人不注意把马打跑了，借口追马先走了。愚蠢的头人实在背不动了，就把盐丢进了鱼塘，想叫阿推明天再来背。佚名讲述，郑培庭、王援宁、温源凯、赵洪宝搜集、整理。收入《基诺族民间故事》，32开，3页，800字，云南人民出版社1990年版。

（杨筱奕）

主人看坟地

基诺族机智人物故事。流传于云南省西双版纳傣族自治州景洪市基诺乡。阿推为头人家看坟地，吃尽了蚊叮虫咬的苦头，就想让财主也吃点苦头。他告诉头人说坟地上很好玩，骗头人到坟地上去看看。去的路上，头人骑在马上脸被划破了，阿推说是因为骑马的缘故。回来的时候，头人不想划破脸，就让阿推骑马，结果等走到家，全身都被荆棘划破了。佚名讲述，郑培庭、王援宁、温源凯、赵洪宝搜集、整理。收入《基诺族民间故事》，32开，3页，1400字，云南人民出版社1990年版。

（杨筱奕）

煮熟的鸡飞走了

基诺族机智人物故事。流传于云南省景洪市基诺族聚居区。山官通知全寨男人第二天去钐草，还要每人带一只煮熟的囫囵鸡。穷单身汉阿推半夜大喊，假装提醒大家带好东西。趁山官昏昏欲睡的时候在家里撵鸡，让山官以为他在杀鸡。但是阿推却抓了一只燕子包好。等到大家做工结束吃饭的时候，阿推当众打开芭蕉叶，还准备把自己的鸡献给山官。结果燕子飞了出来。不等山官发难，阿推先开口说自己的鸡变成燕子飞走了。佚名讲述，刘伯华搜集、整理。收入《基诺族民间故事》，32开，2页，600字，云南人民出版社1990年版。

（杨筱奕）

砸铁锅

基诺族机智人物故事。流传于云南省西双版纳傣族自治州景洪市基诺乡。阿推和财主去买铁锅。路上看见一个穷人买了口旧锅顶着走，财主叫阿推用计砸烂人家的锅。阿推就骗穷人说天上出了七个太阳，乘穷人放下锅抬头看时砸了穷人的锅。然后教穷人与他配合，用计取得了财主的新锅。白佳林讲述，郑培庭记录。收入《中华民族故事大系》第16卷，32开，3页，1400字，上海文艺出版社1995年版。

（刘怡）

砍不倒的芭蕉树

基诺族机智人物故事。流传于云南省西双版纳傣族自治州景洪市基诺乡。山官想整治阿推。当阿推爬到一棵芭蕉树上时，山官想砍倒芭蕉树抓阿推。阿推骗他说芭蕉树的心比铁还硬，如果不可惜自己的大刀就砍好了。山官只好回去换斧子，阿推借机逃走了。佚名讲述，刘伯华记录。收入《基诺族民间文学集成》，32开，2页，900字，云南人民出版社1989年版。

（刘怡）

究竟谁最聪明

基诺族机智人物故事。流传于云南省西双版纳傣族自治州景洪市基诺乡。阿推在自认为很聪明的财主家帮工。财主让阿推跟自己出远门，两人分别准备了上路用的帽子和鞋子。财主准备的是金银帽子、鞋子。阿推准备的是麻编的鞋子和糯米做的帽子。爬石头山时，财主穿着金鞋子、银鞋子都没法爬，阿推穿着麻鞋一下子就爬上去了。走在太阳下，财主的金、银帽子都又重又不挡热，阿推拿芭蕉叶垫在糯米帽子上，凉爽极了。太阳落，财主干粮吃完了，肚子很饿，可阿推却边走边撕糯米帽子吃，越走越有劲。财主只有忍着饿跟在后面，还得听阿推奚落他的自以为是。白佳林讲述，王学信、郑培庭记录。收入《基诺族民间故事》，32开，3页，1500字，云南人民出版社1990年版。

（杨筱奕）

汉官的马帮

基诺族机智人物故事。流传于云南省西双版纳傣族自治州景洪市基诺乡。汉官的马帮在基诺山驮茶时，一包茶只能换一根针，而一小团盐则要换一驮子茶，于是阿推设计惩治他们，并将汉商的赔偿货物分给了穷人。佚名讲述，刘伯华记录。收入《基诺族民间文学集成》，32开，1页，600字，云南人民出版社1989年版。

（刘怡）

“偷”裤子

基诺族机智人物故事。流传于云南省西双版纳傣族自治州景洪市基诺乡。财主与阿推打赌，让他偷到自己的裤子。阿推设计拿到了裤子，财主只好认输并给了阿推三只羊。佚名讲述，郑培庭、王援宁、温源凯、赵洪宝搜集、整理。收入《基诺族民间故事》，32开，3页，500字，云南人民出版社1990年版。

（杨筱奕）

砸烂铁锅

基诺族机智人物故事。流传于云南省景洪市基诺族聚居区。山官不服聪明的阿推，想和他较量一番。于是和阿推打赌，说如果阿推能让他把自己新买的铁锅砸烂，就服他。阿推说自己做不到，认输了。回家的一路上，阿推一直夸赞山官，二人说说笑笑。突然，阿推看看天空，急匆匆跑了起来。落在后面的山官不明就里，便问阿推发生了什么事情。阿推告诉山官，云彩碎了，天要塌下来了，自己要赶紧逃命去了。山官心头一慌，两手一松，新买的铁锅砸在了路边石头上，破成了两半。阿推说自己已经让山官把新买的铁锅砸烂了。山官顿时不知所措。佚名讲述，刘伯华搜集、整理。收入《基诺族民间故事》，32开，2页，700字，云南人民出版社1990年版。

（杨筱奕）

没有尾翼的竹箭

基诺族机智人物故事。流传于云南省景洪市基诺族聚居区。被阿推捉弄的山官十分生气，一直想找他报仇。一天，山官跟踪阿推到了森林，阿推爬到了树上休息，气喘吁吁的山官拿出竹箭，威胁阿推。阿推没有害怕，反而讥讽山官说他不能射中自己。山官中了阿推的计，把箭尾削掉，用没有箭尾的竹箭射向他。没有尾翼的竹箭头重尾轻，任凭山官如何都射不到阿推。阿推还挖苦山官，让他练好本领再来找他报仇。佚名讲述，刘伯华搜集、整理。收入《基诺族民间故事》，32开，2页，700字，云南人民出版社1990年版。

（杨筱奕）

穿衣裳的芭蕉杆

基诺族机智人物故事。流传于云南省景洪市基诺族聚居区。阿推在头人特召家帮工，多次嘲笑捉弄头人。头人恼羞成怒，打算谋害阿推。一天，他们上山干活，头人假装关心阿推，让他在路边休息。阿推想看看头人要干什么，假装答应下来。在头人离开之后，阿推砍来芭蕉杆并插上尖竹签，又把自己的衣服套在芭蕉杆上。自己爬到旁边的树上躲起来。头人悄悄返回，蹑手蹑脚地绕到草垛后面，猛扑过去，想掐死阿推。哪知才扑上去，浑身就被尖竹签插中了，鲜血直流。阿推从树上下来，告诉头人自己是准备抓狗熊的，没想到却伤了头人。从此以后头人便再也不敢轻易对阿推下毒手了。佚名讲述，郑培庭、王援宁、温源凯、赵洪宝搜集、整理。收入《基诺族民间故事》，32开，2页，600字，云南人民出版社1990年版。

（杨筱奕）

大象换腌菜

基诺族机智人物故事。流传于云南省西双版纳傣族自治州景洪市基诺乡。讲述了阿推用哄骗的伎俩用一只苍蝇换到鸡，又换到了驮牛，最终换到大象。阿推骑着象进城玩，看到人家卖的腌菜，觉得很好吃，一下子把腌菜全吃完了，只好用自己的大象换了自己吃下去的腌菜。最终，他什么都没有了。阿普车、阿普支、沙车、白腊者、白佳林讲述，杜玉亭记录。收入《基诺族文学简史》，32开，3页，2000字，云南民族出版社1996年版。

（刘怡）

（四）动植物故事

孔雀为什么那样美

基诺族动物故事。流传于云南省西双版纳傣族自治州景洪市基诺乡。阿嫫腰白造出的鸟类都是洁白的，连她自己也分不清，便传令要给不同的鸟画上不同的颜色。孔雀最听话，一大早就到了，阿嫫腰白很高兴，把最好看的颜色都画在它身上。接着又给白鹇画。鸟儿们排着队等阿嫫腰白一个个画。待好看的颜色都用完了，乌鸦才飞来，阿嫫腰白一看只有黑色了，随手拿起来，全都倒在乌鸦身上，从此乌鸦就变得一根白毛也没有了。白佳林讲述，郑培庭、温源凯、赵洪宝、王援宁记录。收入《基诺族民间文学集成》，32 开，2 页，800 字，云南人民出版社 1989 年版。

（刘怡）

孔雀的尾屏为什么美丽多彩

基诺族动物故事。流传于云南省景洪市基诺族聚居区。很久以前，森林里的一百多种鸟没有羽毛没有色彩没有花纹，都是白色的。一天，造物主要给百鸟们打扮，百鸟们到处寻找自己喜欢的鲜花。勤劳的孔雀最爱美，不辞辛劳地采来了最多、最美的鲜花。造物主拿起彩笔，让孔雀开屏，在她每一片羽毛上画了一朵鲜艳夺目的鲜花，最后还把凤凰花插到了孔雀头上，于是孔雀变得更美、更动人了。接着，造物主根据百鸟采来的鲜花一个个给她们装扮。懒惰的乌鸦睁开眼睛发现大家都变漂亮了，于是飞到造物主跟前恳求，但又不愿意付出劳动，就想让造物主随便给自己画一下。乌鸦看见造物主的色彩盒，便恳求把剩下的所有颜色都涂在它身上。造物主十分生气，决心惩罚一下懒惰的乌鸦，于是把墨汁全部泼到乌鸦身上。从此，乌鸦从头到脚都是黑的了。佚名讲述，刘伯华、游冬梅搜集、整理。收入《基诺族民间故事》，32 开，3 页，1100 字，云南人民出版社 1990 年版。

（杨筱奕）

豹子花纹的来历

基诺族动物故事。流传于云南省景洪市基诺族聚居区。开天辟地之时，水牛、黄牛和豹子是三兄弟。豹子怕火，于是就向两位哥哥请教遇到火该怎么办。大哥水牛说躲在泥塘里，二哥黄牛说躲在深草里。豹子心想作为大哥的水牛想整自己，躲在泥塘又脏又臭，还不如二哥说的躲在草里呢。后来一天真的发了一场山火，豹子越往深草里面躲火越大，最后还是跳进泥潭才保住性命，但是全身已被烧得黑迹斑斑。从此，豹子一碰到黄牛就咬，而与水牛仍然亲密无间。石桥林讲述，王援宁整理。收入《基诺族民间故事》，32 开，2 页，450 字，云南人民出版社 1990 年版。

（杨筱奕）

豹子为什么怕人

基诺族动物故事。流传于云南省景洪市基诺族聚居区。豹子虽然想吃人，但是看到人是直立行走就不敢轻举妄动。一日，豹子打算试探人类的本事，于是和人约定比赛，各自从一面上山，看谁咬到的东西多谁就赢。人在路上采了一个多依果和一个橄榄，豹子却什么都没有遇到。豹子和人相遇之后，人吐出多依果，说遇到了老虎，这是老虎的肝；然后又吐出橄榄，说遇到了老熊，这是它的胆。豹子很是吃惊，但是只得认输。从此以后，豹子就非常畏惧人类，一般不主动伤人。石桥林讲述，王援宁整理。收入《基诺族民间故事》，32 开，1 页，300 字，云南人民出版社 1990 年版。

（杨筱奕）

豹子下仔

基诺族动物故事。流传于云南省景洪市基诺族聚居区。又名《鹌鹑与豹子》。远古时代，造物主阿嫫腰白没安排动物的繁衍。草豹、花豹和金钱豹便请花豹去向造物主请教豹子应该如何传宗接代。花豹找到造物主，得到了一年生九窝，一窝生九个的答案后便往回赶，边走边念。鹌鹑听到花豹的话，想想若是这样，没有几年山里全是豹子，自己就没命了。于是就着豹子容易忘事的弱点想了个办法。隐藏在林子里的鹌鹑突然张开翅膀，受到惊吓的花豹忘记了造物主的交代，只好向鹌鹑求助。鹌鹑故弄玄虚，想了想，告诉花豹，它念的是一年下一窝，一窝生一个。花豹高高兴兴地走了，从此豹子就按照鹌鹑说的繁衍后代。佚名讲述，刘伯华、游冬梅搜集、整理。收入《基诺族民间故事》，32 开，3 页，1100 字，云南人民出版社 1990 年版。

（杨筱奕）

麂子的皮毛为什么发红

基诺族动物故事。流传于云南省景洪市基诺族聚居区。豹子得知麂子刚死了丈夫又要分娩后假装到她家帮忙。半年后，豹子假装自己生病，让母麂子上山砍柴。麂子回来发现自己的孩子遇害了。野猪听说了麂子的遭遇之后要为麂子报仇。豹子自知打不过野猪，灰溜溜地逃走了。好心的野猪为了保护麂子请它到自己家住几天。豹子离开后，天天磨牙、练爪，决心有朝一日与野猪一决高下。野猪知道豹子的行为后，不仅嘲笑它，还成天在泥巴里睡大觉。豹子与野猪决斗，最终还是没有赢。麂子接过了野猪装豹子血的竹筒，打算带回家。路上麂子被自己放的屁吓到，豹子血洒了一身，把雪白的毛都染红了。回到家，麂子虽然洗了几次澡，但是再也洗不干净了。从此以后，麂子洁白的毛就变成红色的了。佚名讲述，郑培庭搜集、整理。收入《基诺族民间故事》，32 开，5 页，2000 字，云南人民出版社 1990 年版。

（杨筱奕）

豹子和马鹿交朋友

基诺族动物故事。流传于云南省西双版纳傣族自治州景洪市基诺乡。豹子伪装出和气礼貌的样子与马鹿交上了朋友，他用谎言欺骗马鹿吃掉了小鹿。动物们得知豹子的劣迹后，用计打死了豹子。白佳林讲述，郑培庭、王学信记录。收入《基诺族民间文学集成》，32 开，5 页，3000 字，云南人民出版社 1989 年版。

（刘怡）

青蛙断案

基诺族动物故事。流传于云南省景洪市基诺族聚居区。穷人布鲁叭和财主石宝林分别捕获了一头小象，布鲁叭的是母象，财主的是公象。过了好些年，小象长大了，不仅帮布鲁叭干活，还给乡亲们帮忙。于是人们不再找财主雇牛，财主十分生气。母象长大了又生了一头小象，财主将小象偷回家。母象带领大家找到了被偷走的小象，但是财主不愿意归还，非说小象是自己的公象生的。于是大家只有请青蛙大王来断案。青蛙大王让大家第二天再来。财主为了拉拢青蛙，备上了好酒好菜。一直到了傍晚，青蛙大王才出现，而且到了饭桌边，青蛙大王还一直打瞌睡。财主问其原因，青蛙大王说因为自己父亲昨天难产，自己忙了一晚上。财主说青蛙大王胡说，青蛙大王笑起来，反问财主："那么你的公象怎么会生小象呢？"于是当众宣布，小象是布鲁叭的。佚名讲述，郑培庭、王援宁、温源凯、赵洪宝搜集、整理。收入《基诺族民间故事》，32 开，2 页，800 字，云南人民出版社 1990 年版。

（杨筱奕）

聪明的癞蛤蟆

基诺族动物故事。流传于云南省西双版纳傣族自治州景洪市基诺乡。寡妇的母牛生了一头小牛，有个贪心的人想要这头小牛，说全靠自家的公牛才有小牛。寡妇不同意给他，两人找聪明的癞蛤蟆评理。姗姗来迟的癞蛤蟆推说自己父亲生孩子来晚了，贪心人嘲笑癞蛤蟆男人怎么能生孩子，正好被癞蛤蟆抓住理教训了他。佚名讲述，盖兴之记录。收入《基诺族民间文学集成》，32开，1页，300字，云南人民出版社1989年版。

（刘怡）

断理

基诺族动物故事。流传于云南省景洪市基诺族聚居区。从前，人跑得很快，捕杀动物很容易，动物对此意见很大。鲤鱼、野猪、野鸡等各自向阿嫫腰白控诉了遭遇，希望造物主能惩罚人类。最后，只有小燕子告诉大家，要与人类好好相处，与人类相处好了、不得罪人，自然不会遭到人类的猎捕。阿嫫腰白非常赞同燕子的说法，并告诉动物们，只要不做损害人的事情，就不会遭到人类的猎捕。当然，自己也会让人跑得慢一些，减少对动物的伤害。佚名讲述，郑培庭、王援宁、温源凯、赵洪宝搜集、整理。收入《基诺族民间故事》，32开，2页，900字，云南人民出版社1990年版。

（杨筱奕）

向大鼯鼠求火种

基诺族动物故事。流传于云南省西双版纳傣族自治州景洪市基诺乡。讲述创世母亲阿嫫腰白创造天地人类后教给了人们用火和保存火种的办法。草豹为取暖偷柴时引起了山林大火，动植物们以各自的理由拒绝帮草豹救火，结果草豹全身的皮毛烧成了红色。大伙因为怕火而不去救火，甚至连火种也忘了保管，失去了火种。大火过后，大鼯鼠在岩洞中找到自己的栖身处，无意中用两块石头相击碰出了火花，于是发现了火。经不住大伙的乞求，大鼯鼠让大伙把眼睛蒙起来，才给火种。蟋蟀捂起脸后，因眼睛长在额头上，看到了大鼯鼠生火的办法，并告诉了人类。于是人类又找到了失去的火。巴亚寨老人讲述，杜玉亭记录。收入《基诺族文学简史》，32开，2页，1000字，云南民族出版社1996年版。

（刘怡）

大黑熊同野猪比武

基诺族动物故事。流传于云南省西双版纳傣族自治州景洪市基诺乡。大黑熊常吹嘘自己本领高强，与野猪约定七天后比试。大黑熊不停地在石头上磨爪，野猪却在烂泥塘里滚了一身厚厚的泥。比试时，野猪让大黑熊先抓它三下，然后自己再咬大黑熊三口。黑熊答应了。结果黑熊只抓下了三把泥，而野猪只一口就把大黑熊的肚皮咬破了。从此大黑熊再也不敢在森林里称王称霸了。佚名讲述，刘伯华记录。收入《基诺族民间文学集成》，32开，2页，1000字，云南人民出版社1989年版。

（刘怡）

老虎和猴子偷羊

基诺族动物故事。流传于云南省西双版纳傣族自治州景洪市基诺乡。老虎和猴子去偷猎人的羊，猴子忙乱中从树上摔下来，落在老虎背上，老虎以为是猎人骑在它背上，跳起来拼命跑。猴子以为老虎发现了猎人，想甩掉自己，就紧紧骑在老虎背上。老虎终于甩掉了猴子，但自己也撞在了大树上，从此老虎和猴子再不敢偷猎人的羊了。白腊者讲述，郑培庭、王援宁、温源凯、赵洪宝记录。收入《中华民族故事大系》第16卷，32开，2页，1000字，上海文艺出版社1995年版。

（刘怡）

自找亏吃

基诺族动物故事。流传于云南省西双版纳傣族自治州景洪市基诺乡。老虎嘲笑水牛帮人干活，水牛说人很聪明，老虎不信，与人较量，结果人在它身上绑上火把，老虎为灭火，听了黄牛的话钻进了草堆里，结果火烧得更大了。后来经水牛相告它跳进水塘才灭了火。从此，老虎见黄牛就咬，但不伤害水牛。白忠明记录，收入《中华民族故事大系》第16卷，32开，2页，1000字，上海文艺出版社1995年版。

（刘怡）

非吃一个人不可

基诺族动物故事。流传于云南省西双版纳傣族自治州景洪市基诺乡。老虎吃了人的亏，一心想报复。于是老虎去咬一个熟睡的小孩。结果老虎的胡子戳得小孩打了个喷嚏，把老虎给吓跑了。白忠明记录。收入《中华民族故事大系》第16卷，32开，1页，600字，上海文艺出版社1995年版。

（刘怡）

老虎和泽白比毛

基诺族动物故事。流传于云南省西双版纳傣族自治州景洪市基诺乡。老虎找泽白比谁的毛多，请蛤蟆作证。先数老虎的毛多，可泽白说自己鼻孔里的毛没数，重数后泽白的毛比虎多九根，老虎输了。白忠明记录。收入《中华民族故事大系》第16卷，32开，1页，500字，上海文艺出版社1995年版。

（刘怡）

打赌、发誓

基诺族动物故事。流传于云南省西双版纳傣族自治州景洪市基诺乡。老虎观察到人打枪时枪杆先冒烟然后子弹才射出。于是老虎就提出如果自己跳过沟之前枪响了就算人赢，跳过之后枪才响就算输。并发誓如果输了，今后便不吃人。结果老虎还没跳，枪就响了。老虎输了，但它始终没弄明白，为什么枪不像它在远处看的那样先冒烟后射子弹。白忠明记录。收入《中华民族故事大系》第16卷，32开，1页，600字，上海文艺出版社1995年版。

（刘怡）

老虎为什么不多

基诺族动物故事。流传于云南省西双版纳傣族自治州景洪市基诺乡。又名《老虎为什么一年只生一只小虎》。古时，天神给地上的万物分配生育任务，老虎一年可以生九胎，一胎生九个。牛、羊、麂、鹿不满意，天神也觉得老虎生多了没有肉食供它们，就让鹌鹑去吓它。结果老虎被鹌鹑吓得忘了天神分配的生育任务，鹌鹑乘机告诉它是九年生一胎，一胎生一个。所以老虎生得很少。李刚记录。收入《中华民族故事大系》第16卷，32开，1页，600字，上海文艺出版社1995年版。

（刘怡）

豹子拜野猫为舅舅

基诺族动物故事。流传于云南省西双版纳傣族自治州景洪市基诺乡。过去豹子很笨，捉不到动物吃，就拜灵巧的野猫为舅舅，请野猫教它猎获食物的本领。豹子仗着自己追逐、跳跃、速度方面都胜过了野猫，想抓住野猫，结果野猫一下子爬上了树。豹子认为野猫传本领时留了一手，所以只要抓到野猫，就要把它坐在屁股下压扁压死。巴亚寨老人讲述，杜玉亭记录。收入《基诺族文学简史》，32开，1页，700字，云南民族出版社1996年版。

（刘怡）

癞蛤蟆和豹子

基诺族动物故事。流传于云南省西双版纳傣族自治州景洪市基诺乡。癞蛤蟆掉进了深坑，借口说天要塌了，让豹子下坑来躲避。豹子下来后见天没塌便要走，癞蛤蟆乘机咬着豹子的尾巴跳出土坑。癞蛤蟆和豹子比本事，每次癞蛤蟆都能借豹子的力取胜。癞蛤蟆告诉它，聪明和智慧才是最大的本事。佚名讲述，郑培庭、温源凯记录。收入《中华民族故事大系》第16卷，32开，2页，1000字，上海文艺出版社1995年版。

（刘怡）

老鼠和大象

基诺族动物故事。流传于云南省西双版纳傣族自治州景洪市基诺乡。大象上山吃嫩竹，将竹子上的鸟窝和小鸟一起吃了，鸟妈妈很伤心。小老鼠知道后，要替鸟妈妈惩罚大象。大象不在乎，结果小老鼠钻进了大象的鼻子，在里面窜来窜去，大象终于懂得了动物各有所长，各有所短，不能以己之长，欺负别的动物。白佳林讲述，郑培庭、温源凯、赵洪宝记录。收入《中华民族故事大系》第16卷，32开，2页，1200字，上海文艺出版社1995年版。

（刘怡）

螺蛳和大象赛跑

基诺族动物故事。流传于云南省西双版纳傣族自治州景洪市基诺乡。大象和螺蛳生活在同一片草地上，大象常常踩死螺蛳。螺蛳很团结，决定跟大象来一次比赛，谁赢了谁就继续在这片草地上生活。大象满不在乎地答应了。螺蛳连夜行动起来，它们排成一排站满了99座山、99条箐。第二天，大象来了，迈开大步跑起来，螺蛳们一个传一个的叫，“我们在你前面”。大象跑了9座山、9条箐，终于跑不动了。一群螺蛳用智慧战胜了大象，从此大象就到森林里生活去了。白佳林讲述，郑培庭记录。收入《基诺族民间文学集成》，32开，3页，1600字，云南人民出版社1989年版。

（刘怡）

青蛙和猴子

基诺族动物故事。流传于云南省西双版纳傣族自治州景洪市基诺乡。猴子不服气青蛙，找青蛙打赌比赛。青蛙见一蜂巢，借口说要守护祖传的神鼓不与它赌。猴子说要到神鼓处跳舞，青蛙同意了，结果猴子把蜂巢打坏，被蜂蜇了才明白是上了青蛙的当。白忠明记录。收入《中华民族故事大系》第16卷，32开，2页，1400字，上海文艺出版社1995年版。

（刘怡）

猴子请祭司念经

基诺族动物故事。流传于云南省西双版纳傣族自治州景洪市基诺乡。猴子上新房，要请祭司来念经。猴子去请癞蛤蟆来念经，癞蛤蟆没空。乌鸦说自己念得最好，猴子将乌鸦请去念。结果乌鸦只会哇哇叫，猴子送乌鸦走了，给了它一套黑衣服和少量的肉。半路上乌鸦将田吃列甲鸟的孩子带走了，为了追回孩子，田吃列甲鸟一见乌鸦就追着咬。猴子又去找黄雀，黄雀念得好，猴子们送它一身花衣服，一顶红毡帽，黄雀越发漂亮了。白佳林讲述，郑培庭记录。收入《中华民族故事大系》第16卷，32开，上海文艺出版社1995年版。

（刘怡）

麂子的额头为什么会皱

基诺族动物故事。流传于云南省西双版纳傣族自治州景洪市基诺乡。骄傲的麂子吃橄榄果，觉得又苦又涩，就骂阿嫫腰白造的果子真难吃，它跑去喝水，发觉嘴里回甜，又去吃果子，可果子仍又苦又涩，它就皱起额头骂起来。麂子的行为激怒了雷姑娘，一个霹雷打下，麂子的额头上的皱纹再也没有舒展开来。白佳林讲述，郑培庭、温源凯、赵洪宝记录。收入《中华民族故事大系》第16卷，32开，2页，400字，上海文艺出版社1995年版。

（刘怡）

猪为什么吃糠

基诺族动物故事。流传于云南省西双版纳傣族自治州景洪市基诺乡。主人让狗和猪去薅草，猪在地里不停地干活，狗睡大觉，但狗在猪回家后在地里踩满了它的脚印，让主人惩罚猪吃糠。后来主人又让狗去干活，却发现狗在地里只管睡觉，于是罚狗只能吃屎。巴亚寨老人讲述，杜玉亭记录。收入《基诺族文学简史》，32开，2页，800

字，云南民族出版社 1996 年版。

（刘怡）

乌鸦是怎么变黑的

基诺族动物故事。流传于云南省西双版纳傣族自治州景洪市基诺乡。乌鸦和白鹇原是好朋友，它们商量要用最美的羽毛打扮自己，白鹇怕乌鸦赛过自己，就骗乌鸦先为自己打扮，乌鸦找来各色羽毛，将白鹇打扮得非常漂亮，轮到白鹇给乌鸦打扮了，小心眼的白鹇就找来一瓶墨汁抹在了乌鸦身上。乌鸦见自己全身乌黑，知道上当受骗了，哭得眼睛都红了。从此，乌鸦的眼睛一直都是红的，它哇哇地叫，是告诉善良的人们，不要像它一样受骗上当。标利讲述，郑培庭记录。收入《中华民族故事大系》第 16 卷，32 开，2 页，700 字，上海文艺出版社 1995 年版。

（刘怡）

猫头鹰为什么没有脑子

基诺族动物故事。流传于云南省西双版纳傣族自治州景洪市基诺乡。猫头鹰见山上的板栗树发出新芽，心想着板栗的香味，就守在树上等着吃板栗。其他野果成熟时，鸟儿们都各自找野果吃并储备过冬。猫头鹰仍然守着板栗树。等到板栗成熟了，猫头鹰的肚子也饿瘪了，它用爪子抓板栗，被刺戳痛了爪子；用嘴去咬板栗，又被刺戳伤了脸。去偷吃别的鸟儿的果子，被鸟儿们将它的脑子啄了出来。所以猫头鹰是鸟中最笨的。左六妹讲述，陈平记录。收入《中华民族故事大系》第 16 卷，32 开，2 页，900 字，上海文艺出版社 1995 年版。

（刘怡）

绿雀和猫头鹰

基诺族动物故事。流传于云南省西双版纳傣族自治州景洪市基诺乡。猫头鹰偷吃绿雀的果子被绿雀啄瞎了眼睛，猫头鹰一跳把树枝踩断了；树枝打在胆小的麂子头上，吓得麂子拼命跑，踩断了冬瓜藤；冬瓜滚下来撞翻了野猪的窝，野猪气得踩烂了野鸡的窝；野鸡气得乱刨，把土里的蚂蚁刨了出来；蚂蚁咬了野猪的鼻子……绿雀一寻根源，竟是猫头鹰惹的祸。大家把猫头鹰打了一顿，打得猫头鹰头都大了，眼睛白天也看不见东西了，只能夜间出来抓老鼠吃。白佳林讲述，郑培庭记录。收入《中华民族故事大系》第 16 卷，32 开，2 页，1400 字，上海文艺出版社 1995 年版。

（刘怡）

玉波壳乐和野猫

基诺族动物故事。流传于云南省西双版纳傣族自治州景洪市基诺乡。野猫为了吃掉玉波壳乐而赞美它的歌，并询问它唱歌的姿势。早有防范的玉波壳乐故意说自己是闭着眼睛唱歌。野猫让小野猫在树下等被自己咬伤掉下来的玉波壳乐，哪知玉波壳乐乘野猫扑来时啄瞎了它的眼睛。野猫掉下树来，被早在树下等候的小猫将它一顿痛打。白忠明记录。收入《中华民族故事大系》第 16 卷，32 开，2 页，1000 字，上海文艺出版社 1995 年版。

（刘怡）

鹌鹑为什么没有后脚趾

基诺族动物故事。流传于云南省西双版纳傣族自治州景洪市基诺乡。鹌鹑和麂子开玩笑，吓得麂子踩了冬瓜藤；冬瓜滚下坡砸落了芝麻；芝麻掉进了野鸡眼，野鸡看不见，扒塌了蚂蚁窝；蚂蚁乱爬乱叮，叮肿了松鼠的嘴巴；松鼠在树上磨嘴巴，碰掉了松果；掉下的松果，打在了野猪头上；野猪拱倒了芭蕉树，惊动了歇在里面的蝙蝠；蝙蝠闯进了野猪的耳朵……野猪怪蝙蝠，蝙蝠怪芭蕉树，芭蕉树又怪野猪，野猪怪松果，松果怪松鼠，松鼠怪蚂蚁，蚂蚁怪野鸡，野鸡怪芝麻，芝麻怪冬瓜，冬瓜怪麂子，麂子怪鹌鹑……最后大家都认为是鹌鹑的错，于是决定剁去它的后脚趾。

白腊赛、特周、策白讲述，策白、白忠明、陈平、赵鲁云记译。收入《基诺族民间文学集成》，32开，3页，1800字，云南人民出版社1989年版。

（刘怡）

懒惰的求雨鸟

基诺族动物故事。流传于云南省西双版纳傣族自治州景洪市基诺乡。森林里有一种鸟特别懒，有一年天气干旱，鸟们商量着挖井，它说何必挖，天就要下雨了，还发誓不喝井里的水。其他鸟挖好了井，喝到了水，懒鸟不好意思去喝，只能不停地哀叫求雨。郑培庭、王援宁讲述，温源凯、赵洪宝记录。收入《中华民族故事大系》第16卷，32开，2页，1000字，上海文艺出版社1995年版。

（刘怡）

蚂蚁和喜鹊

基诺族动物故事。流传于云南省西双版纳傣族自治州景洪市基诺乡。森林里生活着一只大红蚂蚁和一只白羽毛的喜鹊。蚂蚁掉到了水里，喜鹊丢了一片树叶救蚂蚁上了岸。猎人准备猎捕喜鹊时，蚂蚁狠狠地咬了猎人一口，救了喜鹊。喜鹊感激蚂蚁救命之恩，蚂蚁说："没有你帮忙，我就会被淹死的。"白腊者讲述，郑培庭记录。收入《基诺族民间文学集成》，32开，1页，300字，云南人民出版社1989年版。

（刘怡）

龙向公鸡借角

基诺族动物故事。流传于云南省西双版纳傣族自治州景洪市基诺乡。以前龙头上没有角不威武，水族们不推举它当大王。龙只好向蜈蚣讨主意。蜈蚣提议龙王向公鸡借角。蜈蚣告诉公鸡有角太笨重，跳舞不好看，还请来龙王来帮它取角。公鸡听信了蜈蚣的话，把角给了龙王。龙王拿到了角，给了蜈蚣很多金子。蜈蚣把金子打成衣片挂在身上，所以蜈蚣满身是金黄的麟片；而公鸡没了角，老受别的动物欺负，于是恨死了蜈蚣，所以一见蜈蚣就追着啄。标利讲述，郑培庭、温源凯、赵洪宝记录。记录稿，32开，3页，800字，稿存云南省民间文学集成编辑办公室。

（刘怡）

蜗牛和燕子

基诺族动物故事。流传于云南省西双版纳傣族自治州景洪市基诺乡。蜗牛一上午爬了一条田埂便以为自己走路快，还对燕子夸口。燕子告诉它，自己一下午可以飞五百里。蜗牛羞愧地缩成一团。佚名讲述，郑培庭、王援宁、温源凯、赵洪宝记录。收入《中华民族故事大系》第16卷，32开，1页，400字，上海文艺出版社1995年版。

（刘怡）

鸡嗉果树为什么是弯的

基诺族动物故事。流传于云南省西双版纳傣族自治州景洪市基诺乡。凶残的豹子想吃青蛙，青蛙就与它比本领。先比跳远，青蛙趴在豹子的尾巴上，结果比豹子跳得远。又比吐吃下去的动物骨头，豹子吐出了一点骨头渣，青蛙将草丛中的皮哨子果说成是自己吐出的各种动物的眼睛，吓坏了豹子。豹子逃跑时遇到了猴子，猴子不信，用藤子将豹子与自己拴在一起去找青蛙。结果豹子又被青蛙吓得拖着猴子乱跑，把鸡嗉果树也拉弯了。白腊赛、特周、策白讲述，策白、白忠明、陈平、赵鲁云记译。收入《基诺族民间文学集成》，32开，3页，1500字，云南人民出版社1989年版。

（刘怡）

四、长诗歌谣

（一）创世诗

大鼓和葫芦

基诺族创世史诗。流传于云南省西双版纳傣族自治州景洪市基诺族聚居区。诗歌分为四章：第一章阿嫫肖贝，分为造万物和大鼓与葫芦两节；第二章人类繁衍，分为兄妹结婚和阴界阳界要分开；第三章杰卓创业，分为白发超人与铁匠两节；第四章劫后新发展，分为分寨与命名、团圆年和对歌三节。唱述了创世主阿嫫腰白创造了天地万物，后来由于各物种之间的矛盾冲突，只好考虑重新造物。她造了七个太阳，地上的生物被晒死了很多，还有一些躲在岩洞里的，阿嫫腰白想用水来淹死它们。在发大水前，阿嫫腰白将玛黑、玛妞用大鼓装起来作为以后的人种。从大鼓里面出来的玛黑、玛妞在阿妣厄指点下种下葫芦，滚下山的葫芦变成了满山遍野的动物和植物。玛黑、玛妞从阿妣厄处学会了生产生活经验，成人后二人成婚，生育了三子三女，看树尖的老大取名乌热、看树杈的老二取名阿哈，看树枝的老三取名阿细（阿西）。地上物产丰富，族人们采集、狩猎，人口越来越多，生活越来越好。后来又有了摩披（莫丕）、白腊泡。人死后的灵魂和活人生活在一起，时间长了十分不方便。于是摩披做了仪式，把阴界和阳界分开了。基诺人在杰卓山繁衍了很多年，白发超人计算年岁，算出七月（公历2月）是个好月份，与大家商量，就在这个月举行盛大的特懋克节仪式。同时还选出了卓巴、卓色、巴努、色努和科普五位长老，大家一起商量找名铁匠杰腰来做打铁人。铁匠们按照打铁工序、规程准备好物品，老人们看到打铁房即将建成十分高兴。寨子搬迁之前，老人们又算出需要制作一只新的大鼓，于是人们又根据制鼓的工序制作。新年开始了，第一天人们祭鼓祈福，辞旧迎新；第二天打铁祭祀；第三天备耕祭祀。在杰卓之时，有人不遵守禁忌、氏族之间发生争斗，于是三族老人聚在一起商讨了法规。再后来，坏人来到了杰卓山并放火烧了杰卓寨并为此发动了一场持续了三年的战争。战争之后，基诺族三位头人带着族人一路走，一路分寨子，分住在不同的地方。虽然分开了，但是大家还是约定在一起过年节，维系寨子间的亲情。每逢年节，大家聚在一起辞旧迎新，祭祀，唱歌，祈求福祉和平安。宝者、白佳林、沙车演唱、直译，杜玉亭搜集，盖兴之翻译，杜玉亭、盖兴之、玉罕娇整理。收入《云南少数民族古典史诗全集》（中），16开，34页，2033行，云南教育出版社2009年版。

（杨筱奕）

开天辟地歌

基诺族创世歌。流传于云南省西双版纳傣族自治州景洪市基诺乡。“开天辟地歌”不能在节庆仪式上唱，多在非正式场合唱，是人们在遭受挫折悲伤时唱的歌。歌曲唱述开天辟地时创世母亲造天、造地、造平坝、造江河；造好了白石岩、黑石岩，造好了勐养坝边上的“俄杰阿鲁”山和路边的蚂蚁堆。创世母亲撒下了各种植物的种子，种出了各种植物。创世母亲造人类，造了汉人、傣人、布朗人、哈尼人，最后造了基诺人；创世母亲给人类分东西，分给汉人有文字的书，让其牵马做生意，穿又薄又暖的衣服；分给傣家在坝子里种田，写傣文，穿又薄又暖的衣服；分给基诺人用百叶杆记事的木刻，拿弯弓刀砍地、钐地、薅草、割谷子，用背板、套头背东西，穿有九种颜色的衣服。巴亚寨老人唱述，杜玉亭记录。收入《基诺族文学简史》，32开，2页，27行，云南民族出版社1996年版。

（刘怡）

（二）叙事诗

贝壳歌

基诺族叙事诗。流传于云南省西双版纳傣族自治州景洪市基诺乡。全歌以男女对唱的方式讲述了青梅竹马的“巴什”情侣，迫于现实生活中“同氏族兄弟姐妹不得婚配”的制约，虽向族内各级长老和傣族、汉族的大小长官们一再请求，终难结缘。最后，巴什郎被迫另娶，巴什妹则郁郁病死。为了能够与情郎依祖规同去祖先住的司杰卓密成婚，巴什妹的魂灵在寨口坟山上等候，在“九岔路口”等了十三年，又到司杰卓密当了三年的“老姑娘”。漫长的岁月里，其鬼魂虽变幻其形，不时回人间与其情郎幽会，终未能等到情郎去司杰卓密与她结为夫妻。于是巴什妹先后修成铁匠女神和莫裴女神，返回人间挑逗巴什郎，并故意将巴什郎的魂魄牵走，使其得病。巴什郎只有请寨中专事沟通人神关系的白腊泡用法术和繁缛的“排难”仪式从中周旋说和，巴什妹仍十分不满。苦修多年，巴什妹终成谷贝神，并制造了更多更大的奇事，迫使巴什郎公开两人之间的恋情，并从父寨请来族中法术最高的白腊泡，用神奇的“蒙贝”术和盛大的“剽牛”仪式与巴什妹结为正式的夫妻。从此，巴什郎变成了新的白腊泡，托着阴妻——谷贝神的庇护，在寨中专门为人操办人神之间的种种沟通事务，过着富裕、康宁和受人尊敬的生活。柯普洛•沙车、白腊者演唱，白佳林、卓巴•沙车翻译，沈洽、刘怡诠译。6600行，上海音乐出版社2004年版。

（刘怡）

巴诗与米诗

基诺族叙事诗。流传于云南省西双版纳傣族自治州景洪市基诺乡。全歌用“巴格勒”调子演唱，以男女对唱的方式唱述了巴夺寨的米诗姑娘在过年时节遇到巴飘寨来的小伙子巴诗，二人互生情愫。分别之际，两人互送信物。可是等到巴诗置办好婚礼所需的物品准备来娶米诗时，米诗却被迫嫁给了头人。歌中细致入微地表现了巴诗与米诗相爱的欢喜和失去心上人的痛苦。常生、沙车演唱，沙车、白佳林翻译，王彬、王懿之记录。收入《巴诗与米诗》，32开，42页，960行，云南民族出版社1996年版。

（刘怡）

铁匠神女

基诺族叙事诗。流传于云南省西双版纳傣族自治州景洪市基诺乡。全歌用“巴格勒”调子演唱，用对唱的方式唱述了铁匠女神向人间恋人求爱直至举行婚礼的全过程，表现了人神之间的神奇婚姻，内容包括恋爱、占卜、婚礼几个部分。女方用人们日常劳作中的奇异现象发问，男方则即景生情地回答。直至相思得病问卜，从祭司处得到神女求爱的信息后着手婚礼的准备以及隆重的婚礼。沙木拉、腰子、沙不鲁、木拉孜演唱，标利、沙腰、杜玉亭记译。收入《基诺族文学简史》，32开，5页，92行，云南民族出版社1996年版。

（刘怡）

（三）习俗歌

造风箱打铁歌

基诺族习俗歌。流传于云南省西双版纳傣族自治州景洪市基诺乡。此歌是基诺族过“特懋克”时村寨长老演唱的习俗歌。全歌由找树制风箱筒、找野鸡毛做风箱排挡的羽毛、杀鸡祭风箱和铁匠炉、打铁制新农具四部分组成，对每一过程都进行了详尽的叙述，充分反映了基诺族对过年仪式的重视和对铁匠的尊重。不拉（音译，现均统一“白腊”，下同）寨、木拉（音译，现均统一“白腊”，下同）孜、柯普洛•沙车演唱，白佳林、标利、白腊者、卓巴•沙车、杜玉亭记译。稿存云南社科院杜玉亭家；节选收入《基诺族文学简史》，32开，2页，50行，云南民族出版社1996年版。

（刘怡）

过年祈祷词

基诺族习俗歌。流传于云南省西双版纳傣族自治州景洪市基诺乡。唱述了“特懋克”前，村寨长老代表寨民们为新一年的生活在寨神的象征物——木鼓前祈祷。表示全寨已尽心准备了祭品，祈求赐给钱魂、粮魂、兽魂、鼠鸟魂、男人魂和女人魂，保佑无灾无病。柯普洛•沙车演唱，卓巴•沙车、刘怡记译。收入《中国歌谣集成•云南卷》，16开，3页，36行，中国ISBN中心2003年版。

（刘怡）

过年备礼歌

基诺族习俗歌。流传于云南省西双版纳傣族自治州景洪市基诺乡。唱述了“特懋克”前，村寨长老根据物候择日子过年、全寨上山打猎、下坝子买牛准备过年礼物的过程。不拉寨、木拉孜、柯普洛•沙车演唱，白佳林、标利、白腊者、卓巴•沙车、杜玉亭记译。稿存云南社科院杜玉亭家；节选收入《基诺族文学简史》，32开，3页，55行，云南民族出版社1996年版。

（刘怡）

乌尤壳（一）

基诺族习俗歌。流传于云南省西双版纳傣族自治州景洪市基诺乡。这是基诺族在举行“特懋克”送旧迎新、跳“大鼓舞”时邀请长老和乡亲们唱的歌。歌中唱道：“沿着祖先走过的道路，按照祖先定下的规矩，世世代代往下传。”柯普洛•沙车演唱，卓巴•沙车、刘怡记译。收入《中国歌谣集成•云南卷》，16开，2页，12行，中国ISBN中心2003年版。

（刘怡）

乌尤壳（二）

基诺族习俗歌。流传于云南省西双版纳傣族自治州景洪市基诺乡。这是后辈们请长老跳“大鼓舞”时唱的习俗歌。歌中祈求钱魂、粮魂和人魂快快来，寨民跟着长老“沿着祖先走通的路，不要走上面的岔路，不要走下面的岔路”。柯普罗•沙车演唱，沙晓桑、刘怡记译。收入《中国歌谣集成•云南卷》，16开，2页，13行，中国ISBN中心2003年版。

（刘怡）

乌尤壳（三）

基诺族习俗歌。流传于云南省西双版纳傣族自治州景洪市基诺乡。歌中宣告跳鼓舞开始，同时表明“沿着祖先的道路，按照祖先的规矩，传统世世代代传下去”。沙车演唱、翻译，吴学源记录。收入《中国歌谣集成•云南卷》，16开，1页，11行，中国ISBN中心2003年版。

（刘怡）

特懋阿咪（一）

基诺族习俗歌。流传于云南省西双版纳傣族自治州景洪市基诺乡。这是基诺族过“特懋克”送旧迎新时唱的习俗歌。歌中唱道：“基诺族一年十一个月，一个月整整三十天，基诺儿女勤劳勇敢爱劳动，旧的传统不能丢，祖先一代一代传下来，我们一代一代传下去。”沙车演唱、翻译，吴学源记录。收入《中国歌谣集成·云南卷》，16开，1页，11行，中国ISBN中心2003年版。

（刘怡）

特懋阿咪（二）

基诺族习俗歌。流传于云南省西双版纳傣族自治州景洪市基诺乡。“一月里打大鼓纪念祖先，砍来斯彬树做大鼓，蒙上黄牛皮，基诺洛克放声唱，铜铓锣汉人造，两面铜镲傣家造，基诺洛克跳起舞，唱起歌来过新年。”金娣演唱，沙车、杨荣记录。收入《基诺族民间舞蹈》，32开，1页，8行，国际文化出版公司1989年版。

（刘怡）

特懋阿咪（三）

基诺族习俗歌。流传于云南省西双版纳傣族自治州景洪市基诺乡。歌中除了唱过节的内容外，还重申了年节上“巴什”情人也可以手牵手对歌的习俗，并呼唤情人赶快来唱歌跳舞，向情人诉说思念。卓巴·沙车演唱，沙晓桑、刘怡记译。收入《中国歌谣集成·云南卷》，16开，5页，70行，中国ISBN中心2003年版。

（刘怡）

时节歌

基诺族习俗歌。流传于云南省西双版纳傣族自治州景洪市基诺乡。基诺族过“特懋克”送旧迎新时唱的习俗歌。歌曲由过年、农事、盖房等部分组成，用叙事的方式唱述了新年到来之际，村寨买牛过年、制风箱打铁以及年后砍地、烧地、搭窝棚、播种、叫谷魂、盖新房等一年事情的安排和顺序，集中反映了农耕祭祀的全过程。木腊（音译，应为“白腊”，下同）切、柯普洛·沙车演唱，卓巴·沙车、白佳林、王军、王彬记译。收入《基诺族民间文学集成》，32开，11页，230行，云南人民出版社1989年版。

（刘怡）

刀耕火种歌

基诺族习俗歌。流传于云南省西双版纳傣族自治州景洪市基诺乡。此歌是基诺族过“特懋克”时由村寨长老演唱的习俗歌。歌曲唱述了基诺族刀耕火种的全过程，包括砍地、烧地、捡渣、盖地窝棚、播种、守地等环节及相关的祭祀活动。不拉塞、木拉孜、柯普洛·沙车演唱，白佳林、标利、白腊者、卓巴·沙车、杜玉亭记译。收入《基诺族文学简史》，32开，1页，22行，云南民族出版社1996年版。

（刘怡）

三乍

基诺族习俗歌。流传于云南省西双版纳傣族自治州景洪市基诺乡。译为《团结年歌》，是基诺族过“特懋克”时村寨长老与外寨客人对唱的习俗歌。基诺族过年时，村寨长老要邀请父母寨和相邻村寨的客人来过节。宴客时，长老唱述新年时节寨子对节日的安排以及真诚的迎客之情，客人则以对唱的方式表达自己的感受。双方的唱述涉及买牛、杀牛、修路、宴客、祝福等过节的每一个具体的环节。木腊切、柯普洛·沙车演唱，卓巴·沙车、白佳林、王军、王彬记译。收入《基诺族民间文学集成》，32开，19页，420行，云南人民出版社1989年版。

（刘怡）

传统礼俗歌

基诺族习俗歌。流传于云南省西双版纳傣族自治州景洪市基诺乡。此歌是基诺族“特懋克”或“上新房”时村寨年轻人向长老表达敬意的颂词。

全歌用“巴格勒”调子演唱。年轻人赞颂长老“是先见太阳、月亮的人”，认为基诺祖先遗下的道理就像通往各地的道路一般，而自己是头顶血迹未干的毛孩，犹如没有洞眼的鸡蛋，只有请长老们把道理传下来。年轻人采用谦词来表达情感，长老更多的是鼓励和希望的答词，如“马的力气很大，我把你们当公马；象的力气很大，我把你们当公象……”两代人唱和的年节礼仪歌增加了节日盛会中的和谐气氛，也表明了备受尊重的长老们的独特地位。不拉塞、木拉孜演唱，白佳林、标利、白腊者、卓巴·沙车、杜玉亭记译。稿存云南社科院杜玉亭家；节选收入《基诺族文学简史》，32开，2页，50行，云南民族出版社1996年版。

（刘怡）

啥高

基诺族习俗歌。流传于云南省西双版纳傣族自治州景洪市基诺乡。分为两章：第一章建房工序分为占卜、备料、拆房、盖新房、长老的祈求、上新房、射牛、分牛肉、设宴（1）、设宴（2）、幸福家园、长老的祝福十二节；第二章为情歌，分为情歌、赞美、真爱不移三节。歌中详细唱述了基诺族建房的整个过程以及恋人之间真挚、热烈的情感。白佳林、白腊者等演唱，沙晓桑等翻译、整理。有基诺拼音文字—汉文对照单行本《啥高》，约3500行，内部资料。

（杨筱奕）

贺新房

基诺族习俗歌。流传于云南省西双版纳傣族自治州景洪市基诺乡。基诺族“上新房”仪式结束后村寨长老演唱贺新房歌。全歌详细地讲述了上新房的过程，其中有盖房的缘由、占卜、备料、盖房、做“上新房”仪式的过程、贺新房时的祝福等。白腊支、柯普罗·沙车演唱，卓巴·沙车、沙晓、刘怡记译。收入《中国歌谣集成·云南卷》，16开，4页，392行，中国ISBN中心2003年版。

（刘怡）

盖新房

基诺族习俗歌。流传于云南省西双版纳傣族自治州景洪市基诺族聚居区。全诗分为看卦、备料、拆房、盖新房、上新房五个部分，是基诺族举行“上新房”仪式时演唱的歌，涉及基诺族盖房的整个过程。歌中所唱的是巴亚中寨的习俗。沙车、白腊支演唱，沙车、沙晓翻译，慧敏采录。收入《云南少数民族叙事长诗全集》（下），16开，6页，382行，云南教育出版社2012年版。

（杨筱奕）

叫谷魂歌

基诺族习俗歌。流传于云南省西双版纳傣族自治州景洪市基诺乡。基诺族每当新谷入仓，各家都择日到地里叫谷魂。此歌唱述的就是叫谷魂的经过和对祖先的祈求，歌中充满了对幸福生活的渴望。卓巴·沙车演唱，白佳林翻译，刘怡记录。收入《中国歌谣集成·云南卷》，16开，2页，57行，中国ISBN中心2003年版。

（刘怡）

（四）仪式歌

铁匠做梦歌

基诺族仪式歌。流传于云南省西双版纳傣族自治州景洪市基诺乡。基诺族过“特懋克”时，全寨人要修葺打铁房，长老们还要向铁匠送上祭品，请铁匠为全寨做一好梦，预测来年丰收。铁匠根据约定俗成的歌词唱述：“为银魂做的梦是见到冰雹从天降，为粮魂做的梦是见到大竹到澜沧江搭水槽，为生女孩做的梦是见到又嫩又胖又美的黄竹，为生男孩做的梦是见到又胖又壮的龙竹，为人丁兴旺做的梦是见到果实累累的鸡嗉子果。”不拉塞、木拉孜、柯普洛·沙车演唱，白佳林、标利、白腊者、卓巴·沙车、杜玉亭记译。收入《基诺族文学简史》，32开，1页，6行，云南民族出版社1996年版。

（刘怡）

啥高克

基诺族仪式歌。流传于云南省西双版纳傣族自治州景洪市基诺乡。译作《贺新房歌》。基诺族新房落成时举行"上新房"仪式，唱"卓则特"，又接着在火塘边唱"啥高克"。这是一种"一领众和"的演唱方式，多为唱颂爱情。"马鹿的脚印豹子跟着走，麂子的脚印豺狼跟着走，妹妹的脚印哥哥跟着走。你和我离得并不远，在一条山路上，紧紧地跟着走。在一起劳动，在一个草棚里休息。陡坡山地上薅草，我俩站成一排，合砍一蓬草。"表达了基诺族男女青年对爱情的忠贞。遮基演唱，杨荣记录。收入《基诺族民间舞蹈》，32开，1页，15行，国际文化出版公司1989年版。

（刘怡）

冻肉宴上的祝福词

基诺族仪式歌。流传于云南省西双版纳傣族自治州景洪市基诺乡。此歌是基诺族"上新房"仪式后的第二天早上，主人邀请长老和祭司参加冻肉宴上，村寨长老唱的祝福歌。歌中唱述了长老对主人一家的祝福。不拉车、老叭约、子伯演唱，杜玉亭记录。收入《基诺族文学简史》，32开，2页，50行，云南民族出版社1996年版。

（刘怡）

司杰戛

基诺族仪式歌。流传于云南省西双版纳傣族自治州景洪市基诺乡。译名《撵鬼词》。在基诺族村寨最后一家"上新房"仪式后举行的撵鬼仪式时由主人念诵。内容是将来"要黄牛"的祖先魂灵撵往祖先寨去。祭词中，先告诫父母亡灵，今年的"上新房"祭祀已经结束，劝父母亡灵迅速离去，不要再挂念儿孙，否则儿孙就会有病灾。然后与父母亡灵约好九年后行下一次祭祀，希望父母亡灵在这期间保佑儿孙，安心在祖先寨生活。木拉孜念诵，杜玉亭记录。收入《基诺族文学简史》，32开，1页，17行，云南民族出版社1996年版。

（刘怡）

雷打不散巴什情

基诺族仪式歌。流传于云南省西双版纳傣族自治州景洪市基诺乡。在札果寨"上新房"仪式演唱。歌中具体地描绘了氏族内恋人的热烈爱情，尽管他们的婚姻受到社会的压抑，但经过抗争最终走到了一起。木拉切、晓者演唱，标利、白佳林、杜玉亭记译。收入《基诺族文学简史》，32开，6页，140行，云南民族出版社1996年版。

（刘怡）

（五）婚俗歌

情爱的门关不了

基诺族婚俗歌。流传于云南省西双版纳傣族自治州景洪市基诺乡。此歌是基诺族男方请媒人去女方家求亲时女方父母唱的歌。唱述了女方父母对儿女婚姻的态度："有寨子就有寨老，有寨老就有爱情，有爱情才有食粮，这是祖辈传下的规矩。我阻挡不了太阳升起，我改变不了月亮圆缺，澜沧江的水路挡不住啊，情爱的门也关不了。"柯普洛·沙车演唱，白佳林、刘怡记译。载《基诺山绝唱》，32开，1页，8行。

（刘怡）

证婚歌

基诺族婚俗歌。流传于云南省西双版纳傣族自治州景洪市基诺乡。此歌是迎亲队伍到达女方家后首席证婚人手握一个鸡蛋念诵的证婚词。词中表明自己的身份，并要求女方家按规矩将家产的一半分给女儿。同时也要求新郎将“吃奶钱”奉上。待迎亲队伍回到男方家时，证婚人念词宣告婚事的成立并对新婚夫妇给予祝福。不拉塞、木拉孜、柯普洛•沙车、温切、巴者演唱、讲述，白佳林、卓巴•沙车、白腊者、杜玉亭记译。稿存云南社科院杜玉亭家；节选收入《基诺族文学简史》，32开，3页，60行，云南民族出版社1996年版。

（刘怡）

婚礼短歌

基诺族婚俗歌。流传于云南省西双版纳傣族自治州景洪市基诺乡。婚礼短歌往往是长歌的开头部分，一般在婚礼仪式开始时演唱。歌词中表明成婚是“上界荅洛裴嫫，三月做人时节”就安排好了的，并用“你我就像两个贝，要被酸蜂蜡沾并成一对”来比喻婚礼。卓巴•沙车演唱，白佳林、刘怡记译。收入《基诺族文化大观》，32开，1页，8行，云南民族出版社1999年版。

（刘怡）

咪嫫绕嫫

基诺族婚俗歌。流传于云南省西双版纳傣族自治州景洪市基诺乡。译作《结婚歌》，是基诺族举行婚礼时以对唱的形式表达男女主人公感情的习俗歌。全歌用“巴格勒”调子演唱。歌曲唱述了新婚夫妻从出生、玩耍、成年到恋爱、同居、结婚全过程中两人相亲相爱的关系，并对每一过程中所涉及的生产、生活都作了详尽的介绍，包括生育、采集、狩猎、农耕、祭祀等等。沙车、白佳林演唱，沈洽、刘怡记录。收入《基诺族民间文学集成》，32开，84页，1800行，云南人民出版社1989年版。

（刘怡）

婚礼歌

基诺族婚俗歌。流传于云南省西双版纳傣族自治州景洪市基诺乡。此歌在婚宴上由老歌手领唱或对唱，内容多为从母亲怀孕到新婚夫妇出世、幼年时期的青梅竹马、成年后的恋爱生活及成家立业后的生产生活等情景，全歌用“巴格勒”调子演唱。歌中全面记录了基诺族怀孕生产时的每个细节，细致入微地表现了恋爱双方成年后的相恋相思，特别是男女双方对爱情的考验和试探，细腻地描述了未婚男女间的社交方式以及同居情况，并对男女主人公婚后的生产、生活进行了描述。通过刀耕火种的山地农业贯穿了砍地、烧地、播种、薅草、护秋、吃新米、收割、入仓的全过程，同时还表现了男主人公的狩猎的活动和女主人公的采集与纺织。不拉塞、木拉孜、柯普洛•沙车、温切、巴者演唱、讲述，白佳林、卓巴•沙车、白腊者、杜玉亭记译。稿存云南社科院杜玉亭家；节选收入《基诺族文学简史》，32开，12页，200行，云南民族出版社1996年版。

（刘怡）

求福赐福歌

基诺族婚俗歌。流传于云南省西双版纳傣族自治州景洪市基诺乡。此歌的主要内容是，寨中长老在婚礼之夜回家前，新郎家请求长老代做个好梦。次日早宴礼仪歌唱完后，新郎的家长向长老问梦，长老用传统的答词回复主人，梦见了“箐边的老母猪棕发杈多，山上的果树结了多果”，象征着将获得粮魂。梦见“天上下了冰雹，水漫澜沧江”，象征着将得到钱魂。随后，主人向长老求福，长老用歌赐福给主人一家。不拉塞、木拉孜、柯普洛•沙车、温切、巴者演唱、讲述，白佳林、卓巴•沙车、白腊者、杜玉亭记译。稿存云南社科院杜玉亭家；节选收入《基诺族文学简史》，32开，3页，60行，云南民族出版社1996年版。

（刘怡）

婚礼早宴礼仪歌

基诺族婚俗歌。流传于云南省西双版纳傣族自治州景洪市基诺乡。此歌是婚礼仪式的第二天早上，主人家请寨中长老参加早宴时家长与长老演唱的歌曲。主人唱述了对安排不周的早宴的深深的歉意，而长老则通过对早宴的赞美对主人家的款待表示感谢。不拉塞、木拉孜、柯普洛•沙车、温切、巴者演唱、讲述，白佳林、卓巴•沙车、白腊者、杜玉亭记译。收入《基诺族文学简史》，32开，3页，66行，云南民族出版社1996年版。

（刘怡）

阿玛朔妞

基诺族婚俗歌。流传于云南省西双版纳傣族自治州景洪市基诺乡。译名《同氏族兄妹》，在亚诺寨举行婚礼时演唱。歌的前半部分唱述“巴什”恋人的感情和三对“巴什”为了得到成婚的允许逐级申诉的过程。此歌最独特的部分是大量难题的设定与解决，可以说是基诺人智慧之结晶。腰子、沙木勒、沙腰、木腊子讲述，车白、标利翻译，杜玉亭记录。收入《基诺族文学简史》，32开，2页，1500字，云南民族出版社1996年版。

（刘怡）

（六）祭祀歌及祭词

“上新房”的祭词

基诺族祭词。流传于云南省西双版纳傣族自治州景洪市基诺乡。基诺人家父母去世后家有不顺时，长子盖新房、行“上新房”祭祀活动，邀请祭司“莫丕”来主持仪式。届时“莫丕”要念诵一系列的祭词：先念诵主人家父母去世后的一系列不顺之事，说明这是主人的父母来“要黄牛”，来“认新房”；再唱述主人一家备料、择吉日建房、新房建好后“上新房”的仪式过程等。整个“上新房”祭祀活动中有祭词十多种，有说明祭司身份的，有撒米祛鬼的，有占卜的，有赞黄牛的，有撒米祛房基恶鬼的，有请寨神、地神赐福的，还有述说“上新房”来历的，最后才是“莫丕”面对已死的全牛致祭。整个仪式中最为重要的祭祀是祭司陪同来“要黄牛”的父亲将牛送往祖先寨的过程。不拉塞、木拉孜、柯普洛•沙车、木拉切讲唱，白佳林、卓巴•沙车、白腊者、标利、杜玉亭、刘怡记译。稿存云南社科院及云南民间文学集成编辑办公室；《中国歌谣集成•云南卷》及云南民族出版社1996年版的《基诺族文学简史》中有部分祭词。

（刘怡）

祭铁匠神

基诺族祭祀歌。流传于云南省西双版纳傣族自治州景洪市基诺乡。基诺族过“特懋克”前，长老祭祀铁匠神时念诵此词。词中先表明“人活着要吃饭，鸟活着要吃虫，马鹿活着要吃果”，请诸位神灵来吃喝。请求铁匠为寨子做个好梦，祈求铁匠神保佑。柯普洛•沙车演唱，卓巴•沙车、沈洽、刘怡记译。收入《基诺族文化大观》，32开，1页，12行，云南民族出版社1999年版。

（刘怡）

寨老祭鼓歌

基诺族祭祀歌。流传于云南省西双版纳傣族自治州景洪市基诺乡。基诺族动用木鼓前，村寨长老行祭鼓仪式时面对大鼓念诵的祭词。词中唱述了祭祀寨神所用的祭品，希望寨神收到祭礼后回赐人们粮魂、钱魂、男人魂、女人魂，并祈求寨神守好寨门，保佑年节平安。不拉塞、木拉孜、柯普洛•沙车演唱，白佳林、标利、白腊者、卓巴•沙车、杜玉亭记译。收入《基诺族文学简史》，32开，2页，50行，云南民族出版社1996年版。

（刘怡）

祭鼓词

基诺族祭祀歌。流传于云南省西双版纳傣族自治州景洪市基诺乡。歌中从“远古的时候，人们只知道吃饭，鼠类吃果子，鸟类吃虫子，不知道季节的变换”到“山顶的红毛树发出了新芽，山坡的车角树换了青，澜沧江起了波纹，小黑江的石头披上了青苔”，“春风把寨子脚的笋叶吹进了寨子，土里的担母蝉脱壳爬上了白椿树，家里的生姜、芋头发了芽”得知播种的季节已来到。接着又唱人们准备打铁、过年。这时就要祭鼓、剽牛，祈求大鼓赐给金银魂、粮食魂、男人魂、女人魂、鼠鸟魂。表明自己是长老，代表寨民的意愿，说话算话，希望“梦什么就得到什么，干什么都有收获”。佚名演唱，杨荣记录。收入《西双版纳文化历史学术研讨会论文集》，32 开，2 页，80 行，成都科技大学出版社 1994 年版。

（刘怡）

祭猎神歌

基诺族祭祀歌。流传于云南省西双版纳傣族自治州景洪市基诺乡。每年农历六月，是基诺族进山打猎的季节，猎手在箐里拉好弯弓后，要做仪式祭猎神。歌中唱述了基诺族打猎的方法及祭猎神的情况。柯普罗·沙车演唱，白佳林翻译，刘怡记录。收入《中国歌谣集成·云南卷》，16 开，3 页，42 行，中国 ISBN 中心 2003 年版。

（刘怡）

打到猎物后的祭词

基诺族祭词。流传于云南省西双版纳傣族自治州景洪市基诺乡。基诺族获猎后，为了表示对猎神的尊重和感激，猎人要面对猎物跪下，用手将猎物从头至尾抹三下并念诵此词。说“这个野兽是自己撞到枪口上来的”以求得猎神的宽恕，同时还祈求猎神多多赐予猎物。白腊支演唱，白佳林、刘怡记译。稿存民间文学集成编辑办公室；节选收入《基诺族文化大观》，32 开，1 页，12 行，云南民族出版社 1999 年版。

（刘怡）

感谢兽神的祭词

基诺族祭词。流传于云南省西双版纳傣族自治州景洪市基诺乡。基诺族猎获大野兽时长老率寨民到寨门迎接，祭祀兽神并对它的赐予表示感谢。祭词中对野兽表明“打死你是神灵的意愿”，让其“死后的灵魂安心地到兽神那里去。不要乱跑，不要加害于我们”。祈求“如果以后山神将你的同伴赐给我们，你的灵魂千万不要阻挡，要把他们引到我们狩猎的山箐里，送到我们的枪口上”。柯普洛·沙车演唱，白佳林、刘怡记译。收入《基诺族文化大观》，32 开，1 页，17 行，云南民族出版社 1999 年版。

（刘怡）

号地词

基诺族祭词。流传于云南省西双版纳傣族自治州景洪市基诺乡。基诺族施行轮耕，在每年耕种“号地”（即在自己将要耕种的山地做标记以示此地已有归属）时念诵此词。号地后将用姜和芋头撵鬼。墨车念诵，卓巴·沙车、刘怡记译。收入《中国歌谣集成·云南卷》，16 开，1 页，12 行，中国 ISBN 中心 2003 年版。

（刘怡）

刀耕祭词

基诺族祭词。流传于云南省西双版纳傣族自治州景洪市基诺乡。基诺族过完“特懋克”后，长老行刀耕仪式时念诵此词。祭词念诵，卓巴长老行砍地祭祀的必要，讲述砍地前做仪式、砍地后汲水、煮饭的地点及砍树的情况。不拉塞、木拉孜演唱，白佳林、标利、白腊者、卓巴·沙车、杜玉亭记译。节选收入《基诺族文学简史》，32 开，2 页，30 行，云南民族出版社 1996 年版。稿存云南社科院杜玉亭家。

（刘怡）

砍地祭词

基诺族祭词。流传于云南省西双版纳傣族自治州景洪市勐旺乡。过去基诺族以“刀耕火种”为主要耕作方式，因此每年过了“特懋克”后13天，都要举行砍地祭祀。由寨中长老卓巴念诵。词中祈求鬼神们不要待在这里，今天是好日子，自己来分开人和鬼，让鬼赶快走开。布鲁塞演唱，卓巴•沙车、沈洽、刘怡记译。收入《中国歌谣集成•云南卷》，16开，1页，12行，中国ISBN中心2003年版。

（刘怡）

烧地祭词

基诺族祭词。流传于云南省西双版纳傣族自治州景洪市勐旺乡。基诺族砍地后要放火烧荒。先从土地所有者中选出年龄最长者为卓巴，然后围着这片山地挖好防火道，再举行烧地仪式并唱诵此词。词中禀告鬼神：“我们杀鸡祭了树神，我们杀狗献过山神，求你不要叫火烧过防火道，求你让全部草木都烧尽。”白腊先演唱，卓巴•沙车、沈洽、刘怡记译。收入《中国歌谣集成•云南卷》，16开，1页，12行，中国ISBN中心2003年版。

（刘怡）

播种祭词

基诺族祭词。流传于云南省西双版纳傣族自治州景洪市勐旺乡。基诺族播种前，村寨长老卓巴、卓色行播种祭祀时念此词。词中主要说明自己已经祭过了山神、地鬼，祈求种下的谷种长得好。白腊先演唱，卓巴•沙车、沈洽、刘怡记译。收入《中国歌谣集成•云南卷》，16开，1页，12行，中国ISBN中心2003年版。

（刘怡）

祭寨鬼

基诺族祭词。流传于云南省西双版纳傣族自治州景洪市基诺乡。基诺族下种前要由本寨长老祭寨鬼以求丰收。词中表明自己是寨子的主人，祈求下种时不要听到不吉利的鸟、鼠、兽的叫声，让谷子长得粗壮。佚名演唱、翻译，韩忠太、付金芝记录。节选收入《民族心理调查与研究——基诺族》，32开，1页，26行，云南人民出版社1998年版。

（刘怡）

下种祭祖词

基诺族祭词。流传于云南省西双版纳傣族自治州景洪市基诺乡。基诺族下种前要由家长杀鸡祭祖。家长祈求死去的在司杰卓米的祖先，拿着弹弓和弩箭守在地头地脚，不让鼠鸟来吃谷种；也不要让自己碰到地鬼、箐鬼。轶名演唱、翻译，韩忠太、付金芝记录。节选收入《民族心理调查与研究——基诺族》，32开，1页，8行，云南人民出版社1998年版。

（刘怡）

叫谷魂（一）

基诺族祭词。流传于云南省西双版纳傣族自治州景洪市基诺乡。当新谷入仓前，各家均要择日到地里叫谷魂回家。歌中说这是一个好日子，自己带着荆芥花和红公鸡，祈求“管着钱的神灵，管着粮的神灵”让钱魂、粮魂回家。墨车演唱，卓巴•沙车、刘怡记译。收入《中国歌谣集成•云南卷》，16开，2页，21行，中国ISBN中心2003年版。

（刘怡）

叫谷魂（二）

基诺族祭词。流传于云南省西双版纳傣族自治州景洪市基诺乡。这是基诺族布资家叫谷魂的祭词。词中详细地说明了叫谷魂是祖先传下的规矩和叫谷魂所需的祭品以及对山神、箐神的祈求，祈求钱魂、粮魂、兽魂、鼠鸟魂、男人的九魂、女人的七魂都回到自己的大房子里来。墨车演唱，卓巴•沙车翻译，刘怡记录。收入《中国歌谣集成•云南卷》，16开，2页，62行，中国ISBN中心2003年版。

（刘怡）

叫谷魂（三）

基诺族祭词。流传于云南省西双版纳傣族自治州景洪市基诺乡。基诺族在新谷入仓前，各家均要叫谷魂。祈求“谷子回家哟，谷根留下，谷魂不留；谷壳留下，谷粒不留；谷秆留下，谷灰不留；我背的金谷像僧猫果一样闪亮，我用鲜红的公鸡，用酸癟果浆那么白的银子，用南瓜花那么黄的金子，来叫你的魂。”白腊蕾演唱、翻译，郑培庭记录。收入《景洪文史资料之三——基诺族》，32开，1页，13行，成都科技大学出版社1995年版。

（刘怡）

祭火塘

基诺族祭词。流传于云南省西双版纳傣族自治州景洪市基诺乡。基诺族秋收后的第一天，人们从家族长老的地里收回一些新谷，在长房内的总火塘上煮熟。长老抓一把新米饭撒入火塘并念诵祭词。词中道：“撒了新米的火塘都是一家人，愿大火塘神灵保佑每一个火塘都像全家的总火塘一样日日红火……”祈求福泽家庭。亚诺寨老人演唱，郑晓云记录。收入《火塘文化录》，32开，1页，6行，云南人民出版社1991年版。

（刘怡）

祭祖词

基诺族祭词。流传于云南省西双版纳傣族自治州景洪市基诺乡。基诺族认为家里的病重或疾病不断的人是死去的、居住在司杰卓米的父亲想念儿孙或向儿孙讨要东西。因此要请祭司白腊泡做仪式祭祖，向去世的父亲送上猪鸡并祈求父亲保佑。墨车演唱，卓巴·沙车翻译，刘怡记录。收入《中国歌谣集成·云南卷》，16开，2页，32行，中国ISBN中心2003年版。

（刘怡）

祭祖歌

基诺族祭词。流传于云南省西双版纳傣族自治州景洪市基诺乡。基诺族过节或举行仪式时由家长唱念祭祖歌。歌中祈求父母的灵魂保佑自己打猎丰收，谷满仓，钱满箱，保佑子孙福泽。白腊蕾演唱、翻译，郑培庭记录。收入《景洪文史资料之三——基诺族》，32开，1页，14行，成都科技大学出版社1995年版。

（刘怡）

取名词

基诺族祭祀歌。流传于云南省西双版纳傣族自治州景洪市基诺乡。基诺族认为人是丕嫫女神造好后送来的，为了子女健康且有福气，要请祭司白腊泡为其未出生的孩子取名。白腊泡在为人取名时念诵此词。词中带着孩子父母之魂去丕嫫女神居住的地方向其讨要名字。内容大多是从所居住的寨子到司杰卓米祖先寨的路线，与送魂路线大同小异；而后是取名的经过和取的名字。布鲁塞演唱，卓巴·沙车翻译，刘怡记录。收入《中国歌谣集成·云南卷》，16开，1页，24行，中国ISBN中心2003年版。

（刘怡）

瓦叭浮

基诺族祭词。流传于云南省西双版纳傣族自治州景洪市勐旺乡。译作《祭白猪》。该词是在用白猪祭祀以消灾禳邪、祈求保佑的活动上念诵，其目的是祈求日子越过越好，不要有灾祸，保佑人们福泽延绵、长命百岁和物产丰收。李章宝演唱，刘怡记录。收入《基诺族文化大观》，32开，1页，15行，云南民族出版社1999年版。

（刘怡）

叫魂词

基诺族祭词。流传于云南省西双版纳傣族自治州景洪市基诺乡。基诺族家里有重病或疾病不断的人，就要请祭司莫丕叫魂，祈求祖先保佑。墨车演唱，卓巴·沙车翻译，刘怡记录。收入《中国歌谣集成·云南卷》，16开，2页，21行，中国ISBN中心2003年版。

（刘怡）

关闭鬼门时的祭词

基诺族祭词。流传于云南省西双版纳傣族自治州景洪市基诺乡。1941年，基诺族人民因抗税与国民党政府进行了三年的斗争，被迫停止了所有的祭祀活动。为了不得罪鬼神，他们举行了“关闭鬼门”的仪式。这是仪式中念诵的祭词。人们献上祭品并说明不能行祭的原因，祈求神灵赐予力量和神刀，让他们把坏人都杀光。操腰念诵，子不勒、沙都、木拉子讲述，沙车翻译，杜玉亭记录。收入《基诺族文学简史》，32开，1页，18行，云南民族出版社1996年版。

（刘怡）

求雨歌

基诺族祭词。流传于云南省西双版纳傣族自治州景洪市基诺乡。基诺族遇到天旱时念诵的祭词。歌中唱道：“山地的作物急需雨水，人们已耐不住长期干辣的天气。花腰的母猪要渴死了，花头的黄牛要渴死了，山顶的大青树苗快干死了……”表达了人们祈求天神下雨的急迫心情。沙车演唱，杜玉亭记录。收入《基诺族文学简史》，32开，1页，13行，云南民族出版社1996年版。

（刘怡）

求树神宽恕的咒语

基诺族祭词。流传于云南省西双版纳傣族自治州景洪市基诺乡。基诺族认为砍树时若把木楔卡到树丫中就是冒犯了树神，必须念诵此咒以求得树神的宽恕。墨车演唱，卓巴·沙车、刘怡记译。收入《中国歌谣集成·云南卷》，16开，1页，10行，中国ISBN中心2003年版。

（刘怡）

请蛇蟒让路的咒语

基诺族祭词。流传于云南省西双版纳傣族自治州景洪市基诺乡。基诺族对蛇蟒心存敬畏，在路上看见后不伤害，待蛇蟒自行走开。祭词中念道：“你侵占了我们的土地，你侵犯了我们的一切，从古至今没有这规矩，你若想活就走开，你若想死就低下头来。”佚名演唱、翻译，宋恩常记录。收入《中国歌谣集成·云南卷》，16开，1页，5行，中国ISBN中心2003年版。

（刘怡）

送魂歌

基诺族丧葬祭词。流传于云南省西双版纳傣族自治州景洪市勐旺乡。此歌是丧葬守灵时老歌手在死者面前吟唱的歌。唱的同时还要有四个装扮为鬼、身穿妇女服装的壮年男子在旁做出打斗状，意为与鬼搏斗，以护送死者灵魂归去。词中除了悼念死者外，还为死者指明去祖先居住地的路线。李张宝演唱，李保林、李宋区、李节顺翻译，沈洽、刘怡记录。收入《基诺族民间文学集成》，32开，7页，150行，云南人民出版社1989年版。

（刘怡）

送魂祭词

基诺族丧葬祭词。流传于云南省西双版纳傣族自治州景洪市基诺乡。这是基诺族“上新房”祭祖时祭司对着献给父亲灵魂的黄牛念诵的祭词。词中表明自己是人神中间的使者，代表主人向住在祖先居住地的父母送礼。词中包括：教父亲如何离开新居，如何拴牛、赶牛，出了寨门如何回祖先寨。祈求父亲魂灵保佑人间的子孙生活安康。佚名演唱，杜玉亭记录。收入《基诺族文学简史》，32开，3页，103行，云南民族出版社1996年版。

（刘怡）

祈求山神、箐神的念词

基诺族祭祀歌。流传于云南省西双版纳傣族自治州景洪市基诺乡。基诺族猎人长时间未能猎获野兽，就要到自家的山箐中做“玛洒玛纳玛柯罗”仪式并念诵此词，祈求山神、箐神赐给野兽。词中对祭祀所需的祭品和仪轨等做了详细的表述。白腊支演唱，白佳林翻译、刘怡记录。稿存云南省民间文学集成编辑办公室；节选收入《基诺族文化大观》，32开，1页，22行，云南民族出版社1999年版。

（刘怡）

（七）哀歌

你给我的最多

基诺族丧葬哀歌。流传于云南省西双版纳傣族自治州景洪市基诺乡。此歌是哭母哀歌，歌中唱述了母亲对子女的关心和照顾，诉说子女对母亲的依恋和无法违背自然规律的伤感，劝慰母亲到祖先居住地好好生活并希望母亲继续庇佑子女。哀歌充分地表达了人们对死者的情意，也反映了基诺族人的生死观念。木拉孜演唱，白佳林、沙车、杜玉亭记译。稿存云南社科院杜玉亭家；节选收入《基诺族文学简史》，32开，3页，66行，云南民族出版社1996年版。

（刘怡）

司们

基诺族丧葬哀歌。流传于云南省西双版纳傣族自治州景洪市基诺乡。基诺族有人死去后，女伴们要唱着“司们”为死者跳送魂舞。歌中反复唱道：“安息吧涡哎涡，阴间里欢迎你去阿耶。你脚下的路走得这样快，手里的活还没有干完，生命就这样结束了。这就好似抽签一般，轮到你到阴间。我们为你送魂，安息吧涡哎涡，到安乐的地方去阿耶。”白腊蕾演唱、翻译，杨荣记录。收入《景洪文史资料之三——基诺族》，32开，1页，10行，成都科技出版社1995年版。

（刘怡）

阿嫫松铁祭

基诺族丧葬哀歌。流传于云南省西双版纳傣族自治州景洪市勐旺乡。此歌是在寨子里高龄长老去世跳祭祀性舞蹈时唱诵，从老人死后的当天晚上开始，一直跳到埋葬之日。歌中唱道：“敲起竹筒跳起舞，敲响竹筒跳起来。不跳三步不合拍，跳起三步要合拍。不会跳舞的莫进来，动作熟练的跳进来。”张叉保演唱，杨荣记录。收入《基诺族民间舞蹈》，32开，1页，6行，国际文化出版公司1989年版。

（刘怡）

（八）生活歌

采集歌

基诺族生活歌。流传于云南省西双版纳傣族自治州景洪市基诺乡。此歌是基诺族妇女采集时唱的歌，歌中唱述了采集的种类和野外煮菜的情景，并表达了对情人的思念。柯普洛•沙车演唱，白佳林翻译，刘怡记录。收入《中国歌谣集成•云南卷》，16开，1页，13行，中国ISBN中心2003年版。

（刘怡）

播种歌

基诺族生活歌。流传于云南省西双版纳傣族自治州景洪市基诺乡。歌中唱述了播种的美好愿望：“栽的姜会先发芽，种的芋头先开花，栽的豆会先上树，种的面瓜先成熟……”白佳林演唱，卓巴•沙车翻译，刘怡记录。收入《中国歌谣集成•云南卷》，16开，1页，16行，中国ISBN中心2003年版。

（刘怡）

制“槟榔包”歌

基诺族生活歌。流传于云南省西双版纳傣族自治州景洪市基诺乡

州景洪市基诺乡。歌中唱述了基诺族制“槟榔包”的原料、制作的方法和送给情郎的心愿。柯普洛·沙车演唱，白佳林翻译，刘怡记录。收入《中国歌谣集成·云南卷》，16开，1页，13行，中国ISBN中心2003年版。

（刘怡）

制鼓歌

基诺族生活歌。流传于云南省西双版纳傣族自治州景洪市基诺乡。此歌唱述了从过年前村寨长老商量制作木鼓到反复挑选材料，最终制成新鼓的过程。卓巴·沙车演唱、翻译，吴学源记录。收入《中国歌谣集成·云南卷》，16开，1页，47行，中国ISBN中心2003年版。

（刘怡）

育儿歌

基诺族生活歌。流传于云南省西双版纳傣族自治州景洪市基诺乡。歌中唱述了基诺族生孩子的场所及洗孩子、扎脐、割脐、包孩子所用的物品。卓巴·沙车演唱，白佳林翻译，思之记录。收入《中国歌谣集成·云南卷》，16开，1页，12行，中国ISBN中心2003年版。

（刘怡）

坐月歌

基诺族生活歌。流传于云南省西双版纳傣族自治州景洪市基诺乡。歌中唱述了基诺族妇女坐月子时，丈夫捞螃蟹给她做吃食，还把装着孩子脐带的葫芦埋下。卓巴·沙车演唱，白佳林翻译，思之记录。收入《中国歌谣集成·云南卷》，16开，1页，12行，中国ISBN中心2003年版。

（刘怡）

取名歌

基诺族生活歌。流传于云南省西双版纳傣族自治州景洪市基诺乡。歌中唱了基诺族命名时最常见的方式，比如“常沙咪为大，漂亮数白腊，布咪最金贵，可怜巴少咪”等。婴儿出生时脐带斜挎在肩上的，一般取名“沙”；经祭司白腊泡取名的婴儿采用“白腊X”连名；“布咪”则是父子连名；“少”是无父名可连的孩子。白忠明记录。收入《景洪文史资料之三——基诺族》，32开，1页，4行，成都科技大学出版社1995年版。

（刘怡）

成一家就要会当家

基诺族生活歌。流传于云南省西双版纳傣族自治州景洪市基诺乡。此歌以女方提问，男方作答的方式，对成婚后生产生活将遇到的一系列问题进行问答。沙车、白佳林演唱、翻译，刘怡记录。收入《中国歌谣集成·云南卷》，16开，2页，52行，中国ISBN中心2003年版。

（刘怡）

生儿育女把家当

基诺族生活歌。流传于云南省西双版纳傣族自治州景洪市基诺乡。此歌唱述了烧地的仪式和过程，包括挖隔火道、祭风神、献树神、念诵祈祷词等内容。沙车演唱，白佳林翻译，思之记录。收入《中国歌谣集成·云南卷》，16开，1页，27行，中国ISBN中心2003年版。

（刘怡）

唱给儿子的歌

基诺族生活歌。流传于云南省西双版纳傣族自治州景洪市基诺乡。母亲通过此歌对孩子进行社会角色的教育，希望儿子像父亲一样去打猎，去种地。佚名演唱、翻译，付金芝记录。节选收入《民族心理调查与研究——基诺族》，32开，2页，30行，云南人民出版社1998年版。

（刘怡）

唱给女儿的歌

基诺族生活歌。流传于云南省西双版纳傣族自治州景洪市基诺乡。这是母亲对女孩进行社会角色教育的歌，希望女儿长大后像母亲一样去纺线、织布、背水、舂米、砍柴、采集，并告诉女儿做母亲的禁忌。佚名演唱、翻译，付金芝记录。节选收入《民族心理调查与研究——基诺族》，32开，2页，30行，云南人民出版社 1998 年版。

（刘怡）

吃了新米叫谷魂

基诺族生活歌。流传于云南省景洪市基诺族聚居区。唱述了相亲相爱的夫妻，儿女满堂，尝新米之后按照习俗叫谷魂的仪式与规程，期盼得到神和祖先的庇护，保佑五谷丰登、钱粮满仓、家人安康、日子和顺。沙车、白佳林演唱，白佳林翻译，沈洽、刘怡采录。收入《中国歌谣集成·云南卷》，16开，2页，58行，中国 ISBN 中心 2003 年版。

（杨筱奕）

（九）猎歌

狩猎丰收归哪一个

基诺族猎歌。流传于云南省西双版纳傣族自治州景洪市基诺乡。此歌是在猎捕野兽后敲击七音竹筒时演唱。反映了巴亚寨狩猎的基本状况，包含着基诺族认为野兽是祖先与兽神进行的交换的传统观念等。因为长老是祖先在人间的代表，歌颂长老也就是歌颂祖先，所以把狩猎丰收之功归为长老。歌中还有猎手对待貌美的情人和丑陋的情人的不同态度，在一定程度上反映了巴亚寨的婚姻状况。木拉孜、柯普洛·沙车、不拉塞演唱，白佳林、卓巴·沙车、杜玉亭记译。收入《基诺族文学简史》，32开，4页，88行，云南民族出版社 1996 年版。

（刘怡）

死鸡要死香茅草

基诺族猎歌。流传于云南省西双版纳傣族自治州景洪市基诺乡。此歌是在猎捕野兽后敲击七音竹筒时演唱。歌中教给人们吃肉用何种作料："麂子死了要死橄榄树，死鸡要死香茅草，死鱼要死清凉菜。"接着又唱祖先在居住地夹住的刺猪被人偷吃，最后是对偷窃者的处罚。沙木拉、腰子、沙不鲁、木拉孜演唱，标利、沙腰翻译，杜玉亭记录。稿存云南社科院杜玉亭家；节选收入《基诺族文学简史》，32开，1页，13行，云南民族出版社 1996 年版。

（刘怡）

打猎歌

基诺族猎歌。流传于云南省西双版纳傣族自治州景洪市基诺乡。歌中唱道："猎人吉伯在杰卓山打到野味了，野味丰盛鲜美可口。大家欢跳吧、快乐吧！大伙去撵山围猎吧，一定能在箐头打到野猪和马鹿。"表现了基诺人猎获野兽后共食的欢快情景。腰麦演唱，卓巴·沙车翻译，吴学源记录。收入《中国歌谣集成·云南卷》，16开，1页，5行，中国 ISBN 中心 2003 年版。

（刘怡）

杰卓山支的压木

基诺族猎歌。流传于云南省西双版纳傣族自治州景洪市基诺乡。唱述了基诺族在杰卓山支下压木（狩猎用的工具），压到的猎物不见了，请求长老和猎人们追查。支木拉演唱，卓巴·沙车翻译，吴学源记录。收入《中国歌谣集成·云南卷》，16开，1页，12行，中国 ISBN 中心 2003 年版。

（刘怡）

煮（猎物）头调

基诺族猎歌。流传于云南省西双版纳傣族自治州景洪市基诺乡。此歌在获猎后大家一起煮猎物头时演唱。歌曲表现了基诺人生活中的朴素和诙谐，歌中唱道："怀念的情人来相见吧，漂亮的人来我身边坐，不好看的人到柴堆后面去。漂亮的人，我用右手把瘦肉送给你；不好看的人，我用左手把肉皮递给你。"卓巴·沙车演唱，吴学源记录。收入《中国歌谣集成·云南卷》，16开，1页，5行，中国ISBN中心2003年版。

（刘怡）

欢乐调

基诺族猎歌。流传于云南省西双版纳傣族自治州景洪市基诺乡。歌曲是在获猎后大家一起煮猎物头时演唱。歌中唱道："在家一起欢乐吧！只有聪明的人才会打鼓，只有勇敢的猎人才能打到大野猪。"表现基诺人猎获野兽后共食的欢快情景。沙车演唱，吴学源记录。记录稿，16开，1页，4行，稿存云南省文化厅艺术研究所吴学源家。

（刘怡）

（十）历史歌

基诺人不要失望

基诺族历史歌。流传于云南省西双版纳傣族自治州景洪市基诺乡。基诺族在20世纪40年代为了生存曾与国民党地方政府军进行过一场斗争。这首歌就是操腰在起事的过程中演唱并广为流传的。歌中唱道："基诺人不要失望，以后不用人赶的车子自己会开来，满载着衣物来，满载着粮食来，自己拖来的东西吃不尽，穿不尽，用不完。将来不分高低，大家平等……"为人们指出了美好的前景。沙车演唱，杜玉亭记录。收入《基诺族文学简史》，32开，1页，20行，云南民族出版社1996年版。

（刘怡）

孔明仙显圣来

基诺族历史歌。流传于云南省西双版纳傣族自治州景洪市基诺乡。基诺族在20世纪40年代为了生存曾与国民党地方政府军进行过一场斗争。这首歌就是操腰起事前在神庙祭孔明时演唱。歌中祈求孔明仙保佑，让基诺人民取得胜利。操腰演唱，基诺老人传说，王军记录。收入《基诺族起义》，32开，1页，6行，云南人民出版社1982年版。

（刘怡）

（十一）情歌

巴格勒（一）

基诺族情歌。流传于云南省西双版纳傣族自治州景洪市基诺乡。这首情歌从男女主人公出生唱起，唱出了他们从青梅竹马到成年相恋相爱的全过程。佚名演唱，白忠明翻译，陈平、赵鲁云记录。收入《山茶》1983年第4期，16开，2页，60行。

（刘怡）

巴格勒（二）

基诺族情歌。流传于云南省西双版纳傣族自治州景洪市基诺族聚居区。歌曲以男女对唱的方式，唱出了青梅竹马的一对恋人的相思之情以及约会时等待对方内心的焦灼。女方通过提问考验男方对自己是否真心，而男方也通过歌声表达了对恋人的忠贞，同时也表达了对美好爱恋和幸福生活的憧憬。白腊塞、包布鲁、白腊切演唱，策白、李志春、表里、白忠明翻译，赵鲁云、陈平整理。收入《云南少数民族叙事长诗全集》（下），16开，4页，229行，云南教育出版社2012年版。

（杨筱奕）

巴格勒（三）

基诺族情歌。流传于云南省景洪市基诺族聚居区。歌曲唱述了基诺族男女青年相识相知相爱以及定下终身的过程。青梅竹马两小无猜的男女青年长大后虽然不在一处劳动，但是彼此思念、相互牵挂，即使相隔遥远却也无法阻隔两人的感情。到了约会的日子，女青年在人群中等待自己的爱人，爱人未到，一边是内心焦灼，一边却又胡思乱想。面对爱人的焦虑和责问，男青年表白，心有所属决不反悔，表达了自己对爱人的深情，也让爱人坚定对自己的情感。最终女子接受了男子的真情，情投意合的两人今后将在一起劳动，凭自己的能力过上幸福的生活。白腊赛、包布鲁、白腊切、长生等演唱，泽白、白腊者等翻译，陈平、赵鲁云搜集、整理。收入《中国民间情歌》，32 开，7 页，231 行，上海文艺出版社 1989 年版。

（杨筱奕）

你的眼睛像向阳花

基诺族情歌。流传于云南省西双版纳傣族自治州景洪市基诺乡。歌中的姑娘可谓基诺族巴亚寨青年男子塑造的美女典型：姑娘如茅草般苗条，面容像太阳，眼睛如向阳花，眼珠如翡翠珠宝，头发如青苔，嘴唇如槟榔果，手臂如芭蕉心，手心如蜂巢，手指如蜂蛹，指甲如亮壳虫，腿如白甘蔗。基诺男子为了赞美意中人，掬取了热带山区众多自然风物来形容他们心目中的美女，并使其词句生动，曲调动人，成为传世的情歌精品。柯普洛•沙车、木拉孜演唱，白佳林翻译，杜玉亭记录。收入《基诺族文学简史》，32 开，2 页，40 行，云南民族出版社 1996 年版。

（刘怡）

山上的花开了

基诺族情歌。流传于云南省西双版纳傣族自治州景洪市基诺乡。歌中赞美姑娘："你的脸盘像早上的太阳暖呼呼的，你的身影像十五的月亮明晃晃的，你的眼睛像茶道上汉人做的绿珠珠，你的嘴唇像山下傣族卖的槟榔果瓣，你的牙齿像黑黄黑黄的油虫，你的头发像小黑江里的青苔丝，你的手臂像新剥出的芭蕉杆，你的手指像地下藏着的土蜂儿，你的大腿像嫩白的甘蔗，你的脚趾像整齐的香蕉果……"白佳林演唱、翻译，孙敏、刘怡记录。收入《中国民族》杂志英文版 2003 年第 5 期，32 开，1 页，14 行。

（刘怡）

巴漂

基诺族情歌。流传于云南省西双版纳傣族自治州景洪市基诺乡。这首赞美性的情歌中唱道："姑娘戴着斯斯花，姑娘戴着木棉花……路上遇见你，身影记心里。"表现了基诺族男子对一见钟情的姑娘的爱慕。白腊蕾演唱、翻译，郑培庭记录。收入《景洪文史资料之三——基诺族》，32 开，1 页，6 行，成都科技大学出版社 1995 年版。

（刘怡）

你看上了谁家的小伙

基诺族情歌。流传于云南省西双版纳傣族自治州景洪市基诺乡。"小鼻子小嘴巴眼睛笑笑的姑娘，你到底是谁家的姑娘？穿着好看的七种颜色的'色特切兹'的漂亮姑娘，你到底看上了谁家的小伙？"是基诺族青年初次见面时用来试探的情歌。卓巴•沙车演唱、翻译，孙敏、刘怡记录。收入《中国民族》杂志英文版 2003 年第 5 期，32 开，1 页，4 行。

（刘怡）

巴沙

基诺族情歌。流传于云南省西双版纳傣族自治州景洪市基诺乡。此歌是基诺族未婚男女相识后彼此表达情意和爱慕的情歌。"鲜艳美丽的刺通花算不上漂亮，最漂亮的是我的情妹妹啊。"表现了基诺族男子对心上人大胆的追求。白腊蕾演唱、翻译，郑培庭记录。稿存云南省景洪县一中郑培庭家；节选收入《景洪文史资料之三——基诺族》，32 开，1 页，2 行，成都科技大学出版社 1995 年版。

（刘怡）

巴洒

基诺族情歌。流传于云南省景洪市基诺族聚居区。通过比喻的手法赞美了基诺族男子心仪女子的美貌。歌词质朴、大胆，情感热烈、真挚。柯朴罗•沙车、木拉孜演唱，杜玉亭采录。收入《中国歌谣集成•云南卷》，16开，1页，40行，中国ISBN中心2003年版。

（杨筱奕）

阿妹啊

基诺族情歌。流传于云南省西双版纳傣族自治州景洪市基诺乡。歌中用阿妹的好地与自己的沙石地作比，唱出了阿哥对自己穷困怕姑娘看不上的担忧。白腊支演唱，白佳林翻译，思之记录。收入《中国歌谣集成•云南卷》，16开，1页，9行，中国ISBN中心2003年版。

（刘怡）

猎人不能见不到高山

基诺族情歌。流传于云南省西双版纳傣族自治州景洪市基诺乡。歌中用“猎人不能见不到高山，崖羊不能见不到绿叶”来表述自己对恋人的爱慕思念之情。郑晓云记录。收入《火塘文化录》，32开，1页，9行，云南人民出版社1991年版。

（刘怡）

蜜蜂都会随着你的香味来

基诺族情歌。流传于云南省西双版纳傣族自治州景洪市基诺乡。“不管山有多高，箐有多深，就是翻过十座大山，十条深箐，蜜蜂都会闻着你的香味来。”表达了男子对姑娘的爱慕和大胆的追求。沙车演唱，孙敏、刘怡记录。收入《中国民族》杂志英文版2003年第5期，32开，1页，5行。

（刘怡）

心上的阿哥

基诺族情歌。流传于云南省西双版纳傣族自治州景洪市基诺乡。歌曲表达了姑娘对情郎的相思之情，同时还细致地描述了为见阿哥而准备的礼物和怕见不到而忐忑不安的心情。歌中运用了大量的比喻来表现姑娘对阿哥的思念：“我有林中黑雀最亮的眼睛，时刻看着你；我有山里麂子最灵的耳朵，处处听你声”；“阿妹的心，就像山中的扫把苗，被箐里的猴子拔掉了嫩芯”。沙车演唱，白佳林翻译，思之记录。收入《中国歌谣集成•云南卷》，16开，1页，35行，中国ISBN中心2003年版。

（刘怡）

“树叶信”传情

基诺族情歌。流传于云南省西双版纳傣族自治州景洪市基诺乡。此歌用男女对唱的方式，表现姑娘摆下了“树叶信”等待情郎的相思之情以及阿哥看到信后“就像山中的豺狗追麂子，顺着麂子的脚印撵”，表现了大胆和炽热的爱恋之情。沙车演唱，白佳林翻译，思之记录。收入《中国歌谣集成•云南卷》，16开，1页，26行，中国ISBN中心2003年版。

（刘怡）

时常想念你

基诺族情歌。流传于云南省西双版纳傣族自治州景洪市基诺乡。歌中唱出了得不到姑娘却时常想念的心情，表达如能成双，要用大红缎子做背篼，背你到村中玩一趟的浪漫情趣。沙车演唱，杨荣记录。收入《景洪文史资料之三——基诺族》，32开，1页，7行，成都科技大学出版社1995年版。

（刘怡）

要吃甜果快上坡

基诺族情歌。流传于云南省景洪市基诺族聚居区。歌曲以男女对唱的方式唱出了基诺族姑娘对小伙的思念之情，以及小伙对思念的回应。歌词用贴切的比喻，表达了基诺族相爱青年男女的相思之情与相思之苦，并鼓励青年人大胆追求爱情。佚名唱述，陈平、赵鲁云搜集、整理。收入《中国民间情歌》，32开，2页，25行，上海文艺出版社1989年版。

（杨筱奕）

各在一方怕什么

基诺族情歌。流传于云南省景洪市基诺族聚居区。歌中唱出了基诺族女子与心爱之人虽然同顶太阳却各在一方，不得相见，以及分隔两地的思念与愤懑；男子宽慰爱人虽然距离遥远，但“山高难挡爱情的翅膀”，只要两人真心相爱，就如同流进竹筒的泉水一样，能和竹筒到任意地方。歌词比喻贴切、情感真挚，唱出了分隔两地的基诺族男女青年真挚的爱意。佚名唱述，陈平、赵鲁云搜集、整理。收入《中国民间情歌》，32开，1页，18行。上海文艺出版社1989年版。

（杨筱奕）

常相思的阿哥

基诺族情歌。流传于云南省景洪市基诺族聚居区。歌曲唱出了基诺族女子到被称为“尼高卓”的寨中成年男女青年家玩耍时见到爱人，却只能远远观望的心情。歌曲唱出了女子对心爱之人的倾慕与爱而不得的失落。柯朴罗·沙车演唱，白佳林翻译，思之采录。收入《中国歌谣集成·云南卷》，16开，2页，44行，中国ISBN中心2003年版。

（杨筱奕）

我像鸟儿寻找吃的果

基诺族情歌。流传于云南省景洪市基诺族聚居区。歌中唱出了基诺族男子对心仪之人的深情厚谊，精心为她准备了礼物，希望能够见面的急切之情。白腊支演唱，白佳林翻译，刘怡采录。收入《中国歌谣集成·云南卷》，16开，2页，30行，中国ISBN中心2003年版。

（杨筱奕）

巴波

基诺族情歌。流传于云南省西双版纳傣族自治州景洪市基诺乡。基诺族未婚男女同居期间表达情意的歌。歌中唱道：“我俩在夜里相会，只要不死就要相爱一辈子。”白腊蕾演唱、翻译，郑培庭记录。收入《景洪文史资料之三——基诺族》，32开，1页，4行，成都科技大学出版社1995年版。

（刘怡）

没有枕头你枕我的手

基诺族情歌。流传于云南省西双版纳傣族自治州景洪市基诺乡。“天黑了，山上的马鹿睡着了，夜深了，姑娘还坐在火塘旁。”细腻地表现了一个初次等待情郎的姑娘的心情。佚名演唱，郑晓云记录。收入《中国少数民族社会历史调查资料丛刊》，32开，1页，12行，成都科技大学出版社2009年版。

（刘怡）

巴交

基诺族情歌。流传于云南省西双版纳傣族自治州景洪市基诺乡。唱述了已婚的有情人在年节时相见的心情，用大量的比喻说明年节时重温旧情是一种正常现象，相爱的人就是变为植物和动物也会相亲相爱，诉说今生在人间难以成婚的恋人以后还可以到阴间成亲。柯普洛·沙车、木拉孜演唱，白佳林翻译，杜玉亭记录。稿存云南社科院杜玉亭家；节选收入《基诺族文学简史》，32开，5页，100行，云南民族出版社1996年版。

（刘怡）

巴扑

基诺族情歌。流传于云南省西双版纳傣族自治州景洪市基诺乡。也称“巴交”。歌中充满了隐喻，如"日夜思念的人啊，我俩是否到地里背一趟冬瓜"。表达急于相见的情意。白腊蕾演唱、翻译，郑培庭记录。收入《景洪文史资料之三——基诺族》，32开，1页，4行，成都科技大学出版社1995年版。

（刘怡）

爱情曾是那么坚定

基诺族情歌。流传于云南省西双版纳傣族自治州景洪市基诺乡。歌曲用特殊的对比、夸张手法诉说失恋者对变心恋人又爱又恨的心情，以及对移情别恋的愤懑。"我们曾是坚定不移的爱被你遗忘了，你就像红腿黑毛会边飞边吃果的'俄纳其乃'鸟，喜欢人家的富有如同大青树枝繁叶茂果子多。你就像学着鸟叫、鼠叫引诱小鸟、小鼠的'特车'鸟，满嘴的甜言蜜语尽是欺骗。"歌中充满了对恋人的怨恨和乞求，甚至自己愿意等其死后再续前缘的情意。沙都演唱，杜玉亭记录。收入《基诺族文学简史》，32开，5页，110行，云南民族出版社1996年版。

（刘怡）

誓言

基诺族情歌。流传于云南省西双版纳傣族自治州景洪市基诺乡。基诺族父母一般不干涉儿女的婚事，但若违反自然法规的巴什恋、婚外恋还是要受到干涉的。此歌是受到干涉时男子的誓言。誓言中多用比喻，表明自己不达目的誓不罢休的决心。白腊支演唱，白佳林翻译，思之记录。收入《中国歌谣集成·云南卷》，16开，1页，10行，中国ISBN中心2003年版。

（刘怡）

我们的爱情像鸡嗉子树

基诺族情歌。流传于云南省西双版纳傣族自治州景洪市基诺乡。"让我们的爱情像象耳朵果，从根到梢越结越多。"佚名演唱，王军记录。收入《版纳文史资料选辑》第七辑，32开，1页，4行，云南民族出版社1992年版。

（刘怡）

我俩相爱已久

基诺族情歌。流传于云南省景洪市基诺族聚居区。歌曲以女问男答的对唱方式唱述了基诺族男子对心爱之人真挚的感情。不论多少年、不论容颜是否改变，相爱的心像大青树一样长青。歌词质朴、比喻贴切、情感真挚。白腊赛、包布鲁、白腊切、长生等演唱，陈平、赵鲁云搜集、整理。收入《中国民间情歌》，32开，1页，16行，上海文艺出版社1989年版。

（杨筱奕）

巴肖交

基诺族情歌。流传于云南省西双版纳傣族自治州景洪市基诺乡。全歌先回忆过去相爱的美好，再表达自己失去心上人的痛苦，多半是即兴创作，常以物借比，如"我俩双双在一起，好像一对麂子，好像一对黄鼬"。白腊蕾演唱、翻译，郑培庭记录。收入《景洪文史资料之三——基诺族》，32开，2页，30行，成都科技大学出版社1995年版。

（刘怡）

假如我俩……

基诺族情歌。流传于云南省西双版纳傣族自治州景洪市基诺乡。姑娘先将自己比作野鸡，问情郎假如我被猎手勒在下方的扣子上，你如果薄情不来与我一道死，我身死心不死；又将自己比作野兽，问情郎假如我被猎人安置的弯弓射死在下方的过道旁，你无情不来与我一起死，我的心绝死不了；再问情郎假如我俩殉情跳澜沧江，我淹死了你不敢往下跳，我就决饶不了你。表达着誓死相爱的情意和对情郎的希望。柯普洛·沙车演唱，白佳林翻译，沈洽、刘怡记录。收入《中国歌谣集成·云南卷》，

16开，2页，31行，中国ISBN中心2003年版。

（刘怡）

老女怨

基诺族情歌。流传于云南省西双版纳傣族自治州景洪市基诺乡。此歌是一位大龄未婚的女子唱述：在人们合欢之时，幻想着以前同居现已成家的情人，想吃他的一口草烟而不能得。为此捻线的纺锤不想动，梳头的梳子不想拿，想到自己高不成低不就，一切希望都落空的忧愁。巴亚寨老人唱，杜玉亭记录。收入《基诺族文学简史》，32开，1页，9行，云南民族出版社1996年版。

（刘怡）

节日里的“巴什”

基诺族情歌。流传于云南省景洪市基诺族聚居区。歌曲唱述了在上新房的盛大节日，恋人相见，相互寒暄。即使结婚了，也不能阻止与恋人相见。木腊切演唱，标利、白佳林翻译，杜玉亭采录。收入《中国歌谣集成·云南卷》，16开，1页，17行，中国ISBN中心2003年版。

（杨筱奕）

刻我心上的巴什妹

基诺族情歌。流传于云南省景洪市基诺族聚居区。歌曲唱出了基诺族男子遇到自己年轻时的同氏族恋人时内心的感受，虽然如今年老眼瞎，仍然记挂着你。白佳林演唱，卓巴·沙车翻译，慧敏采录。收入《中国歌谣集成·云南卷》，16开，1页，10行，中国ISBN中心2003年版。

（杨筱奕）

到祖先灵魂居住的鬼寨去成双

基诺族情歌。流传于云南省景洪市基诺族聚居区。歌曲以男女对唱的方式唱述了相爱相恋的基诺族男女因为“同一氏族不能结婚”相约殉情。柯朴罗·沙车、木腊子演唱，白腊切、白佳林翻译，杜玉亭采录。收入《中国歌谣集成·云南卷》，16开，3页，105行，中国ISBN中心2003年版。

（杨筱奕）

阴婚

基诺族情歌。流传于云南省景洪市基诺族聚居区。歌曲唱述了基诺族女子死后，与她相爱相恋的同姓男子思念之深与爱之切。白腊支、柯朴罗·沙车演唱，白佳林、卓巴·沙车翻译，沈洽、刘怡采录。收入《中国歌谣集成·云南卷》，16开，3页，62行，中国ISBN中心2003年版。

（杨筱奕）

心像嫩笋叶

基诺族情歌。流传于云南省景洪市基诺族聚居区。歌曲以男子口吻唱出了基诺族男青年的择偶标准。不论穷与富、白与黑，好看的姑娘不能当饭吃；基诺族男子爱的姑娘要心地善良，像嫩笋叶一样洁白。佚名唱述，李刚搜集、整理。收入《中国民间情歌》，32开，1页，8行，上海文艺出版社1989年版。

（杨筱奕）

阿皆不是伴

基诺族情歌。流传于云南省景洪市基诺族聚居区。歌曲唱述了虽然阿皆（傣族）有金银，长得也漂亮帅气，但是却不能跟他们谈情。白腊支演唱，白佳林翻译，思之采录。收入《中国歌谣集成·云南卷》，16开，2页，24行，中国ISBN中心2003年版。

（杨筱奕）

（十二）儿歌

催眠曲

基诺族儿歌。流传于云南省景洪市基诺族聚居区。这是母亲哄女儿睡觉之时唱诵的歌曲。歌中唱出穷困的母亲对女儿的期盼与愿望，希望女儿快快长大，帮助自己一起干活。同时教育女儿长大之后要勤劳才能养活自己。沙都演唱，聂思聪、王建忠、董秉常记录，沙车记译。收入《云南民族民间儿童歌曲选》，32 开，4 页，140 字，云南人民出版社 1983 年版。

（杨馨）

哄娃娃调（一）

基诺族儿歌。流传于云南省西双版纳傣族自治州景洪市勐旺乡。这是娃娃哭时家人唱的歌。歌中劝孩子不要哭，赞扬孩子有一双白胖的脚，是全寨最漂亮的娃娃，长大了一定是个好猎手。表现了母亲对自己孩子的疼爱。李子麦演唱，杨荣记录。记录稿，32 开，1 页，8 行，稿存云南省民间文学集成编辑办公室。

（刘怡）

哄娃娃调（二）

基诺族儿歌。流传于云南省西双版纳傣族自治州景洪市基诺乡。这是哄娃娃睡觉时唱的歌。歌中述说母亲要做事，让孩子快睡觉。盼望娃娃长得像“夺累”花那么美丽，像棕树一般挺拔，像竹子一样苗条，像傣家和汉族姑娘一样漂亮。表现出母亲对自己孩子的爱。佚名演唱，杨荣记录。记录稿，32 开，1 页，18 行，稿存云南省民间文学集成编辑办公室。

（刘怡）

基诺摇篮曲

基诺族儿歌。流传于云南省西双版纳傣族自治州景洪市基诺乡。这是一首哄娃娃的歌。妈妈借歌告诉孩子要去箐中捉螃蟹，上山找野芒果，还要去背泉水。而爸爸进山去打麂子肉来给孩子吃，让孩子莫要闹好好睡觉。表现了母亲对自己孩子的疼爱。佚名演唱，郑培庭记录。记录稿，1 页，20 行，稿存云南省民间文学集成编辑办公室。

（刘怡）

安慰孩子的歌

基诺族儿歌。流传于云南省景洪市基诺族聚居区。歌曲在母亲安慰哭闹的孩子时唱诵。歌中唱出了母亲对哭闹的孩子的劝慰，告诉孩子不要哭闹，越是哭闹越会导致身体不舒服；乖乖听话，安安静静不哭不闹就不会疼了。金弟演唱，聂思聪、董秉常、王建忠、宋役记录。收入《云南民族民间儿童歌曲选》，32 开，3 页，55 字，云南人民出版社 1983 年版。

（杨筱奕）

星星月亮

基诺族儿歌。流传于云南省西双版纳傣族自治州景洪市基诺乡。这是一首哄娃娃的歌，歌中借月亮星星告诉别人，自己背着的胖娃娃比箐里的石蚌都要胖。表现了母亲对自己孩子的喜爱。沙都演唱，杨荣记录。记录稿，32 开，1 页，7 行，稿存云南省民间文学集成编辑办公室。

（刘怡）

我的宝贝

基诺族儿歌。流传于云南省西双版纳傣族自治州景洪市基诺乡。这是一首赞美孩子的儿歌。母亲赞美孩子俊美的长相：“指甲像萤火虫一样亮，脚趾像芭蕉穗一样壮，胳膊比芭蕉蕊还要白，像英俊的王子招人爱。”爸爸则希望孩子健康成长：“会有大象般的力气，像金子、银子般闪光。”歌中还希望孩子快快长大，替妈妈纺线织布做衣裳，找个好人成家立业。白佳林演唱，郑培庭记录。记录稿，3 页，28 行，稿存云南省民间文学集成编辑办公室。

（刘怡）

乖乖快快长

基诺族儿歌。流传于云南省西双版纳傣族自治州景洪市基诺乡。这是哄娃娃睡觉时吟唱的短歌。歌中唱出了母亲对孩子从出生到成年、结婚等一生寄予的美好期望。同时，还根据传统观念赞美了孩子。全歌富于文学比喻和母爱的气息。沙都演唱，杜玉亭记录。收入《基诺族文学简史》，32 开，2 页，30 行，云南民族出版社 1996 年版。

（刘怡）

背着也要吃奶

基诺族儿歌。流传于云南省西双版纳傣族自治州景洪市基诺乡。歌中以儿童的视觉描绘了吃奶的过程并表达了吃奶的心情。想象被抱着和背着吃奶都能让妈妈高兴。巴亚寨儿童演唱，杜玉亭记录。收入《基诺族文学简史》，32 开，1 页，6 行，云南民族出版社 1996 年版。

（刘怡）

西西利刹刹

基诺族儿歌。流传于云南省西双版纳傣族自治州景洪市基诺乡迁玛村。歌曲告诉人们："阿布养儿多辛苦，阿嫫育女多劳累。"唱出了养育孩子的辛苦。玉说演唱，杨荣记录。记录稿，32 开，1 页，6 行，稿存云南省民间文学集成编辑办公室。

（刘怡）

阿乖莫哭

基诺族儿歌。流传于云南省西双版纳傣族自治州景洪市基诺乡。这是基诺人哄娃娃睡觉时反复吟唱的短歌，演唱者多为婴儿的母亲、祖母、背娃娃的少儿等。唱述孩子哭多了会头痛、肚饿，告诉孩子肚饿、瞌睡时怎么办，听到别人不好的议论时如何对待。歌中充满了对孩子的疼爱。金娣演唱，杜玉亭记录。收入《基诺族文学简史》，32 开，1 页，14 行，云南民族出版社 1996 年版。

（刘怡）

妈妈给你一只大螃蟹

基诺族儿歌。流传于云南省西双版纳傣族自治州景洪市基诺乡。这是基诺人哄娃娃睡觉时吟唱的短歌。歌中唱述父母明天要上山砍柴、打猎，希望孩子赶快睡觉以及对孩子听话的回报——妈妈出工回来给一只大螃蟹，父亲给吃红肚皮老鼠的大腿。也唱出希望孩子快快成长。不拉舍演唱，杜玉亭记录。收入《基诺族文学简史》，32 开，1 页，13 行，云南民族出版社 1996 年版。

（刘怡）

风猴"追追"

基诺族儿歌。流传于云南省西双版纳傣族自治州景洪市基诺乡。这是哄骗哭闹的孩子使其安静时吟唱的短歌。风猴是山间擅攀援的猴类，"追追"是对其叫声的模仿。因风猴叫声令孩子恐惧，所以家长们为了让孩子听话入睡而唱此歌，表现了母亲哄孩子睡觉时的情景。巴亚寨妇女演唱，杜玉亭记录。收入《基诺族文学简史》，32 开，1 页，13 行，云南民族出版社 1996 年版。

（刘怡）

要把娃娃找回来

基诺族儿歌。流传于云南省西双版纳傣族自治州景洪市基诺乡。这是哄骗哭闹的孩子使其安静时吟唱的短歌。歌中用偷娃娃者来吓唬幼儿，同时表示母亲要保护幼儿，要把被偷走的幼儿找回来并惩处偷娃者。沙都演唱，杜玉亭记录。收入《基诺族文学简史》，32 开，1 页，9 行，云南民族出版社 1996 年版。

（刘怡）

偷娃娃

基诺族儿歌。流传于云南省西双版纳傣族自治州景洪市基诺乡。这首儿歌告诉孩子们“山上有个狡猾的车纽，想悄悄地把娃娃偷”，让孩子们乖乖听话在家。沙都演唱，杨荣、晓飞记录。记录稿，32开，1页，4行，稿存云南省民间文学集成编辑办公室。

（刘怡）

阿爷阿奶去哪里

基诺族儿歌。流传于云南省西双版纳傣族自治州景洪市基诺乡。此歌以自问自答的方式，讲述了爷爷到傣家去带回篾子和木梳，而奶奶到普文去带回了糖果。叶新花演唱，杨荣记录。记录稿，32开，1页，8行，稿存云南省民间文学集成编辑办公室。

（刘怡）

上新房来

基诺族儿歌。流传于云南省西双版纳傣族自治州景洪市基诺乡。此歌以自问自答的方式，描绘了新房的材料和布置。沙都演唱，杨荣记录。记录稿，32开，1页，6行，稿存云南省民间文学集成编辑办公室。

（刘怡）

敲锣打鼓欢迎你

基诺族儿歌。流传于云南省西双版纳傣族自治州景洪市基诺乡。这是一首基诺族儿童迎客时唱的歌，展现了基诺人的热情好客。“两排大鼓咚咚，十面铓锣嗡嗡，夹道欢迎你哟，尊贵的客人。”沙都演唱，杨荣、晓飞记录。记录稿，32开，1页，7行，稿存云南省民间文学集成编辑办公室。

（刘怡）

阿机交车

基诺族儿歌。流传于云南省西双版纳傣族自治州景洪市基诺乡。这是一首基诺族少女抬脚玩跳时唱的儿歌。歌曲通过描述儿童游戏的动作，反映了基诺儿童游戏时的场景和乐趣。“抬脚搭拢跳起来，四人搭成一个圈。一颠一踱尽情跳，怕跌倒的坐下来。”白腊斯演唱，卓巴·沙车翻译，杨荣记录。收入《基诺族民间文学集成》，32开，1页，12行，云南人民出版社1989年版。

（刘怡）

尖尖帽连一起

基诺族儿歌。流传于云南省西双版纳傣族自治州景洪市基诺乡。这首基诺族少女游戏时唱的儿歌，反映了基诺儿童游戏时的欢快情景。“站在一起我们一样高，坐在一起我们一样平，排成行我们肩并肩，聚拢来尖尖帽连一起。”李张宝演唱，杨荣记录。收入《基诺族民间文学集成》，32开，1页，4行，云南人民出版社1989年版。

（刘怡）

的比的必

基诺族儿歌。流传于云南省西双版纳傣族自治州景洪市基诺乡。这是一首基诺族少女玩要时唱的儿歌，“比高比矮呢，比高比矮呃，阿妈的妹子呢，高兴地跳起来呃。莫怕莫怕呢，睡吧快睡吧，你不坐板凳嘛，拿过来请我坐。”白腊蕾演唱、翻译，郑培庭记录。收入《景洪文史资料之三——基诺族》，32开，1页，8行，成都科技大学出版社1995年版。

（刘怡）

荡秋千

基诺族儿歌。流传于云南省西双版纳傣族自治州景洪市基诺乡。儿童在荡秋千时看到老奶奶背水，便触景生情地唱出“阿奶背水要小心，拄根拐杖莫忘记。不然掉进山沟里，没人拉起你……”提醒老人注意安全。表现了基诺人尊老的道德观念。沙都演唱，杨荣、晓飞记录。记录稿，32开，1

页，14 行，稿存云南省民间文学集成编辑办公室。

（刘怡）

妹妹到玩场来

基诺族儿歌。流传于云南省西双版纳傣族自治州景洪市基诺乡。这是一首邀约人到寨中玩场上玩耍的儿歌，歌中描述了小姐妹们手拉手玩耍、手拉手游戏的情境。“玩场宽敞，姐妹们来集中，大家手拉手做游戏，大家手叉手来玩耍。旁锤家的肥肉不好吃，冬瓜更好吃，猪肉切成块，冬瓜切成坨。留着明天吃，留着后天吃，留到外天变馊了，留到外天变干了。干豆不剥了，留着明天吃。”白资演唱，杨荣记录。记录稿，32 开，1 页，14 行，稿存云南省民间文学集成编辑办公室。

（刘怡）

寨中玩场多宽敞

基诺族儿歌。流传于云南省西双版纳傣族自治州景洪市基诺乡。这是一首邀约人到寨中玩场上玩耍的儿歌，表现了孩子们对玩伴到来的热切盼望。“如果你不来，我们没有伙伴玩；如果你不来，唱歌跳舞不成双。”金娣演唱，杨荣记录。记录稿，32 开，1 页，12 行，稿存云南省民间文学集成编辑办公室。

（刘怡）

请你来

基诺族儿歌。流传于云南省西双版纳傣族自治州景洪市基诺乡。这是一首邀约阿迫来月光下玩耍的儿歌，歌中劝阿迫不要悲伤，快来赛歌。沙车演唱，杨荣记录。记录稿，32 开，1 页，4 行，稿存云南省民间文学集成编辑办公室。

（刘怡）

到寨子中间玩耍

基诺族儿歌。流传于云南省西双版纳傣族自治州景洪市基诺乡。这是一首反映儿童在玩耍过程中对事物进行仔细观察的儿歌，其中出现了叶树、芭蕉树、大青树、扁嘴鸭、黑母猪等动植物，还邀约一起去背水、去捉“克罗”。祁珍演唱，聂思聪、杨荣记录。记录稿，32 开，1 页，12 行，稿存云南省民间文学集成编辑办公室。

（刘怡　王静）

快来玩

基诺族儿歌。流传于云南省西双版纳傣族自治州景洪市基诺乡。这是一首儿童相约玩耍的歌。歌中邀约了一般大的姑娘和小伙快出来玩，出来讲悄悄话。白资演唱，杨荣记录。记录稿，32 开，1 页，7 行，稿存云南省民间文学集成编辑办公室。

（刘怡）

特角尼角

基诺族儿歌。流传于云南省西双版纳傣族自治州景洪市基诺乡。这是一首基诺族儿童游戏时唱的歌，在玩耍中边跳边唱：“一脚二脚步踢不动，踢脚踢踢脚……”一直唱到十。石桥艺演唱，杨荣记录。收入《基诺族民间舞蹈》，32 开，1 页，20 行，国际文化出版公司 1989 年版。

（刘怡）

转圈歌

基诺族儿歌。流传于云南省西双版纳傣族自治州景洪市基诺乡。这是一首基诺族儿童游戏时唱的歌。孩子们一边转圈一边唱：“一转飞跑，二转飞跑……”从一唱到十之后便跑出去。布木拉演唱，杨荣记录。记录稿，32 开，1 页，11 行，稿存云南省民间文学集成编辑办公室。

（刘怡）

我们变麂子玩

基诺族儿歌。流传于云南省西双版纳傣族自治州景洪市基诺乡。这是么卓寨的少年邀朋友到玩场上模仿动物时的歌舞。孩子们装成麂子、马鹿等动物，歌曲末尾问伙伴们有了新朋友是否会忘记老朋友。表现了儿童们玩要时的畅快和对友谊的重视。者木拉演唱，白佳林翻译，杜玉亭记录。收入《基诺族文学简史》，32开，1页，14行，云南民族出版社1996年版。

（刘怡　王静）

姐妹爱跳三脚笙

基诺族儿歌。流传于云南省西双版纳傣族自治州景洪市基诺乡。这是一首基诺族少女舞蹈时唱的歌，表现了少女跳三脚笙的场景。“大家围成圈，蹉脚旋转跳起来。下寨的姑娘来跳舞，上寨的姑娘来唱歌。拖着转起来，抱着转起来。高高兴兴跳起来，合脚笙、跺脚笙，姐妹爱跳三脚笙。”表现了姑娘们游戏的情景。白腊筛演唱，杨荣记录。记录稿，32开，1页，9行，稿存云南省民间文学集成编辑办公室。

（刘怡）

“斯纳”果树最难爬

基诺族儿歌。流传于云南省西双版纳傣族自治州景洪市基诺乡。这是一首邀约儿童去爬树的儿歌，唱述了孩子们对自然界的认知。“‘斯师’果树最好上，‘斯纳’果树最难爬。上寨的男娃娃快快来，下寨的女娃娃快快来。”丛娣演唱，杨荣记录。记录稿，32开，1页，4行，稿存云南省民间文学集成编辑办公室。

（刘怡）

竹骨能

基诺族儿歌。流传于云南省西双版纳傣族自治州景洪市基诺乡。译作《姑娘舞》。这是一首基诺族姑娘双手互相搭肩跳舞时唱的歌，表现了姑娘们牵手转圈唱跳的情境，表达了心手相连，友谊长存。“歌声飞扬姑娘围圈转圈跳哟，手搭肩我们心相连，就像竹叶永常青。”表现了姑娘们游戏的情景。白腊蕾演唱、翻译，郑培庭记录。收入《景洪文史资料之三——基诺族》，32开，1页，8行，成都科技大学出版社1995年版。

（刘怡）

曲膝弯弯多优美

基诺族儿歌。流传于云南省西双版纳傣族自治州景洪市基诺乡。这是一首基诺族儿童曲膝跳舞时唱的歌，赞美了屈膝、斜身跳舞的优美与整齐。“曲膝弯弯舞步多优美，曲膝弯弯舞步多整齐，斜身跛脚舞步多优美，斜身跛脚舞步多整齐。”表现了姑娘们跳舞的情景。沙车演唱，杨荣记录。记录稿，32开，1页，4行，稿存云南省民间文学集成编辑办公室。

（刘怡）

少女朔玑

基诺族儿歌。流传于云南省西双版纳傣族自治州景洪市基诺乡。这是一首巴来寨的少女们晚上边歌边舞时唱的歌，表现了大家在寨心跳舞的欢乐。“少女朔玑，我们晚上在寨心拉手跳舞吧！我们要像吃肥猪肉一样高兴地跳，不要像吃冬瓜那样淡而乏味。”巴来寨儿童演唱，杜玉亭记录。收入《基诺族文学简史》，32开，1页，8行，云南民族出版社1996年版。

（刘怡）

跺脚又合拢

基诺族儿歌。流传于云南省西双版纳傣族自治州景洪市基诺乡。歌中提到跺脚又合拢是外地传来的，为了保持节奏，不合拍的人要被踢出去；邀请戴着耳环的漂亮姑娘、同龄的人都来参加。“跺脚又合拢是外地传来的，大家都知道，当官的更知晓。优美尽情地跳，跳不合拍的踢出去，漂亮的人儿拖进来。同龄的伙伴哟，就像水蜘蛛一样漂浮在水面，戴着闪闪发光耳环的姑娘，不要站在晒台上，跳下来和我们一起玩耍。”表现了姑娘们唱跳的情景。罗沙蕾演唱，杨荣记录。记录稿，

32开，1页，18行，稿存云南省民间文学集成编辑办公室。

（刘怡）

三仓谷子归富豪

基诺族儿歌。流传于云南省西双版纳傣族自治州景洪市基诺乡。歌中借粮食长不好发议论：“三棚野菜穷人守，三仓谷子归富豪。”反映了基诺人生活的艰难。金娣演唱，杨荣记录。记录稿，32开，1页，7行，稿存云南省民间文学集成编辑办公室。

（刘怡）

对门山上的哈尼寨

基诺族儿歌。流传于云南省西双版纳傣族自治州景洪市基诺乡。歌中描写了帕切帕得哈尼寨子的一位父亲，领着一般高的俊俏娃娃，发出感叹：“没有老婆像一只筷子好孤单，何不趁早配成双。”沙都演唱，杨荣记录。记录稿，32开，1页，7行，稿存云南省民间文学集成编辑办公室。

（刘怡）

我想吃上寨的小香瓜

基诺族儿歌。流传于云南省西双版纳傣族自治州景洪市基诺乡。这是基诺族少女在玩场上勾手跳脚时演唱的歌。借小紫米、小香瓜、葵花籽流露出对少女们的邀请。“少女们晚上来寨心跳舞啊，上寨的想要一个，下寨的想要一个，大家都来跳啊！”者木拉演唱，白佳林、杜玉亭记译。收入《基诺族文学简史》，32开，1页，13行，云南民族出版社1996年版。

（刘怡）

资么堆养齐窝

基诺族儿歌。流传于云南省西双版纳傣族自治州景洪市基诺乡。译作《绕鹰出》。“绕鹰飞出了，小鸡快进窝，鸡吃的碎米放在簸箕上。冲啊冲，簸啊簸，上寨的妇女吃‘各力各恰’菜汤，这汤好吃吗？好吃。请不要告诉下寨的妇女。”儿歌借绕鹰出，小鸡躲避来比喻收税官来时的情景，同时告诫邻居统一说吃的是野菜汤，不要走漏消息。反映了过去收税官员进基诺寨的情景。不拉先演唱，沙车翻译，杜玉亭记录。收入《基诺族文学简史》，32开，1页，8行，云南民族出版社1996年版。

（刘怡）

关起大门来

基诺族儿歌。流传于云南省西双版纳傣族自治州景洪市基诺乡。这是基诺族儿童在玩场上游戏时唱的歌，歌词大意为关起大门，以防小鸡小鸟进来偷吃米。罗沙雷演唱，杨荣记录。记录稿，32开，1页，5行，稿存云南省民间文学集成编辑办公室。

（刘怡）

敲响小竹筒

基诺族儿歌。流传于云南省西双版纳傣族自治州景洪市基诺乡。这是一首基诺族儿童听到父母打到猎物回来时唱的儿歌。歌曲描述了家长打猎回来时的情景。“小竹筒敲响了，打猎人回来了……舂米的人在家吗？背水的人在家吗？”车收演唱，卓巴·沙车、杨荣、晓飞记译。收入《基诺族民间文学集成》，32开，1页，6行，云南人民出版社1989年版。

（刘怡）

借斧子

基诺族儿歌。流传于云南省西双版纳傣族自治州景洪市基诺乡。这是一首基诺族儿童借斧子伐木的问答儿歌，回答了谁家借斧子，借斧子砍树以及砍树做什么的问题。王新演唱，杨荣记录。收入《基诺族民间文学集成》，32开，1页，10行，云南人民出版社1989年版。

（刘怡）

月亮升起来

基诺族儿歌。流传于云南省西双版纳傣族自治州景洪市基诺乡。这是一首基诺族儿童讽喻没本事的人的歌。“没本领的人啊，手执弓弩不中用，别人撵出的公鹿和母鹿，他一个也射不中。”祈珍演唱，卓巴·沙车、杨荣记译。收入《基诺族民间文学集成》，32开，1页，6行，云南人民出版社1989年版。

（刘怡）

捡蜗牛

基诺族儿歌。流传于云南省西双版纳傣族自治州景洪市基诺乡。这是一首反映基诺族儿童进森林采集时观察所见的歌。“乌鸦叼草飞进密林去做窝，老熊穿着黑衣摇摆着走过，马鹿晃着长犄角躲到林中，小猴子吹着口哨在林中乐。”沙都演唱，卓巴·沙车、杨荣、晓飞记译。收入《基诺族民间文学集成》，32开，1页，13行，云南人民出版社1989年版。

（刘怡）

摘苦凉菜

基诺族儿歌。流传于云南省西双版纳傣族自治州景洪市基诺乡。这是一首反映基诺族儿童参与采集时观察植物生长环境的儿歌，歌中对苦凉菜的生长环境作了细致的描写。沙都演唱，卓巴·沙车、杨荣、晓飞记译。收入《基诺族民间文学集成》，32开，1页，10行，云南人民出版社1989年版。

（刘怡）

来喝汤

基诺族儿歌。流传于云南省西双版纳傣族自治州景洪市基诺乡。基诺族有打到野兽共食的习俗，他们常说打到大的吃一点兽肉，打到小的喝一点肉汤。此歌唱述了喝汤的情景，表现了获猎后儿童们兴奋的情景。资木勒演唱，杨荣、晓飞记录。记录稿，32开，1页，4行，稿存云南省民间文学集成编辑办公室。

（刘怡）

讨盐巴

基诺族儿歌。流传于云南省西双版纳傣族自治州景洪市基诺乡。歌中唱述阿区车姑娘在沟边采到了一节野菜，来讨一点盐巴；在箐沟里采到了一片木耳，来讨一点辣椒。然后感叹道：“不够做菜吃，不够煮汤喝。”木车演唱，杨荣记录。记录稿，32开，1页，7行，稿存云南省民间文学集成编辑办公室。

（刘怡）

讨黄瓜吃

基诺族儿歌。流传于云南省西双版纳傣族自治州景洪市勐旺乡。歌中以儿童的口吻讨要黄瓜，并唱到若给了明年庄稼就长得好，若不给来年粮食收得少。强行要求大的黄瓜给一半，小的黄瓜给两个。表现了基诺儿童讨吃食时的心态。叶秀珍演唱，杨荣记录。记录稿，32开，1页，7行，稿存云南省民间文学集成编辑办公室。

（刘怡）

掐苦凉菜

基诺族儿歌。流传于云南省西双版纳傣族自治州景洪市基诺乡。歌中唱述姑娘去掐苦凉菜时对其生长环境的观察和采集苦凉菜时的情况。通过掐苦凉菜联想到砍大树，想象累了坐下看尖嘴老鼠偷果子吃，表现了基诺人的生活场景。沙都演唱，沙车、白佳林翻译，杜玉亭记录。收入《基诺族文学简史》，32开，1页，9行，云南民族出版社1996年版。

（刘怡）

掰苦笋

基诺族儿歌。流传于云南省西双版纳傣族自治州景洪市基诺乡。歌中唱述人们相约上山掰苦笋的情境。“从小是伙伴，长大是情侣。”又提醒人们：“路上细石多，先走划破脚”，“树下走路凉爽又快活”。薄斯演唱，杨荣记录。记录稿，32 开，1 页，9 行，稿存云南省民间文学集成编辑办公室。

（刘怡）

摘贝叶果

基诺族儿歌。流传于云南省西双版纳傣族自治州景洪市基诺乡。歌中唱述一个男娃走到贝叶林，一个果子没带来；一个女娃走到芭蕉林，一个果子没带来。联想到母鸡孵蛋养育儿女，鹌鹑和团鸡有翅飞不到树尖，母亲养育我们长大，水也不会挑，水也不会喝。白资演唱，杨荣记录。记录稿，32 开，1 页，16 行，稿存云南省民间文学集成编辑办公室。

（刘怡）

摘野果

基诺族儿歌。流传于云南省西双版纳傣族自治州景洪市基诺乡。歌中唱述孩子爬树摘野果，在树上吃果子吃得肚皮胀，还丢了一地的果皮果核。因为站在高处看得远，看见远处一棵枝繁叶茂的大青树下的热闹场景。表现了儿童们游戏时见到的情景。者基演唱，杨荣、晓飞记录。记录稿，32 开，1 页，15 行，稿存云南省民间文学集成编辑办公室。

（刘怡）

芦谷米发芽了

基诺族儿歌。流传于云南省西双版纳傣族自治州景洪市基诺乡。这是一首反映儿童交往的歌。“若是姑娘上楼来，拖个猪槽给她坐；若是小伙上楼来，拖个羊槽给他坐，迟来的姑娘没坐处，一个果子大家分着吃。煮的甜蜜蜜，炒的香喷喷，烤焦了不得吃。”表现了儿童间相互交往的情景。祁珍演唱，杨荣、晓飞记录。记录稿，32 开，1 页，11 行，稿存云南省民间文学集成编辑办公室。

（刘怡）

家里的公羊

基诺族儿歌。流传于云南省西双版纳傣族自治州景洪市基诺乡。歌中唱述公羊跑进了园圃，自己赶羊被黄蜂叮，“好心没好报”。沙车唱述，杨荣记录。记录稿，32 开，1 页，4 行，稿存云南省民间文学集成编辑办公室。

（刘怡）

斯诺罗畲

基诺族儿歌。流传于云南省西双版纳傣族自治州景洪市基诺乡。歌中借挂的棉帐麻帐摇晃表现心里的不愉快。布莫拉演唱，杨荣记录。收入《基诺族民间舞蹈》，32 开，1 页，6 行，国际文化出版公司 1989 年版。

（刘怡）

布基腊腰么拉

基诺族儿歌。流传于云南省西双版纳傣族自治州景洪市基诺乡。这是一首儿童跳舞时唱的歌。“你妈妈被人抛弃，你妈妈受人同情。你妈妈命中注定，你妈妈生活坎坷。你妈妈应该吃饭，你妈妈应该吃肉。光溜溜的大珠粟。”布鲁麦演唱，杨荣记录。收入《基诺族民间舞蹈》，32 开，1 页，7 行，国际文化出版公司 1989 年版。

（刘怡）

来大场子上玩

基诺族儿歌。流传于云南省景洪市基诺族聚居区。歌曲在孩子们邀约玩伴时演唱。歌中唱述了孩子们邀约伙伴到大场子上玩。寨子中间的场子大，朋友越多，越热闹；若是谁不能出来一起玩，也要出来告诉小伙伴。沙车演唱，聂思聪、王建忠记录。收入《云南民族民间儿童歌曲选》，32 开，

3页，80字，云南人民出版社1983年版。

（杨筱奕）

红春豹

基诺族儿歌。流传于云南省西双版纳傣族自治州景洪市基诺乡。这首儿歌传递着有关“婆罗人”的历史信息。基诺人常用“红春豹”和“臭婆罗”一起来吓唬小孩。歌曲描述了“红春豹”可怕的形态，同时告诉孩子们不要哭闹，否则就变成“婆罗人”。“红春豹，眼花花；眼花花，圆滚滚；圆滚滚啊红彤彤，通红的眼睛朝上翻。不要吵，不要闹；吵吵闹闹就要去‘吊脖子’，脖子就成‘粗脖子婆罗’，‘笨死鬼婆罗’。”巴漂寨老人演唱，卓巴·沙车翻译，沈洽记录。记录稿，32开，14行，稿存云南省民间文学集成编辑办公室。

（刘怡　王静）

包头歪不得

基诺族儿歌。流传于云南省西双版纳傣族自治州景洪市基诺乡。这是一首讽喻性的歌谣，是少儿们在“劳巴”（寨子中每年出义务工的人）向各户收取年节公费时演唱。“头人约杰啊，你真会坑人。男人们的包头歪不得，衣服披着走不得，筒帕单肩挎不得。八钱银子买了一只羊，你一次午餐就下酒吃了。长了三年的一只大红公鸡，你一口就下酒吃了。”对头人乱罚款的现象进行了批判，同时讽刺头人到村寨来吃喝。巴亚寨儿童演唱，杜玉亭记录。收入《基诺族文学简史》，32开，1页，9行，云南民族出版社1996年版。

（刘怡）

马帮从哪里来

基诺族儿歌。流传于云南省西双版纳傣族自治州景洪市基诺乡。这是一首反映马帮寨的歌。“骑着大马呀似大象，骑着马儿进寨来，除录地方的遮白勒，割给你三把的鲜马草。这次出门是否到思茅？”表现了基诺人对马和马帮的好奇心和疑问。沙车演唱，杨荣记录。记录稿，32开，1页，5行，稿存云南省民间文学集成编辑办公室。

（刘怡）

马帮来了

基诺族儿歌。流传于云南省西双版纳傣族自治州景洪市基诺乡。这首儿歌反映了当时来往于基诺山的马帮及马帮过基诺山时的情景。表现了基诺孩子对过往马帮的态度。木腊耶演唱，杨荣、晓飞记录。记录稿，32开，1页，3行，稿存云南省民间文学集成编辑办公室。

（刘怡）

汉族阿哥你哪里来

基诺族儿歌。流传于云南省西双版纳傣族自治州景洪市基诺乡。这是一首反映基诺族与内地汉族商贩交往的歌。“泡核桃和糖果带来了吗？基诺最好的鲜茶与你换。”沙都演唱，卓巴·沙车翻译，杨荣、晓飞记录。收入《基诺族民间文学集成》，32开，1页，6行，云南人民出版社1989年版。

（刘怡）

汉人的大官来啰

基诺族儿歌。流传于云南省西双版纳傣族自治州景洪市基诺乡。“汉人的大官上山来，黑马红马骑进寨，‘木勒泽’草尖割给你。”这是一首反映汉族官员进寨情况的歌。沙都演唱，杨荣、晓飞记录。记录稿，32开，1页，3行，稿存云南省民间文学集成编辑办公室。

（刘怡）

征税的人进寨来

基诺族儿歌。流传于云南省西双版纳傣族自治州景洪市基诺乡。过去国民党的苛捐杂税繁多，基诺人对此极为反感。“什么人进寨来，全身的肌肉穿心地痛。”沙车演唱，杨荣、晓飞记录。记录稿，32开，

1页，3行，稿存云南省民间文学集成编辑办公室。

（刘怡）

依邦的官进寨来

基诺族儿歌。流传于云南省西双版纳傣族自治州景洪市基诺乡。依邦在历史上曾是这片产茶地区的经济文化中心，驻有官吏。因茶叶的关系，基诺族与依邦有一些联系。此歌反映出依邦的官员曾到过基诺山。木车演唱，杨荣记录。记录稿，32开，1页，3行，稿存云南省民间文学集成编辑办公室。

（刘怡）

采白参

基诺族儿歌。流传于云南省西双版纳傣族自治州景洪市基诺乡。歌中唱述采白参时让阿车、阿肖不要来看，并告诉他们在路边平坝里采到了许多野菜，等用叶子包好了就送给他们，请他们不要丢弃。白麦演唱，杨荣记录。记录稿，32开，1页，7行，稿存云南省民间文学集成编辑办公室。

（刘怡）

修南瓜尖

基诺族儿歌。流传于云南省西双版纳傣族自治州景洪市基诺乡。歌中唱述种南瓜要修南瓜尖才茂盛。溪边麂子叫，是河岸塌方了，可以随便地采南瓜尖，送给妹妹南瓜花。看到黑狗冲一汉族大爹汪汪叫，就教他拿棍子撵。表现了儿童对事物的认识和见解。木腊蕾演唱，杨荣记录。记录稿，32开，1页，10行，稿存云南省民间文学集成编辑办公室。

（刘怡）

太阳晒大雨下

基诺族儿歌。流传于云南省西双版纳傣族自治州景洪市基诺乡。歌中唱述不管晴天雨天，用竹竿打桃累死人，可打下的桃子一个不剩地被人捡走了。表现了儿童打桃时的情景。沙都演唱，杨荣、晓飞记录。记录稿，32开，1页，5行，稿存云南省民间文学集成编辑办公室。

（刘怡）

我们的庄稼好

基诺族儿歌。流传于云南省西双版纳傣族自治州景洪市基诺乡。歌中将路两边的庄稼作对比，经常骑着黄牛、水牛玩耍的地方庄稼收成好；再唱到索斯奶奶分不清青果和桃子，常把果名叫混。表现了儿童们对事物的见解。遮德演唱，杨荣记录。记录稿，32开，1页，7行，稿存云南省民间文学集成编辑办公室。

（刘怡）

拂晓前不要去背水

基诺族儿歌。流传于云南省西双版纳傣族自治州景洪市基诺乡。歌曲告诉老人们，拂晓前不要去背水，没拄拐棍跌倒无人拉。反映了儿童对老人到山箐间背水艰难的体贴和关心。沙都演唱，沙车、白佳林、杜玉亭记译。收入《基诺族文学简史》，32开，1页，5行，云南民族出版社1996年版。

（刘怡）

打弯刀

基诺族儿歌。流传于云南省西双版纳傣族自治州景洪市基诺乡。歌中由打弯刀联想到铁匠房的神圣习俗——铁匠房周围不能下冰雹，表示若落冰雹要一个不留地快捡走，因为传统观念中冰雹象征着银子。不拉先演唱，沙车翻译，杜玉亭记录。收入《基诺族文学简史》，32开，1页，5行，云南民族出版社1996年版。

（刘怡）

我叫阿米

基诺族儿歌。流传于云南省西双版纳傣族自治州景洪市基诺乡。歌曲介绍了阿米的名字由来，反映了不同的命名方式在儿童心态上的影响。不拉先演唱，沙车翻译，杜玉亭记录。收入《基诺族文学简史》，32开，1页，5行，云南民族出版社1996年版。

（刘怡）

竹尖勾下来

基诺族儿歌。流传于云南省西双版纳傣族自治州景洪市基诺乡。这是一首傍晚下雨前儿童盼望父母收工回家的歌。傍晚出现彩虹，是下雨的预兆，反映了儿童对父母的想念和关心。巴亚寨儿童演唱，杜玉亭记录。收入《基诺族文学简史》，32开，1页，4行，云南民族出版社1996年版。

（刘怡）

萤火虫

基诺族儿歌。流传于云南省西双版纳傣族自治州景洪市基诺乡。这是一首嘲笑青春期少女恋爱情景的歌。“伯操的女儿操都美得像朵花，看见意中人拉着他停下，望见同居过的巴里摇身去追。”接着用和谐音表现人们的态度，“水枧槽的水流呀流，大糟木头糟啊糟”。佚名演唱，杜玉亭记录。收入《基诺族文学简史》，32开，1页，7行，云南民族出版社1996年版。

（刘怡）

一个小雀蛋分十次吃

基诺族儿歌。流传于云南省西双版纳傣族自治州景洪市基诺乡。这是一首描述成年礼前参加山地劳动的少年因思念意中人吃不下饭的儿歌。“因为思念你我已吃不下饭，山地劳动中一个煮熟的小雀蛋要分十次吃，一片煮熟的破布叶菜要分十次吃，一根苦凉菜尖要分十次吃。”歌曲运用排比手法，简洁形象，一度在巴亚寨广为传唱。沙车演唱，杜玉亭记录。收入《基诺族文学简史》，32开，1页，7行，云南民族出版社1996年版。

（刘怡）

札磊的妇女

基诺族儿歌。流传于云南省西双版纳傣族自治州景洪市基诺乡。歌中借札磊的妇女背着香椿给大家带来好消息，告诉大家富人心不好，穷人要一条心，互帮互助。表现了基诺人的道德观念和互助精神。沙车演唱，杨荣记录。记录稿，32开，1页，8行，稿存云南省民间文学集成编辑办公室。

（刘怡）

离弃人的歌

基诺族儿歌。流传于云南省西双版纳傣族自治州景洪市基诺乡。唱述了一个因不贞洁而被抛弃、被罚款的人的悔恨之意以及改过自新的愿望。她热情地邀请人们到自己家来玩，“不管是漂亮的阿哥，还是叭官和他们的太太”。车威演唱，杨荣记录。记录稿，32开，1页，11行，稿存云南省民间文学集成编辑办公室。

（刘怡）

她采来的是木耳

基诺族儿歌。流传于云南省西双版纳傣族自治州景洪市基诺乡。“叫她拣有盖的山螺蛳，她拣的是无盖的‘螺哈’；叫她采嫩而透红的黄酸菌，她采来的是木耳；她去拿白烂笋，拿回来的是黑烂笋。”这是一首讽喻性儿歌，暗示一个行为不检的女人专门走偏路，也是儿歌介入社会生活的一个例证。佚名演唱，杜玉亭记录。收入《基诺族文学简史》，32开，1页，8行，云南民族出版社1996年版。

（刘怡）

小偷做的事

基诺族儿歌。流传于云南省西双版纳傣族自治州景洪市基诺乡。“说是去拿蜗牛却把螺蛳捡回来，说是去摘木耳却把蘑菇采回来。别人后面偷偷摸摸，说东道西是经常事。”通过讽喻的手法，告诉孩子们做人的道理。白腊筛演唱，杨荣记录。记录稿，32开，1页，4行，稿存云南省民间文学集成编辑办公室。

（刘怡）

彩虹

基诺族儿歌。流传于云南省西双版纳傣族自治州景洪市基诺乡。歌曲通过对彩虹的想象性描写，联想到自己是被人歧视的孤儿。沙车演唱，杨荣记录。记录稿，32开，1页，5行，稿存云南省民间文学集成编辑办公室。

（刘怡）

札果的花子来了

基诺族儿歌。流传于云南省西双版纳傣族自治州景洪市基诺乡。歌中唱述穷人“身挂簸箕，衣不遮体”，生活十分困苦。描写了札果寨的穷人到旁边的巴雅寨讨饭的情景。白腊斯演唱，杨荣记录。记录稿，32开，1页，3行，稿存云南省民间文学集成编辑办公室。

（刘怡）

孤儿歌（一）

基诺族儿歌。流传于云南省西双版纳傣族自治州景洪市基诺乡。此歌唱述了无家可归的孤儿，不知道自己是认傣家做干娘，还是认汉家做干娘。白腊斯演唱，杨荣记录。记录稿，32开，1页，5行，稿存云南省民间文学集成编辑办公室。

（刘怡）

孤儿歌（二）

基诺族儿歌。流传于云南省西双版纳傣族自治州景洪市基诺乡。此歌唱述了死了爹妈的孤儿，祭祀的幡布还挂着，就没吃没喝受饥寒。表现了基诺族孤儿孤苦的悲惨遭遇。白腊斯演唱，杨荣记录。记录稿，32开，1页，6行，稿存云南省民间文学集成编辑办公室。

（刘怡）

团鸡变成干酸笋

基诺族儿歌。流传于云南省西双版纳傣族自治州景洪市基诺乡。这首歌是受到不平等待遇的小保姆对主人的讥讽。在基诺族中，多是大孩子背小孩子，若家中没有背孩子的儿童，就请别人家的孩子充当小保姆来背。曲调上口，广为传唱。白佳林演唱，杜玉亭记录。收入《基诺族文学简史》，32开，1页，4行，云南民族出版社1996年版。

（刘怡）

条目汉语音序索引

C

D

E

F

G

H

J

K

L

M

N

P

Q

R

S

T

W

X

Y

Z

后 记

《中国少数民族古籍总目提要》是在国家民族事务委员会直接领导下，由国家民委全国少数民族古籍整理研究室组织实施的一个国家级重点文化项目。在云南，这项工作在中共云南省委、省政府关怀下，在省民族宗教事务委员会直接领导下，由云南省少数民族古籍整理出版规划办公室具体运作。历时多年，《中国少数民族古籍总目提要·基诺族卷》终于付梓出版。

2015年3月，云南省成立《中国少数民族古籍总目提要·基诺族卷》编纂委员会，并与省编纂委员会签订了编写责任合同，《中国少数民族古籍总目提要·基诺族卷》编写工作进入全面实施阶段。本书条目在云南省少数民族古籍整理出版规划办公室完成的《云南民族口传非物质文化遗产总目提要》基诺族口传文学部分基础上，参照《中国少数民族古籍总目提要》的编撰要求对讲唱类词条进行了修订并增加了书籍类与文书类的编目。书籍类主要由杨筱奕、刘怡负责，文书类由刘怡负责。杨筱奕还对讲唱类条目进行了增补并撰写序言，参与增补写作的还有朝告才让、杨馨等。图片由白云、李植森、杨筱奕、张云等提供。

2018年4月，《中国少数民族古籍总目提要·基诺族卷》初稿完成，编纂小组杨筱奕、王静、杨海林、许霞等根据《总目提要》编写纲要要求，对书稿、图片进行了初审，并由杨筱奕负责统稿。6月，国家民委全国少数民族古籍整理研究室主任李晓东到昆明调研云南省少数民族古籍工作，并对《中国少数民族古籍总目提要·基诺族卷》编撰工作提出了指导性意见。8月1—20日，《中国少数民族古籍总目提要·基诺族卷》编纂委员会对初稿进行了一次全面审订与编排，参加审改的有起国庆、谢沫华、马勇、沙晓桑、杨筱奕等，由杨筱奕撰写后记并编制凡例、目录、音序索引，形成《中国少数民族古籍总目提要·基诺族卷》修改稿。9月1—10日，修改稿交由云南省民族学会基诺族研究委员会最终审订，形成《中国少数民族古籍总目提要·基诺族卷》送审稿，装订成册上报国家民委全国少数民族古籍整理研究室。

经过中央民族大学苍铭等专家和民族出版社各位编辑的修改、审订，基诺族卷编纂委员会根据专家提出的宝贵意见又对书稿进行了修改与完善。国家民委全国少数民族古籍整理研究室主任李晓东非常关心《中国少数民族古籍总目提要·基诺族卷》的编纂工作，并给予了不少技术性与政策性指导。

本书的顺利完成，与国家民委全国少数民族古籍整理研究室和云南省民族宗教事务委员会的领导，以及云南省少数民族古籍整理出版规划办公室的精心组织密不可分，在此，谨对他们表示深深的谢意。最后，对在编写过程中提供大力支持与帮助的景洪市基诺山基诺族乡文化广播电视服务中心、云南省民族学会基诺族研究委员会等单位，以及在编纂过程中给予帮助和指导的张云、沙晓桑、肖周等人深表谢意。

《中国少数民族古籍总目提要·基诺族卷》是对基诺族古籍的一次汇总与展示，由于编写时间仓促，错漏在所难免，不足之处恳请读者指正。

《中国少数民族古籍总目提要》云南编纂委员会
《中国少数民族古籍总目提要·基诺族卷》编纂委员会
2019 年 1 月 15 日

中　国
少数民族古籍总目提要

国家民族事务委员会全国少数民族古籍整理研究室

德昂族卷

民族出版社

《中国少数民族古籍总目提要·德昂族卷》
编纂委员会

主　　编： 起国庆　艾　芳

副 主 编： 杨海涛　赖永良　李淳信　唐　洁

编　　委： 李明珍　马　勇　刘建明　刘建华　李腊翁　陈薇多　李克忠　龙江莉　依旺的　和六花　杨筱奕　刘　琳　保俊萍　王向松　陶开祥　李国琼

序　言

德昂族是中华民族大家庭中的一员，是云南省人口较少民族之一，同时也是西南边疆的古老民族，有着悠久的历史和灿烂的文化。德昂族因种茶历史悠久，与茶有着深厚的历史渊源，被誉为“古老的茶农”。德昂族保留着独具特色的丰富的传统民族文化，如茶俗、水鼓、服饰、神话、传说、诗歌、山歌、民居、风俗、饮食、宗教文化等，是中华民族文化中的一朵奇葩。

一

德昂族是我国人口较少的民族之一，共有20556人（2010年第六次全国人口普查数据），主要分布在云南省保山市的隆阳区，德宏傣族景颇族自治州的芒市、瑞丽市、盈江县、陇川县、梁河县，临沧市的永德县、镇康县、耿马傣族佤族自治县。其中芒市的三台山德昂族乡和临沧市镇康县的军弄乡是德昂族居住比较集中的地区。

德昂族由于居住分散，自称他称较多。居住在德宏地区的德昂族自称“德昂”，镇康、耿马的德昂族自称“尼昂”或“纳昂”，此外，还有“崩龙”“昂”“冷”“梁”“布雷”“纳安诺买”等称呼。根据德昂族妇女的裙子上所织线条的不同色调特征，当地汉族人民分别称他们为“红崩龙”“花崩龙”“黑崩龙”等。20世纪50年代进行民族识别，沿用了“崩龙”这个名称。后根据本民族的意愿，1985年9月，经国务院批准，“崩龙族”正式改名为“德昂族”。“德昂”是本民族的自称，“昂”在本民族语言里的含义是“山崖”或“崖洞”，“德”为尊称的附加语，自称“德昂”包含着德昂族人对其祖先居住崖洞的历史纪念。

德昂族是一个历史悠久的民族，他们常自豪地说：“德昂人的历史像江河一样久远。”他们和祖国民族大家庭的各族成员一样，曾有过繁荣富强的时代，也经历过苦难的历程。

德昂族源于古代的“濮人”。濮人在古代多居住在云南的西南部地区，从文献记载及其他民族的传说故事中可以证实，濮人是永昌郡内的古老民族。

他们充分利用这里“土地沃腴，宜五谷蚕桑”的优越条件，种植水稻和纺织木棉布。

“濮”和“蒲”是承接关系，至公元前2世纪就已居住在怒江两岸的广大地区，属于云南的世居民族。我国史书多认为德昂族与佤族、布朗族等民族是汉晋时期云南“濮人”的后裔，唐宋时期被称为“朴子”“茫人”，元明时期被称为“波龙”。清末民初出现“崩龙”“养子”的称谓。“德昂”作为单一民族的出现，在我国史籍中是比较晚的。直到清代《东华录》、王旭《征缅纪闻》及光绪本《永昌府志》诸书才单独有所记载，称他们为“崩龙”。

早在新石器时代以前，云南就已居住着百濮、百越和氐羌三大族群。我国学者认为，濮人族群属于南亚语系孟高棉语族的民族，处于南亚语系族群分布区的北部。明代董难《百濮考》、王菘《云南备征志•叙录》、朱希祖《云南濮族考》诸书都认为永昌濮就是古代的百濮。方国瑜先生进一步据《华阳国志•南中志》及郭义恭《广志》指出：“永昌郡居民以濮人为主，见于记录的哀牢人和濮人的生活没有分别。”尤中先生亦主此说。古代永昌的哀牢人正是孟高棉语族的濮人，是德昂等民族的先民。

西晋元康九年（299年），永昌大姓首领吕凯（因效忠蜀国，被封为云南太守）的孙子被封为永昌太守，濮人起来反抗，吕氏家族被迫迁到永寿（今双江、耿马一带）。

隋唐时期，永昌等地濮人发展成为一个部落联盟的政治集团，樊绰《云南志》以及《旧唐书》《新唐书》称他们为“茫蛮部落”。他们分布于今天的保山、德宏、临沧等地。茫人部落以“茫”冠于小部落之首，如茫天连、茫吐薅、茫鲊、茫盛恐、茫昌、茫施等。茫人居住区还有越人等民族，茫人与他们同住；越人一般居住在坝区，茫人则主要分布在山区、半山区或山间盆地。

唐朝时期，南诏在洱海流域崛起，进而向四周经营。南诏西开寻传的过程中，在“悉有瘴毒”、诸城镇官不亲视事情况下，为了加强控制，收管金齿、寻传诸部，于摩零山上筑城，理寻传、长傍、摩零、八齿城等五道事（《云南志卷六》），将境西地区划分为永昌、丽水和开南三个节度区。

南诏后期，茫人的势力有所发展，茫人部落中的“金齿”（因以金饰齿而得名）支系崛起，依靠茫人的实力，摆脱了南诏和大理国的控制，建立了自己的区域统治，元代史书称之为“金齿国”。

宋末元初，德宏及附近一带“金齿人”的势力仍然比较强大，大理段氏遂以德宏为中心特别设置镇西镇（金齿镇）以加强统治。方国瑜先生认为大理时之金齿镇，治所在干额，其境界当包括大理前期永昌、敕化两节度区所领之金齿地，金齿地北接吐蕃（西藏），西接天竺（印度），南接交趾（越南）。这就是“濮人”的分布区，也即汉代及其以前的哀牢国、永昌郡境，唐代的永昌、丽水和南开三个节度区境。宋代的金齿镇和元初的金齿安抚使地，则包括永昌、丽水（敕化）两节度的边境地带，即敕化节度的西南部和永昌节度的南部边境地区，即今德宏及其边外、临沧市及其边外，以及保山市的龙陵、施甸和昌宁等地区，这正是当时“濮人”的主要聚居区。因为在“濮人”的分布区内，自经永昌郡的不断深入开发，唐代南诏的大量移民以及氐羌族群的不断进入，东北部的部分“濮人”不断向西南集聚，“濮人”的主要聚居区在宋代已经逐渐转移到金齿镇的范围。

大约在元代麓川傣族思氏集团兴起后，德昂先民迁居山区，开垦山地，种植茶叶。

德宏历史上也有大量传说关于“达”“腊”“养”“碧”人的存在，他们是最早的德宏古代居民。

元明时期以至清朝初年以前的“蒲人”“蒲蛮”中，同样还包括布朗族和崩龙族在内。大约是在11世纪后，清代史籍中开始出现对德昂族较确切的记载。崩龙，初写作“波竜”“波龙”或“波笼”。光绪本《永昌府志》卷五十七《种人》说：“崩龙，类似摆夷，惟语言不同。男以背负，女以尖布套头，以藤篾圈缠腰。漆齿文身。多居山巅。土司地皆有。”

德昂族有自己的语言，德昂族语属于南亚语系孟高棉语族佤德昂语支，国内同属这一语系的民族还有佤族和布朗族。德昂语根据其不同居住区域可分为不列、绕竟、汝买和梁4种方言，其中使用绕竟方言的人数居多。德昂族没有自己的民族文字，德昂族知识分子常用的是汉文，也有人使用傣文，部分人通傣语、景颇语和汉语。他们过去的文学作品能够代代传承，主要通过两种方式来实现：一是口头的形式，这是最重要的方式，大量的德昂族文学作品都是以口口相传的方式流传下来的；二是借用其他民族的文字（傣文）进行书面创作，或者将德昂族原有的文学作品翻译成傣文而记载下来的，因为德昂族的佛爷等大多都精通傣文。

德昂族信奉南传上座部佛教，多数村寨建有佛寺。男孩从小就进佛寺读傣文，念傣文经书。中华人民共和国成立后，德昂族的政治地位发生了根本变化，德昂族地区的社会主义建设事业不断发展，他们迫切要求掌握文化和科学技术。德昂族人民同各族人民，特别是同汉族人民在政治、经济、文化上的联系日益密切，交往日益频繁。德昂族中会汉语、汉文的人数不断增加。德昂语的借词方向也发生了变化。过去德昂族主要是借用傣语，现在则主要是借用汉语。

二

德昂族在漫长的历史发展进程中，以自己辛勤的劳动和智慧，创造了丰富多彩的民族民间文学。其中，最大量和最根本的部分是口头流传下来的口头文学，其次是借用傣文记载在"经书"上的文学。这些民间文学，内容广泛，涉及政治、经济、历史、文化、生产劳动、人物、动植物等。形式多样，涉及神话、传说、史诗、民歌民谣、故事等题材，表现了德昂族人民在不同历史环境中的思想感情、精神面貌和心理状态。德昂族与傣族、景颇族交错杂居，其文学作品在风格上兼备傣族细腻与景颇族豪放的特色。

德昂族文学的发展可以粗略分为三个阶段：第一阶段是唐代以前的时期；第二阶段是唐代以后到1949年中华人民共和国成立这一历史时期；第三阶段是当代德昂族文学的传承与创作时期。

唐代以前，德昂族民间文学形式是创世神话和创世史诗。《祖先创世纪》和《达古达楞格莱标》是德昂族起源较早的神话，其特点是古朴、直率、生动，在后来的代代相传中深刻影响了德昂人的世界观和生活态度。《祖先创世纪》是德昂族古代创世神话中流传最广、最有影响力的神话，它以散体的形式在德昂族民间口头流传。创世史诗《达古达楞格莱标》的内容与《祖先创世纪》大致相同。"达古达楞格莱标"为德昂语音译，意思是最早的祖先传说。它以说唱歌词的形式在民间艺人口中代代相传。

除了创世神话，德昂族中流传的神话类型还有龙祖神话、茶叶神话，其中茶叶神话是德昂族口传文学中最具特色的部分。

唐代以后到1949年中华人民共和国成立这一历史时期，所出现的民间文学内容广泛，形式多样，是德昂族民间文学发展的重要时期。这一时期发展起来的民间文学类型主要有以下几种：

一是反映社会人生的传说故事。反映社会人生的传说故事情节曲折动人，在表现手法上也多种多样。德昂族民间故事表现孤儿的作品很多，较典型的有《金凤凰》《智斗头人》《弟兄俩》等。另外，伦理道德故事也占很大的比重。德昂族将其美好的理想和道德规范等反映到其民间口头创作中来，如《阿西寻金记》《金子难换人心》等。此外，还有反映贫富对比的故事。德昂族因信仰南传上座部佛教，其口传文学中也包括了一部分佛教故事，主要反映了善恶有报的思想。另外，还有关于生产劳动的故事传说，如《谷子的传说》。

二是关于生活与风俗的歌谣。自古以来，德昂族人就爱唱歌。一般情况下，歌手演唱或双方对歌时都先唱“古本”，德昂语叫“格楼当”，即固定歌调之意。《帮工歌》和《雷弄》是德昂族人最喜欢的“古本”长篇对歌。德昂族民歌所唱的曲调是根据情境和对歌对象有所变化的，比如男女相会表示爱慕之情的“隔山调”“串姑娘调”，婚礼上的“婚礼调”，葬礼上的“伤心调”等。德昂族的民间歌谣有劳动古歌，如《伐木歌》《挖地歌》《收割歌》；有生活抒情歌谣，如《孤儿歌》。与德昂族现实生活联系最紧密的是习俗礼仪歌谣，如节日歌谣、迎亲歌谣、丧葬歌谣、祭祀歌谣等。

三是婚恋情歌和爱情叙事长诗。德昂族情歌在该民族的歌谣中占了很大比例。德昂族情歌的表达形式有“隔山调”“串姑娘调”和“嚼芦子调”等，与德昂族男女青年恋爱的传统方式相对应。根据恋情发展的阶段，德昂族情歌可划分为：相会歌、思情歌、恋情歌、结亲歌和失恋歌。还有一些爱情叙事长诗，歌颂忠贞爱情，赞美青年男女为争取婚姻自由所作的斗争，如《腊亮与玉相》。

四是动人的爱情故事。《芦笙哀歌》《彩虹》《昆沙洛和欧比木》这三部作品都是在德昂族中广泛流传的爱情悲剧故事，它们对德昂族原有的婚姻习俗、婚姻制度以及传统的婚恋观念都有过极大的冲击。还有一些爱情故事夹杂了许多神奇虚幻的情节，其中有代表性的如《笋叶伙子》《七姑娘》《漂亮的姑娘》等。

五是关于记忆民族迁徙历史的传说。从历史背景上看，德昂族属于滇西较早的世居民族，分布相对集中。因频繁的社会动乱和迁徙，最终形成聚居地相对分散，基本上以村寨为单位居住在较贫瘠山地的格局。《迁徙》《德昂族为什么住得那么分散》都是较有代表性的作品。

六是想象丰富的童话故事。想象丰富的童话故事中最为突出的是动植物童话、神女童话和魔幻童话三大类。这些作品将一切非人的动植物都进行了人格化，往往写实与幻想并重。如《聪明的松鼠》《金玉姑娘》等。

近二十年来，国内学者对德昂族的研究已广泛深入地展开，出版和发表了不少学术著作和研究论文，其探讨的问题大致可以归纳为以下几个方面：

一是族源研究。目前较多的看法是德昂族源于古代的濮人。刘刚《德昂族族源考略》（《民族调查研究》1991 年第 1 期），李家英《浅论德昂族的传统道德与现代文明》（《云南民族学院学报》1999 年第 1 期），方慧《明代云南广邑州置考·蒲人历史新探之一》(《民族研究》1985年第3期)。德昂族源于古代濮人，主要又分为以下几种观点：第一，哀牢说。其主要著作有《中国民族史》(上册)(民族出版社1990年版),《佤族简史》(云南教育出版社1986年版),李淳信《施甸“本人”社会历史调查》(《保山民族研究》1987年创刊号),王叔武《云南少数民族源流研究》(《云南民族学院学报》1985年第1期)等。第二，滇人说。宇华、知余《滇人与佤崩民族的关系试探》(《民族学与现代化》1985年第1期)。第三，蛮茫、金齿说。桑耀华《茫施蛮并非傣族先民——崩龙族是茫施蛮的后裔》(《研究集刊》1979年第3期),《茫蛮和金齿族属试论》(《云南社会科学》1983年第3期),德昂族编写组《德昂族简史》(云南教育出版社1986年版),李道勇《我国南亚语系诸语言特征初探》(《中央民族学院学报》1985年第4期)。

二是社会形态和综合性研究。王尧主编《中华文化通志民族文化典·德昂文化志》(上海人民出版社1998年版),俞茹《德昂族文化史》(云南民族出版社1999年版),宋恩常《镇康崩龙族父权制家庭公社》(《云南少数民族研究文集》云南人民出版社1986年版),杨敏骧《镇康崩龙族父系大家庭的解体》(《民族调查研究》1982年第2期),桑耀华主编《德昂族文化大观》(云南民族出版社1999年版),周鸣琦《腰箍套不住的女人·德昂族》(云南教育出版社1995年版),《德昂族简史》(云南教育出版社1986年版),桑耀华《德昂族》(民族出版社1986年版),《茶水清清话德昂》(云南少年儿童出版社1987年版),云南省编辑组编《崩龙族社会历史调查》(云南民族出版社1981年版),《德昂族社会历史调查》(云南民族出版社1987年版)。

三是婚姻、生葬和宗教研究。严汝娴主编《中国少数民族婚姻家庭》(中国妇女出版社1986年版)认为，德昂族实行一夫一妻制，盛行单向姑舅表婚，即每个氏族的男性成员，基本上固定同另外一个氏族的女子通婚。类似观点的论著还有：杨知勇等编《云南少数民族生葬志》(云南民族出版社1983年版)、思想战线编辑部编《西南少数民族风俗志》(中国民间文艺出版社1981年版)、罗玉山《德昂族青年的恋爱方式》(《宁夏日报》1992年6月10日)、王瑞生等《德昂族恋爱习俗》(《云南日报》1995年3月27日)等。耿德铭《潞江坝德昂族婚俗初探》(《保山民族研究》1987年创刊号)探讨了潞江坝德昂族婚俗与外地德昂族婚俗存在很多不同点。杨知勇等编《云南少数民族生葬志》(云南民族出版社1983年版)认为，德昂族生育和丧葬礼俗各个支系之间基本相同，但由于各地区受到附近各族的影响，因而在具体情节上稍有差异。宋恩常《中国少数民族宗教初编》(云南人民出版社1985年版)认为，明代以前德昂族以原始宗教为基本信仰，现在德昂族已普遍信仰南传上座部佛教。杨毓骧《德宏德昂族宗教调查》(《民族调查研究》1986年第1期)认为，德宏德昂族信仰的南传上座部佛教有“润”“摆庄”“多列”“左抵”四个教派。该文还就寺院管理、教规、僧侣、典籍、法器、佛教节日、祭祀、占卜等方面进行了论述。相关论著还有覃光广等编著《中国少数民族宗教概览》(中央民族学院出版社1988年版)、罗玉山《德昂族的“做摆”》(《德宏团结报》1992年4月7日)等。

此外，对德昂族社会经济发展、语言文字、教育及其他方面的研究也有相关论著，如张绍琼《从德宏州三台山地区看我省民族山区消费》、陈相木等《德昂族简志》、张先民《德昂族教育的发展之路》、方茂琴《德昂族药集》、宾里《崩龙族妇女服饰》等。

三

德昂族主流的文学形式是民间的口头文学，对德昂族民间文学的搜集整理和研究已取得显著成果。杨知勇《崩龙族文学概况》(《思想战线》1979年第6期)认为，德昂族没有书面文字，没有专门的歌手，只有流传在德昂族人民中的口头文学，有诗歌、民间故事(包括动物故事、童话和寓言)等。由于历史原因，汉族、傣族等民族的文学对德昂族民间文学的影响比较明显，但不是原封原样地搬到德昂族中。在流传过程中，又按照德昂族的社会生活和民族性格产生了新的变异，带有德昂族的特点，有的则已成为德昂族自己的东西。忠瑜《崩龙族有书面文字也有歌手》(《山茶》1981年第2期)认为，德昂族虽然没有自己的文字，但长期以来他们一直使用傣那文。20世纪七八十年代，部分学者开始对德昂族民间文学进行收集整理工作，如杨知勇整理《松鼠的死》《芦笙哀歌》《两个伙伴》《笋叶伙子》(均为《山茶》1980年第1期)，李明珍、李金谣《我愿》(《永昌文学》1993年第2期)，罗玉山《崩龙族谚语》(《团结报》1980年8月19日)等。德宏州文联编《崩龙族文学作品选》(德宏民族出版社1983年版)，是第一部系统介绍德昂族民间文学的专著。该书以民族民间文学为主体，同时收入了诗歌、散文和小说。

1958年9月，在中共云南省委宣传部领导下，中国作家协会昆明分会和云南大学、昆明师范学院的1995级学生和部分教师及部分文艺干部、基层干部100多人，组成7个调查队，分赴丽江、大理、德宏、西双版纳、楚雄、红河、文山，对纳西族、白族、彝族、傣族、哈尼族、壮族、苗族等民族民间文学情况作了较为全面的调查和收集。云南民族民间文学德宏调查队先后调查了潞西（今芒市）、瑞丽、盈江三个少数民族聚居县，经过半年的努力，搜集了一批云南各民族民间口传文献优秀作品，成效显著。对德昂族创世诗史《达古达楞格莱标》的搜集整理出版就是这一年的重要成果。

1983年中国民间文艺研究会（后改名为中国民间文艺家协会）理事（扩大）会作出了编纂中国民间文学三套集成的决议。1984年由文化部、国家民委和民研会联合下达了808号文件。为完成国家下达的民族民间文学三套集成编纂任务，云南省成立了云南省民间文学集成办公室。同年3月，云南省召开第一次民间文学集成工作会议，会议传达了中宣部、文化部等单位对选编民间文学三套集成的要求。会后，云南省文化厅、省民委、省文联和云南省民间文学集成办公室联合发出会议纪要，云南省各民族口传文献遗产搜集整理出版工作在全省范围内全面展开。至1992年，云南省民间文学集成办公室举办集成培训班、学术研讨会共160余期，培训业务骨干4000多人次。这批民间文学骨干深入基层、农村采录了1亿多字的口传文学资料。省级集成办，地、州、县级集成办以及文化局、文联、文化馆、民委等单位共编辑出版、编印民间文学集成300余册，约6000万字。

1990年起，开始分别编纂三套集成各省、自治区、直辖市卷。同年8月，云南省成立《中国民间故事集成·云南卷》编委会。编委会依据“科学性、全面性、代表性”的原则，从近6000万字的民间故事资料中初选约1000万字，再从初选出的作品中编选出约350万字。1992年8月，云南卷编委会在昆明召开了《中国民间故事集成·云南卷》初编初审会议，把350万字的稿件再次压缩为280万字，最后以250万字送稿。

在三套集成编纂出版工作中，编纂出版《中国歌谣集成·云南卷》是其中的另一项重要任务。歌谣卷编委会在掌握100万余行，约5000万字资料的基础上最后选编出9万余行，计400多万字的资料作为云南卷初稿。

2003年，《中国民间故事集成·云南卷》（上、下）、《中国歌谣集成·云南卷》由中国ISBN中心出版。其中，《中国民间故事集成·云南卷》收录云南26个民族的神话、传说、故事686篇，德昂族民间故事传说《漂亮的姑娘》《金玉姑娘》《不献坟的传说》等均收入在内。《中国歌谣集成·云南卷》收录各民族歌谣千余首，德昂族歌谣《孤儿歌》《客人亲戚来》《受苦的人》《敲水鼓》等均收入在册。云南德昂族民族民间文献精品第一次得到较为全面的展示。

1995年，由云南省社会科学院民族文学研究所负责完成的《中国少数民族文学史丛书》被列为“七五”“八五”国家哲学社会科学重点科研项目，这套丛书包括彝族、白族、哈尼族、傣族、纳西族五个民族的文学史，以及傈僳族、拉祜族、佤族、景颇族、布朗族、普米族、怒族、阿昌族、德昂族、基诺族、独龙族11个民族的文学简史。作为丛书之一的《德昂族文学简史》由黄光成编著，为德昂族第一部文学史著作。

2009年，为全面展示云南各民族丰富多彩的创世史诗、英雄史诗、迁徙史诗等古典史诗搜集整理成果，云南省少数民族整理出版规划办公室编纂出版了《云南少数民族古典史诗全集》(上、中、下)，合计收录史诗58部，这是云南少数民族古典史诗的第一次大汇合和大展示，德昂族的《达古达楞格莱标》《果索的传说》收入在内。

2010年6月，德宏师范高等专科学校副校长刘建平教授提出用两年多的时间，以出版民族文化研究专集带动和推进民族文化研究的深入开展，并拟订了《德宏世居少数民族文化研究丛书》出版计划。丛书包括《德宏世居少数民族谚语民歌选集》《德宏世居少数民族舞蹈、乐器及傣剧概观》《德宏世居少数民族宗教信仰及传统节日概观》《德宏世居少数民族语言使用现状调查》《德宏世居少数民族文化研究文集》《德宏世居少数民族传统体育概览》《德宏国家级非物质文化遗产概况》《德宏世居少数民族文化研究文集》《德宏世居少数民族民间神话、传说及故事概览》《德宏世居少数民族医药概观》10部著作，对散居在德宏地区德昂族的民间文学及民族风俗等进行了较为全面的展示。

2012年，响应《国家“十一五”时期文化发展规划纲要》中强调要“采取有效措施，保护濒危的民族文化遗产”，“加强对少数民族史诗等若干非物质文化遗产项目的抢救”，“做好少数民族古典史诗的整理出版和优秀民族文学作品的翻译出版工作”，云南省少数民族古籍整理出版规划办公室决定编辑出版《云南少数民族叙事长诗全集》(上、中、下卷)，其中《云南少数民族叙事长诗全集》(下卷)中收录了三首德昂族叙事长诗《腊亮与玉相》《采花会》《丁香花》。在编辑过程中，对一些具体问题做出了相应处理：改正了原作品中与现在不相符的民族称谓，将崩龙族旧称改为德昂族。

此外，从2000年开始，云南省少数民族古籍整理出版规划办公室开展了对云南各民族口传文献遗产的编目工作。2008年，《云南民族口传非物质文化遗产总目提要》由云南教育出版社出版，本书分为《神话传说卷》《民间故事卷》《史诗歌谣卷》三卷，每卷又分为上、下两卷。其中，《神话传说卷》下卷收录德昂族、独龙族、景颇族等20个民族的神话传说2397种。德昂族神话传说《祖先创世纪》《盐葫芦王》《水鼓的传说》等收入其中。《民间故事卷》下卷收录德昂族、景颇族、布朗族等19个民族的民间故事2668种，德昂族民间故事《神奇的花树》《聪明的松鼠》《彩礼》等收入在内。《史诗歌谣卷》下卷收录德昂族、纳西族、基诺族等15个民族的史诗、叙事长诗和歌谣4958种，德昂族长诗歌谣《达古达楞格莱标》《雷弄》等收入在内。本书对德昂族的口传非物质文化遗产从每一项遗产的名称、所属类别、流传地区、主要内容、讲述者和搜集整理者、出版情况等做了科学而全面系统的介绍。

《中国少数民族古籍总目提要》为国家民委1997年立项的重大文化工程。主要任务是编纂中国55个少数民族及古代有民族文字典籍留存下来的少数民族现存古籍目录和内容提要。云南省民族宗教事务委员会对此项工作高度重视，在省委省政府的支持下，编写工作经费等问题得到圆满落实。1999年6月，云南省成立《中国少数民族古籍总目提要》云南编纂委员会，并于同年11月召开第三次全省少数民族古籍工作会议，就《中国少数民族古籍总目提要》的编写工作作出全面部署和动员。2000年3月，云南省少数民族古籍整理出版规划办公室在昆明举办了云南省《中国少数民族古籍总目提要》编目培训班，邀请了相关专家教授进行授课。培训班结束后，云南省的少数民族古籍编目工作全面实施。德昂族为云南省特有民族，《中国少数民族古籍总目提要·德昂族卷》由云南省进行编纂。经过众多编写人员数年的共同努力，在云南省民族宗教事务委员会领导的高度重视和云南省少数民族古籍整理出版规划办公室有关领导及同志的指导下，历经数年的汇总、修改、编辑、统稿，再经过有关专家的认真审核，终于面世了。它第一次系统介绍了德昂族古籍的总体情况，基本反映了德昂族古籍的概貌，不仅是一部了解德昂族历史文化的读物，也对研究德昂族政治、经济、文化、历史、宗教具有重要的参考价值。

《中国少数民族古籍总目提要》云南编纂委员会

《中国少数民族古籍总目提要·德昂族卷》编纂委员会

2018年8月

凡　例

一、本书收录德昂族古籍条目229条，其中书籍类14条，讲唱类215条。

二、本书按书籍类、讲唱类的顺序排列。书籍类为史志，按照朝代、年代排列，年代不明者排于所在朝代最后。讲唱类分为三个部分：一是神话传说，下分创世神话、起源神话、洪水神话、自然神话、龙神话、风俗传说、迁徙传说、人物传说、其他传说；二是民间故事，下分幻想故事、生活故事、动植物故事、佛传故事、谚语故事；三是长诗歌谣，下分创世史诗，长诗、叙事歌和时政歌，生活歌，风俗歌，劳动歌，情歌。

三、讲唱类条目释文中有“×× 记录”“×× 翻译”“×× 整理”，皆指从德昂语翻译为汉语。

四、编撰人员姓名均在各条目末括号内注明。

五、本书按照国家民委《〈中国少数民族古籍总目提要〉编写纲要》编写，以确保丛书整体统一。

条目分类目录

书籍类

讲唱类

一、神话传说

书籍类

蛮书

10卷。唐樊绰撰。亦名《云南志》，记载南诏的山川、物产、道路、里程、城镇、居民习俗等，对南诏的民族、历史、政治、经济、军事、唐和南诏的关系做了系统的阐述。此书分卷为《云南界内途程》《山川江源》《蛮夷风俗》《南蛮条教》等。该书是研究唐代云南民族历史最重要的一部史书。卷五载："白崖（今大理白族自治州弥渡县）谓之勃弄睑"；"（蒙舍）川中水东南与勃弄川（今礼社江）合流"。唐以后有多种传本，书名颇多。《新唐书·艺文志》以《蛮书》之名著录，宋元明三代的著作多称此书为《云南志》。明初录入《永乐大典》，清《四库全书》收录此书。据乾隆武英殿聚珍版原本影印本。本色宣纸，线装，楷体，墨书。页面24.5厘米 ×15.7厘米，版框17.3厘米 ×13.2厘米，上下单栏，左右双栏，10行，每行22字。白口，有书名、页码。保存完好。云南省社会科学院图书馆藏本。今通行向达原校，木芹补注本，云南人民出版社1995年版。

（艾芳）

元史

210卷。明宋濂、王祎撰。本纪47卷，共记载元朝14位皇帝；志58卷，分天文、历、五行、河渠、地理、祭祀、礼乐、舆服、选举、百官、兵、刑及食货，共13类；表8卷，分后妃、宗室世系、诸王、诸公主、三公、宰相，共6类；列传97卷，共收录人物1200多人。《本纪》中记载："元代仁宗皇庆元年（1312年）云南不农蛮（崩龙）酋长福来朝。"中华书局标点本1976年版。

（艾芳）

东华录（乾隆）

32卷。清蒋良骐等撰。以《清实录》为参照，编年体清代史料长编。起于太祖天命元年（1616年），终于清雍正十三年（1735年）。保留了很多有关清朝前期历史的原始资料。文载："永昌、顺宁所述十四土司……其边外波龙、养子、野人、摆夷等。"16开，鲍思陶、西原点校《东华录》，齐鲁书社2005年版。

（艾芳）

从征缅甸日记

1册。清周裕撰。乾隆间，周裕随云贵总督明瑞征缅，承办档房事务。据档案及亲身经历，记为本书，始乾隆三十二年（1767年）九月二十四日由永昌出师，至次年二月十三日还入宛顶，前后5月，对明瑞所率南路军情况，如实记载。录自《续云南备征志》。文中载："山谷前为波竜厂，有银矿。往时内地贫民至彼采矿者。"

（艾芳）

绥缅纪事

17125字，清佚名撰。乾隆年间孙士毅嘱幕僚编。是书编其官侍读时从经略傅恒征缅所记，录自《永昌府文征》卷十八。乾隆三十三年（1768年），清军将领明瑞与缅军战于蛮化，在情况危急之时，"有波竜人引以间道，得至波竜厂，是为桂家采银厂，民居遗址竟数十里，计厂丁不下数万，已俱为贼冲散"。

（艾芳）

征缅纪闻

1册。清王昶撰。王昶《春融堂杂记》八种之一，此乃日记，起乾隆己丑至庚寅，自序见《春融堂集》。所记为乾隆朝征缅甸事，为其所亲历，故多可信。文中载："乾隆三十四年四月二十六日，行数里，雨。望道旁山顶丛莽中，略见竹屋，从者云：'此波竜人避缅寇来居此者'。"32开，陈明洁、朱惠国、裴风顺点校《春融堂集》，上海文化出版社2013年版。

（艾芳）

征缅纪略

1册。清王昶撰。是书据腾越知州吴楷《征缅纪略》删补而成，记录了清缅之间的战争、议和。文中载："波竜山者产银，是以江西、湖广及云南大理，永昌人出边商贩者甚众，且屯集波竜，以开银矿为主，常不下万人。"

（艾芳）

缅甸史略弁言

清尹梓鉴撰。文中记载："大山一司又为崩笼种（各书作波竜），话完全与伯夷不同。此种人喜居高山，职业为种茶是务。"录自《论明末清初德昂族的形成》。载《思想战线》1988年第4期。

（艾芳）

清文献通考

300卷。清乾隆时官修。主要记有努尔哈赤始建后金国起至乾隆五十年之前的清代制度。分二十六门：田赋考、钱币考、户口考、职役考、征榷考、市籴考、土贡考、国用考、选举考、学校考、职官考、郊社考、群祀考、宗庙考、群庙考、王礼考、乐考、兵考、刑考、经籍考、帝系考、封建考、象纬考、物异考、舆地考、四裔考。文载："大山吐司，亦名波笼，在永昌府腾越州南境外，处龙川江之南。"

（艾芳）

永昌府志（光绪）

66卷。清刘毓珂等纂修。此志载刘毓珂自序及旧志费淳、陈廷焴、高垲序，凡例十七则。内列：天文、地理、建置、食货、学校、祠祀、武备、秩官、选举、人物、烈女、群蛮、杂记、艺文十四志。对研究德昂族社会历史与边疆社会历史具有重要价值。书中载："崩龙，类似摆衣，惟有语言不同，男以背负，女以尖布套头，以藤篾缠腰，漆齿，文身，多居山巅。"页面23.6厘米×15厘米，云南省图书馆藏光绪十一年刻本。

（艾芳）

清史稿

536卷。民国赵尔巽撰。纪传体正史。本纪25卷，志142卷，表53卷，列传316卷。卷七十四专记云南及其各府、厅、州；卷一一七记回部、藩属、土司，均涉及云南少数民族。《缅甸传》载："永昌之盏达、陇川、猛卯、芒市、遮放、顺宁之孟定、孟连、耿马、普洱之车里数土司外，又有波龙、野人、根都、卡瓦、濮夷，杂错而居。"中华书局标点本1971年版。

（艾芳）

呈报腾冲十土司情形文

民国初年周僎撰。文载："阿昌纯朴、崩龙善良，傈僳胆小。"见于《论明末清初德昂族的形成》一文。载《思想战线》1988年第4期。

（艾芳）

库本勐宛

作者不详，俊孟翻译，李绍成整理校注。库本，傣语译音，意为历史；勐宛，陇川县的傣称。意为"陇川史"，是一份已译成汉文的傣文史料。从勐宛建勐一直记述到陇川末代土司多永安先生去世，于"文化大革命"时期搁笔。该傣文史料原藏陇川县景坎佛塔，后为拜甘佛爷收藏。书中记载："满支的莽达良是王族出身……""莽"在傣语、德昂语和缅语中，均为"王"或"王者"之意。"达良"为今德昂族先民的一个支系。收入《陇川县文史资料选辑》（三），32开，德宏民族出版社1992年版。

（艾芳）

穿越中南半岛：经历华南的勘探旅程

长篇游记，英柯乐洪 (A. R. Colquhoun)1883年著。记载了清代顺宁地区德昂族的服饰特征，书中图，女子手持的或为螺旋形的银丝的腰箍。

（艾芳）

讲唱类

一、神话传说

（一）创世神话

祖先创世纪

德昂族创世神话。流传于云南省德宏、临沧和保山等地德昂族聚居区。该神话由天地万物的形成、民族的来源与分化、物种的起源等部分组成。很早的时候，天地一片混沌，只有雷吼风叫。经过雷和风的竞相开凿，出现了智慧之神帕达然。帕达然用衣胞变成的茶树创造了太阳、月亮和星星。茶叶飘落到大地上，变成了五十一对兄妹。茶叶兄妹割下自己身上的皮肉，变成大树和小草；他们又将泥巴丢进江河、山洞和山林，于是出现了鱼虾蟹蚌和野兽。后来，其他五十个姐妹上了天，五十个弟兄悲痛地死去，只剩下亚愣和达愣兄妹二人。他们躲进岩洞，生儿育女，繁衍后代，诞生了不同的民族。佚名讲述，陈志鹏记录。收入《中国民间故事集成·云南卷》，16 开，6 页，3912 字，中国 ISBN 中心 2003 年版。

（海涛）

茶叶变男女开创大地

德昂族创世神话。流传于云南省潞西县。在天上生活的一棵小茶树，希望能到地上去开创一个世界，它的决心感动了天神帕达丝，于是把小茶树的叶子分别变作五十对青年男女，在帕达丝和众神的帮助下，小伙子们落到了地面，为了婚配，他们用青藤做成藤圈套住姑娘们，把她们从天上拉下来，结为夫妻。这就是德昂人的祖先，他们开创了世界。佚名讲述，赵备搜集整理。收入《中国各民族神话》，32 开，3 页，1060 字，书海出版社 2014 年版。

（艾芳）

（二）起源神话

满天飞的女人

德昂族起源神话。流传于云南省德宏傣族景颇族自治州德昂族聚居区。讲述德昂族人从天神种的葫芦里走出来，男人全都一个模样，认不清大小。女人从葫芦里走出来不落地，满天飞。一个仙人改变了男人的面貌，男人用青藤编成圈套住女人，与她们结为夫妻，繁衍人类。德昂族妇女今天仍在腰里箍个藤圈圈，就是纪念她们从葫芦里出来的事。佚名讲述，拉翁记录。收入《中国各民族神话》，32 开，1 页，300 字，书海出版社 2014 年版。

（艾芳）

茶叶的起源

德昂族起源神话。流传于云南省芒市德昂族聚居区。古时候，德昂人住进大山后，从太阳出来的方向来了一位名叫姐苏的汉族仙人，德昂王子招他为女婿。后来，姐苏去昆仑山探宝，一次渡河时，他听从天上大王的话准备返回岸边，突然一只飞鸟落在他的筏子上死了，他取下鸟的嗉囊，回家后将它献给了德昂王子。王子以为是药，又将它送给瞎眼的母亲。王子的母亲用手触摸着打开嗉囊，里面有很多茶籽，这时她的眼睛忽然亮起来了。于是，德昂人就在自己的土地上广种茶叶，并称之为“牙有”。“牙有”是德昂语，“老妈妈的眼睛亮了”之意。可供研究德昂族神话和民族语言参考。佚名讲述，赵国昌等记录。收入《德昂族文学简史》，32开，1页，560字，云南民族出版社2002年版。

（海涛）

人类的起源

德昂族起源神话。流传于云南省镇康、耿马等地德昂族聚居区。远古的时候，世上所有的人都居住在一个巨大的葫芦里。后来，雷神劈开了葫芦，葫芦里的人走了出来，成为世上各个民族的祖先。汉族第一个走出来，住山头；德昂族紧随其后，便被分在半山腰……傣族走到平坝。一位佛爷将所有天上的财物摆开，让各民族自愿选取。汉族拿了纸、笔走了，傣族拿了扁担、杆秤也走了……德昂族最后走来，只抬走了犁头。从此，德昂族既不会读书，也不会做生意，只会种庄稼。佚名讲述，杨毓骧记录。收入《德昂族文学简史》，32开，2页，1300字，云南民族出版社2002年版。

（海涛）

天王和地母

德昂族起源神话。流传于云南省德宏、保山等地德昂族聚居区。在天地刚分开的时候，天王和地母成婚，生了一个女孩。天上飘下一百片树叶，变成了一百个人，男女各五十，他们配成五十对夫妻。因此，那时大地上生活着一百零三人，他们就是现在德昂族的祖先。天王从天庭为这些人带来玉米、稻谷、葫芦等的种子，这些人就把葫芦籽种在海边上。结果结出一个大葫芦，浮在海中央。一个炸雷劈开了这个大葫芦，从里面走出许多人和动物。葫芦里的人便成了汉族、傣族、回族、傈僳族、阿昌族、白族等民族的祖先。满坎木讲述，杨毓骧记录。收入《中国民间故事集成·云南卷》，16开，1页，960字，中国ISBN中心2003年版。

（海涛）

人类和民族的来源

德昂族起源神话。流传于云南省临沧市德昂族聚居区。地球上的生灵在洪水泛滥的时代灭绝后，天神困土戛从天上放下兄妹二人，让他俩结婚繁衍人类。兄妹二人羞愧不从。天神只好与他们商定，二人各从山顶上滚一扇石磨到山脚，若石磨能复合，则他们能成亲。结果石磨一滚即合。兄妹成婚后生出一粒葫芦籽，种后结出三个葫芦。三个葫芦成熟破裂，跳出三对男女。其中一对为德昂族祖先，其余两对为汉族和傣族的祖先。佚名讲述，黄光成记录。收入《德昂族文学简史》，32开，1页，300字，云南民族出版社2002年版。

（海涛）

葫芦王

德昂族起源神话。流传于云南省镇康、耿马等地德昂族聚居区。古时候，葫芦开花，生出了七十二个民族的祖先，他们一齐来到由一位女土司管辖的地方。女土司告诉他们，人死后活人要念经，德昂族于是学会了念经。可当七十二人取经归来时，要渡过一条河，德昂族不慎将经书掉落江心，汉族的经书也被大鱼咬掉一半。女土司便让汉族做个木鱼头，不用经书，只要一边敲木鱼头，一边念经就可以了。后来，各民族听了女土司的话，分别出去寻找自己的居所：汉族跑到山垭口去住；德昂族的女人因缠了腰箍，飞不起来，只好住在半山腰；傣族是小弟，便允许住在坝子里。佚名讲述，黄光成记录。收入《德昂族文学简史》，32开，1页，600字，云南民族出版社2002年版。

（海涛）

七兄弟

德昂族起源神话。流传于云南省镇康县德昂族聚居区。从前有一位老人，生了七个儿子。老大去做和尚，老二去学做银匠，老三去学做铁匠，老四去学做木匠，老五去学做泥瓦匠，老六去学吹打说唱，老七去学种地。七兄弟便成了后来各民族的祖先。老六就是德昂族的祖先，所以今天的德昂人会吹芦笙，会唱各种调子。佚名讲述，黄光成记录。收入《德昂族文学简史》，32 开，1 页，200 字，云南民族出版社 2002 年版。

（海涛）

人是从葫芦里出来的

德昂族起源神话。流传于保山市潞江镇芒颜村那线寨。人类的祖先达古和牙古想在荒凉的大地种庄稼，达古上天庭找释迦牟尼佛要种子，释迦牟尼佛赐给了他多种叫不上名的种子和一颗葫芦籽。达古把所有的种子带回人间。牙古还在谷仓里未来得及出来，谷种把牙古埋在了谷仓里。牙古死后，从此就有了祭谷魂和叫谷魂仪式。达古将葫芦籽种下后结了一个大葫芦，里面传出人吵闹的声音，野兽前来献计献策，请雷神来将葫芦劈开，人类即从里面走了出来，之后各个民族区分开来，并划分了居地。李金遥讲述，李明珍记录、整理。记录稿，2100 字，稿存李明珍处。

（李明珍）

（三）洪水神话

人与葫芦（一）

德昂族洪水神话。流传于云南省潞西县。远古洪水泛滥时，卜帕法将少数人和动物救下封在葫芦里。洪水退去后，卜帕法砍开葫芦时，把螃蟹的头砍掉了，从此螃蟹只好横着走。腊腊久讲述，何腊飘翻译，朱宜初整理。收入《中国各民族神话》，32 开，1 页，260 字，书海出版社 2014 年版。

（艾芳）

人与葫芦（二）

德昂族洪水神话。流传于云南省潞西县。螃蟹是水的娘，走到哪里水发到哪里，人和动物为避洪水躲到葫芦里，螃蟹也躲了进去，被人砍了头。葫芦救了人，所以德昂人拜佛要用葫芦来装水纪念救命恩人。洪水退后，葫芦里只有男人，于是男人用腰箍、手镯和项圈套住一个从天上来给他做饭的女人，与她结为夫妻。腰箍也成为德昂族男女青年的定情信物。早腊摆讲述，李岩牙翻译，朱宜初整理。收入《中国各民族神话》，32 开，2 页，457 字，书海出版社 2014 年版。

（艾芳）

（四）自然神话

大火和洪水

德昂族自然神话。流传于云南省德宏傣族景颇族自治州德昂族聚居区。古时候，世界上着了一场大火，把一切都烧光了。天神非常着急，就下了一场大雨，想把火浇灭。结果，大地发起了洪水。天神为了拯救人类和动物，就丢下一只很大的葫芦，让生灵们躲在里面。大地被水淹没了，蜘蛛在水上织成一个大网。后来，天上的尘土落在大网上，变成了大地，其中凸出来的部分就是高山。有了大地后，天神把葫芦放到了地上，人和动物就从葫芦里出来了。佚名讲述，黄光成记录。收入《德昂族文学简史》，32 开，1 页，300 字，云南民族出版社 2002 年版。

（海涛）

鸡叫太阳出

德昂族自然神话。流传于云南省芒市德昂族聚居区。好多万年前，天上有七个太阳一起出来，把地上的庄稼全都晒死了。就在人们快要绝望的时候，人间突然出现了一位仙人大力士，他一连射落了六个太阳。最后一个太阳吓得跑到东山后躲了起来，大地没有了光明。天黑沉沉的，庄稼快冷死了，人冻得发抖。人、狗、牛、雀鸟轮流去请太阳，它就是不肯出来。最后是公鸡的叫声把太阳唤了出来，从此大地又充满了生机。阿香讲述，段庆国、张亚萍记录。收入《崩龙族文学作品选》，32 开，2 页，1000 字，德宏民族出版社 1983 年版。

（海涛）

（五）龙神话

龙的传人

德昂族龙神话。流传于云南省陇川县部分德昂族聚居区。很早以前，龙女与一只鸟结为夫妻，生下一个儿子。龙女下湖洗澡，出来后忘记变回人形便睡着了。儿子发现母亲是条龙，十分惊奇。后来龙女被迫离开人间到湖里去了，儿子成了孤儿。孤儿来到一座寺庙，佛爷发现他身上有龙、鸟、人三种血缘，便收留了他。孤儿结婚后，生儿育女，繁衍了今天的德昂族。现在，德昂族妇女穿的裙子上的花纹，象征水的波纹，就是为了纪念他们的祖先龙女。佚名讲述，顾方松等记录。收入《德昂族文学简史》，32 开，1 页，560 字，云南民族出版社 2002 年版。

（海涛）

龙女和神

德昂族龙神话。流传于云南省陇川县部分德昂族聚居区。传说很久之前，世界上没有人，只有一座大山。大山顶上有个山洞，有个龙女住在洞中，每隔三年才会到洞外晒一次太阳。有一个天神在洞外等了三年，终于逮住了龙女。天神和龙女结为夫妻，生了许多子女，就是德昂族的祖先。佚名讲述，李崩格搜集。收入《中国各民族神话》，32 开，1 页，140 字，书海出版社 2014 年版。

（艾芳）

衮思艾和妈勒嘎

德昂族龙神话。流传于云南省德宏傣族景颇族自治州德昂族聚居区。古时候，有一个年轻人外出打猎，遇见了一位姑娘。两人一见钟情，就在一个叫“町卡如那”的岩洞内住了下来。后来，年轻人发现姑娘是一条龙，便与其诀别，向空中的太阳飞去。几个月后，龙女生下三男三女。十六年后，龙女让他们两两成婚，并告诉了他们的身世。做完这些事后，龙女离开了町卡如那，消失在与丈夫初次相遇的那个湖里。从此以后，德昂族就在町卡如那繁衍后代，他们自称为“衮思艾，妈勒嘎”。“衮”即父亲，“思艾”是太阳；“妈”为母亲，“勒嘎”是青龙。佚名讲述，欧阳富和、黄光成、冯可汉等记录。收入《德昂族文学简史》，32 开，1 页，600 字，云南民族出版社 2002 年版。

（海涛）

龙女的传说

德昂族龙神话。流传于云南省瑞丽市德昂族聚居区。上古时代，有一处园林里面有一座山，山顶上有一个洞，一位龙女住在洞中。每隔三年，龙女化身成一位美女，走出洞口到附近晒太阳。当时有一位王子，他是仙人的后代，与美女一见钟情，后来两人生儿育女，他们的后代就是德昂族。佚名讲述、记录。收入《崩龙族简史简志合编》，32 开，1 页，140 字，中国科学院民族研究所云南少数民族社会历史调查组 1963 年编印。

（海涛）

（六）风俗传说

泼水节的传说（一）

德昂族风俗传说。流传于云南省德宏傣族景颇族自治州德昂族聚居区。释迦活佛得了重病，各处佛爷为他念经，所有信徒为他烧香，全部神医为他诊治，但都不见效。傣历正月初三那天，观世音在活佛身上洒了一些洁净的圣水，他的病才治好了。后来，为了纪念这个好日子，每年傣历新年期间，人们都要给佛爷泼洒洁净的水，并互相泼水祝福，以清除身上的病魔，祈求在新的一年内能免受灾难。佚名讲述，黄光成记录。收入《德昂族文学简史》，32开，1页，224字，云南民族出版社2002年版。

（海涛）

泼水节的传说（二）

德昂族风俗传说。流传于云南省德宏傣族景颇族自治州德昂族聚居区。德昂族刚诞生时，不会料理自己的生产、生活大事，为了帮助他们，经过天神同意，佛祖变成一位佛爷，从天上来到人间。他独自住在奘房里。可他在人间的事还没办完，天神就召他回了宫。为了表示对佛祖的怀念，德昂人照着奘房的式样，就地盖起了风格别致的凉亭，并将佛祖的佛像置于亭子正中。凉亭盖好后，德昂人赶了三天三夜大摆，并给佛像泼水三天。从此以后，德昂族年年都要泼水三天，逐渐形成泼水节。佚名讲述，黄光成记录。收入《德昂族文学简史》，32开，1页，580字，云南民族出版社2002年版。

（海涛）

泼水节的传说（三）

德昂族风俗传说。流传于云南省德宏傣族景颇族自治州德昂族聚居区。天宫里的几个仙女羡慕人间的美好生活，趁人们歇息之机，悄悄来到人间玩耍。一次，她们在河中洗澡，不慎被一个德昂人发现。她们含羞穿衣后，返回天宫；临行前，告诉那个人，若思念她们，可为她们塑像，并于每年的清明节后给塑像洗澡。从此，德昂人年年都要举行泼水节。佚名讲述，黄光成记录。收入《德昂族文学简史》，32开，1页，140字，云南民族出版社2002年版。

（海涛）

泼水节的传说（四）

德昂族风俗传说。流传于云南省德宏傣族景颇族自治州德昂族聚居区。从前，有位精明能干的天神，名叫阿郎。成仙前他在人间，年纪轻轻便病故了，尸体眼看就要发臭。这时天降下大雨，洗刷他的尸体。村民们考虑到，若洗过尸体的污水流进水井、水沟里，就不能饮用了，于是他们从芒市河汲水将阿郎尸体洗净，尸体便没有发臭。从此，德昂人每年都要互相泼水，认为只有这样，在新的一年内才不会生病。佚名讲述，黄光成记录。收入《德昂族文学简史》，32开，1页，112字，云南民族出版社2002年版。

（海涛）

泼水节的传说（五）

德昂族风俗传说。流传于云南省德宏傣族景颇族自治州德昂族聚居区。从前有一个经常打骂自己母亲的德昂族男人，有一天他上山干活，看见一只羽毛刚丰满的小乌鸦来回找虫子喂一只又老又瘦的乌鸦，非常感动，决心今后要好好服侍自己的母亲。就在这时候，又病又饿的母亲摸着路给他送饭来了。他赶忙跑来迎接。当母亲听到他的脚步声时，怕再次受到打骂，就撞死在路旁的大树上。男子悔恨不已。他砍倒大树，用树干刻成母亲的像供在家里。后来，每年清明节后的第七天，他都要上山采来锥栗树花枝，蘸着从山沟里背来的清水洗木像。据说，德昂族过用竹篮背水、用花枝蘸水互洒、为老人洗手洗脸的泼水节，就是从那时开始的。佚名讲述，黄光成记录。收入《德昂族文学简史》，32开，1页，420字，云南民族出版社2002年版。

（海涛）

泼水节的传说（六）

德昂族风俗传说。流传于云南省德宏傣族景颇族自治州德昂族聚居区。蛮荒时代，天王让四个天神制定节令。可天神们制定的节令始终和实际的气象不符。天王很生气，就命四个天神的十二位妻子把丈夫的头砍下来。谁知四个天神的头被砍下来后，一碰到地面就喷出火来。十二位女子没有办法把火扑灭，只好轮流抱着天神们的头，每人抱一天，十二天一轮。因为天神的头被砍下来的时候，血流得太多，天王可怜他们，就叫他们的妻子轮流去洗头上的血污。所以每年的清明节后第七天，德昂族都要给四位天神泼水，帮他们洗去血污，为他们祈求吉祥。这就是泼水节的由来。佚名讲述，黄光成记录。收入《德昂族文学简史》，32开，1页，860字，云南民族出版社2002年版。

（海涛）

不献坟的传说

德昂族风俗传说。流传于云南省芒市德昂族聚居区。很早的时候，一位财主的儿子死了。财主非常伤心，就在离家较远的地方盖了一座华丽的大房子，把儿子的尸体放进去，每天派长工送三次饭来献坟。三年后的一天晚上，长工在路上突遇大雨，山涧的水猛涨。他无法渡过去。他正为无法献坟而心焦时，看见五位老佛爷路过，便将饭虔诚地献给了他们。当天晚上，儿子托梦给财主，责怪自己离家三年，怎么直到今天才吃到家里送的饭。财主便对长工起了疑心。第二天，他到大房子旁一看，却见三年来送给儿子的饭堆成了山。长工将昨晚的事如实说了，财主听后不禁感叹："献坟不如献佛！"从此，德昂族便有了死后不认坟，也不献坟的习俗。李连成讲述，赵洪顺记录。收入《崩龙族文学作品选》，32开，2页，1300字，德宏民族出版社1983年版。

（海涛）

阿奶茶的传说

德昂族风俗传说。流传于云南省德宏傣族景颇族自治州德昂族聚居区。一位德昂族老阿奶在山里干活，口渴难耐时，咀嚼了茶树的新芽，顿时精神倍增。久而久之，阿奶再也离不开茶叶了。但由于季节的变换，茶树没有了新鲜的茶叶。阿奶为了时时都能吃到茶叶，便自己动手加工制作茶叶。为了方便嚼碎茶叶，阿奶还用茶叶来泡水，使之变软。一次无意间，阿奶用泡茶的水漱口后，发现了其中的奥妙，从此就只喝水不吃茶叶了。周围的人也慢慢跟阿奶学会制作茶叶，养成了喝茶的习惯，并把喝茶叫做喝阿奶看见的东西——良牙因。佚名讲述，佚名收录。收入《德昂族医药简介》，16开，1页，900字，中医古籍出版社2014年版。

（艾芳）

（七）迁徙传说

雷弄山的儿女

德昂族迁徙传说。流传于云南省德宏傣族景颇族自治州德昂族聚居区。德昂族的第一个男始祖叫"德昂"。大约一千年前，他随彝王打仗，离开了安佤和兴威，迁到瑞丽的雷弄寨。他在雷弄山开荒种地，发明了种茶技术，还把这种技术传给了其他民族。后来，德昂族的人口不断增加，就从雷弄搬到了勐卯镇，在那里开垦田地种水稻。德昂族在勐卯坝更加兴旺，当地的掸人官家眼红了，就联合汉人前来挑战。德昂族被打败了，只得四处逃亡，有的逃到了潞西（今芒市）的三台山，有的逃回了雷弄山。佚名讲述，尼嘎记录。收入《中国民间故事集成·云南卷》，16开，3页，4000字，云南省民间文艺家协会、云南省民间文学集成办公室1995年编印。

（海涛）

迁徙

德昂族迁徙传说。流传于云南省芒市部分德昂族聚居区。很早的时候，德昂族居住在缅甸境内一个名叫"大山"的地方，当时那里有三万个德昂族寨子。它们紧连成一片，猫在村寨的屋顶上跳来跳去都不会着地，牛出了圈门找不着回来的路，老太婆出门后也经常回不了自己的家。当地一些做官的看见德昂人种的茶叶很好卖，眼红了，就想占领这块地盘。德昂人不答应，双方便发生了一场战争。最终德昂人战败，他们所有的村寨都被烧光了，只好迁到德宏一带。佚名讲述，郑海记录。载《山茶》1993年第1期，16开，1页，300字。

（海涛）

德昂族为什么住得那么分散

德昂族迁徙传说。流传于云南省芒市部分德昂族聚居区。在迁徙过程中，德昂族曾约定，走在前面的人砍倒路边的芭蕉树，后面的人以此为记号跟着走。但是路途艰险，还时常有异族兵马来骚扰，所以迁徙的队伍前后距离拉得很长。前面砍倒的芭蕉已经长出来了，可后面的人还没有赶到，他们迷路了，只好四处居住。这就是德昂族居住区分散的原因。佚名讲述，郑海记录。载《山茶》1993年第1期，16开，1页，200字。

（海涛）

陇川的砖瓦

德昂族迁徙传说。流传于云南省陇川县德昂族聚居区。陇川城北面的一些山坳，曾经是德昂人烧制砖瓦的地方。有些窑里的砖瓦都已经烧好了，但因突发事件，烧窑人被迫离开。他们走时，仓促得连砖瓦都来不及取出。佚名讲述，郑海记录。载《山茶》1993年第1期，16开，1页，250字。

（海涛）

（八）人物传说

德昂王的传说（一）

德昂族人物传说。流传于云南省芒市部分德昂族聚居区。一位老人发现一条从天上掉下来的腰带，便把它系在自己身上，老人便变成了德昂族的王子。王子骑的是一匹龙马，凡龙马碰上的敌人，都会自己死掉。有一次，王子吃了干鱼，那条腰带就失去了神性。不久，他被敌人抓去杀了。他死后，德昂族的势力也就衰弱了。佚名讲述，郑海记录。载《山茶》1993年第1期，16开，1页，360字。

（海涛）

德昂王的传说（二）

德昂族人物传说。流传于云南省芒市部分德昂族聚居区。德昂王之所以能率领本族人打败敌军，靠的是一面大鼓。后来，敌军派人把这面大鼓偷走了。由于大鼓不在，德昂人就没法集中起来对付敌兵，所以被打败了。不久德昂王被杀死，尸体扔进江里漂走了。佚名讲述，郑海记录。载《山茶》1993年第1期，16开，1页，210字。

（海涛）

老将军的传说

德昂族人物传说。流传于云南省西部德昂族聚居区。绰号叫“老将军”的波朗、波浪两兄弟各自率领一部分德昂人与傣族土司作战。后来，土司用计离间两兄弟，波浪兵败，率人撤到一个叫“大山”的地方去了；而波朗被抓，土司把他烧死了。佚名讲述，郑海记录。载《山茶》1993年第1期，16开，1页，230字。

（海涛）

诸葛亮的传说

德昂族人物传说。流传于云南省西部德昂族聚居区。当年诸葛亮率兵进入滇西后，误入敌阵，后幸得一位名叫阿若的德昂族姑娘相救。两个人萌生了爱情。后来，诸葛亮又率兵征战去了。临走时，作为信物，诸葛亮把自己的帽子留给了阿若。从此以后，德昂族总说他们的房子是诸葛亮的帽子变的。佚名讲述，郑海记录。载《山茶》1993年第1期，16开，1页，320字。

（海涛）

（九）其他传说

茶叶的传说

德昂族风物传说。流传于云南省德宏傣族景颇族自治州德昂族聚居区。很久以前，有一对夫妻相亲相爱，人们非常羡慕他们。妻子不幸早亡，丈夫非常伤心，每天都要到她的坟上去看望。丈夫的思念之情，被亡妻的灵魂知道了，于是托梦给他：她的坟头上将会长出一棵小树，把树上的叶子摘下来泡水喝，喝到树叶的味道，就等于她天天陪伴在身边。丈夫依梦中所说，把坟上的树叶摘下冲泡，喝进嘴里后不断溢出甘甜的味道。为纪念妻子，他把这棵树结的籽种下一大片，第二年摘下许多叶子，把它们制成干叶片，除自己留下一部分外，还送给乡亲们泡水喝。一传十，十传百，从此德昂族家家种茶，人人饮茶。佚名讲述，黄光成记录。收入《德昂族文学简史》，32开，1页，500字，云南民族出版社2002年版。

（海涛）

德昂王子的传说

德昂族风物传说。流传于云南省德宏傣族景颇族自治州德昂族聚居区。德昂族王子为了医治眼瞎的母亲，四处找药。就在快要到达昆仑山时，天神将他骗了回去，但被他的孝心感动，送了他一只飞鸟。飞鸟告诉王子自己的嗉囊可以治好王子母亲的病后就死了。王子将鸟带给母亲，母亲闻到嗉囊中的清香气味后眼睛就好了。母亲将嗉囊中的籽种植到自家地里，这就是茶。佚名讲述，佚名收录。收入《德昂族医药简介》，16开，1页，300字，中医古籍出版社2014年版。

（艾芳）

谷子的传说

德昂族风物传说。流传于云南省德宏傣族景颇族自治州德昂族聚居区。古代有一位德昂族老人，一天看见雀屎上长出了谷子，受此启发，他开始在地上种谷子。后来，他的儿子在拖树木的大象所走过的地方，发现树木的枝丫把地划出一道道小沟，便琢磨出用木头做成犁、用动物来拉犁的耕作方法。佚名讲述，杨忠德记录。载《山茶》1990年第5期，16开，1页，300字。

（海涛）

德昂族过去为什么没有文字

德昂族文字起源传说。流传于云南省德宏傣族景颇族自治州德昂族聚居区。唐僧师徒四人西天取经，是一条老黑龙背他们过的江。老黑龙请孙悟空帮忙问问神仙，自己还能活多少年。几年后，师徒四人取经回来，又请老黑龙帮忙过江。老黑龙发现孙悟空忘了当年所托之事，一气之下，把四人连人带经书全翻到江里去了。师徒四人爬上岸来，将被弄湿的经书摆在江边沙滩上一本一本地翻晒。这时有一头老牛在旁边吃草，无意中把其中的一本经书吃到肚子里去了。那是记有德昂族文字的经书，因此后来德昂族只有语言而没有文字。他们只好和傣家人商量，借用傣文来传情记事。佚名讲述，黄光成记录。收入《德昂族文学简史》，32开，1页，600字，云南民族出版社2002年版。

（海涛）

德昂人为什么那么穷

德昂族生活传说。流传于云南省德宏傣族景颇族自治州德昂族聚居区。有一次神仙通知人们去领钱，其他民族都准备了又大又牢靠的箩筐，唯有德昂人随便抓了个上面布满洞的背篓。结果德昂族领到的钱都在路上漏掉了，所以后来他们很贫穷。佚名讲述，黄光成记录。收入《德昂族文学简史》，32开，1页，140字，云南民族出版社2002年版。

（海涛）

《德昂族简史》等书封面（艾芳　摄影）

《德昂族医药简介》封面（艾芳　摄影）

《阿昌族德昂族》封面（艾芳　摄影）

《云南民族村寨调查·德昂族》封面
（艾芳　摄影）

《德昂族经济发展与社会变迁》封面
（艾芳　摄影）

《腰箍套不住的女人》封面
（艾芳　摄影）

《德昂族药集》封面
（艾芳　摄影）

《中国德昂族》封面（艾芳　摄影）

《德昂族觅踪》封面（艾芳　摄影）

《德昂族概览》封面（艾芳　摄影）

《德昂族文化史》封面（艾芳　摄影）

《古老的茶农——中国德昂族社会发展变迁史》封面（艾芳　摄影）

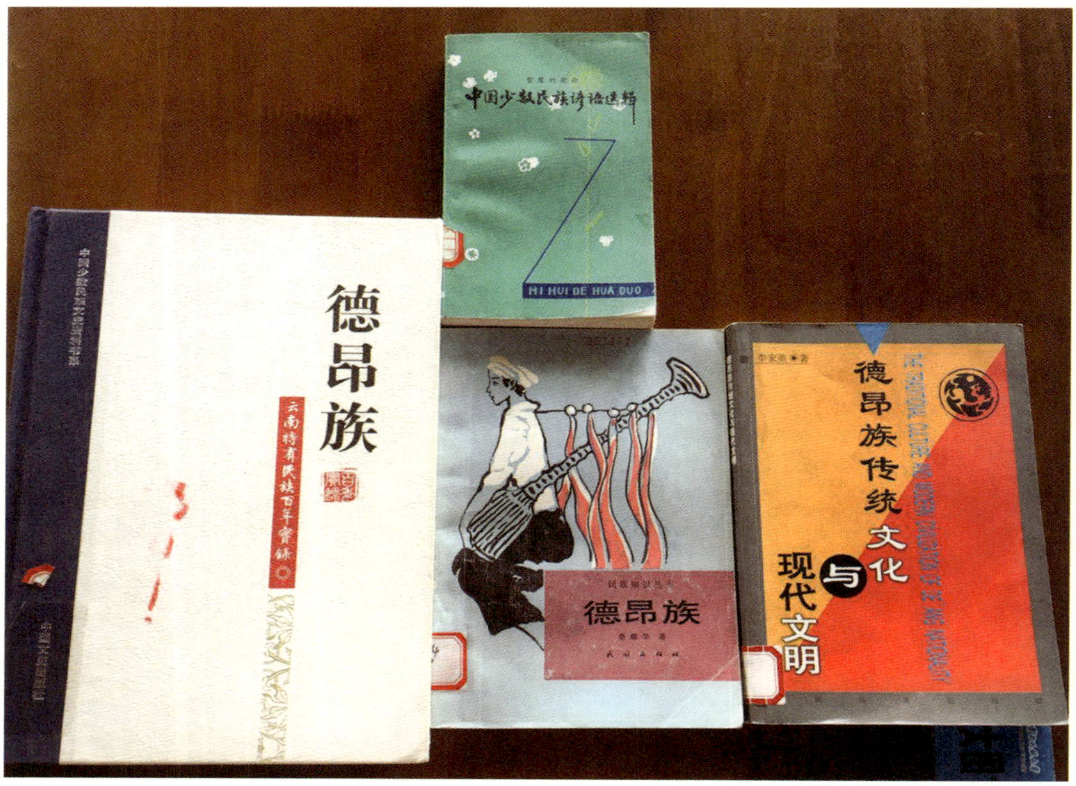

《德昂族传统文化与现代文明》等书封面（艾芳　摄影）

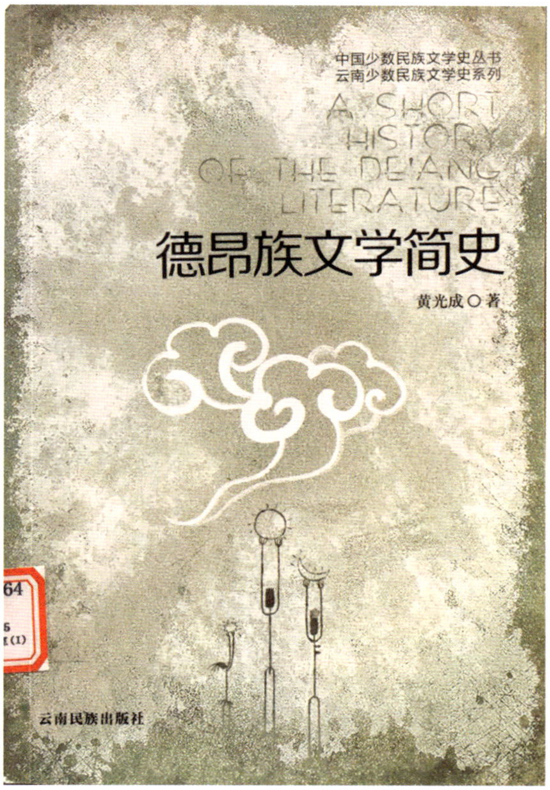

《德昂族文学简史》封面（艾芳　摄影）

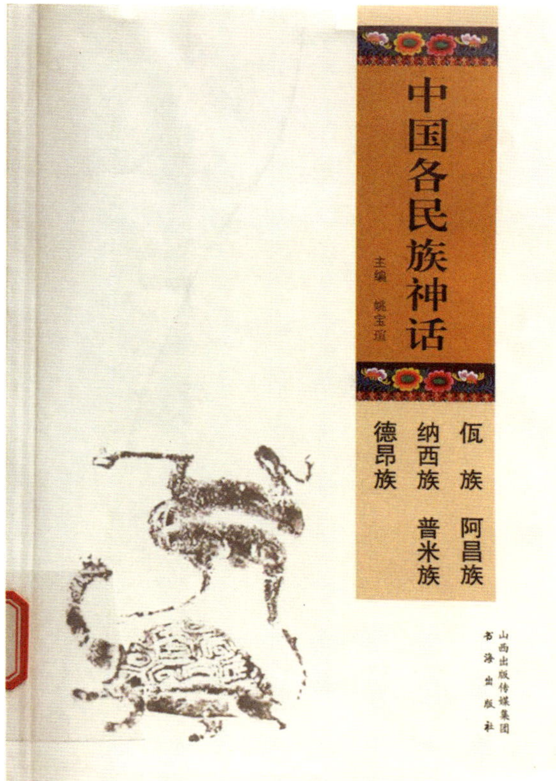

《中国各民族神话》封面（艾芳　摄影）

《德昂族社会历史调查》封面（艾芳　摄影）

《德宏世居少数民族舞蹈、乐器及傣剧概观》封面（艾芳　摄影）

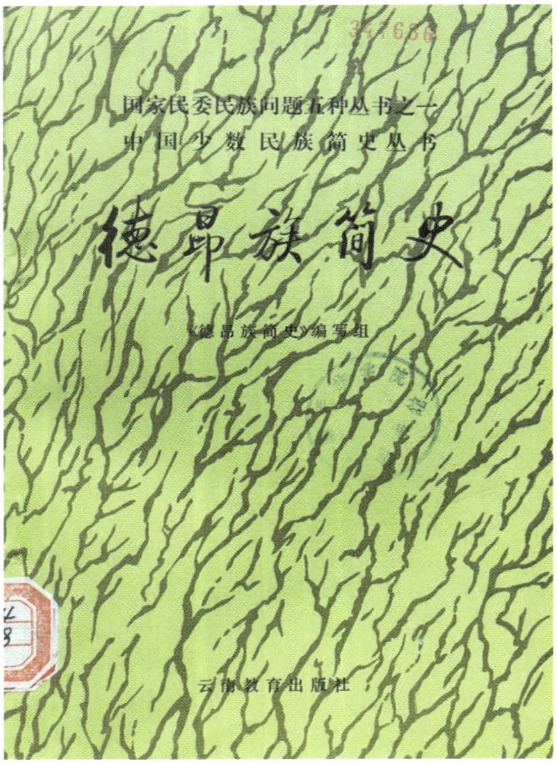

《德昂族简史》封面（艾芳　摄影）

《德昂族民间文化概论》封面（艾芳　摄影）

《德昂族医药调查实录》《德宏世居少数民族医药概观》封面（艾芳　摄影）

《中华民族大家庭知识读本·德昂族》封面（艾芳　摄影）

德昂族乐器：叮琴（刘建明　摄影）

德昂族乐器：铓锣（刘建明　摄影）

德昂族乐器：三弦（刘建明　摄影）

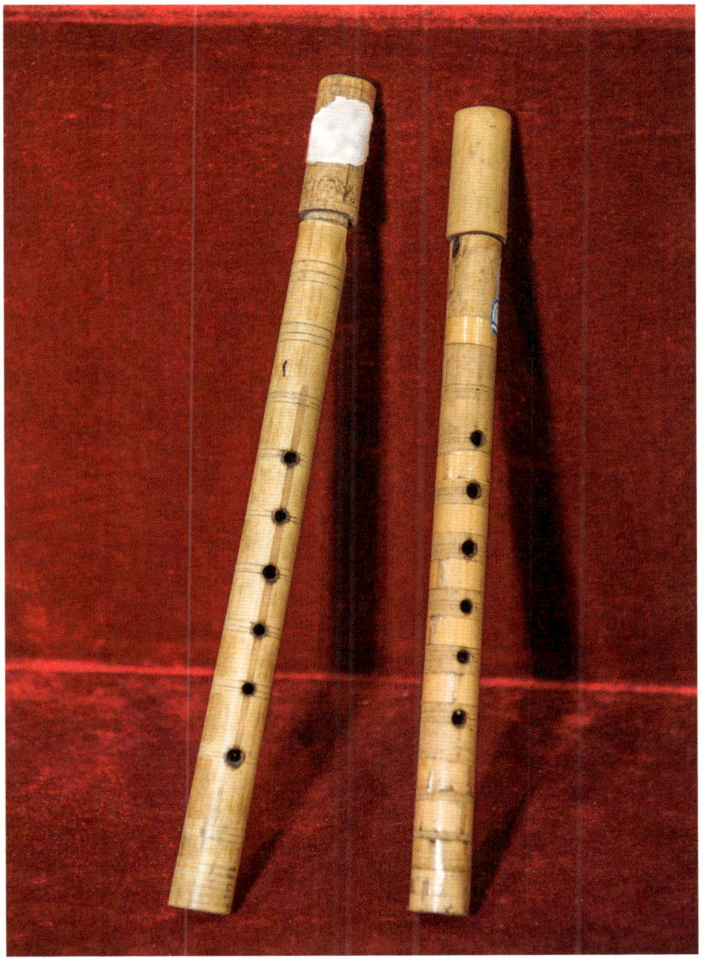

德昂族乐器：竹笛（刘建明　摄影）

浇花节前期活动（艾芳　摄影）

社交活动——串姑娘（李明珍　摄影）

德昂族乐器：蜂桶鼓（刘建明　摄影）

花德昂草编腰箍（李明珍　摄影）

德昂族奘房（李淳信　摄影）

芒市三台山乡的德昂族佛塔（刘建明　摄影）

德昂族火塘（艾永康　摄影）

德昂族人的纺织

德昂族生活传说。流传于云南省德宏傣族景颇族自治州德昂族聚居区。很久以前，天神向各民族传授纺织技术，每个民族都派了最聪明的人去虚心学习。可德昂族派去的人拿着一根丝瓜瓤对天神说："我们不用学了，我们的纺织技术就在这当中。"结果，后来其他民族的纺织技术不断进步，唯有德昂人仍以自己祖宗传下来的方式织筒裙，用藤篾腰箍来装饰妇女。佚名讲述，黄光成记录。收入《德昂族文学简史》，32开，1页，170字，云南民族出版社2002年版。

（海涛）

为什么德昂族盖房子用草片

德昂族生活传说。流传于云南省陇川县部分德昂族聚居区。古时候，德昂族不知道如何建房。有人见草晒黄了不会烂掉，便将草做成草片搭成棚子，既能遮阳，又能挡雨。后来，有人砍来竹子和树木，将它们立起来，把做好的草片整齐地放在上面并捆扎好，人可以住在里面，就这样德昂族用草片盖屋顶的方法，一代一代地传了下来。板相讲述，段庆国记录。收入《中国民间故事集成·云南卷》，16开，1页，400字，云南省民间文艺家协会、云南省民间文学集成办公室1995年编印。

（海涛）

德昂族妇女的衣裙为什么镶红边

德昂族服饰传说。流传于云南省陇川县部分德昂族聚居区。很久以前，德昂族女人穿的都是黑色衣服，没有明显的标志，在战争中常常被自己人误杀。这样一来，德昂族女人越来越少，氏族有灭绝的危险。后来，一位德昂族女首领将一块红布缝制在衣裙边上，这样既方便识别敌我，又增添了衣服的美观。天长日久，德昂族妇女在衣裙上镶红边成了一种习俗被传了下来。板相讲述，段庆国记录。收入《中国民间故事集成·云南卷》，16开，1页，320字，云南省民间文艺家协会、云南省民间文学集成办公室1995年编印。

（海涛）

水鼓的传说

德昂族乐器传说。流传于云南省德宏傣族景颇族自治州德昂族聚居区。古时候，一个怪物抢走了一位姑娘，并把她变成一个鲜艳的果子。姑娘的情人奋力直追，却被一条大江挡住去路。大家想帮他搭一座大桥，但不知何故，人们一连搭了三次，但桥都垮了。后来，他们发现是桥墩下一只大螃蟹在捣乱，便将它捉上岸来，剥了皮，把肉吃了；然后把它的皮晒在树上，有人未等皮晒干就敲打它，刚一敲就发出了"乒乒乓乓"的声音。大桥终于搭好了，小伙子在众人的帮助下打败了怪物。后人用一种空心树制成鼓身，将大螃蟹皮蒙在上面，制成了水鼓。佚名讲述，黄光成记录。收入《德昂族文学简史》，32开，1页，470字，云南民族出版社2002年版。

（海涛）

大水鼓和烧白柴节的传说

德昂族节日传说。流传于保山市潞江镇芒颜村那线寨。国王因在打猎中无意将穷人家的孩子射死，而被其父母在佛祖面前诅咒国王将来所生孩子是个克父命。国王的两个儿子在得知佛爷以抽宝剑选女婿时，不顾国事和亲人的劝解千里迢迢前来参加。国王忧郁成疾，应咒而死。哥哥娶得美若仙女的姑娘，和弟弟带姑娘回国。途中，遭到魔王的埋伏将姑娘偷走。在猴王的帮助下，兄弟俩欲和猴兵联手攻打魔王。海中搭桥时，螃蟹在海底作怪，猴王抓住螃蟹将皮剥下做成三个大水鼓。猴王去试探姑娘，姑娘为证明自己的清白，让猴王带回自己的头发烧，经过七天七夜的烧头发仪式（即烧白柴）仍未烧成灰，姑娘清白得以证实，大伙出发攻打魔王救回了姑娘。李金遥讲述，李明珍记录、整理。记录稿，15000字，稿存李明珍处。

（李明珍）

二、民间故事

（一）幻想故事

召怪罕

德昂族幻想故事。流传于云南省德宏、保山两地的德昂族聚居区。怪罕的爷爷是龙王，他的父亲是芒市坝的混或罕。怪罕出生的第七天，与混或罕争斗了十多年的魔王带兵杀进宫来，混或罕中计身亡。龙王赶到，打败了魔王，在草丛中找到了自己的孙子。几年后，怪罕在一次与魔王的战争中被击败，跳崖身亡。龙王得知消息，带兵赶到芒市坝，但已经不见孙子的踪影，只得带兵撤离了芒市坝。从此，这里就不是德昂族的地盘了。李腊刚、王岩刚讲述，李明珍、黄光成记录。收入《德昂族文学简史》，32 开，2 页，730 字，云南民族出版社 2002 年版。

（海涛）

红宝石

德昂族幻想故事。流传于云南省芒市德昂族聚居区。德昂山的板过和板昂两兄弟得到一颗点石成金的红宝石，引起头人的嫉妒。头人本是妖精所变，每年都要向当地的百姓索要两个童男来享受，弄得民不聊生。他以全寨人的生命相威胁，要板过兄弟交出红宝石，但红宝石早已不见了。兄弟俩只好前往孔雀国学武艺，以拯救乡亲们。一路上，他们躲过了头人布下的种种机关，最终在孔雀国学到了本领，回来杀死了头人。两兄弟谢绝了孔雀国给的高官厚禄，毅然在德昂山定居。李腊补讲述，杨忠德、张承源记译。收入《崩龙族文学作品选》，32 开，10 页，6000 字，德宏民族出版社 1983 年版。

（海涛）

石宝

德昂族幻想故事。流传于云南省德宏傣族景颇族自治州德昂族聚居区。德昂山寨曾有个叫石宝的人，从小到深山里拜一位老先生学艺，练就了一身降龙伏虎的本领。山寨附近的一座山中出了一只马鹿精，闹得百姓鸡犬不宁。石宝带着师傅送给他的一把强弩和一把宝刀，深入马鹿精的老巢，与它拼死恶战，最终斩杀了它，救出了一位美丽的德昂族姑娘。佚名讲述，吴永昌记录。收入《云南民族民间故事选》，32 开，7 页，3500 字，《云南群众文艺》编辑部 1979 年编印。

（海涛）

阿弄

德昂族幻想故事。流传于云南省镇康县德昂族聚居区。从前，有个叫昆讷坎的富人娶了山里的妖精做老婆，并听信妖精的话，把已怀孕的七个媳妇的眼睛挖了，然后把她们赶进了深山老林。七个孕妇相继生下了孩子。大家很饿，把其中六个孩子分着吃了。第七个孕妇生了个男孩叫阿弄。她舍不得吃自己的孩子，便外出找野菜给大家充饥。阿弄长大成人后，返回昆讷坎的家，用索命藤使妖精现形毙命。真相大白，昆讷坎把七位眼睛复明的媳妇接回了家，并把家里的事全交给阿弄管理。从那以后，阿弄和他的七位阿妈一起过着幸福的生活。王老二讲述，杨天荣记录。收入《中国民间故事集成·云南卷》，16开，5页，7500字，中国ISBN中心2003年版。

（海涛）

鲁旦与鲁桑

德昂族幻想故事。流传于云南省保山市德昂族聚居区。很久以前有个国王，他听信巫师的话，要斩杀所有在这一年出生的孩子。一对夫妇因上山挖野菜而在大山里生下一对双胞胎，从而躲过了灾难。他们给兄弟俩取名为鲁旦、鲁桑。后来，两兄弟凭着自己的机智和勇敢，一次次躲过了国王的追杀。国王为了置他们于死地，要亲自与他们比赛撞船。鲁旦与鲁桑只好以小竹筏去对抗国王的大船。由于有龙太子的相助，大船无论怎样都追不到小筏子。最后国王的大船被撞翻在海里。佚名讲述，李明珍记录。载《永昌文学》1994年第1～2期，16开，1页，1000字。

（海涛）

金凤凰

德昂族幻想故事。流传于云南省芒市德昂族聚居区。很久以前有一对兄弟，分别叫春华和春良，有一次他们在砍柴回家的路上救了一只受伤的金凤凰。金凤凰为了报答这兄弟俩，给他们留下一大堆金银珠宝。兄弟俩不愿贪图别人的钱财，就背着金银珠宝分头去寻找金凤凰。在路上，春华得知金凤凰落进了皇宫，将被吃掉，便跟一位老人学武艺，准备解救它。而春良来到一个富庶的国家，无意中遇上了金凤凰。国王的侄儿们正为谁吃金凤凰的头而争吵不休，春良用计又一次救下了金凤凰。其实，金凤凰是一个美丽的姑娘。历经磨难后，金凤凰嫁给了春良，她的妹妹银凤凰嫁给了春华。兄弟俩成家后辛勤劳动，都过上了幸福的生活。佚名讲述，杨忠德记录。收入《崩龙族文学作品选》，32开，5页，2500字，德宏民族出版社1983年版。

（海涛）

弟兄俩

德昂族幻想故事。流传于云南省芒市德昂族聚居区。从前有弟兄俩，先后从国王手中救下了喜鹊和落水的婴儿。后来，他们不小心引燃了大火，烧了国王的宫殿，只好四处躲逃。一位姑娘救了他俩的命，这姑娘就是变成喜鹊和落水婴儿的人。姑娘的父亲请来神兵天将消灭了国王的追兵，并处死了国王。最后，弟兄俩离开战场，回到家乡，过着平安的生活。李连成讲述，杨忠德、朱光灿记录。收入《崩龙族文学作品选》，32开，7页，4000字，德宏民族出版社1983年版。

（海涛）

神奇的花树

德昂族幻想故事。流传于云南省德宏傣族景颇族自治州德昂族聚居区。为了独占家产，孃孃将喃依的妈妈推到了江里，变成了一棵会奏音乐的花树。靠着这棵神奇花树的帮助，喃依得以和国王结婚，并生下了王子。这引起了孃孃的嫉妒。她用计害死了喃依，并让自己的女儿喃昂冒充王后。喃依死后，先变成一只翡翠鸟，被喃昂打死；又变成一把剪刀，被喃昂扔到河里；再变成一棵栗树，被喃昂做成捶衣棒扔进河里；最后变成莲花姑娘，见到国王，接受了他的求婚。国王知道事情的真相后，喃昂还想用计害死喃依，结果被煮死在铁锅里，其母也被气死了。杨光晃讲述，戌佩坤记录。收入《中国民间故事集成·云南卷》，16开，8页，11000字，中国ISBN中心2003年版。

（海涛）

放牛娃的故事

德昂族幻想故事。流传于云南省德宏傣族景颇族自治州德昂族聚居区。一个私生子靠帮别人放牛度日。后来，他得到独角牛的帮助，与香发姑娘结了婚，过上了美满的生活。他的母亲也度过了幸福的晚年。佚名讲述，黄光成记录。收入《德昂族文学简史》，32开，1页，100字，云南民族出版社2002年版。

（海涛）

蛇郎

德昂族幻想故事。流传于云南省德宏傣族景颇族自治州德昂族聚居区。很久以前有位老妈妈，一次她进山摘橄榄充饥，得到一条大蟒的帮助。后来，大蟒顺着她的足印爬到了她家里，并化身成一个小伙子，与她的姑娘成了亲。从此以后，老妈妈家过上了幸福的日子。寨里的一个富人得知这一情况，也想给自己的小女儿找一个蛇郎。他上山找到一条大蛇，把它和自己的小女儿一起丢进了一只大箩筐里，结果大蛇把姑娘吞吃了。赖永亮讲述，周良智记录。收入《云南民族民间故事选》，32开，3页，1300字，《云南群众文艺》编辑部1979年编印。

（海涛）

阿西寻金记

德昂族幻想故事。流传于云南省芒市德昂族聚居区。从前有个叫阿西的小伙子，一天他上山摘果子，在一个山洞里发现了一堆金子。他没有独占，想把这些金子分给穷人，便跑来向奘房的佛爷报告。可当他领着佛爷去取金子，金子却不见了。佛爷便说阿西骗人，人们也怀疑阿西独吞了这笔财宝。阿西为了找到这笔金子，历经千辛万苦。后来他在一位武艺高强的姑娘帮助下，查清金子是被奘房里的三个和尚偷走的。真相大白，阿西把失而复得的金子分给了穷苦的乡亲，并赢得了那位姑娘的爱。李腊叱讲述，杨忠德、张承源记译。收入《崩龙族文学作品选》，32开，6页，4000字，德宏民族出版社1983年版。

（海涛）

金子难换的人心

德昂族幻想故事。流传于云南省德宏傣族景颇族自治州德昂族聚居区。从前有一对老夫妻，一次他们在大江激流中救了玉南姑娘，便收养了她。有一天，玉南姑娘不辞而别，她在家里的桌子上留下了一堆闪闪发光的金子。两位老人并不在意这些财物，只为孤身在外的玉南姑娘担心。他们用布包好金子，背上一些干粮，踏上了寻找玉南姑娘的路途。一路上，两位老人遇到了很多急需救助的人，就把身上的金子都分给了他们。最后他们找到了玉南姑娘。原来玉南姑娘是一位仙女变的，这一切都是她为了考验人间的真情而有意安排的。佚名讲述，杨忠德、吴高义记录。载《山茶》1993年第1期，16开，2页，1500字。

（海涛）

情深似海

德昂族幻想故事。流传于云南省芒市德昂族聚居区。有位母亲忍饥挨饿将儿子阿桑拉扯大。阿桑成家后生了四个儿子，一家人的生活更加艰难。阿桑对母亲很孝顺，总是先将家里最好吃的东西拿给母亲，然后再分给孩子们。家里可吃的东西越来越少，为了不让母亲挨饿，阿桑准备把孩子们扔掉。就在这时，他母亲突然出现，救下了孙子们，并留下一大坑金银，然后似仙人一般拂袖驾云而去。赵安邦讲述，潘丽莉、杨忠德记录。收入《崩龙族文学作品选》，32开，3页，1100字，德宏民族出版社1983年版。

（海涛）

李保救嫂

德昂族幻想故事。流传于云南省芒市德昂族聚居区。李栓、李保兄弟俩从小相依为命。长大后，哥哥李栓娶了阿梅姑娘，引起了阿赖的嫉妒。阿赖趁李栓外出，暗中邀约针、鸡蛋、帽子、碓嘴和斑鸠，想加害阿梅。他的诡计让李保知道了，李保砍下了阿赖的头。可斑鸠拔走了阿梅三根致命的头发，阿梅昏倒在地上。李保用火烟将斑鸠熏得直流眼泪，让它不得不交出三根头发。据说斑鸠的毛色从此就变成灰的了。赵安邦讲述，杨忠德、潘丽莉记录。收入《崩龙族文学作品选》，32开，4页，2000字，德宏民族出版社1983年版。

（海涛）

两个伙伴

德昂族幻想故事。流传于云南省瑞丽市德昂族聚居区。从前有两位老倌，一穷一富，一好一坏。表面上他们是好伙伴，实际上穷老倌是富老倌的仆人。有一次，穷老倌在榕树下睡觉，得到两个鬼的帮助，医好了眼睛和腿，并获得了银子和布匹。富老倌也想效仿他，结果却被枯树枝戳瞎了眼睛。原来两个鬼发现富老倌是世界上最坏的人后，就惩罚了他。李三补讲述，杨知勇、冯永生、赖永良记录。收入《中国民间故事集成•云南卷》，16开，2页，1100字，中国ISBN中心2003年版。

（海涛）

一只跳蚤和一只白公鸡

德昂族幻想故事。流传于云南省西部德昂族聚居区。三兄弟分家，老三只得到一只跳蚤，他只好去沙铁家当佣人。当他要离开的时候，沙铁将吃了跳蚤的白公鸡作为报酬给了他。其实这是一只神鸡，它长鸣七声，一座金碧辉煌的宫殿便立在老三眼前。老三后来又让白公鸡叫了七声，乡亲们便家家有了竹楼。当地人就拥戴他做了首领。后来，老三收留了两个落难的哥哥。老大贪心难改，当他探听到三弟的秘密后，也让白公鸡长叫七声。可出现在他面前的只有一间草房，他还差点丢了性命。佚名讲述，何少林记录。收入《云南民族民间故事选》，32开，4页，2500字，《云南群众文艺》编辑部1979年编印。

（海涛）

赵伟散献妻

德昂族幻想故事。流传于云南省临沧市德昂族聚居区。天上的神仙为了考验赵伟散，装成一个全身腐烂流脓、爬满蛆虫、散发着臭味的叫花子来到人间。叫花子要赵伟散将爱妻转嫁给他，还要为他洗身赶蝇灭蛆虫。赵伟散信守诺言，让妻子南亚所跟叫花子走。一路上，南亚所为叫花子洗身、抓痒。神仙大受感动，最后让南亚所回到丈夫身边。佚名讲述，刘贵荣、黄光成记录。收入《德昂族文学简史》，32开，1页，400字，云南民族出版社2002年版。

（海涛）

赵伟散断理

德昂族幻想故事。流传于云南省临沧市德昂族聚居区。有一次，天神、海神、山神和人间的神都夸耀自己的本事大。他们互不相让，谁也不服谁，最后争执不下，只好请赵伟散来评判。赵伟散通过四个大神在太阳下所立旗杆影子的颜色，把他们驳得无言以对。最后四个大神心服口服地离开了。佚名讲述，刘贵荣、黄光成记录。收入《德昂族文学简史》，32开，1页，270字，云南民族出版社2002年版。

（海涛）

赵伟散修佛

德昂族幻想故事。流传于云南省临沧市德昂族聚居区。海神捆嘎龙的大老婆假装生病，声言只有吃了赵伟散的心肝才会好。海神手下的兵将都不敢去找赵伟散，海神的女儿却自告奋勇要去。赵伟散十分高兴地来到了海神家。他耐心地向全城的男女老少诵经讲道，最后说服了海神和他的妻子放过了他。海神后悔自己对赵伟散的无理，举行了七天七夜的大供向佛祖和赵伟散谢罪。佚名讲述，刘贵荣、黄光成记录。收入《德昂族文学简史》，32开，1页，450字，云南民族出版社2002年版。

（海涛）

括爱与麻阿爱的功德

德昂族幻想故事。流传于云南省德昂族聚居区。从前有一对夫妻，男的叫括爱，女的叫麻阿爱，家里穷到卖儿鬻女的地步。有一次他们出外帮工，得了三两银子。回家的路上，两人遇见一个饥饿的佛爷，就拿银子买了一顿饭给他吃。他们又找遍七个山凹，才找到一点水来给佛爷喝。被救活的佛爷十分感激，拜他们为干爹干妈。从此以后，这对夫妻的日子好过起来，不愁吃不愁穿；原先卖掉的儿女也领了回来。佛爷去世后，其他人怎么也抬不动他的棺材。括爱和麻阿爱在他灵前磕了几个头后，棺材竟自己飞上了天。佚名讲述，黄光成记录。收入《德昂族文学简史》，32 开，1 页，400 字，云南民族出版社 2002 年版。

（海涛）

七姑娘

德昂族幻想故事。流传于云南省芒市德昂族聚居区。好色的头人为了追女人，夜里在一个寺庙中投宿。哪知老和尚是个妖怪，现出原形要来吃他。头人连忙哀求，并承诺，若放了他，将每月送一个姑娘给妖怪吃。妖怪答应了。于是每月十五的晚上，头人的一个女儿成为妖怪的美餐。到了第七个月，头人家最小的七姑娘被送到妖怪的楼房。没想到她却等来了自己的恋人，即她家的一位长工。长工决心要救七姑娘，与妖怪斗起法来。混战中，长工一刀砍去，妖怪变成了一座桥。桥从妖怪的楼顶一直架到山寨的大门口。头人走到桥中间，桥断了，摔成了一团肉酱。从此，长工和七姑娘美满地生活在了一起。赵安邦讲述，潘丽莉、杨忠德记录。收入《中国民间故事集成·云南卷》，16 开，4 页，3000 字，中国 ISBN 中心 2003 年版。

（海涛）

漂亮的姑娘

德昂族幻想故事。流传于云南省芒市德昂族聚居区。从前有两兄弟，有一次他们从德昂山上来到坝子。哥哥被一个漂亮的姑娘迷住，到她家做了上门女婿。弟弟遇着一个在田里干活的姑娘，与她成了家。一天，弟弟上山砍柴，碰到了山神。山神说晚上要来他家喝酒吃肉。小两口便拿出家中所有吃的东西，准备招待山神。可等到第二天，人影也没见着，奇怪的是屋子里却堆满了金银宝石。这个消息传遍了德昂山。哥哥也学着弟弟去砍柴，但嫂嫂舍不得拿东西招待山神，于是他们得到的只有牛屎马粪。佚名讲述，何少林记录。收入《中国民间故事集成·云南卷》，16 开，3 页，2300 字，中国 ISBN 中心 2003 年版。

（海涛）

青蛙和绣花姑娘

德昂族幻想故事。流传于云南省德宏傣族景颇族自治州德昂族聚居区。一对老夫妇靠卖栽花过日子，人们称他们为“栽花老人”。土司的女儿最喜欢绣花，人们便称她“绣花姑娘”。栽花老人每天把鲜花送给绣花姑娘，绣花姑娘当天就照它的模样，在锦缎上绣上一朵。他们因此建立了珍贵的友谊。老人很希望绣花姑娘能成为他们的儿媳，但他们没有儿子，这个愿望无法实现。老两口的虔诚感动了天神，天神派青蛙去做他们的儿子。青蛙使用神力，满足土司提出的各种苛刻要求，终于和绣花姑娘成为夫妻。该故事歌颂了德昂族善良的心灵、美好的行为以及真诚的爱情。李三朴讲述，杨知勇记录。收入《云南民族民间故事选》，32 开，4 页，2800 字，《云南群众文艺》编辑部 1979 年编印。

（海涛）

青蛙姑娘

德昂族幻想故事。流传于云南省德宏傣族景颇族自治州德昂族聚居区。从前有一对贫穷的老夫妇，膝下无儿无女。有一次，他们在地里干活时，无意中得到了一个宝葫芦。不一会儿葫芦变成一只青蛙，青蛙为老人带来了金银、大米和房子。后来，青蛙又变成一个姑娘。头人想娶青蛙姑娘为妾，但遭到拒绝。他恼羞成怒，便派兵来抢，没抢成。他想杀死青蛙姑娘，结果刀子却落在自己的脖子上，把自己杀死了。最后头人的女儿和青蛙姑娘结为姐妹，共同赡养两位老人。四村八寨从此也过上了和平安宁的生活。赵安邦讲述，杨忠德记录。收入《崩龙族文学作品选》，32 开，7 页，4000 字，德宏民族出版社 1983 年版。

（海涛）

阿板和龙女

德昂族幻想故事。流传于云南省德宏傣族景颇族自治州德昂族聚居区。很久以前，德昂山寨有个叫阿板的穷孩子，为了不让年迈的母亲挨饿，每天都到河里捕鱼。他的孝心感动了河中的龙女，龙女化身为人，与他成婚。国王贪图龙女的美色，欲霸占她，便想出各种诡计试图难倒阿板。在龙女的帮助下，阿板一一破解了国王的阴谋。最后，两人用计杀死国王，为民除了害。举国上下一致推举阿板和龙女为新的国王和王后。该故事反映了德昂族渴望清明政治、反抗压迫、追求幸福的政治理想。佚名讲述，线相孟、杨忠德、张承源记录。收入《崩龙族文学作品选》，32 开，5 页，3800 字，德宏民族出版社 1983 年版。

（海涛）

金鱼姑娘

德昂族幻想故事。流传于云南省德宏傣族景颇族自治州德昂族聚居区。从前，有个有钱人让三个儿子外出赚钱。三年后，老大、老二先后带着银子回了家，只有老三扛了一袋粮食回来。有钱人见三儿子没带钱回来，便串通国王想要加害他。老三只得逃进深山，与金鱼姑娘成了亲。在金鱼姑娘的帮助下，他先后以“面变鹌鹑”“斗鸡”“神牛犁塘”等计谋一一破解了父亲和国王设下的毒计，并让他们跌进神塘淹死了。百姓们一致推举老三为新的国王。老三当上国王后，不计前嫌，将两个哥哥也接到宫中，从此一家人和睦相处。金鱼姑娘帮助老三把国家治理得井井有条。李腊翁讲述，杨忠德翻译，杨忠德、张承源记录。收入《中国民间故事集成·云南卷》，16 开，5 页，5000 字，中国 ISBN 中心 2003 年版。

（海涛）

一条黄牛换五粒扁豆籽

德昂族幻想故事。流传于云南省德昂族聚居区。一户贫穷人家的孩子用一条黄牛只换回五粒扁豆籽。一气之下，他母亲把扁豆籽甩出门外。其中的一粒突然冒出藤来，并直往天上长。孩子就顺藤爬到了天上，来到魔鬼家，见到一把十分漂亮的琴。当他拿着琴正要离开时，那琴却呼叫救命。他顺藤往下滑，魔鬼也跟着追了下来。他一到地上就立即砍断了豆根，魔鬼被摔死了。后来这个孩子成为远近闻名的歌手。佚名讲述，黄光成、刘贵荣记录。收入《德昂族文学简史》，32 开，1 页，450 字，云南民族出版社 2002 年版。

（海涛）

格鲁多三兄弟

德昂族幻想故事。流传于云南省保山市德昂族聚居区。很久以前，在一场灾难之后，古老、美丽的德昂族山寨只剩下孤苦伶仃的格鲁多三兄弟。他们被妖魔收养，曾一度变成了鹦鹉。经过曲折离奇的磨难后，三人分别当上了三个国家的国王。他们秉公治国，使百姓安居乐业，赢得百姓的拥护和爱戴。李金遥讲述，李明珍记录、翻译。载《永昌文学》1998 年第 1 ~ 2 期，16 开，1 页，170 字。

（海涛）

老妈妈和豹子

德昂族幻想故事。流传于云南省保山市德昂族聚居区。从前有个孤独的德昂族老妈妈，靠耕地、纺麻织布过日子。一天夜里，她为闯进家门的豹子治好了伤，豹子心怀感激地走了。第二天早上，老妈妈发现院子里有一只断了脖子的麂子，心里明白，这是豹子送给自己的礼物。从此以后，豹子常常给她送来肉食，每天夜里还来与她做伴。老妈妈再也不愁吃，不再觉得孤单了。王尹才讲述，杨应全搜集、整理。收入《散落的珍珠》，32 开，2 页，700 字，保山地区群众艺术馆 1983 年编印。

（海涛）

阿归娶妻

德昂族幻想故事。流传于云南省保山市潞江镇芒颜村那线寨。一位妇人生了个变色龙（即阿归），阿归要求母亲进宫向公主求婚，母亲担心国王降罪，三番五次假装求婚遭到了国王的拒绝。但阿归执意非公主不娶，七公主被阿归的执着所打动答应嫁给他。阿归三番五次试探公主，公主仍不嫌弃他，最终他现出原形变成了英俊的小伙子。李金遥讲述，李明珍记录整理。记录稿，1800 字，稿存李明珍处。

（李明珍）

一百零一个兄妹

德昂族幻想故事。流传于云南省保山市潞江镇芒颜村那线寨。勐巴拉那西国王为孩子中谁能帮自己治理国家而发愁，在得知七妻所生孩子才是能帮助自己治理国家时便加倍疼爱她。七妻生了一百零一个兄妹，其他六个妻子嫉恨在心，上演了一出“狸猫换太子”，国王听信谣言将七妻打入冷宫服侍大象。一百零一个兄妹历经无数次死而复生终回到宫里与父王团聚，并将母亲接出冷宫。李金遥讲述，李明珍记录整理。记录稿，2000 字，稿存李明珍处。

（李明珍）

天帝给的儿子

德昂族幻想故事。流传于云南省梁河县德昂族聚居区。天帝赐给一对老夫妻两个儿子，这两个儿子天生神力。两兄弟在山头上丢石头玩时被宫里的人看到，回到王宫报告了王子。王子怕他们造反，便把兄弟两人召到王宫，让他们与大象比赛，想以此收拾他们。哥哥把大象甩得不见踪影，王子又限时让他们找回大象，否则就要杀死他们。兄弟俩在寻象途中，分别娶了仙女为妻，最后骑着和尚做的神象飞回王宫。王子也想驾着神象周游世界，但弄错了机关，全家遭了殃。哥哥弟弟分别在百姓的推举下做了国王和大臣，把国家治理得井井有条。李连成讲述，王伯麟采录。载《山茶》1990 年第 3 期，16 开，3 页，1200 字。

（艾芳）

岩得救变富翁

德昂族幻想故事。流传于云南省陇川县户弄德昂族聚居区。一个叫岩得救的小伙子非常穷苦，终日以上山找山茅野菜过日子。一天，他为了追一只水獭把仅有的家当——毯子和长刀弄丢了。岩得救心灰意冷，便去找召玛喃娜要毒药想结束自己的生命。没想到神医要他先救活一个人才能给他毒药。岩得救用神医给的药救活了国王的女儿，从此过上了舒适富裕的日子，寻死的念头也消失了。约相讲述，钱宝相翻译，张亚萍采录。载《山茶》1990 年第 3 期，16 开，2 页，500 字。

（艾芳）

（二）生活故事

两头黑豹子

德昂族生活故事。流传于云南省保山市德昂族聚居区。四百多年前，高黎贡山出了两个了不起的德昂族英雄，他们一个叫王大，另一个叫姚二。两人都是潞江土司的佃户，武艺高超，喜欢杀富济贫，深受德昂人的爱戴和拥护，大家称他们为

"黑豹子"。有一年，邻国的国王见滇西一带土地肥沃，便想将这里占为己有，就挑选了七个武艺高强的人来到潞江坝与坝子里的人比武。七个武师扬言，如果他们赢了，就要把潞江坝一半的土地拿走。王大和姚二毫不示弱，立即与七个武师签订了文书，择定了比武日期，并最终打败了他们。王骗牛讲述，杨庆全记录。收入《中国民间故事集成·云南卷》，16 开，4 页，4000 字，云南省民间文艺家协会、云南省民间文学集成办公室 1995 年编印。

（海涛）

智斗头人

德昂族生活故事。流传于云南省芒市德昂族聚居区。很久以前，在一个德昂山寨里有个头人，他仗势欺人，想霸占寨里的全部山林，掠夺乡亲们的财富。孤儿阿桑为此很是气愤。他将计就计，先后用羊屎冒充金银珠宝、"黄牛爬树"等计谋戳穿了头人的诡计。赵果撒讲述，杨忠德记录。收入《崩龙族文学作品选》，32 开，5 页，3000 字，德宏民族出版社 1983 年版。

（海涛）

富人咬统领的故事

德昂族生活故事。流传于云南省德宏傣族景颇族自治州德昂族聚居区。有个百万富翁的儿子，名叫咬统领，好吃懒做。他的妻子离开了他，跟一个贫穷的私生子一起生活。私生子勤劳俭朴，后来，夫妻俩认出平时用来磨刀的石头是一块金子，从此过上了富裕的生活。而不思进取的咬统领最后沦落到靠乞讨度日的境地。佚名讲述，黄光成记录。收入《中国少数民族文学》，32 开，1 页，120 字，湖南人民出版社 1983 年版。

（海涛）

穷人的儿子与山官的儿子

德昂族生活故事。流传于云南省芒市、盈江、梁河等地的德昂族聚居区。山官的儿子为了突出自己的富有，约了一个贫穷的小伙子去找姑娘们玩。一位有钱人家的女儿却偏偏喜欢上穷小伙子，这引起了山官儿子的嫉妒。在姑娘的帮助下，穷小伙子一一破解了山官家设计的"斗鸡""斗狗""斗牛""地里拣芝麻"等种种阴谋，狠心的山官和他的儿子也被山洪淹死了。从此，这里的百姓再也不受欺压了，穷小伙子和姑娘结成了幸福的伴侣。线留保讲述，杨忠德、朱光灿记录。收入《崩龙族文学作品选》，32 开，10 页，6000 字，德宏民族出版社 1983 年版。

（海涛）

艾莫和艾者教

德昂族生活故事。流传于云南省瑞丽市德昂族聚居区。从前有两个年轻人，一个名叫艾莫（好人），另一个叫艾者教（坏人）。有一次，他们为做好人好还是做坏人好而争执起来，吵闹中艾者教戳瞎了艾莫的双眼。后来在神医的救助下，艾莫的双眼复明了，并娶了芭蕉园主的女儿。艾者教得知这一情况后，想效仿艾莫，刺瞎了自己的双眼。富有同情心的艾莫请来神医为他治好了眼睛。只是艾者教的眼珠子始终斜着看人，让人感到很不自在。据说这是神医对他的惩罚。瑞庄吞讲述，戎佩坤记录。载《山茶》1987 年第 2 期，16 开，3 页，3000 字。

（海涛）

三个"奇怪"

德昂族生活故事。流传于云南省芒市德昂族聚居区。昏庸的国王听信谗言，决定将其他大臣杀死，只留奸臣来治理国家。有三个大臣被国王以守夜的名义叫进宫里，被秘密杀死了。后来，一位老臣的仆人代替他进宫守夜。夜里，国王三次摸进仆人住的房间，准备行刺，但仆人每次都高喊："奇怪！"第二天，国王问仆人喊奇怪的原因，仆人的回答让国王醒悟过来，他发现自己听信了谗言，冤杀了忠臣。雷相讲述，冯永生、赖永良记录。收入《中华民族故事大系》第12卷，32开，4页，2000字，上海文艺出版社1995年版。

（海涛）

大普庞

德昂族生活故事。流传于云南省临沧市德昂族聚居区。大普庞是一个相貌丑陋、好吃懒做的人。赵伟散为了修成活佛，处处忍让，到处为人做奉献。大普庞便找到他，软硬兼施要娶他最疼爱的两个女儿。赵伟散以修身为重，忍痛让大普庞带走了两个爱女。后来一位老人出面，用计救下了这对姐妹。佚名讲述，刘贵荣、黄光成记录。收入《德昂族文学简史》，32开，1页，270字，云南民族出版社2002年版。

（海涛）

芦笙哀歌

德昂族生活故事。流传于云南省芒市德昂族聚居区，又名《洞水调》。很久以前，英俊小伙子岩瓦与端庄贤惠的姑娘玉南相好。玉南的父亲嫌岩瓦家太穷，为了阻止这对年轻人幽会，他叫女儿独自去看守庄稼。等岩瓦赶到地里，玉南早就被豹子吃了。伤心欲绝的岩瓦砍死豹子，掩埋好心上人的尸体后，来到她家的竹楼下，吹起了悲痛哀伤的芦笙。这对青年恋人的不幸遭遇，震动了整个德昂族。从此，德昂族的父母就不再干涉子女的婚姻了。李阿砣讲述，杨知勇记录。收入《中国民间故事集成•云南卷》，16开，3页，1400字，中国ISBN中心2003年版。

（海涛）

彩礼

德昂族生活故事。流传于云南省芒市德昂族聚居区。从前，有一对青年男女相爱。但因小伙子家境贫穷，拿不出足够的彩礼，他们的亲事受到姑娘父母的坚决反对。小伙子为了娶回姑娘，远走他乡去挣钱。姑娘在家等了三年，受尽煎熬死去了。当小伙子赶回家的时候，得知了姑娘的死讯，悲痛欲绝，不久也含恨离开了人世。赵安邦讲述，杨忠德、潘丽莉记录。收入《崩龙族文学作品选》，32开，5页，3400字，德宏民族出版社1983年版。

（海涛）

昆沙洛与欧比木

德昂族生活故事。流传于云南省德宏傣族景颇族自治州德昂族聚居区。很久以前，头人的女儿欧比木爱上了她家的帮工昆沙洛，两人经常偷偷相会。不久，欧比木怀孕了。她请求父母同意她与昆沙洛成婚。头人夫妇坚决不同意，还把昆沙洛解雇了。昆沙洛只好到掸人国做生意。一天，被禁闭的欧比木趁夜逃出了家，往掸人国的方向走去，但在途中就被父亲派来的人马押了回去。当昆沙洛得知欧比木病重的消息，匆匆赶回来的时候，欧比木已经离开了人世。昆沙洛悲痛欲绝，看见心上人头上还插着以前自己送的发针，便拔了下来，刺进了自己的喉咙。佚名讲述，杨浚记录。载《山茶》1984年第1期，16开，2页，2400字。

（海涛）

笋叶伙子

德昂族生活故事。流传于云南省瑞丽市德昂族聚居区。有一天，土司的儿子准备去找一个有钱人家的姑娘玩，约上了笋叶伙子。笋叶伙子是村里最穷的人，他穿的衣服都是笋叶做的。然而，姑娘却爱上了他。土司的儿子十分嫉妒，企图害死这对情人。他的阴谋被笋叶伙子曾经救过的猴子发现，猴子引燃了他家的房子，几千只乌鸦衔柴草来助火势。从此以后，土司的儿子不敢再捣乱了。姑娘与笋叶伙子终于结成了夫妻。该故事歌颂了打破等级门第的纯真爱情。李二朴讲述，杨知勇、冯永生、赖永良记录。收入《中国民间故事集成·云南卷》，16开，2页，2400字，中国民间文艺家协会，云南省民间文学集成办公室1995年编印。

（海涛）

叶开和她的两个丈夫

德昂族生活故事。流传于云南省德宏傣族景颇族自治州德昂族聚居区。以前，崩龙寨子中住着一对年轻夫妻，两人生活幸福甜蜜。有一年，两人的家屋梁上长出了一株象征着吉祥的小树苗，引来了坝子上的大土司。在土司的威逼利诱下，丈夫执意要将房屋卖给土司，但妻子叶开坚决不同意，被丈夫赶出了家门。叶开通过身上的头巾，找到了新的丈夫，两人无意中发现了麂子箐的石头都是金子，从此过上了幸福的生活。他们的粜房落成的那天，在最大的赶摆上，叶开沦为叫花子的前夫也在赶摆人群中，但他无颜面对前妻，踉跄而去。最后在叶开和现任丈夫的帮助下，前夫也过上了如意的日子。张建章搜集、整理。收入《云南民族民间故事选》，32开，6页，3785字，云南人民出版社1960年版。

（艾芳）

召发遮放哈弄少哈召发勐卯

德昂族生活故事。流传于云南省芒市德昂族聚居区。从前，遮放土司有两个女儿，长女奇丑无比，次女端庄美丽。勐卯土司之子前来提亲，因长女貌丑回避，相中次女。遮放土司担心长女难嫁，便以次女不能嫁在姐姐之前为由加以拒绝，但称可嫁长女，更宣称长女比次女更加美貌，勐卯土司之子信以为真，同意娶其长女。迎娶之日，当迎亲队伍行至瑞丽江边一个地方时，新郎借故掀开新娘的头盖才发现自己上当受骗了，将新娘遣回。遮放土司担心家丑外扬，便以属地芒棒法破村的管辖权割让与勐卯土司作罢。新郎掀开头盖引起众人哄笑的地方至今仍称为“回贺弄”，意为“大笑的山洼”。唐洁著，收入《中国德昂族》，16开，1页，642字，宁夏人民出版社2012年版。

（艾芳）

彩虹

德昂族生活故事。流传于云南省德宏傣族景颇族自治州德昂族聚居区。一个美丽的姑娘爱上一个放牛的小伙子，在姑娘的坚持下，嫌贫爱富的父亲勉强同意了两人的婚事。小伙子外出挣钱筹备彩礼，约定三年就回，但去了五年都没回来。父亲逼迫姑娘另嫁他人，姑娘病死了。父亲没有遵守姑娘临死前不要把棺材盖钉死和埋进土里的要求，在钉死棺材盖时，姑娘变作一条红蛇。第二天，小伙子赶了回来，红蛇和小伙子紧紧相拥变作一束犹如彩虹的烟，飘向了天空。该故事表达了德昂族男女青年对美好爱情的向往。佚名讲述、记录。《德宏世居少数民族民间神话、传说及故事概览》，16开，1页，290字，云南大学出版社2013年版。

（艾芳）

“崩龙”的来源

德昂族生活故事。流传于云南省保山市潞江镇芒颜村那线寨。三姐弟因各有不同的思想而往不同的方向发展，其中老二岩吞因嫌父亲把自己生得丑而将父亲抛进江水里顺水漂去，所以傣族称其为“波龙”。“波龙”，“崩龙”的近意，即把父亲丢进江里，顺江淌去的意思。李仁光、李金遥讲述，李明珍记录、整理。记录稿，350字，稿存李明珍处。

（李明珍）

（三）动植物故事

披蓑衣的“怪物”与“长尾巴的老头”

德昂族动物故事。流传于云南省德昂族聚居区。有一天，一只老虎来到一户人家准备偷吃黄牛，它无意间听见一个放牛回家的小孩说“我怕长尾巴的老头”之类的话，便记在了心上。不久后的一天晚上，它见两个披蓑衣、腰间拴着又长又粗绳子的偷牛贼，以为遇到了长尾巴的怪物，吓得一动也不敢动，乖乖地让他们牵着走了。两个小偷一直以为自己偷来的是牛，天亮后才看清了“牛”的真面目，便找机会逃跑了。老虎也挣断了绳子，逃进了森林，跟大象、狮子们讲起自己遇上“长尾巴怪物”的经历。聪明的兔子想为被老虎吃掉的同伴报仇，便趁机捉弄老虎，让它从悬崖上跌下去摔死了。李腊翁讲述，杨忠德、张承源记录。收入《崩龙族文学作品选》，32开，4页，2200字，德宏民族出版社1983年版。

（海涛）

达种崩龙和纳种布兰偷牛

德昂族动物故事。流传于云南省临沧市德昂族聚居区。有一天晚上，达种崩龙和纳种布兰去一户人家偷牛，无意中牵走了一只准备来吃牛的老虎。达种崩龙发现后，赶紧拴好老虎，爬上树，蹲进熊窝。他把长刀从窝底戳出来，长长的刀锋在昏暗中犹如动物的尾巴吊在窝底。老熊回窝，得知熊儿被杀，非常恼怒。它看到敌人的“尾巴”吊在窝底，便大叫一声，用两手去抓，结果被刀锋割掉了一截手指。熊和老虎以为达种崩龙非常厉害，便派尖嘴老鼠上树去偷其一根“毛”来看看。老鼠偷了达种崩龙身上蓑衣的棕毛来，老虎和众兽们见了都吓得目瞪口呆，逃进了深山。佚名讲述，萧德虎记录。收入《镇康县志》，32开，2页，1100字，四川民族出版社1992年版。

（海涛）

白兔制土司

德昂族动物故事。流传于云南省德宏傣族景颇族自治州德昂族聚居区。老虎和黄牛是朋友。一次，老虎说自己做了一个梦，按此梦推断，它应该吃黄牛。黄牛便请土司来评理。土司害怕老虎的凶狠，就判老虎应该吃黄牛。黄牛不服，再请兔子来判。兔子睡了一觉后说：“我做了一个梦，梦见土司应把王位让给我。”土司说：“做梦不算数。”兔子反问：“为什么老虎做梦就算数？”土司只好取消了原来的裁决。赖腊着讲述，杨知勇、冯永生、赖永良记录。收入《云南民族民间故事选》，32开，1页，700字，《云南群众文艺》编辑部1979年编印。

（海涛）

聪明的松鼠

德昂族动物故事。流传于云南省德宏傣族景颇族自治州德昂族聚居区。骄傲的老虎看不起小小的松鼠。有一天，它为了抖一抖自己的虎威，提出要与松鼠比比高低。松鼠决定惩罚一下这个不知天高地厚的家伙，便同意了。先比跳远，老虎输了，它气急败坏。聪明的松鼠为了杀杀老虎的锐气，便提出再比爬树。结果好强的老虎从树上跌落下来，把腰骨跌断了。佚名讲述，杨忠德记录。收入《崩龙族文学作品选》，32开，5页，1300字，德宏民族出版社1983年版。

（海涛）

聪明的青蛙

德昂族动物故事。流传于云南省芒市德昂族聚居区。从前有一只凶猛狂妄的狮子，自以为天下无敌，见弱就欺，要山中其他动物向它跪拜。有一次青蛙见到它，坚决不跪拜。狮子以为只要自己大吼一声，就会把对方吓死。谁知它的叫声不但没有吓到青蛙，反而因用力过大，吼破了自己的喉咙，死了。佚名讲述，张亚萍记录。载《山茶》1989年第5期，16开，1页，900字。

（海涛）

阳春雀与大象

德昂族动物故事。流传于云南省芒市德昂族聚居区。有一次，一群大象横冲直撞，结果把阳春雀的一窝蛋全踩烂了。阳春雀便找来好朋友乌鸦、苍蝇和青蛙帮忙，报复大象。乌鸦飞到象群的头顶上，把它们的眼珠啄了出来；苍蝇把肚中的污物全放在大象的眼眶里，大象的眼睛便腐烂生蛆了；青蛙将口渴的象群引到一处很陡的山崖边，最终它们掉下山崖摔死了。佚名讲述，张亚萍记录。载《山茶》1989年第5期，16开，1页，1000字。

（海涛）

兔子的死

德昂族动物故事。流传于云南省德昂族聚居区。兔子想吃蜂蜜，就骗老虎说蜂窝是锣，叫它去敲碎蜂窝，自己去捡掉下的蜂蜜吃。后来它想吃牛肉，就骗老虎咬死了牛，并支使老虎用漏瓢去打水，以拖延时间，自己藏起几大包牛肉。过了几天，它想吃香蕉，便装死，被赶街人丢进放香蕉的箩里，它又饱餐了一顿。后来兔子不小心掉进深洞里，又骗老虎下洞来，将自己甩了出去。最后，这只讨厌的兔子引起大家的公愤。田螺利用兔子自信而好胜的性格，与它在田埂上赛跑，并用计让它累得掉下田埂摔死了。佚名讲述，杨知勇记录。载《山茶》1982年第4期，16开，2页，1200字。

（海涛）

小松鼠当保姆

德昂族动物故事。流传于云南省镇康县德昂族聚居区。有一次小松鼠为救主人家的孩子，挺身与毒蛇搏斗，最终咬死了它。主人发现孩子死了，而小松鼠满嘴是血，便以为是它把孩子害死了，就冲上前把小松鼠打死了。当他们发现那条被小松鼠咬成几截的毒蛇时，方知道错怪了小松鼠，懊悔不已。佚名讲述，刘贵荣、黄光成记录。收入《德昂族文学简史》，32开，1页，280字，云南民族出版社2002年版。

（海涛）

青蛙结案

德昂族动物故事。流传于云南省镇康县德昂族聚居区。头人想霸占寡妇家刚出生的小牛，便派人将它抱来放在自家的老公牛旁边，说它是这头老公牛生的。寡妇找他理论，他便请青蛙来断案。可一连三天青蛙都没来。第四天，青蛙不紧不慢地来到头人家。头人问它为什么来迟了，它说："因为我爹生孩子，所以前几天没有来成。"头人大叫："胡说！哪有男的生孩子的道理？"青蛙反驳："我也这么想。但你不是说你家的大公牛会生小牛犊吗？"头人无地自容，不得不归还寡妇家的牛犊。佚名讲述，刘贵荣、黄光成记录。收入《德昂族文学简史》，32开，1页，280字，云南民族出版社2002年版。

（海涛）

给仙女送葬

德昂族动物故事。流传于云南省保山市德昂族聚居区。有一天，管动物的仙女死了。动物们在老虎的主持下，准备为她送葬。它们专门请来了一位高明的画匠，给自己化装。画匠首先为孔雀画。孔雀很耐心，所以打扮得红红绿绿，十分好看。喜鹊性子急，因而它只有黑白两种颜色。给乌鸦画时，它把砚瓦打碎了，所以全身都是黑色的。不久，动物又开始唱歌，并规定，谁唱得好，就把仙女的筒裙奖给谁。最后是知了唱得最好听，得到了仙女的筒裙。于是它翅膀上的花纹鲜艳好看。后来，德昂族姑娘仿照它来绣制筒裙。王尹才讲述，杨应全记录。收入《散落的珍珠》，32开，1页，400字，保山地区群众艺术馆1983年编印。

（海涛）

兔子和老虎

德昂族动物故事。流传于云南省保山市潞江镇芒颜村那线寨。被称为兽中之王的老虎一心想吃掉兔子，聪明机智的兔子反将老虎耍得几乎丧命。

李金遥讲述，李明珍记录、整理。记录稿，700字，稿存李明珍处。

（李明珍）

含羞草

德昂族植物故事。流传于云南省西部德昂族聚居区。含羞草和黄花刺本是一对好朋友。后来，含羞草攀附着麻桑树越长越高，就嘲笑黄花刺矮小。有一天，麻桑树被大风刮倒，含羞草也跟着重重地摔了下来。大风过后，含羞草睁眼一看，发现自己跟黄花刺一样矮了，便羞得把浑身上下的叶子都卷了起来，半天不敢伸展开。从此它就有了自己的名字——含羞草。佚名讲述，万德茂记录。载《山茶》1985年第5期，16开，1页，600字。

（海涛）

（四）佛传故事

阿暖旺别吧

德昂族佛传故事。流传于云南省德宏傣族景颇族自治州德昂族聚居区。“阿蚌”故事的一种，是上新房时由佛爷或姐列以诵经形式必讲的故事。“旺”是战胜之意，“别”是数字“八”之意，意为第八次战胜。讲述了佛祖的化身阿暖在与邪恶势力的斗争中第八次战胜了对手，在这之前他运用智慧和正义的力量已先后七次战胜邪恶，取得胜利。收入《中国德昂族》，16开，宁夏人民出版社2012年版。

（艾芳）

洛戛潭

德昂族佛传故事。流传于云南省德宏傣族景颇族自治州德昂族聚居区。讲述了一对王子在颠沛流离的途中与父母失散，后来在命运的安排下历经生死离别、千辛万苦之后终获团圆。寓意佛祖在觉悟之前修行期间虽遭受千难万苦，但始终坚定信念，矢志不渝，排除万难，终成正果。教育人们要一生行善，终有好报。唐洁著，收入《中国德昂族》，16开，宁夏人民出版社2012年版。

（艾芳）

广母哈数

德昂族佛传故事。“广母”系佛塔，“哈”是数字“五”之意，意为《五座佛塔的故事》。故事告诉人们，人生行善，功德无量，必受佛祖庇佑。唐洁著，收入《中国德昂族》，16开，宁夏人民出版社2012年版。

（艾芳）

阿暖盖散好

德昂族佛传故事。“盖”系水牛，“散”是数字“三”之意，“好”是牛角，即“水牛长出三只角”的故事。内容宣扬佛祖的巨大力量。唐洁著，收入《中国德昂族》，16开，宁夏人民出版社2012年版。

（艾芳）

姆舍哈过

德昂族佛传故事。“姆舍”指猎人，“哈”系数字“五”之意，意为“五个猎人的故事”。讲述了五个进山狩猎的猎人，皈依佛祖，接受佛的教诲，每人接受一条戒律终成正果。宣扬佛教戒律“五戒”，即不杀生、不偷盗、不淫邪、不妄语、不饮酒，教育人们要恪守五条戒律。收入《中国德昂族》，16开，宁夏人民出版社2012年版。

（艾芳）

阿暖光端

德昂族佛传故事。“光端”系腰鼓，一片刚被割过的青草茬在阿暖的鼓声中又马上长出一片新绿，鼓声象征佛法的力量。故事叙述释迦牟尼返还世俗，超度众生时所遭遇的各种磨难和考验。唐洁著，收入《中国德昂族》，16开，宁夏人民出版社2012年版。

（艾芳）

阿暖舍替毫哈

德昂族佛传故事。“舍替”是富人之意，“毫哈”是秕谷之意。故事叙述三兄弟丧母，家境贫寒，父亲又常年在外，无依无靠，十分可怜。佛祖知道后十分同情，化做一老妇卖身至这家为奴，三兄弟满怀慈悲之心将老妇迎回为母，加以赡养。田里谷穗扬花、谷粒尚未饱满之际，老妇令三兄弟收割稻谷，贮于粮仓，但全系瘪谷。当年遭遇瘟疫，人死的很多，傣医称用瘪谷做药方可治病，三兄弟于是靠出售瘪谷发财致富。故事宣扬了佛教的因果报应思想。收入《中国德昂族》，16开，宁夏人民出版社2012年版。

（艾芳）

不良注软

德昂族佛传故事。意为竹楼房架上的椽子又长出了新芽，类似汉族的“千年的铁树开了花”，寓意是只要坚定信念，艰苦努力，不可能的事情也终会变成现实。这个故事还含有教育人们要勤劳善良，不能好逸恶劳、坐享其成之意。收入《中国德昂族》，16开，宁夏人民出版社2012年版。

（艾芳）

盼牙祝弄

德昂族佛传故事。“盼”是秤的秤盘，“牙”是形似天平，戥子两头都可以称物的秤，“弄”是大之意。“盼牙祝弄”，即大天平、大戥子之意。这个故事教育人们要为人正派，做事公道，不偏不倚，不作恶，不杀生，好人有好报，恶人有恶报，宣传因果报应。收入《中国德昂族》，16开，宁夏人民出版社2012年版。

（艾芳）

（五）谚语故事

下家老头不能学上家老头

德昂族谚语故事。流传于云南省保山市潞江镇德昂族居地。上家老人去地里干活喜获丰收，下家老人也学上家老人去地里干活，结果却适得其反。意为人无论做任何事物都要自己有主见，不能随便学别人去做。李明珍记录、整理。记录稿，690字，稿存李明珍处。

（李明珍）

青蛙带饭勺

德昂族谚语故事。流传于云南省保山市潞江镇德昂族居地。王母娘娘到青蛙、月亮和太阳三姐弟家里做客，青蛙想得到王母娘娘的赞扬，于是在舀饭时明明饭勺就插在腰间却指桑骂槐。比喻记忆较差的人，明明身上带着需要的东西还要到处找。李明珍记录、整理。记录稿，340字，稿存李明珍处。

（李明珍）

三、长诗歌谣

（一）创世史诗

达古达愣格莱标

德昂族创世史诗。流传于云南省芒市、盈江县、梁河县等地德昂族聚居区。史诗主要描绘了远古时代天地自然和人类所经历的巨大变化。由天地万物的形成、人类的起源、物种的起源、兄妹成婚、民族的来源与分化等部分组成。其中“茶叶是万物的阿祖，天上的日月星辰，都是茶叶的精灵化出。……单数茶叶变成五十一个精悍小伙子，双数茶叶化成为二十五对半美丽的姑娘”等内容所反映的茶叶演化万物和人类的“茶叶神话”独具特色。体现了德昂族先民与众不同的原始思维特点和价值观念，同时反映了德昂族先民的生产、生活及恋爱、婚姻、服饰、饮茶等习俗，以及与其他兄弟民族在经济、文化上的关系。赵腊林唱述、翻译，陈志鹏搜集、整理。收入《崩龙族文学作品选》，32开，16页，550余行，德宏民族出版社1983年版。

（海涛）

茶树开天辟地

德昂族创世史诗。流传于云南省德宏傣族景颇族自治州、保山市德昂族聚居区。史诗主要描绘了远古时代，茶树孕化万物，但一棵茶树因天地之别产生怒气，惊动了天神帕然，为了到地下生存，小茶树被撕碎身子，一百零两片树皮树叶单数化为五十一个精悍小伙子，双数化为二十五对半美丽姑娘，一百零两个兄弟姐妹在黑暗中随风飘荡，日月星辰为了帮助他们，出来轮换照明，齐心战胜黑暗，从此白天与黑夜分开，大地有了光明和温暖。体现了德昂族先民“茶叶是德昂的命脉”的原始思维和价值观念。赵腊林演唱，赵腊林翻译，陈志鹏采录。收入《中国歌谣集成·云南卷》，16开，3页，164行，中国ISBN中心2003年版。

（艾芳）

（二）长诗、叙事歌和时政歌

腊亮与玉相

德昂族叙事长诗。流传于云南省芒市、盈江县、梁河县等地德昂族聚居区。也叫“婚礼调”，大多在婚礼上演唱。全诗共七节，讲述一对青年男女的爱情悲剧。姑娘玉相的母亲索要丰厚彩礼，小伙子腊亮因家里穷，不得不出外打工。他一去三年零一个月才挣够银子回来。可是，一直在家中苦苦等待的玉相等了三年零七天，以为腊亮不再转回家乡，便服毒自尽了。此诗歌颂了忠贞的爱情，赞美了男女青年为争取婚姻自由所作的斗争，反映了买卖婚姻给青年人带来的不幸及青年人对恋爱婚姻自由的向往。佚名唱述，攀阳、照印坪记录。收入《崩龙族文学作品选》，32开，10页，350行，德宏民族出版社1983年版。

（海涛）

帮工歌

德昂族叙事长诗。流传于云南省德昂族聚居区。采用男女对唱的形式唱述。从一对青年男女相识，互相试探开始，唱到两人相爱，准备结婚，但没有钱举办婚礼，只好告别爹妈，到大山帮人采茶叶，后来在大山里挣了钱，拜了佛，然后高高兴兴地转回家来结婚。长诗细致地描述了他们离别父母时的心情、一路上看到的情景，以及帮人采茶的情况。全歌以直述为主，语言接近口语，朴实自然。佚名唱述，佚名记录。收入《中国少数民族文学》下册，32开，18页，600行，湖南人民出版社1983年版。

（海涛）

雷弄

德昂族叙事长诗。流传于云南省德宏傣族景颇族自治州德昂族聚居区。在一些地方又叫《下大山之歌》。全歌以男女对唱为主，唱述一对相爱的男女青年一同到雷弄去，在路上走了七天七夜，唱了七天七夜，在雷弄住了十五天，然后返回的经历。分约会、出门、途中、晚宴、赶集、归来、定情七章。歌谣表现了情人在艰难中相偕同行的过程和相依相恋的绵绵情意，反映了自由恋爱的男女青年的忠贞爱情。形象的比喻和生动的语言，把主人公历尽艰辛、经受考验、结下深情厚谊、终成眷属的整个过程和情景描绘得有声有色、入木三分。佚名唱述，杨忠德记录。收入《德昂族文学简史》，32开，3页，3000行，云南民族出版社2002年版。

（海涛）

召帕然与布方毫

德昂族叙事长诗。流传于云南省德宏傣族景颇族自治州德昂族聚居地。讲述的是释迦牟尼佛和谷娘的诞生的故事。人类祭大供无粮食，释迦牟尼飞到九重天将谷娘请到人间造福子孙，两人因为地位高低之分引起争执，谷娘一气之下飞走了，释迦牟尼再度寻回谷娘，为让谷娘永驻人间，编写了《唤谷娘》歌，后世人都来学唱至今。此诗主要由佛爷带领着百姓在奘房里祭谷娘和叫谷娘。董万保翻译，李明珍记录、整理。3780字，稿存李明珍处。

（李明珍）

采花会

德昂族叙事歌。流传于云南省西部德昂族聚居区。这是一首第一人称的男女对唱歌。一对青年男女相识相会、互相爱慕，姑娘却被官家三少爷抢亲，小伙子奋力营救，最终两人双双逃婚。全诗由序歌、相识、相爱、抢亲、坐牢、逃婚六部分组成。语句朴实，比喻巧妙，所唱内容与德昂族的生活融为一体，质朴动人。反映了德昂族青年男女对爱情的执着和憧憬。佚名唱述，杨枝福记录。载《山茶》1983年第5期，16开，3页，172行。

（海涛）

历史调

德昂族叙事歌。流传于云南省芒市、梁河县德昂族聚居区。唱述了德昂族的迁徙历史。“我们原来居住的地方，到处飘着鲜花的芳香。我们淌汗栽种茶叶，我们辛勤耕种稻田，茶叶一年收三回，稻谷堆满了囤仓。……一夜之间，黑云遮住了蓝天，恶人骑马挥刀，疯狂追赶着我们的祖先。吃的穿的被抢光，房子全烧完，淌着伤心的泪水，牵着老人孩子，去找落脚的地方……没有盐的菜吃着不香，没有太阳的日子过着不甜。快拿起弓弩和刀棒，劈出德昂自己的天堂。”李连成唱述，杨忠德记录。收入《中国歌谣集成·云南卷》，16开，1页，19行，中国ISBN中心2003年版。

（海涛）

果索的传说

德昂族叙事歌。流传于云南省芒市德昂族聚居区。唱述了孤儿果索与头人斗智斗勇，最终战胜头人，从此德昂山寨吉祥太平、百姓安居乐业的过程。“果索智除恶魔回到家，还是打猎种地放牛马。从此崩龙山寨吉祥太平，百姓安居乐业过生涯。”李连成唱述，杨忠德、张承源记译。收入《中国歌谣集成·云南卷》，16开，5页，192行，中国ISBN中心2003年版。

（海涛）

没有自己的家园

德昂族时政歌。流传于云南省镇康县德昂族聚居区。“旧社会，受苦受难受欺压，帮工度日到处流落，逃荒找粮难度时光。做尽百家活，帮了东家帮西家。吃了早饭找晚饭，忍饥挨饿眼泪往肚里咽，苦了一年又一年，还是没有自己的田地，还是没有自己的家园。”反映了旧社会德昂族的苦难生活。王老二唱述，杨天荣记录。收入《中国歌谣集成·云南卷》，16开，1页，11行，云南省民间文艺家协会、云南省民间文学集成编辑办公室1995年编印。

（海涛）

只有一颗痛苦的心

德昂族时政歌。流传于云南省芒市德昂族聚居区。“国民党统治时，土司、山官压迫剥削，德昂人民吃不饱、穿不暖，饿着肚子种田。亮在地里，黑在路上，辛勤耕耘，种出的谷子却是地主的。生活无着的德昂人，只好到山坳里找野菜，到箐子里找烧柴，哪有什么欢乐，只有一颗痛苦的心。”反映了旧社会德昂族苦难的生活。佚名唱述，桑耀华记录。收入《中国歌谣集成·云南卷》，16开，1页，13行，云南省民间文艺家协会、云南省民间文学集成编辑办公室1995年编印。

（海涛）

杀死官家解不平

德昂族时政歌。流传于云南省芒市德昂族聚居区。明末清初之际，土司为了限制德昂族的力量、剥削德昂族人民，故意派人强占德昂族人的田地，德昂族人十分愤慨，喊出了“杀死官家解不平”的口号，并留下了这首诗歌。“水田是我们开的，为什么要抢走？茶林是我们种的，为什么要独占？土司勒索又乱罚，逼得我们造反，官家不公平，杀死官家解不平！”佚名唱述，艾芒记录。收入《中国歌谣集成·云南卷》，16开，1页，8行，云南省民间文艺家协会、云南省民间文学集成编辑办公室1995年编印。

（海涛）

起义战歌

德昂族时政歌。流传于云南省芒市德昂族聚居区。清嘉庆二年（1797年），德昂族反抗芒市封建土司统治的斗争被镇压，他们用此歌来表达要继续战斗的誓言。“枪能伤命，征服不了德昂人的心；刀能杀头，消灭不了德昂人的仇恨。钢刀砍水水暂断，抽了钢刀复原形。英雄的德昂族人民，将永远燃起愤怒的烈火，烧尽人间的不平。”李腊翁唱述，杨知勇、赖永生、冯永生记录。收入《中国歌谣集成·云南卷》，16开，1页，8行，云南省民间文艺家协会、云南省民间文学集成编辑办公室1995年编印。

（海涛）

果索腊

德昂族叙事歌。流传于云南省德宏傣族景颇族自治州德昂族聚居区。歌谣描绘了小英雄果索不畏艰难，与作恶多端的头人阿南扎斗智斗勇的生动场景，以及最后阿南扎受骗上当，误入孔雀洞身亡的下场。热情歌颂了智勇双全的小英雄果索，揭示了唯有斗争才能获得自由和幸福的道理。佚名唱述，杨忠德记录。载《山茶》1990年第5期，16开，1页，38行。

（海涛）

（三）生活歌

赶摆调

德昂族生活歌。流传于云南省保山市德昂族聚居区。“快敲响象脚鼓，快敲响锣，敲响些莫让它停，让赶摆的人们快乐。攀枝花你开得好，我们在你树下，把象脚鼓敲，所有敲象脚鼓的人，围住攀枝花树。在金锣声中，姑娘们齐把舞跳。我们跳舞，我们唱歌，敲着象脚鼓敲着锣，迎来了幸福吉祥。攀枝花树的花都落下吧，我们高高兴兴地回去了，等到明年相会时，又来围着你敲敲鼓。”反映了德昂族赶摆的时候，全村人聚集一堂，唱歌跳舞，互相祝福，共祈佛祖保佑的场景。董双凤唱述，李新华翻译，张楠记录。收入《中国歌谣集成·云南卷》，16开，1页，19行，中国ISBN中心2003年版。

（海涛）

唱给爹妈的歌

德昂族生活歌。流传于云南省保山市德昂族聚居区。“这屋顶虽然破了，但它是我们的家。有病的老人干不得活，但他们是我的爹妈。早上把爹妈扶出门，坐在房檐底下，晒着太阳听鸟儿唱歌，嘴嚼着香甜的玉麦粑粑。阿爹，我是你的拄棍，你莫怨自己的手颤抖；阿妈，我是你的眼睛，你莫恨自己眼瞎。祖祖辈辈的贫穷，会从破屋顶上飞走。欢欢乐乐的日子，会永留在我们的家。”反映了德昂族尊老敬老的社会风俗。董小月唱述，李新华翻译，张楠记录。收入《中国歌谣集成·云南卷》，16开，1页，16行，中国ISBN中心2003年版。

（海涛）

寨邻拉扯我长大

德昂族生活歌。流传于云南省保山市德昂族聚居区。歌谣以第一人称，唱述了一个从小失去爹娘的孤儿全靠寨邻帮助拉扯长大的过程。“如果没有爹和妈，世上就会没有我。寨邻不拉扯我长大，小月早就不得活。”反映了旧社会孤儿生活的艰辛。董小月唱述，李兴华翻译，张楠记录。收入《中国歌谣集成·云南卷》，16开，1页，28行，中国ISBN中心2003年版。

（海涛）

孤单一人度时光

德昂族生活歌。流传于云南省保山市德昂族聚居区。此歌以第一人称，运用对比的手法，将旧社会孤儿日常生活中的苦楚描述得历历在目。“冷天别人穿鞋子，我只用稻草打双草鞋。热天别人穿草鞋，我啊，天天赤足。别人赶摆说说笑笑，穿着美丽的新衣。我赶摆低着头走，穿着捡来的破衣裳。别人住的好房子，院场上有鸡有猪。我住爹妈留下的旧窝棚，月亮从破屋顶上陪着我哭。”董小月唱述，李新华翻译，张楠记录。收入《中国歌谣集成·云南卷》，16开，1页，20行，中国ISBN中心2003年版。

（海涛）

受苦的人

德昂族生活歌。流传于云南省镇康县德昂族聚居区。“人家开地几山几洼，我在这里没有烧荒开地。我不种地，不是我懒，是因为官家压迫做牛马，是因为我家太穷没有田地。受苦的人啊，到哪时才有自己的田地，到哪时才能过上幸福的好时光？”反映了旧社会平民与官家头人之间的阶级矛盾及平民对幸福生活的渴望。王老二唱述，李国忠、王鸣声、王老二记译。收入《中国歌谣集成·云南卷》，16开，1页，9行，中国ISBN中心2003年版。

（海涛）

等你回来安埋我

德昂族生活歌。流传于云南省保山市德昂族聚居区。这是一首伤心调，反映了旧社会的“抓壮丁”给德昂族人民带来的苦难。歌谣用一些典型的细节烘托气氛，表现了一个悲痛欲绝的女子，在苦苦地等待和盼望被“老黄兵”抓走的恋人归来的凄苦心情，情真意切。“天黑盼到天又亮，日出等到日又落。我愿等你等到死，等你回来安埋我。”董小月唱述，张楠记录。《中国歌谣集成·云南卷》，16开，1页，28行，中国ISBN中心2003年版。

（海涛）

孤儿歌

德昂族生活歌。流传于云南省芒市德昂族聚居区。此歌以第一人称唱述了一个孤儿的苦难生活，除了体现旧社会孤儿产生的社会根源之外，也反映了当时德昂族要求改变民族受压迫受剥削的命运的愿望。李腊翁唱述，杨知勇、赖永良、冯永生记录。收入《中国歌谣集成·云南卷》，16开，1页，48行，中国ISBN中心2003年版。

（海涛）

客人亲戚来

德昂族生活歌。流传于云南省保山市德昂族聚居区。“客人亲戚来，大家敲起鼓唱起歌，高高兴兴地玩，愉愉快快地乐；客人亲戚来，我们吃酒吃饭多快活，慢慢地吃，慢慢地来，像鹅毛细雨一样慢慢地来，我们大家都欢乐。”反映了德昂族热情好客的民族性格。李新华唱述，张学文记录。收入《中国歌谣集成·云南卷》，16开，1页，9行，中国ISBN中心2003年版。

（海涛）

敲水鼓

德昂族生活歌。流传于云南省保山市德昂族聚居区。“起来起来小伙伴，我们大家敲水鼓，人人穿着新衣都来看，哎，别单看打鼓，请一起来跳舞。”王老二唱述，张学文记录。收入《中国歌谣集成·云南卷》，16开，1页，5行，中国ISBN中心2003年版。

（海涛）

打起水鼓跳起舞

德昂族生活歌。流传于云南省保山市德昂族聚居区。“打起水鼓跳起舞，我们高兴地见面了。让我们在一起跳吧唱吧，尽情地欢乐。哎，唱吧跳吧，多呀多欢乐。”李生科唱述，张学文记录。收入《中国歌谣集成·云南卷》，16开，1页，6行，中国ISBN中心2003年版。

（海涛）

老姨娘，坑害我

德昂族生活歌。流传于云南省芒市德昂族聚居区。此歌表现了旧社会一名男子对包办婚姻的不满。“丁香花，十八朵，老姨娘，坑害我，讨给我一个小歪脚，我说我不要，把她攮大河。”佚名唱述，杨枝福记录。收入《中国歌谣集成·云南卷》，16开，1页，5行，中国ISBN中心2003年版。

（海涛）

丁香花，十八朵

德昂族生活歌。流传于云南省芒市德昂族聚居区。歌谣表现的是一个女子被逼嫁给一个歪脚汉，在婆家受尽折磨，后来在外出背水的路上遇上自己的恋人，最终跟着恋人私奔的过程。反映了旧社会买卖婚姻给妇女带来的不幸及妇女对恋爱婚姻自由的向往。“丁香花，十八朵，阿爸阿妈坑害我，嫁郎嫁了一个歪脚汉，进门出门苦泪落。”佚名唱述，杨枝福记录。收入《中国歌谣集成·云南卷》，16开，1页，24行，中国ISBN中心2003年版。

（海涛）

送别

德昂族生活歌。流传于云南省芒市德昂族聚居区。“启明星哟慢慢地升，莫刺着姑娘的眼睛。雄鸡哟轻轻地啼叫，莫惊醒甜睡的姑娘。姑娘哟！你像金子一样发亮，像太阳一样发光；你的歌声银铃般清脆，像泉水一样流淌。你走到哪里，歌声就流到哪个地方，不论你到哪个村寨，请不要把我们遗忘。”表达了对一位即将远离家乡的姑娘的依依惜别之情。李建华、张俊芬唱述，天兰记录。收入《中国歌谣集成·云南卷》，16开，1页，19行，中国ISBN中心2003年版。

（海涛）

这样的人

德昂族生活歌。流传于云南省芒市德昂族聚居区。

歌中讲了一些做人的原则，告诫人们要学会辨别人品行的好坏。全歌分八段依次推进：第一段唱莫依靠嘴里灌满了蜜糖的人，他们终日明笑，却暗中把刀子指向对方。第二段唱莫羡慕终日说短道长却没有一点实际行动的人。第三段唱莫迷恋强颜欢笑逗人喜爱却无心掏出炽热心房的人。第四段唱莫轻信终日自我夸奖却不愿干实事一桩的人。第五段唱莫同情终日仇恨恶人猖狂，却不敢握刀举剑反抗的人。第六段唱莫纵容捕风捉影是非不讲，终日火上加油恶语中伤的人。第七段唱莫埋怨终日像牛一样把心血献给事业，却不把功劳渲染的人。第八段唱莫抛弃愿把血浆输给别人，却不要丝毫报答，终日默默奉献的人。李连成唱述，杨忠德记录。收入《中国歌谣集成·云南卷》，16 开，1 页，32 行，中国 ISBN 中心 2003 年版。

（海涛）

让乖乖睡觉

德昂族生活歌。流传于云南省镇康县德昂族聚居区。这是一首成年人为幼儿唱的摇篮曲。“睡吧，睡吧，小娃乖乖，你是妈妈的小乖乖。睡吧，睡吧，小娃乖乖，你是白白嫩嫩的小宝贝，你是妈妈的小乖乖。”王永鲜唱述，王永鲜、杨天荣记译。收入《中国歌谣集成·云南卷》，16 开，1 页，7 行，云南省民间文艺家协会、云南省民间文学集成编辑办公室 1995 年编印。

（海涛）

我的家乡就在这里

德昂族生活歌。流传于云南省芒市德昂族聚居区。表达了德昂族对自己家乡的热爱和思念之情。歌谣唱述了家乡典型的美景，儿时美好童年的回忆及美丽的姑娘，最终唱道：“我还要重来，来到凤尾竹下，投入我的故乡，追寻我青春活力的梦。”和阿三唱述，和阿三整理。载《孔雀》1982 年夏。

（艾芳）

不忘先祖

德昂族生活歌。流传于云南省盈江县二古城。“乡亲们啊乡亲们，我要把一支古歌来唱……”提醒德昂人民任何时候都不能忘记祖先历经的艰辛。李宝莲唱，李明珍记录整理。记录稿，140 字，稿存李明珍处。

（李明珍）

金茶银茶

德昂族生活歌。流传于云南省保山市潞江镇芒颜村那线寨。“金茶哎，银茶哎，缅桂花一般香，我寻去不知树在哪儿……”唱述了德昂人生活中与茶密不可分的关系以及对茶的敬仰。王玛科、李金遥唱，李明珍记录、整理。记录稿，300 字，稿存李明珍处。

（李明珍）

贫穷

德昂族生活歌。流传于云南省保山市潞江镇石梯村白寨。“这屋顶虽然破了，但它是我们的家。带疾的老人干不得活，但他们是我的爹妈。早晨把爹妈扶到门外，坐在房檐下，晒着太阳听鸟儿唱歌，嚼着香甜的玉麦粑粑。夜晚让爹娘火塘边坐，坐着烤火、喝茶，听我说笑着纺线，听我唱着歌织麻。我熬一锅栗树皮水，染红一支支线，我煮一锅麻秆炭灰水，染黑一束束麻。坐在檐下的腰机前，月亮伴着我织布，织出的布又细又密又平滑……阿爹我是你的拄棍，你莫怨自己的手颤抖。阿妈我是你的眼睛，你莫恨自己的双眼瞎。祖祖辈辈的贫穷，会从破屋顶上飞走。欢欢乐乐的日子，会永远留在我的家。”表达了因家境贫寒而对美好生活的向往。董小月唱，张楠记录。载《永昌文学》1999 年第 2 期，16 开，1 页，16 行。

（李明珍）

苦

德昂族生活歌。流传于云南省保山市潞江镇石梯村白寨。“爹妈死，我才四岁，就像只羽毛不全的孔雀，没有人供给我衣食，没有人供养我，贫穷的乡亲寨邻虽有心也无力养活我，但他们拉扯我长大，教会我干活。以前阿爹苦，一天只苦得半斤包谷面，找些野菜掺煮，整天我都觉得饿。身上披着破麻布衣，冷了在火塘边向向火，夜里拿蓑衣当被子，盖住了身子露着脚。我从小就天天苦，但比爹妈好得多，我苦只养我自己，爹妈苦还得顾着我。如果没有爹和妈，世上也就没有我；如果没有寨邻们，小月早就不得活。如今我虽老了，大瓦房还盖了一所，全家不愁穿和吃，只可惜爹妈见不着。”表达了对逝去父母的思念之情。董小月唱，张楠记录。载《永昌文学》1999年第2期，16开，1页，25行。

（李明珍）

（四）风俗歌

婚礼前的对歌

德昂族风俗歌。流传于云南省芒市德昂族聚居区。这是参加婚礼的青年男女对唱的歌，表现了青年男女互相爱慕、情投意合并盟定终身的过程。语句朴实、比喻巧妙，内容充分展现了德昂族的生活环境，质朴动人。“（女）我丑得像只乌鸦，比不上别寨的姑娘好看。（男）明明是一朵鲜花，你还当众说谎。美丽的姑娘呵，我把你唱的歌儿，挂在牙齿上，记在心坎上，你怕不怕我呀，小姑娘？（女）啊，小伙子，我不怕你啊，我只怕小牛不想吃嫩草，我就怕蝴蝶不想采鲜花。（男）你怕不怕摸着老虎的毛，你怕不怕摸着老熊的嘴？老虎要舔你的手，老熊要亲你的脸。”李腊翁唱述，王伯麟记录。收入《中国歌谣集成·云南卷》，16开，3页，50行，中国ISBN中心2003年版。

（海涛）

迎亲歌

德昂族风俗歌。流传于云南省芒市、梁河县等地德昂族聚居区。此歌是迎亲过程中歌手、歌队，新郎、新娘的对唱，表现了迎亲队伍到新娘家接亲的过程，并赞美了新娘的美丽和新郎新娘坚贞的爱情。“哦呀，哦呀，今日天气晴朗，水呀山呀都很清秀。孔雀开屏了，彩蝶成双了，风儿吹，树点头，歌声飞出了寨子，笑声装满了竹楼。”李腊翁、李连成、李果撒唱述，杨忠德、照印坪记录。收入《中国歌谣集成·云南卷》，16开，2页，128行，中国ISBN中心2003年版。

（海涛）

哭婚歌

德昂族风俗歌。流传于云南省德宏傣族景颇族自治州德昂族聚居区。在德昂族三天三夜的婚礼中，新娘要分别向长老、阿爹、阿妈及兄弟姐妹们痛哭告别。哭婚歌就是在这期间唱的。全歌分为序歌、哭别长老、哭别阿爹、哭别阿妈、哭别兄弟、哭别姐妹六个部分。“哭别长老”唱的是感谢长老的教诲，并接受长老的祝福。“哭别阿爹”唱的是即将出嫁之际，仍有许多不懂的事，让阿爹再次教诲做人的道理。“哭别阿妈”唱的是感谢母亲的养育之恩，并接受母亲对女儿到婆家后该怎样做的忠告。“哭别兄弟”唱的是临别之际，对兄弟的忠告。“哭别姐妹”唱的是分手之际，对同在一起长大的姐妹依依不舍的惜别之情。李连成、李板过唱述，杨忠德记录。收入《中国歌谣集成·云南卷》，16开，4页，187行，中国ISBN中心2003年版。

（海涛）

哭嫁歌

德昂族风俗歌。流传于云南省保山市德昂族聚居区。“要打发我的姑娘了，我心中实在舍不得，想向谁诉说我的忧伤，又怕别人笑我。我容不下这么多忧伤，像谷子多得装不下的谷仓；我容不下这么多痛苦，像大水漫出堤岸的小河。我美丽的女儿要出嫁了，我真真舍不得你；我能干的姑娘要打发了，你从此要离开我。但愿下一辈子，我和你还是娘儿两个。来世你变个男儿吧，就永远不会离开我。要打发姑娘了，我心中实在舍不得，向谁去诉说我的伤心呢？我又怕别人笑我。”反映了母亲送别出嫁的女儿时的忧伤和矛盾心情。董小月唱述，李新华翻译，张楠记录。收入《中国歌谣集成·云南卷》，16开，1页，20行，中国ISBN中心2003年版。

（海涛）

祝酒歌

德昂族风俗歌。流传于云南省芒市德昂族聚居区。这是德昂族婚礼上唱的敬酒歌。“最香的山茶花，引来了最勤快的蜜蜂；最漂亮的姑娘，引来了最能干的小伙子。最香的山茶花，最漂亮的姑娘，就是花房中的新娘。最勤快的蜜蜂，最能干的小伙子，就是歌队中的新郎。天生的一对鸳鸯，相配的一对孔雀，贴心的一对伴侣，叫我们怎能不为他们歌唱？”表达了对新人的祝福。李板过唱述，杨忠德记录。收入《中国歌谣集成·云南卷》，16开，1页，14行，中国ISBN中心2003年版。

（海涛）

祝福歌

德昂族风俗歌。流传于云南省镇康县德昂族聚居区。“客人围着桌子坐好，为新郎新娘唱祝福歌。喜酒慢慢喝，祝他俩白发到老。”表现了德昂族婚礼的热闹场景及人们对新婚夫妇的祝福。王老二唱述，杨天荣、王老二记译。收入《中国歌谣集成·云南卷》，16开，1页，4行，中国ISBN中心2003年版。

（海涛）

怀念死者

德昂族风俗歌。流传于云南省保山市德昂族聚居区。这是一首妻子为亡夫唱的悼亡歌，表达了丈夫故去后她的伤痛、怀念之情，回忆了夫妻在一起生活的情投意合。“你死了若变成条小鱼，我要化作一池春水。让你在清凉的水中，自在地游来游去。你死了若变成朵山花，我愿化作小雨，用整个的我，浇洒你，滋润你。”董小月唱述，李新华翻译，张楠记录。收入《中国歌谣集成·云南卷》，16开，1页，32行，中国ISBN中心2003年版。

（海涛）

送葬调

德昂族风俗歌。流传于云南省芒市德昂族聚居区。歌的主要内容是为死者送葬，将其灵魂送到长生不老的“勐苗豆苗哉”（传说中吉祥快乐的地方），使其过上幸福的生活，让其不要返回来危害家人。“渡船已经给你准备好了，渡船银子也放在你的口中。你不要再回到家里，换你从前的伙伴去吧，不要回来找我们。”李腊翁唱述，艾芒记录。收入《中国歌谣集成·云南卷》，16开，1页，24行，中国ISBN中心2003年版。

（海涛）

追悼亡灵调

德昂族风俗歌。流传于云南省芒市德昂族聚居区。歌中通过对亡灵的追悼，表达了希望亡灵转世托生变为好人的愿望。“你走了，放放心心去吧。你来世要变人，先变眼睛，好人、坏人你都能看清；再变耳朵，别人讲好、讲坏你都能听见；再变鼻子，是香、是臭你都能闻到；再变嘴巴，是酸、是甜你都能吃着；你再变一颗心，就会变成人。”反映了德昂族灵魂不死观。李连成唱述，艾芒记录。收入《中国歌谣集成·云南卷》，16开，1页，12行，中国ISBN中心2003年版。

（海涛）

祈祷亡灵调

德昂族风俗歌。流传于云南省芒市德昂族聚居区。

歌中唱出了送葬者多少有些矛盾的心情：一方面，希望亡灵得其所归，幸福平安；另一方面又担心亡灵回来侵扰家人。"你年纪老了，今年兆头不好，你过不了今年，你老寿终了。你想老家了，你去老家了，我想留住你，可你不想在了。……今天分手了，你们是你们，我们是我们。你老人家走后，给我们后代好吃好在，不要给我们受罪。"反映了德昂族灵魂不死观。李腊翁唱述，艾芒记录。收入《中国歌谣集成·云南卷》，16 开，1 页，27 行，中国 ISBN 中心 2003 年版。

（海涛）

三月泼水节的歌

德昂族风俗歌。流传于云南省镇康县德昂族聚居区。"三月泼水节，山山洼洼开满鲜花，男女老少都到山上去采美丽的花朵。这鲜花象征吉祥和幸福。大家都到缅寺把鲜花供奉，愿神灵保佑我们五谷丰收，愿神灵保佑我们人畜兴旺。"反映了德昂族的节日习俗。王老二唱述，杨天荣记录。收入《中国歌谣集成·云南卷》，16 开，1 页，9 行，中国 ISBN 中心 2003 年版。

（海涛）

六月关门节的歌

德昂族风俗歌。流传于云南省镇康县德昂族聚居区。"干天过去了，雨季就来到，种田又种地，农活正是忙。无论男女老少，大家齐心做生产，节令不等人，不要错过好时光，抓紧节令不放松，才会夺得粮丰收。"反映了德昂族宗教节日与劳动生产的联系。王老二唱述，杨天荣记录。收入《中国歌谣集成·云南卷》，16 开，1 页，10 行，中国 ISBN 中心 2003 年版。

（海涛）

九月开门节的歌

德昂族风俗歌。流传于云南省镇康县德昂族聚居区。"九月谷米黄，家家户户忙收粮。秋收季节来到了，收割农具准备好。粮食收割在山上，赶早运回家，麂子马鹿要进地，会把粮食糟蹋光。运到楼上保管好，这是全家一年的米粮。"反映了德昂族宗教节日与劳动生产的联系。王老二唱述，杨天荣记录。收入《中国歌谣集成·云南卷》，16 开，1 页，10 行，中国 ISBN 中心 2003 年版。

（海涛）

迎亲调

德昂族风俗歌。流传于云南省德宏傣族景颇族自治州德昂族聚居区。歌谣分为：①引调。由歌手和迎亲众男到达新娘家所对唱。②赞调。由歌手和迎亲众男所唱，表达了对父老养育之恩的感激之情。③安慰。由歌手、众男和媒人所唱，表达了婚后会对新娘关心爱护之情。④辞别。表达新娘临别时感谢父母的养育之恩及对弟妹依依不舍的心情，并忠告弟妹要好好对待父母。⑤入新房，由歌手、媒人、新娘和众老演唱，表达了新人婚后入住新房时要过上好日子的美好愿望及众人对新人的祝福。⑥祝愿。由歌手和主人演唱，表达了众人和长辈对儿女新婚的祝福。杨忠德演唱，攀阳翻译，潘丽莉、杨忠德整理。收入《中国民间情歌》，32 开，9 页，368 行，上海文艺出版社 1989 年版。

（艾芳）

（五）劳动歌

挖地歌

德昂族劳动歌。流传于云南省芒市德昂族聚居区。"举起手中的锄头，翻起黑得发亮的泥土。让日头把它晒干，用锄把土敲碎，一窝挨着一窝，撒下饱满的旱谷。莫偷懒，勤去看，长出草来就拔光，来日才有好收成。"反映了德昂族种旱谷的劳动过程；同时反映了德昂族劳动创造财富，一分耕耘一分收获的思想。李板过唱述，杨忠德记录。收入《中国歌谣集成·云南卷》，16 开，1 页，10 行，中国 ISBN 中心 2003 年版。

（海涛）

收割歌

德昂族劳动歌。流传于云南省梁河县德昂族聚居区。“金黄的谷穗快坠到地上，耕种时的汗水没有白淌。雨水滋润了禾苗，汗水把谷穗染黄。朋友们哟，要叫谷子满仓，就不要守着火塘。要过富足生活，就不能睡到天亮。”既有劝喻，也是自勉。反映了德昂族“人勤地生宝”的思想。李连成唱述，杨忠德记录。收入《中国歌谣集成·云南卷》，16 开，1 页，10 行，中国 ISBN 中心 2003 年版。

（海涛）

月亮照着我织布

德昂族劳动歌。流传于云南省保山市德昂族聚居区。“夜里让爹妈在火塘边坐，坐着烤火、喝茶，听我说笑着纺线，听我唱着歌绩麻。我熬一锅栗树皮水，染黑一支支线；我煮一锅麻秆炭灰水，染黑一束束麻。坐在檐下的腰机前，月亮照着我织布。织出的布啊，又细又密又平滑。缝一身衣裤给阿爹，缝一条筒裙给阿妈。”反映了德昂族妇女织麻布的劳动场景。董小月唱述，李新华翻译，张楠记录。收入《中国歌谣集成·云南卷》，16 开，1 页，16 行，中国 ISBN 中心 2003 年版。

（海涛）

织筒裙布

德昂族劳动歌。流传于云南省镇康县德昂族聚居区。歌中唱道：“我织的筒裙布，没有大家织得好看。我这个小姑娘，还不会织布时，妈妈就不在人世。从小没有人教我织布，我没有地方去学，长大织的布就不漂亮。如果我的妈妈在，我也会织得跟大家一样美。”王老二唱述，王老二、姚明华翻译，巴茅记录。收入《中国歌谣集成·云南卷》，16 开，1 页，10 行，中国 ISBN 中心 2003 年版。

（海涛）

唤谷娘

德昂族劳动歌。流传于云南省芒市德昂族聚居区。德昂族在春耕和收割稻谷时都要举行祭祀谷娘的仪式，仪式上唱这首歌。“喂！喂！喂！谷娘你在哪里？快回来，快到地上守地，不要让马鹿、麂子践踏我们的土地，丰收了会好好地酬谢你！谷娘啊谷娘，跟我们回家吧！家里已为你编扎好茅屋了。”反映了德昂族人民向往富足生活的美好愿望。李腊翁唱述，桑耀华记录。收入《中国歌谣集成·云南卷》，16 开，1 页，11 行，中国 ISBN 中心 2003 年版。

（海涛）

（六）情歌

喜相逢

德昂族情歌。流传于云南省芒市德昂族聚居区。此歌以对唱的形式演唱，表现了男女青年初次相会的喜悦。“（女）对面山上的小伙子哟，如果你是可以喝的水，就请流过这边来。如果你是可以吃的酱，就请淌过这边来。（男）对面山上的阿妹哟，这么脏的水，只怕你不敢喝，这么臭的酱，只怕你不敢吃。你吃了就会烦，你吃了就会吐。（女）对面山上的小伙子哟，只要你是水，水比蜜更甜；只要你是酱，酱比花还香。喝了水歌儿更甜美，吃了酱情意更缠绵。（男）对面山上的阿妹哟，如果你真心实意，脏水就要流过去，臭酱就要淌过去。你要不怕脏水和臭酱，他要和你在一起。”李建华唱述，何阿三记录。收入《中国歌谣集成·云南卷》，16 开，1 页，25 行，中国 ISBN 中心 2003 年版。

（海涛）

只要你真心实意

德昂族情歌。流传于云南省德宏傣族景颇族自治州德昂族聚居区。此歌以对唱的形式，表现了男女初次相会的喜悦。歌中女子大胆热烈，男子则渐渐试探，步步进逼。双方对真挚爱情的追求丝毫不隐瞒。“（男）山顶开着美丽的花，我老远就闻到花香。我想把它摘到手，可惜山脚隔着大江。我想把它藏在心里，可惜刺棵把道路阻拦。（女）只要你真心实意，没船没桥也能过江。只要你真心实意，刺棵就会倒在路旁。真心的他手接触花朵，鲜花就会开在他心上。”佚名唱述，杨知勇记录。收入《中国歌谣集成·云南卷》，16开，1页，12行，云南省民间文艺家协会、云南省民间文学集成编辑办公室1995年编印。

（海涛）

同嚼一盒芦子

德昂族情歌。流传于云南省保山市德昂族聚居区。德昂族青年男女谈恋爱时，日常所嚼的芦子等物即成了传情的媒介。“我俩相爱，在一起玩，我俩一起来嚼一盒芦子，我俩样样都吃一点。我俩相爱，在一起玩，我俩来嚼一盒石灰，我俩高兴地把它都嚼完。”李新华唱述，张学文记录。收入《中国歌谣集成·云南卷》，16开，1页，6行，中国ISBN中心2003年版。

（海涛）

阿哥河边等妹来

德昂族情歌。流传于云南省保山市德昂族聚居区。“我俩同嚼一盒烟，欢欢喜喜我俩同在一起，相亲相爱不分离。晚上我从北寨摸路来，哥哥哟先请喝一杯水再说。话说不完噢，阿哥你到河边等妹来。”反映了恋爱中的青年男女约会时的喜悦心情。王李五唱述，吴隆振、张学文记录。收入《中国歌谣集成·云南卷》，16开，1页，7行，中国ISBN中心2003年版。

（海涛）

试探

德昂族情歌。流传于云南省德宏傣族景颇族自治州德昂族聚居区。此歌以对唱的形式，表现青年男女初次相会时的场景。“（女）龙竹一样挺秀的阿哥哟，你的歌十分动听，听一句我的心动一次，嚼一段我的心动一天。可是哟，你的话又像堆满云彩的天，是阴是雨叫我难捉摸；你的歌像雨后流动的泉水，是浑是清没法说。（男）山茶花一样美丽的阿妹哟，有篾帽遮着我的眼睛，看不透妹妹的心。你的话句句动人，怕只怕花言巧语迷惑人。风吹泡沫无踪影，话说得好听不风行。”反映了青年男女对爱情的憧憬。佚名唱述，佚名采录。载《山茶》1990年第5期，16开，1页，16行。

（海涛）

山歌

德昂族情歌。流传于云南省芒市德昂族聚居区。此歌以对唱的形式演唱，表现了青年男女初次相会的喜悦。“（男）崩龙山上一朵花，赛过了金子做的花，赛过了银子做的花。我有心采下她，不怕困难有多大。（女）……年轻的阿哥啊，你的嘴巴似蜂蜜，不知你真心还是假意？（男）……亲爱的阿妹，如果你是一只小牛，我就一辈子做个牧童。（女）……亲爱的阿哥啊，烈日晒过的芭蕉叶更加碧绿，经过霜打的大青树越发苍郁。爱情只有经过反复考验，往后的日子才更加甜蜜。”之后双方一步步试探对方的感情，最后情投意合。李腊翁唱述，王伯麟记录。收入《崩龙族文学作品选》，32开，2页，30余行，德宏民族出版社1983年版。

（海涛）

阿哥阿妹结成亲

德昂族情歌。流传于云南省芒市德昂族聚居区。全歌分9段，每段4句，表现了青年男女互相爱慕、情投意合并盟定终身的过程。语句朴实，比喻巧妙，所唱内容与德昂族的生活环境融为一体。“崩龙山的丁香花开了，九百九十九朵都鲜艳。天上的彩云飘来了，落在九十九座崩龙山巅。银桥架在大江上，银桥架在十八对哥妹心房。分离的一对对情人，又相逢在崩龙的花山上。”佚名唱述，寨和记录。收入《中国歌谣集成·云南卷》，16开，1页，36行，中国ISBN中心2003年版。

（海涛）

见你一眼也心甘

德昂族情歌。流传于云南省镇康县德昂族聚居区。歌中，一位男子表达了对所喜爱的女子的真挚情感，以及担心自己与她不般配的复杂心情。“阿妹的芦子香又甜，香甜的芦子送给我。阿妹心别酸，我是一个丑八怪，阿妹你真漂亮，能见到你是好福气。阿妹听说你很能干，今晚一见果真不平凡。我这样穷的小伙子，见你一眼也心甘。小妹啊，香甜的芦子莫浪费，把它送给情郎。只要你小妹看得起，我要为你唱一支山歌。”王老二唱述，王老二、李国忠、杨宪明记译。收入《中国歌谣集成·云南卷》，16开，1页，15行，中国ISBN中心2003年版。

（海涛）

阿妹好比象牙筷

德昂族情歌。流传于云南省镇康县德昂族聚居区。唱此歌的男子身处贫困之中，他在表达对钟爱女子的爱情时，爱情与自卑交织，在内心里产生了深刻的矛盾。“阿妹好比象牙筷，能尝千种食味，不是干木果（一种大树，大象喜食其叶）树叶就不吃。像我这样的穷人，人人怕遇着，大家看见我，都要绕路走。世上再也没有谁，跟我成婚配。”王小照、姚光才唱述，王老二、杨天荣记录。收入《中国歌谣集成·云南卷》，16开，1页，8行，中国ISBN中心2003年版。

（海涛）

像江河水长流不断

德昂族情歌。流传于云南省芒市德昂族聚居区。“我对你的思念，像江河水长流不断。我盼望坐在你的身旁，端起饭碗忘记下咽。我盼望坐在你的身旁，躺在床上无法合眼。我对你的爱绝不是糖水煮酸茭，表面蜜甜心里酸。如果我俩合在一起，黄瓜也会变甜。”反映了恋爱中的德昂族青年男女对心上人的思念之情。佚名唱述，杨知勇记录。收入《中国歌谣集成·云南卷》，16开，1页，10行，中国ISBN中心2003年版。

（海涛）

我就只走这条路

德昂族情歌。流传于云南省镇康县德昂族聚居区。此歌以独到的构思表现了德昂族青年男子对恋人的思念之情。“左边有路，右边有路，左边右边的路我都不走，我就只走这条路。走这条路才能与阿妹相会，走这条路才能得到幸福。”王老二唱述，杨天荣记译。收入《中国歌谣集成·云南卷》，16开，1页，5行，中国ISBN中心2003年版。

（海涛）

看到一朵美丽的花

德昂族情歌。流传于云南省德宏傣族景颇族自治州德昂族聚居区。歌谣借物抒情，委婉地表达了男子对恋人的思念之情。“望见对面那座山，看到一朵美丽的花，像月光反照，射到我的心啊！我要想办法，把你采回家。你会像铁橘叶那样牢，怕我掐不断吧！我要拿竹签去撬，我要拿锄头去挖，我的心没有安搁处，就像砍倒的树皮不干啊！”佚名唱述，佚名记录。收入《中国歌谣集成·云南卷》，云南省民间文艺家协会、云南省民间文学集成编辑办公室1995年编印。

（海涛）

小伙子来串我

德昂族情歌。流传于云南省保山市德昂族聚居区。德昂族女子大胆、直爽、泼辣，在情歌中所表达的爱情也非常爽朗、热烈，毫不隐瞒、遮掩。“小伙子来串我，要我和他一起笑、一起说，一起玩，一起乐；阿哥你今天做什么活？明天又做什么事？

我等你来串我！”李金秀唱述，张学文记录。收入《中国歌谣集成·云南卷》，16开，1页，6行，中国ISBN中心2003年版。

（海涛）

美丽的小伙

德昂族情歌。流传于云南省镇康县德昂族聚居区。这是一首姑娘唱的情歌，歌中所表达的爱情爽朗、热烈。“美丽的小伙，你身强力壮。阿妹若有情，就请师傅把你画在纸上。漂亮的阿哥，你本领高强，阿妹若有钱，就请师傅把你写在书上。美丽的阿哥，阿妹想你时，看看纸上的画；阿妹劳动前，看看书上的字。我一定把画贴在墙上，把书放在枕头旁。”姚玉兰唱述，王老二、杨天荣记录。收入《中国歌谣集成·云南卷》，16开，1页，15行，中国ISBN中心2003年版。

（海涛）

你像天上的星星

德昂族情歌。流传于云南省保山市德昂族聚居区。歌中借物抒情，以物拟人，将小伙子对所爱姑娘的思念之情表现得淋漓尽致。“你出世的时候，我还没有生。你像天上的星星一样，相差很远的路程。假若我们能一起成长，就会幸福地生活，美满如意，如花似锦。”董云秀唱述，张学文记录。收入《中国歌谣集成·云南卷》，16开，1页，8行，中国ISBN中心2003年版。

（海涛）

你生的时候

德昂族情歌。流传于云南省保山市德昂族聚居区。歌中借物抒情，以物拟人，表现了年轻男子对心仪的少女的思念以及对真挚爱情的渴望。“你生的时候，我还没有生，我还做那天上的小星星；你美丽的时候，我还没有生，我还做那天上的小星星。如果你听我说的话，我俩可以做天上的星星；如果你听我讲的话，高山深洼也能改成良田。”李新华唱述，张学文记录。收入《中国歌谣集成·云南卷》，16开，1页，8行，中国ISBN中心2003年版。

（海涛）

哥找妹来妹想哥

德昂族情歌。流传于云南省永德县德昂族聚居区。此歌也叫《隔山调》，是隔山相会的青年男女互相吐露爱慕之情的对唱。“（男）阿妹你听着，南捧河淌拢南汀河，哥找阿妹河隔着。阿妹你听着，为能去到阿妹处，阿哥愿喝干这南捧河水。（女）阿哥你听着，阿哥慢慢去，路上不要怕。阿哥你听着，你要是到了好地方，不要把妹忘。阿哥慢慢去，不要忙回家，如果你等得，这里姑娘多。（男）阿哥找阿妹，找遍每棵树，阿哥遍山找，为了找伴侣。阿哥找阿妹，找遍每个山，不怕别人笑，定要把妹找。（女）深山老箐里，别人望不见。阿妹等着你。说玩说笑只有我们俩。夜深人静时，常常想起你。睡了又起来，倒出好酒独自流泪。”姚正东、姚软唱述，姚正东、王新娟翻译，杨天荣记录。收入《中国歌谣集成·云南卷》，16开，1页，32行，中国ISBN中心2003年版。

（海涛）

妹想跟哥成一家

德昂族情歌。流传于云南省镇康县德昂族聚居区。一位姑娘借形象的比喻，很好地将内心深处炽烈而略带几分羞涩的情感通过情歌表达出来，表现了她对心仪的小伙子的爱慕与思念之情。“阿哥像一匹飞马，在这里最漂亮，阿妹我愿意帮助你，管理天上事。阿哥像一匹飞马，只往银城飞，别人说我不能跟着你，我很想跟你成一家，活着像鲜花开放。阿妹我心里总想，死后也能与阿哥在一起。”姚小二唱述，王新朝、景秀兰翻译，杨天荣记录。收入《中国歌谣集成·云南卷》，16开，1页，11行，中国ISBN中心2003年版。

（海涛）

我家的韭菜哟

德昂族情歌。流传于云南省保山市德昂族聚居区。这是一首男女对唱的歌谣，反映了青年男女对爱情的执着和憧憬。“（男）你这姑娘哟，如同百花一样，没有钩钩钩不来。（女）我家的韭菜哟，你要来割就好割，要想吃它也好吃。”董爱国唱述，张学文记录。收入《中国歌谣集成·云南卷》，16开，1页，6行，中国ISBN中心2003年版。

（海涛）

你变菜我变锅

德昂族情歌。流传于云南省芒市、梁河县德昂族聚居区。此歌表现了一对恋人情投意合地在一起，以歌代言，互吐爱慕之情，憧憬着未来美好的生活。“你变菜，我变锅，你变白米，我变甑子，你变布匹，我变针线，你变树木，我变春风，你变青草，我变露水，你变花丛，我变蜜蜂，你我心心相随相印，时时刻刻不分不离。”李腊翁唱述，岩诺记录。收入《中国歌谣集成·云南卷》，16开，1页，8行，中国ISBN中心2003年版。

（海涛）

我的心飞进了筒帕

德昂族情歌。流传于云南省芒市德昂族聚居区。这是一个小伙子向心爱的姑娘吐露爱慕之情，并憧憬和姑娘的美好未来的歌。“如果你是嫩生生的香菜，我是炒菜的铁锅；如果你是香喷喷的糯米，我是蒸饭的甑子……亲爱的小妹啊，我的心已经飞走了，飞进了你的筒帕。请你随时背着筒帕，睡觉时把它放在枕下。”李腊翁唱述、翻译，王伯麟记录。收入《中国歌谣集成·云南卷》，16开，1页，23行，中国ISBN中心2003年版。

（海涛）

我愿

德昂族情歌。流传于云南省保山市德昂族聚居区。通过一连串的假设、排比、比喻，以真挚的语言，展现了歌者对爱情的执着和憧憬。“我们心心相连，海枯石烂永不变。若万一有一天，你不在人世了，化作一棵青树在山坡上；我愿——化作一只斑鸠在坡上唱歌。若万一有一天，你不在人世了，化成一枝鲜花在半坡中；我愿——化作绵绵细雨每天为你浇水。我们心心相连，愿做对双头凤永不分。若万一有一天，你不在人世了，化作泉水在流淌；我愿——化作金石砖围住你。若万一有一天，你不在人世了，化作一条金鱼在海中；我愿——化作一条银鱼与你做伴。”佚名唱述，佚名整理。收入《德昂族文学简史》，32开，1页，24行，云南民族出版社2002年版。

（海涛）

变只小牛跟随你

德昂族情歌。流传于云南省芒市德昂族聚居区。歌中，一对男女以对唱的方式一步步试探对方的感情，互表爱慕，最终情投意合并盟定终身。语句朴实，比喻巧妙，反映了德昂族青年男女对爱情的执着和憧憬。“（男）哎——崩龙山上一朵花，赛过了银子做的花。我有心采下它，不怕困难有多大。手掐不断用刀割，刀割不断用锄挖，我想连根带叶搬回家。如果今生今世搬不走，死后变只蜜蜂还采花。崩龙山的鲜花哟，为啥闭口不回答？（女）哎——年轻的阿哥哟，你的嘴巴似蜂蜜，不知你真心还是假意？只要你真心实意，阿妹的一颗心就交给你。只要你真心实意，你就顺路撒下盐粒，阿妹变只小牛紧紧跟随你。”李腊翁唱述，王伯麟记录。收入《中国歌谣集成·云南卷》，16开，1页，37行，中国ISBN中心2003年版。

（海涛）

串

德昂族情歌。流传于云南省盈江县、梁河县德昂族聚居区。这是一首男女对唱歌谣，表现了小伙子去串姑娘，双方从开始有点生疏到逐渐熟识、亲热，先是小伙子试探姑娘，后是姑娘试探小伙子，两人都生怕自己配不上对方，最后依依不舍并盟定终身的过程。“（男）妹是山上一枝花，哥是沟底一股水，花开逗人爱，水流不断线；若爱沟底这股水，歌儿汇成‘串’。（女）好花不离水，有水花才美。不做山上花，求做沟底水；流水潺潺泛碧波，鸳鸯有水方成对。”李成华唱述，潘丽莉记录。收入《中国歌谣集成·云南卷》，16开，4页，140行，中国ISBN中心2003年版。

（海涛）

找伴

德昂族情歌。流传于云南省镇康县德昂族聚居区。歌谣表现了一位年轻男子对心爱的姑娘的相思之苦及对爱情的渴望。“你说你没有伴，我知道你有二十五岁。你说你没有伴，就像太阳一样孤单。我知道你有小伴二十三岁，天天都在你的身旁。我却是光山上一棵树，孤单没有伴。”李老大、王美甩唱述，王老二翻译，李国忠、杨宪明记录。收入《中国歌谣集成·云南卷》，16开，1页，8行，中国ISBN中心2003年版。

（海涛）

男女对唱

德昂族情歌。流传于云南省保山市德昂族聚居区。这是一首男女对唱歌谣，表现了小伙子去串姑娘，双方开始有点生疏，互相试探，到逐渐熟识、亲热，最终依依不舍并盟定终身的过程。体现了德昂族青年对爱情大胆的追求。所唱内容与德昂族的生活环境融为一体。“（男）鸡啊鸡啊你莫叫，你可是肚子饿了，我可以拿谷子来喂你，你莫催我们走掉。火塘的火你莫熄，我马上把柴添上，让你旺旺地燃着，陪我们谈心陪我们唱。”董双凤、李新华、李云德唱述，李新华翻译，张楠记录。收入《中国歌谣集成·云南卷》，16开，3页，88行，中国ISBN中心2003年版。

（海涛）

离别

德昂族情歌。流传于云南省芒市德昂族聚居区。歌中，一名男子委婉地表达了对即将远行的心上人的依依惜别之情。“姑娘哟，无论你到何方，请不要忘记自己的故乡。……走吧，骑上我们的小白马，慢慢走在我们崩龙山的路上。”李建华、张俊芬唱述，天兰记录。收入《崩龙族文学作品选》，32开，1页，19行，德宏民族出版社1983年版。

（海涛）

爱情像一池水

德昂族情歌。流传于云南省芒市德昂族聚居区。歌谣表现了一对热恋中的男女青年甜蜜幸福的感觉。“我们的爱情像一池水，水中有你又有我；我们的爱情像根线，线儿拴着心两颗。”李建华唱述，天兰记录。收入《中国歌谣集成·云南卷》，16开，1页，6行，中国ISBN中心2003年版。

（海涛）

这个地方我从来没到过

德昂族情歌。流传于云南省芒市德昂族聚居区。歌谣表现了一位小伙子对姑娘的一见钟情及对爱情的渴望。“这个地方我从来没到过，这儿的姑娘像鲜花朵朵；秀丽的土地我第一次来，漂亮的姑娘啊惹人喜爱。姑娘的美名日日夜夜赞不尽，就像粮仓里的米粒数不清；阿妹的容貌阿哥我夸不完，好似玉石金沙随着水流淌。”李腊翁唱述，岩诺、何腊扎记录。收入《崩龙族文学作品选》，32开，1页，8行，德宏民族出版社1983年版。

（海涛）

心声

德昂族情歌。流传于云南省芒市德昂族聚居区。歌谣反映了男女青年情投意合地在一起，以歌代言，互吐爱慕之情，憧憬着未来美好生活的欢乐心情。李建华、张俊芬唱述，天兰记录。收入

《崩龙族文学作品选》，32开，1页，6行，德宏民族出版社1983年版。

（海涛）

草烟盒打水

德昂族情歌。流传于云南省保山市德昂族聚居区。“遍地处处有水哎，我想吃又没有吃处。姑娘虽好我得不到，用草烟盒打水吃又没有伴。”短短四句，勾勒出一个失恋小伙子低沉而失意的心态。王小老唱述，张学文记录。收入《中国歌谣集成·云南卷》，16开，1页，4行，中国ISBN中心2003年版。

（海涛）

还是各走各的路

德昂族情歌。流传于云南省保山市德昂族聚居区。这是一位失恋的姑娘唱的歌。歌中没有交代失恋的原委，却把姑娘站在房檐下，目送曾经深爱过的男子远去时那伤感、无奈的心理过程淋漓尽致地表现了出来。“不要对我说赞美的话，脸皮薄、会害羞。也不要说你的真心话，害我伤心，我会流泪。相交莫像夹杂冰雹的大雨，伤害人也伤害庄稼。相交要如绵绵小雨，细细地长长地下。为什么你独自走了，把我留在房檐下？让月亮陪着我和影子，你却不留一句话。生活好比大青树，四方八面伸出枝杈。世上的路比枝杈还多，还是各走各的路吧。”董双凤唱述，李新华、张楠记译。收入《中国歌谣集成·云南卷》，16开，1页，16行，中国ISBN中心2003年版。

（海涛）

我们各东西

德昂族情歌。流传于云南省镇康县德昂族聚居区。此歌反映了一对心心相印的恋人被迫分手时的悲伤心情。“我们今天不能在一起啊，供缅寺只供饭不供菜，我俩相聚就分开。我们就像织女与牛郎，一条天河隔开，一个在东，一个在西。我俩要想生活在一起，只有等下一世。今生今世投错胎，相亲相爱的人儿不能在一起。我们今世不能在一起生活，只有等到下一世！在这人世间，做个人为什么这样难？”姚玉兰唱述，王老二翻译，王鸣声、李国忠记录。收入《中国歌谣集成·云南卷》，16开，1页，14行，中国ISBN中心2003年版。

（海涛）

我们中间有一塘火

德昂族情歌。流传于云南省梁河县德昂族聚居区。这是一首男女对唱情歌。表现了男女青年从初次相见、互生爱慕到情投意合并私订终身的过程。语句淳朴感人，真情自然流露。“（女）和阿哥在一起唱歌，好像我们中间隔着一团火。”表现出男女热恋中的真实情感。赵加强、杨忠英演唱，段盛欧、徐昆、周兴勃搜集、整理。收入《中国民间情歌》，32开，2页，46行，上海文艺出版社1989年版。

（艾芳）

这栋竹楼我从来没到过

德昂族情歌。流传于云南省梁河县德昂族聚居区。歌谣表达了一位小伙子对一位姑娘心生爱慕，小心求爱的真挚情感。“这栋竹楼我从来没有到过，楼上的姑娘像鲜花一朵，这里的楼梯我第一次来踩，漂亮的阿妹最惹我喜悦。不嫌衣烂裤脏就让我坐一坐，不嫌嘴笨手粗就让我采这一朵。”李连戎演唱，杨忠德整理。收入《中国民间情歌》，32开，1页，7行，上海文艺出版社1989年版。

（艾芳）

愿

德昂族情歌。流传于云南省德宏傣族景颇族自治州德昂族聚居区。歌谣唱述了德昂族人欢度泼水节时，一位德昂族姑娘看到情侣成双成对，想念自己远方的情人，不想却在水边与远征归来的情人重遇。歌中将姑娘从失落到惊喜的心理变化表现得淋漓尽致。李成春演唱，杨忠德、潘丽莉记录、整理。收入《中国民间情歌》，32开，1页，28行，上海文艺出版社1989年版。

（艾芳）

我盼着坐在你的身旁

德昂族情歌。流传于云南省德宏傣族景颇族自治州德昂族聚居区。“我对你的思念，像江河水长流不断，我盼着坐在你的身旁。”“我们的爱情像山上的岩石，不能移动也不会破烂，我俩要像筷子那样，永远成双成对，从不孤单。”歌谣表达了青年男女在热恋时对对方强烈的思念之情及对爱情的忠贞不渝。李腊翁、李三补等演唱、翻译，杨知勇整理。收入《中国民间情歌》，32开，1页，19行，上海文艺出版社1989年版。

（艾芳）

我在半路上把你等着

德昂族情歌。流传于云南省德宏傣族景颇族自治州德昂族聚居区。“阿妹啊，今晚的话没有根，哥妹越讲情越深。”“阿妹啊，等着月亮升吧，我在半路把你等。”此歌为男方到女方家谈爱离去时在室外依依不舍地对女方所唱，表达了男方对女方浓浓的爱意。李腊翁演唱，王伯麟整理。收入《中国民间情歌》，32开，1页，23行，上海文艺出版社1989年版。

（艾芳）

何时领头巾

德昂族情歌。流传于云南省德宏傣族景颇族自治州德昂族聚居区。“早盼花开夜盼春，盼着孔雀早开屏，五尺白布情溢溢，盼哥早日领头巾。”德昂族婚俗，结婚时，新娘家要赠给新郎一条五尺长的包头。歌谣唱出了一位少女期待能早日嫁给自己心上人的渴望之情。赵万富演唱，杨忠德、潘丽莉整理。收入《中国民间情歌》，32开，1页，8行，上海文艺出版社1989年版。

（艾芳）

生活甜如蜜

德昂族情歌。流传于云南省德宏傣族景颇族自治州德昂族聚居区。这是一首男女对唱情歌。表现了青年男女互相爱慕，在对歌中互相试探最终确定心意的过程。“（男）哎——阿妹呀！这棵大青树叶子小，还受过小虫的糟蹋。小草会被烈日晒枯，你，害怕不害怕？”“（女）哎——阿哥呀！大青树经过风雨更苍劲，一辈子跟着你幸福无比。只要我们汗水流在一起，生活么就更加甜蜜。”李腊翁演唱，王伯麟搜集、整理。收入《中国民间情歌》，32开，3页，70行，上海文艺出版社1989年版。

（艾芳）

愿咱俩心连心

德昂族情歌。流传于云南省德宏傣族景颇族自治州德昂族聚居区。歌谣唱述了一对相爱的情人即将分别时的场景。“阿哥难说话，阿妹难掏心。时光悄悄去。贴心嘴无音。”表现了爱人间难舍难分的情意。李赛保演唱，杨忠德、潘丽莉记录、整理。收入《中国民间情歌》，32开，1页，12行，上海文艺出版社1989年版。

（艾芳）

火塘的柴火烧得正旺

德昂族情歌。流传于云南省德宏傣族景颇族自治州德昂族聚居区。这是一首男女对唱情歌，表现了小伙子迫不及待去找心爱的姑娘，确定姑娘的心意后两人盟定终身的过程。“（男）还未靠近你家竹楼，我的心就要跳出胸膛，看到你家明亮的灯光，我的心像涨水的瑞丽江，快把楼门打开，姑娘，让我坐在你的身旁。”“（女）亲爱的阿郎啊！你像碧绿碧绿的树叶一样，听到你吹葫芦丝，我的心里就像河水流淌，快踏上我家的楼梯吧，火塘的柴火烧得正旺。”李腊翁、李三补等演唱、翻译，杨知勇整理。收入《中国民间情歌》，32开，2页，36行，上海文艺出版社1989年版。

（艾芳）

如果我俩不能相好

德昂族情歌。流传于云南省梁河县德昂族聚居区。歌谣唱述了德昂族青年男女要和心爱之人在一起的强烈愿望。“如果我俩不能相好，让我死后变成清水一塘，全寨人喝水的时候，就会把我想在心上。”李腊翁、李三补等演唱、翻译，杨知勇整理。收入《中国民间情歌》，32开，1页，12行，上海文艺出版社1989年版。

（艾芳）

不怕狂风暴雨

德昂族情歌。流传于云南省芒市德昂族聚居区。此歌以对唱的形式，表现了男女从相识、互相试探到最终盟定终身的过程。歌词以日常生活所见的动物和生活用具打比方，生动而有趣，表现了对歌男女的机智和幽默。“（男）哎——美丽的姑娘，我的身壮如大象，怕不怕我进家房？”“（女）哎——年轻的小伙，大象再壮我不怕，你怕不怕把你勾引进家？”李腊翁演唱，王伯麟搜集、整理。收入《中国民间情歌》，32开，3页，109行，上海文艺出版社1989年版。

（艾芳）

泡过几道水的茶不香

德昂族情歌。流传于云南省德宏傣族景颇族自治州德昂族聚居区。“泡过几道水的茶不香，冲过几道水的糖不甜，拿不定主意的人没有出息，见花忘花的人灵魂最贱。我的爹妈只给了我一颗心，生生死死只把阿妹一个人恋。”表达了男子对爱情的忠贞和坚定。李连成演唱，杨忠德整理。收入《中国民间情歌》，32开，1页，6行，上海文艺出版社1989年版。

（艾芳）

有篾帽遮着我的眼

德昂族情歌。流传于云南省德宏傣族景颇族自治州德昂族聚居区。“篾帽遮着我的眼睛，看不透妹妹的心。你的歌虽然动听，就怕是花言巧语迷惑人。”表现了小伙爱慕姑娘，却又担心姑娘对自己心不诚的矛盾心理。李腊翁演唱，杨忠德翻译、整理。收入《中国民间情歌》，32开，1页，12行，上海文艺出版社1989年版。

（艾芳）

像竹子顺水淌走

德昂族情歌。流传于云南省德宏傣族景颇族自治州德昂族聚居区。“像竹子顺水淌走，出口的话莫要收回口腔。像唱歌合着调子，做的要和唱的一样。”表现了德昂族男女青年对美好爱情的向往及对感情的忠贞和炽热。李腊翁演唱，杨忠德翻译、整理。收入《中国民间情歌》，32开，1页，8行，上海文艺出版社1989年版。

（艾芳）

条目汉语音序索引

A

B

C

D

F

G

H

J

K

L

M

N

P

Q

R

S

T

W

X

Y

Z

后 记

《中国少数民族古籍总目提要》是在国家民族事务委员会直接领导下，由国家民委全国少数民族古籍整理研究室组织实施的一个国家级重点文化项目。在云南，这项工作在中共云南省委、省政府关怀下，在省财政厅的大力支持和省民族宗教事务委员会直接领导下，由云南省少数民族古籍整理出版规划办公室具体运作实施。历时多年，《中国少数民族古籍总目提要·德昂族卷》终于得以圆满完成。

国家民族事务委员会下达编纂任务后，1999年6月，云南省成立《中国少数民族古籍总目提要》云南编纂委员会，制定了编写及实施方案，并于同年11月召开第三次全省少数民族古籍工作会议，就《中国少数民族古籍总目提要》的编写工作做出全面部署和动员。2000年3月，云南省少数民族古籍整理出版规划办公室（以下简称云南省古籍办）在昆明举办云南省《中国少数民族古籍总目提要》编目培训班，邀请相关专家教授进行授课，培训班结束后，云南省的少数民族古籍编目工作从此全面实施，计划由云南省民间文学集成编辑办公室的杨海涛等长期从事民间文学研究的专家承担《中国少数民族古籍总目提要·德昂族卷》的词条纂写、审订工作。根据云南省少数民族众多，物力、财力和人力相对紧张的工作实际，云南省古籍办采取全面部署、逐步推进、逐一落实的原则，先行完成《中国少数民族古籍总目提要·纳西族卷》《中国少数民族古籍总目提要·白族卷》《中国少数民族古籍总目提要·哈尼族卷》的编目工作。2007年，含德昂族在内的其他少数民族古籍编目完成了讲唱类的编目工作，后因经费和工作重点的变化，审订完善、出版发行工作暂予搁置。

2008年，由普学旺、玉罕娇、龙江莉、李克忠、左玉堂等专家审改，云南省古籍办出版发行的《云南民族口传非物质文化遗产总目提要》为《中国少数民族古籍总目提要》的后期纂写、出版奠定了坚实基础。2015年，云南省古籍办与艾芳签订《中国少数民族古籍总目提要·德昂族卷》编写组稿合同，编写工作进入全面实施阶段。2018年初，历时近三年，《中国少数民族古籍总目提要·德昂族卷》初稿顺利完成。2018年6月，国家民委全国少数民族古籍整理研究室主任李晓东到昆明调研云南省少数民族古籍工作，并对《中国少数民族古籍总目提要·德昂族卷》编纂工作提出了指导性意见。2018 年 7 月至 8 月，对书稿进行了第一次全面修改审定。参加审改的有赵国庆、谢沫华、马勇、艾芳等专家学者，对初稿提出了很多具有指导性和建设性的意见及建议。2018 年 8 月 10 日至 25 日，又组织赵国庆、谢沫华、赖永亮、李淳信、唐洁等专家学者对稿件进行了第二次审改，2018 年 9 月 1 日至 5 日，将修改稿交由云南省民族学会德昂族研究委员会最终审订，然后装订成册上报国家民族事务委员会全国少数民族古籍整理研究室。2019 年 1 月 12 日，《中国少数民族古籍总目提要》云南各民族卷专家审读会在昆明召开，国家民族事务委员会全国少数民族古籍整理研究室主任李晓东、中央民族大学苍铭教授及民族出版社罗焰、彭学云等领导专家与各民族卷主要撰稿人及审稿专家出席会议，听取了各卷审稿专家的意见和建议，各卷主要撰稿人在会上提出修改存疑处，最终在苍铭教授审读本基础上形成统一修改意见，1 月 21 日《中国少数民族古籍总目提要·德昂族卷》全部修改完毕，稿件交由民族出版社做进一步出版审阅。同年 7 月，在前期对稿件进行反复核校、修改、完善的基础上，再次对全稿件进行了出版前的审阅，进一步丰富了书稿内容，保证了资料内容的真实性、客观性。之后，交由民族出版社做进一步审阅。

本书书籍类主要由艾芳负责完成，讲唱类由杨利先、艾芳共同完成，李明珍参与部分词条的补充完善工作。艾芳负责序言、后记及编制书题汉语拼音索引。图片主要由刘建明、李淳信、艾芳、李明珍、刘建华等提供。

《中国少数民族古籍总目提要·德昂族卷》的顺利完成，离不开国家民委全国少数民族古籍整理研究室和云南省民族宗教事务委员会的领导和支持，同时与云南省少数民族古籍整理出版规划办公室的精心组织密不可分。同时，在编写过程中，还得到云南省文联、云南省德昂族研究委员会及德昂族专家学者等单位、组织和个人的大力支持，在此，谨对他们表示深深的谢意。此项工作历时较长，虽精敲细磨，但错漏难免，敬请指正谅解。

《中国少数民族古籍总目提要》云南编纂委员会

《中国少数民族古籍总目提要·德昂族卷》编纂委员会

2018 年 8 月

图书在版编目（CIP）数据

中国少数民族古籍总目提要．佤族卷布朗族卷基诺族卷德昂族卷／国家民族事务委员会全国少数民族古籍整理研究室编．— 北京：民族出版社，2019.9

ISBN 978-7-105-15860-7

Ⅰ．①中… Ⅱ．①国… Ⅲ．①少数民族—古籍—内容提要—中国 ②佤族—古籍—内容提要—中国 ③布朗族—古籍—内容提要—中国 ④基诺族—古籍—内容提要—中国 ⑤德昂族—古籍—内容提要—中国 Ⅳ．① Z838

中国版本图书馆 CIP 数据核字（2019）第 230269 号

中国少数民族古籍总目提要·佤族卷布朗族卷基诺族卷德昂族卷

策划编辑：李有明　罗焰
责任编辑：唐海琴
封面设计：胡建斌
版式设计：吾要
出版发行：民族出版社
地　　址：北京市和平里北街 14 号
邮　　编：100013
电　　话：010-64271909（汉文编辑一室）
　　　　　010-64224782（发行部）
网　　址：http://www.mzpub.com
印　　刷：北京盛通印刷股份有限公司
经　　销：各地新华书店
版　　次：2019 年 12 月第 1 版　2019 年 12 月北京第 1 次印刷
开　　本：850 毫米 ×1194 毫米　1/16
字　　数：880 千字
彩　　插：64 面
印　　张：34.75
定　　价：248.00 元
书　　号：ISBN 978-7-105-15860-7/Z·1552（汉 244）